명리학의 심화 ②

運 勢

낭월 박주현 지음

三命

국립중앙도서관 출판예정도서목록(CIP)

運勢/글쓴이: 박주현. -- 논산 : 삼명, 2015
 p. ;   cm. -- (명리학의 심화 ; 2)

ISBN 978-89-94107-13-4 04180 : ₩42000
ISBN 978-89-94107-10-3 (세트) 04180

운세[運勢]
명리학[命理學]

188.5-KDC6
133.3-DDC23   CIP2015009675

....

運勢 명리학의 심화②

글쓴이 | 낭월 박주현
1판2쇄 | 2020년 2월 22일
....

펴낸이 | 홍순란
디자인 | 박금휘
펴낸곳 | 삼명
32906
충남 논산시 상월면 상월로 664번길 95호
등록 | 제2011-000001호
전화 | 041-734-2583
팩스 | 041-736-1583
http://www.sammyeong.com
....

잘못된 책은 바꿔드립니다.
이 책의 전부 또는 일부 내용을 재사용하려면 반드시 사전에
저작권자와 삼명의 서면동의를 받아야 합니다.

命理學의 深化 ②
運勢

運勢卽路

上運順行

中運前進

下運難進

運은 命의 길과같고 勢는 도로의 형태
上運은 내리막같이 신명나게 나아가고
中運은 평지길같이 순탄하게 나아가며
下運은 험한 길이니 노력해도 힘만드네

■ 운세편을 시작하면서 ····················· 22

제1장 運勢의 理解

1. **運勢의 개념(概念)** ································ 31
   1) 운(運)의 문자적인 분석(分析) ············ 31
   2) 자동차와 도로(道路) ························ 33
   3) 심장(心臟)과 활동력(活動力) ············ 34
   4) 기본형(基本形)과 변형(變形) ············ 37

2. **運의 작용(作用)** ································ 38
   1) 존재하는 것은 모두 運이 있다 ··········· 38
   2) 정(定)해진 것과 정해질 것 ··············· 39
   3) 운명학(運命學)과 과학(科學)의 사이 ··· 43

3. **運勢 위에 존재하는 환경** ···················· 46
   1) 운세(運勢)보다 환경(環境) ··············· 46
   2) 삶을 만드는 삼대요소(三大要素) ······ 51
   3) 적중이 목표인 예언가라면 ··············· 60
   4) 이론에 비중을 두는 운명학자 ············ 64
   5) 각자의 타고난 취향 ························ 67

4. 運勢의 두 가지 관점 ················· 69
   1) 최선을 다해서 노력한 사람 ············· 69
   2) 운세(運勢)는 만능(萬能)이 아니다······ 71

5. 노력을 해도 안되는 運 ················ 74
   1) 노력도 노력 나름 ············· 74
   2) 만법(萬法) 위의 자연법(自然法)········ 75

6. 전체와 부분 ··························· 77
   1) 전체를 바라보는 관점 ············· 77
   2) 일부분을 바라보는 관점 ············· 79
   3) 원근의 균형················ 81
   4) 四柱의 원국을 관찰 ············· 82
   5) 柱運에서 시기를 살핀다 ············· 86
   6) 결실을 맺지 못하는 경우도 있다········ 94
   7) 用神의 힘은 결실의 규모이다 ············ 98

7. 運의 陰陽 ··························· 103
   1) 陰運인 柱運································ 104
   2) 陽運인 세운(歲運)····························· 105
   3) 허상(虛像)인 대운(大運)················ 106

   ■ 운세를 대입하는 기준(基準) ············111

제2장 運勢의 公式

1. 年柱運의 吉凶 ·· 114
   1) 年支의 지원(地元)과 인원(人元) ········· 115
   2) 年柱와 소년 시절 ······························ 117
   3) 年柱의 喜用神에 대한 관점 ················ 118
   4) 年柱의 忌仇神에 대한 관점 ················ 121

2. 月柱運의 吉凶 ·· 124
   1) 月柱와 청년 시절 ······························ 124
   2) 月柱의 喜用神에 대한 관점 ················ 126
   3) 月柱의 忌仇神에 대한 관점 ················ 129

3. 日柱運의 吉凶 ·· 132
   1) 日柱와 중년 시절 ······························ 132
   2) 日柱의 喜用神에 대한 관점 ················ 134
   3) 日柱의 忌仇神에 대한 관점 ················ 135

4. 時柱運의 吉凶 ·· 137
   1) 時柱와 노년 시절 ······························ 139
   2) 時柱의 喜用神에 대한 관점 ················ 141
   3) 時柱의 忌仇神에 대한 관점 ················ 144

5. 歲運의 적용 ·· 147
   1) 세운의 干支는 원국의 干支와 대응한다 147
   2) 柱運과의 관계를 참고한다 ··············· 150
   3) 세운은 地支의 비중이 더 크다··········· 152
   4) 심리적인 작용은 子月에서 시작한다 ··· 153
   5) 현실적인 작용은 寅月에서 시작한다 ··· 155
   6) 계절의 五行을 참고할 수 있다··········· 159
   7) 재물의 왕쇠(旺衰)를 대입한다 ········· 160

6. 運勢의 풀이를 보는 법 ····································· 161
   1) 주운해석(柱運解釋) ························· 162
   2) 세운해석(歲運解釋) ························· 163
   3) 재운해석(財運解釋) ························· 168

제3장 運勢分析

■ 참고 : 運勢의 吉凶을 대입하는 방법 …173

[001] 癸酉年 癸亥月 甲子日 丙寅時　……174
[002] 壬申年 壬子月 甲辰日 丙子時　……176
[003] 甲子年 丙子月 乙未日 丙子時　……178
[004] 癸未年 己未月 辛卯日 己丑時　……180
[005] 癸巳年 壬戌月 丙午日 甲午時　……182
[006] 癸巳年 丁巳月 丁卯日 己酉時　……184
[007] 丁巳年 丙午月 丁未日 戊申時　……186
[008] 己亥年 戊辰月 戊申日 己未時　……188
[009] 甲申年 丙寅月 己卯日 壬申時　……190
[010] 丁未年 庚戌月 庚申日 壬午時　……192
[011] 己丑年 庚午月 己亥日 癸酉時　……194
[012] 戊申年 丙辰月 庚申日 丁亥時　……196
[013] 甲子年 辛未月 己巳日 癸酉時　……198
[014] 乙酉年 戊子月 甲寅日 丙寅時　……200
[015] 丙寅年 庚寅月 丙午日 庚寅時　……202
[016] 乙亥年 己丑月 甲子日 丁卯時　……204
[017] 丙申年 己亥月 戊申日 辛酉時　……206
[018] 丙子年 庚寅月 丙申日 丙申時　……208
[019] 甲申年 戊辰月 戊寅日 壬子時　……210
[020] 辛巳年 辛丑月 乙未日 己卯時　……212

[021] 甲戌年 乙亥月 丁卯日 丁未時 ……214
[022] 甲子年 戊辰月 壬戌日 甲辰時 ……216
[023] 丁巳年 癸卯月 辛未日 癸巳時 ……218
[024] 壬寅年 戊申月 戊戌日 辛酉時 ……220
[025] 己卯年 壬申月 辛酉日 庚子時 ……222
[026] 庚申年 戊寅月 壬午日 壬寅時 ……224
[027] 己亥年 壬申月 丁未日 辛亥時 ……226
[028] 癸酉年 己未月 戊戌日 壬子時 ……228
[029] 壬午年 壬寅月 癸亥日 庚申時 ……230
[030] 丙戌年 辛卯月 甲申日 己巳時 ……232
[031] 乙卯年 戊寅月 壬子日 癸卯時 ……234
[032] 己未年 庚午月 丙申日 戊戌時 ……236
[033] 乙卯年 甲申月 辛卯日 辛卯時 ……238
[034] 癸亥年 乙卯月 乙亥日 庚辰時 ……240
[035] 丙申年 庚子月 甲戌日 戊辰時 ……242
[036] 丙申年 乙未月 丙戌日 乙未時 ……244
[037] 癸酉年 己未月 己未日 戊辰時 ……246
[038] 庚辰年 壬午月 乙巳日 甲申時 ……248
[039] 戊午年 乙卯月 己巳日 戊辰時 ……250
[040] 壬子年 乙巳月 丙申日 己丑時 ……252
[041] 己亥年 戊辰月 辛丑日 丁酉時 ……254
[042] 乙未年 辛巳月 庚午日 丙戌時 ……256
[043] 丙寅年 戊戌月 己未日 乙亥時 ……258
[044] 辛卯年 丁酉月 丙辰日 戊戌時 ……260
[045] 戊寅年 丁巳月 庚戌日 丙戌時 ……262

[046] 庚戌年 庚辰月 庚申日 壬午時 ……264
[047] 壬子年 癸丑月 癸酉日 甲寅時 ……266
[048] 辛巳年 庚寅月 癸巳日 丙辰時 ……268
[049] 癸卯年 戊午月 戊子日 乙卯時 ……270
[050] 甲午年 丙子月 丙午日 甲午時 ……272
[051] 壬辰年 壬子月 甲辰日 丙寅時 ……274
[052] 壬午年 壬子月 甲辰日 丙子時 ……276
[053] 壬申年 壬子月 乙亥日 丁丑時 ……278
[054] 癸丑年 己未月 辛未日 己丑時 ……280
[055] 癸酉年 壬戌月 丙申日 甲午時 ……282
[056] 癸卯年 丁巳月 丁巳日 己酉時 ……284
[057] 丁巳年 丙午月 辛丑日 甲午時 ……286
[058] 己巳年 戊辰月 戊申日 戊午時 ……288
[059] 甲辰年 丙寅月 己丑日 壬申時 ……290
[060] 丁未年 庚戌月 庚申日 癸未時 ……292
[061] 己亥年 庚午月 己卯日 癸酉時 ……294
[062] 戊午年 丙辰月 庚寅日 丁亥時 ……296
[063] 丙午年 乙未月 己丑日 己巳時 ……298
[064] 己巳年 丙子月 甲寅日 丙寅時 ……300
[065] 丙戌年 庚寅月 丙午日 庚寅時 ……302
[066] 癸卯年 乙卯月 甲寅日 戊辰時 ……304
[067] 庚戌年 丁亥月 丁酉日 甲辰時 ……306
[068] 戊申年 癸亥月 乙未日 丁丑時 ……308
[069] 庚寅年 壬午月 丁卯日 辛丑時 ……310
[070] 己酉年 乙亥月 甲午日 己巳時 ……312

[071] 己酉年 辛未月 乙巳日 乙酉時 …… 314
[072] 己酉年 丙寅月 戊辰日 乙卯時 …… 316
[073] 丙寅年 己亥月 丙午日 壬辰時 …… 318
[074] 甲申年 乙亥月 丁亥日 乙巳時 …… 320
[075] 甲子年 庚午月 己亥日 丁卯時 …… 322
[076] 壬寅年 己酉月 丙申日 壬辰時 …… 324
[077] 丙寅年 庚子月 己亥日 戊辰時 …… 326
[078] 壬申年 癸丑月 癸酉日 丙辰時 …… 328
[079] 甲午年 丙寅月 癸未日 乙卯時 …… 330
[080] 甲辰年 丁卯月 丁未日 丙午時 …… 332
[081] 丙午年 丁酉月 丙申日 甲午時 …… 334
[082] 壬申年 壬寅月 己丑日 丙寅時 …… 336
[083] 辛丑年 辛丑月 癸酉日 癸亥時 …… 338
[084] 戊午年 甲寅月 庚午日 丙戌時 …… 340
[085] 甲寅年 丙寅月 乙亥日 癸未時 …… 342
[086] 丁亥年 己酉月 戊子日 辛酉時 …… 344
[087] 丙寅年 甲午月 己酉日 戊辰時 …… 346
[088] 癸酉年 癸亥月 乙卯日 壬午時 …… 348
[089] 己酉年 丙子月 戊寅日 辛酉時 …… 350
[090] 辛酉年 庚寅月 乙亥日 辛巳時 …… 352
[091] 壬申年 壬子月 乙酉日 丙子時 …… 354
[092] 丙申年 庚子月 丙辰日 庚寅時 …… 356
[093] 丙午年 戊戌月 乙酉日 甲申時 …… 358
[094] 甲子年 甲戌月 辛卯日 丙申時 …… 360
[095] 丁卯年 丙午月 庚申日 癸未時 …… 362

[096] 壬寅年 癸卯月 己亥日 癸酉時 …… 364
[097] 辛亥年 己亥月 己酉日 丙寅時 …… 366
[098] 辛丑年 癸巳月 丁酉日 辛丑時 …… 368
[099] 丁巳年 己酉月 庚寅日 壬午時 …… 370
[100] 庚子年 己卯月 乙卯日 丁丑時 …… 372
[101] 戊午年 乙丑月 辛未日 辛卯時 …… 374
[102] 乙卯年 辛巳月 丁丑日 戊申時 …… 376
[103] 庚申年 乙酉月 甲辰日 甲戌時 …… 378
[104] 丁卯年 丁未月 庚午日 辛巳時 …… 380
[105] 己巳年 戊辰月 己未日 乙亥時 …… 382
[106] 乙卯年 庚辰月 丁未日 戊申時 …… 384
[107] 己未年 癸酉月 庚子日 庚辰時 …… 386
[108] 丁未年 癸卯月 乙酉日 丙戌時 …… 388
[109] 丁巳年 戊申月 癸丑日 丙辰時 …… 390
[110] 甲午年 丁丑月 辛酉日 丁酉時 …… 392
[111] 癸未年 庚申月 戊子日 庚申時 …… 394
[112] 甲辰年 丁卯月 庚辰日 辛巳時 …… 396
[113] 癸未年 丙辰月 甲申日 丁卯時 …… 398
[114] 辛巳年 丁酉月 甲辰日 庚午時 …… 400
[115] 丙寅年 乙未月 甲寅日 丁卯時 …… 402
[116] 丙寅年 甲午月 甲子日 丁卯時 …… 404
[117] 甲寅年 丁丑月 丙寅日 癸巳時 …… 406
[118] 壬戌年 丙午月 甲戌日 甲子時 …… 408
[119] 辛亥年 丙申月 己未日 己巳時 …… 410
[120] 辛亥年 丙申月 壬子日 乙巳時 …… 412

[121] 戊戌年 乙卯月 甲午日 戊辰時 …… 414
[122] 庚午年 己丑月 戊申日 己未時 …… 416
[123] 甲寅年 乙亥月 丙子日 庚寅時 …… 418
[124] 甲辰年 庚午月 戊辰日 丙辰時 …… 420
[125] 辛丑年 辛丑月 戊申日 丁巳時 …… 422
[126] 甲辰年 甲戌月 乙亥日 丙戌時 …… 424
[127] 戊戌年 壬戌月 庚申日 丁亥時 …… 426
[128] 辛未年 乙未月 癸未日 庚申時 …… 428
[129] 癸未年 辛酉月 丙寅日 乙未時 …… 430
[130] 甲辰年 己巳月 辛酉日 己丑時 …… 432
[131] 甲寅年 癸酉月 庚申日 辛巳時 …… 434
[132] 丁巳年 癸卯月 癸卯日 癸亥時 …… 436
[133] 癸巳年 己未月 癸卯日 庚申時 …… 438
[134] 壬戌年 戊申月 己卯日 庚午時 …… 440
[135] 壬午年 癸卯月 辛丑日 壬辰時 …… 442
[136] 乙酉年 己丑月 甲戌日 丁卯時 …… 444
[137] 甲子年 癸酉月 戊午日 癸亥時 …… 446
[138] 己亥年 丁卯月 丁酉日 癸卯時 …… 448
[139] 丁酉年 壬子月 乙未日 丙子時 …… 450
[140] 癸未年 乙卯月 壬午日 庚戌時 …… 452
[141] 甲戌年 辛未月 癸未日 庚申時 …… 454
[142] 丙寅年 辛丑月 己酉日 庚午時 …… 456
[143] 辛巳年 壬辰月 乙亥日 辛巳時 …… 458
[144] 辛酉年 壬辰月 戊午日 戊午時 …… 460
[145] 乙未年 丁亥月 辛巳日 丙申時 …… 462

[146] 甲子年 癸酉月 乙亥日 庚辰時 ……464
[147] 丙子年 庚子月 己酉日 辛未時 ……466
[148] 戊午年 癸亥月 庚戌日 壬午時 ……468
[149] 戊辰年 庚申月 庚申日 壬午時 ……470
[150] 己未年 癸酉月 乙酉日 丁亥時 ……472
[151] 丁巳年 辛亥月 乙未日 庚辰時 ……474
[152] 壬申年 癸丑月 癸卯日 癸亥時 ……476
[153] 壬戌年 丁未月 辛酉日 己亥時 ……478
[154] 壬辰年 己酉月 乙未日 己卯時 ……480
[155] 辛亥年 癸巳月 己卯日 癸酉時 ……482
[156] 癸亥年 庚申月 庚戌日 辛巳時 ……484
[157] 戊戌年 癸亥月 乙未日 丙戌時 ……486
[158] 癸亥年 乙卯月 丙午日 己丑時 ……488
[159] 壬辰年 丙午月 癸酉日 丙辰時 ……490
[160] 丁卯年 丙午月 辛亥日 甲午時 ……492
[161] 庚午年 壬午月 庚子日 己卯時 ……494
[162] 壬申年 壬寅月 己亥日 庚午時 ……496
[163] 丁卯年 壬子月 乙卯日 丁丑時 ……498
[164] 甲戌年 丁丑月 癸酉日 丁巳時 ……500
[165] 己亥年 辛未月 庚戌日 庚辰時 ……502
[166] 辛未年 己亥月 乙巳日 壬午時 ……504
[167] 戊辰年 乙丑月 戊戌日 癸亥時 ……506
[168] 乙未年 乙酉月 癸酉日 癸亥時 ……508
[169] 丁卯年 壬寅月 乙亥日 癸未時 ……510
[170] 庚戌年 癸未月 甲申日 癸酉時 ……512

[171] 癸酉年 乙丑月 癸巳日 庚申時 ……514
[172] 己巳年 乙亥月 辛亥日 己亥時 ……516
[173] 壬子年 壬寅月 庚申日 戊寅時 ……518
[174] 癸巳年 甲寅月 壬午日 壬寅時 ……520
[175] 甲戌年 壬申月 甲子日 辛未時 ……522
[176] 丙寅年 甲午月 丙午日 丙申時 ……524
[177] 甲午年 戊辰月 戊午日 庚申時 ……526
[178] 丙寅年 庚子月 戊戌日 丁巳時 ……528
[179] 癸卯年 庚申月 丙辰日 己丑時 ……530
[180] 壬申年 癸丑月 甲子日 己巳時 ……532
[181] 丙子年 丙申月 己酉日 乙亥時 ……534
[182] 辛亥年 庚子月 己未日 庚午時 ……536
[183] 丁亥年 癸卯月 庚子日 丙戌時 ……538
[184] 丁卯年 癸卯月 丙午日 丙申時 ……540
[185] 辛亥年 辛卯月 壬子日 戊申時 ……542
[186] 甲寅年 庚午月 辛未日 己亥時 ……544
[187] 己酉年 壬申月 辛巳日 乙未時 ……546
[188] 丁丑年 戊申月 丙寅日 戊子時 ……548
[189] 丙寅年 癸巳月 辛巳日 辛卯時 ……550
[190] 癸巳年 甲寅月 丙辰日 丁酉時 ……552
[191] 乙亥年 己卯月 庚寅日 癸未時 ……554
[192] 乙巳年 丁亥月 甲午日 己巳時 ……556
[193] 壬子年 壬寅月 壬申日 庚子時 ……558
[194] 丁酉年 乙巳月 己卯日 壬申時 ……660
[195] 庚申年 己丑月 丁未日 壬子時 ……562

[196] 丁巳年 庚戌月 壬寅日 壬寅時 ······ 564
[197] 丙午年 甲午月 辛巳日 癸巳時 ······ 566
[198] 己酉年 戊辰月 庚辰日 癸未時 ······ 568
[199] 乙卯年 庚辰月 壬寅日 壬寅時 ······ 570
[200] 丙戌年 壬辰月 丁卯日 戊申時 ······ 572

제4장 六親分析

1. 육친궁(六親宮)의 이해 ················· 577
1) 육친성(六親星)과 육친궁(六親宮) ······ 578
2) 부모궁(父母宮) [年干-父, 年支-母] ··· 580
3) 형제궁(兄弟宮) [月支-자매도 포함] ··· 582
4) 부부궁(夫婦宮) [日支] ················· 583
5) 자녀궁(子女宮) [時支] ················· 585

[201] 戊午年 甲子月 甲子日 甲子時 ······ 588
[202] 戊戌年 辛酉月 庚寅日 壬午時 ······ 590
[203] 辛亥年 庚寅月 戊午日 庚申時 ······ 592
[204] 壬子年 乙巳月 壬申日 壬子時 ······ 594
[205] 壬寅年 乙巳月 癸未日 庚申時 ······ 596
[206] 乙亥年 戊寅月 庚寅日 乙酉時 ······ 598
[207] 辛丑年 辛卯月 丁巳日 丙午時 ······ 600
[208] 庚子年 乙酉月 丙戌日 丁酉時 ······ 602

[209] 己酉年 丙寅月 丁亥日 戊申時 ……604
[210] 壬子年 壬子月 乙酉日 壬午時 ……606
[211] 丁卯年 辛亥月 己卯日 辛未時 ……608
[212] 丁未年 癸卯月 癸亥日 己未時 ……610
[213] 辛巳年 辛卯月 己亥日 庚午時 ……612
[214] 丁未年 庚戌月 戊戌日 甲子時 ……614
[215] 壬子年 癸丑月 丙寅日 庚子時 ……616
[216] 癸亥年 丙辰月 丙子日 己亥時 ……618
[217] 己酉年 戊辰月 壬午日 壬寅時 ……620
[218] 壬子年 癸丑月 甲子日 己巳時 ……622
[219] 丙寅年 辛丑月 壬戌日 丙午時 ……624
[220] 庚辰年 辛巳月 丁丑日 庚戌時 ……626
[221] 己酉年 戊辰月 乙酉日 丁亥時 ……628
[222] 丁未年 壬子月 庚子日 壬午時 ……630
[223] 庚寅年 甲申月 乙丑日 丙戌時 ……632
[224] 壬戌年 庚戌月 己未日 己巳時 ……634
[225] 癸巳年 乙卯月 乙亥日 丁未時 ……636
[226] 壬戌年 癸卯月 辛卯日 甲午時 ……638
[227] 己丑年 丙寅月 壬戌日 丙午時 ……640
[228] 乙亥年 己卯月 乙巳日 戊寅時 ……642
[229] 乙卯年 壬午月 丙戌日 庚寅時 ……644
[230] 丁卯年 丙午月 庚子日 辛巳時 ……646
[231] 丁巳年 戊申月 己未日 壬申時 ……648
[232] 癸巳年 壬戌月 庚子日 己卯時 ……650
[233] 丙午年 丁酉月 甲子日 乙丑時 ……652

[234] 丙寅年 壬辰月 甲子日 乙亥時 …… 654
[235] 癸卯年 甲寅月 丙子日 癸巳時 …… 656
[236] 辛酉年 壬辰月 丁亥日 辛丑時 …… 658
[237] 戊午年 丙辰月 戊子日 己未時 …… 660
[238] 乙巳年 己卯月 辛酉日 戊子時 …… 662
[239] 癸巳年 甲子月 辛丑日 庚寅時 …… 664
[240] 己酉年 癸酉月 辛亥日 丙申時 …… 666
[241] 癸未年 己未月 庚寅日 甲申時 …… 668
[242] 己卯年 壬申月 戊辰日 癸亥時 …… 670
[243] 乙卯年 辛巳月 辛未日 己丑時 …… 672
[244] 乙丑年 乙酉月 甲寅日 乙亥時 …… 674
[245] 甲午年 辛未月 戊辰日 丁巳時 …… 676
[246] 庚辰年 癸未月 乙巳日 己卯時 …… 678
[247] 辛未年 庚子月 癸未日 癸亥時 …… 680
[248] 壬午年 丁未月 癸巳日 乙卯時 …… 682
[249] 庚子年 己卯月 癸卯日 甲寅時 …… 684
[250] 癸卯年 丙辰月 戊寅日 辛酉時 …… 686
[251] 甲辰年 丁卯月 壬申日 丙午時 …… 688
[252] 甲戌年 己巳月 丙寅日 丙申時 …… 690
[253] 丙午年 丙申月 癸亥日 壬子時 …… 692
[254] 丙寅年 辛卯月 庚辰日 庚辰時 …… 694
[255] 壬戌年 壬寅月 壬子日 甲辰時 …… 696
[256] 乙未年 丁亥月 乙酉日 辛巳時 …… 698
[257] 庚申年 丙戌月 庚辰日 庚辰時 …… 700
[258] 癸未年 丙辰月 己巳日 戊辰時 …… 702

[259] 壬申年 甲辰月 己未日 己巳時 …… 704
[260] 丙寅年 甲午月 丁卯日 辛丑時 …… 706
[261] 丁卯年 癸丑月 壬辰日 辛丑時 …… 708
[262] 丁未年 庚戌月 己巳日 丁卯時 …… 710
[263] 己未年 丙子月 乙卯日 壬午時 …… 712
[264] 丁丑年 庚戌月 乙丑日 壬午時 …… 714
[265] 乙未年 己丑月 己丑日 甲子時 …… 716
[266] 乙巳年 戊寅月 庚午日 甲申時 …… 718
[267] 庚子年 己卯月 甲辰日 丙寅時 …… 720
[268] 己巳年 甲戌月 戊寅日 癸亥時 …… 722
[269] 辛酉年 丁酉月 丙申日 乙未時 …… 724
[270] 癸未年 乙卯月 丁巳日 丁未時 …… 726
[271] 己丑年 戊辰月 庚戌日 癸未時 …… 728
[272] 甲辰年 己巳月 甲申日 己巳時 …… 730
[273] 乙卯年 丙戌月 癸未日 辛酉時 …… 732
[274] 丙申年 庚子月 丁卯日 辛丑時 …… 734
[275] 戊辰年 己未月 癸巳日 己未時 …… 736
[276] 辛丑年 庚子月 己未日 乙丑時 …… 738
[277] 庚子年 戊子月 甲寅日 乙亥時 …… 740
[278] 癸酉年 癸亥月 甲午日 乙亥時 …… 742
[279] 壬戌年 庚戌月 辛丑日 己亥時 …… 744
[280] 己丑年 乙亥月 戊戌日 壬子時 …… 746
[281] 己亥年 己巳月 庚寅日 己卯時 …… 748
[202] 乙亥年 甲申月 戊申日 壬戌時 …… 750
[283] 癸卯年 壬戌月 辛丑日 癸巳時 …… 752

[284] 戊子年 丙辰月 庚午日 壬午時 ……754
[285] 乙酉年 癸未月 丙寅日 壬辰時 ……756
[286] 辛亥年 己亥月 癸丑日 辛酉時 ……758
[287] 己酉年 乙亥月 辛酉日 辛卯時 ……760
[288] 丁未年 甲辰月 丁亥日 己酉時 ……762
[289] 甲戌年 己巳月 癸亥日 壬戌時 ……764
[290] 戊午年 庚申月 癸丑日 戊午時 ……766
[291] 甲子年 戊辰月 庚寅日 丙戌時 ……768
[292] 壬申年 癸丑月 戊寅日 丁巳時 ……770
[293] 辛亥年 丁酉月 戊午日 壬戌時 ……772
[294] 甲寅年 庚午月 己亥日 丁卯時 ……774
[295] 己亥年 丙寅月 庚戌日 壬午時 ……776
[296] 庚午年 庚辰月 甲申日 辛未時 ……778
[297] 庚子年 己丑月 甲寅日 丙寅時 ……780
[298] 丁丑年 癸卯月 乙亥日 丙戌時 ……782
[299] 庚辰年 壬午月 己丑日 戊辰時 ……784
[300] 戊辰年 庚申月 甲子日 丁卯時 ……786

제5장 其他의 運勢

1. 직장(職場)의 運 ································· 791
   1) 취직(就職)의 運 ····················· 791
   2) 승진(昇進)의 運 ····················· 793
   3) 퇴직(退職)의 運 ····················· 794

2. 결혼(結婚)의 運 ································· 797
   1) 남자 기준 ··························· 797
   2) 여성 기준 ··························· 798

3. 학업(學業)의 運 ································· 800

   ■ 마무리 말씀 ························· 802

■ 운세편을 시작하면서

「명리학(命理學)의 심화(深化)」라는 부제(副題)로 진행하는 과정에서 《用神》편에 이은 두 번째의 책은 《運勢》편이다. '운세(運勢)'라는 말은 '유운(流運)과 세력(勢力)'의 합성어(合成語)이다. 유운이란 四柱가 가게 될 길이라고 할 수 있고, 세력은 그 길의 상태를 말한다.

하나의 四柱가 주어졌으면 필연적으로 그 四柱에 걸맞은 用神이 있기 마련이고, 그 用神이 있으면 다음으로 그 用神이 가야 할 운로(運路)가 나타나게 된다. 물론 이 길은 用神도 가지만 기신(忌神)도 가야 할 길이다. 한 무리의 희용신(喜用神)과 기구신(忌仇神)들이 같은 차를 타고서 길을 나서는 셈이다.

그 길이 때로는 희용신(喜用神)에게는 편안한 길이 되고, 기구신(忌仇神)에게는 불편한 길이 되기도 한다. 그리고 그 반대의 경우도 존재하게 된다. 이 과정에서 길흉(吉凶)과 화복(禍福)이 정해지고 이것을 어떻게 해석하게 될 것인지를 설명하는 것이 이 책의 목적이기도 하다.

그러므로 이미 用神에 대해서는 충분히 이해를 했다고 전제(前提)하고 설명해 나갈 것이므로 혹시라도 이 부분에 대해서 미진(未盡)한 부분이 있다고 생각되면 다시 용신법(用神法)에 대해서 공부를 한 다음에 《運勢》편을 읽어야만 낭월이 의도하는 바의 뜻을 이해하게 될 것으로 생각된다.

상담실(相談室)에서 만나게 되는 방문자(訪問者)의 99%는 자신의 운세(運勢)를 묻는다. 즉 미래를 읽을 수가 있는 코드는 用神이고 그 用神의 활동력(活動力)을 가늠하는 것이 운세이다. 운세를 묻는다는 것은 당연히 四柱의 암시와 변수(變數)에 대한 결과(結果)를 알고자 하는 것이다.

운(運)을 묻는 사람의 마음은 자신이 하는 일들이나, 하려고 하는 일들에 대한 성공을 묻는 것이고, 운의 길흉(吉凶)에 대해서 답하는 자의 마음은 어떻게 하면 흉운(凶運)에 상처를 덜 입고 무사히 넘어갈 수 있겠는지에 관심이 있으니, 주객(主客)이 서로 생각하는 바가 달라서 소통이 되지 않을 경우도 있다. 가끔은 흉운(凶運)에 대해서 묻는 사람도 있지만 대부분이 길운(吉運)에 대해서만 묻는 것을 보면 희망의 메시지만 필요하다는 마음의 표현일 것이다.

특히 길운(吉運)을 이야기하면 "고맙다"라고 하면서 희색(喜色)이 만면(滿面)하고, 흉운(凶運)을 이야기하면 불쾌하여 욕이라도 하고 싶은 표정으로 변하는 경우도 있다. 자신의 四柱에 나오는 것을 그대로 읽어줬음에도 불구하고 무슨 저주(詛呪)라도 받은 것처럼 행동하는 것을 보면서 아직은 상담가의 조언을 들을 준비가 덜 되었다는 생각도 해 보게 된다. 이렇게 운(運)에 대한 이해의 차이는 너무도 크기 때문에 四柱를 보고 운을 논하는 것이 삶에 어떤 유익함이 있을 것인지에 대해서 생각을 해봐야 할 부분이기도 하다.

왕왕 독자의 말을 들어보면, "用神은 찾았는데 그다음에는 어떻게 설명을 해야 할지 모르겠다."라는 이야기를 많이 한다. 다른 말로 한다면, 用神만 찾으면 모든 것을 다 알 수 있어서 길흉화복(吉凶禍福)에 대해서 마음대로 설명을 할 수가 있을 것으로 생각했는데, 막상 用神을 찾아 놓고 방문자와 이야기를 나눠보면 질문의 내용에서 예상(豫想)치 못한 이야기들로 당황하게 되더라는 이야기이다.

이러한 것들에 대해서 모두 해결을 하고자 하는 것이 본서(本書)에서 다루고자 하는 내용이다. 우선 생각하기에는 用神만 확실하게 알면 운세(運勢)의 성패는 저절로 알 수 있을 것 같지만, 막상 실제로 방문자(訪問者)를 맞이하고 보면 또한 쉽지 않은 변수(變數)가 많이 있음을 느끼게 된다.

그러므로 用神과 운세(運勢)의 주변에는 생각해야 할 점들과 알아야 할 내용들이 적지 않음을 설명하지 않으면 오류에서 벗어날 수가 없다는 것을 알고 있기 때문에, 보다 상세한 설명을 하기 위해 한마음을 일으키는 것이다. 그러니까 서둘지 말고 차근차근 설명을 잘 이해하고 실제로 적용시켜가는 과정을 반복하다 보면 어떤 상황에서라도 어려움 없이 풀이를 할 수가 있을 것이다.

여기에서 다루게 되는 내용은 用神을 기준으로 대입하여 운세(運勢)의 길흉(吉凶)을 읽는 방법의 '모범(模範)적인 답안(答案)'이라고 보면 될 것이다. 다만 안타깝게도 '정답(正答)'이라고 하지 못하고 '모범답안'이라고 해야 하는 이유는 운세

(運勢)의 길흉(吉凶)이 반드시 그대로 100%로 나타나는 것만은 아닌 것으로 판단하고 있기 때문이다.

이러한 이유를 생각해 보면, 사람이 살아가는 과정에서 기본적인 틀은 사주팔자(四柱八字)가 담당을 한다고 하더라도 그 외에 주변에서 일어나는 변수(變數)가 적지 않은 까닭이다. 가령 풍수지리(風水地理)의 영향으로 길흉(吉凶)이 달라질 수도 있고, 그 시대의 정치(政治)나 경제(經濟)에 의한 환경적(環境的)인 변수에도 영향을 받을 수 있기 때문이다.

하물며 자신이 스스로 수행(修行)을 하면서 본능적(本能的)인 운명(運命)의 욕구(欲求)를 잘 통제(統制)하고 살아가는 사람과 타고난 욕망(慾望)이 이끄는 대로 살아가는 사람의 운(運)에 대한 작용력(作用力)은 분명(分明)히 같지 않을 것이다. 그래서 모범적인 답안은 제시할 수 있지만 정답(正答)이라고 확신(確信)을 하는 것은 어렵다는 의미에 대해서 깊은 성찰(省察)을 당부(當付)한다.

삶의 길을 유추(類推)하는 과정에서 기본적(基本的)으로는 四柱와 用神을 살펴서 판단하게 되지만, 난관(難關)은 항상 만나기 마련이다. 그래서 혼자서 공부하는 과정(過程)에서 방향이라도 잡을 수 있는 정도의 안내는 될 수 있도록 이야기를 진행하게 될 것이다.

운세(運勢)에는 크게 두 가지가 있다. 하나는 四柱에서 타고난 상태인 주운(柱運)이 있고 또 하나는 매년 만나게 되는 세운(歲運)이 있다. 흔히 명리서(命理書)에서 논하는 것으로 '대운(大運)'이 있는데 이것의 실체에 대해서 회의심을 갖고 다각적(多角的)으로 검토한 끝에《運勢》편에서는 논하지 않기로 결정했다.

 대운(大運)에 대해서는, 세월이 흐르고 임상(臨床)의 경험(經驗)이 쌓이면서 점점 희미해져가는 불빛처럼 느껴지는 것은 비단 낭월의 생각만은 아닌 듯하다. 한국의 근대(近代) 명리학계(命理學界)의 태두(泰斗)라고 할 도계(道溪) 박재완(朴在玩) 선생의 상담 자료를 모은 《命理實觀(명리실관)》을 살펴보면, 선생은 대운에 대해서는 주마간산(走馬看山)으로 대충 살펴보고 구체적(具體的)인 것은 모두 세운(歲運)을 통해서 설명하고 있음을 알 수가 있다.

 이러한 선현(先賢)의 자료를 살펴보면서, 오랜 세월 그러니까 대략 잡아도 700~800년을 흘러오면서 四柱와 함께 동고동락(同苦同樂)을 했던 대운(大運)은 점차로 그 용도(用度)를 잃고 있는 것이 아닌가 싶은 생각을 해 보게 된다. 자세한 것은 해당 항목에서 언급을 하도록 하겠거니와 최소한(最小限)의 비중으로 생각하면 된다는 점만 밝혀 둔다.

 사실 주운(柱運)을 통해서 읽을 수가 있는 것은 운(運)만이 아니다. 해당하는 글자가 작용하는 것을 십성(十星)으로 대입시켜서 심리적(心理的)인 변화(變化)도 읽을 수가 있고, 십성궁(十星宮)의 가족(家族)을 대비하면 해당하는 혈육(血肉)과의 인연(因緣)이 어떠한지도 살필 수가 있다.

 자평명리학(子平命理學)을 공부하다 보면 처음에는 四柱를 통해서 모든 궁금증들이 다 해결될 것 같지만 공부가 깊어짐에 따라서 이러한 판단(判斷)에 간섭(干涉)하는 요인(要因)들도 적지 않음을 알게 된다. 그러한 외적(外的)인 요인이 운명(運命)에 개입(介入)하는 것에 대해서도 많은 생각을 해 봐야 하겠지만 이 모든 것을 다 열거하기에는 지면(紙面)이 부족할 것이므로 기본적인 몇 가지의 항목을 정해 놓고 그 기준(基準)에 의해서 살펴보는 방법을 익히도록 한다.

그러니까 四柱의 암시(暗示)를 벗어나서 작용하는 것은 또 그것대로의 문제로 생각하고 여기에서는 用神을 위주로 해서 길흉(吉凶)을 판단하는 방법을 설명하고자 한다. 무엇보다도 어떤 사안(事案)이 생겼을 적에 이것이 四柱에서 기인(起因)된 것인지 아니면 환경(環境)에서 비롯된 것인지를 구분할 정도의 안목(眼目)만 얻어진다면 앞으로 가야 할 길에 대한 판단은 훨씬 쉬워질 것이다.

이렇게 하노라면 四柱를 통해서 길흉(吉凶)을 설명하는 것이 능통하게 될 것이니 이를 바탕으로 삼아서 지혜로운 운명의 조언자(助言者)가 되기를 기원(祈願)드린다.

2014년 이른 봄에 계룡감로에서 낭월 두손모음

제1장 運勢의 理解

1. 運勢의 개념(概念)

운세(運勢)를 설명하기에 앞서 운세의 의미를 먼저 이해를 하고 넘어가는 것이 좋겠다. 본격적(本格的)인 운세를 공부하기 위해서는 먼저 運이란 무엇인지부터 살펴보고자 한다. 여기에 대한 정의(定義)가 잘 이해되었다면 앞으로 공부하면서 많은 부분들이 쉽게 정리(整理)가 될 것이라고 생각된다.

1) 운(運)의 문자적인 분석(分析)

세상의 삼라만상(森羅萬象)에는 제각기 자신의 이름이 붙어 있다. 그리고 그것이 그렇게 생긴 것에는 그럴만한 이유가 있을 것이라는 점을 전제(前提)로 하고 그 이름의 의미를 살펴보는 것도 의미가 있을 것이다. 그래서 지금은 우리의 연구 과제(課題)이기도 한 '運'이라는 글자를 분석해 보면서 그 속에 들어 있는 의미를 생각해 보도록 하자.

運은 군사군(軍)과 쉬엄쉬엄갈착(辶)으로 구성되어 있다. 다시 군(軍)은 갓머리(冖)와 수레차(車)로 나눌 수가 있다. 군(軍)은 군대(軍隊)를 의미하고 착(辶)은 쉬엄쉬엄 걸어간다는 뜻이다. 이것을 또 다른 말로 풀이하면 '군대가 행진(行進)하는 것'으로 이해를 할 수도 있겠다. 여기에 대해서 몇 가지의 의미로 풀어서 이해를 해 본다.

① 명령(命令)을 받은 군인은 절대로 멈추지 않는다.
② 정해진 코스는 반드시 거쳐서 지나간다.
③ 명령에 의해서 절대적으로 전진(前進)만 한다.

이와 같이 생각을 해 본다면, 運이란 멈출 수도 없고 막을 수도 없다는 의미를 갖고 있으면서 앞으로만 행진하는 군대와 같다는 것을 떠올리는 것이 과히 어렵지는 않을 것이다. 그러니까 運이라는 것은 그렇게 싸움터로 나아가는 군대처럼 쉬지 않고 움직여서 앞으로 앞으로만 나아가는 존재인 것이다.

그리고 운(運)이 쓰이는 글자들을 살펴보게 되면, 운행(運行), 운전(運轉), 운동(運動), 운송(運送), 운용(運用), 운필(運筆) 등과 같이 '운(運)'자를 앞에 쓰는 용어(用語)가 있고, 길운(吉運), 흉운(凶運), 행운(行運), 액운(厄運), 재운(財運), 관운(官運), 결혼운(結婚運), 학업운(學業運), 시험운(試驗運), 합격운(合格運), 낙방운(落榜運), 성공운(成功運), 실패운(失敗運), 행운(幸運) 등과 같이 뒤에 쓰이는 경우도 있다. 그리고 의미를 살펴보면 무엇인가를 계속해서 움직이는 상태를 의미한다는 것으로 이해하는 것은 무리가 없을 것이다.

2) 자동차와 도로(道路)

 운세(運勢)를 이해하는데 가장 편리한 방법은 자동차(自動車)와 도로(道路)의 비유(譬喩)이다. 四柱八字의 원국(原局)은 자동차로 보고 그 자동차가 굴러가야 할 도로를 운세(運勢)로 보면 크게 벗어나지 않는다.
 또, 四柱의 구조가 청아(淸雅)하면 명품의 고급 자동차에 비유하고 혼탁(混濁)하면 품질이 떨어지는 저렴(低廉)한 자동차에 비유하게 된다. 그리고 같은 급의 자동차라고 하더라도 기능이 탁월하면 用神이 강건(強健)하고 결함(缺陷)이 없는 것으로 이해를 하고, 기능이 좀 떨어지면 四柱는 좋은데 用神에게 결함이 있거나 허약(虛弱)한 것으로 대입을 하여 이해하게 된다.
 그런가 하면, 보급형(普及型)의 저렴한 자동차의 경우라도 비록 발휘할 수 있는 능력은 다소 떨어지겠지만 운행하는데 특별한 문제가 없는 경우도 있다. 이것은 四柱 원국의 五行이 한쪽의 방향으로 치우쳐서 균형(均衡)을 이루지 못한 경우에 해당되는데, 비록 그렇더라도 그 자동차가 가야 할 길이 크게 험난(險難)하지 않을 경우에는 편안하게 운행(運行)을 할 수가 있는 것이다.
 다만 도로가 산악지대라고 한다면 아무래도 힘이 떨어져서 편안한 주행(走行)이 되기는 어려울 것이고 그러한 상황이 되고 나면 비로소 등급(等級)의 차이는 속일 수가 없는 것이다. 그래서 기본적으로 바라는 것은 원국의 상태가 生剋의 조화(調和)를 잘 이루고 있어서 한 방향으로 치우치지 않기를 희망(希望)하게 되는 것이다.

고인(古人)의 가르침에 '일명이운삼풍수(一命二運三風水)'라는 말이 있다. 이는 四柱와 運을 비교해서 말할 적에 運보다는 四柱가 좋아야 한다는 이야기이지만, 그 정도로 運의 작용 또한 중요하다는 것으로 이해를 하는 것도 가능하다. 물론 둘 다 좋다면 두말을 할 나위가 없는 것이다.

그렇지만 인생살이가 어디 그렇게 만만한가? 四柱에도 나름대로 크고 작은 결함은 있기 마련이므로 運의 의미가 더욱 중요하게 다가온다. 그리고 運이란 군인이 행군을 하듯이 상황에 따라서 변동(變動)이 되기 때문에 도로가 나쁘다면 자동차가 고급이든 저급이든 간에 편안한 주행을 못하는 것은 똑같으니 運의 의미는 더욱 중요해지는 것이다.

3) 심장(心臟)과 활동력(活動力)

운의 의미를 또 다른 관점으로 생각해 본다면 파동(波動)으로 이해를 할 수도 있다. 자연계(自然界)의 만물(萬物)은 제각기 고유(固有)한 파동(波動)을 갖고 있다. 소리는 음파(音波)로 전달이 되고 전기(電氣)에서는 전자파(電磁波)가 나오는 것과 같은 이치이다. 그리고 四柱八字에서도 사주파(四柱波)가 나온다고 하면 좀 황당(荒唐)하게 느껴질 수도 있을 것이다. 그렇지만 결국 운명도 하나의 자기장(磁氣場)과 같은 형태로 존재한다고 할 수 있다. 다음의 그림은 병원에서 볼 수 있는 심전도(心電圖)이다.

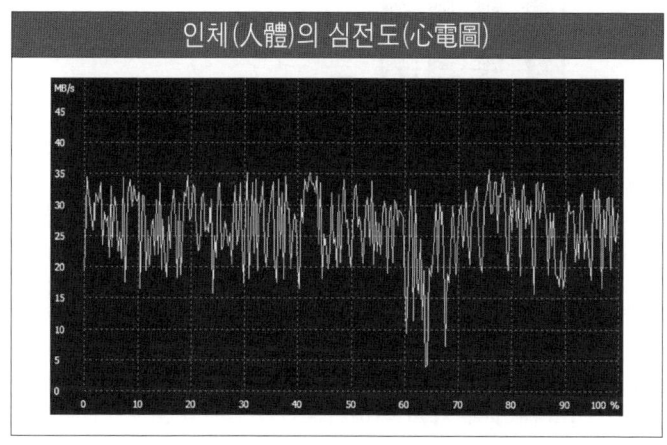

심전도를 보면 파동(波動)이 높아지거나 낮아지면서 쉬지 않고 이어지는 것처럼 사람이 태어나는 순간(瞬間)에 가동되기 시작하는 운명파(運命波)도 고저(高低)와 완급(緩急)을 반복(反覆)하면서 임종(臨終)의 시각(時刻)까지 이어지고 있다.

심장(心臟)의 박동(搏動)을 심전도를 보고 이해하듯이 운명(運命)의 박동은 用神의 운세(運勢)를 통해서 읽을 수가 있다. 그러니까 用神은 한순간도 쉬지 않고 진행(進行)하면서 지금 현재의 모습을 보여 주고 있으며 과거와 미래에 대해서도 예정된 대로 보여 주고 있는 것이다. 심전도를 운명도(運命圖)로 바꿔서 만들어 본다면 다음과 같을 것이다.

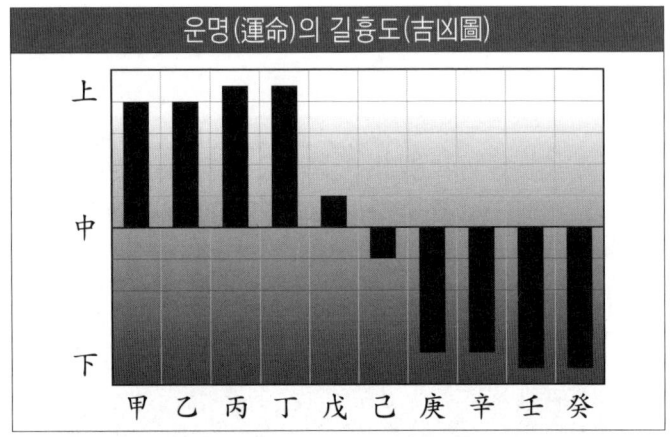

위의 표를 살펴보면 木火는 吉運이고 金水는 凶運이며 土運은 중간이라는 것을 쉽게 이해할 수가 있다. 이와 같이 運의 吉凶을 나타내는 방법은 여러 가지로 비유를 들어서 설명할 수 있지만 중요한 것은 모든 것에는 리듬의 파장(波長)이 있다는 것이고 그것을 어떻게 읽느냐는 것이다. 그중에서도 운명(運命)의 吉凶은 이렇게 運에 따라서 높낮이로 구분하여 이해를 할 수가 있고 이것을 上, 中, 下로 대입하게 된다면 비록 대략적이라고는 하더라도 그 차이를 구분할 수 있을 것이다.

4) 기본형(基本形)과 변형(變形)

가령, 사람의 건강(健康)에 대해서 판단을 하더라도 심전도의 검사만으로 단정(斷定)을 할 수가 없듯이 운명도(運命圖)도 역시 마찬가지이다. 심장이 움직이는 것에 영향을 미치는 것이 당시의 심리상태(心理狀態)가 될 수 있듯이, 四柱의 판도(版圖)에 영향을 미치는 것은 운세(運勢)라고 할 수 있다. 그리고 그 운세가 주변의 변수에 영향을 받으면서 흐름을 타는 것으로 이해하면 거의 틀림이 없을 것으로 본다.

건강상태(健康狀態)를 살펴보기 위해서 종합 검사를 하게 되듯이 운명에 대해서도 종합 검사가 필요하다고 생각한다면 이해를 하는데 어려움이 없으리라고 생각된다. 그러기 위해서는 무엇보다도 기본적인 원칙(原則)에 해당하는 用神과 柱運을 통해서 기본도(基本圖)를 만들어야 할 것이고 여기에 다시 세운(歲運)도 살펴야 한다. 그리고 어떤 마음으로 현재의 運을 받아들이고 있는지의 정도는 알아두는 것이 좋을 것이다.

아울러서 정치(政治)와 경제(經濟)의 현실(現實)에 대해서도 어느 정도 이해를 하고 있어야 할 것이고, 의뢰자(依賴者)의 연령(年齡)도 참고를 해야 할 것이며, 그가 하고 있는 일이 四柱의 적성에서 본다면 적합(適合)한 것인지를 생각해야 함은 물론이고, 그 일을 이루기 위한 시기(時期)와 지금의 상황이나 앞으로 진행이 될 과정의 運이 적합한 것인지에 대해서도 참작(參酌)을 하는 것이 현명(賢明)할 것이다.

2. 運의 작용(作用)

1) 존재하는 것은 모두 運이 있다.

 닭장의 닭에게는 닭의 운명이 있고, 외양간의 소에게는 소의 운명이 있듯이 저마다의 인연으로 태어난 인간에게도 모두 자신이 가야 할 길이 있는데 그 길을 우리는 운명(運命)이라고 부를 뿐이다. 물론 우리가 연구해야 할 부분도 인간의 運이 된다. 가축의 運은 농부가 결정(決定)을 하고 자동차의 運은 공학도가 연구를 하게 되듯이, 운명을 연구하는 명리학자는 인간의 운명에 대해서 연구하게 되는 것이다.

 만물에는 運이 있다. 아니, 運이 없을 수가 없다고 해야 할 것이다. 그 運이 처음부터 정해진 것도 있고 살아가면서 정해지는 것도 있기는 하지만, 여하튼 運이 존재한다는 것은 부정할 수 없는 사실이다. 가령 공장에서 자동차 한 대가 탄생했다면 그 순간부터 운명이 생겨나게 되는 것이다. 물론 자동차의 이전 상태인 철광석(鐵鑛石)으로 존재할 때부터 운명은 정해졌다고 할 수도 있겠지만 거기까지는 생각하지 않아도 될 것이다. 원래의 철(鐵)이 자동차로 만들어져서 출고(出庫)가 되면서부터 자동차의 등급이 정해지고 그 자동차가 주인을 만나게 되면서부터 비로소 자동차의 運이 발동하게 된다.

2) 정(定)해진 것과 정해질 것

다시 자동차 이야기를 조금 더 해 본다. 자동차가 완성이 되어 판매장에서 고객을 만나서 그렇게 팔려 간 다음에 주인을 만나는 것은 정해진 운명이 아니라 정해질 운명이라고 할 수 있을 것이다. 그러니까 공장에서 만들어졌을 당시에는 결정이 되지 않았다는 이야기이다. 그렇지만 적어도 2억 원짜리 승용차(乘用車)라고 한다면 금전적으로 여유가 있는 사람에게 가게 될 것은 분명하다고 보는 것은 상식적이다. 그렇다고는 하더라도 구체적으로 그 사람이 사업하는 사람인지 고위직에 종사하는 사람인지는 아직 알 수 없는 것이다. 이렇게 運에는 두 가지가 있다고 볼 수 있다.

이것을 인간에게 대입하게 되면 태어날 적에 정해진 것과 살아가면서 정해질 것으로 나뉠 수가 있고, 태어나면서 정해진 것은 生年月日時와 부모나 형제 등이 이에 해당할 것이다. 이처럼 四柱의 품격이나 가정의 환경(環境)은 태어나면서 이미 정해졌지만 태어난 이후에두 정해질 것은 적지 않다.

말하자면 군대가 행군을 시작할 적에 어디까지 간다는 것은 이미 정해진 것이고 진행하는 과정에서 거쳐야 할 행로(行路)도 또한 정해져 있다. 그렇지만 가는 도중에 비를 만날 수도 있고 다른 장애물을 만나서 행군이 지연(遲延)될 수도 있을 것이다. 그리고 누군가는 몸에 병이 나서 행군을 중단하고 병원으로 실려 갈 수도 있고 또 음식을 먹다가 탈이 날 수도 있는데, 이는 진행하는 과정에서 정해질 것이라고 할 수 있는 것이다.

그리고 '정해질 것'에는 항상 변수(變數)가 일어날 가능성이 내재(內在)하고 있다. 그래서 예측(豫測)이 빗나가게 되기도 하는데, 우리가 일기예보의 상황이 실제 상황과 부합이 되지 않는 경우가 있음에도 그것에 대해서 포기를 하지 않듯이 마찬가지로 운명의 판단에 대해서 때로는 벗어나기도 하겠지만 그럼에도 불구하고 필요할 적에는 다시 조언을 청하는 것도 그나마 묻지 않고 길을 떠나는 것보다는 나을 것이라는 지혜가 있기 때문이다.

낭월은 선천적인 운명에다가 후천적인 요인이 어우러져서 만들어가는 것이 삶이라고 생각한다. 그러므로 방문자가 자신의 미래에 대해서 吉凶을 물을 적에는 대부분은 진인사(盡人事)를 하였는지에 대해서 먼저 묻는다. 만약에 '運이 좋은데도 왜 되는 것이 없느냐?'라고 한다면 좋은 運을 찾아 먹기 위해서 무슨 노력을 했는지에 대해서 물어야 하는 것이다.

사람이 자신에게 주어진 일을 다 하지 않았으면서 뜻대로 진행될 것인지를 알아보려는 것은, 자신이 할 바를 노력하지도 않고서 하늘의 運만 바라보고 있는 형국이다. 그리고 자신이 해야 할 일에 대해서 최선(最善)을 다한 다음에 하늘의 명을 기다려야 하는데 노력(努力)은 없이 하늘의 명만 기다리고 있는 사람이 우리 주변에는 의외로 많다.

 더구나 이러한 심리(心理)를 소유한 사람은 운명론자(運命論者)가 될 수도 있을 것이다. 그래서 이러한 사람은 여기저기 상담소(相談所)를 찾아다니면서 자신의 運을 묻고 다니지만 그에게는 아무런 변화도 생기지 않을 것이라는 점을 낭월은 잘 알고 있다. 그러기에 진정(眞正)으로 최선을 다해서 노력했을 때 用神運이 들어오게 되면 비로소 목적한 바를 이룰 수 있을 것이고, 혹 노력을 했지만 여의치 못해서 忌神運을 만나게 되더라도 예상되는 피해(被害)를 최소화(最小化)로 할 수가 있는 것이다.

 그래서 운명에는 두 가지가 있다는 것을 생각하게 된다. 四柱八字의 암시는 이미 정해진 운명이다. 이것을 고치거나 바꾸는 것은 참으로 어렵다는 것을 생각하지 않을 수가 없다. 다만 그렇게 고치기가 어려운 것임에도 불구하고 환경(環境)을 가려서 살아갈 수도 있고 시대(時代)에 따라서 직업(職業)의 업종(業種)을 선택(選擇)하는 것은 온전히 자신의 몫이다.

 이렇게 주변을 살펴서 최선(最善)의 방향을 추구(追求)하는 것은 앞으로 정해질 운명이라고 본다. 운명의 암시가 좋은 사람이 정해질 운명도 훨씬 나을 가능성은 당연히 있다. 그러나 운명의 암시가 나쁘다고 하더라도 자신의 지혜(智慧)와 노력(努力)에 따라서 얻어지는 결과가 분명히 같지 않을 것이다. 그리고 이 책에서는 정해질 운명을 논하지 않고 정해진 운명에 대해서만 거론(擧論)한다는 것도 미리 밝혀 둔다. 그래서 이 책을 어떻게 활용(活用)하느냐는 것은 온전히 독자(讀者)의 판단(判斷)에 달렸다.

혹시라도 이 한 권의 책이 모든 답을 알려줄 것이라는 기대감으로 책을 펼친 경우라고 한다면 실망스러울 수도 있겠지만 운명을 대입하는 모범적인 답안으로 삼고 자신의 연구과정의 나침반(羅針盤)으로 삼고자 한다면 충분히 그 몫을 할 수 있을 것으로 생각한다.

인간으로 태어났다면 누구나 자신의 일회성(一回性)인 삶에 대해서 무심(無心)할 수는 없는 일이다. 그리고 보다 나은 삶을 위해서도 자신의 미래에 어떤 일들이 기다리고 있을 것인지 알고 싶어 하는 것은 당연할 것이다. 그래서 예언가(豫言家)를 찾아서 미래를 점(占)치는 것은 아득한 옛날부터 인류(人類)의 역사(歷史)와 함께 시작했을 것이고 또 앞으로 먼 미래로 끊임없이 이어지게 될 것이다.

이렇게 인간과 떼어놓을 수가 없는 관심사(關心事)인 운명(運命)에 대해서 알아가고자 하는 노력들이 결코 사소한 일이라고 할 수는 없을 것이다. 왜냐하면 그동안의 공부를 바탕으로 해서 인간이 살아가는 삶의 미래에 대해서 예언(預言)을 할 수 있는 열쇠를 손에 쥐려고 하고 있기 때문이다. 그리고 이러한 목적을 이루기 위한 수단으로 선택이 된 자평명리학(子平命理學)을 통해서 미래를 들여다보고 안내를 할 수가 있는 열쇠가 되도록 연마(鍊磨)하는 것은 또한 독자의 몫이다.

3) 운명학(運命學)과 과학(科學)의 사이

 간혹 운명학(運命學)을 연구하는 학자(學者)가 과학자(科學者)들에게 비교당하는 것을 두려워하여 자신의 학문도 과학적(科學的)이라는 말로 포장(包裝)하고 싶어지는 마음이 생길 수 있다. 그렇지만 실은 그러한 몸부림으로 인해서 자신의 분야는 더욱 왜소(矮小)해질 수 있다.
 단언(斷言)하건대, 운명학(運命學)은 절대로 과학(科學)이 아니다. 그리고 과학이 될 수도 없다. 왜냐하면 통상적(通常的)으로 생각하고 있는 운명(運命)의 현상(現象)은 그냥 공식적인 방식으로 대입을 할 수가 없을 만큼의 대단히 다양한 경우에 해당하는 변수(變數)들이 복합적(複合的)으로 얽혀 나타나는 결과(結果)이기 때문이다.
 그러므로 운명학자(運命學者)에게 과학적(科學的)으로 설명을 요구하는 것은 국어학자(國語學者)에게 수학적(數學的)으로 설명을 해달라고 하는 것이나 별반 다를 것이 없다. 예컨대 국어학을 전공하는 사람은 하나의 낱말이 갖고 있는 의미에 대해서 연구하므로, '운명(運命)'이라고 하는 한 단어도 국어학자가 알고 있는 뜻은 천차만별(千差萬別)의 다양한 의미가 있을 것이다. 그런데 수학자(數學者)의 생각으로는 '운명(運命)'이라고 하는 두 글자가 있으면 그 글자는 언제 어느 곳에서라도 같은 뜻으로 쓰여야 한다는 것으로 인식(認識)할 수 있기 때문에, 어감(語感)이나 상황에 따라서 달라지는 것에 대해서는 알 도리(道理)가 없는 것과 같다고 할 수 있겠다.

그리고 문학가(文學家)에게 있어서의 '운명(運命)'은 자신의 뜻을 이루지 못한 추억을 되뇌는 것이 될 수도 있고, 역사학자에게는 과거의 전쟁이 일어날 수밖에 없었던 필연적인 연유(緣由)가 될 수도 있다. 이처럼 같은 단어라도 그 속에 들어 있는 의미는 사용하는 사람에 따라서 많이 달라지게 된다.

운명학(運命學)도 이와 같아서, 동일한 年月日時에 태어난 사람이라고 할지라도 그들의 삶이 완전히 똑같지 않다는 것을 생각해야 하는데, 그 현상에 대해서는 수학적으로 설명을 할 수도 없고 과학적으로 설명을 할 수도 없다. 그렇다고 해서 논리성(論理性)이 없다는 것은 분명(分明) 아니지만 논리적인 것만으로 모든 것을 설명할 수는 없다는 것이다.

그럼에도 자꾸만 과학적인지 아닌지에 대해서 질문을 하는 것은 우리가 교육을 통해서 과학의 힘을 너무 지나치게 과신(過信)을 하다 보니까 어느 순간에 자신도 모르게 과학교(科學敎)의 맹신도(盲信徒)가 되어 버렸기 때문일 수도 있다.

그렇기 때문에 과학(科學)이라는 이름으로 비과학(非科學)에 대한 모든 것을 모조리 단죄(斷罪)하는 사고방식은 전적으로 옳다고만 보기도 어려운 것이다. 사실 과학이 탄생한 이후로도 몇 번의 변신(變身)을 거듭하면서 여기까지 왔다는 것을 아는 사람은 다 알고 있는 일이다. 그러니 앞으로는 또 어떤 것을 놓고서 '이전에는 과학적이었지만 이제는 비과학적'이라고 말을 하게 될 것인지는 아무도 모르는 일이다.

그래서 운명(運命)이나 영혼(靈魂) 등과 같은 미지(未知)의 세계(世界)에 대해서는 모두 현상학(現象學)으로 이해를 하고 언젠가 과학적 지식이 발달해서 여기에 대한 원리(原理)를 낱

낱이 규명(糾明)하게 되는 날까지는 '과학으로 증명을 할 수는 없지만 뭔가 분명히 존재하는 하나의 현상(現象)'으로 판단을 하고 진득하니 기다리는 여유로움을 갖기 바란다.

오늘 우리가 알고 있는 것이 진실이 아닐 수도 있고 또 아직은 알 수가 없는 어떤 탁월(卓越)한 시스템에 의해서 움직이고 있는 것인지도 모르는 일이 아니겠는가?

3. 運勢 위에 존재하는 환경

 운명(運命)을 감정하러 오는 방문자의 유형을 살펴보면, 하나는 자신의 운명을 알고 참고하려는 사람, 또 다른 하나는 모든 것은 운명이므로 받아들이자는 사람으로 나눌 수 있다. 그리고 여기에 대해서 어느 것이 옳다고 할 수는 없겠지만 운명의 작용에 대해서 이해하기 위해서 먼저 생각해 봐야 할 것이 있다는 점을 말하고자 한다.

1) 운세(運勢)보다 환경(環境)

 모든 것이 운명이라고 생각하는 사람은 상담을 받을 때 자신의 삶이 이어져 온 여정에 대해서 콕콕 짚어서 이야기해 주기를 바라는 마음이 있다. 그러나 이야기를 들어보면 반드시 자신이 살아온 길대로 풀이가 된다고 보기 어려운 경우도 접하게 되므로 그러한 상황에서 제일 먼저 풀이를 해주는 사람의 능력을 의심하는 마음이 들게 된다.

그래서 상담가는 애써 陰陽五行의 이치를 공부하여 큰마음을 먹고 없는 돈을 긁어모아서 상담실을 마련하였는데, 모처럼 찾아온 방문자로부터 상처를 받고서는 고민을 하다가 상담실을 접게 되고 좌절(挫折)까지 하게 되면서 삶의 방향조차도 흔들리게 되는 일이 생기는 것이다. 이미 수없이 많은 명리학자는 그렇게 자신의 길에서 혼란을 겪으면서 커 왔을 것이고 앞으로도 그렇게 될 것이다. 여기에 대해서 뭔가 희망을 전하고 싶은 낭월이다. 지금부터 잘 살펴보면 그 의미를 알게 될 것이고 누구라도 상담을 할 용기가 날 것이다.

무엇보다도 이러한 일이 생기는 가장 큰 문제는 "四柱를 벗어날 수 없다."라는 관점에서 출발한다는 것에 있다. 과연 그럴까? 물론 대부분은 그렇다고 해야 할 것이다. 그러나 그것이 전부라는 생각에는 함정이 있는데 이것에 대해서 정확하게 인식하지 못하면 누구라도 그 함정을 벗어날 길이 없는 것이다. 물론 함정이 원래 있었던 것은 아니다. 다만 그것을 인식하지 못함으로 인해서 구덩이에 빠져서 허둥대다가 절망하게 되는 것일 뿐이다.

여기서 말하는 함정은 바로 '번뇌(煩惱)'이다. 이것은 원래는 없는 것이다. 그런데 그 함정에 빠지게 되면 자유롭고 희망적인 생각을 하지 못하고 계속해서 그 번뇌의 사슬로 자신의 마음을 칭칭 동여맨다. 그리고는 마침내 그 번뇌에 갇혀서 죽어버리고 만다. 아마도 자살자들의 대부분은 번뇌의 사슬에 묶여서 죽어 가는 사람들일 것이다. 그렇다면 번뇌는 있는 것일까? 깨달은 이의 글을 읽어보면 "번뇌는 하늘에 있는 구름"

이라고 했다. 구름이 하늘을 덮어버리게 되면 맑고 푸른 하늘은 보이지 않는다. 그러나 보이지 않는다고 해서 하늘이 없어진 것은 아니다. 다만 그에게는 하늘이 보이지 않고 구름만 시커멓게 보일 뿐이다. 그렇게 시간이 흘러가면서 점차로 희망은 사라지고 절망만 커지게 되면 삶을 포기하게 되는 수순(手順)이 기다리고 있는 것이다.

운명학자의 길을 가고자 한 후학들에게 낭월은 선험자(先驗者)로서 이러한 이야기를 반드시 해 줘야만 한다. 선학(先學)들이 겪은 고통을 후학에게 전달해서 다시는 그러한 고뇌의 먹구름에 빠지지 않도록 해야 할 책임이 있는 것이다. 그러나 그것을 숨기고 엉뚱한 말만 하는 선학도 없진 않을 것이다. 그것의 가장 큰 이유는 자신도 왜 그러한 오류가 일어나는 것인지에 대해서 잘 몰랐을 수도 있고 항상 자신이 부족해서 그러한 것을 다 읽어내지 못했다는 자책(自責)을 했을 수도 있다.

학인들의 이야기를 듣다 보면 가끔은 웃지만도 못할 이야기도 있다. 작년에 삶이 힘들었을 거라고 예측을 했는데 무난하게 잘 지냈다고 하는 방문자에게 뭐라고 할 것인가? 물론 작년에 좋았을 것이라고 판단을 했는데 실은 너무 힘들었다는 사람이 더 많을 것이다. 그렇다면 그들은 왜 그렇게 四柱에서의 판단과 다른 시간을 보낸 것일까? 물론 여기에서 四柱를 잘못 해석함으로 인한 오류는 예외로 한다. 일정 수준에 도달한 학자의 관점으로 봤을 적에 평균적으로 그러한 판단을 내릴 수 있는 상황이라고 했을 경우를 생각해 보는 것이다.

자신의 예측이 빗나갔을 적에 방문자에게 미안하다는 말을 할 수도 있고, 호통을 칠 수도 있다. 여기에서 운명의 작용이

100%라고 생각하는 사람과 변수가 있다고 생각하는 사람의 차이가 날 것이다. 절대적인 운명론자에게는 자신의 예측이 빗나가는 것은 있을 수가 없다. 그러나 현실은 빗나갔다. 그래서 그 방문자가 四柱대로 살지 않은 것에 대해서 원망하기도 하고 그러한 변화를 읽지 못한 자신을 비난하기도 한다. 그렇다면 어떻게 해야 할 것인가? 이러한 점에 대해서 잘 생각해 보면 원인은 다른 곳에 있었다는 것을 알 수 있을 것이다.

이러한 문제가 생기는 것은 운명의 작용력이 환경(環境)의 지배를 받는 것에 있기 때문이다. 안타깝게도 무슨 이유인지는 모르지만 고서(古書)에서는 이러한 이야기를 언급하지 않았다. 특히 임철초(任鐵樵) 선생의 《滴天髓闡微(적천수천미)》나 《滴天髓徵義(적천수징의)》를 보면 그러한 느낌이 물씬물씬 난다. 길흉화복(吉凶禍福)은 물론이고 건강장수(健康長壽)와 질병(疾病), 그리고 수명(壽命)의 장단(長短)까지 삶에서 일어나는 일거수일투족의 모든 일들을 다 알아야만 할 것 같은 분위기가 넘쳐나게 되는 것이다. 그래서 공부하는 사람은 환희심(歡喜心)이 넘친다. 적어도 운명상담소를 차리기 전까지는 그렇다. 그런데 막상 상담실을 차려 놓고 나서는 현실과 이론 사이에는 지리산만큼의 큰 벽이 있음을 실감하게 되는 것이다. 결국 이 세상의 고민하는 사람들을 구제하겠다는 의욕(意欲)이 일시(一時)에 상실(喪失)되고 자신이 길을 잘못 선택한 것 같다는 생각으로 자책(自責)하게 되는 수순(手順)이 남아 있는 것이다. 이것은 낭월이 겪은 과정이기도 하고 많은 명리학자들이 겪어야 할 과정이기도 할 것이다.

다행히 지금은 그러한 일이 왜 생길 수밖에 없는지를 알았기 때문에 그 길을 포기하지 않고 여기까지 올 수가 있었지만 수없이 많은 학인들이 책을 던져버리고 다른 길로 전환하였던 것에 대해서 선학들의 책임이 없었다고는 못하겠다. 그런 시절에 누군가가 있어서 글이든 말이든 다 좋으니 "그건 자네 탓이 아니라네. 왜냐하면 운명 위에 환경(環境)이 있는데 책에는 그 환경에 대한 이야기를 하지 않아서 그로 인한 착오가 생겼을 뿐이니 너무 자책하지 말고 더 열심히 공부하고 환경에 대해서도 이해를 깊이 하면 된다네. 나도 그랬거든~!"이라고 말을 해 줬다면 고민의 시간은 훨씬 짧았을 것이다.

낭월이 그렇게 열심히 읽었던《滴天髓(적천수)》를 팽개치고 고물 리어카를 끌게 된 이유도 사실은 여기에서 비롯된 것이었음을 나중에서야 알게 되었다. 그러니 오늘도 얼마나 많은 후학이 이 문제로 고뇌에 빠져있을 것인지를 생각해 보면 어깨가 무겁고 그래서 또한 안타까움이 사무친다. 고서(古書)에서는 들려주지 않은 이러한 이야기를 낭월이라도 해야만 좌절의 수렁에서 빠져나와서 의연하게 자신의 길을 갈 수 있을 것이라는 생각이 들어서, 이제 '운세(運勢)'를 논하게 되면서 비로소 구체적으로 정리하고자 하는 것이다.

用神을 공부할 적에는 用神에 몰입해야 하므로 이러한 이야기를 할 겨를이 없었지만 이제는 운세(運勢)의 의미를 생각해야 할 때가 왔으니 지금이 가장 적절한 때인 것이다. 왜냐하면, 用神을 논할 적에는 강약(强弱)에 대해서만 고민을 하면 되었지만 운세를 논하게 되면서는 적중하거나 빗나가는 것에 대해서 고민을 해야 하기 때문이다.

그것은 바로 개인의 운세(運勢)가 거대한 환경의 지배를 받고 있다는 점에 대한 인식(認識)이 부족하면 스스로 좌절을 하게 된다는 것에서 원인을 찾는다. 이렇게 된다면 많은 고민들은 일시에 해소되고 더욱 열심히 학문을 연마할 의욕이 상승(上昇)하게 된다. 아무리 개인의 運이 나빠도 환경이 좋으면 그럭저럭 살만한 것이다. 그래서 복지시설(福祉施設)이 잘되어 있는 서양에서는 運이 약해서 빈곤하게 되더라도 실직수당(失職手當)을 준다니까 최소한 굶지는 않을 것이니 이것도 운명이라고 해야 할 것인지 생각해 봐야 할 것이다.

근래에는 우리나라에서도 일정 기간 직장을 찾을 기회를 주면서 실직자에 대한 배려를 한다니까 옛날에 태어나서 일자리를 잃으면 굶을 수밖에 없던 사람에 비해서 분명히 환경 변화가 생긴 것인데, 이러한 것조차도 모두 운명으로 해석할 수는 없는 것이다. 그래서 개인의 운명이 환경의 지배를 받을 수밖에 없다는 것을 인식하고 있어야만 상담에 임해서도 명백(明白)한 답변을 얻을 수 있는 것이다. 그렇다면 이러한 운세(運勢)의 변수(變數)를 유발(誘發)시키는 것을 어떻게 정리하면 좋을 것인지에 대해서 생각해 보자.

2) 삶을 만드는 삼대요소(三大要素)

인간이 태어나서 살아가는 과정의 길에 영향을 끼치는 것이 무엇이 있을지를 생각해 본다. 물론 여러 가지가 있겠지만 요약을 해보면 세 가지 정도로 압축이 될 수 있다. 그것은 환경

(環境)과 운세(運勢)와 노력(努力)이다. 그중에서 지구라는 환경으로부터 자유로울 수 있는 생명체는 없다고 본다면 무엇보다도 중요한 것은 환경이라고 해야 하지 않을까 싶다. 따라서 운세의 吉凶도 환경이 존재하고 나서야 논할 수가 있으므로 가장 먼저 생각해야 할 것은 환경이다.

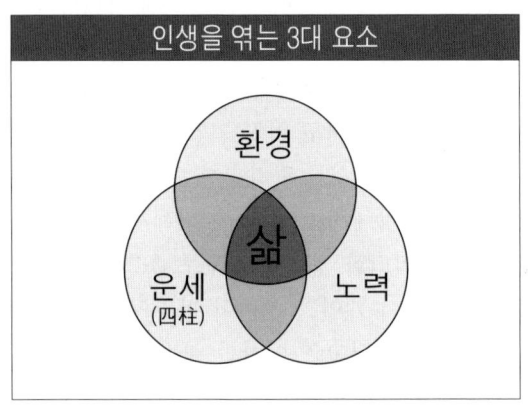

그러나 환경조차도 팔자의 암시에 따라서 결정되는 것이라고 생각한다면 의미를 잘못 이해한 것이다. 만약에 이러한 생각으로 자평명리학에 접근하고자 한다면 동시에 태어난 쌍둥이의 四柱에 대해서 해석을 할 방법은 영원히 찾지 못할 것이기 때문이다. 비록 같은 부모를 두고 거의 같은 시각에 태어났지만 서로의 삶이 점점 달라지는 것은 분명히 환경의 영향에서 비롯된다고 봐야만 해석이 되는 까닭이다. 그러므로 환경은 모든 것에서 최우선으로 고려해야 할 상황이라는 것을 생각하게 된다.

또 대단히 자유로운 환경(環境)이라고 한다면 환경의 영향을 덜 받는다고 볼 수가 있을 것이니 이렇게 된다면 이번에는 운세(運勢)의 영향이 크게 작용하고 대신에 환경의 영향은 적게 작용할 것이다. 이러한 것은 문명세계로 갈수록 더 두드러질 가능성이 많지만 개인적인 환경에서도 얼마든지 다양한 경우가 발생할 것이므로 이러한 상황이 가능하다는 정도로만 이해를 해도 충분하다. 그리고 노력에 대해서도 얼마나 큰 비중이 있는지를 생각해 봐야 한다. 運이 좋아도 노력하지 않으면 구하는 바를 얻을 수가 없고, 환경이 아무리 좋아도 또한 노력하지 않으면 결실이 되지 않기 때문이다. 그래서 운명의 힘과 노력의 힘에 대해서는 고래로 많은 철학자들이 거론했는데 어느 것이 더 우월(優越)하다고 단정을 할 수는 없다고 보는 것이 낭월의 관점이다. 그 모두는 상황에 따라서 현격(懸隔)한 차이가 있기 때문이다.

 이와 같은 차이가 있음을 먼저 이해하고 나서 운세(運勢)를 논하게 된다면 훨씬 편안한 마음으로 상담에 임할 수가 있을 것은 당연하다. 왜냐하면 모든 것이 자신의 책임이거나 오류라고 생각해야 하는 부담감에서 벗어나 자유로운 발상으로 어떤 변수라도 수용이 가능한 마음의 여유를 얻을 수가 있을 것이기 때문이다. 그래서 운세가 부합이 되면 환경의 변수만으로는 안 되는 것이며, 또 노력을 해도 안되는 경우에는 환경과 운세의 영향력에 대해서 생각할 여지(餘地)가 있다는 것은 그렇지 않은 경우에 비해서 훨씬 여유로울 것이다. 모든 것을 四柱八字의 영향(影響)으로만 생각하는 골수분자(骨髓分子)가 아니라면, 이렇게 유연한 관점으로 삶의 여정(旅程)에는 여러 가지의 다양한 변수(變數)가 개입할 수 있다는 것을 생각하는 것은 과히 어렵지 않을 것이다. 결론은 환경도 중요하고 운세도 중요하고 노력도 중요하다는 것이다. 이 중에서 어느 것이 더 중요하냐고 질문하는 것은 또한 남의 다리를 긁고 있는 것이라고 해야 할 것이니 모쪼록 잘 헤아려서 이러한 요소들이 서로 얽히고설켜서 인생의 길을 만들어간다고 생각하면 되겠다. 이것을 좀 더 상세하게 풀어서 설명해 보자.

(1) 환경이 가장 큰 영향을 미치는 경우

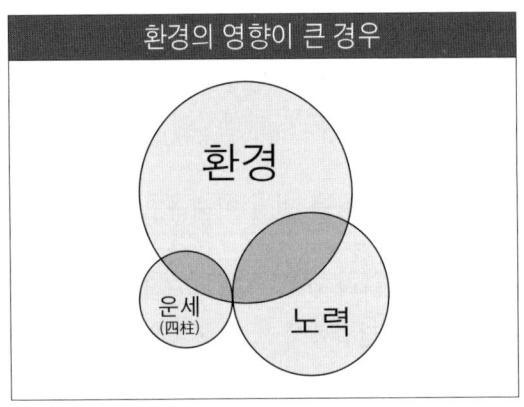

표를 보면서 생각해 보자. 환경(環境)의 영향이 가장 크고 노력(努力)은 그다음이지만 운세(運勢)의 작용은 약간만 적용되고 있는 경우이다. 이러한 것은 고정적인 사회 환경에서 변화의 여지가 거의 없는 것을 의미한다. 그래서 왕후장상(王侯將相)도 씨가 있다는 차원에서 논하게 될 경우에는 개인의 운명보다는 왕의 집안에 태어난 환경이 더 큰 영향을 미치게 되는 것이다.

만물이 살아가는 데 있어서 환경(環境)의 영향은 대단히 중요한 작용을 하기 때문에 무시할 수가 없다. 어쩌면 고정된 환경에서 살아가야 할 사람일수록 더 큰 영향을 받을 것이다. 그래서 운명론이 존재하기 이전부터 환경론은 자리를 잡았을 것이고 그로 인해서 사람의 정신세계를 지배하는 일등공신이 되었을 것으로 봐도 된다. 환경이 위력을 발휘하는 것은 '완장(腕章)의 위력(威力)'을 보면 더욱 극명(克明)하게 알 수 있다. 평범하여 별로 눈에 띄지 않았던 사람에게 특별한 권한을 의미하는 완장을 채워주게 되면 그 사람이 갑자기 똑똑해져서 솔선수범도 하면서 자신에게 소속된 사람이면 챙기고 다스리려고 하는 현상이 발휘되는 것이다. 심지어는 평균보다 수준이 떨어지는 사람조차도 완장 효과가 나타날 수 있음에 대해서 아무도 부정하지는 않을 것이다.

이러한 상황을 오로지 노력(努力)만으로 가능하다거나 사주팔자(四柱八字)의 영향이라고만 하기는 매우 어렵다. 방송에서 실험하는 것을 보면 누구라도 특별한 환경에 처하게 되었을 때, 그렇게 할 수밖에 없는 것을 설득력 있게 보여 주는데 과연 그러한 자료를 보면서 동의하지 않을 사람이 몇이나 될까 하는 생각이 든다. 그래서 인간의 삶에 대해서 가장 큰 영향력을 발휘하는 것이 환경이라고 하는 점에 대해서는 아무도 부정할 수 없는 것이다.

하물며, 삶의 여정에서 나타나는 모든 현상들은 자신의 팔자(八字)대로 진행이 될 것이지만 그러한 환경에 처해지는 것조차도 사주팔자대로 간다는 생각을 하게 된다면 그야말로 환경의 영향력에 대해서는 고려하지 않은 것으로 볼 수 있다. 이러한 생각이 과연 타당한 것인지에 대해서는 각자의 생각에 맡기도록 하겠지만 낭월의 소견으로는 환경의 영향력을 무시하고 운명을 논하기는 어렵다는 것이다.

환경(環境)의 영향을 무시할 수 없는 상황은 또 있다. 특히 환경이 오염(汚染)되면 너나없이 그 영향을 받지 않을 수가 없다. 중국에서 미세먼지가 날아온다는 주의보가 발령되면 우리는 문을 닫고 조심해야 한다. 운세(運勢)가 좋거나 나쁘거나 상관없이 누구에게나 공통으로 적용되기 때문에 절대적으로 조심을 하는 것이 건강을 지키는 방법이라는 것을 누구나 알고 있다. 지진(地震)도 환경의 영향이고 핵발전소(核發電所)가 사고를 일으키는 것도 환경의 영향(影響)에 포함된다. 이러한 것을 보면서 환경보다 四柱의 운세가 중요하다고 할 사람은 없을 것이다.

(2) 운세가 가장 큰 영향을 미치는 경우

환경(環境)의 영향력에서 어느 정도 자유로운 여지가 주어진다면 그 자리를 채워주는 것이 운세(運勢)일 것이다. 그리고 알고 있는 生年月日時가 틀리지 않았다면 用神을 가려서 喜用神의 작용을 할 것으로 기대되는 시기에는 뜻한 일들이 비교적 순탄할 수 있을 것이고, 忌仇神에 해당하는 시기에는 그만큼 힘든 일들이 발생할 가능성이 많다고 보는 것이 운세이다. 그리고 운세가 많이 작용하는 사람의 직업군은 자유로운 업종

(業種)일 것이다. 왜냐하면 이러한 직업에 종사하는 사람은 스스로 모든 것을 벌이고 결실을 보기 위해서 노력하기 때문에 가장 민감하다. 즉 공무원에게 환경이 중요하다고 한다면 사업가에게는 운세가 중요하다고 할 수 있는 것이다. 그래서 사업하는 사람이 더욱더 자신의 운세에 민감할 수 있는 것이기도 하다.

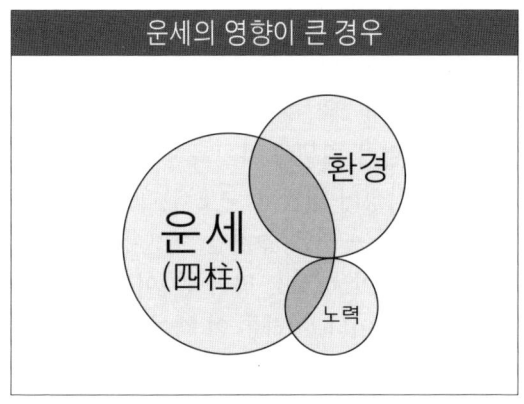

 물론 사업을 한다고 해서 환경의 영향으로부터 자유로울 수는 없다. 그래서 세계적인 불황(不況)의 시기가 되면 아무리 유망한 사업이라고 하더라도 어려움을 피하기가 쉽지 않기 때문에 IMF와 같은 시련을 겪을 적에는 너나없이 모두가 힘들게 되는 것이기도 하다. 그러나 그러한 중에서도 運이 좋은 사람은 손실을 최소화하고 자신의 수익을 창출하는 것을 보면 이러한 환경에서도 운세의 작용이 있는 것으로 보게 되고, 이는 四柱를 해석하는 입장에서도 가장 흥미로운 부분이다.

동일한 환경일 경우에 운세(運勢)의 차이가 가장 큰 영향을 미칠 것으로 보는 것은 타당성이 있다. 그래서 같은 업종(業種)에서 경쟁을 한다면 개인적인 운세의 차이가 큰 변수를 만들게 될 것이다. 그리고 대부분은 환경의 변수에 대해서는 잊고 산다. 어쩌면 물과 공기를 잊고 살아가는 것과 비슷하다고 보면 될 것이다. 이러한 경우에는 좀 더 운명신봉자(運命信奉者)가 될 가능성도 있다. 그렇게 되면 자신의 운세에 대해서만 질문을 하게 되고 풀이를 해 주는 선생도 환경은 고려하지 않고 운세의 吉凶에 대해서만 이야기를 하게 될 것이다.

물론 四柱를 놓고서 해석하는 명리학자는 당연히 운세부분의 전문가이다. 그렇기 때문에 자칫하면 운세로 모든 것을 풀어내려고 하는 집착성이 나타날 수도 있다. 자신이 몸담고 있는 분야에 대해서 믿는 것은 좋지만 그것이 전부가 아니라는 것도 생각할 수 있어야 비로소 명리학자이면서 철학자이기도 하다고 볼 수 있을 것이다. 여하튼 이 책이 안내하는 것도 운세를 판단하는 방법이므로 다른 것은 상황에 따라서 참작을 하되 가장 중요한 것은 운세에 대해서 해석을 하는 것이 명리학자의 몫인 것은 틀림이 없다.

(3) 노력이 가장 큰 영향을 미치는 경우

환경(環境)이 아무리 좋고 운세(運勢)가 특별히 大吉하더라도 노력(努力)을 하지 않는다면 아무런 의미가 없다. 그래서 '감나무 밑에 누워 있는 노력이라도 해야 입으로 홍시가 들어갈 가능성이 있다.'라는 이야기도 하는 것이다.

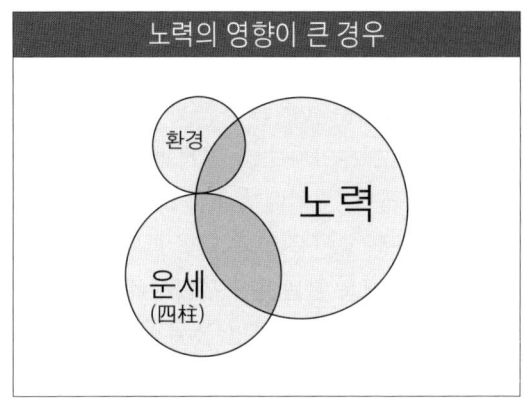

 그러니까 노력의 의미는 진취적(進取的)으로 자신이 타고난 숙명에서 좋은 방향으로 결과가 주어지도록 힘쓰는 것이고, 같은 환경이라도 그 상황에서 가장 큰 성과를 얻기 위해서는 노력이 필요하다고 본다면 그만큼 중요한 의미가 있는 것이다.

 물론 노력을 하더라도 올바른 노력이 필요할 것이니 원효대사(元曉大師)의 말씀처럼 '쌀을 쪄서 밥을 해야지 모래를 쪄서 밥을 하려고 한다면 애만 쓸 뿐 결실은 이뤄질 수 없는 것'이 되고 마는 셈이다. 이를 불교에서는 정정진(正精進)이라고도 한다. 즉 바르게 정진을 하는 것이 중요하다는 것인데, 이는 막연하게 노력을 하라는 말과는 사뭇 다른 느낌으로 다가온다. 많은 사람들이 노력을 하지만 그 노력이 올바른 것도 있고 그렇지 못한 것도 있는 것이다. 그리고 결과는 노력에 대한 보답으로 돌아오는데 산속에서 산삼을 심어서 가꾸는 노력과 양귀비를 심어서 가꾸는 노력의 결과가 같지 않다는 것을 생각하면 올바른 노력의 의미가 참으로 중요하다는 것을 알 수 있다.

또한 運이 좋을 적에는 매우 적극적으로 노력(努力)을 해야 하듯이 運이 나쁠 적에는 그만큼 소극적으로 대응하면서 무리한 노력을 하지 않고 은인자중(隱忍自重)을 하면서 근신(勤愼)하는 것이 중요하다. 그럼에도 불구하고 運이 나쁘다는 말을 듣거나 근신하라는 조언을 받게 되면 자신의 운명을 개척해야 한다는 생각으로 더욱 분발하여 무리수를 두게 되는 경우가 많은 것은 운명에 대한 반발이라고 볼 수도 있을 것이다. 그리고 나서 결과적으로 무리했다는 것을 깨닫게 되었을 즈음이면 나이는 어느 사이 돌이킬 기회조차 별로 없는 50줄에 접어들고 있는 것이다.

3) 적중이 목표인 예언가라면

운명상담을 할 적에 用神을 찾아서 運을 대입한 다음에 吉凶을 이야기하고 그 결과가 맞았느냐 맞지 않았느냐에 대해서도 생각을 해 봐야 한다. 이것은 일종의 예언(豫言)이기 때문이다. 예언이라는 것은 어떤 상황이 과거나 미래에 일어나게 될 것을 말하는 것이고 그 결과는 실질적인 삶의 궤적(軌跡)에서 명명백백(明明白白)하게 드러나게 되어 있는 것이다.

우선 누구나 호기심(好奇心)을 갖게 되는 것은 과연 이것을 통해서 판단한 결과가 정확하게 맞았느냐는 것이다. 그리고 이 공부에 관심을 두게 된 동기(動機)도 어쩌면 이러한 것에 있었을 수도 있겠다. 낭월도 처음에는 이러한 것에 매력(魅力)을 느껴서 입문(入門)을 했다고 봐도 되지 않을까 싶다. 그래서 한동안은 맞히기 위해서 공부를 하려고 애도 썼는데 스스로의 그릇이 그러한 방향에 있지 않음을 알게 되고서는 그 생각을 버렸으나, 이러한 분야에 적성이 맞는 사람도 분명히 있을 것으로 본다.

만약에 어느 예언가가 있어서 그가 말하는 모든 것이 한 치의 어긋남이 없다면 그는 백발백중(百發百中)의 족집게 도사라고 불리게 될 것이다. 그리고 간혹 그러한 명인(名人)이 있다고도 한다. 어쩌면 운명가의 길을 택한 사람은 그러한 경지(境地)에 도달하기 위해서 불철주야(不撤晝夜)로 수행정진(修行精進)을 하게 되지 않을까 싶다.

그렇게 하는 과정에서 나름대로 자신에게 맞는 방법을 찾게 되는데, 어떤 사람은 도사(道士)를 찾아 유람(遊覽)을 하거나 혹은 고인이 남긴 전적(典籍)을 통해서 비법(秘法)을 얻고자 할 것이다. 그리고 또 어떤 사람은 천지신명(天地神明)께 기도(祈禱)를 올리기도 하거나 혹은 좌선(坐禪)하여 내면의 통찰력(統察力)을 계발(啓發)해서 해답을 얻으려고 할 수도 있겠지만 그 목적은 오류(誤謬)를 최대한(最大限)으로 줄이고 예측률(豫測率)을 높이고자 하는 것에 있을 것이다.

그러니까 이미 정해진 것은 물론이고 앞으로 정해질 것조차도 모조리 알아낼 수가 있는 능력자(能力者)가 되는 것을 목표(目標)로 하게 된다면, 그야말로 100%의 운명론(運命論)으로 접근(接近)한다고 봐도 과언(誇言)이 아닐 것이다. 이러한 관점(觀點)으로 공부를 하므로 오직 완벽(完璧)한 예언가(豫言

家)의 길을 추구하게 되는 것으로 보게 되는데 이러한 경우를 다른 말로는 도사(道士)라고 한다.

이 분야에 뜻을 두고 공부하는 사람들의 특징(特徵)이 있다면 의뢰자(依賴者)의 등골이 오싹할 정도로 과거의 흔적(痕迹)을 찾아서 콕콕 집어내는 것은 물론이고, 미래에 일어날 것에 대해서도 정확하게 예측(豫測)이 아닌 확신(確信)을 하는 것에 관심을 둔다는 것이다. 그리고 그와 같은 경지(境地)에 도달(到達)하기 전까지는 만족(滿足)이 되지 않으므로 이론(理論)보다는 실제(實際)에 비중을 두게 되는 것을 선호(選好)하게 된다.

그러다보니까 논리적(論理的)인 면에 대해서는 별로 신경을 쓰지 않거나 오히려 이론(理論)을 버리게 되는 현상(現象)이 발생하기도 한다. 그도 그럴 것이 이론이 앞을 가로막으면 더 이상 나아갈 수가 없다. 그래서 이론으로 설명하는 사람을 하수(下手)라고 생각하고 상대도 하지 않으려는 경향(傾向)도 있다. 그렇게 하여 성공을 한다면 정말로 세상을 떠들썩하게 만들 수도 있을 것이다.

다만, 세상의 모든 이치에는 양면성(兩面性)이 있기 마련이다. 이렇게 적중에 비중을 두게 되면 항상 스트레스가 발생하게 되어서 마음의 고생이 적지 않다. 물론 박도사라고 불렸던 고(故) 박제현 선생과 같은 수준에서는 어떨지 모르겠지만 그러한 능력자는 참으로 희귀(稀貴)하다. 다시 말해서 그만큼 성공(成功)을 할 가능성은 희박(稀薄)하다고 할 수 있다.

이러한 길을 가고자 하는 경우에는 흔히 하는 말로 '모 아니면 도'를 선택하게 된다. 다행히 모가 나오면 대박이지만 그렇지 못하면 쪽박이 되기 때문에 생활 형편도 어려워져서 이 공부와는 점점 멀어지게 되는 것에 대해서도 생각을 해야 한다.

낭월에게도 가끔은 이러한 예언가의 길을 지망(志望)하는 사람이 찾아오기도 한다. 그렇지만 서로 길이 다르다는 것을 설명하면 이내 체념하고 돌아간다. 그리고 수강생을 받을 적에도 미리 설문지(說問紙)를 만들어서 사전(事前)에 어떤 생각으로 입문을 하고자 하는지부터 확인을 하게 된다. 괜히 서로 시간을 낭비할 필요가 없기 때문이다. 이렇게 할 수밖에 없는 것은, 학자(學者)와 도사(道士)의 사이에는 물과 기름처럼 서로 어울릴 수가 없는 경계(境界)가 분명히 있는 까닭이다.

예언가의 방향으로 나아가는 경우에는 손님과 마주 앉았을 적에 손님이 말하기 전에 먼저 말을 해야만 적중의 위엄(威嚴)이 당당(堂堂)하게 된다. 그야말로 '무릎팍도사'인 것이다. 그러니까 손님의 무릎이 방바닥에 닿기도 전에 모든 것을 꿰뚫어 본다는 이야기이다. 물론 이것은 방송에서 사용하는 멘트이긴 하지만, 여하튼 손님이 말하는 것을 다 듣고서 예언을 하는 것은 김빠진 맥주와 같다고 생각하는 까닭이다.

그래서 방문자도 그러한 소문을 듣게 되면 호기심에 가득차서 찾아가기도 한다. 이러한 관점으로 뜬소문을 듣고서 낭월학당을 찾아온 사람은 막상 삶에 대해서 이것저것 물어보면 의아(疑訝)해 한다. 아마도 '그렇게 다 물어보고서 말하는 것이라면 누군들 못하겠느냐'라는 무언(無言)의 항의일 것이다. 물론 그것도 이유가 있는 항의라고 해야 할 모양이다. 이러한 성향을 갖고 있는 사람은 도사를 만나야 가려운 곳을 시원하게 긁어줄 것인데 학자를 찾은 것이 불찰(不察)인 것이다.

제1장 운세의 이해 **63**

이러한 방향으로 관심을 갖게 되면 '진검승부(眞劍勝負)'라는 말에 큰 매력을 느끼기도 한다. 그러한 성향의 사람들은 검객(劍客)이나 승부사(勝負士)의 심리를 갖고 있어서 '내가 먼저 상대를 찌르지 못하면 도리어 내가 죽게 된다.'라는 긴장감(緊張感)이 감도는 이 용어(用語)가 맘에 들 수도 있다. 어쩌면 그 사람의 과거를 기가 막히게 맞혔을 적에 주어지는 희열감(喜悅感)을 즐기게 되는 것이 아닐까 싶기도 하다.

4) 이론에 비중을 두는 운명학자

재미있는 것은, 방문자가 모두 그렇게 적중(的中)하는 예언(豫言)만을 추구하는 것이 아니라는 점이다. 이러한 방문자는 아마도 이론적(理論的)인 사고력을 갖고 있는 사람일 경우에 해당하는 것으로 생각이 된다. 그래서 제각기 자신의 취향(趣向)에 맞는 공부를 하고 또 의뢰자도 그러한 곳을 즐겨 찾게 되므로 모든 것은 유유상종(類類相從)이라고 보면 되겠다.

앞의 경우는 그 목적이 도사가 되는 것이라고 한다면 이 경우에는 학자(學者)의 길을 선택했다고 할 수 있다. 학자는 항상 이론(理論)에 바탕을 두고 논리적으로 접근해 가는 방식이므로 답답하기는 하지만 오래도록 시간을 두고 연구(硏究)하면서 자신의 세계를 만들어가는 방식을 취한다고 할 수 있을 것이다. 그리고 이 책을 잡은 독자의 경우도 아마 후자(後者)에 속하게 될 가능성이 매우 높을 것이다. 그렇지 않고서는 이렇게 갑갑하기조차 할 수 있는 이론서(理論書)를 붙잡고 씨름을 하고 있을 이유(理由)가 없기 때문이다. 왜냐하면 책의 어느 구석을 들여다봐도 단박에 백발백중(百發百中)하는 절묘(絶妙)한 비법(秘法)은 찾아볼 수가 없기 때문이다.

어쩌면 학자의 길을 선택하여 이론적인 공부를 하려고 마음을 먹었더라도 일말(一抹)의 불안감(不安感)이 생길 수도 있을 것이다. 그러니까 만약에 이론대로만 풀이를 했을 적에 전혀 맞지 않아서 '손님을 받아 놓고서 망신(亡身)만 당하면 어떡 하지……'라는 생각이 드는 것은 당연하다고 하겠다.

잠시 의학(醫學)을 놓고 생각해 본다. 자신이 힘차게 잘 살아가다가 갑자기 어딘가 몸에 이상이 생겨서 병원을 찾아가면 의사는 이것저것 물어본다. 만약에 물어보지도 않고서 무턱대고 주삿바늘이나 약봉지를 들이밀면 환자는 불안감이 발생하게 될 것이다. 왜냐하면 그러한 의술을 행하는 경우에는 도사가 아니라면 돌팔이일 가능성이 많을 것이라는 선입견(先入見)이 작용하는 까닭이다. 바로 이러한 점에서 현대의학이 오히려 환자에게 신뢰감(信賴感)을 줄 수 있는 것이다.

명리학자도 마찬가지이다. 지금의 운세(運勢)를 판단하기 위해서는 그 사람이 무슨 일을 하는지를 물어봐야 한다. 그런데 아무런 정보도 제공하려고 하지 않는 방문자를 만나게 되면 갑갑할 수밖에 없을 것이다. 그런 몸짓을 취하는 방문자에게는 정중하게 '아마도 잘못 찾아온 것 같습니다.'라는 이야기를 해 주고 정중히 거절하는 의사를 표한다. 왜냐하면 그 손님은 학지와의 인연이 아니었기 때문이다.

명리학자는 적중률이 80~90% 정도라면 만족할 것이라고 생각한다. 영안(靈眼)을 얻은 것이 아니라면 그 정도라도 결코 적은 노력으로 얻어질 수는 없는 영역이라고 보는 까닭이다. 일본에서 내과 의사로 이름을 날렸던 도쿄대학교의 의대 교수인 '오키나카 시게오(沖中重雄)'라는 의사는 자신이 17년 동안 진료를 하는 동안에 오진율(誤診率)이 14%였다고 고백했다. 사람들은 "최고 권위를 가진 의사의 오진(誤診)이 그렇게 높을 수가 있느냐?"라며 비난을 했을 것은 당연하였지만, 의료업에 종사하는 의사들은 오히려 "역시 명의가 틀림없었구나!"라며 감탄했다고 한다.

낭월도 처음에는 四柱를 풀이하면 모든 것을 다 맞혀야 한다고 생각했는데 언제부턴가 그러한 생각을 버리게 되었다. 그것은 능력의 한계이기도 하지만 이 학문의 속성이 다 맞히기는 어렵다는 것을 깨달았기 때문이다. 四柱를 풀이하고 운세를 읽어서 吉凶의 조짐을 말하지만, 그중에서 10~20%는 틀릴 수도 있으므로 참고를 하라는 말을 머뭇거리지 않고 할 수가 있게 된 것이다. 독자도 그러한 마음으로 운세에 대해서 공부를 한다면 상담에 대한 마음의 큰 짐을 내려놓을 수 있을 것이다.

의사가 병원에서 환자와 상담을 하듯이 명리가(命理家)도 방문자(訪問者)와 상담을 하는 것이라고 생각하면 된다. 그래서 해답을 얻어 가는 과정에서 필요하다고 생각되면 이것저것 거침없이 물어본다. 왜냐하면 일단 인연이 되었으므로 방문자와 교감이 이루어져야만 최대한의 조언을 해줄 수가 있을 것이기 때문이다. 그리고 명리학은 그러한 용도로 사용하기에 너무나 적합(適合)한 학문이라는 것도 깨닫게 되었다.

5) 각자의 타고난 취향

학문적(學問的)으로 접근하는 사람은 도사와 같은 방향으로 나아가는 사람들에 대해서 논리적이지 않다고 생각을 할 수가 있고, 상대방이 말하기 전에 정확하게 알아내는 방향으로 접근하는 사람은 반대로 학문적으로 접근하는 사람들이 논리에 매달려서 큰 이치를 볼 줄 모르는 어린아이나 학생과 같다고 생각하기도 한다. 그리고 이것은 진리를 접근하는 방식에서 서로 다르다는 것으로 이해하면 될 것이다. 그렇다면 독자의 성향은 어느 방향인지를 지금 다시 생각해 보는 것도 나쁘지 않을 것이다.

운세(運勢)로 들어가면서 가장 큰 부담이 될 수 있는 적중률에 대해서 이렇게 예방주사를 놓고 있는 낭월이다. 괜한 불안감으로 학문을 중단(中斷)하는 사태는 막아야겠다는 생각으로 인해서이다. 사실 이로 인해서 많은 학인들이 아마추어를 벗어나지 못하고 방황하고 있는지를 아는 사람은 다 알고 있는 일이기에 부디 그러한 일이 생기지 않기를 바라게 된다.

아니, 그보다는 자신이 타고난 능력을 잘 판단해서 어느 방향으로 가는 것이 맞을 것인지를 살펴서 결정하는 것이 더 중요하다. '맞히지 못하면 운명학(運命學)이 아니다.'라는 생각으로 일생을 살아가고자 한다면 그것도 그 사람의 개인적인 성향(性向)이고 인연이기 때문이다.

당연하겠지만 이 책에서는 그렇게 찍어내는 부분에 대해서는 논하지 않는다. 그것은 각자의 취향(趣向)과 적성(適性)에 따라서 필요하다고 생각될 경우에 스스로 선택하여 시도를 해 볼 수 있을 것으로 봐서이다. 아마도 독자가 食神의 성향이라면 임상(臨床)을 통해서 경험치를 높이고자 할 것이고, 偏印의 성향이라면 기도(祈禱)를 통해서 영계(靈界)와 소통(疏通)을 하고자 할 수 있을 것이다.

또 正印은 직관력(直觀力)을 살려서 적용시키려고 할 것이고 官殺은 고서(古書)를 통해서 해답을 얻으려고 할 수도 있을 것이다. 물론 傷官은 이미 깨달은 고수들을 찾아다니면서 한 방에 해결할 방법이 없는지를 물을 수도 있을 것이다. 이렇게 각자의 성향이 다르니 학문(學問)을 연마(鍊磨)하는 모습도 제각각이 될 수밖에 없는 것이다.

이렇게 운세(運勢)의 성패(成敗)에 대해서 논하게 되면서부터 이야기의 분위기가 사뭇 다르게 진행이 되는 것은 보이지 않는 것을 읽어야 하는 순간이 점점 다가오기 때문이다. 用神을 이해하는 부분까지는 나름대로 규칙적(規則的)인 질서가 있는 공식으로 대입해서 풀이를 해도 어느 정도의 정답이 가능하지만 이제부터는 그것만으로 모든 질문의 해답을 준비하는 것이 어쩌면 거의 불가능하다고 봐야 하기 때문이다.

4. 運勢의 두 가지 관점

 속담(俗談)에 '감나무 밑에 누워서 홍시(紅柿)가 떨어지기를 기다린다.'라는 말이 있다. 노력(努力)은 하지 않고 저절로 되기만 바라는 사람에게 하는 말이다. 그리고 이 의미를 명리학(命理學)에서 생각을 해 보면 '運이 좋으면 아무런 노력을 하지 않아도 저절로 이뤄지겠느냐?'라는 질문과 별반 다르지 않다. 여기에 대해서 조금 더 생각을 해 보도록 하자.

1) 최선을 다해서 노력한 사람

 어쩌면 진인사(盡人事)를 한 사람은 운명을 물으러 오지 않을지도 모른다. 참고로 진인사란, '내가 할 수 있는 만큼 최대한으로 노력(努力)을 한 것'이라는 의미로 해석할 수 있을 것이다. 그러니까 자신의 운명에 대해서 묻고 다니는 시간에 노력을 조금 더 하는 것이 낫지 않겠느냐는 생각을 하고 있다는 말이다. 그러한 사람의 생각 속에는 '무엇이든 열심히 노력을 하면 다 이루어진다.'라는 생각으로 가득할 수도 있을 것이다. 그리고 그것이 전적(全的)으로 틀렸다고 할 수도 없는 것은 그것도 또한 일리가 있기 때문이다.

감나무에 홍시가 있으면 장대를 들고 딸 생각을 하든지 그것도 없다면 나무에 기어 올라가서 따먹을 생각을 해야 할 것이다. 홍시가 주어진 것은 일 년 중에서 초가을의 일부 기간에 해당하는 호운(好運)이지만 그것을 취득(取得)하지 않는다면 아무리 좋은 시기도 그냥 물처럼 흘러가버리는 것으로 이해를 하는 것이 어떨까 싶다.

'그렇다면 凶運도 피할 방법이 있겠소?'라고 묻는다면 당연히 그렇다고 답을 할 수 있을 것이다. 좋은 運을 찾아 먹는 것은 진인사(盡人事)이지만 凶運을 피하는 방법은 수분지족(守分知足)이다. 그러니까 비록 運이 불리하더라도 분수를 지키고 만족(滿足)을 할 줄 안다면 웬만한 凶運은 또한 그렇게 빗겨서 흘러가고 말 것이라는 이야기가 성립(成立)되는 것이다.

이런 이야기를 생각해 보자. 가령 어느 남자가 예언가(豫言家)에게 여자로 인해서 낭패를 당할 수가 있으니 멀리하라는 말을 듣고서는 그것을 피하려고 깊은 산속으로 들어가서 10년을 혼자서 살았더라도 어느 따뜻한 봄날에 나물을 캐러 온 처녀와 만나게 되었다면 이것은 운명의 파장(波長)에 의해서 피할 수 없는 것이라고 할 수 있을 것이다.

그 순간에 가슴이 벌렁거리면서 자신도 주체할 수가 없는 어떤 에너지에 의해서 좋아하는 마음이 생기게 될 가능성이 많겠다. 물론 그다음에는 예언가의 말대로 되었을 것으로 미루어

짐작을 해 본다. 그렇다면 아무리 산속으로 들어가서 숨더라도 인연은 찾아온다는 숙명론(宿命論)을 인정(認定)해야 할 수도 있겠다. 이것은 운명적인 만남이기 때문이다.

반면에 그 여인을 보는 순간 '여자가 재앙'이라는 말을 들었던 것이 바로 떠올랐을 수도 있을 것이다. 왜냐하면 이렇게 혼자서 고독하게 10년이나 산중생활(山中生活)을 했던 의미가 바로 이 순간에 무너지려고 하고 있기 때문이다. 그래서 현장(現場)의 상황을 외면하고는 더욱 깊이 도망을 가서 피해버린다면 어떻게 될까? 당연히 그러한 순간은 또 물이 흐르듯이 흘러가 버리고 말 것이다. 이것이 바로 凶運을 피하는 방법이라고 할 수 있을 것이다.

2) 운세(運勢)는 만능(萬能)이 아니다.

가령, 취직(就職)이 언제쯤 되겠느냐고 묻는다면 낭월은 '취직을 위해서 무엇을 준비했는지'를 되묻는다. 스스로 할 수 있는 것에 대해서는 충분히 준비를 했다고 생각이 될 적에는 비로소 運을 들여다보고서 가부(可否)의 판단을 할 수 있지만, 아무런 준비가 되지 않았다면 취직은 불가능하다고 말하게 된다. 어떤 사람들은 운명이라는 것이 요술 방망이와 같아서 무엇이든 運이 좋으면 다 되는 줄로 알고 있는 것 같아서 씁쓸할 때도 있다.

예전에 낭월에게도 호된 인생수업을 해야 할 시기가 있었는데 바로 끼니가 없어서 고물장사를 해서 생계를 이어가야 할 상황이었던 시절이다. 그렇게 작정을 한 첫날 아침에 고물상에 가서 리어카와 가위를 챙겨 들고는 하루의 장사를 나섰다. 보통은 가위를 쩔렁거리면서 '고물~!'이라고 외쳐야 할 순간이다.

그런데 목소리는 속으로 기어들어가 버리고 밖으로 나오질 않았다. 그냥 하릴없이 리어카만 끌고서 이 마을 저 골목을 누비고 다녔을 뿐이다. 그렇게 한나절을 보냈지만 아무것도 얻을 수가 없었다. 그런데 어느 아주머니가 낭월의 꼴을 보더니 한심했던 모양이다.

"아니 아저씨, 고물장사를 하려거든 가위를 힘차게 쩔렁거리면서 소리를 질러야 누군가 내다보기라도 하지요. 그렇게 절에 간 색시처럼 살금살금 돌아다녀서는 백날을 보내도 아무것도 얻지 못하겠네요. 쯧쯧~!"

쳇, 누가 그것을 모르겠냐고요! 알기야 다 알지. 그렇지만 소리가 안 나오는 것을 어떻게 하느냔 말이다. 그래서 난감한 표정으로 그 아주머니를 쳐다봤다. 낭월이 서른두어 살 때의 일인가 보다. 그 모양이 참 딱했던지 "그렇게 소득도 없이 돌아다니기만 할 것이 아니라 슈퍼에서 막걸리라도 한 병 사서 마시고 소리를 질러 봐요."라고 하는 방법까지 알려줬다. 고마운 말이었지만 창피스럽기도 했다. 급하게 허둥지둥 그 자리를 빠져나왔던 기억이 난다. 얼굴도 화끈거렸겠지.

그런데 그로부터 3일이 지나지 않아서 어느 사이에 다른 동료들과 마찬가지로 익숙하게 장사를 할 수 있게 되었다. 환경을 받아들이고 스스로 노력을 해야 한다는 것을 알게 되었던 것이다. 물론 그 당시의 운명도(運命圖)는 바닥을 기고 있었을 것이다. 이렇게 적응을 하면 살아남을 수가 있는 것이고 그렇지 못하면 굶주리게 되더라도 그만두어야 하는데, 용케도 살아남아서 굶지 않을 수가 있었다. 이것도 일종의 진인사(盡人事)이거나 수분지족(守分知足)이었을 것으로 생각해도 되지 않을까 싶다.

그때를 생각하면서 가끔은 젊은이에게 호통을 치기도 한다. 스스로 뭔가를 하겠다는 노력은 하지 않고 運이 좋은지만 묻는 사람만큼 한심스러운 방문자도 없기 때문이다. 가끔 찾아와서 하는 말이 있다. "다른 유명한 철학원에서 올해에는 무조건(無條件) 취직을 한다고 하던데요?"라고 말이다.

아마도 내심으로는 낭월도 취직이 된다는 말을 해 주길 바라고 왔던 모양인데 그렇지가 않아서 심사(心事)가 편치 않았던 모양이다. 이만하면 낭월이 무슨 이야기를 하고 싶은지 이해가 잘 되었을 것이다. 노력하지 않는 자에게 用神運은 없다고 하는 말을 잊지 말고 상담에 임하라는 말씀이다.

자칫 운명학자(運命學者)들이 근거도 없이 허망한 말을 하여 철학(哲學)이나 개념(概念)이 없는 집단(集團)으로 취급을 당할 수도 있음을 생각해 본다면 운명의 안내자가 반드시 알고 있어야 할 금언(金言)의 목록(目錄)에 이 말도 추가해야 할 것이다.

5. 노력을 해도 안되는 運

 그렇다면, "노력만 한다면 무슨 일이든 다 되겠느냐?"라고 묻고 싶을 지도 모르겠다. 그렇지만 그런 법이 있다면 운명학(運命學)은 설자리가 없어서 진즉에 사라졌을 것이라는 이야기를 해야 하겠다. 운명학이 하나의 학문으로 존재할 수 있는 것은 바로 여기에 있기 때문이다. 아무리 노력을 해도 되지 않는 것이 '반드시' 있기 때문에 사람들은 가던 길을 잠시 멈추고 자신이 길을 잘 가고 있는지를 묻게 되는 것이다.

1) 노력도 노력 나름

 누구나 목적을 세우고 그것을 이루기 위해서 노력(努力)을 한다. 그것은 마치 농부가 논에 모를 심은 다음에 물을 대어 놓고 쌀밥을 먹게 되기를 바라는 것과 같다고 할 수 있다. 그런데 모를 심지도 않은 논에 물만 대고 있는 사람을 발견했을 경우에 그 사람에게 물만 대어 놓으면 벼가 저절로 자라겠느냐고 알려줘도 그 말을 듣지 않고 그냥 물만 대고 있는 미련한 사람도 없다고는 못할 것이다. 여기에 대해서는 앞에서도 언급했지만, 신라(新羅)의 고승(高僧)인 원효(元曉)의 노래가 있으니 잠시 소개한다.

  유지인(有智人)의 소행(所行)은 증미작반(蒸米作飯)이요.
  무지인(無智人)의 소행(所行)은 증사작반(蒸沙作飯)이니라.

 '지혜(智慧)로운 사람의 행위는 쌀을 쪄서 밥을 짓는 것이고, 지혜가 없는 사람의 행위는 모래를 쪄서 밥을 얻고자 하는 것이다.'라는 뜻이다. 이러한 글을 읽으면서 비유라는 것이 적절하게 쓰이면 얼마나 이해에 빠른 도움을 주는지 알겠다. 그러니까 자신이 하고 있는 일이 모래를 찌고 있는 것인지 쌀을 찌고 있는 것인지를 알지 못한다면 아마도 행복한 삶을 만들어 가기는 어려울 것이다. 그런데 더욱 기가 막힌 것은 솥 안에 있는 것이 모래라고 알려줘도 '여태 불을 땐 것이 아까워서 그냥 버리지 못한다.'라고 말을 하는 사람들도 있다는 것이다.

2) 만법(萬法) 위의 자연법(自然法)

 가을에 사과나무에서 사과를 구하는 것은 쉽지만 봄에는 아무리 사과나무에 매달려서 사과를 구하려 해도 불가능하다. 또

제주도나 남해안에서는 귤이나 유자의 농사를 지을 수가 있지만 시베리아에서는 심히 어려운 일이다. 이것은 자연의 기후(氣候)가 만물을 지배하고 있다고 하는 것을 생각해 보자는 의미이다.

그래서 메뚜기도 오뉴월이 한철이듯이 만물에는 제철이 있는 것이고 제철이 아닌데 구하고자 한다면 우리는 그를 일러서 '철부지'라고 한다. 어리석어서 봄철인지 가을철인지를 모른다[節不知]는 의미가 아닌가 싶다. 운명의 조언은 철부지에게는 해 줘봐야 소용이 없다. 하지만 시골장터에서 저녁 7시에 남들은 모두 짐들을 싸고 있는데 혼자서 전을 펼치고 있는 사람에게는 노력을 아무리 해도 얻을 것이 없다는 것을 알려줘도 듣지 않는 것까지는 어쩌지 못하더라도 노력은 해 봐야 하는 것이 상담가(相談家)의 역할이라고 생각하는 것은 당연할 것이다. 겨울에는 새싹을 볼 수가 없듯이 경기(景氣)가 시든 다음에는 다시 때를 기다려야 하는 것도 모두 자연에서 배워야 할 일들이 아닐까 싶다.

6. 전체와 부분

 사물(事物)을 관찰(觀察)할 경우에는 두 가지의 방법(方法)이 필요하다. 하나는 전체적인 모습을 파악(把握)하는 것이고 또 다른 하나는 부분적으로 분석(分析)하는 것이다. 이렇게 파악과 분석을 통해서 그 사물의 실체(實體)에 보다 정확하게 접근을 할 수가 있다고 보면 되는 것이다. 여기에 대해서는 '숲과 나무'로 구분을 할 수도 있겠다.
 자연을 관찰하기 위해서는 먼저 숲을 보고 다시 나무를 봐야 이해가 될 것인데, 만약에 숲만 보고 나무를 볼 줄 모르거나 반대로 나무는 보는데 숲을 볼 줄 모른다면 실제적인 숲에 대한 상황을 정확하게 봤다고 할 수 없을 것이다.

1) 전체를 바라보는 관점

 망원경은 멀리 있는 사물을 살피는 도구이다. 그래서 인간의 시력(視力)이 미치지 못하는 부분을 도와서 잘 살필 수가 있도록 해 주는 것으로 존재하게 된 것이다. 이것을 확장(擴張)하게 되면 천체망원경(天體望遠鏡)이 된다. 비록 거리의 개념으로 본다면 일반적인 망원경과 천체 망원경은 상당히 큰 차이가 있지만 원리는 모두 같다.

즉 이 말은 用神과도 부합이 된다. 왜냐하면 用神을 알기 위해서는 四柱의 여덟 글자를 잘 살필 수가 있어야 하기 때문이다. 이것은 마치 산의 정상에 올라가서 육안(肉眼)으로 경치를 감상하다가 특별히 눈길을 끄는 곳이 있어야 비로소 망원경을 꺼내는 것으로 비유를 할 수가 있겠다.

독자들이 항상 하는 말이 있다. '用神은 찾았는데 그다음에는 모르겠어요.'이다. 왜 이러한 현상이 생겨나는지를 이제 명확(明確)하게 설명한다. 그것은 바로 숲만 보고 말았기 때문이다. 대략 어디에 用神이 있는지를 알았다고 한다면 이제는 직접 산을 내려가야 한다. 전망대(展望臺)에서 用神을 발견했다면 이제는 그 用神을 찾아서 다시 하산(下山)을 해야 하는 것이다.

왜냐하면 산에서는 아무리 성능이 좋은 망원경이라고 하더라도 숲은 보이지만 나무는 잘 보이지 않기 때문이다. 이것이 망원경의 한계(限界)인 것이다. 그런데 스스로 하산을 하여 그 지점으로 찾아갈 생각은 하지 않고 자세히 보이지 않는다고 푸념하고 있으니 가르치는 사람의 입장에서도 많이 갑갑할 수밖에 없는 것이다.

스스로 그 어려운 用神을 찾은 것에 대해서만 감격(感激)을 하고 있을 것이 아니라 그다음에 이어서 해야 할 후속작업(後

續作業)이 있었다는 것을 알게 된다면 비로소 해결책(解決策)을 찾을 수가 있을 것이고 그것이 바로 운세(運勢)를 분석하는 것이라는 것도 알 수 있는 것이니, 운세를 살피는 공부는 '用神만 잘 찾는 벙어리'가 되는 것을 면하는 과정이라고 생각하면 될 것이다.

2) 일부분을 바라보는 관점

 속담(俗談)에 '장님 코끼리 만지듯 한다.'라는 말은 안목(眼目)의 협소(狹小)함을 비유할 적에 사용한다. 그런데 가만히 생각을 해 보면 이것은 장님들의 잘못 만은 아니다. 장님은 눈으로 볼 수가 없는 관계로 손을 사용하여 부분만 만져봤기 때문에 제각기 견해가 다르다는 의미일 뿐이다. 이렇게 전체를 이해하지 못한 상태에서 자신이 보고 경험한 것에 대해서 말을 하게 되면 일부분이 될 가능성이 높은 것이다.
 낭월의 소견으로는 서양의학(西洋醫學)은 신체의 일부분을 보는 방식이라고 생각된다. 반대로 동양의학(東洋醫學)은 인체를 하나의 덩어리로 놓고 살펴보는 방식이라고 생각할 수 있을 것이다. 서로 각각의 장단점이 무엇인지는 독자에게 맡기거니와 기본적인 출발선(出發線)이 분명히 다르므로 결과도 반드시 같지 않을 수 있다.
 생각으로는 부분적인 것을 모두 한자리에 모아 놓으면 전체가 될 수 있을 것 같지만 실은 그렇지가 못하다. 그래서 별도로 전체도 봐야 하고 다시 부분도 봐야 하는 것이다. 즉 전체를 보는 것이 四柱를 적어 놓는 것이고 부분을 보는 것은 用神을 살펴서 吉凶을 보는 것이라고 생각하면 거의 틀림이 없다.

그러니까 《用神》편이 전체를 보고서 망원경을 사용하는 방법이라고 한다면, 이 《運勢》편은 하나하나를 분해해서 吉凶을 살피게 되는 현미경(顯微鏡)을 사용하는 방법이라고 할 수 있는 것이다. 현미경은 망원경보다도 더욱 구체적으로 속속들이 파악하는 기구라고 할 수 있겠고, 순서로 본다면 당연히 전체를 살핀 다음에 부분을 파악하는 것이 이치에 타당할 것이다.

예를 들어 여행을 가기 위해서 지도를 보더라도 먼저 목적지를 찾아보는 것이 아니라 전체적인 지도를 보고 우선 자신이 있는 곳이 어느 위치이고 또 목적지는 어느 정도 멀리 떨어진 곳에 있는지를 확인한 다음에 비로소 찾아갈 지역을 보는 것과 같은 이치이다. 用神의 의미가 망원경에 해당한다는 것을 잘 이해하였다면 그 목적에 충분히 부합이 되었을 것이므로 用神에게 많은 답을 요구하는 것이 반드시 옳다고 할 수는 없다는 것을 느꼈을 것이다.

그렇다고 해서 用神을 떠나서 답이 있다고 생각하는 것은 또 옳지 않다. 예를 들어 십성(十星)으로는 부분적인 것을 볼 수 있지만 그것만으로 吉凶은 알지 못하기 때문에 십성과 用神을 같이 엮어서 전체적인 해답(解答)을 구하게 되는 것이다. 그러니까 십성과 用神은 수레의 두 바퀴와 같다고 이해를 한다. 用神을 찾았다는 것도 대단한 것은 틀림없지만 이제 그것을 다시 구체적으로 뜯어보는 기술을 습득해야만 비로소 벙어리가 말문을 여는 것과 같다고 하겠다.

3) 원근의 균형

 멀리에서 전체를 살펴볼 줄 모르면 장님이 코끼리 말하는 것을 면치 못할 것이고, 그렇다고 해서 가까운 것을 볼 줄 모르면 그 숲에 있는 나무가 소나무인지 밤나무인지를 모르게 되는 문제가 발생하게 된다. 만약에 소나무라면 목공(木工)의 기술을 배워야 자신(自身)이 갖고 있는 자원(資源)을 제대로 활용하게 될 것이고, 밤나무라면 밤을 가공하는 공장을 지어야 할 것인데 그것을 구분하지 못하면 그냥 나무로 취급을 하는 수밖에 없는 것이다.

 또 밤나무라고 하더라도 개량종(改良種)인지 재래종(在來種)인지도 알 수 있다면 용법(用法)은 또 달라질 수 있을 것이다. 이렇게 전체도 알고 부분도 알아야 하는 것이 자평법(子平法)의 안과 밖이라고 하겠다. 흔히 하는 말로 '用神이 전부(全部)가 아니다.'라는 말은 用神을 찾아낸 다음에는 다시 세부적(細部的)으로 파고 들어가 運을 읽어서 길흉화복(吉凶禍福)을 살필 수가 있는 안목(眼目)이 필요하다는 것으로 이해를 하면 된다.

 이렇게 해서 현미경과 망원경을 모두 소지(所持)하고 있으면 풍경을 볼 적에는 망원경을 사용하고 상세히 들여다보려고 할 적에는 현미경을 사용할 수 있듯이, 전체적(全體的)인 상황(狀況)을 볼 적에는 用神을 살펴서 판단하고 구체적(具體的)인 사항(事項)을 살펴야 할 경우에는 운세(運勢)를 살펴서 吉凶을 판단하게 되는 것이다.

4) 四柱의 원국을 관찰

四柱를 볼 적에도 우선은 전체적인 상황을 살피는 것이 중요하다고 한다면 用神을 놓고 전반적인 구조를 이해하는 것이 선행(先行)되어야 하겠다. 이미《用神》편을 통해서 공부가 잘되었다면 四柱의 여덟 글자를 보았을 때 用神이 어느 자리에 있는지는 바로 파악이 될 것이다. 그런 다음에야 분석하려는 四柱에서 전반적으로 어떤 예측(豫測)이 가능할 것인지에 대해 본론(本論)에 해당하는 운세(運勢)를 살펴보는 것이 만무일실(萬無一失)이다.

이렇게 자꾸만 用神에 대한 이야기를 강조하는 이유는 혹시라도 마음이 급해서 用神에 대해서도 파악을 하지 못한 상태에서 運이 좋은지만 알고 싶어서 허둥대는 독자도 반드시 있을 것으로 생각이 되어서이다. 그러한 경우에는 괜한 헛수고를 하지 말라는 뜻이다.

(1) 원국(原局)의 청탁(淸濁)

아무리 여러 가지로 비유를 하더라도 결국 그 목적은 四柱를 어떻게 하면 쉽고 빠르게 이해하도록 안내하느냐는 것에 있다. 숲에 대해서 생각을 하는 것처럼 四柱도 전체적인 상황을 살펴보게 되면 맑은 소나무 향기(香氣)가 풍겨 나오는지 아니면 탁한 시궁창의 악취(惡臭)가 풍겨 나오는지를 어느 정도는 파악할 수가 있다.

이러한 것은 부분적(部分的)인 것에 집착(執着)을 하게 되어서는 살펴보기 어려운 부분이다. 마치 바둑을 두는 사람이 부분적인 사활(死活)에 매달려서 집중하게 되면 전체적인 국세(局勢)는 눈에 들어오지 않는 것과 같은 이치이다. 그래서 멀리에서 숲을 바라보면 소나무에 병이 들어서 누렇게 말라죽어가고 있는 것이 눈에 들어오듯이 四柱에서도 그렇게 문제가 있어 보이는 부분이 있다면 그것을 혼탁(混濁)한 四柱라고 하게 되는 것이다.

 반대로 숲의 색은 진초록이고 새들이 아름다운 소리로 지저귀고 있는 것이 눈에 들어온다면 매우 건강한 숲이라고 하는 것을 알 수가 있듯이 四柱의 여덟 글자들이 힘차게 자신의 자리에서 버티고 있으면서 주변과 싸우지 않고 조화(調和)를 잘 이루고 있다면 그러한 四柱를 일러서 청고(淸高)하다고 하게 되는 것이다.

 이러한 것이 보이게 된다면 청(淸)한 四柱는 격(格)이 높고 탁(濁)한 四柱는 격이 낮다는 것을 이해하는 데는 많은 시간이 필요하지 않을 것이다. 다만 아직 잘 느껴지지 않는다면 아무리 알아보려고 몸부림을 쳐도 보이지 않는다. 그래서 무조건 찾아내려고 애를 쓸 것이 아니라 원리(原理)를 연구하고 사색(思索)을 하면서 지혜를 쌓아가는 것이 중요하다.

(2) 진로의 방향

 만약에 사신이 산의 주인이라고 한다면 자기의 숲을 어떻게 운용(運用)해야 할 것인지를 알아야 하듯이, 보다 멋진 삶을 살아보기 위해서 의뢰(依賴)를 한 사람이 있다면 상담가는 四柱의 전체적인 상황을 봐야 하는 것이다.

그중에서도 가장 중요한 것이라고 한다면 '무엇[목적]을 어떻게 할 것인가[방법]'이다. 만약 그 숲이 굴곡은 적고 평평하다면 과수원(果樹園)으로 만드는 것을 생각해 보고, 가파르다면 등산(登山) 코스나 산책로(散策路)를 만드는 것에 대해서 생각을 해 볼 수도 있을 것이고, 계곡(溪谷)을 끼고 있다면 유원지(遊園地)로 만드는 것에 대해서도 검토(檢討)를 해 볼 수가 있는 것이다.

마찬가지로 四柱의 모습을 살피게 되면 일생을 살아가는 목적을 어떻게 잡아야 할 것인지를 생각할 수가 있으니, 일생을 공무원(公務員)으로 살아가는 것이 좋을지, 사업가(事業家)로 살아야 자신의 재능(才能)을 발휘할 수 있을지를 살펴볼 수가 있고, 또 기술자(技術者)가 되어서 한 분야에서 탁월(卓越)한 능력자(能力者)가 되는 것이 최선(最善)일 것인지도 생각을 해 볼 수가 있는 것이다. 이러한 것을 살피게 되면 수단(手段)과 방법(方法)에 대해서도 밑그림을 그릴 수 있다.

(3) 선천적(先天的)인 본바탕

사람이 삶을 살아가는 여정에서 때로는 장사도 할 수가 있고 또 때로는 무위도식(無爲徒食)을 할 수도 있다. 그렇지만 변하지 않는 것은 그 사람의 본바탕이다. 보통 사업을 하는 사람을 만나게 되면 물욕(物慾)이 어느 정도 내재(內在)되어 있음을 느낄 수가 있지만 가끔은 명예욕(名譽慾)이 강한 사람이 사업을 하고 있을 때도 있다. 그 사람의 목적을 생각해 본다면 돈을 벌어서 국회의원(國會議員)이 되는 것일 수도 있는 것이다.

또 사업을 할 사람이 대통령(大統領)이 될 수도 있다. 그렇지만 그가 대통령이 되려는 목적이 국민을 편안하게 해 주는 것을 목적으로 삼은 것이 아니라 하나의 국가(國家)를 사업장으로 삼고 더 부유한 삶을 누리기 위해서 선택(選擇)한 방법이라고 본다면, 비록 대통령이 된다고 하더라도 본질은 사업가인 것이다.

그래서 자신의 목적을 이루기 위해서 지킬 수도 없는 공약(公約)을 마구 남발(濫發)한 다음에 그 목적을 이루고 나서는 언제 그랬느냐는 듯이 '당선(當選)이 되기 위해서는 무슨 말인들 못 하겠는가!' 라고 할 수도 있는 것이다. 그는 애초에 남을 위해서 자신을 희생할 마음이 없었을뿐더러 보다 큰 사업장이 필요했기 때문이다.

자평명리학을 통해서 본바탕을 살펴볼 수 있도록 밑그림을 그려 준 학자는 대만(臺灣)의 하건충(何建忠) 선생이다. 십성(十星)의 이치를 바탕에 깔고 융(Jung, Carl Gustav)의 심리학(心理學)을 덮어씌워서 매우 근사한 작품을 만들었던 것이다. 그리고 이러한 이치를 낭월이 얻어서 이렇게 나눠줄 수가 있다는 것도 큰 행복이다.

이러한 소식(消息)을 잘 익히고 소화해서 언제라도 방문자가 자신의 목적과 방법을 물어올 적에 본질에서 크게 벗어나지 않고 유익(有益)한 답을 해줄 수가 있도록 열심히 정진(精進)만 하면 되는 것은 독자의 즐거움이라고 할 수 있을 것이다. 길을 안내하기 위해서는 높은 곳에서 관망(觀望)해야 오류(誤

謬)를 줄일 수 있는 것처럼 인생을 조언하기 위해서는 전체적인 것을 반드시 살펴야만 큰 그림을 그리는 과정에서 오류를 최소화(最小化) 할 수가 있는 것이다. 물론 100%의 정답(正答)을 제시하면 좋겠지만 그렇게 완벽(完璧)한 학문(學問)이 어디 있겠는가?

지금 연구하고 있는 이 학문만으로도 많은 정보를 읽을 수가 있으니 四柱에서 타고난 심리는 여간해서 변화하지 않는 것 같다. 그래서 '흰 개 꼬리 굴뚝에 삼 년 두어도 흰 개 꼬리이다.'라는 속담이 있는 모양이다. 그만큼 사람의 본바탕은 변하기 어렵다는 것이다.

그러니까 남을 고치려는 헛수고를 하지 말고, 자신부터 돌이켜 보면서 고칠 방법을 생각해 보는 것이 옳다. 그러한 과정에서 스스로 변화한다는 것이 얼마나 어려운 것인지를 깨닫게 된다면 남이 변하지 못하는 것에 대해서도 공감대(共感帶)를 갖게 되고 이러한 것에서부터 상담(相談)은 시작되는 것이다.

5) 柱運에서 시기를 살핀다.

이제부터는 四柱에 나타난 시기를 살펴보도록 한다. 성공의 시기를 볼 경우에도 조기(早期)가 있고 만기(晚期)가 있는 것을 四柱에서 읽을 수 있어야 하고 이러한 시기를 잘 파악하는 것이 중요한 일이 된다.

다시 이해를 돕기 위해서 숲과 나무로 비유를 들어서 설명한다. 먼저 전체적인 숲의 상황을 살폈으면 대략 어떤 그림을 그려야 할 것인지 스케치가 되었을 것이다. 그다음에는 구체적으로 방향을 잡아야 하니 이러한 것을 계획조림(計劃造林)이라고 할 수 있을 것이다. 토양(土壤)의 형태(形態)는 양지(陽地)인지 혹은 음지(陰地)인지, 토질(土質)은 황토(黃土)인지 아니면 진흙인지도 구분을 해야 수종(樹種)이 결정(決定)되는 것이다. 이러한 것을 모른 채로 아무 나무나 빈자리에 꽂아 둔다면 결코 풍요(豊饒)로운 수확을 기대하기는 불가능하다고 봐야 할 것이기 때문이다.

(1) 수종(樹種)의 선택

나무에는 저마다의 삶에 대한 특성이 있다. 밤나무는 3년이면 수확이 되지만 호두나무는 7년이 넘어야 수확의 연령이 되고, 은행나무는 더 오랜 시간을 기다려야 해서 할아버지가 심어 놓으면 나중에 손자가 수확하는 것이라는 말이 있을 정도이다. 물론 품종개량을 하지 않은 상태에서의 자연산을 말하는 것이다. 또한 당년(當年)에 종자를 심어서 결실을 거둘 수가 있는 초목(草木)도 많다. 주식(主食)으로 삼는 벼나 보리와 같은 곡식(穀食)들은 대부분 이러한 주기(週期)를 갖고 있다.

수확을 일찍 거둘 수 있는 품종인지를 알기 위해서는 나무에 대해서 공부를 해야 하듯이, 그 사람이 언제쯤 인생의 꽃을 피우게 될 것인지를 알기 위해서는 用神을 알아야 하고 그 用神이 어느쯤에 있는지를 알아야만 한다. 이렇게 대략 살펴봐서 품종을 파악하게 된다면 그 사람에게 어떤 방향으로 삶의 이징

표(里程標)를 세우라는 안내를 할 수가 있을 것이다.

운세(運勢)를 살펴서 20년 정도가 좋은 運으로 진행이 될 것으로 판단이 되었다면 거기에 어울리는 품종을 선택해야 수확을 볼 수가 있을 것이니 호두나 사과와 같은 유실수(有實樹)가 좋을 것이고, 기대가 되는 運이 아무리 길게 봐도 5년에 불과하다면 더욱 빨리 결실을 볼 수 있는 것으로 선택을 해야 하는 것이므로 인삼(人蔘)이나 더덕과 같은 식물이 적합할 것이다.

그리고 40년의 호운(好運)이 진행된다면 좀 더 여유를 갖고서 품종을 다양하게 선택할 수도 있는 것이다. 이렇게 운세의 흐름에 따라서 어떤 방향으로 설계도(設計圖)를 그릴 것인지를 파악해야 하는 것이 四柱를 살펴보면서 가장 먼저 판단해야 할 부분이니, 가정(家庭)으로 본다면 결혼 초기에 가족계획을 세우는 것과 같다고 할 수 있다.

(2) 조기(早期)의 결실

四柱에서 用神이 年月에 있는 경우를 놓고 생각해 본다. 수종(樹種)에서도 일찍 수확을 하게 되는 품종은 감이나 밤이다. 이러한 유실수(有實樹)들은 보통 2~3년만 지나도 수확을 할 수 있기 때문이다. 그리고 인생에서 조기 수확을 할 것인지를 파악하기 위해서는 用神이 年月에 있어야 한다는 것을 알아 두면 너무도 간단하게 읽어 낼 수가 있다.

20~30대에 성공을 거두는 것만으로도 너무나 일찍 수확을 한 것으로 봐야 할 것이다. 남들보다 훨씬 빨리 성공을 한다는 것은 그야말로 특별한 능력을 갖고 태어난 사람들에게 주어진

신의 선물일 수도 있을 것이다. 그래서 주변에서는 그러한 사람들을 부러워하거나 시샘을 할 수도 있지만 모두는 자신의 인연법에 따라서 얻어진 것이므로 그냥 인정을 하면 된다.

정치적으로나 경제적으로 성공을 할 수도 있고 학문적으로 성공을 거둘 수도 있다. 낭월의 소견으로는 이렇게 일찍 뜻을 이루는 것은 아마도 전생(前生)부터 쌓아온 노력이 현생(現生)에서 결실을 본 것이 아닐까 싶은 생각이 든다. 이런 생각을 하게 되는 것은 세상에는 그냥 이뤄지는 것은 아무것도 없다고 생각하기 때문이다.

그러나 '일찍 핀 꽃은 일찍 시든다.'라는 자연의 이치도 잊으면 안 된다. 얼마나 많은 천재(天才)들이 세상에 화려(華麗)하게 등장(登場)을 했다가 소리 소문도 없이 사라지는지를 또한 잘 알고 있는 사람이라면 세상이 참으로 공평하다는 생각을 하게 될 것이다.

四柱를 살필 적에 用神이 年柱에 있으면 너무 일찍 피어버린 꽃이 되지나 않을까 싶은 염려지심(念慮之心)이 발동(發動)하게 된다. 낭월은 항상 심리적(心理的)인 면에서 생각을 많이 하게 되는데, 너무 일찍 명성(名聲)을 얻게 되면 나중에 그보다 못한 현실에서 좌절(挫折)하게 될 수도 있다는 것을 먼저 생각하는 것이다. 이러한 조건을 생각해 본다면 길고 긴 인생의 여정에서는 결코 좋다고만 할 수 없는 것이다. 그래서 인생의 삼대악재(三大惡材)중에서 그 첫째는 '소년출세(少年出世)'라고 하지 않았겠느냐는 생각이 든다.

일찍 꽃을 피우고 열매를 맺은 사람들은 연예계(演藝界)나 체육계(體育界)에서 많이 등장을 한다. 어린 나이에 한참 각광

(脚光)을 받다가 어느 순간에 기억(記憶)의 저편으로 잊혀가게 되었을 적에 그들이 받게 되는 마음의 소외감(疎外感)은 결코 적지 않을 것이다. 자칫하면 마약(痲藥)이나 방탕(放蕩)에 빠져서 자신의 미래를 가꾸지 못하고 그렇게 허물어져 갈 수도 있기 때문에 일찍 핀 꽃이 될수록 그다음의 문제는 더욱 조심스러워지는 것이다.

그렇지만 그것조차도 운명(運命)이라는 생각을 하지 않을 수 없는 것도 수긍(首肯)을 해야만 할 부분인 것은 틀림이 없다. 이렇게 전체적으로 봤을 적에 用神의 위치가 앞쪽에 해당하는 年月에 있을 경우에는 그 뒤의 日時에 대해서도 대비를 하도록 조언을 해야 하는 것이 운명학자의 일이라고 하겠다.

낭월이 아는 어느 여성도 연예인으로 10대와 20대 초반에 명성을 얻었으나 30세도 안되어서 경쟁자들의 뒤로 밀리기 시작하면서 사람들에게 점점 잊혀갔다. 하지만 정작 본인은 항상 과거의 화려했던 시절에서 헤어나지 못하고 씁쓸이나 생각들이 고쳐지질 않아서 가족들이 무척이나 힘들어하던 것을 본 경험이 있기에 더욱 이러한 현상에 대해서는 조심스러운 마음이 드는 것인지도 모를 일이다.

초봄에 꽃을 피운 벚나무는 긴 여름이나 가을이 되어서 자신을 남들이 알아주지 않는다고 해도 슬퍼하진 않을 것이다. 숲속에서 이른 봄에 잠시 꽃을 피웠다가 지고 마는 춘란(春蘭)도 그냥 꽃이 없는 대로의 시간을 즐겁고 편안하게 보낼 것이다. 하물며 인간이 과거의 화려했던 기억에 갇혀서 오늘의 삶을 누리지 못한다면 참으로 안타까운 일이다.

(3) 중기(中期)의 결실

 四柱에서 用神이 日柱에 있는 경우를 생각해 본다. 물론 日柱라는 것은 日支를 의미한다는 정도는 이미 알고 있으리라고 본다. 이것을 과수(果樹)로 본다면 10여 년 전후로 수확을 시작하는 경우라고 할 수 있을 것이고, 인생으로 본다면 40~50대까지로 잡을 수가 있을 것이다. 급한 마음에서 본다면 약간 늦은 듯하고 길게 본다면 적당하다고 할 수 있을 것이다. 이것은 중년(中年)의 수확으로 어쩌면 가장 바람직한 사이클이라고 할 수 있겠다.
 사람이 너무 이른 시기에 결실을 보게 되는 경우에는 신체적(身體的)으로나 정신적(精神的)으로 균형을 이루기 전이기 때문에 나중에라도 심한 불균형(不均衡)이 생길 수도 있지만, 이렇게 긴 시간을 두고 성장하면서 경험도 쌓고 때로는 인생의 쓴맛도 느끼면서 이룬 성공이라고 한다면 웬만한 태풍(颱風)이 불어도 의연(依然)하게 견딜 수 있을 것이다.
 중년에는 결혼(結婚)하여 가정(家庭)을 이루고 자녀(子女)도 얻게 된다. 이 시기에는 왕성한 에너지를 가지고 있으니 거침없이 추진을 하고 運도 따라주므로 성공의 기회도 그만큼 많기 때문에 아이들도 무럭무럭 잘 자라게 되는 것이다. 부모가 너무 어리면 자녀를 교육하는 것에서 현명하지 못할 가능성이 많을 것이고, 너무 늦게 아이를 얻으려 하면 신체적으로도 문제가 발생할 수 있다.
 그리고 가정의 경제가 어려우면 분위기도 편안하지 않을 가능성이 많겠지만 중년에 좋은 運을 만난 가정에서는 힝상 웃음 꽃이 만발(滿發)하게 된다. 물론 인생이라는 것이 변화가 무쌍하여 오랜 세월을 사노라면 잠시 힘든 때도 있을 것이지만 그러한 것도 이내 복구(復舊)가 된다면 힘들었던 시절을 안주 삼아서 즐겁게 되새김을 할 수도 있을 것이니, 오히려 단조로울 수도 있는 삶에서 재미를 추가해 주는 역할이 될 수도 있기 때문에 반드시 나쁘다고만 할 것도 아니다.

(4) 만기(晚期)의 결실

用神이 時柱에 있는 경우를 생각해 본다. 나이 먹은 나무는 아무렇게나 서 있어도 폼이 난다. 특히 느티나무나 팽나무와 같은 수종(樹種)의 우람한 둥치와 풍성한 가지는 동네의 수호신(守護神)이 되거나, 한 여름의 땡볕을 피할 수가 있어서 동네 사람들은 정자(亭子)나무로 삼았다. 이렇게 열매는 달리지 않더라도 거대한 노목(老木)은 그 존재만으로 충분히 대접을 받는다.

마찬가지로 인생도 나이가 들어 풍부한 삶의 경험을 겪으면서 숙성(熟成)이 되면 지혜로운 노인이 되어가는 것이다. 그래서 그냥 살아 있다는 것만으로도 존경을 받게 되는 것인데 특히 일생 동안 큰 허물없이 자신의 주변을 잘 가꿔가면서 살아온 사람에게는 충분히 대접을 받을 자격이 있다고 해야 할 것이다.

소나무도 마찬가지이다. 깊은 숲속에서 500년을 버티면서 비바람을 이겨낸 한 그루의 나무가 문화재를 복원(復元)하는 목수(木手)의 눈을 만나게 되면 비로소 만년(晚年)의 결실을 이루게 되는 것이다. 나무가 죽는다고 하는 것에 대해서 너무 슬프게 생각을 할 것은 아니다. 그 나무는 죽어서 다시 천년을 살아갈 것이기 때문이다. 그러니까 영주 부석사(浮石寺)의 무량수전(無量壽殿)과 같은 국보가 될 수도 있는 것이다.

진리(眞理)의 차원(次元)에서 본다면 생사일여(生死一如)라고 한다. 그래서 주목(朱木)은 '살아 천 년 죽어 천 년'이라고 한다는데 백두대간의 금강송(金剛松)도 마찬가지로 죽어서 천년을 살아가는 것이니 이만하면 노년의 결실이라고 할 만하지 않겠는가 싶다. 그러므로 늙어서 거두는 결실도 결코 사소하다고 할 수 없는 위력(威力)이 있는 것이다.

주목이나 금강송과 같은 느낌의 사람을 생각해 보면 공자(孔子)나 노자(老子)가 생각난다. 석가모니(釋迦牟尼)도 포함시키고 싶지만 그는 50세 이전에 도를 이루고 꽃을 피웠기 때문에 만년의 결실이라고 보기에는 좀 어울리지 않아서 제외하는 것이 좋겠다. 또 예수는 너무 일찍 져버린 꽃이어서 또한 만운(晩運)의 모델로는 맞지 않아 보인다.

공자(孔子)는 그렇게도 자신의 뜻을 세상에서 펼쳐 보려고 애를 쓰면서 열국(列國)을 주유(周遊)했지만, 마침내 뜻을 이루지 못하고 늘그막에서야 다시 노나라로 돌아와서 자신이 연구한 것들을 기록으로 남겨서 아직까지도 만세사표(萬歲師表)로 추앙(推仰)을 받게 되었으니, 늙은 나무의 자태가 그대로 느껴진다고 하겠다.

그렇지만 많은 안타까움이 묻어날 수도 있겠다. 중년에 상담실을 찾아온 사람에게 '대기만성(大器晩成)'이라는 말을 하면 대부분 '다 늙어서…….'라는 말로 반응(反應)하는 것을 보면 누구에게나 중요한 것은 지금의 상황인 것은 틀림이 없을 것이다. 그러나 강태공(姜太公)이 기나긴 세월을 기다려 나이 80세가 되어서야 주왕(周王)을 만나서 다시 80년간 뜻을 펼쳤다고 하는 이야기를 들어보면 또한 노목(老木)의 아름다운 모습으로 느껴진다.

이렇게 살펴보면 많은 위인(偉人)은 늙어서야 빛을 보는 경우가 허다(許多)하다. 그 이유는 오랫동안 쓰임새를 찾지 못하여 계속해서 자신을 갈고닦은 결과로 늦게나마 큰 빛을 보게 된 것이라고 이해를 할 수 있을 것이다. 이러한 모습에서 '저녁노을의 장엄(莊嚴)함'에 대해서 다시 생각하게 된다. 어쩌면 중년의 삶이 다소 궁핍(窮乏)하더라도 말년에 우아한 모습으로 남들을 위해서 뭔가 의미 있는 일을 할 수 있다면 그것이야말로 작은 일이라고 할 수 없지 않을까 싶다.

물론 이렇게 늘그막에 멋진 모습으로 기쁨을 누리기 위해서는 그 이전의 시기를 그냥 보낸 것이 아니라는 점을 주시(注視)해야 한다. 그냥 빈둥거리고 신세타령이나 하면서 많은 세월을 보낸 사람이라면 아무리 나이가 들어서 90세가 된다고 하더라도 거들떠 볼 사람은 많지 않을 것이기 때문이다.

6) 결실을 맺지 못하는 경우도 있다.

누구나 한 평생을 살아가면서 한 번쯤은 화려한 성공을 하고 싶을 것이고 그러한 목적을 위해서 최선의 노력을 한다. 그럼에도 노력과 성공의 관계가 반드시 일치하지 않는 것으로 인해서 좌절(挫折)하게 되는 사람도 적지 않다. 이번에는 이러한 경우에 대해서 생각을 해 보도록 하자. 왜냐하면 이러한 사람들일수록 운명(運命)에 대해서 더욱 관심을 가지고 있어서 상담실(相談室)에서 만나게 될 가능성도 그만큼 높아지기 때문이다.

보통은 어려서 호강하면 늙어서 고생할 수 있고, 반대로 어려서는 고생을 했지만 나이가 들어서는 안락(安樂)한 삶을 누릴 수가 있다고 생각하게 된다. 물론 어려서나 늙어서나 모두 넘치는 행복을 누릴 수 있다면 좋겠지만 아마도 상담실에서 만날 일은 거의 없을 것으로 생각이 된다. 뭐가 답답해서 상담실을 찾아오겠느냐는 생각을 해 보면 되겠다.

그러나 일생을 노력하였는데 아무리 노력을 해도 맘대로 되지 않았다는 생각을 한다면 오히려 상담실을 자주 들락거릴 가능성은 충분하다고 할 것이다. 그렇게 고단한 삶에서 뭔가 희망을 잡고 싶어서 찾아왔다면 四柱에 用神이 없거나 있어도 매우 무력(無力)해서 실제로 작용을 하지 못하거나, 運에서조차도 전혀 돕지 않았을 가능성에 대해서도 생각해 볼 수 있는 것이다. 이러한 이유도 아니라면 결론은 자신의 결실을 위해서 일생 동안 헛된 노력만 했다는 것인데, 여기에서는 스스로 노력을 하지 않은 것에 대해서는 논외(論外)로 하고 생각을 해 보자.

四柱에 用神이 보이지 않는 것은 망망대해(茫茫大海)를 항해(航海)하는 배의 방향타(方向舵)가 제대로 작동을 하지 않아서 풍랑(風浪)을 만나 물결에 따라서 휩쓸리거나, 주변에 큰 배가 지나가면 중심을 잡지 못하고 마구 흔들리는 것과 같을 것이다. 이러한 의미로 본다면 年干에서 時支까지 훑어봤을 적에 어딘가에 用神이 있다면 중심을 잡을 수는 있을 것이라는 이야기도 되는 셈이다.

일생 동안 運이 한 번도 들어오지 않기는 어려울 것이다. 아마도 그러한 말을 하는 사람이라면 스스로 포착(捕捉)을 하지 못했거나 노력을 하지 않았거나 혹은 원국(原局)의 상황이 運이 들어와도 활동을 하지 못하도록 매우 불리하게 되어 있었을 가능성도 있을 것이다. 이해를 돕기 위해서 참고 자료를 하나 제시(提示)한다.

時	日	月	年
辛	癸	壬	己
酉	酉	申	酉

이러한 四柱에 대해서 생각을 해 보자. 매우 강한 癸水日干은 年干의 己土를 用神으로 삼고 의지하는 수밖에 없다. 물론 그 이전에 木이 있었으면 참 좋겠지만 전혀 보이지 않으니 이미 아쉬움을 가득 안은 채로 살아가야 할 운명(運命)이라는 것을 생각해 볼 수 있을 것이다. 土가 用神이라고는 하지만 워낙 무력하여 없는 것과 같다.

이러한 장면에서 土運이 들어온다고 한들 무슨 힘이 있어서 왕성하게 길을 헤치고 가겠느냐는 생각이 들게 된다. 게다가 인성과다(印星過多)이므로 망상(妄想)은 하늘을 찌를 것으로 봐야 할 모양이다. 아니, 어쩌면 印星이 地支에 있으니 망상이 바다 밑을 훑고 다닌다고 해야 할지도 모르겠다.

그리고 火運이 들어오면 火剋金이라도 해서 방향을 잡아 줄 수도 있을 것 같지만 막상 火運이 들어와 봐도 근거지(根據地)를 확보할 수가 없는 火는 아무런 힘도 쓰지 못하고 그냥 오락가락하다가 물결의 저 너머로 사라져 버리고 말 것이라는 느낌이 든다.

이렇게 사후(死後)에 이름을 남긴 사람을 찾아본다면 고흐(Gogh, Vincent Willem van)나 멘델(Mendel, Gregor Johann) 등을 떠올릴 수 있을 것이고, 한국에서는 일생을 떠돌이로 보낸 방랑 시인 김삿갓도 살아생전에 꽃을 피워보지 못한 사람으로 봐야 하겠다.

이렇게 살다가 세상을 떠난 인물이 어찌 한두 사람이겠는가. 수없이 많은 사람들이 초신성(超新星)처럼 명멸(明滅)했을 것이고 그중에서는 죽은 다음에라도 기억을 할 수 있는 사람이 있지만 그 외의 많은 사람들은 그렇게 태어났다가 자신의 이름을 알리지 못하고 처음에 온 곳으로 돌아갔을 것이니 이러한 많은 사람들을 운명적(運命的)으로 본다면 결실을 보지 못한 사람들로 분류(分類)를 하는 것이 타당할 것이다.

죽음을 앞두고서 아무리 생각을 해 봐도 자신의 삶이 억울(抑鬱)해서 눈을 감을 수가 없을 정도이고 아무도 나를 기억해 주지 않는다고 하더라도 또한 소용이 없는 일이다. 이러한 경우에 윤회론(輪廻論)은 큰 희망이 될 수 있겠다. 이번 생에서는 비록 애써 노력만 했지만 다음 생에서는 그게 빛나는 업적으로 이름을 드날려 볼 수도 있을 것이라는 위로(慰勞)가 되기 때문이다.

그러나 명리학에서 다음 생의 존재에 대해서는 논하지 않을 것이다. 그것은 이야기의 범위를 벗어나기 때문이다. 여하튼 아쉬운 삶이 될 수 있겠다는 의미로 관찰을 하는 것은 四柱의 구조(構造)에서 읽을 수 있는 부분이라는 것은 틀림없다.

7) 用神의 힘은 결실의 규모이다.

처음에는 결실을 거두기만 해도 좋겠다고 생각하지만 조금 더 시간이 흐르게 되면 이번에는 얼마나 많은 결실을 거둘 수가 있을 것인지에 대해서도 궁금해지는 것이 사람의 마음이다. 그래서 또 四柱를 보면서 어떻게 살펴야 그 질문에 대해서 해답을 줄 수가 있는지를 생각하게 되는 것이니 이렇게 필요(必要)에 따라서 알아가게 되는 것은 공부의 흐름이라고 할 수 있겠다.

그렇게 흘러가노라면 더 이상 필요한 것이 생기지 않는 지점에 도달하게 될 것이고 그렇게 되었을 적에 비로소 공부는 마무리가 될 것이다. 물론 낭월은 여전히 필요한 것이 생기는 모양이다. 아직도 계속해서 자연(自然)과 사물(事物)에게 궁금한 점들에 대해서 질문을 퍼붓고 있으니 말이다. 그렇지만 언젠가는 질문도 답변도 사라지는 날이 올 것이라고 믿으면서 오늘도 열심히 진리(眞理)의 탐색선(探索船)에서 사방(四方)을 두리번거리고 있다.

(1) 풍성(豊盛)한 결실

 결실의 규모를 생각하게 되면 가장 먼저 눈에 들어오는 것이 用神의 힘이다. 그러니까 가세(家勢)를 키우려면 가장(家長)의 능력이 뛰어나야 하는 것처럼 개인의 노력이 큰 결실을 이루고자 한다면 用神이 막강(莫强)해야 하는 것은 당연하겠고, 그 用神이 日干의 가까이에 있으면서 月支에 깊이 뿌리를 내리고 있다면 금상첨화(錦上添花)이다.
 물론 여기에다가 운세(運勢)가 가세하여 큰 힘을 실어준다면 문을 닫아걸어놔도 결실이 바리바리 안마당으로 밀고 들어올 것은 틀림이 없는 것이다. 그래서 극히 드물겠지만 이러한 흐름을 타고 있는 四柱와 運이 될 경우에는 매우 큰 결실을 거둘 수가 있다고 판단을 하게 된다.
 또 그렇게 성공해서 얻은 결실을 자신의 통장에 넣어놓고 벌벌 떠는 것이 아니라, 과감하게 절반(折半)을 뚝 잘라서 사회에 환원(還元)하고 다시 열심히 자신의 일을 하는 멋진 사람들은 돈이 아무리 많아도 박수(拍手)를 받게 되는 것이다. 반면에 수천억이 있더라도 국가에 세금을 내지 않으려고 온갖 술수(術數)를 다 부리는 사람도 있기는 하다. 그렇지만 그들도 또한 자신의 복(福)을 누리는 것이라는 점은 인정해야 할 것이다. 비록 도덕적이지는 못하더라도 말이다.

(2) 무난(無難)한 결실

 살아가는 형편이 어떠냐고 물어보면 '그냥 밥술이나 먹고산다.'라고 하는 수준을 생각해 보면 결실이 무난하다고 이해를 할 수 있을 것이다. 남을 위해서 크게 베풀 여유는 없더라도 식솔(食率)들이 향유(享有)할 정도의 재물(財物)을 얻을 수는 있다고 보면 되겠다. 그리고 이 정도의 수준에서 삶이 지속되는 것도 마냥 쉬운 것은 아니다.

아마도 공무원(公務員)으로 안정되게 살아가는 경우이거나 교육자(敎育者)가 되어서 맡은 바의 일에 대해서 성실히 노력하는 사람들이라고 할 수 있을 것이다. 이러한 경우에는 한 분야에 대해서 오랜 시간을 투자하여 정진(精進)을 한 결과라고 해도 좋을 것이다. 근면성실(勤勉誠實)하게 노력하여 한 가정의 안락(安樂)을 이루는 것이라면 무난(無難)한 결실이라고 할 수 있을 것이다.

그러려면 四柱에서는 用神이 뿌리는 얻고 있어야 할 것이고 沖剋을 만나지 않는다면 가능하다고 본다. 그러니까 日干의 가까이에서 큰 힘으로 협조(協助)를 하거나, 혹은 月支에 깊이 뿌리를 내리고 전국(全局)을 장악(掌握)할 정도는 아니더라도, 나름대로 뿌리를 내리고 있어서 한 분야에서는 자신의 역량(力量)을 발휘(發揮)할 수 있을 정도는 된다고 보겠다.

열심히 노력하여 얻은 결실로 생계(生計)를 도모(圖謀)할 정도가 되었다고 한다면 이 정도의 성취(成就)는 가능하다고 해석을 할 수 있는 것이니 이렇게만 된다고 하더라도 복(福)을 받은 것이라고 할 것이다.

(3) 빈약(貧弱)한 결실

밥술이라도 먹고 살아갈 팔자(八字)를 타고나려면 用神이 沖剋을 받지 않아야 그나마도 가능하다고 했는데, 안타깝게도 일생 동안 항상 의지해야 할 用神이 沖剋을 받아버리게 되면 인생의 길도 기구(崎嶇)하여 부침(浮沈)이 반복되는 삶을 살아가게 될 암시이므로 삶의 여정(旅程)이 순탄(順坦)하다고 보기는 어렵다.

이러한 경우에 해당하게 되면 결실도 빈약(貧弱)할뿐더러 스스로도 결실이 없다고 생각할 수 있다. 비록 그렇기는 하지만 여하튼 작은 결실도 결실이 되는 것이므로 아예 없는 것보다는 나은 것으로 봐야 할 것이다. 특히 用神이 무력(無力)하게 되면 기본적으로는 성공을 기대하기 어려우므로, 運이 오기를 기다렸다가 때가 되면 비로소 한 번 힘을 발휘해서 5년이나 10년 사이에 얻은 수확(收穫)으로 집도 장만하고 보험이라도 가입해서 다음에 運이 떠나가더라도 끼니를 걱정하지 않을 대비책(對備策)을 강구(講求)해야 하는 것이다.

그런데 아무리 그렇게 5년 동안만 사업을 하고 정리를 하라고 알려줘도 정작 본인은 돈벼락을 한 번 맞아봐야 비로소 그 동안의 고난(苦難)을 털고 크게 성공을 할 기회가 된다고 생각을 하고서는 있는 재산(財産)에다가 융자(融資)까지 받아서 크게 사업체(事業體)를 벌였다가 한순간에 다 날려버리고, 다시 일용직(日用職)을 찾아 나서야 하는 따분한 인생도 허다(許多)한 것을 보면, 또한 운명이라고 해야 하지 않을까 싶다.

그래서 자신의 그릇을 알아야 한다는 말이 나오기도 하지만 정작 '당신의 그릇이 간장 종지만 하다.'라고 아무리 강조를 해줘도 그것을 믿지 않으니 달리 어떻게 해 볼 방법이 없다는 것이다. 더구나 상담가조차도 여기에 편승(便乘)해서 괜히 헛바람이나 불어 넣어서 더 빨리 망하도록 부채질을 한다면, 결국 본인의 운명이라고는 하더라도 안타까운 마음이 들지 않을 수 없다.

7. 運의 陰陽

크게 나눠 보면 자평명리학에서 논하는 運에는 세 가지의 종류(種類)가 있다. 첫째는 柱運이고, 둘째는 세운(歲運)이며, 셋째는 대운(大運)이다. 이 셋이 서로 만나고 헤어지는 과정에서 갖가지의 희비애락(喜悲哀樂)을 만들어 내면서 인생(人生)의 긴 드라마를 엮어 가는 것이다. 그중에서도 고정적(固定的)인 형태로 吉凶을 의미하는 柱運은 음적(陰的)인 運으로 보게 된다. 陰의 본성(本性)은 잘 움직이지 않고 고정되어 있는 성향을 나타내기 때문이다.

반면에 세운(歲運)은 매년 역동적(力動的)으로 활동(活動)하는 것이므로 양적(陽的)인 運으로 봐도 된다. 그래서 인생의 삶에 대한 여정(旅程)에서 변화무쌍(變化無雙)한 결과를 보여 주는 것이므로, 항상 매년의 운세가 어떻게 작용하게 될 것인지에 대해서 초미(焦眉)의 관심사가 되는 것이고 그것에 내일을 예측(豫測)할 수 없는 미래에 대한 인간의 욕구까지 더해져서 여기에 대한 궁금증은 아무도 막을 수가 없는 것이다.

제1장 운세의 이해

1) 陰運인 柱運

柱運은 年柱의 運, 月柱의 運, 日柱의 運, 그리고 時柱의 運을 말한다. 이미 앞의 나무를 선택하는 이야기에서 간단히 언급을 했으므로 대략적인 의미는 이해가 되었을 것으로 본다. 이것을 다른 말로 표현한다면 '四柱의 시간적(時間的)인 대입(代入)'이라고 해도 된다. 그러니까 어린 시절에는 年柱를 대입하고 청년 시절에는 月柱를, 그리고 중년에는 日柱를 대입하고 말년에는 時柱를 대입하는 것을 말한다.

이렇게 대입을 하게 되면 일평생(一平生)의 運을 그대로 일목요연(一目瞭然)하게 읽어 볼 수가 있으므로 간편하기가 이루 말을 할 수 없을 정도이다. 각 柱運은 대략 20년으로 나눠서 대입하면 적당(的當)하다. 年柱에서는 20세까지의 상황을 살펴보게 되고, 月柱에서는 40세까지의 상황을 보게 되며, 日柱에서는 60세까지 대입하여 관찰하고 時柱에서는 그 이후의 상황을 살펴보게 되는 것이다.

각기 해당하는 위치에 用神과 忌神의 존재 여부에 따라서 그 무렵의 상황을 읽을 수가 있으므로 대략적(大略的)인 흐름을 파악하는 용도(用度)로 본다면 대단히 편리하고 직관적(直觀的)으로 파악(把握)을 할 수가 있다. 그러니까 시간적(時間的)으로 구체적인 대입은 어렵지만 시기(時期)에 따라서 대략적으로 보는 것에는 매우 편리하다.

다만 그 기간을 대략 20여 년으로 본다는 점에서 柱運만으로 구체적인 상황을 적용하는 것에는 무리(無理)가 따를 수 있다. 그러니까 대략적으로 보는 관점으로 생각하는 용도라면 그 역할을 충분히 완수(完遂)한다고 봐도 될 것이다.

예컨대 의뢰자(依賴者)가 중년이라고 한다면, 초년과 청년의 상황을 일일이 세운으로 대입하기는 불편하고 긴 시간을 필요로 할 수도 있으므로, 간략하게 柱運의 年柱와 月柱의 상황을 훑어서 설명을 하는 것만으로도 대략적인 흐름을 이해하는 데에는 부족하지 않음을 확인한다.

앞서 출간(出刊)된 《用神》에서도 간간이 柱運의 의미를 언급했는데, 用神만 찾을 줄 알게 되면 그대로 적용시켜서 어느 정도의 吉凶에 대한 상황을 파악(把握)하는 용도로 충분히 사용을 할 수 있다. 四柱에서 用神을 찾은 다음에는 그 즉시(卽時)로 柱運을 적용시켜서 인간관계(人間關係)의 吉凶과 지금의 시점(時點)에서 어떻게 상황을 읽어야 할 것인지를 바로 판단(判斷)하여 설명을 해줄 수가 있으므로, 방문자(訪問者)의 관점에서도 의문을 해소(解消)하는데 많은 도움이 되는 것을 항상 확인한다.

2) 陽運인 세운(歲運)

세운(歲運)은 매년 바뀌어서 들어오는 干支를 말한다. 2014년은 甲午가 되고, 2015년은 乙未가 되는 것으로 고정(固定)이 되어 있다. 그리고 이것은 고관대작(高官大爵)이나 하층빈민(下層貧民)에게 모두 동일(同一)하게 적용(適用)이 된다는 점에서는 참으로 공평한 것이라고 할 수 있다.

세운의 시작점(始作點)은 입춘시각(立春時刻)이다. 그러니까 입춘(立春)의 시각부터 한 해의 干支가 출발하게 되는 것이다. 참고로 동지(冬至)는 태양(太陽)의 시작이라는 의미에서의 출발점이라고 해도 될 것이다. 예로부터 동짓날에는 새알심이 들어간 팥죽을 집주변에 뿌리고 먹으면서 일 년 동안의 액운(厄運)이 막아지기를 바랐던 것을 보면 이것도 뿌리 깊은 한 해의 시작점인 것은 틀림이 없다고 하겠다.

3) 허상(虛像)인 대운(大運)

대운(大運)은 자평명리학의 역사와 함께 했을 정도로《淵海子平(연해자평)》에서부터 존재해 왔으니 참으로 오랫동안 자평명리학에서 운세의 풀이에서 큰 흐름을 담당해 왔다. 이것은 10년 단위(單位)로 干支를 나눠서 吉凶을 대입하는 것인데 때로는 地支를 위주로 보기도 하고, 天干과 地支를 5년씩 대입하거나 3 대 7로 대입을 하기도 한다. 이렇게 각자(各者) 대입하는 기준이 같지 않은 것에는 그만한 이유가 있었을 것이다.

그런데 이렇게도 존중(尊重)을 받아왔던 존재를 자평법(子平法)에서 제외하려고 생각을 했을 적에는 적지 않은 망설임이 있었다. 그러면서도 지금 이러한 문제에 대해서 결단을 내리지 않는다면 다음에 또 언제 기회가 오겠는가 싶어서 무모하게도 감히 칼을 빼들었다.

무엇보다도 대운의 출발점이 좀 의문스럽다고 생각해 왔던 독자는 나름대로 객관적(客觀的)인 관점(觀點)으로 이 문제를 바라보고 있었다고 해도 될 것이다. 그것은 애초에 運의 흐름이 '순행(順行)과 역행(逆行)'이라고 하는, 干支의 흐름에서 바라본다면 존재하지 않는 허상(虛像)을 도입(導入)하여 운세(運勢)의 吉凶을 논하고 있는 것부터 문제가 있다고 생각하게 된다.

예컨대, 干支의 흐름이 戊辰 다음에는 己巳가 되는 것이 六甲의 순서(順序)인데 유독(惟獨) 대운(大運)에서는 그것이 지켜지지 않고 성별(性別)에 따라서 순행(順行)으로 진행하기도 하고 또 역행(逆行)으로 진행하기도 하는 것으로 공식화(公式化) 되어 있는 것에 대해서 의문(疑問)을 품지 않은 학자는 없을 것으로 생각된다.

그럼에도 불구하고 그대로 전해져 내려오는 공식을 따르게 된 것은 딱히 특별한 대안(代案)이 없기도 하고, 또 너무 오랜 시간을 당당하게 그 자리에 존재했기 때문에 권위(權威)가 대단하여 함부로 어떻게 할 수가 없었을 것이다. 그도 아니라면 남들도 그냥 대입하는데 나만 유별나게 딴 말을 하기도 어정쩡해서일 수도 있지 않았을까 싶다.

이유야 어떻든 간에 이와 같이 대운이라고 하는 공식으로 운세(運勢)의 吉凶을 해석하는 방법이 자평명리학에 존재하는 것은 사실이므로 그 구조에 대해서도 알아두어야 하는 것만은 분명하다. 다만 이 방법을 적용하는 것에 대해서는 낭월의 관점이 수년 전부터 달라졌으니 여기에 대해서 부연 설명을 해야 하겠다.

무엇보다도 가장 먼저 논해야 할 것은 대운의 성립 여부이
다. 月柱를 기준으로 삼아서 陽男陰女는 순행(順行)으로 月柱
로부터 미래의 干支를 적용시켜서 10년씩 대입하고, 陰男陽女
는 역행(逆行)으로 과거의 干支를 적용시켜서 10년씩 대입하
게 되어 있다는 것은 누구나 알고 있을 것이지만 실로 四柱의
여덟 글자를 제외하고 또 다른 干支를 끌어들여서 吉凶을 판단
해야 한다는 것이 모순(矛盾)인 줄 알면서도 궁여지책(窮餘之
策)으로 둘러 붙이기 위해서였던 것은 아닐까 싶은 생각도 해
본다.

 바둑판의 문제는 바둑판에서 해결해야 한다는 오청원 선생
의 말이 떠오른다. 바둑판의 문제를 바둑을 두면서 해결할 수
가 있음에도 일본의 기계(棋界)에서 토의를 거쳐서 '귀퉁이의
곡사궁(曲四宮)은 죽음'이라는 공식을 채택한 것에 대한 반론
이었다고 하는데, 자평법은 四柱의 여덟 글자에서 해답을 찾아
야지 난데없는 月柱를 기준으로 허상의 干支를 대입하여 풀이
를 할 수밖에 없다는 것도 같은 맥락에서 타당하지 않은 것으
로 봐도 될 것이다.

 다만, 대운을 적용하고 말고는 각자의 판단에 맡긴다. 낭월
의 관점은 이러하다는 것을 밝히고, 명리학자의 판단에 따라서
대운을 적용시키거나 적용시키지 않는 것은 선택의 영역으로
돌리거니와 이 책에서는 논하지 않는다는 것만 전하고자 한다.

제2장 運勢의 公式

■ **운세를 대입하는 기준(基準)**

 일상(日常)에서 運이라는 말을 사용하고 있는데 그 내용이 다양하다는 것을 알 수 있다. 가령 복권(福券)을 사면서는 횡재운(橫財運)을 말하게 되고, 덕담(德談)을 할 적에는 행운(幸運)이 함께 하기를 바란다고도 한다.

 그리고 명리학자의 관점에서 논하게 되는 運도 분명히 있으니 이미 앞에서 설명을 한 柱運과 세운(歲運)이 이에 해당할 것이다. 그리고 좀 더 구체적으로 살펴보게 되면 다음과 같이 분류를 할 수 있다.

① 柱運 - 年月日時의 柱運에 대한 喜用神과 忌仇神으로 구분하여 설명을 함.
② 세운(歲運) - 天干과 地支에서 喜用神이 작용하는 것을 살펴서 정도에 따른 차이점을 설명함.
③ 재운(財運) - 세상을 살아가는데 가장 중요한 재물의 인연에 대해서 언급을 하여 참고하도록 함.

임상사례에서 200번 자료까지는 이와 같이 대입을 하여 설명하도록 한다. 그리고 그 뒤로 300번까지의 100가지 자료는 조금 다르게 적용할 것이다. 왜냐하면 이미 200가지의 자료를 통해서 柱運, 세운(歲運), 財運에 대한 의미를 충분히 파악되었다고 봐도 될 것이라는 판단이 되어서다.

④ 부모인연(父母因緣) - 年柱의 상황을 살펴서 부친궁과 모친궁의 인연에 대한 吉凶을 설명함.
⑤ 형제인연(兄弟因緣) - 月支의 형제궁을 통해서 用神과의 관계를 참작하여 관계에 대한 吉凶을 설명함.
⑥ 부부인연(夫婦因緣) - 日支의 부부궁을 살펴서 배우자에 대한 인연의 吉凶을 설명함.
⑦ 자녀인연(子女因緣) - 時支의 자녀궁을 살펴서 자녀에 대한 인연의 吉凶을 설명함.

여기에서 거론되는 명식은 《用神》편에서 다룬 것을 그대로 활용(活用)하고 일련번호(一連番號)도 동일(同一)하게 적용시키도록 한다. 그래서 혹 用神 부분에 대해서 이해가 잘되지 않는다면 해당 번호의 用神에 대한 설명을 찾아보면서 공부를 하면 도움이 될 것이다.

이제부터 각 항목에 대해서 이해하기 위한 방법을 설명한다. 이러한 방식을 잘 이해하고 설명을 보게 되면 간단하게 풀이를 하였더라도 그 이면에 포함되어 있는 함축적(含蓄的)인 의미까지 깨닫게 될 것이다. 그러므로 각 항목별로 차근차근 살펴서 의미를 잘 파악하기 바란다.

독자의 취향(趣向)에 따라서는 적은 자료라도 상세(詳細)하게 풀이하는 것을 원하는 경우도 있을 것이고, 또 간단하게라도 많은 자료를 다뤄줬으면 하는 경우도 있으리라고 생각된다. 食神의 성향이라면 전자(前者)에 해당할 것이고 財星의 성향이라면 후자(後者)에 해당할 수 있다. 물론 글을 쓰는 입장에서 이 둘을 모두 충족(充足)하기 위해서는 분량을 늘이는 것이 최선이겠지만 지면(紙面)의 관계로 인해서 어느 정도의 타협(妥協)이 필요할 수밖에 없는 것이 현실이다.

 그러면 이제 각각의 항목에 대해서 어떻게 이해하고 해석하면 될 것인지에 대해서 상세하게 설명을 한다.

1. 年柱運의 吉凶

 年柱가 運으로 작용(作用)을 하게 될 적에는 소년기(少年期)의 상황에 대해서 살펴보는 의미로 적용(適用)이 된다는 것을 알아두면 간단하게 이해가 될 것이다. 대체(大體)로 부모(父母)의 슬하(膝下)에서 해 주는 밥을 먹고 용돈을 타 쓰면서 학교에 다니는 정도의 기간이라고 보면 거의 틀림없겠다.
 1950년대에 태어난 베이비부머는 초등학교를 졸업하고 나면 자신의 길을 가기 위해서 집을 떠나는 것이 보통이었다. 그리고 형편이 나은 집에서는 중고등학교까지도 부모의 도움을 받을 수 있었다. 그렇지만 요즘은 기본적으로 고등학교까지는 부모의 도움을 받고 있는 것으로 보는 것이 일반적(一般的)이라고 봐야 할 것이다.
 그래서 대략 나이로 대입을 한다면 0세에서 20세까지로 보겠고 이것은 미성년(未成年)의 시기(時期)에 해당한다는 것을 알 수가 있다. 그러니까 그 이전에 자신을 먹여 살려야 하는 환경에 처하게 되는 사람은 年柱의 運이 나쁜 사람이라고 할 수도 있을 것이다. 왜냐하면 20세 이전에는 부모의 혜택(惠澤)을 받으면서 마음 놓고 미래를 위한 학습(學習)의 기간(期間)으로 삼는 것이 좋기 때문이다.

이렇게 사람에 따라서 차이가 있기 때문에 年柱의 기간을 15세까지로 할 수도 있고 20세까지로 할 수도 있다는 것을 생각하는 것이 타당(妥當)하다고 본다. 이것을 정형화(定型化)해서 정확하게 몇 살까지로 해야 하느냐는 답변을 요구하는 것은 상황에 따른 대입으로 보면 좋을 것이다. 적용은 상황에 따라서 다소 차이가 있겠지만 공식적으로는 20년간으로 대입하여 설명하고 이해하면 무난할 것으로 본다.

1) 年支의 지원(地元)과 인원(人元)

日干을 기준으로 삼아서 年柱에 喜用神이 있는지 忌仇神이 있는지를 찾아내는 것은 이미 用神을 공부한 다음이므로 아무런 문제가 없을 것이다. 四柱에 따라서 궁리를 조금 더 해 봐야 할 경우는 있겠지만 답을 얻지 못할 四柱는 없는 것으로 보면 될 것이다.

이렇게 用神을 얻은 다음에 年柱를 살펴보게 되는데 그중에서도 비중을 두어야 할 곳은 年干보다는 年支라는 것을 알아두어야 한다. 그러니까 年干의 작용은 보조적(補助的)으로 보고 비중(比重)은 年支에 두고 살펴봐야 하는 것이다. 이로 인해서 天干보다는 地支가 더 중요(重要)하다는 설(說)의 유효성(有

效性)에 대해서도 생각을 해 보게 된다. 柱運을 적용하여 年柱의 運을 살필 적에도 地支에 비중을 두면 된다. 만약 天干에서 地支를 극제(剋制)한다면 年支의 작용이 감소(減少)하는 것으로 적용(適用)하고, 생조(生助)한다면 이번에는 그 작용이 증가(增加)하는 것으로 적용하면 되는 것이니 이치는 간단하다. 그러니까 年支의 작용이 吉하다고 할 경우에는 年干의 극제를 받으면 吉한 작용이 감소할 것이고, 생조를 받으면 吉한 작용이 더욱 상승(上昇)하게 될 것이므로 그 정도(程度)의 가감(加減)은 用神에 대한 공부를 마친 학자(學者)에게는 '식은 죽 먹기'일 테니 긴 설명을 필요로 하지 않을 것이다.

年干과 年支의 관계를 정확(正確)하게 대입을 하기는 어렵겠지만 대략적(大略的)으로라도 干支로 나눠서 구분을 하고자 한다면 상반기(上半期)의 10세까지는 年干의 喜忌를 통해서 吉凶을 살펴보고 하반기(下半期)의 20세까지는 年支의 喜忌를 살펴서 판단을 할 수도 있을 것이다.

그러니까 年干이 喜用神이면 유아기(乳兒期)의 삶이 좋다고 판단을 하고 年支에 喜用神이 있으면 소년기(少年期)의 삶이 좋다고 해석을 하게 되는 것이다. 다만 그럼에도 불구하고 비중을 두고 살피게 되는 것은 年支가 된다.

이것은 다른 柱運의 경우에도 마찬가지로 공통적(共通的)인 대입(代入)이 된다. 그래서 '삼원(三元)에서도 인간사(人間事)를 알아보려면 인원(人元)을 보라.'라고 하는 말이 나오지 않았겠느냐는 것을 생각해 보게 된다. 인원은 지장간(支藏干)을 의미하는 것이다.

천원(天元)은 하늘이고 지원(地元)은 땅이다. 그러니까 땅에 씨앗이 떨어지면 하늘이 그것을 키우거나 죽이게 되는데 한난조습(寒煖燥濕)이 순조(順調)로우면 잘 자라는 것이고 불순(不順)하면 자라는 과정에서도 어려움이 많은 것으로 보게 된다. 그런데 인간(人間)을 대입하게 되면 인원(人元)이 작용하게 되는데 이것은 지장간이 된다. 그래서 지장간의 협력(協力)과 배반(背反)에 따라서 삶의 여정에는 굴곡(屈曲)이 생기는 것이다.

특히 하늘의 한난조습에 대한 작용은 세운(歲運)에서 적용을 시키는 의미가 크다고 보면, 柱運에서는 지원(地元)에서의 땅과 그 속에 든 인원(人元)의 吉凶에 대한 작용에 비중을 두고 관찰하게 된다는 것으로 이해를 하면 될 것이니 이것이 陰運과 陽運의 상호관계(相互關係)가 되는 것이므로 하나만으로 대입하는 것은 불가(不可)하다.

2) 年柱와 소년 시절

사람마다 어려서의 運이 제각각 달라서 어떤 아이는 유복(有福)한 가정에서 부유(富裕)하게 어린 시절을 보내면서 무엇 하나 아쉬움 없이 성장(成長)을 하고, 또 어떤 아이는 자신의 한 목숨을 부지하기 위해서 남의 집에서 잔심부름을 하면서 생계(生計)를 유지하기도 하고, 또 어떤 아이는 한 가정의 가장(家長)이 되어서 가족을 먹여 살려야 하는 고단한 삶도 있으니 그 사이에서 다양하게 전개되는 형형색색(形形色色)의 살아가는 모습이야 일일이 다 열거(列擧)를 할 수가 없겠다.

그래서 어린 시절을 간단하게 上, 中, 下로 나눠서 구분을 한다면 그 기준을 세울 수가 있으므로 이치만 알게 되면 적용(適用)은 어렵지 않을 것인데 그 기준은 年柱의 喜用神에 대한 관계(關係)에 있으니 그에 앞서서 해결을 봐야 할 것은 당연히 四柱에서의 用神이다.

用神을 찾아놓게 되면 유년(幼年)의 삶이 어떠할 것인지에 대해서는 간단하게 파악을 할 수가 있는 것이다. 쉽게 생각한다면 年柱에 用神이 있으면 어려서의 삶이 풍요(豊饒)롭고 행복(幸福)하지만, 반대로 忌神이 있으면 빈곤(貧困)하거나 고통(苦痛)스럽다고 해석을 하면 되는 것이니 이보다 더 간단할 수가 없는 것이다. 이것을 기준으로 해서 그 중간(中間)의 정도(程度)에 대한 문제는 희용기구한(喜用忌仇閑)의 관계를 적용시켜서 이해를 할 수 있겠다.

3) 年柱의 喜用神에 대한 관점

10세 이전의 어린 시절에는 주로 가정(家庭)의 運이 영향(影響)을 미치게 된다. 20세까지가 年柱의 영향이라고 보는데 개인적으로 타고난 運이 작용(作用)을 하겠지만 아직은 사회생활(社會生活)을 할 정도의 준비가 되지 않은 시기이므로 스스로 할 수 있는 일이 별로 없다. 그래서 가정의 運을 생각하게 되는 것이고 특히 부친의 경제활동(經濟活動)에 따라서 삶의 질(質)은 크게 달라질 수 있는 것이다.

그럼에도 불구하고 年柱에 있는 글자가 用神이냐 忌神이냐에 따라서 참고를 할 수 있는 정도의 대입은 할 수가 있다고 보는 것이다. 즉 부친의 환경이 좋거나 나쁜 것도 크게 본다면 자신이 타고난 운명의 일부분이라고 할 수 있기 때문이다.

年柱에 用神이 있는 사람은 부모의 덕택(德澤)으로 행복(幸福)한 어린 시절을 보내게 된다. 아니, '행복하고 여유롭게 보내게 될 암시(暗示)가 된다.'라고 해야 하겠다. 무엇이든 단정적(斷定的)으로 말을 할 수가 없는 것이 운명학(運命學)이기 때문이다. 그래서 가능하면 여운(餘韻)을 남기고 의미를 전달(傳達)하려고 항상 노력한다. 그러니까 예언서(豫言書)가 아닌 조언서(助言書)로 사용이 되기를 바라는 마음인 것이다.

요즘 중국(中國)에는 소황제(小皇帝)라는 말이 생겼는데 이것은 중국 정부의 인구 억제의 정책으로 인해서 가정마다 자녀를 하나만 둘 수 있기 때문에 황제와 같은 대접을 하면서 키운다는 뜻으로 만들어진 신조어(新造語)이다. 물론 그것도 年柱에 用神이 있는 아이에게 해당하는 말이기는 하겠지만 여하튼 부모는 형편이 허락하는 한도 내에서는 황제의 대접을 하려고 애쓰는 것만은 틀림이 없는 모양이다.

10세 이전의 아이가 좋아할 것은 무척 단순(單純)하다. 맛있는 것을 마음대로 먹을 수 있고, 하고 싶은 것을 할 수 있고, 갖고 싶은 장난감을 갖고 놀 수가 있다면 그것으로 이미 행복은 넘쳐나게 될 것이기 때문이다. 그리고 시쳇말로 자녀바보인 부모가 항상 '금이야 옥이야' 하면서 알뜰하게 챙겨주게 된다면 그것만 보고서도 그 아이의 年柱에는 用神이 있을 가능성이 많겠다는 생각을 할 수 있을 것이다.

 이렇게 처음에는 四柱를 통해서 상황을 판단하지만 나중에는 상황을 보면서 역산(逆算)하여 四柱의 상황을 추론(推論)하게 되는 것도 공부가 쌓이면 자연스럽게 이해하게 될 것이다. 그리하다 보면 뛰어난 점쟁이는 점을 치지 않는다는 말의 의미도 비로소 이해가 될 것이다. 그 아이가 소속되어 있는 가정의 분위기를 보면 그 사람의 四柱에 어떤 글자가 자리를 잡고 있을 것인지도 짐작을 할 수가 있기 때문이다.

 年柱에 用神이 있다면 20세 이전까지의 시기에 해당하는 학창시절(學窓時節)은 즐거움이 가득한 형태로 기억이 될 가능성이 매우 높다고 하겠다. 가정적으로는 부모님이 알뜰하게 보살펴줄 것이고, 사회적으로는 학우(學友)들이 협조(協助)를 해줘서 스트레스를 받을 일이 매우 적어질 것이기 때문에 공부를 하고자 한다면 성적(成績)이 높게 올라갈 것이고 놀기로 든다면 어울려서 신명나게 놀 수 있는 환경이 될 것이다.

 가만히 생각을 해 보면, 학교를 다닐 적에는 부친보다는 모친의 관리를 받게 되는 경우가 대부분이라는 생각을 할 수 있다. 당연하겠지만 부친은 수입을 위해서 밖으로 나가야 하기 때문일 것이다. 그런데 재미있는 것은 이렇게 어머니의 자리인 年支의 모친궁(母親宮)에 해당하는 시기에 어머니로부터 공부에 대한 보살핌을 받게 된다는 것이다.

 이러한 것에서도 年支와 삶의 관계에서 적지 않은 연관(聯關)의 고리를 찾을 수가 있겠다는 생각을 해 보게 된다. 여하튼 어머니의 사랑스러운 보살핌으로 인해서 열심히 공부를 할 수 있거나 신나게 놀 수 있다는 것은 구김이 없는 어린 소년 시절을 보냈다는 것이다. 또 이것을 사회학자(社會學者)의 관점에서 바라보게 된다면, 일생을 살아갈 성격을 형성하는데 어려서의 교육 환경과 처음으로 사회를 인식하는 시점에서의 영향이 적지 않은 작용을 하게 되는 것으로 볼 수 있겠다.

4) 年柱의 忌仇神에 대한 관점

 年柱가 用神이라면 설령 아버지가 자신을 돈 받고 팔아버리더라도 다시 현명(賢明)한 보호자를 만나 교육을 잘 받게 되어서 훌륭한 사람으로 성장할 수도 있을 것인데, 忌神이 되어버리면 팔려가더라도 흉악(凶惡)한 포주(抱主)나 앵벌이의 보스를 만나게 되는 것이다. 그래서 어려서의 운명은 年干에 달렸다고 해도 과언이 아니다.
 사실 어려서 외국으로 입양이 된 사람들이 성장을 하여 제각기 성공을 한 다음에 부모를 찾겠다고 입국을 하는 경우가 많은데 적어도 그 사람들은 어려서의 運이 좋았다고 할 수 있을 것이고 年干에 用神이 있었기 때문에 부모의 품에서 자라지 못했더라도 성공을 할 인연을 만나게 된 것으로 이해를 할 수 있는 것이다. 그렇지만 그 외의 많은 입양아(入養兒)들은 우리가 다 몰라서 그렇지 아마도 말로 다 할 수 없는 고초(苦楚)를 겪으면서 생부모(生父母)를 원망하고 있을 것이다.
 세상을 살아가는 법을 배워야 할 나이에 오히려 모든 것들로부터 자유롭지 못한 상황에 처하게 된다면 참으로 안타까운 일이라고 해야 할 것이다. 이렇게 年柱에 忌神이 자리를 하고 있다면 아마도 어린 시절의 황금기(黃金期)는 잊어버리고 싶은 20년으로 기억이 될 수도 있지 않을까 싶다.

이 시절의 경험이 일평생으로 본다면 잠시 지나갈 순간(瞬間)이 될 수도 있겠지만 같은 또래들은 자신들의 미래를 향해서 질주(疾走)를 하고 있을 시간에 생존(生存)의 고통(苦痛)으로 시달림을 받게 된다면 성격이 형성되는 과정에서 적지 않은 영향(影響)을 미칠 것이다. 어쩌면 가정적(家庭的)으로 매우 불행(不幸)한 환경(環境)에서 보내게 될 가능성이 매우 높다고 하겠다.

비록 현실적인 환경은 그렇다고 하더라도 스스로 강인한 정신력(精神力)을 소유하고 있다면 고학(苦學)이든 검정고시(檢定考試)든 가능한 모든 방법을 동원해서라도 자신의 환경에서 벗어나려고 안간힘을 쓸 수 있을 것이고 그렇게만 한다면 충분히 벗어날 기회를 잡을 수도 있을 것이다. 왜냐하면 아직도 月日時의 세 기둥이 고스란히 남아 있으므로 잠시의 역경(逆境)을 극복(克腹)할 수도 있기 때문이다. 그런데 운명을 풀이하는 사람이 이렇게 불우(不遇)한 청소년기를 보내고 있는 어린 사람에게 현실이 그러하니 숙명으로 받아들이라고 한다면 틀린 말은 아닐지라도 현명한 해답을 줬다고 생각하기도 뭔가 찜찜한 기분이 드는 것은 아마도 운명신(運命神)이 원하는 바가 아니었기 때문일까 싶다. 그렇다면 한 마디 해주자.

'음…… 아마도 神은 그대에게 기대를 걸고 있는 것이 많았던 모양이야. 그렇기 때문에 이렇게 소년 시절부터 호된 인생수업을 시키는 것이겠지. 원래 큰 그릇은 채우는 데 오래 걸리지만 일단 채우고 넘치게 되면 수천 사람이 모여서 나눠먹을 수가 있으니 비록 오늘은 힘이 들더라도 열심히 공부하고 노력해서 나중에 크게 쓰일 적에 부족함이 없도록 지혜롭게 준비하렴.'

이 한마디의 말이 어찌 단순한 위로에 머물겠는가. 동서고금(東西古今)을 통틀어서 태어나서부터 죽음을 맞이할 때까지 시종일관(始終一貫) 안락했던 사람이 몇이나 될 것이며 그러한 사람이 있다고 한들 그는 과연 인생의 삶이 얼마나 짜릿하고 기기묘묘(奇奇妙妙)한 것인지를 상상이나 할 수 있겠느냐는 것을 생각해 볼 수 있겠다.

긴 밤을 번민(煩悶)의 시간으로 보내지 않은 사람은 상쾌한 아침의 공기를 느낄 수 없고, 오랜 시간 굶주려 보지 않으면 한 그릇의 음식이 주는 행복의 의미를 깨달을 수가 없는 것이다. 그리고 외로운 나날을 힘겹게 보내지 않은 사람이 가족의 따뜻함에 대해서 어찌 알 수가 있겠느냐는 말이다. 또 학문적으로도 의문에 싸인 채로 많은 시간을 보내보지 않았다면 지혜의 말씀이 담긴 한 줄의 글을 보고서 감격(感激)하지 않을 수는 도저히 없는 것이다.

인생의 삼대악재(三大惡材) 중에서 첫째가 바로 '소년출세(少年出世)'인 것을 다시 생각해 보면서 어려서의 고난(苦難)은 결코 악재(惡材)가 될 수 없음을 다시 생각하고 상담을 하는 입장에서도 그러한 방향으로 길을 안내하게 된다면 충분히 도움을 줄 수 있을 것이다. 이것이야말로 젊어서 상담실을 찾게 되는 인연에게 최선(最善)의 자선(慈善)을 베푸는 것이라고 할 수 있을 것이다.

2. 月柱運의 吉凶

柱運은 地支가 주도(主導)한다고 했는데 왜 제목(題目)은 月柱라고 했는지 궁금할 수도 있겠다. 그것은 天干이라고 해서 팔짱만 끼고 있지는 않을 것이라는 의미로 봐야 할 것이기 때문에 이렇게 이름을 붙이게 되는 것이다.

1) 月柱와 청년 시절

月柱는 청년기(靑年期)를 담당(擔當)한다. 나이로 봐서는 20세 무렵부터 40세 무렵으로 볼 수 있는데, 사회적(社會的)으로 안정(安定)된 지위(地位)를 얻기 전 단계(段階)에서 열심히 자신의 목적을 향해서 나아가는 상황으로 이해를 하는 것도 하나의 기준이 될 수 있다.

20세부터 月柱의 運으로 적용은 시키지만 혹 18세 이후가 되거나 20세 이후가 되거나 큰 차이는 없다. 성인(成人)의 기준으로 본다고 하더라도 무리가 없다고 할 수 있을 것이다. 여하튼 중요한 것은 부모(父母)의 슬하(膝下)를 떠난다는 것이 가장 큰 기준이다. 일반적으로 본다면 대부분 대학에 들어가는 단계의 나이이다.

나이가 30대 전후(前後)가 되면 이 무렵의 의미는 일생(一生)을 통틀어서 가장 비중이 큰 시기(時期)라고 해도 과언(誇言)이 아닐 것이다. 그래서 고서(古書)에서는 모든 기틀이 여기에서 마련된다고 봐서 월령(月令)이라고 불렀을 것으로 짐작(斟酌)이 된다. 그래서 '하늘의 명령(命令)이 도달(到達)하는 곳'이라는 의미로 해석을 할 수가 있지 않았을까 싶은 생각을 해 보는 것이다.

과거에는 아마도 20대 전후(前後)를 月支의 시기로 보지 않았을까 싶다. 조혼(早婚)의 풍습(風習)까지도 고려(考慮)를 한다면 지금보다는 조금 앞당겨서 가문(家門)의 기둥이 되었을 나이로 이 시기를 봤을 가능성이 있다. 지금은 결혼을 포함하여 모든 것이 늦어지고 있어서 시대에 맞춰서 30대 전후라고 대입하는 것을 참고하면 이해에 도움이 될 것이다.

인간은 사회를 떠나서는 살아갈 수가 없는 존재라고 한다면 月柱의 주기(週期)는 자신의 힘을 남들에게 보여 주고 인정(認定)을 받는 시기라도 할 수 있다. 그렇지 못하다면 밀고 올라오는 경쟁적(競爭的)인 사회에서 어떻게 해 보지도 못하고 우물쭈물하다가 아까운 시절을 허송세월(虛送歲月)하게 될 가능성을 염려하게 된다.

생활의 형태로 기준을 삼아 본다면 결혼을 하고 가정을 꾸리기 이전까지로 봐도 될 것이다. 요즘의 기준으로 본다면 대부분 30대 중반에서 결혼하고 가정을 이루게 되는 것도 우연이 아닐 것으로 봐서 이러한 것으로 기준을 삼는 것이 일리가 있다고 보는 것이다. 물론 일찍 결혼을 한 사람은 더 빠른 흐름을 타고 있는 것으로 보면 될 것이다.

아마도 대학원까지 공부를 마치고 결혼을 한다면 30대 중반이 되어서야 가능할 것이고 학교를 제대로 다니지 못한 사람은 좀 더 일찍 배우자의 인연을 만나게 될 가능성이 상대적으로 높을 것이므로 이러한 것도 하나의 기준이 된다고 보겠다. 그래서 기계적으로 정할 것이 아니라 상황에 따라서 유연(柔軟)하게 적용하는 것으로 기준(基準)을 삼고자 한다.

2) 月柱의 喜用神에 대한 관점

이렇게 소중한 인생의 발전기(發展期)에서 신경을 바짝 쓰게 되는 것은 月柱의 글자가 무슨 역할을 맡았느냐는 것이다. 다행히 用神을 맡았다면 승승장구로 일취월장(日就月將)을 할 수 있겠지만 忌神의 역할을 맡고 있다면 아마도 곱게 피어난 꽃이 호된 서리를 만나는 형국이 될 수도 있기 때문에 주의해서 관찰하게 되는 것은 당연하다고 하겠다.

나이 스물이 갓 넘어서 자신의 뜻을 세우고 노력한 일이 큰 성과(成果)를 얻게 되었다면 물론 노력도 그만큼 했을 것이다. 그렇지만 다른 사람은 노력을 하지 않았다고 한다면 그것도 실례(失禮)가 될 것이다. 그러한 것을 너무나 잘 알고 있는 성공한 젊은이는 소감(所感)을 묻는 기자(記者)에게 '運이 좋았을 뿐'이라고 말을 하는 것이 단순히 겸손(謙遜)해서만은 아닌 것이다.

 그만큼 우열(優劣)을 가릴 수 없는 치열(熾烈)한 경쟁(競爭) 속에서 자신의 결실이 빛을 보게 된 것이라는 점을 다른 사람은 몰라도 본인은 알고 있는 것이다. 특히 올림픽에서 금메달을 땄을 경우에 선수들이 이렇게 말하는 것을 보면서 그 이면(裏面)에 깔려 있는 심리적인 의미를 생각해 본다.

 어쩌면 그것이 상투적(常套的)인 인터뷰의 전통(傳統)일 수도 있지만 자신의 실력이 상대 선수들 보다 특별히 뛰어나서 금메달을 따게 된 것이라고 생각을 하는 사람은 없을 것이다. 만약에 그러한 생각이 조금이라도 있었다면 그 교만(驕慢)함으로 인해서 이내 허물어지고 말 것이다.

 바로 이렇게 간발(間髮)의 차이에서 用神이 위력(威力)을 발휘하게 될 가능성은 많다. 세계에서 최고(最高)가 되는 사람에게는 적어도 어떤 식으로든 간에 用神의 힘이 작용을 했을 것으로 봐도 되지 않을까 싶다. 물론 2등이나 3등도 用神의 작용이 없었다고 하기는 어려울 것이다. 다만 순위에서 100등을 한 사람에게는 어쩌면 用神이 작용하지 못했을 가능성이 높다고 할 수 있을 것이다.

 우리는 성공한 젊은이들에 대해서 기억을 하게 된다. 다만 예체능(藝體能)의 방면(方面)에서 두각(頭角)을 나타낸 사람들이 대부분이다. 이는 짧은 시간동안 노력과 행운이 따라준다면 성공을 하게 될 가능성이 비교적 높기 때문이다. 그러니까 이 시기에 철학자(哲學者)로 이름을 얻거나 과학자(科學者)로 이름을 얻는 것이 이보다는 쉽지 않다는 이야기도 되는 셈이다. 무엇인가는 세월의 단련(鍛鍊)이 필요한 분야(分野)도 반드시 있기 마련이라고 생각하면 쉽게 이해가 될 것으로 본다.

月柱에 用神이 있다면 더 이상 바랄 것이 없다. 그야말로 격(格)으로 본다면 상격(上格)이기 때문이다. 특히 사회궁(社會宮)이기도 한 月支가 喜用神이라면 그 사람의 사회성(社會性)은 여하튼 좋게 작용을 할 것이므로 이로 인해서 만나는 사람들도 우호적(友好的)으로 대하게 될 가능성이 많아진다.

젊어서 좋은 인연을 만나야 성공의 기회가 그만큼 많아지는 것은 당연하다. 혼자서 아무리 동분서주(東奔西走)하더라도 협조(協助)해 주는 사람을 만나지 못한다면 결국은 겨우 의식(衣食)을 해결하는 것으로 만족을 해야 할 가능성이 높다. 이러한 사람이 또한 어디 한 둘이겠는가? 그런데 月柱에 用神이 버티고 있다면 웬만한 어려움은 저절로 해결이 되어서 뜻하는 일이 성취될 가능성이 높아지는 것이다.

40세 이전에 뜻을 세워서 성공을 하게 된다면 그 후로는 웬만큼의 실수를 하는 것만으로는 쉽사리 무너지지 않을 것이다. 하지만 '치명적(致命的)인 사고(事故)'를 친다면 어쩔 수가 없는 일이다. 이 말의 치명적인 의미가 무엇인가? 그만큼 운명에 영향을 미칠 정도의 큰 실수(失手)를 의미하는 것이다. 그래서 속담에서 소년출세를 꺼리는 말은 있지만 청년출세(靑年出世)를 나쁘게 보는 견해가 없는 것도 이 시기의 성취에 대한 경험은 참으로 중요한 과정이기 때문이다.

3) 月柱의 忌仇神에 대한 관점

'살아도 사는 것이 아니다.'라는 말이 있지만 이렇게 月柱에서 忌神을 만난 청년이야말로 그러한 말이 피부에 와닿지 않을까 싶다. 꿈을 이루는 것은 고사하고 당장 목구멍에 풀칠을 하는 일이 더 시급(時急)할 수 있기 때문이다. 물론 이러한 運으로는 대학에서 면학(勉學)을 할 형편이 되는 것도 보장(保障)을 할 수가 없을 것이다. 아마도 잘 다니던 학교라 할지라도 갑자기 상황이 나빠져서 더 진행하기 어려워지는 상황이 발생하게 되어서 휴학(休學)을 하고 입대(入隊)를 해야 할 상황이 될 수도 있겠다.

月柱에 忌神이 있다는 말은 어려서부터 뭔가 노력은 했지만 번번이 실패(失敗)로 이어지면서 이제는 그나마 한 걸음도 움직일 수 없는 난관(難關)에 봉착(逢着)하게 될 수 있는 凶運이 존재한다는 것이다.

비록 柱運은 불리할망정 세운(歲運)이라도 用神으로 들어와 준다면 비록 어려운 환경에서라도 구사일생(九死一生)의 전기(轉機)를 기대해 볼 수도 있겠으나 그나마도 기대를 할 수가 없다면 말로 다 할 수가 없는 힘든 청년기를 홀로 견디면서 뒷날의 기회를 위해서 각고(刻苦)의 노력(努力)이 따라야 할 것이다.

자포자기(自暴自棄)가 되어서 의욕(意欲)을 상실(喪失)한다면 인생의 길은 험한 자갈길 정도가 아니라 계곡과 비탈길을 손발로 기어서 올라가야 할 테니, 등산을 하는 사람이 줄 하나에 목숨을 달고 바위타기를 하는 것과 같은 여정(旅程)이 될 수도 있는 것이다. 물론 등산객이야 스스로 즐거워서 하는 일이겠지만 忌神을 만난 청년에게는 생사존망(生死存亡)의 기로(岐路)에서 한발 한발 가야 하는 기구(崎嶇)한 삶인 것이다.

月柱에 忌神이 박혀 있다면 아마도 세상과는 인연(因緣)이 없을 수도 있지 않을까 싶다. 그러니까 세상을 등지라는 의미로 이렇게 月支에 가장 꺼리는 글자가 있는 것이 아니겠느냐는 생각이 들기도 한다. 그만큼 청년의 시기가 힘겹게 진행을 하게 될 가능성이 있다는 것으로 이해를 하게 된다.

항상 그렇듯이 忌神이 있는 자리에서는 불행(不幸)한 일이 일어나게 될 가능성이 가장 높다. 더구나 글자만 忌神인 것이 아니라 실제로 忌神의 역할(役割)을 하고 있다는 것은 바로 옆에 붙어 있는 用神을 무참히도 박살(撲殺)을 내고 있다는 의미이니 이것은 더욱 큰 상처를 입게 되는 것이다. 가령 寅木이 用神이면서 日支에 있는데 月支에 申金이 있어서 沖剋을 하고 있다면 그 상처가 얼마나 깊겠는지를 생각해 보면 알 것이다.

그렇지만 忌神이 年支에 있고 月支에는 閑神인 土가 있다면 이번에는 비록 이름은 忌神이라도 실제로 用神에게 두려움을 줄 정도는 아니므로 분위기는 많이 달라지는 것이다. 그리고 이러한 구조라고 한다면 진정한 忌神은 아니라고 해야 할 것이다. 그래서 이름만 忌神인 것에 신경을 쓰지 말고 실제로 忌神 역할을 하고 있을 적에 두려움도 그만큼 커지게 되는 것으로 이해를 하는 것이 중요하다.

그러므로 가장 나쁜 忌神은 日支의 用神을 月支에서 깨고 있을 경우라고 이해를 해도 무리가 아니다. 그렇게 되면 중년의

40대에서부터 50대의 인생으로서는 황금기(黃金期)에 해당하는 시간을 고통과 갈등으로 점철(點綴)된 채로 흘려보내야 할 것이기 때문이다.

 비록 중년 후반부(後半部)에서는 用神이 있어서 좋아진다고 하겠지만 그럼에도 이렇게 月支에 있는 忌神이 강력(强力)한 독기(毒氣)를 뿜고 있는 구조라고 한다면 삶의 여정은 순탄(順坦)할 수 없다고 해야 할 것이니 참으로 안타까운 장면이 되는 것이다. 그래서 같은 用神이라도 月支에 있는 것이 가장 가치가 크듯이 忌神이라도 마찬가지로 月支에 있다면 그만큼 힘든 상황이 될 가능성이 매우 높은 것으로 보게 된다.

 그렇기 때문에 忌神이라도 기왕이면 年柱의 天干에 있기를 바라게 되는데 그 이유는 비록 어려서부터 유복(裕福)한 가정에서 자라는 것이 좋기는 하겠지만 언젠가는 만나야 할 忌神이라고 한다면 차라리 어려서 지나가는 것이 훨씬 나을 수 있기 때문이다.

 고언(古言)에도 '어려서의 고생은 사서라도 한다.'라는 말이 있다는 것을 음미해 보면 오히려 중년 이후에서는 그렇게 힘든 시기를 만나지 않기를 바라는 마음이 내재(內在)되어 있는 것으로 볼 수도 있는 것이다.

3. 日柱運의 吉凶

 이름은 日柱의 運이라고 했지만 실은 日支의 運이라고 해야 맞겠다. 왜냐하면 日干은 별도로 運을 논할 수가 없는 주체(主體)이기 때문이다. 자신은 주인이기 때문에 아무런 의미를 부여할 수가 없다. 그래서 日支가 떠안게 되는 부담은 두 배가 되는 것이다. 사회적으로 본다면 月支가 가장 중요하겠지만 개인적으로는 日支가 가장 중요하다.

 물론 저마다에게 주어진 역할에 따라서 비중은 다르겠지만 개인주의가 팽배(澎湃)한 현대라고 한다면 日支보다 더 중요한 곳은 없다. 그리고 年柱를 머리로 보고 月柱를 가슴으로 본다면 日柱는 복부와 생식기에 해당하니 참으로 중요한 것이다.

1) 日柱와 중년 시절

 통상적(通常的)으로 중년(中年)은 40대가 될 것이고 장년

(壯年)은 50대로 대입하면 무난할 것이다. 이 둘을 묶어서 모두 중년(中年)으로 대입하게 된다. 그래서 日支에서 감당을 할 연령대는 50대 후반까지로 생각하면 무난하겠고 짧게 잡아도 50세까지는 日支에서 작용하는 것으로 대입하여 판단을 하게 된다. 그래서 日支의 연령에 대한 범위를 40세에서 60세 사이로 놓고 대입하면 적당하지 않을까 싶다.

이러한 기준은 사람들의 수명이 길어진 것과도 무관하지 않다. 장년(壯年)에 왕성한 활동을 할 적에 日支의 영향은 매우 크게 작용할 것이고 60세도 되지 않은 사람에게 노년(老年)이라는 말을 하는 것은 뭔가 어울리지 않는다는 생각을 해 보면 대략 어떻게 나눠야 할 것인지 가늠이 될 것이다. 그리고 어쩌면 인생의 경계선에서 환갑(還甲)을 전후(前後)로 해서 구분하는 것도 있기 때문에 이러한 기준에서 보다라도 日柱의 끝을 60세까지로 보는 것은 여러 가지의 정황에서 타당하다.

이러한 파장(波長)의 현상은 바닷가에서도 느껴 볼 수가 있다. 가령 서해의 밀물을 관찰해 보면, 물이 들어올 적에 자동차가 진행하듯이 들어오는 것이 아니라 파장을 이루면서 들어오는 것을 볼 수가 있다. 이때에 물결이 찰랑거리면서 파도를 만드는데 그런 운동이 끊임없이 이어지면서 물이 들어오는 것이다. 썰물 역시도 들락날락하면서 줄어드는 것을 보면서 이것이 바다의 호흡이 아닐까 하는 생각을 해 보곤 한다. 마찬가지로 인생의 시계를 그렇게 칼로 무를 자르듯이 나누는 것에 대해서 다시 생각해 보고 접근하는 것이 옳다고 보는 것이다. 다만 적용하는 과정에서의 기준이 필요하므로 그 기준을 중시(重視)하는 것은 당연하다.

2) 日柱의 喜用神에 대한 관점

 아마도 日支에 用神이 있다는 말은 月支에서는 用神이 없을 가능성이 높을 것이다. 그렇다면 어려서나 젊어서의 나날들이 무척 고단했다고 본다면 중년기에 얻은 안정감(安定感)은 무엇으로도 비길 수 없을 만큼의 큰 행복(幸福)을 얻은 것으로 봐도 좋을 것이므로 日支의 의미를 새롭게 생각하게 된다. 대략 잡아서 40~50대의 시기는 남녀에게 모두 매우 큰 역할을 해야 하는 시기임은 틀림이 없다. 그래서 인생의 황금기(黃金期)라고까지 하는 것도 공감(共感)이 된다.

 직장인이라면 승승장구(乘勝長驅)를 하여 중역(重役)이 될 수가 있을 것이고, 사업가(事業家)라면 사세확장(社勢擴張)으로 이어질 기회(機會)가 되는 것도 이 무렵이 된다. 그래서 중년에는 옆에서 힘써 도와줄 사람이 필요하게 되는 것이고 이 시기의 육친(六親)은 배우자(配偶者)가 그 역할(役割)을 담당하게 되므로 가장 가까이에서 가장 큰 협력자(協力者)로 작용을 하게 될 것이니 이보다 더 행복할 수는 없지 않을까 싶다.

 오히려 지나치게 무리해서 건강을 해치지 않도록 주의해야 한다는 말을 남겨야 할 수도 있을 것이다. 왜냐하면 건강이 무너지면 用神運이라고 하더라도 아무런 의미가 없기 때문이다. 그러니까 하나의 표어를 만든다면, '用神보다 더 중요한 것이 건강'이라는 말을 생각해 볼 수 있는 것이다.

3) 日柱의 忌仇神에 대한 관점

 忌仇神이야 어디에 있더라도 반가울 리는 없지만 그 글자가 하필이면 日支에 있느냐는 말을 하고 싶을 수 있겠다. 가장 가까운 곳에 호랑이나 사자를 두고 있다는 것은 삶의 길이 아무리 순탄하다고 하더라도 결코 방심(放心)할 수 없기 때문이다.
 이렇게 日支에 忌仇神이 자리를 잡고 있다는 이야기는 간단히 말하면 '전생(前生)의 빚을 받으러 온 사자(使者)'임이 분명하다. 열심히 뛰어다니면서 수익을 올리면 목에 매달려서 장부를 들여다보면서 수익을 속속들이 빼가고 마는 그런 모습으로 이해를 해도 될 것이다. 그야말로 지긋지긋한 중년(中年)이 되어버리게 된다는 점에서 많은 고민을 해야 할 것이다.
 이 시기가 되면 대부분은 철학자(哲學者)가 된다. 삶이란 노력만 한다고 해서 다 이뤄지는 것이 아니라는 것을 비로소 어렴풋이나마 깨닫게 되는 까닭이다. 모든 조건으로만 봐서는 실패를 할 가능성이 거의 없음에도 불구하고 자신이 손을 대기만 하면 망조(亡兆)가 든다는 것을 느끼면서 점점 삶의 의미가 새롭게 다가올 수 있는 순간이 될 수 있는 것이다.
 실로 철학자는 이러한 과정을 거치지 않고서 이뤄지기는 어렵지 않을까 싶다. 순탄(順坦)하게 살아온 사람이 철학에 대해서 눈을 뜬다는 것은 참으로 쉬운 일이 아니기 때문이다. 그래서 부자(富者)가 천국에 가는 것은 낙타가 바늘귀를 통과하는 것과 같다고 하지 않았을까 싶다 이것은 '거의 불기능'이 아니라 '완전히 불가능'이라는 의미가 되고 그만큼 종교적이거나 철학적인 사람이 되기 어렵다는 의미로 해석을 해 본다.

 이렇게 마음대로 되지 않을 日柱運을 갖게 되었다면 어쩔 수가 없이 세운(歲運)의 변화(變化)에 모든 것을 걸고 조심해서 살얼음판을 걸어가야만 하는 것을 최선책(最善策)으로 삼게 된다. 모쪼록 큰 수익을 올리고 싶은 마음은 과욕(過慾)으로 생각하여 평정심으로 다스리고 가족이 아무리 돈을 벌어오라고 다그쳐도 스스로 중심을 흐트러뜨리지 말고 근신(勤愼)하고 자중(自重)하면서 중년을 보내는 것이 현명(賢明)하다고 할 것이다.

4. 時柱運의 吉凶

 四柱의 네 기둥에서 가장 중요하면서도, 또 반대로 가장 명확(明確)하지 않을 가능성이 높은 것이 時柱이다. 그만큼 저마다의 四柱에서 출생시간에 대한 정확도는 떨어질 가능성이 많기 때문에 항상 四柱를 접하게 되면 가장 먼저 조심스럽게 접근하는 것도 또한 時柱이다. 年柱, 月柱, 日柱는 대략 20년 정도의 영향력(影響力)을 갖고 있다고 한다면 時柱는 그 사람의 수명(壽命)에 따라서 3년이 될 수도 있고 50년이 될 수도 있기에 비중은 더욱 커진다고 하겠다.

 다만 주의해야 할 것은, 알려진 時柱가 과연 본인(本人)이 출생한 時柱가 틀림없겠느냐는 점이다. 만약에 대입을 하는 과정에서 뭔가 이상하다는 느낌이 든다면 다시 한번 출생한 시간의 상황에 대해서 살펴보고 풀이를 해 간다고 하더라도 잘못될 이유가 없다는 것을 거듭 강조한다. 좋은 것을 나쁘다고 판단하는 것도 문제가 되겠지만 특히 나쁜 것을 좋다고 판단함으로 인해서 말년(末年)의 계획에 큰 차질(蹉跌)이 생긴다면 이것은 돌이킬 수가 없는 최악(最惡)의 상황(狀況)으로 치달릴 수가 있는 까닭이다.

대부분 나이 육십이 되면 세상에서 얻을 수가 있는 것과 그렇지 못한 것에 대한 분별은 생기기 마련이다. 그리고 삶의 여정을 되돌아보면서 자신의 경험을 후생(後生)에게 알려 주고 싶은 마음도 생기게 된다. 그래서 이 시기가 되면 누구나 선생이 되는 것이다. 이것은 학교교육을 통한 직업적인 선생이 아니라 삶에서 부대끼면서 터득한 지혜를 갖고 있는 정신적인 선생이 되는 것이다. 그래서 '늙은이'란 말은 '존경을 받는 이'라는 의미도 있는 것이다. 오죽하면 가장 존경받는 어떤 선생은 이름이 아예 '노자(老子-늙은이)'일까.

그렇지만 이 나이가 되어서도 정신을 못 차리는 사람도 있다. 그런 사람에게 우리는 '나잇값을 못하는 사람'이라는 이름을 붙여 준다. 나이에 대한 값이 왜 생긴단 말인가? 나이를 사 온 것도 아닌데 여기에 대한 값이라니 말이다. 그럼에도 우리는 자연스럽게 나잇값이 얼마인지를 잘 알고 있다.

적어도 인생을 60년이나 살아왔다면 세상의 이치를 알게 되고 성패(成敗)는 병가지상사(兵家之常事)라는 의미도 깨닫게 된다. 그러니까 인생이란 성공을 할 수도 있지만 실패를 할 수도 있음을 스스로 삶을 통해서 깨닫게 되었다는 말임이 분명하다고 하겠다. 누구라도 이 정도 살아왔으면 어린 사람을 안내할 지혜를 소유하게 된다는 의미로 본다면 거의 틀림이 없을 것이다. 모쪼록 멋진 인생의 마무리가 되는 노년이어야 할 텐데 이것도 운명에서 웬만큼 도와줘야 가능하지 않겠느냐는 생각이 든다.

그리고 운명철학은 이 무렵에 시작하더라도 늦지 않았다고 할 것이다. 그래서 돋보기를 들고 책을 보기 어려울까 봐 낭월의 대부분 책은 활자를 비교적 크게 편집하는 것이다. 10포인트와 11포인트의 차이는 얼마 아니지만 글씨의 작기 때문에 보기 힘들어하는 독자들도 있으니 글씨가 너무 크다고 불평하는 독자에게는 늙은이를 배려해서 좀 참아달라고도 한다.

 나이는 들어서 갈 길은 멀고 해는 저무는데 늦게나마 책을 보려고 해도 글씨가 너무 작아서 잘 보이지 않으면 그것도 고생이기 때문이다. 심지어 예전에는 더욱 큰 글자판까지 만들었었으니 그만큼 눈이 침침해질 나이에는 글자의 크기조차도 서럽게 다가올 수가 있다는 것을 생각하면서 모쪼록 눈이 조금이라도 더 밝을 적에 많이 읽어야 할 것이다.

1) 時柱와 노년 시절

 時柱를 노년기(老年期)라고 할 수 있다. 보통은 환갑(還甲)과 진갑(進甲)을 지나면 노인(老人)이라고 하겠지만 그중에서도 전반부에서는 아직 젊은 노인이라고 할 수 있으므로 노인의 시작이라는 의미에서 초로(初老)라고 할 수 있을 것이다. 이 무렵에는 서서히 일생 동안 해 온 일들에 대해서 뒤돌아보면서 정리(整理)를 생각해야 할 나이가 된다.

 時干은 심리적(心理的)으로 종교궁(宗敎宮)과 철학궁(哲學宮)으로 대입을 하게 된다. 그러니까 이 정도의 여정(旅程)

을 거쳐 왔으면 삶에 대한 철학도 나름대로 생겨나게 될 것이고 또 다음 생의 삶에 대해서도 생각을 하게 되는 무렵이므로 이러한 대입은 적당하다고 할 수 있을 것이다. 어쩌면 내면(內面)으로 향하게 되는 시기라고 할 수도 있을 것이다.

이미 쉬어야 할 나이임에도 뭔가를 이루겠다고 허둥지둥 뛰어다니면 참으로 안타까울 뿐이다. 아직도 뭔가 열정적으로 활동을 할 힘이 남았다는 것은 좋겠지만 그러다가 고혈압으로 쓰러질까 걱정이 되기 때문이다. 모든 것은 세월에 맡기고 정신세계로 방향을 전환하는 것이 이 무렵이라는 의미에서 時干은 종교와 철학의 궁(宮)이 되는 것임을 알아야 할 이유는 분명한 것이다.

이쯤에서 '그 양반은 모르는 것이 없어!'라는 말이 이름 뒤에 따라붙었으면 좋겠다. 대부분의 독자들은 이 나이에서 비로소 陰陽五行의 이치에 관심을 갖게 되기도 하는데 이것은 매우 자연스러운 현상이라고 봐도 될 것이다. 철학에 관심이 생겼다는 것은 삶을 관조(觀照)하고 있음을 의미하기에 더 이상의 후회가 될 일은 하지 않을 가능성도 덩달아 높아질 것이기 때문이다.

한편 삶을 대입해 보면 이 위치의 글자가 어떻게 되어있느냐에 따라서 일생 동안 추구(追求)해 온 일에 대해서 계속 밀어붙일 수가 있거나 중단을 해야 할 상황이 발생할 수도 있으므로 時干의 희용기구한(喜用忌仇閑)에 대해서 잘 살펴보고 판단을 해야 하겠다. 무엇보다도 삶의 사양(斜陽)길에서 과욕(過慾)은 부리지 않아야 할 것이므로 특히 時柱運의 이야기에 귀를 기울이는 것은 현명하다고 해도 되지 않을까 싶다.

상담을 하다가 보면, 본인의 설명을 들어봐서는 절대 틀릴 수가 없는 時柱라고 하더라도 자세히 파고 들어가게 되면 또 보이지 않는 변수도 흔하기 때문에 본인이 확실하다고 할지라도 1%는 의심을 해 보는 것이 필요하다. 본인이 가장 잘 알겠지 싶은 생각에 그가 해 주는 말만 의지하는 것도 문제가 생길 수 있다는 점을 알아두면 이로 인한 오류(誤謬)를 방지(防止)할 수 있을 것이다.

정확하게 사주팔자(四柱八字)가 똑떨어지게 될 경우에는 풀이하는 한마디 한마디가 본인에게 감동을 줄 수가 있지만, 혹시라도 틀리게 나온 四柱를 놓고서 설명하게 되면 듣는 사람도 고통스럽고 풀이를 해 주는 사람도 진땀이 나기 마련이다. 그래서 실력이 향상될수록 처음에 정확하게 四柱를 작성하는 것에 대해서 신경을 쓰기 마련이다. 우선 급하게 대충 적어 놓고 설명하다가 곤란한 반응이 나타나는 것을 보고서야 허둥지둥하는 것보다는 백배나 현명(賢明)한 일이다.

2) 時柱의 喜用神에 대한 관점

時柱에 用神이 있다는 것은 자신에게 주어진 일생의 여정(旅程)에 최선을 다한 자에게 마지막으로 주어진 선물일 수도 있겠다. 그러니까 四柱에서 생각을 해 본다면, 年月日에서 전혀 도움을 받지 못하고 허둥대면서 살아온 사람에게 신(神)이 주는 위로의 보답이 될 수도 있을 것이다. 어쩌면 전생에 보험을 들어 놓았던 것이 이제야 만기(晩期)가 된 것일지도 모를 일이다. 여하튼 時柱에 用神이 있다면 일단 말년(末年)이나마 행복(幸福)하고 안락(安樂)한 삶의 기회가 주어질 가능성이 많을 것으로 보는 것은 당연(當然)한 해석(解釋)이다.

用神이 時柱에 있다는 것은 참으로 오랫동안 기다렸다는 의미도 된다. 어쩌면 年柱에도 用神이 있고 다시 時柱에도 用神이 있는 경우도 있을 수 있다. 가끔은 독자(讀者)들이 묻기를 '用神이 年干에도 있고 時支에도 있어서 둘인데 어느 것을 씁니까?'라는 질문이 들어오기도 한다.

이러한 질문을 한다는 것은 用神이 뭘 하는 것인지에 대해서 이해가 아직도 덜 되었다는 것을 현명한 독자는 바로 눈치를 챌 수 있을 것이다. 用神은 쓰는 물건이니 어디에 있거나 사용하면 될 것인데 의미를 모르니 그것을 구분을 하느라고 생고생을 하는구나 싶은 생각이 들었을 것이기 때문이다.

다만, 年月日을 통틀어서 오로지 時柱에만 존재하는 用神이라고 한다면 참으로 많이도 기다렸다고 해야 할 것이다. 그리고 어쩌면 불행(不幸)히도 단명(短命)하여 50고개를 넘기지 못했다고 한다면 그나마도 찾아 먹지 못하고 세상을 떠난 것이라고 할 수 있으니 또한 안타까운 일이다.

가령 강태공(姜太公)을 생각해 보면 참고가 될 것이다. 그가 80세에 문왕(文王)을 만나서 자신의 학문을 펼쳤다고 한다면 그 이전에는 그야말로 위수(渭水)의 강변(江邊)에서 세월만 낚고 있었다고 해야 할 것이다. 그렇게 곤궁하게 지내는 동안에 부인조차도 다른 남자를 찾아가 버릴 정도로 어렵고 힘들었지만 자신의 운명을 알고 있었기 때문에 천하(天下)를 낚으려고 세월을 보내고 있었다고 한다면 그의 팔자(八字)는 用神이 時柱에 있었던 것이라고 해도 되지 않을까 싶다.

전해지는 말로는 80년간 가난하게 살아가다가 문왕을 만난 후로 80년간 자신의 법을 펼쳤다고 해서 '궁팔십(窮八十)이요, 달팔십(達八十)이라.'라는 말이 생기기도 했으니 時柱의 위력이 이 정도라고 하는 것을 생각해 보면 참으로 중요하다고 할 수 있겠고 강태공에게 時柱는 20년이 아니라 80년을 작용했던 셈이다. 그렇게 늦은 시기(時期)에 문왕(文王)을 만나 등용(登用)이 되었고 무왕(武王)을 통해서 뜻을 펼쳤다는데 20세부터 공부를 했다고 하더라도 60년을 연마했으니 천문(天文)과 지리(地理)와 인사(人事)에 능통(能通)했을 것은 당연하다고 하겠다.

그런 관점에서 본다면 불과 10여 년의 학문으로 모든 것을 알 수는 없다고 하는 것이 정상(正常)일 것이다. 그런데 지금은 세월이 바뀌어서 무엇이든 세분화(細分化)하여 대입하는 시대가 되다 보니까 한 분야만 잘 감당(堪當)해도 전문가(專門家)로 인정(認定)을 해 주니 명리학(命理學)에 대해서만 궁리를 해도 쓸모가 있는 사람이 된다고 하겠다. 물론 의학(醫學)이든 공학(工學)이든 모두가 같은 의미로 이해를 하면 될 것이다.

그럼에도 불구하고 지식(知識)의 욕구(慾求)에 목마른 철학자(哲學者)들은 오늘도 자신이 모르는 분야에 대해서 좀 더 이해를 깊게 하려고 노력하고 있을 것이고 이러한 것이 세월과 함께 쌓인다면 서로의 장점을 살려서 삶의 유용한 분야와 융합(融合)시키는 경지(境地)도 바라볼 수 있지 않을까 싶다.

3) 時柱의 忌仇神에 대한 관점

 이제 모든 이야기를 다 허무한 결과로 이끌게 될 忌神에 대해서 고민을 해야 할 상황이다. 時柱에 忌神이 있다는 것은 이보다 더 나쁠 수가 없다고 해야 할 정도로 흉상(凶相)인 까닭이다. 그래서 상담실에서도 이러한 경우에는 무슨 말을 해야 할지 모를 정도로 안타까운 심사(心思)가 들기도 하지만 특별한 해결책(解決策)이 있을 리도 없다. 여하튼 가능하다면 모든 일에서 손을 떼는 것 말고는 말이다.

 時柱의 인생 말년에 忌神이 버티고 있다는 것은 일단 하던 일들에 대해서 모두 중단(中斷)을 하고 새로운 마음으로 다시 전체적인 점검을 해야 할 위기(危機)의 상황으로 보는 것이 타당할 것이다. 그리고 대부분은 직장 생활에서 정년(停年)이 되어서 퇴직금(退職金)을 받게 될 시기이기도 하다.

 그런 상황에서 喜用神을 만나게 되는 것은 더 말을 할 것도 없이 일생을 통해서 꿈꿔왔던 일을 이룰 기회가 주어진 것으로 봐도 되겠지만, 이렇게 忌神을 만나게 된다면 앞으로 10년이 될지 아니면 40년이 될지 모를 여생(餘生)을 보장(保障)하는 전액(全額)을 자신도 잘 모르는 사업에 투자(投資)하게 될 수도 있는 것이다. 그리고 실제로 상담실에서도 이러한 문제로 고민을 한가득 안고 찾아오는 방문자(訪問者)를 심심찮게 만날 수 있는 것도 또한 현실이다.

 그래서 찾아온 사람의 연령(年齡)을 봐서 四柱의 어느 기둥에 用神이나 忌神이 작용하고 있는가를 살펴본다면 본인이 원하는 일의 성패(成敗)를 판단하는데 더욱 신속하고 정확한 결론(結論)에 도달을 할 수가 있을 것이다.

그리고 이러한 경우에는 기도(祈禱)를 하거나 명상(瞑想)을 통해서 어리석음을 거두고 지혜(智慧)를 길러야 한다는 말을 하게 되는데 실은 이렇게 말을 하면서도 의미 없는 헛된 처방(處方)이라는 생각도 하게 된다. 인간의 무한 욕망과 忌神의 연합 작전이 이미 펼쳐지고 있는데 이러한 이야기를 해 봤자 공허한 조언(助言)에 불과할 가능성이 많다.

그러나 이미 운명을 알고 있다면 문제는 달라진다. 스스로 자신의 운명을 들여다볼 정도의 공부가 되었다면 말년(末年)의 運이 갖고 있는 조짐에 대해서 너무도 잘 알고 있을 것이고 그래서 노욕(老慾)을 잘 다스린다면 좋은 방향으로 되지는 않더라도 덜 나쁜 방향으로의 전환(轉換)은 얼마든지 가능하다고 본다. 그래서 여기에 희망을 걸고 조언(助言)을 하게 되는 것이기도 하다.

그리고 기왕이면 時支에 忌神이 있어서 수도(修道)를 하는 것이 아니라 年月日時의 어느 곳에 있더라도 그 무렵을 통과하는 시기에는 마음을 다스릴 수가 있다면 또한 지혜로운 사람이라고 할 수 있을 것이다.

그렇게 보면 결국 삶의 최선책은 무욕(無慾)으로 담백(淡白)한 삶을 살아가는 것이 최선(最善)이라는 결론(結論)에 도달(到達)을 할 수 있을 것이다. 이것이 인간이 타고난 오욕칠정(五慾七情)에는 위배(違背)가 되더라도 최소한의 번뇌(煩惱)를 피하기 위해서는 노력을 할 필요가 있다고 하는 것은 틀림이 없는 일이다.

그러기에 모르고 살아가는 것보다는 노력은 하지 못하더라도 알고 살아야 한다는 말이 나온 것이다. 알고 있다면 언젠가는 한마음 굳게 자리를 잡게 된다면 순식간(瞬息間)에 전환(轉換)의 계기(契機)를 만날 수도 있는 까닭이다. 그러니까 時柱에 忌仇神이 있는 四柱八字를 타고났다면 누굴 원망할 것이 아니라 스스로 수양(修養)을 하면서 노년(老年)을 보낼 생각을 하는 것이 최선(最善)이다. 왜냐하면 누구를 원망한다고 해서 달라질 것은 아무것도 없기 때문이다.

5. 歲運의 적용

 세운(歲運)은 柱運의 바탕에서 활약하게 되므로 기본적으로 柱運의 시기를 살핀 다음에 적용시키는 것이 타당하다. 그래서 연령대에 따른 세운의 대입은 차이가 날 수밖에 없다고 하는 점을 이해하고 대입하면 판단의 속도가 더욱 빠를 것이다. 같은 用神의 運이라고 하더라도 소년기의 用神運과 중년기의 用神運은 전혀 다른 해석이 될 수 있다는 것을 말한다. 이러한 점을 미리 파악한 다음에 세운을 적용시킨다면 더욱 구체적으로 도움이 되는 조언을 할 수 있을 것이다.

1) 세운의 干支는 원국의 干支와 대응한다.

 예전에는 運에서 두 글자가 들어오게 되면 원국의 天干과 地支에 두루두루 대입을 하느라고 무척 분주했었다. 그러나 세월이 흐르고 임상의 이력이 붙으면서 점차로 간소화(簡素化)하여 이제는 天干은 天干과 대입하고 地支는 地支와 대입하는 것으로만 살펴도 부족하지 않음을 알게 되었으니 따지고 보면 노동의 분량이 절반(折半)으로 줄어들었다고 할 수 있겠다.

時	日	月	年
戊	辛	戊	庚
子	丑	寅	午

가령 위와 같은 四柱가 있다고 할 경우에 癸巳年을 대입한다면 어렵게 생각을 할 필요가 없이, 天干은 癸+庚, 癸+戊, 癸+辛, 癸+戊로 대입을 하면 된다. 地支도 마찬가지로 巳+午, 巳+寅, 巳+丑, 巳+子의 구조로 이해를 하면 되는 것이다.

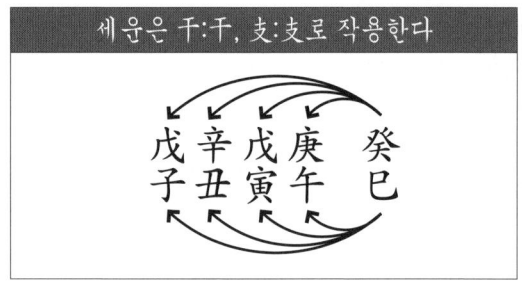

그러니까 巳火가 庚金을 剋하고 戊土를 生한다고 보지 않아도 되고, 癸水가 寅木을 生하고 午火를 剋한다고 생각하지 않아도 된다는 의미이다. 물론 일일이 대입을 하여 관찰하는 것을 말리지는 않으나 이렇게 대입하는 것만으로도 한 해의 吉凶

을 판단하는데 큰 아쉬움이 없다는 이야기를 하고 싶은 것이다. 이것을 시각적으로 이해하기 쉽게 나타낸 것이 앞의 그림이다.

아마도 꼼꼼한 학자라면 이렇게 논할 근거(根據)는 있는지에 대해서 궁금할 수 있을 것이다. 그것은 간단하다. 기질론(氣質論)으로 이해를 할 수 있기 때문이다. 그러니까 '기(氣)는 기(氣)와 통하고, 질(質)은 질(質)과 통한다.'라는 간단한 이치를 적용시킨 것이다.

가령, 산소(酸素)는 수소(水素)와 잘 섞이지만 액체(液體)나 고체(固體)와는 잘 섞이지 않는다. 미세하게 논한다면 섞이기는 하겠지만 그만큼 비율이 떨어지는 것은 어쩔 수가 없는 기질(氣質)의 차이인 것이다. 그래서 干支에서도 마찬가지로 天干과 地支는 본질적으로는 같다고 하더라도 작용하는 면에서는 크게 차이가 나기 때문에 구분하여 적용하는 것이다.

심지어 같은 天干이라고 하더라도 陽干과 陰干의 관계에서 서로 같은 陰끼리는 소통이 잘 되는 것과 같다고 할 것이다. 그러니까 壬은 甲과 乙이 있을 경우에 甲과 더 잘 통한다고 보는 것이다. 壬은 공기이고 甲은 바람이니 언제라도 동시에 움직일 가능성이 마련되어 있기 때문이다.

아, 공기와 바람의 차이를 설명해 달라고 할 독자가 분명히 있을 것이다. 공기가 가만히 있으면 壬이고 움직이면 甲이다. 즉 동정(動靜)의 관계에 의해서 甲도 되고 壬도 되는 것이니 이러한 관찰력이 익숙하다면 干支에 대해서는 졸업했다고 봐도 좋을 것이다. 그럼에도 이해가 되지 않는다면 아직은 陰陽의 이치를 좀 더 생각해 봐야 할 단계라는 말을 하게 된다.

甲은 만물을 실어 나르는 수단이다. 그러니까 甲이 없으면 아무것도 움직일 수가 없으므로 그 자리에 고정이 될 뿐인데 甲의 작용에 의해서 나뭇잎도 흔들거리고 동물도 뛰어다닐 수가 있고 지구도 한 시간에 10만 7천km를 내달릴 수가 있는 것이다. 이 모든 것은 甲의 공능(功能)이다. 또 丁은 열화(熱火)이다. 그렇다면 이것을 生하는데 甲이 좋을지 乙이 좋을지를 생각해 볼 수도 있다. '甲은 바람인데 어떻게 丁火를 生하지?'라는 생각이 들 수도 있겠다. 그렇다면 乙은 목질(木質)에 가까우니 이로써 丁火가 원하는 바를 얻을 수가 있다. 그래서 '丁火는 계모(繼母)를 더 좋아한다. [如有嫡母 可秋可冬]'라고 《滴天髓(적천수)》에서도 가르침을 주었던 것이다.

물론 바람이 없으면 불은 살아날 수가 없다. 그것은 공기의 산소를 말하는 것이다. 그렇지만 나무가 있고 나서 바람도 필요한 것이니 나무가 없는 상황에서 이미 바람은 논외(論外)인 것임을 생각해 본다면 그 선후(先後)의 차이는 뚜렷하게 나타날 것이다. 이렇게 같은 天干에서도 陰陽이 다르게 작용하는 것을 깨닫는다면 干支에서는 더 말할 나위도 없다고 하는 것은 그야말로 간단하게 헤아리고 남을 것이다.

2) 柱運과의 관계를 참고한다.

만약에 앞에서 예시된 四柱의 주인이 30세라고 한다면 청년(靑年)에 해당하므로 月柱의 戊寅이 작용하게 된다. 이 四柱의 구조를 보면 일약(日弱)한 辛金으로 봐서 土를 用神으로 삼고 金은 喜神이 되는 구조이므로 일약용인격(日弱用印格)으로 대입이 가능하다. 언뜻 봐서는 약하지 않아 보일 수도 있지만 자세히 뜯어서 분석해 보면 실제로 月干의 戊土도 자신을 돌보기 바쁘고 庚金은 午火에 앉아서 또한 무력하니 辛金의 입장에서는 土에 둘러싸여 있는 것이 반갑다고 해야 할 상황이다.

어쩌면 辛丑에 통근을 한 것이 대단해 보일 수도 있겠지만 그것도 분석을 해 보면 子水에게 손실되고 寅木에게 극제(剋制)됨을 감안한다면 그렇게 대단할 것이 없다고 봐야 할 상황이다.

이 사람의 청년기의 상황은 戊寅이 발동되어서 戊土는 공부를 할 수 있는 것으로 보지만 寅木은 무리수를 두어서 사업이라도 하겠다고 할 가능성이 있다. 여기에다가 세운의 癸巳를 대입하면 戊癸合으로 인해서 믿었던 印星의 귀인(貴人)은 나를 돕겠다고 말만 할 뿐 실제로는 도울 마음이 없고, 巳火는 寅木의 生을 받아서 더욱 기세를 떨치게 될 것이므로 아마도 누군가를 믿고서 사업을 벌였다가 큰 손실을 입고서 신용불량자(信用不良者)가 될 위험이 있다고 해석한다. 신용불량자는 법률적으로 제재(制裁)를 받게 된다는 의미인데 그것은 巳火가 正官이기 때문이다. 正官이 喜用神이라면 좋겠지만 이미 부담으로 작용하게 되는 까닭에 그로 인한 어려움이 발생할 가능성이 있다고 해석하는 것이다. 이렇게 세운을 대입하여 天干의 네 글자와 地支의 네 글자를 분석하면서 특히 해당 柱運의 시기에 대해서 집중적으로 관찰하여 한 해이 吉凶을 풀이한다면 이미 충분한 대입이 되었다고 볼 수 있는 것이다.

3) 세운은 地支의 비중이 더 크다.

 세운(歲運)의 干支에 대해서 어떻게 관찰하는 것이 가장 타당할 것인지에 대해서도 많은 학자들의 다양한 관점(觀點)이 있다. 여기에 대해서 정리를 한다면, 세운의 天干은 상황의 시작과 표면적인 부분에 대해서 적용시킬 수 있고, 地支는 마무리와 내면적인 부분에 대해서 대입을 시켜서 적용할 수 있다고 하겠다.

 다만, 항상 혼란스럽게 하는 것이 天干을 춘하(春夏)의 상반기로 대입하고 地支를 추동(秋冬)의 하반기로 자신도 모르게 적용할 가능성이 있다는 점이다. 물론 일리가 없다고 할 것은 아니지만 이렇게 대입하게 될 논리적인 의미가 없다는 것이 문제이다. 그래서 결론을 말한다면 干支의 두 글자는 1년간 작용하는 것으로 대입하는 것이 타당하다고 본다.

 그리고 地支에 비중을 두라는 의미는 모든 삶의 목표는 결과물이 중요하다고 생각하기 때문이다. 과정은 좀 힘들더라도 결과물이 좋으면 모든 것을 상쇄(相殺)하고도 즐거움이 남게 되지만, 반대로 과정은 즐겁더라도 결과물이 빈약(貧弱)하다면 이번에는 무엇을 했는지 모를 정도로 허탈감(虛脫感)을 맛보게 될 것이기 때문이다. 그래서 숫자로 논한다면 天干을 30%로 비중을 두고 地支는 70%로 대입하는 것이 무난할 것이다.

 가령 癸巳年의 경우라고 한다면 天干의 癸水가 地支의 巳火를 水剋火하는 구조이므로 天干의 비중이 더 크다고 하겠지만 오히려 地支에 비중을 두게 되므로 巳火의 영향력을 더 크게 대입하게 되는 것이다. 그래서 앞의 四柱를 놓고 본다면, 戊癸合보다는 巳火가 寅木의 生을 받아서 왕성해지는 것이 더 크다고 보는 것이다.

4) 심리적인 작용은 子月에서 시작한다.

 자평명리학(子平命理學)은 입춘(立春)을 한 해의 시작점(始作點)으로 삼는다. 그럼에도 불구하고 의혹(疑惑)은 사라지지 않으니 자연의 이치는 입춘이 아니라 동지(冬至)인 것을 누구나 알고 있는 까닭이다. 그래서 뭔가 그 흔적(痕迹)이 어딘가에는 있지 않겠는가를 늘 생각하였는데 이제 어렴풋이나마 의미가 느껴져서 고개를 끄덕인다. 그것은 심리적인 영향에 대해서 어느 정도 작용을 하고 있지 않겠느냐는 생각을 하게 되어서이다.
 동짓달이 되면 농부(農夫)는 모든 일이 끝났다. 물론 옛날의 자연적인 환경에서 농사를 짓던 시절의 이야기이다. 요즘은 시설농업을 하기 때문에 눈이 쌓여도 비닐하우스의 온실에는 딸기가 주렁주렁 달려있으니 기준을 삼을 수가 없다고 봐서 논하지 않는다.
 亥月에 농작물을 거둬들이고 하늘에 제사를 지낸 다음에는 무료(無聊)하게 보내게 되는 子丑月이다. 그런데 사람은 생각하는 동물이므로 그냥 덤덤하게 보내진 않는다. 지난 한 해의 득실(得失)을 회상(回想)해 보고 오류를 수정하려고 하는 것은 이듬해에 그대로 반영하려고 궁리하는 것이다. 이로 인해서 농법은 수천 년을 두고 진화(進化)하고 발전해 왔을 것이다. 여기에서 子月이 갖는 의미를 생각해 본다.

한 해의 시작이 되는 子月의 동지(冬至)에는 내년의 농사를 준비하는 기간이다. 그래서 종자를 점검하고 일 년의 계획을 세우게 되는 것이니 이것은 계획만 세운다는 것에 의미가 있다. 왜냐하면 실행은 내년 봄에 얼어붙은 땅이 녹을 寅月이 되어야 비로소 가능하기 때문이다. 이러한 일련의 흐름을 생각하면서 심리적으로는 동지부터 한 해가 시작되었을 것이라는 가정(假定)을 해 볼 수 있겠다는 생각이 든다.

지혜로운 농부는 봄이 되기 전에 한 해의 농사를 시작한다. 하루의 시작은 寅時에 해야 하지만 한 해의 시작은 子月에 해야 하는 것이다. 寅月에 종자를 구하러 다닌다면 이미 늦었다는 것을 생각해 보면서 현대를 살아가는 사람도 별반 다를 것이 없다는 것을 생각할 수 있겠다.

子月에 이미 내년(來年)의 계획을 세워야 한다. 그리고 丑月에 준비를 한 다음에 비로소 구체적인 실행의 단계로 넘어가는 것이다. 이렇게 준비하지 않은 사람의 모습은 허둥지둥하고 바쁠 것이지만 준비가 완료된 사람은 설날을 맞이하여 조상에게 차례를 드리고 나서는 바로 자신의 계획을 추진하기 시작한다. 이것은 출발점이 분명히 다른 까닭에 두 달을 먼저 출발한 사람의 성공 가능성은 당연히 그만큼 높아지는 것이다.

그래서 내린 결론이다. 인간은 子月에 마음이 동하고 寅月에 몸이 동하는 흐름을 오랫동안 지켜오면서 정보를 유전인자(遺傳因子)에 고스란히 남겨놓았으므로 세월이 바뀌었고 삶의 리

듬이 변화하였더라도 이 정보는 쉽사리 변하지 않아서 여전히 겨울이 되면 내년의 운영에 대해서 생각하게 된다는 것을 감지(感知)할 수 있는 것이다.

그러므로 반드시 寅月에 한 해의 運이 시작된다고 생각하지 말고 子月부터 발동(發動)이 걸린다고 생각하면 된다. 그렇게 해서 심리적인 한 해는 동지부터 시작이 된다는 것에 대한 타당성(妥當性)을 생각하고 상담을 할 경우에 참고한다면 좋을 것으로 생각된다.

5) 현실적인 작용은 寅月에서 시작한다.

춘하추동(春夏秋冬)의 계절(季節)이 존재하는 지역에서 발생한 명리학(命理學)이니 당연히 모든 것은 봄에 시작되는 것으로 받아들이게 된다. 그러므로 입춘(立春)부터 삶의 출발점이 되는 것은 당연하다고 하겠으니 子月에 마음이 움직여서 암중모색(暗中摸索)을 했던 계획서를 이제부터 꺼내 놓고 구체적인 진행을 하게 된다는 의미로 본다면 寅月이 한 해의 기점(起點)인 것에 대해서는 재론(再論)의 여지가 없다고 하겠다.

입춘(立春)은 항상 음력으로 정월(正月)에 속해 있다. 그러므로 설을 쇠면 한 해가 시작된다는 의미도 크게 틀린 것이 아니라고 보면 될 것이다. 四柱를 공부한 사람에게는 입춘부터 해가 바뀐다고 이야기를 하면 되지만 그렇지 않은 사람들에게는 설을 쇠고 나서부터 한 해가 시작된다고 하면 되는 것이다.

물론 양력 2월 4일이나 5일부터 한 해가 시작된다고 정확하게 알려줄 필요도 있을 것이다.

子時에 하늘이 열리고 丑時에 땅이 열려서 寅時에 인간(人間)이 일어난다는 의미도 참고를 해볼 만하겠다. 子時에 하늘이 열리기에 하늘에 기도하는 사람들은 모두 자정(子正)에 목욕재계(沐浴齋戒)를 하고 천신(天神)과 만나고자 한다. 그것을 자시기도(子時祈禱)라고 한다. 丑時에는 땅이 열리지만 인간은 땅에 관심이 없는지 이 시간에 땅에 기도한다는 말은 들어보지 못했다.

寅時가 되면 인간이 일어나야 한다는 이야기에 너무 이른 것이 아니냐는 생각을 할 수도 있을 것이다. 그러나 절간의 화상(和尙)들은 이 공식을 그대로 지켜나간다. 물론 공식적으로 규모를 갖고 있는 사찰에서의 이야기이다. 적어도 조계종의 본사에서는 이러한 기준이 그대로 전승(傳承)되고 있다.

'寅時에 일어나지 않으면 깨달음을 얻을 수 없다.'라는 이야기가 어느 구절엔가 있었던 생각이 난다. 과연 일찍 일어나서 맑은 정신으로 하루를 시작한다는 것은 상쾌한 일임에 틀림없다고 하겠다. 물론 요즘은 일반적으로 생활의 흐름이 늦어져서 寅時에 일어난다는 것이 쉽지 않은 사람도 많겠지만 그럼에도 많은 사람은 출근을 위해서라도 寅時에 일어나게 된다. 특히 새벽에 시장을 가보면 寅時에 일어나지 않고는 되지 않을 사람들이 많이 활동하는 것을 볼 수 있다.

寅時와 寅月은 서로 대응(對應)이 되므로 그대로 가져다 대입을 해도 된다. 한 해가 시작되는 寅月부터 뭔가 계획을 세우고 추진하지 못하고 우물쭈물하다가 卯月이 된다면 이미 출발부터 저만큼 뒤떨어지게 되는 것이므로 성공의 기회는 그만큼 멀어진다고 할 수밖에 없는 것이다.

사실 寅月은 아직 춥다. 卯月이 되어도 완전히 따뜻한 날씨는 아니다. 그럼에도 고인들은 寅月에 움직여야 한다고 가르쳤으니 이로 말미암아 운명의 시계도 寅月부터 움직이게 맞춰진 것이 아닌가 싶다. 그런데 서양에서는 입춘(立春)을 기준으로 한다는 말이 보이지 않는다. 다만 춘분(春分)을 기점(起點)으로 보지 않았는가 싶은 짐작만 해 본다.

그것은 별자리를 살펴보면 맨 앞에 양자리(Aries)가 놓이는데 기간은 양력 3월 21일부터 4월 20일 사이에 태어난 사람에게 해당이 된다. 3월 21일 무렵에는 대부분 춘분(春分)이 놓여 있다. 그리고 자평법(子平法)에서는 입절(立節)을 기점으로 삼는데 점성술에서는 절중(節中)을 기점으로 삼는 것이 약간 다르다고 하겠고 이렇게 지장간(支藏干)으로 본다면 본기(本氣)를 위주로 대입한다는 것도 알 수 있다.

춘분(春分)은 경칩(驚蟄)이 지나고 15일이 되었다는 의미이고 이것은 卯月에서 여기(餘氣)인 甲木이 지나간 다음에 본기(本氣)인 乙木이 되었다는 것을 의미한다. 그래서 서양 점성술에서의 시작은 寅月이 아니라 卯月이겠다는 생각을 해 볼 수 있으니 어쩌면 그로 인해서 정신세계(精神世界)는 동양이 한 발 앞서 있는 것이 아닐까 싶은 생각도 짐작해 본다.

동물버전으로 우스갯소리를 한다면, 동양은 호랑이[寅月]로 시작하고 서양은 양[양자리]으로 시작하니 그 결과는 누가 이긴 것인지 알 수가 있지 않겠느냐는 말도 할 수 있겠다. 물론 언제부턴가 서양에서도 동양의 정신을 배우기 위해서 불이 붙었다고 한다. 그러니까 우물쭈물하다가는 호랑이를 먹는 양이 되어버릴 날도 오지 않을까 싶다.

寅은 본기가 甲木이니 기(氣)에 해당하고, 卯는 본기가 乙木이니 질(質)에 해당하는 것을 생각하면서 동양의 정신세계와 서양의 물질세계가 그냥 우연히 형성된 것만은 아닐 것 같은 생각이 들기도 한다. 그래서 정신수련을 하는 사람은 寅時에 일어나고 물질세계를 추구하는 사람은 卯時에 일어난다는 말을 할 수도 있지 않을까 싶다. 사업장에 출근하는 사람은 대부분이 卯時에 일어나야 하기 때문이다.

이런저런 생각을 해보면 寅月에 시작되는 것도 늦은 것은 아니겠다는 생각도 든다. 다만 여기에서 한걸음 더 나아가서 子月부터 시작되었다는 의미까지도 이해하고 있다면 자연의 흐름을 관찰하는 안목은 점점 깊어지고 날카로워질 것이다.

흔히 '늙으면 잠이 없어진다.' 라고 하는데 그것은 寅時가 되면 잠이 깬다는 의미로 이해를 할 수 있을 것이다. 그리고 그러한 이유는 초저녁이 되면 이미 하루를 살아가면서 지친 몸은 더 버틸 여력(餘力)이 없어서 잠이 쏟아지는데 그렇게 일찍 잠을 자게 되니까 새벽에도 일찍 깨어나는 것인데 이러한 자연현상을 생각해 보면 나이가 들게 되면 누구나 자연에 순응하게 되는 것이 아닌가 싶다.

젊어서는 자연과 맞서서 좀 버텨보기도 하지만 세월이 흐르면 아무리 재미있는 연속극(連續劇)도 잠 앞에서는 경쟁상대가 되지 않는다. 혈기가 왕성할 적에는 며칠 밤을 지새워도 아무런 영향이 없지만 나이가 들어가면 그렇게 하고 싶어도 몸이 따라주지 않는다. 이것을 늙어서 그렇다고 탄식을 할 것이 아니라 점점 자연에 가까워지고 있는 것으로 받아들이면 어떨까 싶다. 그리고 그렇게 일찍 잠이 깨면 괜히 뒤척이지 말고 일어나서 책을 읽는 것이다.

입춘(立春)이 시작이 되는 의미를 생각하다가 중언부언(重言復言)했지만 세운(歲運)을 공부한다는 것도 결국은 보다 지혜로운 삶이 되고자 함이라면 이런 생각을 해 보는 것도 과히 해롭지 않을 것으로 본다.

6) 계절의 五行을 참고할 수 있다.

계절의 五行이란 춘목(春木)과 하화(夏火)를 말하고 추금(秋金)과 동수(冬水)를 말한다. 각각의 계절에 五行이 붙어 있으므로 이러한 것도 세운(歲運)을 살필 적에 참고를 할 수가 있을 것으로 본다. 물론 참고한다는 것은 절대적으로 영향력을 발휘하는 것으로 볼 것은 아니라는 의미가 포함된다.

그러니까 辰戌丑未年이라고 해서 寅卯月에 힘을 못 쓰는 것이 아니고 寅卯年이라고 해서 申酉月에 무력하다고 생각해서는 안 된다는 것이다. 다만 여기에서 생각을 해 볼 것은 계절의 五行에 대해서도 일고(一顧)를 하라는 의미이다. 그러니까 巳午年에는 가을보다는 봄여름이 조금 더 유리할 가능성이 있다고 봐서 가산점(可算點)을 주는 것은 일리가 있다는 의미이다. 물론, 어디까지나 참고하는 정도라는 점을 생각하면 된다.

7) 재물의 왕쇠(旺衰)를 대입한다.

 모든 길은 로마로 통하듯이 모든 運은 재물로 통한다. 이것은 자본주의(資本主義)가 지배(支配)하는 사회적인 구조에서는 선택의 여지(餘地)가 없는 것이라고 해야 할 것이다. 물론 개인적으로 재물의 지배를 벗어나서 산골이나 바닷가에서 먹을거리를 얻으면서 살아갈 수는 있을 것이다. 그리고 그러한 삶의 길을 선택한 사람은 당연히 四柱를 보러 가지도 않고 運을 묻지도 않을 것이다. 왜냐하면 기대치도 없기 때문이다. 그러나 대부분의 삶에서는 재물의 다과(多寡)에 의해서 삶의 질이 결정되니 다른 방법을 찾을 수가 없다고 봐야 할 것이다.
 취직(就職)에 대해서 묻고 싶은 사람도 결국은 재물(財物)을 얻기 위해서이고, 사업(事業)의 運을 묻는 사람도 당연히 재물을 얻는 것이 목적이다. 그래서 방문자들의 다양한 질문이 있지만 그것을 요약하여 하나로 만들면 재물이 되는 것이다. 그러므로 가장 중요한 것은 재물에 대한 관찰법(觀察法)이다.

6. 運勢의 풀이를 보는 법

 이제부터는 제3장에서 설명하게 될 운세분석(運勢分析)에 대한 방식을 설명한다. 하나의 四柱를 놓고서 최대한(最大限)으로 다양한 관점을 놓고서 살펴보면 좋겠다는 생각도 없진 않으나 그렇게 했을 경우에 한정(限定)없이 늘어나게 될 지면(紙面)을 생각하지 않을 수가 없어서 부득이 《用神》편에서와 마찬가지로 여기에서도 양면(兩面)으로 제한하여 설명을 하는 것이 가장 효율적(效率的)일 것으로 생각된다.

 다만 《用神》편에서는 뒤쪽으로 가면서 분량을 줄이는 방법을 택해도 앞의 과정을 잘 이해한 독자에게는 아무런 문제가 없을 것으로 봤지만 《運勢》편은 이와 달리 300가지의 명식에 대해서 모두 같은 분량으로 설명을 하는 것이 중요할 것이다.

 그중에서 앞부분의 200가지 자료는 柱運과 세운(歲運)에 대한 吉凶을 대입하고 재물운(財物運)에 대한 의미까지 吉凶을 논하는 것으로 정리하게 된다.

 제한된 지면에 풀이를 해야 하다 보니까 설명은 가능한 요약

(要約)을 하지 않을 수 없고, 그 사이의 행간(行間)을 타고 흐르는 의미는 스스로 노력을 통해서 찾아내는 정도의 수고로움은 아끼지 말아야 할 것으로 생각된다. 그리고 하나의 학문을 자신의 것으로 만드는 과정에서 이 정도의 노력은 필요하다고 생각한다. 여하튼 각자의 노력은 스스로에게 풍요로운 수확을 안겨 줄 것이다. 운세에 대한 분석은 다음과 같은 형식으로 설명된다.

1) 주운해석(柱運解釋)

柱運의 吉凶을 설명한다. 일일이 年柱부터 時柱까지 전체적인 설명을 하여 상세하게 관찰을 할 수도 있을 것이지만 이미 어느 정도의 수준에 도달한 독자라면 대략적인 요지(要旨)에 대해서만 설명을 해도 나머지는 미루어서 이해할 수 있을 것으로 본다. 그리고 그렇지 못한 수준이라도 그 정도의 추리력(推理力)은 있어야 할 것이다.

설명은 간략하게 중요한 특징에 대해서만 할 것이다. 해당하는 위치에서 나타나는 의미를 분석하는 것은 이미 앞에서 설명을 했기 때문에 다시 추가로 부연(敷衍)하지 않고 오히려 간략하게 정리하는 것이 더 많은 유추(類推)를 할 수 있는 공간(空間)으로 작용을 할 수 있기 때문이다.

참고로 柱運을 표현하면서 年柱의 초년(初年)은 어린 시절의 20세 이전까지로 대입하고, 月柱의 청년(靑年)은 20세 무렵에서 40세 무렵까지로 대입하며, 日柱의 중년(中年)은 40세 무렵부터 60세 무렵까지로 대입하고, 時柱는 말년(末年)으로 60세 이후를 기본으로 삼는다. 물론 여기에 대해서는 각자의 상황에 따라 전후 2~3년의 차이가 있을 수도 있지 않을까 싶다. 예전에는 매주(每柱)의 시기를 15년으로 삼아서 대입하기도 했는데 여기에서 20년으로 잡아서 해석하는 것은 평균수명이 늘어났다는 점과 대부분의 직장인을 기준으로 살펴본다면 정년퇴직(停年退職)이 60세를 전후한다는 것도 참작하여 판단한 것이니 구체적으로 적용시키는 것은 상황에 따라서 달라질 수 있을 것이다.

이렇게 각각의 干支를 柱運으로 삼아서 해당하는 시기를 살아가는 과정에 대한 吉凶이나 상황을 살펴볼 수 있는 것이다. 물론 여기에다가 세운(歲運)의 작용을 적용시켜서 함께 판단해야 하는 것은 당연하다. 다만 柱運은 큰 흐름을 보는 용도로 참고한다면 매우 편리할 것이다.

2) 세운해석(歲運解釋)

대운(大運)을 논하지 않으니 세운(歲運)의 비중이 그만큼 더 커지게 된다. 이 항목에서는 세운이 원국에 어떻게 작용하게 될 것인지를 설명하게 된다. 다만 염려하는 것은 참으로 복잡다단(複雜多端)한 삶에서 이 운세(運勢)를 불과 700여 자(字)의 글로 일일이 설명한다는 것은 쉽지 않은 일이어서 요약하여 전달하고자 하지만 혹 너무 짧은 설명으로 인해서 이해가 어렵다고 할 독자도 반드시 있을 것이라는 점이 맘에 걸린다. 그렇지만 이미 기초적인 내공이 탄탄하고 用神에 대한 이해를 통해서 干支의 변화를 어느 정도 파악하고 있는 독자라면 그 나머지의 이치는 스스로 읽을 수 있을 것이라는 기대감도 없지는 않다. 그래서 노력하여 깨달아 가는 즐거움으로 자평법을 연구하는 독자를 생각하면서 정리하기로 방향을 잡았으니 혹 이해가 부족하다는 생각이 들었다면 졸저《시시콜콜 명리학시리즈》를 다시 참고하여 내공을 쌓아주기 바란다. 결국 사주풀이는 干支의 이해(理解)에 달렸기 때문이다.

보다 간결하고 정확한 이해를 위해서 몇 가지의 공식을 만들었다. 이것을 참고하여 설명을 읽어본다면 훨씬 더 빠른 정리가 되지 않을까 싶다.

【세운의 대입을 표시하는 예】

干運	甲	乙	丙	丁	戊	己	庚	辛	壬	癸
	上	上	上	上	中	中	下	下	下	下
支運	子	丑	寅	卯	辰	巳	午	未	申	酉	戌	亥
	下	中	上	上	中	上	上	中	下	下	中	下

세운의 좋고 나쁜 것에 대해서는 이와 같은 형식으로 上, 中, 下의 구분을 두고 설명하게 된다. 그러니까 上運은 매우 좋은 것으로 보고, 中運은 무난한 정도의 작용으로 이해하면 될 것이다. 그리고 下運은 어쩔 수 없이 매사에 조심해야 하는 시기

로 대입하면 이해하는데 큰 어려움은 없을 것이다. 다만 여기에서도 고민은 있기 마련이다. 어떤 干支는 분명히 上運이 되겠지만 또 원국(原局)의 상황에 따라서 上運으로만 보기에는 다소 섭섭할 경우도 있기 때문이다. 이러한 경우에 그렇다고 해서 中運까지 보기는 어려운 것도 존재한다. 그래서 이해를 돕기 위해서 이러한 경우를 上의 下運으로 표시할 수도 있다.

 표에서는 上, 中, 下로만 되어 있지만 설명에서는 좀 더 구분을 해서 하게 되는데 이때에는 上의 下運의 경우는 上運이기는 하지만 다소 미흡한 면이 있을 때를 의미하게 되고, 中의 上運은 中運이기는 하지만 上運에 버금갈 정도라고 볼 경우를 의미한다. 마찬가지로 中의 下運이라고 설명할 경우에는 中運이기는 하지만 부담이 될 수 있음을 의미하고 또 下의 上運이라고 할 경우에는 비록 下運이기는 하지만 그래도 생각보다 크게 凶하지는 않을 가능성이 있다고 판단이 될 적에 사용하게 된다.

 이렇게 설명하고자 하는 것은 독자가 살펴보았을 적에 中運이라고 생각이 되는데 上運으로 설명을 할 경우도 있고 또 그 반대의 경우도 있을 텐데 여기에는 약간의 미세한 변수가 있을 가능성이 존재한다는 의미로 이해하고 참고하면 큰 혼란은 막을 수가 있을 것으로 본다. 그러니까 표를 보고서 다소 이해가 어렵더라도 설명에서 그러한 점을 가능하면 보완하도록 하고자 하는 의도임을 헤아려 주기 바란다.

 지금 낭월이 염려(念慮)하는 것은 어떤 運의 표시를 놓고서 서로 합의(合意)를 보지 못할 가능성에 대한 것이다. 내 생각에는 중간 정도의 運으로 보이는데 낭월은 왜 좋은 運이라고 했는지, 혹은 아무리 봐도 凶運이라고 해야 할 것 같은데 왜 무난한 運이라고 했는지에 대해서 납득이 되지 않아서 머리가 복잡할 독자도 분명히 있을 것이기 때문이다.

 이러한 것에 대해서 서로 마주 보면서 의견을 나누고 설명을 할 수만 있다면 아무런 문제가 없겠지만 단순히 지면(紙面)을 통해서 일방적으로 낭월의 의견을 받을 수밖에 없는 상황에서는 이러한 문제점은 필히 나타날 수밖에 없을 것이다. 그래서 이러한 점에 대해서도 잘 생각을 하면서 허용(許容)의 범위를 넉넉하게 잡아 놓고 대입을 하는 것이 좋겠다는 의견이다.

 또 中運이라고 하더라도 그 범위는 상당히 넓어서 '그만하면 나쁘지 않겠다.'라는 정도의 中運도 있을 것이고, 또 때로는 '겨우겨우 유지는 가능할 것이다.'라는 정도로 턱걸이에 해당하지만 그렇다고 해서 凶運이라고 할 정도까지는 아닌 경우에는 그대로 中運으로 대입하게 된다.

 그런가 하면 中運의 경우에도 여러 가지의 변수가 많으므로 이러한 것을 일일이 대입하다가 보면 吉運에 가깝게 작용을 할 수도 있고 凶運에 가깝게 작용을 할 수도 있는데 이러한 경우에 과거의 동영상 강의로 설명하면서 중간보다 조금 나은 것으로 보이면 '보통보다 좋음(△+)'으로 나타내고 그보다 조금 못하다고 보이는 경우에는 '보통보다 못함(△-)'으로도 했었는데 지금은 그러한 부호를 표시하지 않더라도 설명을 통해서 구분이 되어있다고 생각하면 될 것이다.

 上運의 경우에 하위 10%에 해당한다면 上의 下運으로 표시할 수 있고, 또 中運의 경우에는 상위 10%는 中의 上運이 되고 하위 10%는 中의 下運으로 적용하는 것으로 이해하면 된다. 아울러서 下運의 경우에도 상위 10% 정도의 작용이 기대된다면 下의 上運으로 이해하고 적용시켜보면서 실제로 그 차이점을 느낄 수 있을 것이다.

아울러서 앞의 세운(歲運)을 대입하는 예에 해당하는 표를 미리 그려 놓고서 四柱의 풀이를 보기 전에 나름대로 원국과 대입하면서 표시를 해본다면 더욱 효과적인 공부가 될 것으로 생각된다. 그냥 무심하게 해답을 보면서 '그렇구나.' 하고 넘어갈 수도 있지만, 이렇게 넘어가 놓으면 막상 자신에게 해답이 없는 문제가 주어지게 되면 당황스러울 수가 있으므로 미리 이러한 훈련이 필요하다는 점을 참고하기 바란다. 여하튼 지혜로운 독자는 계속해서 머릿속에 물음표를 달아 놓고서 관찰을 해야만 더욱 깊은 통찰력(統察力)을 얻을 수 있다는 것을 잊지 않았으면 한다.

겸해서 참고해야 할 것은, 운세(運勢)를 대입할 경우에 희용기구한(喜用忌仇閑)은 크게 비중을 두지 않고 표시한다는 점이다. 왜냐하면 원국에서의 喜用神이 運에서도 절대적으로 작용하는 것이 아니고, 상황에 따라서는 별 도움이 되지 않을 수도 있으므로 단지 원국에서의 희용기구한이라는 정도로 살피고 運에서는 다시 運의 대입이 원국과 어떻게 작용하는 것인지를 잘 살피는 것이 더욱 중요한 활간(活看)이 될 것이다.

마찬가지로 忌仇神이라고 해서 반드시 忌仇神으로 적용되지 않는 경우도 많으므로 이 부분에 대해서도 실제로 運이 들어와서 어떻게 작용을 하는지를 살펴서 그 四柱의 상황에 따라서 판단을 해야 할 것이므로 대부분은 희용기구한의 적용이 되더라도 가끔은 공식대로만 적용되지 않는다는 것으로 이해한다면 자유로운 궁리와 대입이 가능하게 될 것이고 또 반드시 그렇게 되어야만 언제라도 運의 대입에 대한 두려움으로부터 자유로울 수가 있을 것이다. 이렇게 하지 않고서 항상 공식에만 얽매이게 된다면 완성의 길은 멀기만 할 것이다.

3) 재운해석(財運解釋)

인생의 삶에서 절대로 떼어놓고는 생각하기 어려운 재물(財物)에 대해서 풀이를 한다. 삶을 꾸려가는 과정에서 학업(學業)도 중요하고, 졸업을 한 다음에는 취직(就職)도 중요하지만 四柱를 의뢰할 적에는 대부분 결실에 대해서 묻게 되므로 재물운에 대해서는 나름대로 기준을 세워놓고 참고해야만 하는데 그 이유는 세상을 살아가는 목적 중에 가장 큰 비중을 갖고 있는 것이 재물인 까닭이다.

(1) 원국(原局)의 재물 인연

일단 재물을 논하게 되면 몇 가지의 참고사항을 알아두는 것이 필요하겠다. 무엇보다도 원국에서의 재물 인연을 잘 살펴서 판단하는 것이 중요하겠는데 財星이 喜用神이면 적금통장(積金通帳)으로 대입하여 언젠가는 찾아 먹게 될 재물이라고 생각하면 된다. 그러나 忌仇神에 해당한다면 이번에는 財星을 대출통장(貸出通帳)으로 대입하게 된다. 일단 대출통장으로 판단이 된다면 財星이 많을수록 빚은 늘어나는 것으로 이해하면 된다. 즉 원국의 상황에 따라서 재물의 吉凶을 판단하기 때문에 원국에서 財星이 어떤 역할을 맡고 있느냐는 것이 참으로 중요하다.

(2) 세운(歲運)의 재물 인연

원국에서는 財星의 역할에 따라서 吉凶이 정해지지만 運에서는 用神의 運이 재물의 運이라는 것을 기준으로 삼고 대입하게 된다. 그러니까 財星이 用神이라면 財星運에서 재물이 모이게 되는 것이고, 印星이 用神이라면 印星의 運에서 재물이 모이게 되는 것으로 해석을 하면 되는 것이다. 이러한 공식을 잘 이해하고 대입한다면 어렵지 않게 財運의 상황을 살펴서 판단을 할 수 있을 것이다. 그러므로 기본적인 원리(原理)를 잘 파악하는 것이 중요하다.

(3) 무노동(無勞動)이면 무재물(無財物)이다.

사람들이 착각(錯覺)하는 것 중에 하나는 運이 좋으면 저절로 재물이 안방에 쌓이는 것으로 생각한다. 그러나 세상에 그러한 이치는 어디에도 없다. 그러니까 아무리 運이 좋아도 노력하지 않으면 재물도 없는 것이다.

상담하다가 괜히 '작년에 재물운이 왔으니 돈이 좀 모였겠습니다.'라고 해석을 해 봐야 그 사람이 백수건달이었다면 상담만 빗나가고 학문의 효과도 상실하게 되는 기막힌 상황이 생길 수도 있다는 것을 지금은 알아두어야 할 때이다. 그래서 재물을 묻는 방문자에게는 재물을 얻기 위해서 어떤 노력을 했는지에 대해서 먼저 물어야 한다. 이것이야말로 '진인사(盡人事)'이기 때문이다. 그리고 자신이 할 일을 한 다음에 하늘의 運인 운명(運命)을 기다리는 것이 '대천명(待天命)'인 것이다.

 천명(天命)을 기다려서 일을 하는 것도 좋고 열심히 노력을 한 다음에 천명을 기다리는 것도 좋지만 중요한 것은 스스로 최선을 다하지 않은 상태에서 하늘의 명을 기다린다는 것은 봄날에 감나무 아래에서 홍시(紅枾)를 달라고 하는 것과 조금도 다를 것이 없다는 점을 명백히 알아두도록 한다.

 대략 이러한 형식으로 설명을 할 것이므로 잘 이해하고 해당 항목의 설명이 비록 요약이 되어 있더라도 그렇게 된 이면(裏面)의 상황을 잘 살피면서 정리를 한다면 운세의 해석법에 대해서도 크게 어렵지 않을 것이다.

 그리고 표의 운세대입이 아리송한 경우에는 설명을 통해서 확실하게 정리를 하는 용도로 사용을 한다면 충분히 운세(運勢)에 대한 이해를 하는데 어려움이 없을 것으로 생각된다. 물론 요약이 된 내용이므로 이러한 설명조차도 이해가 되지 않는다면 선행(先行)한 공부가 아직 미흡하다고 생각을 하고 干支와 用神에 대해서 좀 더 보완을 한다면 해결책(解決策)이 나올 것으로 본다.

제3장 運勢分析

■ 참고 : 運勢의 吉凶을 대입하는 방법

[001] 癸酉年 癸亥月 甲子日 丙寅時 ①		
用神과 干支別 運勢의 吉凶		
丙甲癸癸 ② 寅子亥酉	用:火(丙) ③ 喜:木,土 ④	食神格 ⑤ 印重用食格 ⑥
干	甲 乙 丙 丁 戊 己 庚 辛 壬 癸 ⑦ 上 上 上 上 上 上 中 下 下 下 ⑧	
支	子 丑 寅 卯 辰 巳 午 未 申 酉 戌 亥 ⑨ 下 上 中 中 上 上 上 上 下 下 上 下 ⑩	

① 연구하게 될 四柱 이름 (用神의 번호와 같음)
② 四柱의 명식(命式)
③ 用神의 五行과 干支
④ 喜神의 五行
⑤ 기본적(基本的)인 용신격(用神格)
⑥ 상황을 포함한 형태의 격(格)
⑦ 運에서 만나는 天干
⑧ 運에서 만나는 天干에 대한 吉凶의 정도를 표시함
⑨ 運에서 만나는 地支
⑩ 運에서 만나는 地支에 대한 吉凶의 정도를 표시함

[001] 癸酉年 癸亥月 甲子日 丙寅時

用神과 干支別 運勢의 吉凶		
丙甲癸癸 寅子亥酉	用: 火(丙) 喜: 土	食神格 印重用食格

干	甲	乙	丙	丁	戊	己	庚	辛	壬	癸
	上	上	上	上	上	上	中	下	下	下
支	子	丑	寅	卯	辰	巳	午	未	申	酉	戌	亥
	下	中	中	中	中	上	上	上	下	下	上	下

(1) 주운해석(柱運解釋)

年柱에는 喜用神이 없으니 어렵고 힘든 일이 많을 것이나 공부 시기인 초년(初年)에 印星의 運이 들어오기 때문에 어려운 중에도 공부를 할 수는 있다. 月柱에는 忌神인 印星만 있으니 매사에 번뇌가 많으며, 직장도 쉽지 않고 수익도 마음대로 되지 않는다. 비록 맘에 들지 않고 힘이 들어도 직장에서 미래를 준비하는 것이 최선이다.

日柱에서도 여전히 忌神이니 매사에 마음대로 되지 않고 하는 일마다 갈등이 발생하기 쉽다. 時柱에 用神이 있으니 가을이 깊어져야 국화(菊花)가 꽃을 피우듯이 나이가 들어서야 세상에서 자신의 빛을 보게 된다. 이러한 四柱를 두고서 '時를 잘 타고났다.'고 하게 된다. 결국 時柱가 모든 것을 쥐고 있으니 인생의 말년(末年)에는 행복이 보장된다고 할 만하다.

(2) 세운해석(歲運解釋)

天干의 木火土運은 모두 用神을 돕거나 보호하여 吉한 작용을 하게 되지만, 地支의 寅卯木運은 生할 巳午火가 없으니 별 도움을 줄 수가 없는 구조이다. 辛金運이 凶한 것은 用神이 기반(羈絆)되어서이다. 戊己土運은 用神을 설기(洩氣)한다고 생각하지 않고 보호하는 것으로 대입하게 된다.

地支는 金水運만 빼고서는 모두가 좋은 작용을 하거나 적어도 나쁘지 않은 역할을 하게 되므로 대체로 순탄한 흐름이다. 巳午火運은 亥子水가 원국에 버티고 있어서 별로 좋은 작용을 하지 못할 것으로 생각될 수 있지만, 실은 寅木의 작용이 지대(至大)하여 이러한 감점의 요인이 있음에도 불구하고 도움이 되는 것으로 대입하게 된다.

(3) 재운해석(財運解釋)

財星이 비록 喜神이지만 원국에서 나타나질 않았으니 아쉬움이 큰 구조이다. 부득이 기술을 발휘하여 재물을 얻는 四柱의 구조이다. 재복(財福)이 없으니 사업을 하려고 애쓰기보다는 기술을 확보하는 것이 현명하다. 재물복은 없으나 전문성은 있으니 運을 기다려야 하는데 아쉽게도 중년까지의 흐름에서는 전혀 喜用神이 보이질 않으니 재물을 획득하는데 어려움이 많을 것으로 보이므로 멀리 내다보고 차근차근 계획적으로 자신을 경영하는 것이 현명할 것이다.

[002] 壬申年 壬子月 甲辰日 丙子時(夜子時)

用神과 干支別 運勢의 吉凶											
丙甲壬壬 子辰子申				用: 火(丙) 喜: 木, 土				食神格 印重用食格			
干	甲 上	乙 上	丙 上	丁 上	戊 上	己 上	庚 中	辛 下	壬 下	癸 下	
支	子 下	丑 中	寅 中	卯 中	辰 上	巳 中	午 上	未 下	申 下	酉 上	戌 下	亥 下

(1) 주운해석(柱運解釋)

年柱와 月柱에는 喜用神이 전혀 없으니 젊어서의 세월은 마음대로 되지 않아 번뇌가 끊이지 않을 것이고, 노력을 한다고 하더라도 결실 또한 마음과 같지 않을 것이니 전반부는 안타까운 세월이 될 암시이다. 젊어서는 혈기왕성하게 무엇인가를 시도할 수는 있지만 그러한 것이 모두 결실을 이룬다고 보기는 어려우니 조바심을 버리는 것이 좋다.

그러나 중년(中年) 이후로 들어가면서는 분위기가 바뀌어서 노력을 한 대가를 서서히 얻게 되는 상황으로 변하니 기대가 된다. 이어서 時柱에서 丙火를 만나게 되니 말년(末年)의 세월은 아름다운 풍경을 기대해도 좋을 것이다. 다만 丙火가 子水에 앉아 있음으로 인해서 마음대로 역량(力量)을 발휘하는데 제한(制限)을 받게 될 것이 염려된다.

(2) 세운해석(歲運解釋)

天干의 木火土運은 모두 발전이 가능한 運이다. 天干의 庚金運은 무난하겠지만 辛壬癸運은 부담이 크다. 時干의 丙火를 도울 甲乙木이 없는 까닭이다.

地支에서는 火土運이 반갑다. 다만 午火運은 子水의 공격을 받아서 아쉽게도 기능 발휘에 제한이 걸린다. 寅卯木運도 실은 喜神이지만 地支에 巳午火가 없으니 木生火가 이루어지지 않아 아쉽다. 다만 地支에서도 天干을 생조(生助)할 가능성은 있으므로 中運 정도로 대입이 가능하다.

(3) 재운해석(財運解釋)

日支에 財星인 辰土를 깔고 있으므로 재물복이 있다고 해석한다. 아쉬운 점은 食神인 丙火가 직접적으로 財星을 생조(生助)하지 못하는 것이다. 그럼에도 중년 이후에 상당히 안정적인 재물을 얻을 기회가 주어지는 것은 다행이다. 子水가 지나쳐서 日支의 辰土는 과습한 형태가 되는 까닭에 오히려 戌土였더라면 재물의 창고는 더 커진다고 해석할 수 있다.

寅卯木의 運이 비록 中運이지만 중년의 辰土를 지나가는 동안에는 柱運의 작용을 제대로 하지 못하게 막는 역할을 할 가능성이 있기 때문에 감점의 요인(要因)이 발생하므로 오히려 下運으로 대입해야 할 것이다.

[003] 甲子年 丙子月 乙未日 丙子時

用神과 干支別 運勢의 吉凶											
丙乙丙甲 子未子子				用: 火(丙) 喜: 土				傷官格 印重用傷格			
干	甲 中	乙 中	丙 上	丁 上	戊 上	己 上	庚 中	辛 下	壬 下	癸 下	
支	子 下	丑 上	寅 下	卯 下	辰 上	巳 上	午 中	未 上	申 下	酉 下	戌 上	亥 下

(1) 주운해석(柱運解釋)

年柱는 마음대로 되지 않겠지만 어린 시절에는 부모의 슬하에서 시키는 대로 하면 되므로 凶함은 크게 논하지 않는다. 청년(靑年)에 丙火가 들어오는 것은 희망이 되겠지만 절각(截脚)이 되었으니 시도(試圖)만 하다가 포기하게 될 가능성이 많다. 중년(中年)이 되면서부터 점차로 자리를 잡고 발전을 하게 될 것이고 말년(末年)에는 재능을 발휘하여 유통업이나 중개업으로 자신의 능력을 발휘하게 된다면 적지 않은 소득을 기대할 수 있다. 다만 地支에 子水가 셋이나 있어 중년을 제외하고는 항상 번뇌가 끊이지 않을 것으로 보이니 타인의 의사에 끌려다니지 말고, 동업을 금(禁)하고 자신의 판단으로 강경하게 처리하는 방향으로 노력을 하는 것이 필요한 구조이다.

(2) 세운해석(歲運解釋)

앞의 [001], [002]번 명식의 자료와 비슷하나 天干에 水가 보이지 않으니 甲乙木運은 中運으로 대입하게 된다. 地支의 寅卯木運은 부담스러운 子水를 설(洩)하고 丙火를 도와줄 수 있으나 아쉽게도 喜神인 未土를 剋하기 때문에 下運으로 대입한다. 이와 같이 세운(歲運)에서 木運을 만나 財星을 剋하는 작용으로 나타나게 되면 원하지 않는 결과에 봉착할 수도 있을 것으로 본다.

(3) 재운해석(財運解釋)

日支의 未土는 [002]번 명식에서 본 辰土와 비교해서 큰 차이가 있다. 겨울의 온토(溫土)가 갖고 있는 의미로 인해서이다. 子水가 범람을 할 지경이라도 未土는 의연하게 그것을 차단하고 日干의 뿌리가 되어 주니 이것이야말로 천복(天福)이라고 할 만하다. 다만 運에서 寅卯木을 만나게 된다면 사업을 확장하기보다는 조심해서 근신자중(謹身自中)하는 것을 권한다. 자칫하면 사기(詐欺)를 당하여 큰 손실을 가져올 암시가 되기 때문이다. 이렇게 天干의 木運은 문제가 없는데 地支의 木運은 오히려 凶한 작용을 한다는 이치를 정확하게 알아 둔다면 운세를 대입하는 과정에서 큰 도움이 될 것이다.

그리고 時干의 丙火가 의지를 할 곳이 없다는 것은 여전히 아쉬움으로 남게 된다. 그래서 한 분야의 전문가보다는 상황에 따라서 임기응변(臨機應變)하는 순발력을 발휘하는 방향으로 계획을 세운다면 좋은 결실을 얻게 될 것이다.

[004] 癸未年 己未月 辛卯日 己丑時

用神과 干支別 運勢의 吉凶			
己辛己癸 丑卯未未	用: 木(卯) 喜: 水	偏財格 印重用財格	
干	甲 乙 丙 丁 戊 己 庚 辛 壬 癸 上 上 下 下 中 中 中 中 上 中			
支	子 丑 寅 卯 辰 巳 午 未 申 酉 戌 亥 上 下 上 上 下 下 下 下 下 下 下 上			

(1) 주운해석(柱運解釋)

年干의 癸水는 손상을 당하여 기능을 발휘하기가 어려우니 어린 시절은 다소 우울할 암시이다. 이것이 청년(靑年)까지도 이어지게 되므로 슬럼프의 시간이 꽤 길다고 봐야 할 형상이다. 그러나 중년(中年)이 되면서 순식간에 능력을 발휘하여 큰 성공을 거두게 될 것이므로 일찍부터 좌절할 필요는 없다.

다만 말년(末年)까지 그 여세(餘勢)를 몰아가기에는 卯木이 허약해 보이는 점이 못내 아쉽다. 그래서 중년(中年)에 얻은 결실을 알뜰하게 갈무리하여 손실(損失)을 최소화하면서 노후(老後)를 대비하는 지혜로움이 필요하다. 혹시라도 중년의 성공에 고무(鼓舞)되어서 무리수를 두게 된다면 말년의 나날은 쓸쓸하게 보내야 할 암시를 그대로 실천할 가능성이 크기 때문이다.

(2) 세운해석(歲運解釋)

비록 用神은 木이라고 하더라도 天干에 庚辛金運이 들어오는 것을 크게 꺼리지 않는 것은 원국의 天干에 甲乙木이 없기 때문이다. 반면에 地支의 申酉金運은 用神인 卯木을 剋하므로 凶하다고 판단하게 되는 것과 비교를 할 수 있을 것이다.

天干에서 壬水運은 좋지만 癸水運을 中運으로 대입하는 것도 己土의 剋을 받아서 제 기능을 발휘할 수가 없고, 天干에 木이 없어서 水가 들어와도 별 도움을 주기 어렵다고 보는 까닭이다. 그렇지만 地支의 亥子水運은 卯木을 生해 주어 吉한 작용을 할 수 있으므로 上運이 된다. 이처럼 干支의 차이에 의해서 運의 대입은 달라질 수 있으니 이러한 것을 살피는 요령이 필요하다.

(3) 재운해석(財運解釋)

年月의 地支에 암장된 乙木은 미약하니 크게 기대하기는 어렵다고 하겠지만 日支의 卯木은 대단히 반가운 財星이다. 중년이 되면 노력을 한 결실을 볼 수가 있을 것이므로 전반부에서 큰 희망이 보이지 않더라도 멀리 바라보고 준비하는 것이 필요하다. 재물을 모으는 수단으로는 관리자(管理者)의 적성이 좋을 것으로 봐서 임대업(賃貸業)이나 대여(貸與)와 같은 형태의 방면으로 살펴보는 것도 좋을 것이고 직장에서 재물을 구할 경우에는 감독(監督)과 같은 역할도 잘 수행(隨行)할 것이다.

[005] 癸巳年 壬戌月 丙午日 甲午時

用神과 干支別 運勢의 吉凶			
甲丙壬癸 午午戌巳		用: 水(壬, 癸) 喜: 金	偏官格 官殺無力格
干	甲 乙 丙 丁 戊 己 庚 辛 壬 癸 下 下 中 中 下 下 上 上 上 上		
支	子 丑 寅 卯 辰 巳 午 未 申 酉 戌 亥 上 下 下 下 下 下 下 下 中 中 下 上		

(1) 주운해석(柱運解釋)

年月의 天干에 壬癸水가 있으니 초년(初年)과 청년(靑年)의 시기에는 그런대로 뭔가 일이 될 것처럼 보이기도 하겠으나 아쉽게도 모두가 태로(太露)의 형태를 하고 있어서 뿌리가 없는 것이 아쉽다. 그래서 실제로 얻어지는 결실은 빈약(貧弱)할 수 있으니 모쪼록 직장 생활에서 근면성실(勤勉誠實)로 자신의 마음을 다스려 가는 것이 최선이라고 하겠다. 다행히 偏官이 옆에 있음으로 해서 인내심은 어느 정도 타고났다고 봐서 직장에서 종신(終身)토록 자리를 지키는 것이 현명하다고 하겠다. 왜냐하면 중년(中年)과 말년(末年)의 흐름을 봐서는 사업을 한다고 무리를 하다가 크게 실패를 할 가능성이 보이는 劫財가 진(陣)을 치고 있기 때문에 상당한 주의가 요망되는 까닭이다.

(2) 세운해석(歲運解釋)

天干의 運은 그런대로 절반은 얻었다고 하겠으나 안타깝게도 地支로 들어오는 運은 대부분 어려움을 암시하고 있다. 이로 인해서 運에서 얻을 기회가 상대적으로 부족하다고 봐서 運을 의지하지 말고 노력을 하는 것으로 최선의 목표를 삼는다면 의식(衣食)은 해결될 수 있을 것으로 보게 된다. 특히 원국의 지장간에 있는 金이 도움을 줄 수가 없으니 用神은 매우 허약하여 매사(每事)에 지체가 되거나 허사(虛事)로 돌아갈 가능성이 많음을 생각하여 오늘 하루에 최선을 다하는 노력으로 자신을 경영하는 것이 현명할 것이다.

(3) 재운해석(財運解釋)

재물이 전혀 없는 것은 아니다. 巳中庚金과 戌中辛金도 財星인 것은 틀림이 없기 때문이다. 다만 이러한 글자가 길신(吉神)으로 암장되어 있기는 하나 실제로 이것을 끌어내어서 재물의 밑거름으로 삼기에는 주변의 조건이 너무나 어려워 보인다. 더구나 웬만한 金運이 온다고 하더라도 왕성한 불의 기운으로 인해서 견딜 재간이 없으니 財運을 보고서 마음만 들떠서 허둥대다가 헛된 꿈을 꾸는 일을 반복하게 될 암시도 생각해야 할 것이므로 모쪼록 선심(善心)으로 적덕(積德)하고 공덕(功德)을 쌓아서 부족한 재복(財福)을 강화하는 것이 무엇보다도 현명하다.

[006] 癸巳年 丁巳月 丁卯日 己酉時

用神과 干支別 運勢의 吉凶											
己丁丁癸 酉卯巳巳				用:土(己) 喜:金				食神生財格 劫衆用食格			
干	甲 下	乙 下	丙 中	丁 中	戊 上	己 上	庚 上	辛 上	壬 中	癸 中	
支	子 中	丑 上	寅 下	卯 下	辰 上	巳 下	午 下	未 上	申 上	酉 上	戌 上
											亥 中

(1) 주운해석(柱運解釋)

年柱와 月柱는 기대를 할 시기라고 하기 어려운 구조이다. 온통 比劫이 가득하니 아무래도 의미 없는 시절이 될 가능성이 크다. 그래서 멀리 내다보고 기술이라도 연마하도록 권하는 것이 좋겠다. 더구나 日支의 忌神을 보면 중년(中年)의 상황은 더욱 凶한 암시가 나타난다. 그래서 결혼 생활조차도 기대하기 어렵다고 하겠으니 중년까지 흐르는 무거운 흐름은 살아가면서 삶의 나날이 지루하고 힘들게 흘러갈 가능성이 많을 것으로 해석한다. 그럼에도 희망을 놓을 수가 없는 것은 時柱에 喜用神이 모여 있기 때문이다. 비록 인생의 절반은 고통으로 얼룩져 있다고 하더라도 말년(末年)의 행운으로 인해서 모든 것을 보상받아서 즐거운 나날을 맞이할 수 있을 것이다.

(2) 세운해석(歲運解釋)

天干의 木運은 忌神이므로 당연히 부담이 되고 地支의 火運도 喜神을 부담스럽게 하여 凶한 것으로 대입한다. 壬癸水運은 비록 閑神이라고 하더라도 원국의 화기(火氣)를 잡아 주는 역할을 하게 되므로 나쁠 이유가 없으며, 이것은 地支의 水運도 마찬가지가 된다. 地支의 木運은 土를 剋하지는 않지만 酉金을 부담스럽게 하므로 凶하다고 판단하게 된다. 申酉金運이 좋게 작용은 하겠지만 젊어서 들어오는 경우에는 年月支의 巳火로 인해서 제 기능을 발휘하기 어려울 것으로 봐서 이 시기에는 上의 下運 정도로만 봐줘야 할 것으로 본다.

(3) 재운해석(財運解釋)

時支에 財星이 있다는 것은 노년에 찾아 먹을 연금을 들었다고 해석하게 된다. 중년까지는 재물의 인연이 매우 약하다고 봐서 노력을 하더라도 여의치 않을 가능성이 많으므로 조바심을 내지 않는 것이 현명할 것이다. 그렇게 동분서주(東奔西走)하면서 열심히 살아가노라면 나이가 60고개를 넘어가면서 비로소 일생 동안을 노력한 결실이 대중(大衆)의 평가를 받아서 자신의 영역을 확보하게 될 것이니 이러한 경우를 두고서 대기만성(大器晚成)이라고 부르면 잘 어울릴 것이다.

時柱에 喜用神이 있으면 대기만성(大器晚成)이라고 하고 年柱에 喜用神이 있으면 반대로 소기조성(小器朝成)이라고 할 수 있을 것이다.

[007] 丁巳年 丙午月 丁未日 戊申時

用神과 干支別 運勢의 吉凶											
戊丁丙丁 申未午巳				用: 土(戊, 未) 喜: 金				傷官生財格 劫衆用食傷格			
干	甲 下	乙 下	丙 下	丁 下	戊 上	己 上	庚 上	辛 上	壬 中	癸 中	
支	子 上	丑 上	寅 下	卯 下	辰 上	巳 下	午 下	未 上	申 上	酉 上	戌 上	亥 上

(1) 주운해석(柱運解釋)

年柱와 月柱의 구조는 완전한 불덩어리이다. 이러한 흐름으로 지내야 하는 젊은 시절은 아무래도 만사가 마음대로 되지 않아서 갈등과 고뇌가 끊일 날이 없을 것으로 해석하게 된다. 그러다가 중년(中年)이 되면 비로소 자신의 적성(適性)과 능력(能力)을 찾아내게 되고 그로부터 서서히 성장과 발전을 거듭하게 되는 흐름으로 말년(末年)이 되어서는 상당한 결실을 얻어서 한 분야에서 나름대로 독자적(獨自的)인 영역(領域)을 구축(拘縮)하고 타의 추종(追從)을 불허(不許)하는 때가 오게 될 것이다. 이러한 흐름을 보면 젊어서의 고생은 사서라도 해야 한다는 고인의 가르침을 떠올리게 되는데 세월이 지난 후에야 비로소 그 공(功)을 알게 될 것이다.

(2) 세운해석(歲運解釋)

干支의 木火運은 모두 凶한 것으로 대입을 하게 된다. 다만 그 외에는 모두가 어떤 형태로든 간에 도움을 주게 되는 것을 보면 억세게 運이 좋은 四柱라고 할 수 있다. 만약에 원국에 用神인 土가 습토(濕土)도 포함되어 있었더라면 火運이라고 해서 반드시 나쁘다고 할 것만은 아니었을 것이지만 戊土나 未土가 모두 조열(燥熱)한 기운을 품고 있는 상태에서 다시 주변에서 추가로 들어오는 火는 전혀 반길 마음이 없으므로 凶하다.

(3) 재운해석(財運解釋)

時支의 申金을 보면 여름에 모시 적삼을 입은 것 같고, 겨울에 털 코트를 입은 것 같다. 위에서도 생조(生助)하고 옆에서도 생조하니 주변 환경에 흔들리지 않고 항상 안정된 재물을 얻을 수가 있는 것은 축하를 할 만하다. 다만 아쉬운 점이 있다면 이것이 時支에 있다는 것이다. 月支나 日支에 있으면서 이러한 구조라면 더욱 아름다운 재물의 인연이 되었을 것이다.

그렇지만 재물은 늙어서 더욱 필요한 것이다. 늙으면 몸이 병들고 그래서 의료비도 많이 들기 마련인데 돈이 없으면 원하는 혜택을 받지 못하여 안타까운 상황에 처할 수도 있겠으나 말년에 재물복이 넘쳐나니 이러한 고민은 할 필요가 없다는 것이 더욱 자랑할 만하다.

[008] 己亥年 戊辰月 戊申日 己未時

用神과 干支別 運勢의 吉凶

己戊戊己 未申辰亥	用: 金(申) 喜: 水	食神格 劫衆用食格

干	甲	乙	丙	丁	戊	己	庚	辛	壬	癸
	中	中	下	下	下	下	上	上	中	中

支	子	丑	寅	卯	辰	巳	午	未	申	酉	戌	亥
	上	中	中	中	中	下	下	下	上	上	下	上

(1) 주운해석(柱運解釋)

만사(萬事)가 중년(中年)부터 이루어진다고 할 수 있는 구조(構造)이다. 초년(初年)의 亥水는 바로 학마재(學魔財)이다. 비록 喜神이지만 공부를 해야 할 시기에 들어오는 것이기 때문에 오히려 공부를 하여 그릇을 키워야 할 시기에 소탐대실(小貪大失)을 하게 될 징조(徵兆)로 파악하게 된다. 그러다가 청년기를 지나서 중년이 되면 비로소 자신의 타고난 복록(福祿)을 누릴 기회가 주어지게 된다.

日支의 食神이 좀 답답해 보이기는 하지만 그럼에도 그 속에 들어 있는 壬水를 보고 있노라면 든든한 재물이 손끝에 주렁주렁 매달려 있는 것 같은 느낌이 들기조차 한다. 이러한 것이야 말로 진정(眞正)으로 아름다운 중년(中年)이라고 할 만하겠다. 말년(末年)은 좀 답답할 듯하다.

(2) 세운해석(歲運解釋)

아쉬운 것은 天干의 壬癸水運이다. 地支의 水運은 申金의 생조(生助)를 받아서 제 기능을 발휘하겠는데 아쉽게도 天干의 壬癸水運은 왕성한 比劫들로 인해서 힘을 쓰기는 어려울 것으로 보여서 유지를 하는 정도로만 대입을 해야 하는 것이 못내 아쉽다. 반면에 甲乙木運은 나쁘지 않은 것으로 보게 되는데 이것도 또한 어떻게든 木剋土를 할 것이기 때문에 기대가 되는 구조이다. 地支에서 未戌土運은 도움이 되지 않겠지만 丑辰土運은 用神이 손상을 받지는 않는 까닭에 좋다고 하기 어렵더라도 凶하지는 않다. 대체로 運의 흐름은 좋은 것으로 본다.

(3) 재운해석(財運解釋)

원국의 食神이 日支에 자리를 잡고 왕성한 금기(金氣)를 자랑하고 있으니 볼만하다. 다만 욕심은 끝이 없어서 기왕이면 年支의 亥水가 申金의 곁에 있었더라면 더 좋았을 텐데 싶은 마음이 드는 것은 어쩔 수가 없다.

기술은 출중하나 재물 인연은 미약하므로 타고난 능력을 살려서 일생을 살아간다면 궁색(窮塞)하지 않고, 여유로운 재물을 누릴 수가 있을 것으로 본다. 일만 하면 먹을 것이 넘친다고 판단을 할 수 있는 것은 食神 속에 偏財가 있어서이다.

[009] 甲申年 丙寅月 己卯日 壬申時

用神과 干支別 運勢의 吉凶		
壬己丙甲 申卯寅申	用: 火(丙) 喜: 土	正印格 官印相生格

干	甲 中	乙 中	丙 上	丁 上	戊 上	己 上	庚 下	辛 下	壬 下	癸 下		
支	子 下	丑 中	寅 下	卯 下	辰 中	巳 上	午 上	未 中	申 下	酉 下	戌 中	亥 下

(1) 주운해석(柱運解釋)

月干의 丙火가 年干의 甲木과 月支의 寅木으로부터 생조(生助)를 받고 있는 것이 아름답다. 이러한 조짐은 다시 日干으로 타고 흐르는 방향까지도 작용하게 되니 그다음의 일은 논하지 않더라도 청년기와 중년기의 흐름이 볼만하다. 그러므로 초년(初年)의 어려움은 모두 청년기를 위한 투자로 생각해도 좋을 것이다.

다만 地支의 모습은 이와 달라서 寅申沖과 日支의 偏官으로 인해서 불편한 것도 사실이다. 이러한 점을 감안한다면 겉으로 보이는 것보다는 삶의 내면이 조금 더 힘겨울 것이라는 암시로 이해하게 된다. 다만 時柱의 壬申을 보면 말년(末年)의 상황은 다시 어려움이 발생할 수 있으므로 삶의 지혜가 필요하겠다.

(2) 세운해석(歲運解釋)

天干의 火土運은 모두 吉하므로 上運으로 대입한다. 다만 金水運은 마음대로 되지 않을 것이므로 주의가 필요할 것으로 본다. 戊己土運이 用神인 丙火를 약화시킨다는 생각을 할 수도 있지만 이미 甲寅木의 생조(生助)를 받고 있는 丙火이므로 전혀 거리낄 것 없는 것이 큰 자랑이다.

地支의 木運은 원국에서 巳午火가 없으니 喜神 역할을 할 수가 없어서 부담으로 봐야 한다. 아울러서 地支의 辰戌丑未土運의 경우에도 金木으로 가득한 상황에서는 큰 도움을 주기는 어려워서 무난한 정도인 中運으로 대입하게 된다. 金水運이 부담인 것은 天干의 상황과 동일하다. 地支에서는 巳午火運이 가장 기대되는 大吉한 運이다.

(3) 재운해석(財運解釋)

時干의 壬水가 忌神이다. 財星이 忌神이므로 재물 인연은 凶한 암시이니 삶의 계획에서 재물을 따르는 것은 주의가 요망된다. 원국에서 用神이 官印相生으로 흐르는 구조로 아름답기 때문에 가능하면 공직자(公職者)의 길을 권한다. 이로 인해서 안정된 직장에서 자신에게 주어진 사명(使命)을 성실히 수행(隨行)한다면 일용할 양식(糧食)은 충분히 얻을 수 있을 것이다. 다만 말년에 퇴직금(退職金)을 받아서 사업에 투자하기라도 한다면 공든 탑도 무너진다는 탄식(嘆息)을 하게 될 것이므로 주의가 필요하다

[010] 丁未年 庚戌月 庚申日 壬午時

用神과 干支別 運勢의 吉凶		
壬庚庚丁 午申戌未	用: 水(壬) 喜: 木	食神格 日旺用食格

干	甲 上	乙 上	丙 中	丁 下	戊 下	己 下	庚 中	辛 中	壬 上	癸 上	
支	子 上	丑 下	寅 中	卯 中	辰 下	巳 下	午 下	未 下	申 下	酉 下	戌 下	亥 上

(1) 주운해석(柱運解釋)

年柱와 月柱에는 喜用神이 없으니 인생의 절반은 아무래도 아쉬움이 많은 흐름을 타게 된다. 중년(中年)에도 크게 기대를 할 것은 아니지만 그래도 日支의 申中壬水가 도움의 손길이 되므로 결혼하고 나서부터 점차로 안정을 찾게 될 것이니 다행이라고 하겠다.

時干에 用神이 있으므로 말년(末年)의 흐름을 기대하게 된다. 비록 午火가 있어서 壬水를 불편하게 할 수는 있지만 그럼에도 壬水가 金氣의 생조(生助)를 받아서 창의적인 방향으로 자신의 능력을 발휘하게 될 가능성이 많으므로 인생의 노년(老年)은 풍요롭다는 암시가 된다.

(2) 세운해석(歲運解釋)

壬水를 부담스럽게 하는 天干의 戊己土運이 반가울 리가 없다. 丁火運도 用神과 合을 하니 또한 부담스럽다. 다만 丙火는 특별히 凶하다고 할 것은 아니라고 봐서 丁火와 차별을 두어 中運으로 대입한다. 天干의 水木運은 무조건 반갑다.

地支의 구조에서 火土金運은 전혀 도움의 작용을 기대할 수 없는 상황이므로 凶으로 대입한다. 喜神에 해당하는 寅卯木運도 원국에 土金과 午火까지 있는 상황에서는 별로 도움이 되지 않으므로 아쉬움을 갖게 된다.

(3) 재운해석(財運解釋)

未中乙木뿐이니 무재사주(無財四柱)라고 해야 될 지경이다. 재물의 인연은 논하지 않는다는 말이다. 그래서 노력을 하면 먹을 것이 생기고 놀고 있으면 먹을 것이 없다고 해석한다. 이러한 경우에는 직장에 소속되어 전문 분야에서 자신의 능력을 발휘해서 살아가야 될 구조이므로 중년까지는 재물의 인연이 약한 상태로 겨우겨우 삶을 이어간다.

그러다가 말년이 되면 비로소 능력에 대한 평가를 제대로 받게 되면서 전문가의 능력을 발휘하게 될 것이므로 삶의 만년(晚年)에 대한 풍경(風景)이 아름답다. 특히 食神인 壬水가 正官인 午火를 바라보고 있으므로 법률가(法律家)나 언론계(言論界)에서 능력을 발휘하는 것도 좋다. 비록 傷官은 없지만 전문분야에서는 언변(言辯)을 발휘할 수 있을 것이다.

[011] 己丑年 庚午月 己亥日 癸酉時

用神과 干支別 運勢의 吉凶		
癸己庚己 酉亥午丑	用: 火(午) 喜: 木, 土	偏印格 日弱用印格

干	甲	乙	丙	丁	戊	己	庚	辛	壬	癸
	下	下	上	上	上	上	下	下	下	下
支	子	丑	寅	卯	辰	巳	午	未	申	酉	戌	亥
	下	中	上	上	中	上	上	上	下	下	上	下

(1) 주운해석(柱運解釋)

年柱와 月柱에는 喜用神이 있으니 초년(初年)과 청년기(青年期)에는 큰 어려움이 없는 나날을 보낼 수 있는 구조이다. 다만 중년(中年)에 들어오는 亥水는 백해무익(百害無益)이다. 이로 인해서 午火도 손상을 입을 것이므로 물욕(物慾)을 갖고 있다면 신중(愼重)하게 판단하고 조심스럽게 진행해야 할 것이다.

이러한 흐름은 말년(末年)으로 갈수록 더욱 심해진다. 그러므로 젊어서 얻은 결실을 평생 동안 사용해야 하므로 주변에서 아무리 바람을 넣더라도 흔들리지 말고 일평생을 직장에서 일을 하면서 자신이 맡은 바를 성실하게 노력하는 것을 권장하게 된다. 특히 재물의 유혹을 중년(中年) 이후에 받게 되면 회복하기 어려운 상황까지도 염려하게 된다.

(2) 세운해석(歲運解釋)

天干의 火土運은 기대가 된다. 다만 원국의 天干에 用神이 없으므로 運에 의한 변화에 민감한 반응을 보일 것이므로 주의해서 관찰해야 한다.

地支의 未戌土運이 반가운 것은 亥水가 忌神으로 작용하고 있기 때문이다. 원국의 丑土는 忌神에 가깝지만 運에서 들어오는 丑辰土運은 用神을 보호할 수 있다. 다만 습토(濕土)가 되어서 午火를 지나치게 약화시킬 것도 염려해야 하므로 조토(燥土)보다는 못한 것으로 대입한다.

(3) 재운해석(財運解釋)

재물의 인연은 앞에서도 언급했듯이 주의가 요망되므로 사업은 하지 않는 것이 최선이다. 그보다는 교육자와 같은 분야에서 강사(講師)가 된다면 오히려 四柱의 방향에서는 권하는 분야가 될 것이다.

겸해서 말년에 퇴직금(退職金)을 받으면 절대로 투자는 하지 말고 오로지 연금형태로 받아서 노후 생활을 하는 것이 현명하다. 노후자금은 먹고살라고 주는 것이지 사업해서 벌어보지 못한 돈을 왕창 벌라고 주는 자금이 절대로 아닌 까닭이다. 이렇게 조언해야 하는 것은 다분히 그렇게 해서 모든 재산을 탕진(蕩盡)하게 될 암시가 있기 때문이다.

[012] 戊申年 丙辰月 庚申日 丁亥時

用神과 干支別 運勢의 吉凶											
丁庚丙戊 亥申辰申				用: 水(亥) 喜: 木				食神格 日旺用食格			
干	甲 中	乙 中	丙 中	丁 中	戊 下	己 下	庚 中	辛 中	壬 上	癸 上	
支	子 上	丑 下	寅 上	卯 上	辰 下	巳 中	午 中	未 下	申 中	酉 中	戌 下	亥 上

(1) 주운해석(柱運解釋)

地支의 네 글자에 전부 水가 들어 있으므로 전체적으로 길신(吉神)이 암장되어 있는 모습이다. 그래서 어디를 가더라도 항상 누군가의 도움을 받아서 삶을 꾸려 갈 수가 있으니 다행이다. 다만 아쉬운 것은 그것이 언제나 감질(疳疾)난다는 점이다. 이로 인해서 조바심을 낼 수도 있겠지만 그것은 분수(分數)에 과하다고 보고 스스로 마음을 다스리는 것이 최선(最善)이라고 생각하면 좋을 것이다.

그러다가 말년(末年)이 되면 비로소 자신의 능력을 평가받게 될 것이니 이러한 경우에도 대기만성(大器晩成)의 뜻을 생각하면서 서두르지 말고 여유로움으로 삶을 경영하는 것이 가장 좋을 것이다.

(2) 세운해석(歲運解釋)

天干에서는 戊己土運만 아니라면 대체로 무난한 흐름이다. 물론 좋다는 의미는 아니다. 다만 그럭저럭 진행이 되는 정도이므로 이것을 凶하다고 하지는 않는 정도이다. 비록 욕심을 채워 줄 수는 없더라도 그만하기 다행이라고 할 것이다.

地支의 辰戌丑未土運은 모두 凶한 것으로 봐야 할 것이다. 亥水를 어떤 식으로든 부담스럽게 할 것이기 때문이다. 더구나 원국에 寅卯木도 없으니 방비책이라고는 日支의 申金을 의지하는 것뿐이다. 그리고 金運을 中運으로 대입하는 이유는 地支에 寅卯木이 없기 때문이다.

(3) 재운해석(財運解釋)

전생에 저축(貯蓄)을 한 것이 없어서 이번 생에서도 여유로운 삶을 보내기는 쉽지 않을 것이다. 日干 좌우에 丙丁火가 있어서 다행히 적은 재물이나마 알뜰하게 관리할 수 있고, 조심성도 많을 것으로 생각된다.

나이가 들어가면서는 점차로 재물을 모을 수 있는 능력이 커지게 될 것이다. 그래서 노년에는 구차하지 않은 여유로움을 누릴 수가 있을 것이므로 항상 무리한 과욕을 삼가면서 자신의 마음을 다스린다면 일생을 후회 없는 삶으로 정리할 수 있을 것이다.

[013] 甲子年 辛未月 己巳日 癸酉時

用神과 干支別 運勢의 吉凶		
癸己辛甲 酉巳未子	用: 火(巳) 喜: 木	正印格 日弱用印格

干	甲 下	乙 下	丙 中	丁 中	戊 中	己 中	庚 下	辛 下	壬 下	癸 下	
支	子 下	丑 中	寅 上	卯 上	辰 中	巳 上	午 上	未 上	申 下	酉 下	戌 上	亥 下

(1) 주운해석(柱運解釋)

月支와 日支의 火土가 큰 도움을 주고 있으니 청년기나 중년기의 상황은 매우 좋을 것으로 판단하게 된다. 다만 年柱의 甲子는 전체적으로 부담을 주고 있고, 時柱의 癸酉도 또한 마찬가지라고 봐서 초년(初年)과 말년(末年)은 부담이 되는 것으로 봐야 하겠다.

초년의 運이야 어려서 지나갈 것이므로 크게 마음을 쓰지 않아도 되겠지만 말년의 부담은 적지 않을 것으로 본다. 특히 食神과 偏財로 구성이 되어 있어서 중년(中年)에 자리를 잡았을 때 무리하여 경영을 실패하면 쓸쓸한 노년(老年)을 맞이할 가능성을 염두에 두고 무리하지 않는 노년의 설계를 늦기 전에 마무리해야 할 것이다.

(2) 세운해석(歲運解釋)

 天干의 丙丁火運을 크게 기대할 수 없는 것은 丁火運은 癸水를 만나고 丙火運은 辛金을 만나기 때문이다. 이러한 것은 戊己土運도 마찬가지다. 戊土運은 癸水를 만나고 己土運은 甲木을 만나 아쉬운 장면이다. 天干에서는 사용할 運이 마땅치 않은 것이 못내 섭섭하다.

 地支의 寅卯木運을 기대할 수 있는 것은 巳火가 있기 때문이다. 天干에는 火가 없어서 甲乙木運을 전혀 활용할 수가 없는 것과 비교가 되는 장면이다. 地支에서는 金水運만 주의한다면 대체로 원만한 운세의 흐름이 된다.

(3) 재운해석(財運解釋)

 가장 볼만한 것은 日支의 巳火이다. 印星을 用神으로 삼는 四柱에서는 사업보다는 교육자의 길로 가는 것을 권하게 된다. 未土와 巳火는 도움을 주고 있으므로 중년까지의 흐름에서는 크게 부유하지는 않더라도 어느 정도 안정된 나날을 보낼 수가 있을 것이다. 물론 직장 생활을 통해서 얻어지는 소득이라고 보면 타당할 것이다. 그럼에도 불구하고 月干의 食神과 時干의 偏財가 좌우에서 바람을 일으키고 있기 때문에 사업의 욕구는 존재할 것이다. 그렇지만 이러한 유혹에 흔들리지 말고 자신의 처음 생각을 노년까지도 그대로 유지하는 것이 중요하다. 자칫하면 말년에 사업을 한다고 무리하다가 전 재산을 탕진하고 외로운 노인이 될 가능성도 생각해야 하기 때문이다.

[014] 乙酉年 戊子月 甲寅日 丙寅時

用神과 干支別 運勢의 吉凶										
丙甲戊乙 寅寅子酉		用: 火(丙) 喜: 土					食神格 日旺用食格			
干	甲 下	乙 下	丙 上	丁 上	戊 上	己 上	庚 中	辛 下	壬 下	癸 下
支	子 下	丑 中	寅 下	卯 下	辰 中	巳 上	午 上	未 中	申 下	酉 下 戌 中 亥 下

(1) 주운해석(柱運解釋)

年柱와 月柱의 절반에 대한 柱運은 기대를 할 것이 별로 없다. 戊土가 있기는 하나 힘이 없기 때문이다. 그래서 月柱까지는 미래를 위한 준비를 하는 시기로 삼는 것이 가장 현명할 것으로 판단하게 된다.

日支도 기대를 할 정도는 아니지만 그럼에도 寅中丙火는 좋게 작용을 하는 길신(吉神)이다. 그래서 중년(中年)에 서서히 자리를 잡아가게 되는데 이러한 노력의 결실은 時柱에서 비로소 드러나게 될 것이다. 자칫하면 긴 터널을 맞이할 뻔했는데 화창한 노후를 보낼 수가 있으니 한 시간 이전에 태어나지 않은 것이 천만다행이다. 말년(末年)의 나날들은 여유가 만만한 상황이 될 것이므로 조바심을 내지 말고 인내심으로 준비하는 것을 권한다.

(2) 세운해석(歲運解釋)

天干의 火土運은 대체로 활약을 할 수 있을 것으로 대입한다. 그리고 庚金運은 무난하지만 辛金運은 用神을 묶어서 부담이다. 甲乙木運을 좋은 것으로만 보지 못하는 이유는 이미 丙火가 충분한 생조(生助)를 받고 있어서 더 이상의 木을 필요로 하지 않는 데다가 喜神인 戊土가 공격을 받기 때문이다.

地支의 火運은 매우 吉하다. 다만 午火運은 子水의 공격을 받아서 감점이 되고, 土運은 원국의 강력한 寅木의 영향으로 무난한 정도로 대입한다.

(3) 재운해석(財運解釋)

유일한 財星은 戊土이다. 그나마도 年干에 劫財가 있어서 무력한데 子水에 앉아 있으니 기세조차도 허약하다. 그러므로 재물의 인연은 비록 喜神이라고 하더라도 실제로 기대를 할 정도는 못되므로 재물을 많이 취하려는 마음은 접어두는 것이 현명할 것이다.

힘도 없는 財運이 괜히 마음만 설레게 하면서 감질(疳疾)나게 하고는 이내 사라져버릴 것이기 때문이니 당장의 이익을 추구하기보다는 멀리 바라보고 자신의 능력을 키워서 기술을 갖고 세상을 살아가면서 수익을 구하는 것이 가장 지혜로운 방법일 것이다.

[015] 丙寅年 庚寅月 丙午日 庚寅時

用神과 干支別 運勢의 吉凶											
庚丙庚丙 寅午寅寅				用: 金(庚) 喜: 土, 水				偏財格 印重用財格			
干	甲 下	乙 下	丙 下	丁 下	戊 上	己 上	庚 上	辛 上	壬 上	癸 上	
支	子 下	丑 中	寅 下	卯 下	辰 中	巳 下	午 下	未 中	申 上	酉 上	戌 中	亥 下

(1) 주운해석(柱運解釋)

地支가 火木으로만 되어 있으니 運을 기대하기는 마땅치 않다. 초년(初年)에는 天干에 丙火가 같이 들어오니 더욱 답답하기만 하다. 그나마도 月干에 있는 庚金의 청년기는 年干의 丙火에게 공격을 받아서 힘을 쓸 수가 없으니 時干의 庚金이라도 있음에 대해서 다행이라고 해야 할 장면이다.

그렇지만 무력한 天干의 用神으로 인해서 성취도를 논한다면 많이 떨어진다고 해야 할 상황이다. 이렇게 한 점의 食傷이 四柱의 어디에도 없어서 財星을 用神으로 삼은 구조에서는 남보다 뒤처지거나 재물을 얻기 어려운 상황에서 마음의 고생만 끊임없이 이어질 암시가 되므로 四柱의 흐름을 생각하지 말고 근신(勤愼)하고 자중(自重)하면서 자신을 경영하는 지혜를 터득해야 할 것이다.

(2) 세운해석(歲運解釋)

 원국의 안타까움을 세운(歲運)이 도와주니 위안이 된다. 天干은 木火運을 제외하고는 모두 기대되는 運이다. 壬癸水運의 경우에도 丙火를 잡아 주는 역할을 하기 때문에 金生水의 부담은 논하지 않는 것이 타당하다.

 地支에서 亥子水運은 도움이 되지 못할 뿐만 아니라 오히려 水生木만 하는 까닭에 부담이 되는 것이니 이러한 차이점은 원국과의 대입에서 발생하게 되는 것이다. 地支의 寅木으로 인해서 土運의 기대감이 감소되는 것이 아쉽지만, 그럼에도 土金運은 기대가 되어서 충분히 運의 흐름으로 살아갈 수 있는 구조이다.

(3) 재운해석(財運解釋)

 재물의 인연은 신기루(蜃氣樓)와 같다고 본다. 그래서 눈앞에 재물이 아른거려도 실상 기대를 하기는 어려운 것으로 보고 현실적인 상황들을 냉철(冷徹)하게 관찰(觀察)하고 판단하는 것이 가장 현명하다. 특히 뿌리가 없는 偏財이기 때문에 바람에 날리는 풍재(風財)라고 해야 할 것이다. 이러한 재물의 인연은 오직 運에 의해서 결정이 되므로 食傷運이 왔을 적에 상당한 결실을 이루게 되면 그것을 지키는데 최선을 다하고, 比劫運을 만나게 되면 주머니를 꽁꽁 동여매어서 돈이 나가지 못하도록 해야 한다는 것을 잊지 않아야 한다. 그렇게만 한다면 일생을 먹고 살아갈 의식주(衣食住)는 큰 불편함이 없을 정도로 가능할 것이다.

[016] 乙亥年 己丑月 甲子日 丁卯時

用神과 干支別 運勢의 吉凶		
丁甲己乙 卯子丑亥	用: 火(丁) 喜: 土	傷官格 寒木向陽格

干	甲 中	乙 中	丙 上	丁 上	戊 上	己 上	庚 中	辛 中	壬 下	癸 下	
支	子 下	丑 上	寅 下	卯 下	辰 上	巳 上	午 上	未 上	申 下	酉 下	戌 上	亥 下

(1) 주운해석(柱運解釋)

초년(初年)의 運은 비록 힘들고 고단한 나날이 될 것이지만 다행히 청년(靑年)은 喜神의 運이라서 결실이 기대된다. 그렇지만 이것을 중년(中年)까지 유지한다는 것은 子水가 흐름을 끊어 놓고 있기 때문에 어려울 것이다. 그러다가 말년(末年)이 되어서야 비로소 자신의 본분사(本分事)를 얻을 수가 있으니 그나마도 큰 행운(幸運)이다.

나이가 들어 다른 사람들에게 살아온 여정에서의 깨달음을 나누면서 자신의 존재감을 드러내게 되니 이것도 또한 다행스러운 일이다. 그래서 인생은 말년(末年)이 중요하다고 하는 것이고 이 四柱에서도 그러한 기회를 얻을 수가 있으니 비록 젊어서는 힘들게 살아가더라도 말년에는 큰 빛을 바라볼 수 있을 것이다.

(2) 세운해석(歲運解釋)

天干의 甲乙木運이 凶하지 않은 것은 비록 己土가 剋을 받기는 하겠지만 크게 비중이 없기 때문이다. 만약 왕성한 수세(水勢)를 견제하고 있는 土였더라면 下運으로 대입이 되었을 것이다. 그러므로 天干으로는 壬癸水運만 주의한다면 모두 吉한 運이다.

그러나 地支의 水木運은 쓸 곳이 없다. 申酉金運도 마찬가지로 막아 줄 巳午火가 없으니 부담스럽게 작용을 할 뿐이다. 그 나머지는 모두 활약을 할 수 있다고 봐서 대체로 運의 흐름은 좋은 형태로 대입이 가능하다.

(3) 재운해석(財運解釋)

《滴天髓(적천수)》식으로 말한다면 '재기통문호(財氣通門戶)'이지만 이 경우에는 해당이 별로 없다고 해야 할 것이다. 土가 乙木에게 손상되고 亥子水에게 치여서 활기가 없어 보이는 財星인 까닭이다. 그래서 무난한 정도로 봐서 사회적으로 재물의 인연은 나쁘지 않은 정도로 보고 運이 도와준다면 재물을 획득할 수 있을 것이다.

기본적인 형세는 있으나 부유(富裕)하기는 쉽지 않을 것으로 대입한다. 만약 丁火가 日支에 있었더라면 이때에는 食傷이 生財하기 때문에 꾸준하게 재물이 흘러 들어와서 넉넉한 삶을 누릴 수가 있는 것이니 食傷과 財星의 거리도 중요하다.

[017] 丙申年 己亥月 戊申日 辛酉時

用神과 干支別 運勢의 吉凶									
辛戊己丙 酉申亥申				用: 火(丙) 喜: 木				偏印格 日弱用印格		
干	甲 上	乙 上	丙 上	丁 上	戊 中	己 中	庚 中	辛 下	壬 下	癸 下
支	子 下	丑 中	寅 中	卯 中	辰 中	巳 上	午 中	未 中	申 下	酉 下	戌 中	亥 下

(1) 주운해석(柱運解釋)

초년(初年)에 用神이 있으니 어려서 행복한 시간을 보낸다고 해석을 할 수는 있겠지만 소년출세는 악재(惡材)라고 하듯이 실제로는 허무하게 지나가고 말 것이 안타깝다. 청년(靑年)의 己土는 약간의 도움은 되겠지만 또한 무력한 까닭에 의지할 곳이 되지는 못한다는 것이 아쉽다. 중년(中年)과 말년(末年)의 食傷은 식소사번(食少事煩)의 조짐이다. 用神이 年干에 있는 것과 時干에 있는 것은 그야말로 천양지차(天壤之差)이다. 이러한 구조를 알게 되었으므로 모쪼록 주인공은 알뜰하게 직장에서 적은 수익에 만족하고 조심조심하여 삶을 가꿔가야 한다는 것이 이번 생의 과제(課題)이다.

(2) 세운해석(歲運解釋)

 다행히 세운(歲運)에서는 丙火를 부담스럽게 하는 辛壬癸의 運을 제외하고는 대체로 吉한 작용을 하고 있어서 運의 도움으로 어려운 삶을 이끌어 갈 수 있을 것이니, 그야말로 '하늘이 무너져도 솟아날 구멍은 있는 법'이다.

 地支에서도 金水運만 제외하면 대체로 꾸려갈 수가 있는 흐름이니 천만다행(千萬多幸)이다. 비록 원국의 用神이 멀리 있더라도 運에서 들어오는 글자들이 협력을 하여 도와준다면 어차피 四柱 안에 있는 글자들이므로 너무 멀다고 낙심만 하지 말고 기회를 잡아서 최선의 노력을 다할 필요가 있다.

(3) 재운해석(財運解釋)

 運의 도움을 받아서 재물도 획득하게 될 것이므로 흐름에 따라서 적지 않은 수입을 기대할 수 있는 것은 다행이다. 다만 타고난 재물의 인연은 매우 부담스러워서 돈이 들어오기도 전에 나갈 길을 열어 놓고 있을 가능성이 못내 아쉽다. 그러므로 이러한 재물의 運을 살펴서 모쪼록 무리하지 말고 수분지족(守分知足)하면서 자신의 재능을 살려서 밥을 만드는 기술로 삶을 꾸려가는 지혜가 필요하다. 이렇게 노력을 하노라면 먹고 살 정도의 재물은 들어와 주기 마련이므로 일을 크게 벌여 놓은 다음에 팔자한탄(八字恨歎)은 하지 말아야 할 것이다.

[018] 丙子年 庚寅月 丙申日 丙申時

用神과 干支別 運勢의 吉凶			
丙丙庚丙 申申寅子		用: 木(寅) 喜: 火	偏印格 財衆用印格
干	甲 乙 丙 丁 戊 己 庚 辛 壬 癸 上 上 上 上 下 下 中 下 下 下		
支	子 丑 寅 卯 辰 巳 午 未 申 酉 戌 亥 中 下 中 上 下 上 中 下 下 下 下 中		

(1) 주운해석(柱運解釋)

年柱의 天干은 기대가 되지만 地支가 부담을 주고 있으니 어려서의 흐름은 힘든 것으로 해석한다. 月柱에서는 地支에 寅木이 있어서 기대가 되나 또한 天干에 庚金이 있고, 日支의 申金이 沖을 하고 있으니 크게 활약하기에는 아쉬움이 남는다. 중년(中年)의 시기에는 日支의 偏財가 부담을 주게 되고, 말년(末年)에도 마찬가지로 偏財가 방해를 하고 있으니 대체로 柱運의 흐름은 아름답지 못한 것으로 해석을 하게 된다.

이로 인해서 삶의 여정은 기복(起伏)이 심하게 나타날 것이고 이로 인해서 절망(絶望)하기 쉬울 것이므로 마음을 비우고 흐름에 따른다는 생각으로 여유롭게 관조(觀照)한다면 또한 살아 볼 만한 것이 인생이다. 매 柱運마다 하나씩 삶의 숨구멍을 마련해 놓고 있기 때문이다.

(2) 세운해석(歲運解釋)

 天干의 辛金運이 凶한 이유는 丙火와 合이 되기 때문이다. 地支의 亥子水運이 나쁘지 않은 것은 寅木을 生해 주는 것이고 또 寅申冲이 부담인데 水가 중간에서 도움을 주는 것이 크기 때문에 天干으로 들어오는 壬癸水運과는 차이가 크다. 用神인 寅木이 편안해지면 삶의 여정도 여유로움이 생길 것이다.

 天干에서 用喜神에 해당하는 木火의 도움을 받을 수가 있으니 세운(歲運)의 도움이 크다고 하겠다. 地支에서도 50%는 도움을 받을 수 있으니 그만하면 다행이다. 이러한 것을 감안해 본다면 四柱가 좋은 것이 최선(最善)이기는 하지만 그것이 여의치 못하더라도 실망을 할 필요가 없는 것은 運에서라도 이렇게 도움을 받을 수가 있기 때문이다.

(3) 재운해석(財運解釋)

 대출통장(貸出通帳)이 셋이나 있으니 삶의 여정에서 재물을 획득한다는 것은 쉽지 않을 조짐이다. 도움을 줄 귀인은 모두 무력하니 재물이 필요할 적에 제대로 공급이 되지 않음을 안타까워해도 소용이 없다. 그러므로 물욕(物慾)을 담담(淡淡)하게 생각하고 마음을 비운 다음에 수행(修行)에 힘써서 기도(祈禱)와 명상(瞑想)을 하게 된다면 웬만한 탐욕(貪慾)은 해결이 될 것이므로 재물에 대한 욕망도 사그라질 수가 있는 것이다. 그럼에도 가끔은 꿈틀대는 물욕으로 인해서 한숨을 쉬기도 하는 것은 어쩔 수 없는 四柱의 안타까움이다.

[019] 甲申年 戊辰月 戊寅日 壬子時

用神과 干支別 運勢의 吉凶			
壬 戊 戊 甲 子 寅 辰 申	用: 火(寅中丙火) 喜: 土		偏印格 殺印相生格
干	甲 乙 丙 丁 戊 己 庚 辛 壬 癸 下 下 上 中 上 上 下 下 下 下		
支	子 丑 寅 卯 辰 巳 午 未 申 酉 戌 亥 下 中 下 下 中 上 中 上 下 下 上 下		

(1) 주운해석(柱運解釋)

초년(初年)의 運은 고통이 많을 조짐이다. 喜用神이 전혀 돕지 못하고 있는 형상인 까닭이다. 청년(靑年)의 運은 뭔가 의지할 곳이 생길 수 있으므로 확연히 좋아지는 흐름으로서 삶에 활기가 느껴진다. 그리고 중년(中年)으로 들어와서는 日支의 寅中丙火에게 도움을 받을 수 있다. 겉으로는 부담이지만 그중에서도 희망이 있음을 기뻐한다. 日支에 암장된 用神은 평생의 복이 된다고 했으니 비록 30%에 불과하지만 그 공덕은 일생을 통해서 가장 큰 영향력을 발휘하게 될 것이다.

다만 말년(末年)의 상황이 다시 부담을 암시하므로 이러한 흐름을 고려해 본다면 전반적으로 印星이 출현하지 않은 것에 대해서 아쉬움이 많은 것으로 해석하게 된다.

(2) 세운해석(歲運解釋)

天干의 甲乙木運을 사용할 수 없는 것은 원국에 丙丁火가 없기 때문이다. 火土運을 제외하고는 기대를 할 運이 없으니 運의 대입이 좁아지게 된다. 더구나 丁火運은 壬水와 합이 되는 관계로 中運 정도로 대입한다.

地支에서도 마찬가지로 火土運을 제외하고는 크게 기대를 할 運이 없다. 土運의 경우에도 조토(燥土)가 습토(濕土)보다는 도움이 되겠지만 극설(剋洩)이 발생하여 생각보다 오롯이 도움을 주기는 어려운 형태가 되어 많이 아쉽다.

(3) 재운해석(財運解釋)

時柱의 흐름을 봐서 재물을 탐할 수는 없는 구조라고 하겠는데 노년에 물욕(物慾)이 왕성해져서 노후를 힘들게 보낼 가능성을 걱정하게 된다. 그러므로 젊어서 들어오는 약간의 재물이 부족하다고 생각되더라도 자신의 분수를 생각하여 알뜰하게 저축하고 가능하면 배우자에게 관리를 맡겨서 한 푼도 낭비하지 않도록 하는 것이 현명하다고 할 것이다.

하지만 이러한 암시가 나온다는 것은 결국 그러한 말을 듣지 않고 무리수를 두어서 마침내 힘들게 될 가능성이 있다는 것을 의미하므로 모든 것은 자신의 운명이라고 하겠지만, 그래도 운명학의 존재 의미가 추길피흉(趨吉避凶)이라고 한다면 노력을 해 보라고 권유는 할 필요가 있겠다.

[020] 辛巳年 辛丑月 乙未日 己卯時

用神과 干支別 運勢의 吉凶											
己 乙 辛 辛 卯 未 丑 巳				用: 木(卯) 喜: 水				比肩格 日弱用比格			
干	甲 中	乙 中	丙 下	丁 下	戊 下	己 下	庚 下	辛 下	壬 上	癸 上	
支	子 上	丑 下	寅 上	卯 上	辰 下	巳 下	午 下	未 下	申 下	酉 下	戌 下	亥 上

(1) 주운해석(柱運解釋)

丑中癸水가 있기는 하지만 未土의 부담도 작용을 할 것이므로 水는 제대로 작용을 하기 어려우니 柱運에서 기대를 할 시기가 언제인지를 논하기 어렵다. 초년(初年)의 辛巳는 상당히 부담스러운 시기이다. 그래도 청년(靑年)에는 초년보다는 조금은 나아진다고 하겠으나 기대를 할 수 있는 환경은 아니다.

다행히 時支의 卯木은 도움을 줄 것으로 봐서 말년(末年)이 되면 그래도 조금은 나아질 수 있다는 점이 그나마 위로가 되는 부분이다. 이렇게 柱運의 도움이 없는 상황이라고 본다면 運에서 印星이 들어오는 것을 기대하는 것이 최선이라는 정도로 해석을 한다.

(2) 세운해석(歲運解釋)

 天干으로 들어오는 癸水運은 己土에게 剋을 받으니 감소되는 부분은 있지만, 부담스러운 辛金을 설기(洩氣)해주므로 반갑다. 乙木運은 辛金에게 공격을 받아서 아쉬우며, 甲木運은 甲己合이 될 것이니 실제로 도움을 기대할만한 運은 壬水運 정도가 된다.

 地支에서도 대동소이(大同小異)하여 亥子水運이 들어와도 丑未土에 의해서 역할이 감소하고, 寅卯木運은 그래도 도움이 될 것으로 봐서 그나마 다행이라고 하게 된다. 세운(歲運)의 干支 중에서도 제대로 도움받을 수 있는 運이 얼마 없으니 참으로 안타까운 모습이다.

(3) 재운해석(財運解釋)

 財星과 官殺이 왕(旺)한 형태에서는 재물로 인해서 고통이 많이 따르게 된다는 해석을 하게 된다. 특히 젊어서 月柱에 辛丑이 있음을 본다면 자칫 무리한 계획으로 사채(私債)라도 많이 빌려 쓰고 뒷감당이 되지 않아서 큰 고통을 당할 암시도 된다.

 이러한 것을 면하기 위해서는 항상 물욕(物慾)을 다스리고 현실을 객관적으로 판단하여 분수를 지키는 것이 좋다는 말을 하게 되지만 이렇게 財運을 설명하면서 돈에 대한 욕심을 버리라고 조언하는 것은 필시 그러한 유혹에서 자유롭기 어렵다는 암시이므로 항상 자신을 돌아보면서 점검하는 것이 최선이다.

[021] 甲戌年 乙亥月 丁卯日 丁未時

用神과 干支別 運勢의 吉凶		
丁丁乙甲 未卯亥戌	用: 土(未, 戌) 喜: 金	食神格 印重用食傷格

干	甲 下	乙 下	丙 下	丁 下	戊 上	己 上	庚 上	辛 上	壬 下	癸 下
支	子 下	丑 上	寅 下	卯 下	辰 上	巳 中	午 中	未 上	申 上	酉 上	戌 上	亥 下

(1) 주운해석(柱運解釋)

초년(初年)의 戌土는 반가운 傷官이지만 계속 이어지지 않으니 잠시 빛을 발하는 혜성으로 보인다. 청년(靑年)의 乙亥는 亥水의 正官이 喜用神으로 작용을 하지 못하는 까닭에 마음대로 되지 않아서 마음고생까지 할 것으로 보인다. 이는 중년(中年)까지도 印星의 영향을 벗어나지 못하고 얽혀있는 것을 보면 아무래도 말년(末年)이 되어서야 비로소 쨍~! 하고 햇살이 들어오게 되니 時支의 未土를 그나마 위로로 삼아야 할 구조라고 하겠다.

時干의 丁火가 공식적인 喜用神은 아니라도 未土의 힘이 약한 것을 본다면 卯木으로부터 받은 상처를 보듬어 주는 역할은 가능하다고 봐도 될 것이다.

(2) 세운해석(歲運解釋)

天干으로 들어오는 戊己土運과 庚辛金運은 도움이 될 것으로 해석한다. 비록 天干에 土가 없어서 木運이 들어와도 공격을 받지는 않을 수 있겠다는 생각도 가능하지만 그래봐야 화세(火勢)만 강화시키는 것에 불과하므로 부담으로 보는 것이다.

地支에서는 巳午火運이 凶하지 않다. 그것은 未土의 옆에서 卯木이 공격을 하고 있는데 巳午火運이 들어오면 중간에서 유통해 주기 때문이다. 그래서 地支의 火運은 도움이 되는 것으로 대입한다. 그리고 申酉金運도 마찬가지로 卯木을 제어해 주면서 未土를 보호해주므로 吉하다.

(3) 재운해석(財運解釋)

財星이 年支 戌土에 암장되었으니 적금통장이기는 하다. 다만 運에서 들어올 적에 비로소 찾아 먹을 수가 있다고 보면 될 것이다. 이러한 경우에는 타고난 재물의 인연은 없지만 運에서 財星을 만난다면 노력으로 재물을 얻을 수가 있으므로 다행이라고 볼 수 있는 구조이다. 다만 말년에 財運이 들어와줘야 비로소 未土의 생조(生助)를 받아서 본격적으로 재물을 모을 수가 있는 것으로 대입하게 된다. 그래서 욕심으로 본다면 時柱가 辛未였더라면 더 좋았겠다는 아쉬움을 갖는다.

[022] 甲子年 戊辰月 壬戌日 甲辰時

用神과 干支別 運勢의 吉凶		
甲壬戊甲 辰戌辰子	用: 金(戌中辛金) 喜: 水	正印格 日弱用印格

干	甲	乙	丙	丁	戊	己	庚	辛	壬	癸
	下	下	下	下	下	下	上	上	上	中
支	子	丑	寅	卯	辰	巳	午	未	申	酉	戌	亥
	中	下	下	下	下	下	下	下	上	上	下	中

(1) 주운해석(柱運解釋)

초년(初年)의 年支에 있는 子水는 원국에서 유일한 의지처가 되므로 어려서는 어머니로 인해서 마음에 많은 안정이 되었을 것으로 해석하게 된다. 그러나 청년(靑年)의 戊辰은 偏官이니 무척이나 힘든 청년기를 보내게 될 것이라는 해석이다. 비록 辰中癸水가 있다고는 하더라도 또한 日干에게 도움이 될 구조는 아니어서 아쉽다.

중년(中年)의 日支도 아쉽기는 마찬가지이다. 비록 戌中辛金이 있지만 戌中丁火의 공격을 받고 있으니 아무래도 큰 도움을 받기는 어렵다. 時柱의 甲辰 또한 의지를 할 곳이 되기는 어렵다고 봐야 하겠으니 柱運의 흐름만으로 살펴본다면 다소 풍파(風波)를 겪으면서 살아가는 삶의 흐름이다.

(2) 세운해석(歲運解釋)

 원국의 상황이 원활하지 못하다 보니까 세운의 흐름에서도 또한 도움을 받을 干支가 상대적으로 부족하다. 天干의 金水運을 제외하고는 모두가 부담을 줄 수밖에 없겠고, 地支에서도 마찬가지로 金水運이 아니고서는 도움을 기대하기 어렵다. 地支의 寅卯木運은 혹 土를 剋하여 도움을 줄 수는 없겠느냐는 생각도 가능하지만 이미 허약한 壬水에게는 그것도 또한 극설(剋洩)의 요인에 불과할 뿐이라고 하겠으니 이것을 忌神을 剋하기 때문에 좋다는 대입은 너무 한가로운 대입이라고 해야 할 것이다.

(3) 재운해석(財運解釋)

 財星은 日支의 戌中丁火가 있으므로 무재(無財)라고는 하기 어렵다. 하지만 戌中丁火가 하는 일이 用神인 戌中辛金을 剋하고 있는 까닭에 재물에 대해서 각별히 주의하라는 이야기를 하게 된다. 때로는 이렇게 암장되어 있을 뿐인데도 주의해야 하는 것이 초학자에게는 다소 어려울 수도 있을 것이다. 《滴天髓(적천수)》에서는 이러한 경우를 두고 호랑이를 기르는 재앙(災殃)을 당한다고 하였으니 언젠가 힘들게 될 가능성을 갖고 있다는 해석이 가능하다. 그러므로 조심해서 관리하라는 조언을 하게 되는 구조이기도 하다. 運에서 들어오는 財星조차도 凶하다.

[023] 丁巳年 癸卯月 辛未日 癸巳時

用神과 干支別 運勢의 吉凶											
癸 辛 癸 丁 巳 未 卯 巳			用: 土(未) 喜: 火, 金				偏印格 日弱用印格						
干	甲 下	乙 下	丙 下	丁 下	戊 上	己 上	庚 上	辛 上	壬 下	癸 下	
支	子 下	丑 上	寅 下	卯 下	辰 上	巳 中	午 中	未 上	申 上	酉 上	戌 上	亥 下

(1) 주운해석(柱運解釋)

年柱에 官殺이 자리를 잡고 있으니 초년(初年)에는 가정 환경의 어려움으로 인해서 학업을 진행하지 못하고 삶의 현장에서 잔뼈가 굵어졌을 암시가 된다. 月支에 財星이 자리하고 있으니 금전적으로 힘든 청년기를 보냈을 것으로 짐작한다. 특히 月干의 食神은 뭔가 일을 벌여서 곤경에 처할 암시도 되므로 무리하지 말라는 조언을 하게 된다.

다행히 중년(中年)에는 用神인 偏印이 부부궁에 있어서 결혼 이후에 좋아지는 것으로 해석을 하게 된다. 時柱에서 다시 巳火가 보이지만 그것은 日支의 未土가 유통해 주므로 크게 凶하지는 않다. 말년(末年)의 상황도 배우자의 의견을 존중하고 무리하지 않는다면 노년(老年)의 삶은 점차로 풍경이 좋아지는 경치를 감상할 수가 있을 것이다.

(2) 세운해석(歲運解釋)

天干으로 들어오는 木火運은 도움이 되기는 어려운 형상이나 土金運은 매우 반가운 역할을 하게 될 것이므로 기대가 된다. 地支에서도 土運은 모두 吉하여 上運으로 작용을 하게 될 것이다. 특히 天干의 丙丁火運은 戊己土가 없어서 전혀 도움이 되지 않았지만, 地支의 巳午火運은 日支에 未土가 있기 때문에 나쁘지 않다. 다만 日支에 未土가 아니고 丑土였더라면 이번에는 中運이 아니라 上運으로 해석을 해야 할 것이다. 이러한 점에서 巳午火運은 未土를 건조하게 한다는 약점을 안고 있는 셈이다. 地支의 金運도 卯木을 견제해 주는 것을 보면 매우 반가운 글자가 되고 이러한 글자들을 청년기에 만난다면 그 吉함은 더욱 커질 것이다.

(3) 재운해석(財運解釋)

財星이 忌神이면 전생에 지은 빚이 적지 않다고 해석하게 된다. 특히 청년기에는 財星이 있으니 사업에 대한 유혹을 잘 참아야 할 것이다. 자칫하면 금전적으로 큰 손실을 입을 수도 있을 것이기 때문이다. 다행히도 日支 배우자궁에서 어려움을 많이 해소시켜 주지만 그것이 재물의 풍요와는 다르다는 것을 염두에 두고 스스로 사업을 하여 돈을 따라가기보다는 직장에서 안정된 형식의 수익을 기대하는 것이 가장 현명하다고 해석한다. 전문기술직과 같은 형태의 일이라면 더욱 안정될 것으로 보는 것은 좌우에 食神이 있어서 기술력으로 살아도 될 형태인 까닭이다.

[024] 壬寅年 戊申月 戊戌日 辛酉時

用神과 干支別 運勢의 吉凶											
辛 戊 戊 壬 酉 戌 申 寅				用: 土(戊, 戌) 喜: 火				比肩格 日弱用比格			
干	甲 下	乙 下	丙 中	丁 中	戊 上	己 上	庚 下	辛 下	壬 下	癸 下	
支	子 下	丑 上	寅 下	卯 下	辰 上	巳 上	午 上	未 上	申 下	酉 下	戌 亥 上 下

(1) 주운해석(柱運解釋)

초년(初年)은 壬寅의 忌仇神이 자리하고 있으니 어려서의 나날이 무척 고단하게 진행이 될 암시이다. 청년기의 戊申도 편안하다고 보기는 어려우니 기술을 연마하고 내공을 닦는다면 좋겠지만 새로운 일을 시도하여 무리하게 된다면 어려움을 겪을 수도 있다. 중년(中年)에는 戊土를 만나게 되니 결혼 이후부터 뭔가 마음대로 추진을 할 수 있는 여건이 되는 것으로 본다.

이 四柱의 황금기는 중년에 있으므로 모든 에너지를 여기에 다 모아서 최대의 효과를 거두도록 노력하면 좋을 것이다. 말년(末年)의 辛酉로 보아서 運은 소강상태(小康狀態)로 흐르게 될 것이므로 중년에 미리 노년(老年)을 준비해야 할 것이다.

(2) 세운해석(歲運解釋)

天干의 土運은 大吉하여 上運이지만 金水木運은 기대를 하기 어렵다. 그러므로 運의 흐름을 잘 살펴서 추진하거나 유지하는 계획을 잘 세우는 것이 중요하다. 또 丙火運은 丙辛合으로 작용이 둔화되고, 丁火運은 丁壬合으로 기능이 둔화될 수 있으므로 비록 火運이라고 하더라도 방심을 하지 말아야 할 것이다.

地支에서의 火運은 원국에 亥子水는 보이지 않고 寅木이 화력을 도와주기 때문에 매우 반가운 運이다. 다만 土運은 上運으로 표기를 하였지만 金木이 서로 극설(剋洩)하기 때문에 생각보다 큰 활약을 기대하기 어렵다. 그 외의 木金水運은 모두 부담이다.

(3) 재운해석(財運解釋)

財星이 年干에 있지만 이것은 忌神에 해당하므로 凶하다. 재물에 대해서는 水의 역할이 凶한 암시로 작용할 것이기 때문에 인연도 약하지만 재물이 쌓인다고 하더라도 그로 인해서 고통을 당할 암시가 되니 기대하지 말라는 말을 하게 된다.

財星이 凶하기 때문에 사업을 하여 재물을 따르기보다는 직장에서 전문적인 일을 맡아서 수행하는 방향으로 삶의 수단을 삼는다면 그로 인해서 지출은 줄어들고 안정적인 여정이 될 것이므로 재물을 멀리하라는 조언을 남기게 된다.

[025] 己卯年 壬申月 辛酉日 庚子時(夜子時)

用神과 干支別 運勢의 吉凶		
庚辛壬己 子酉申卯	用: 水(壬, 子) 喜: 木	食傷格 劫衆用食傷格

干	甲 上	乙 上	丙 下	丁 下	戊 下	己 下	庚 中	辛 中	壬 上	癸 上
支	子 上	丑 下	寅 中	卯 中	辰 下	巳 中	午 中	未 下	申 下	酉 下	戌 下	亥 上

(1) 주운해석(柱運解釋)

초년(初年)의 己卯는 학업에 장애를 일으키는 암시가 된다. 卯木이 비록 喜神이기는 하지만 공부할 시기에 들어온 財星이기 때문에 바람직하지 않다. 청년(靑年)의 壬申은 기대가 된다. 일생의 기반을 이 시기에 잡는다면 오래도록 유지하면서 크게 발전할 흐름이다.

중년(中年)의 辛酉는 발전적이라기보다는 유지에 힘써야 할 시기로 판단하게 된다. 時柱에 庚子가 있으니 子水의 힘찬 모습을 보게 되면 오히려 중년에 한 박자 쉬었다가 다시 활발하게 재도전을 하는 형태로 이해를 할 수 있는 구조이다. 이러한 것을 참작하면 四柱가 청(淸)하여 크게 기복(起伏)이 심하지 않은 것이 다행이라고 해야 할 장면이다. 다만 財星이 食傷의 옆에 있지 않음이 아쉽다.

(2) 세운해석(歲運解釋)

天干의 水木運은 모두 반갑다. 특히 月干에 壬水가 있기 때문에 甲乙木의 財運이 활동을 할 수 있다. 다만 時干의 庚金으로 인해서 乙木運은 묶여지므로 감점은 피할 수가 없다. 庚辛金運이 무난하다고 보는 것은 天干에 木이 없기 때문이다.

地支로는 水木運이 모두 도움을 줄 것으로 보면 되겠고 巳午火運도 또한 나쁘지 않을 것으로 보는 것은 地支에 申酉金이 자리를 잡고 있어서 어느 정도 눌러 주는 것이 이로울 것으로 보여서이다. 다만 木運이 크게 작용하기는 어려울 것으로 봐서 食傷의 運에 비해서는 吉작용이 다소 미흡하다고 할 것이다.

(3) 재운해석(財運解釋)

比劫이 왕성한 四柱에서의 재물을 논한다는 것은 기본적으로 안타까움을 안고 있는 숙명이다. 天干의 甲乙木運도 제 기능을 맘껏 발휘하기는 어려운 형상이고, 地支의 寅卯木運도 또한 불편하기는 마찬가지이다. 그래서 재물에 대해서는 아쉬움이 많으므로 재물에 대한 꿈을 꾸지 말고 자신의 능력으로 노력하는 것이 최선이라고 보게 된다. 사업을 하여 재물을 취하기보다는 기술과 재능으로 삶의 도구를 삼는 것이 최선이라고 생각하고 다행히 運에서 도움을 받게 된다면 그것을 노력의 결실이라고 생각하면 될 것이다. 재물보다 더 중요한 것은 기술이 되고 삶의 수단이 된다.

[026] 庚申年 戊寅月 壬午日 壬寅時

用神과 干支別 運勢의 吉凶											
壬壬戊庚					用: 金(庚, 申)				偏印格			
寅午寅申					喜: 水				日弱用印格			
干	甲	乙	丙	丁	戊	己	庚	辛	壬	癸	
	下	下	下	下	中	中	上	上	中	中	
支	子	丑	寅	卯	辰	巳	午	未	申	酉	戌	亥
	上	中	下	下	中	下	下	下	上	上	下	上

(1) 주운해석(柱運解釋)

年柱의 庚申은 더 이상 바랄 것이 없을 정도로 탄탄한 用神이니 어려서의 상황이 좋은 것은 분명하다. 다만 안타까운 것은 그것만으로 끝이 날 수도 있음이다. 삶이란 한때의 반짝이는 스타가 되는 것만으로 다 이룰 수는 없는 까닭이다. 月干의 戊土가 用神을 도와주기는 하지만 寅木에 앉아 있어서 현실적으로 도움이 되지 않으므로 청년(靑年)의 시기는 뜻한 대로 성과를 얻기는 어렵고, 日支의 午火는 갈수록 태산이니 이러한 흐름은 갈수록 힘이 들고 어려움이 발생할 암시로 해석을 하게 된다. 時干의 壬水가 돕는다고는 하지만 결국 寅木을 生하는 것으로 방향을 잡아버리면 日干이 원하는 바는 아닌 까닭에 모쪼록 어려서 얻은 능력을 최대한 유지하면서 안정된 삶이 되도록 노력해야 할 것이다.

(2) 세운해석(歲運解釋)

天干의 運에서는 庚辛金運만 제외하고는 運을 기대하기 어렵다. 壬癸水運의 경우에도 戊土로 인하여 무난한 정도로 보게 된다. 戊己土運은 喜神인 壬水를 부담스럽게도 하지만 用神인 庚金을 편안하게 해줄 것이므로 中運으로 대입한다.

地支에서도 金運은 반갑지만 午火로 인해서 중년에 들어온다면 기대에 미치지 못할 것이다. 水運의 경우에도 喜神이지만 또한 寅木과 午火로 인해서 申金에게 도움을 주는 정도가 기대에 못 미칠 것이다.

(3) 재운해석(財運解釋)

재물은 아쉬운 형태로 대출통장이라고 해야 할 장면이니 논하기 어렵다. 특히 日支의 午火는 아무래도 부담이다. 인생의 황금기라고 할 수 있는 중년에 忌神이 버티고 있어 부부 인연은 물론이고 사회적으로 얻을 성취에 대해서도 빨간 불이 켜져 있으니 이러한 장면에서는 모쪼록 근신자중(謹愼自重)하여 안전운행을 하면서 조심스럽게 경영해야 한다는 조언을 달고 살아야 할 것이다. 그럼에도 壬午의 合으로 인해서 마음에서 갈구하는 욕망이 상당할 것으로 봐서 거듭 주의해야 한다는 말만 반복하게 된다.

[027] 己亥年 壬申月 丁未日 辛亥時

用神과 干支別 運勢의 吉凶		
辛丁壬己 亥未申亥	用: 木(未中乙木) 喜: 火	偏印格 日弱用印格

干	甲	乙	丙	丁	戊	己	庚	辛	壬	癸	
	上	上	中	中	下	下	下	下	下	下	
支	子	丑	寅	卯	辰	巳	午	未	申	酉	戌	亥
	下	下	上	上	下	上	上	中	下	下	中	下

(1) 주운해석(柱運解釋)

年柱의 己亥도 부담이고 月柱의 壬申도 부담이니 어려서부터 청년기까지 모두 고단한 시간을 보내게 될 가능성을 염려하게 된다. 다만 그로 인해서 인생의 수업은 많이 할 수도 있겠지만 힘든 세월은 피할 수는 없을 것이다. 중년(中年)의 未土에 그나마 안정을 취하고 뿌리를 내릴 수가 있다는 것은 다행인데, 이어지는 時柱의 辛亥에서 다시 어려움이 발생할 것으로 보여서 아무래도 원국의 흐름으로만 논하기에는 아쉬움이 많다. 그래도 배우자의 인연에서 50%의 기대가 되는 것은 가장 아름다운 일이다. 이 글자가 다른 곳에 위치했다면 가정적으로도 불안정한 상황을 면하기 어려웠을 것이다. 그럼에도 불구하고 아쉬움이 남는 것은 어쩔 수가 없는 일이다.

(2) 세운해석(歲運解釋)

天干으로 甲乙木運이 반갑다고는 하지만 乙木運은 辛金의 공격을 받고 있으니 또한 감점을 피할 수가 없다. 그나마 의지할 甲木運도 己土를 만났으니 만약에 초년에 甲木運이 들어온다면 運으로 인한 吉한 작용이 많이 감소하게 되는 안타까움이 있다.

地支에서도 寅卯木運이 들어오면 반갑겠지만 寅木運은 申金을 만나서 견제를 당하게 되므로 아쉽다. 巳午火運은 들어와서 도움을 주는 정도인데 그것도 원국에 버티고 있는 亥水로 인해서 또한 제 기능을 발휘하기 어려울 것은 자명하다. 이렇게 運의 도움도 기대하기 어렵다고 보이므로 스스로 내공을 연마하여 삶의 수단을 강구해야 할 것이다.

(3) 재운해석(財運解釋)

財星이 忌仇神이면 대출통장이다. 月支와 時干의 財星은 모두 전생의 빚이라고 해야 할 모양이니 모쪼록 사업과 관련해서 재물을 모은다는 생각은 잊어버리고 하루 벌어서 하루를 살아간다는 마음으로 근면성실(勤勉誠實)하게 자신의 삶을 경영하는 것이 최선이라고 해야 할 것이다. 그럼에도 본능의 욕구는 결코 적지 않을 것이므로 항상 금전적인 욕망을 어떻게 제어하느냐는 문제로 고민을 많이 해야 하는 숙명(宿命)을 타고났다고 하겠다. 남의 말에 귀를 기울이지 말고 스스로 자신의 중심을 잡아야만 삶이 순탄할 것이다.

[028] 癸酉年 己未月 戊戌日 壬子時

用神과 干支別 運勢의 吉凶		
壬 戊 己 癸 子 戌 未 酉	用: 金(酉) 喜: 水	傷官格 劫衆用傷格

干	甲 中	乙 中	丙 下	丁 下	戊 下	己 下	庚 上	辛 上	壬 上	癸 上	
支	子 上	丑 下	寅 中	卯 中	辰 下	巳 下	午 下	未 下	申 上	酉 上	戌 下	亥 上

(1) 주운해석(柱運解釋)

年柱의 癸酉는 그야말로 행운(幸運)이다. 다만 月柱에서 가로막혀서 아쉽다. 염려스러운 것은 어려서 얻은 천재성이 청년기에 경쟁자들로 인해서 좌절을 겪게 될 수도 있지 않을까 싶은 것이다. 그리고 중년(中年)에는 마음대로 활용하지 못하는 것은 긴 어둠의 터널이라고 할 만하겠다. 다만 그나마 위로가 되는 것은 말년(末年)의 財運으로 인해서 그래도 안정을 취할 수가 있지 않겠느냐는 희망이다. 이러한 구조를 갖고 있으면 年柱와 時柱에서만 기대를 해야 하므로 月柱의 청년기와 日柱의 중년을 고스란히 고통으로 보내야 할 수도 있다는 점에서 오히려 어려서 얻은 자신감이 장애(障礙)가 될 수도 있으니 과거를 잊고 살아가는 것이 현명할 것이다.

(2) 세운해석(歲運解釋)

天干으로는 金水運이 모두 반갑다. 四柱의 柱運에서 아쉽게도 중간에 끊긴다고 생각했지만 세운(歲運)에서 도와준다면 항상 희망의 길은 열려 있다고 볼 수 있다. 甲乙木運도 己土를 잡아 주게 되므로 또한 나쁘지 않을 것으로 해석하게 된다.

地支에서는 申酉金運은 100% 작용을 할 것으로 봐서 上의 上運이다. 그것은 地支에 巳午火가 전혀 없기 때문이다. 다만 亥子水運은 戌未土로 인해서 제 기능을 발휘하는데 어려움이 있을 것으로 본다. 그럼에도 불구하고 도움이 될 것으로 보는 것은 酉金이 자리를 잡고 있기 때문이다.

(3) 재운해석(財運解釋)

전생에 저축을 많이 한 四柱라고 할 수 있는데 이는 여기저기에 적금통장이 자리를 잡고 있기 때문이다. 기본적으로 時柱에 壬子가 있어서 재물은 모두 자신이 차지를 할 수 있기 때문에 比劫이 많다고 해도 군겁쟁재(群劫爭財)로 보지 않는다.

그러나 年干의 癸水는 연결되기 어렵다. 그래서 너무 일찍 재물의 인연을 누리는 것은 권하지 않는다. 다행히 運에서 들어오는 金水運에 그대로 재물을 얻을 수가 있다는 의미에서 그만하면 행복하다고 할 수 있을 것이다.

[029] 壬午年 壬寅月 癸亥日 庚申時

用神과 干支別 運勢의 吉凶		
庚癸壬壬 申亥寅午	用: 木(寅) 喜: 火	傷官生財格 劫衆用傷格

干	甲 上	乙 上	丙 中	丁 中	戊 中	己 中	庚 下	辛 下	壬 下	癸 下		
支	子 下	丑 中	寅 上	卯 上	辰 中	巳 上	午 上	未 中	申 下	酉 下	戌 中	亥 下

(1) 주운해석(柱運解釋)

年柱의 壬午는 공부를 해야 할 때에 들어오는 財運으로 학마재(學魔財)이기 때문에 凶하다. 청년(靑年)의 壬寅은 활발하게 자신의 능력을 연마하고 사회적으로도 인정을 받을 수 있는 시기라고 봐서 황금기에 해당한다. 그리고 이어지는 癸亥부터는 뭔가 자신이 원하는 흐름대로 가지 못하는 안타까움이 나타난다. 더구나 時柱에서의 庚申은 더욱 어려운 암시로 나타나게 된다. 갈수록 심산궁곡(深山窮谷)이 되는 셈이니 어려서 年月에 喜用神이 있고 日時에 忌仇神이 있으면 자신의 능력을 발휘하는 것이 장기적으로 이어지지 못함으로 인해서 인생의 후반부는 회한(悔恨)으로 보내야 할 상황이 발생할 수가 있으니 모쪼록 젊어서 자신의 입지를 확실하게 다져두고 그 흐름으로 이후의 삶을 이어가는 것이 최선이라고 조언한다.

(2) 세운해석(歲運解釋)

天干의 甲乙木運은 크게 반가운 글자들이다. 비록 庚金이 버티고 있지만 왕성한 水를 설기(洩氣)하는 의미로 上運 대입이 가능하다. 다만 丙丁火運이 단독으로 들어오는 것은 쟁탈전(爭奪戰)이 벌어질 수도 있으니 꺼리게 된다. 비록 喜神運이지만 좋은 작용으로 나타나기 어려운 까닭이다.

地支의 巳午火運은 좋게 작용을 할 수가 있는 것은 寅木의 공덕(功德)이다. 그래서 天干에 병든 乙木이라도 하나 있는 것이 없는 것 보다는 훨씬 좋다는 것을 생각하게 된다. 干支의 土運은 모두 나쁘지 않다. 그것은 比劫이 너무 많아서 제어하는 작용만으로도 안정을 얻을 수가 있기 때문이다.

(3) 재운해석(財運解釋)

재물의 인연은 좋으나 그것이 年柱에 있다는 것이 아쉽고 더구나 壬午이기 때문에 쟁탈전이 벌어질 수도 있어서 더욱 아쉽다. 그래서 동업은 하지 말고 직장 생활을 하거나 작아도 단독으로 하는 것을 권하게 되는데 이는 돈의 냄새를 맡은 이리떼들이 가만두지를 않을 것이기 때문이다. 그래서 재물의 인연이 좋으면서도 실제로는 주머니에 가만히 들어가 있지를 못하는 현상이 발생할 수 있으니 이러한 경우에는 기술을 갖고 살아가는 것으로 목표를 삼는 것을 권한다.

[030] 丙戌年 辛卯月 甲申日 己巳時

用神과 干支別 運勢의 吉凶											
己甲辛丙 巳申卯戌				用: 水(申中壬水) 喜: 木, 金				偏印格 殺印相生格			
干	甲 中	乙 中	丙 下	丁 下	戊 下	己 下	庚 下	辛 下	壬 上	癸 上	
支	子 上	丑 下	寅 中	卯 中	辰 下	巳 下	午 下	未 下	申 下	酉 下	戌 下	亥 上

(1) 주운해석(柱運解釋)

초년(初年)의 丙戌은 부모가 보기에는 천재라고 생각할 수도 있으나 실상은 겉모습일 뿐이고 내실을 기할 수가 없으니 안타까운 시기이다. 청년(靑年)의 辛卯는 卯木의 작용으로 친구의 도움이라도 받아서 자신의 자리를 잡을 수가 있다면 다행이다. 중년(中年)에는 申中壬水가 작용을 할 것이기 때문에 비교적 안정적인 가정을 이루게 될 가능성에 기대를 하게 된다. 다만 말년(末年)의 己巳로 인해서 재물을 모두 헛된 곳에 탕진하고 빈털터리가 될 가능성도 있으니 이러한 것을 미리 알고서 경제적으로 알뜰한 계획을 세우고 그에 따라 삶을 설계한다면 凶한 암시를 면하겠지만 팔자를 고친다는 것이 그리 쉬운 일이 아님을 알게 된다면 또한 사후약방문(死後藥方文)이 될 가능성이 높다.

(2) 세운해석(歲運解釋)

 天干의 壬癸水運은 己土가 다소 부담스럽기는 하지만 上運으로 대입이 가능하다. 甲乙木運도 반갑기는 하지만 辛金이 자리를 잡고 있기 때문에 제대로 도움을 주기는 어려울 것으로 봐서 생각보다 기대가 크진 않다.

 地支의 亥子水運은 암장된 用神을 사용하는 입장에서 매우 반가운 用神運이다. 寅卯木運은 天干의 경우와 마찬가지로 申金과 巳火의 영향으로 기대를 하기 어려운 구조이다. 이렇게 運의 도움이 따르지 않는 것은 用神이 日支에 암장되어 있기 때문이다.

(3) 재운해석(財運解釋)

 재물이 忌神이니 대출통장인데 그것이 時干에서 甲己合으로 딱 붙어 있는 것은 매우 凶하다. 돈만 보이면 바로 가져갈 출금계좌가 항상 열려있기 때문이다. 그러므로 이러한 암시를 벗어나기 위해서는 사업을 하지 말고 오로지 직장에서 매월 받는 월급으로 생활에 의지하고 다른 것은 일체 돌아보지 말아야 하겠지만 또 이렇게 알고 있더라도 막상 일을 당하여 누군가 유혹을 받게 되면 바로 흔들리게 되니 그러한 것을 벗어난다는 것은 참새가 방앗간을 그냥 지나치는 것보다도 백배는 어려울 것이다.

[031] 乙卯年 戊寅月 壬子日 癸卯時

用神과 干支別 運勢의 吉凶											
癸壬戊乙 卯子寅卯				用: 水(癸, 子) 喜: 金[用神級]				劫財格 日弱用劫格			
干	甲 下	乙 下	丙 下	丁 下	戊 下	己 下	庚 上	辛 上	壬 中	癸 中	
支	子 中	丑 下	寅 下	卯 下	辰 下	巳 下	午 下	未 下	申 上	酉 上	戌 下	亥 中

(1) 주운해석(柱運解釋)

초년(初年)의 乙卯는 스스로도 잘난 줄 알고 있지만 이것을 능력으로 승화시켜서 자신의 수단으로 삼기에는 너무 어리다. 청년(靑年)의 戊寅도 대동소이(大同小異)한 형태이므로 많은 시간을 허비할 조짐이다. 그러다가 중년(中年)이 되어 壬子를 만나고 나서야 자신의 능력으로 이어질 가능성이 보이니 그나마 다행이다.

時柱의 말년(末年)에서 癸卯는 의지하기에는 아쉬움이 많은 흐름이다. 이러한 구조를 놓고 본다면 일생을 분주다망(奔走多忙)할 뿐이고 실속은 전혀 없는 나날을 보내게 될 암시가 크다고 하겠는데 그나마 중년에 안정을 취할 수가 있을 것으로 보이므로 이러한 기회를 헛되이 보내지 않도록 최선의 노력을 해야 할 것이다.

(2) 세운해석(歲運解釋)

天干의 庚辛金運은 喜神이라고 하지만 실질적인 用神의 運에 해당하므로 활력을 얻어서 왕성한 성취를 이룰 수가 있는 좋은 運이 된다. 반면에 用神인 壬癸水運은 제대로 기능을 발휘할 수가 없어서 아쉽다.

地支의 申酉金運도 마찬가지로 大吉이다. 그러나 亥子水運은 원국의 寅卯木에게 모두 설기(洩氣)를 당하여 제대로 협력을 하기에는 힘이 부족한 형태가 되어 오히려 運의 작용을 기대하기는 힘들어 보이므로 日支에 있는 子水를 의지하고 부부가 단결하는 것이 최선이라고 하겠으니 그 나머지는 바랄 것이 없다.

(3) 재운해석(財運解釋)

재물의 인연이 약하니 오히려 무재사주(無財四柱)가 더 나은 셈이다. 왜냐하면 이렇게 食傷이 왕성한데 다시 財星까지 있었더라면 그 결과는 예측하기 어려운 방향으로 곤두박질을 칠 가능성이 높기 때문이다. 그래서 자신의 기술로 직장에서 알뜰하게 생활을 하는 것이 최선이라고 생각하고 혹 결혼 후에 배우자가 뭔가 하고자 한다면 그것을 돕는 방향으로 계획을 세우는 정도로만 목표를 삼아야 할 텐데 食傷이 바라는 대로 잠자코 있을 것 같지는 않아서 또한 걱정이 될 수밖에 없는 구조이다. 그래서 인생의 쓴 잔을 좀 마셔봐야 할 운명이라고 해석하게 된다.

[032] 己未年 庚午月 丙申日 戊戌時

用神과 干支別 運勢의 吉凶											
戊丙庚己 戌申午未				用: 火(午) 喜: 木[用神級]				劫財格 日弱用劫格			
干	甲 上	乙 上	丙 上	丁 上	戊 下	己 下	庚 下	辛 下	壬 下	癸 下	
支	子 下	丑 下	寅 上	卯 上	辰 下	巳 上	午 上	未 中	申 下	酉 下	戌 中	亥 下

(1) 주운해석(柱運解釋)

초년(初年)의 己未는 천재라는 소리를 들었을 수도 있겠지만 반짝이고 사라지는 혜성에 불과할 뿐이다. 다행히 月柱의 庚午가 받쳐주는 것으로 봐서 전혀 의미가 없는 것은 아니다. 다만 日支에 申金이 자리하고 있으니 중년(中年) 이후의 삶은 마음대로 되지 않을 것으로 봐야 할 모양이다. 그리고 다시 時柱의 戊戌은 노력한 대가는 얻을 수 있는 것으로 보게 되는 것도 戊土가 어느 정도의 도움이 될 수 있다고 봐서이다.

항상 아쉬운 것은 어디에서도 木의 지원을 받을 수가 없다는 것이다. 그래서 柱運의 아쉬움은 크다고 하겠고 이로 인해서 삶의 여정도 순탄하다고 보기는 어려울 것이므로 사업을 하기보다는 직장에서 자신의 적성을 살리는 것으로 최선의 노력을 하는 것이 현명하다.

(2) 세운해석(歲運解釋)

天干의 木火運은 모두 반가운 작용을 하게 될 것이니 기대가 된다. 甲木運은 庚金으로 인해서 고통을 받을 것으로 봐서 약간의 감점이 예상되지만 청년 이후에 들어온다면 제대로 활약을 할 것으로 기대된다. 그러나 아쉽게도 土金水運은 기대하기 어렵다.

地支의 寅卯木運은 반갑고 地支에 亥子水가 없기 때문에 巳午火運도 기대가 된다. 丑辰土運은 부담이 될 것이지만 戌未土運은 현상 유지라도 될 수 있을 것으로 봐서 그나마 다행이다. 干支에 木이 없으므로 水運은 忌神으로 작용을 할 것이니 기대를 할 수 없다는 것도 運의 작용에서 제한을 받게 된다.

(3) 재운해석(財運解釋)

원국에 財星은 둘이나 있지만 모두가 仇神에 해당하므로 재물의 인연은 기대를 할 수가 없는 상황이다. 그런데도 마음은 온통 재물의 취득에만 있으니 이러한 갈등을 지혜롭게 해결하지 않는다면 삶의 여정에서 만나게 될 굴곡(屈曲)은 피할 수가 없을 것으로 해석하게 된다.

그러니 적성을 찾지 말고 없는 인내심(忍耐心)이라도 발휘하여 사회생활에 적응을 하는 것이 최선이라는 점을 생각하고 재물에 대한 마음을 비우기를 조언하게 된다.

[033] 乙卯年 甲申月 辛卯日 辛卯時

用神과 干支別 運勢의 吉凶		
辛辛甲乙 卯卯申卯	用: 金(辛, 申) 喜: 土	比劫格 日弱用比格
干	甲 乙 丙 丁 戊 己 庚 辛 壬 癸 下 下 下 下 中 中 上 上 下 下		
支	子 丑 寅 卯 辰 巳 午 未 申 酉 戌 亥 下 中 下 下 中 下 下 中 上 上 中 下		

(1) 주운해석(柱運解釋)

乙卯는 偏財이니 초년(初年)에는 공부가 되지도 않았을뿐더러 하려는 노력도 없었을 것이다. 청년(靑年)에는 申金의 영향으로 공부를 조금 하는 듯도 하겠지만 또한 놀기 바쁘다고 하겠고, 중년(中年)이나 말년(末年)으로 가면서도 공부에 대한 것보다는 재물과 결실에만 마음을 두게 되므로 학자와의 인연은 멀고 사업을 하는 방향으로 관심도 많은 것으로 기술자나 사업가의 四柱로 해석을 하게 된다.

다만, 財星의 과다(過多)는 전생에 진 빚이 많음을 의미하므로 일생을 허둥대면서 분주하게 동서남북으로 치달리겠으나 손에 들어오는 것은 얼마 되지 않을 것이니 오히려 모든 것을 다 놓아버리고 편안하게 쉬는 것만 못하다. 마음대로 되지 않는 것은 운명의 영향이라고 해야 할 것이다.

(2) 세운해석(歲運解釋)

天干의 庚辛金運은 반갑고 戊己土運도 해롭진 않겠지만 甲乙木으로 인해서 기대를 할 정도는 아니다. 그 외의 水木火運은 모두 힘든 상황이 될 뿐이니 항상 조심하는 것이 상책이다.

地支에서도 金運을 제외하고는 의지를 할만한 運이 없다. 이것은 원국의 卯木으로 인해서 辰戌丑未土運이 들어온다고 하더라도 큰 도움을 주기는 어려울 것이기 때문이다. 그래서 干支로 金運을 제외하고는 기대하기 어려운 것으로 봐서 吉運보다는 凶運이 더 많은 암시로 판단을 하게 된다.

(3) 재운해석(財運解釋)

전생에 지은 빚이 너무 많아서 일생을 밤낮으로 부지런히 벌어도 다 갚기 어려울 암시이다. 그래서 항상 바쁘게 동분서주(東奔西走) 하겠지만 결실은 빈약하다. 오히려 재물에 대한 욕심을 잊어버리고 조용하게 회사의 경비와 같은 일이라도 하면서 수분지족(守分知足)을 하는 것만 못하다고 해석을 한다.

그런데 팔자(八字)란 그렇게 머리만 쓴다고 해서 피할 수가 없는 것을 보면 운명(運命)과 업력(業力)이 서로 얽혀서 오늘의 자신을 만드는 것이 아닌가 싶은 생각을 해보게 된다. 그래서 아무리 뜯어말려도 업력에 의해서 벗어나지 못하고 허우적거리는 상황을 접하기도 하니 이러한 연유로 해서 운명이 작용하게 된다고 보는 것이기도 하다.

[034] 癸亥年 乙卯月 乙亥日 庚辰時

用神과 干支別 運勢의 吉凶										
庚 乙 乙 癸 辰 亥 卯 亥				用: 金(庚) 喜: 土				正官格 財官格		
干	甲 中	乙 下	丙 下	丁 下	戊 上	己 上	庚 上	辛 上	壬 下	癸 下
支	子 下	丑 上	寅 下	卯 下	辰 上	巳 下	午 下	未 上	申 上	酉 上	戌 上	亥 下

(1) 주운해석(柱運解釋)

초년(初年)의 癸亥나 청년(靑年)의 乙卯나 중년(中年)의 亥水도 모두 사회적으로 살아가는 데는 아무런 도움이 되지 못하는 五行들이다. 인생의 절반은 마음대로 되지 않음으로 인해서 고통만 받으면서 살아가게 될 가능성이 많은데 사실 본인은 年月柱에 官殺이 없는 까닭에 고통이라고 생각하지도 않고 그냥 편안하게 빈둥거리면서 시간을 보낼 가능성도 있다.

늦게 철이 든다고 하듯이 말년(末年)이 되어서야 비로소 대오각성(大悟覺醒)하여 심기일전(心機一轉)으로 크게 변화를 하게 될 것이니 時柱의 작용이 이와 같음을 미리 알고 젊어서도 많은 노력으로 정진한다면 말년의 수확이 더욱 풍부(豊富)할 수도 있을 것이다.

(2) 세운해석(歲運解釋)

天干의 土金運은 반갑다. 火運은 用神인 庚金에 부담이 되므로 凶하고, 木運에서도 乙木運 역시 用神을 묶어버리게 되므로 下運이 되지만, 甲木運은 득실(得失)이 없으므로 中運으로 대입한다. 水運도 기대할 수가 없으므로 運의 도움이 아쉽다.

地支의 土金運도 마찬가지로 반가운 상황이니 또한 절반의 기대는 해도 될 것이다. 이렇게 吉凶이 뚜렷하게 갈리는 運은 삶의 여정에서도 기복(起伏)이 심할 수 있음을 생각한다면 안정된 방향으로 노력하는 것을 권하게 되고 이러한 점을 감안한다면 직장 생활을 하는 것이 가장 현명할 것이다.

(3) 재운해석(財運解釋)

財星이 喜神이므로 재물 인연이 나쁘진 않다. 다만 이 재물의 인연은 직장에서 월급을 받는 것으로 자신의 재물을 삼는 인연이지 사업을 하여 일확천금(一攫千金)을 꿈꾸는 재물은 아니라고 하는 점은 분명히 알고 있어야 하겠다.

그리고 그러한 재물도 젊어서는 마음대로 되지 않을 것이니 처음에는 빈곤(貧困)하게 살아가다가 중년이 지나서야 비로소 집 한 채라도 지니고 살게 될 암시인 것을 보면 월급을 알뜰하게 모아서 집도 사고 적금을 넣어서 말년에 연금으로 타는 것도 포함이 된다고 하겠다. 이러한 재물의 인연이 있음으로 해서 노년에 곤궁(困窮)하고 쓸쓸하게 살아가는 것은 면할 수가 있으니 또한 時를 잘 타고났다는 말은 할 수 있겠다.

[035] 丙申年 庚子月 甲戌日 戊辰時

用神과 干支別 運勢의 吉凶		
戊甲庚丙 辰戌子申	用: 水(子) 喜: 木	正印格 殺印相生格

干	甲	乙	丙	丁	戊	己	庚	辛	壬	癸		
	中	中	下	下	下	下	下	下	上	上		
支	子	丑	寅	卯	辰	巳	午	未	申	酉	戌	亥
	中	下	上	上	下	下	下	下	下	下	下	中

(1) 주운해석(柱運解釋)

초년(初年)의 丙申은 분주함과 고통이 반복되는 어린 시절을 암시한다. 그러다가 청년(靑年)의 庚子가 되어서야 비로소 자신의 후원자를 만나거나 올바른 자리를 찾아서 안정이 되는데 그것조차도 月干의 庚金이 부담을 주는 까닭에 순탄하게 진행이 되는 것은 아니다. 그 庚金이 힘들게 하는 것은 年干의 丙火로 인해서 庚金이 스트레스를 받기 때문이다.

부인에게 바가지 긁힌 사장이 출근하여 날 괴롭히는 형국이다. 왜냐하면 중년(中年)의 戊土나 말년(末年)의 戊辰은 모두 부담으로만 작용을 할 뿐이기 때문이다. 그럼에도 힘들고 급한 마음에 사업이라도 하게 된다면 그 결과는 아무도 예측하지 못한 방향으로 흘러가서 하루아침에 모든 것을 다 잃고 나서 알거지가 될 수도 있다는 것을 명심해야 할 것이다.

(2) 세운해석(歲運解釋)

天干의 水運은 비록 戊土가 있더라도 큰 의지가 될 것이지만 木運은 庚金이나 丙火의 부담으로 인해서 생각보다 기대하기 어렵다. 그 외의 火土金運은 모두 논할 것이 없이 凶한 작용으로 나타나게 된다.

地支에서는 오히려 寅卯木運이 도움을 줄 것으로 보는 것은 辰戌土를 제어해 주기 때문이다. 반면에 亥子水運은 원국의 辰戌土로 인해서 기대하기 어렵다고 봐서 中運으로만 봐야 할 상황이다. 이렇게 干支의 상황에 따라서 吉凶의 정도도 판이하게 다른 경우가 많음을 이해할 수 있다면 운세(運勢)의 대입은 훨씬 쉬워질 것이다.

(3) 재운해석(財運解釋)

財星이 忌神의 역할을 하고 있는 운명이니 재물에 대해서는 좋은 이야기를 해줄 수가 없다는 것이 안타까울 뿐이다. 특히 중년 이후부터 말년까지는 재물에 대해서는 매우 신중하게 생각해야 할 것이고 조금이라도 물욕(物慾)이 발동하게 된다면 전 재산을 탕진하게 될 암시가 나타난다.

그러므로 항상 마음을 물질에 두지 말고 수양(修養)하며 지혜를 연마한다면 四柱에서 나타나고 있는 凶한 암시는 점차로 약해지면서 그 자리를 현명함으로 채울 수가 있게 될 것이니 마음을 비우고 내면을 관조(觀照)하면서 삶을 엮어가라고 권하게 된다.

[036] 丙申年 乙未月 丙戌日 乙未時

用神과 干支別 運勢의 吉凶											
乙丙乙丙 未戌未申				用: 木(乙) 喜: 水				正印格 食傷用印格			
干	甲 上	乙 上	丙 下	丁 下	戊 下	己 下	庚 下	辛 下	壬 上	癸 上	
支	子 中	丑 下	寅 上	卯 上	辰 下	巳 下	午 下	未 下	申 下	酉 下	戌 下	亥 中

(1) 주운해석(柱運解釋)

초년(初年)의 丙申에는 어려움이 많겠으나 청년(靑年)에는 乙木으로 안정된 직장을 얻을 수도 있는 형상이다. 다만 未土의 傷官으로 인해서 오래 지속되기는 어려워 보인다. 아마도 현실보다 높은 이상을 갖고 있어서 몽상가(夢想家)라고 할 수 있으니 이렇게 현실성이 떨어지게 되면 엉뚱한 일에 무리수를 두게 되어서 낭패를 당할 수도 있을 것이다.

중년(中年)에는 戌土에 겨우 뿌리를 내릴 수 있는 정도이니 배우자의 도움으로 버틴다고 할 형상이다. 다행히 말년(末年)의 乙未는 그래도 밥은 있다고 봐서 평범한 노후(老後)를 기대할 정도는 된다고 하겠지만 항상 마음이 앞서는 것은 일생을 따라다니는 짐이라고 해야 할 것이니 모쪼록 겸허하게 교육자(敎育者)의 길을 가는 것을 권하게 된다.

(2) 세운해석(歲運解釋)

 天干의 水木運은 대단히 반갑다. 목마른 用神인 乙木에게 큰 힘이 될 것이기 때문이다. 다만 火土金運은 백해무익(百害無益)이니 찾아 먹을 運이 조금은 아쉽다고 하겠다.

 地支의 木運은 제대로 작용을 하겠지만 亥子水運은 왕성한 土의 부담을 받고 寅卯木도 없으므로 凶하다고는 하지 않더라도 도움이 되기를 기대하기는 어려운 형상이다. 이렇게 地支의 運이 도움을 주지 못하고 있으니 못내 아쉽다. 원국의 用神이 天干에만 있고 地支에 없는 것이 이 四柱의 큰 결점이다. 그러므로 運의 작용을 비교적 덜 받게 되는 직장 형태의 일을 찾는 것이 최선이다.

(3) 재운해석(財運解釋)

 財星이 忌神이니 재물(財物)의 인연이 좋다고 말하기 어려운 형국이다. 食傷이 地支에 깔려 있어 무엇인가를 위해서 열심히 노력은 하겠지만 그 결과는 모두 고통으로 이어지는 길목을 통과하지 않을 수가 없으니 사업의 인연으로는 가지 말기를 당부한다. 재물 인연이 이렇게 부담으로 작용을 하게 되는 것을 미리 안다면 욕망을 잘 다스리고 교육계로 나아가서 훈장(訓長)이 되는 것을 강력하게 추천하고자 한다. 그 외에 계획하는 모든 것은 잠시 빛을 내다가도 이내 사라져가는 반딧불과 같은 것이라고 해석하게 된다.

[037] 癸酉年 己未月 己未日 戊辰時

用神과 干支別 運勢의 吉凶											
戊 己 己 癸 辰 未 未 酉				用:金(酉) 喜:水				食神格 劫中用食格			
干	甲 中	乙 中	丙 下	丁 下	戊 下	己 下	庚 上	辛 上	壬 上	癸 上	
支	子 中	丑 下	寅 中	卯 中	辰 下	巳 下	午 下	未 下	申 上	酉 上	戌 下	亥 中

(1) 주운해석(柱運解釋)

초년(初年)의 癸酉는 이 四柱가 갖고 있는 吉한 작용의 전부이다. 어린 시절을 잘 보낼 수 있었다면 온전히 이 癸酉의 덕(德)이다. 그러나 거기까지이다. 청년(靑年)과 중년(中年)은 물론이고 말년(末年)까지도 기대를 할만한 五行은 전혀 보이지 않고 모두가 부담만 주고 있는 안타까운 장면이다.

초년에 너무 일찍 運이 들어와서 그 이후로는 더 이상 얻을 것이 없고 고통의 나날을 보내면서 항상 어린 시절의 아름다웠던 추억에 잠기는 것이 결코 아름답다고 할 수는 없는 일이니 오로지 현실에 충실하여 힘든 일이라도 달게 여기고 열심히 수행하면서 살아가는 것이 삶에 주어진 최선의 방법이라고 해야 할 것이다. 비록 그렇게 여기고 살아간다고 하더라도 또한 허전하고 아쉬운 마음까지야 어찌 잊을 수가 있겠는가.

(2) 세운해석(歲運解釋)

 天干의 金水運은 일단 기대를 할 만하다. 다만 金運은 大吉하니 上運이라고 하겠으나 水運은 戊己土로 인하여 크게 활약을 할 수가 없음이 아쉽다. 火土運의 흐름은 凶할 것이니 이로 인해서 마음에 스트레스가 발생하게 될까 염려스럽다.

 地支의 경우에도 별반 다를 것이 없다. 金運은 大吉하고 水運은 그나마 초년에 들어온다면 힘을 받아서 좋은 작용을 할 수 있겠지만 어려서의 財運이 또한 무슨 작용을 할 것인지를 생각해 본다면 부잣집에 태어나서 어린 시절을 보내고 가난하게 살아가는 운명이라고도 할 수 있겠다.

(3) 재운해석(財運解釋)

 따로 재물의 運을 논하는 것은 의미가 없어 보인다. 年柱 좋은 것이 月柱 좋은 것만 못하고, 月柱 좋은 것이 時柱 좋은 것만 못하다는 속담을 하나 만들어야 하겠고 이러한 경우에는 좋지 않은 방향으로 사용해야 할 말이기도 하겠다. 초년의 고생은 사서라도 시키라는 고인의 말씀대로 환경(環境)은 비록 좋다고 하더라도 호의호식(好衣好食)에 안주하지 않도록 고생의 길로 단련을 시킨다면 혹 중년이 되어서라도 부모의 그러한 노력을 알게 되려나 모를 일이기는 하다. 그렇지만 운명이란 그렇게 마음처럼 호락호락하지도 않으니 어쩔 수 없이 초년의 호강이 늙어서 고통으로 남게 될 듯싶다.

[038] 庚辰年 壬午月 乙巳日 甲申時

用神과 干支別 運勢의 吉凶											
甲 乙 壬 庚 申 巳 午 辰				用: 水(壬) 喜: 金				正印格 官印相生格			
干	甲 中	乙 中	丙 下	丁 下	戊 下	己 下	庚 上	辛 上	壬 上	癸 上	
支	子 上	丑 下	寅 下	卯 下	辰 下	巳 下	午 下	未 下	申 下	酉 下	戌 下	亥 上

(1) 주운해석(柱運解釋)

초년(初年)의 庚辰은 많이 힘든 시기로 보내게 될 암시이다. 月干의 壬水가 用神이지만 뿌리가 없는 까닭에 청년(靑年)시절 역시 마냥 편안하다고 할 수가 없다. 청년기에 자신의 일자리를 얻어야 하겠지만 마음에 차지 않아서 방황하게 될 가능성이 내재하고 있다.

중년(中年)에는 마음이 앞으로 나아가다가 시간과 재물을 탕진할 수 있으니 긴장해야 하는 시기이다. 그럼에도 불구하고 巳火의 傷官이 마음을 부풀려서 실제로는 긴장이 되지 않을 것이다. 말년(末年)이 되어서야 時支의 正官으로 다시 안정을 얻고자 노력하겠지만 日支의 巳火로 인해서 집중되기는 쉽지 않을 것이다. 甲木이라도 의지하고 있으니 일생의 흐름이 곤궁과 분주함과 소득 없음의 반복으로 이어질까 염려된다.

(2) 세운해석(歲運解釋)

天干의 水運은 좋을 것이 확실하지만 庚辛金運은 水運에 비해서 조금 아쉬운 구조이다. 火土運은 用喜神에게 부담만 주므로 凶하다고 대입을 하게 되지만, 그래도 木運은 의지는 되는 정도이니 中運으로 해석하게 된다.

地支에서는 亥子水運을 제외하고는 기대하기 어려운 형상이다. 寅卯木運도 무난하다고 하고 싶으나 巳午火를 고려한다면 또한 부담으로 작용을 하게 될 뿐이다. 세운(歲運)의 흐름으로 봐서는 의지를 할 것은 오로지 水運이라고 해야 할 장면이니 삶의 여정도 순탄하기는 어려울 조짐이다.

(3) 재운해석(財運解釋)

겉으로는 그럴싸해 보이는 것도 속을 들여다보면 모두가 빚으로 꾸며 놓은 허상이다. 재물(財物)은 忌神이니 노력을 하면 할수록 빚만 늘어난다는 것은 애초에 그 방향으로는 나아가지 말라는 암시이기도 하다. 그럼에도 그 마음에는 뭔가 잘 될 것이라는 기대감으로 가득하게 되니 이러한 것이 삶의 가장 큰 장애물이라고 해야 할 것이다.

권하노니 오로지 적은 돈이라도 만족하고 꾸준하게 일을 할 수 있는 곳을 찾아야 할 것이고, 행여 일확천금(一攫千金)을 꿈꾸지는 말라는 당부를 남긴다. 물론 듣고 싶지도 않고 그대로 따르기도 쉽진 않겠지만 전생의 선근(善根)이 있어서 만분지일(萬分之一)이라도 참고가 되길 바란다.

[039] 戊午年 乙卯月 己巳日 戊辰時

用神과 干支別 運勢의 吉凶

戊己乙戊 辰巳卯午	用: 木(乙, 卯) 喜: 水	偏官格 偏官無力格

干	甲	乙	丙	丁	戊	己	庚	辛	壬	癸
	上	上	下	下	下	下	下	下	上	上

支	子	丑	寅	卯	辰	巳	午	未	申	酉	戌	亥
	上	下	上	上	下	下	下	下	下	下	下	上

(1) 주운해석(柱運解釋)

초년(初年)의 戊午는 가난한 어린 시절을 암시한다. 어려서 힘든 시절을 보내다가 月柱의 偏官으로 청년기(靑年期)에 일자리를 얻어서 열심히 노력할 것이며, 힘든 일터라도 잘 견디게 된다. 그러다 중년(中年)에는 그것도 억울한 생각이 들어서 자신의 일을 찾게 되겠는데 이때부터 뭔가 마음대로 되지 않고 노력에 비해서 결실이 적은 상황이 끊임없이 반복될 조짐이다. 그래서 다시 직장 생활로 돌아갈 마음도 생기겠지만 현실은 어려울 것이니 이것도 運과 무관하지 않은 셈이다.

말년(末年)에도 빈곤을 벗어나기는 어렵기 때문에 힘든 나날이 반복될 것이며, 운명의 힘에 의해서 스스로 노력을 한다고 하더라도 성과를 기대하기 어려울 테니 차라리 마음을 비우는 것이 정신건강에는 좋을 듯싶다.

(2) 세운해석(歲運解釋)

天干의 水木運은 기대를 할 만하니 다행이다. 아쉬운 것은 그 외의 火土金運은 모두 부담만 줄 뿐이고 도움의 기대는 아예 할 수가 없다는 것이다. 그러나 이것은 유사(類似)하게도 두 五行이 도움을 주면 세 五行은 부담을 주는 것이 자평법(子平法)의 원리이고 마음대로 되는 것보다 안 되는 것이 많은 것은 인생의 이치인 까닭이다.

地支의 흐름도 다르지 않아서 水木運은 기대해도 좋은데 火土金運은 조심조심하면서 지혜롭게 넘어가는 것이 좋겠다. 그래도 다행인 것은 月柱의 강력한 偏官으로 인해서 타고난 인내심과 극기심은 있다는 것이다. 그래서 웬만한 어려움은 참아낼 수가 있기 때문에 자신의 욕심을 잘 다스린다면 보통의 삶은 유지될 것이다.

(3) 재운해석(財運解釋)

무력한 辰中癸水가 있다고는 하지만 무재사주(無財四柱)와 가까운 상황에서 재물(財物)을 물으면 입맛을 다시면서 먼 산을 바라본다. 묻지 말아야 할 것을 물었기 때문이다. 그러나 묻는 자의 마음을 어찌 모르랴! 오로지 근검절약(勤儉節約)으로 일생을 살아야만 근근이 밥술이라도 떠 넣을 수 있을 것이라는 말을 차마 해주기 민망하여 먼 산을 바라보면서 딴전을 피우고 싶어지는 것이다. 결론은 간단하다. 돈을 모으기도 어렵고 모아도 유지하기 어려우므로 오늘 일하지 않으면 내일 굶는다는 마음으로 살라는 말 한마디밖에 해줄 말이 없다.

[040] 壬子年 乙巳月 丙申日 己丑時

用神과 干支別 運勢의 吉凶											
己丙乙壬 丑申巳子				用: 木(乙) 喜: 水				正印格 殺印相生格			
干	甲 上	乙 上	丙 中	丁 中	戊 下	己 下	庚 下	辛 下	壬 上	癸 上	
支	子 中	丑 下	寅 上	卯 上	辰 下	巳 中	午 中	未 下	申 下	酉 下	戌 下	亥 中

(1) 주운해석(柱運解釋)

초년(初年)의 壬子를 보면 비록 힘은 들더라도 유익한 시간을 보냈다고 할 수 있다. 그 경험은 청년기(靑年期)에 그대로 삶의 밑거름이 될 수 있을 것이기 때문이다. 이렇게 일찍부터 세상에서 얻은 경험으로 청년기를 살아가는 것이 현명하다. 우물쭈물하다가 쌓은 성과(成果)도 없이 중년(中年)을 맞이한다면 마음만 급하게 될 것이다.

다시 말년(末年)이 된다면 그 마음에 더욱 겉멋만 남아서 허풍을 떠는 사람이 되기 쉬울 수도 있기에 그로 인해서 주변 사람들조차도 외면을 하게 된다면 삶의 말년은 쓸쓸할 수밖에 없을 것이다. 모쪼록 이러한 四柱를 갖고 태어난 사람에게는 젊어서 허송세월을 하지 말고 근검절약하여 자신의 미래를 스스로 책임지도록 안내하는 것이 최선이다.

(2) 세운해석(歲運解釋)

天干의 水木運은 大吉하다. 비록 己土가 있다고는 하지만 크게 꺼리지 않아도 되는 형상이다. 土金運만 피한다면 대체로 무난한 흐름이다.

地支의 水運은 원국에 寅卯木이 보이지 않으므로 크게 도움을 줄 곳이 없으니 아쉽다. 木運은 日干 丙火에게는 매우 반가운데 日支의 申金으로 인하여 아쉬울 따름이다. 地支의 土金運은 전혀 도움이 되지 않는 상황이며, 巳午火運은 吉도 凶도 되지 않는 것으로 대입한다.

(3) 재운해석(財運解釋)

애초에 일약(日弱)하여 印星을 用神으로 삼은 四柱가 되었으니 재물(財物)은 대출통장일 수밖에 없다. 특히 앉은 자리의 偏財인 申金은 백해무익(百害無益)으로 재물로 인해서 일생을 고통스럽게 살아가야 할 암시가 될 뿐이다.

권장하는 것은 공무원(公務員)이며 그나마도 어렵다면 직장인(職場人)으로 일생을 살아가는 계획이 가장 현명하다고 하겠고 월급으로 나오는 것을 알뜰히 모아서 집도 장만하고 노후의 자금도 마련하는 것이 지혜롭게 자신을 관리하는 것이다. 퇴직금도 절대로 일시불로 받지 말고 연금의 형태로 받는다면 말년에 일을 벌여서 한 입에 털어 넣는 어리석음은 면(免)할 것이다.

[041] 己亥年 戊辰月 辛丑日 丁酉時

用神과 干支別 運勢의 吉凶										
丁辛戊己 酉丑辰亥		用: 火(丁) 喜: 木					偏官格 偏官無力格			
干	甲 上	乙 上	丙 上	丁 上	戊 下	己 下	庚 中	辛 中	壬 下	癸 下
支	子 下	丑 下	寅 上	卯 中	辰 下	巳 上	午 上	未 下	申 下	酉 下	戌 下	亥 下

(1) 주운해석(柱運解釋)

用神이 時干에 외롭게 홀로 앉아 있어 인생의 전반부는 모두 뜬구름과 같다고 해석을 하려니 참 안타까운 마음이 절로 든다. 초년(初年)에는 뭔가 해보려고 하지만 아직 세상의 연륜이 부족하고, 청년(靑年)에는 번뇌만 많을 뿐 막상 추진이 되는 것은 거의 없다고 해야 하겠는데 이러한 흐름이 중년(中年)까지 계속 이어진다. 겨우 말년(末年)이 되어서야 자신의 일을 찾겠지만 지는 해가 빨리도 달아나니 마음의 안정을 찾기도 어려운 장면이다.

마음만 급하고 현실은 따라주지 않으니 조바심을 접고 말년이라도 자신의 일을 찾아서 여유를 갖고자 노력하는 것이 현명할 것이다. 일생 동안 망상(妄想)으로부터 벗어나기 힘들어 보이므로 모쪼록 생각을 정리하는 노력이 절실하다고 하겠다.

(2) 세운해석(歲運解釋)

天干의 木火運은 대단히 반가운 작용으로 大吉이다. 水運은 戊己土가 자리하고 있지만 用神인 丁火가 너무나 약한 까닭에 많은 부담을 받게 되므로 下運으로 대입한다.

地支의 火運이 좋은 것은 더 말을 할 것도 없다. 寅卯木運은 地支에 火가 없기 때문에 제대로 喜神 역할을 할 수 없음이 아쉽다. 그래도 도움은 되겠으나 卯木運은 酉金으로 인해서 손실이 크게 일어날 조짐이다. 그러므로 天干의 運보다 地支의 運이 조금 못한 것으로 정리하게 된다.

(3) 재운해석(財運解釋)

외로운 丁火를 돕기 위해서는 木의 財星이 절실하다. 그럼에도 불구하고 원국에서는 財星이 전혀 도움을 줄 수가 없으니 財星이 없다는 것이 참으로 안타까운 일이다. 그래서 運에서라도 財運이 들어오면 재물도 증가하겠지만 또한 담아 둘 자리가 없다는 것이 유감이다. 그러므로 사업을 하기보다는 직장에서 주어진 일을 수행함으로 해서 얻어지는 소득으로 일생의 재물을 삼는다면 헛된 고생은 면하리라고 보며, 또한 그러한 것이 가능할 수도 있다고 보는 것은 그래도 偏官이 喜用神이고 그 偏官의 장점은 수분지족(守分知足)이기 때문이다.

[042] 乙未年 辛巳月 庚午日 丙戌時

用神과 干支別 運勢의 吉凶											
丙 庚 辛 乙 戌 午 巳 未				用: 土(戌, 未) 喜: 金				日弱用印格 殺重用印格			
干	甲 下	乙 下	丙 下	丁 下	戊 上	己 上	庚 中	辛 中	壬 中	癸 中	
支	子 中	丑 上	寅 下	卯 下	辰 上	巳 下	午 下	未 上	申 中	酉 中	戌 中	亥 中

(1) 주운해석(柱運解釋)

초년(初年)의 乙木은 도움이 되지 않지만 未土는 正印이므로 어려운 환경 속에서 학업은 가능하다. 어쩌면 어머니의 공이 태산과도 같을 수도 있겠다. 청년(靑年)의 辛巳는 어려움이 있을 조짐이기는 하지만 직장 생활을 할 시기라고 본다면 인내심으로 잘 견딜 수가 있을 것이므로 凶하다고는 하지 않는다. 다만 중년(中年)에도 官殺의 부담이 계속 이어지고 있어서 다소 힘든 직장 생활이 이어질 암시이다. 그리고 말년(末年)의 상황도 순탄하다고만 할 수는 없으니 안정된 직장에서 주어진 일을 열심히 하는 것으로 분수를 지킨다면 항상 일이 있어서 다행이라고 할 수 있겠다.

(2) 세운해석(歲運解釋)

天干의 庚辛金運이 中運에 불과한 것은 丙火의 부담이 큰 까닭이고, 壬癸水運도 中運인 것은 또한 丙火의 부담을 조금이나마 덜어주기 때문이다. 地支의 戌土運이 上運이 되지 못하는 것은 巳午火의 열기(熱氣)를 받는 까닭이고, 巳午火運이 中運이 되지 못하는 것도 또한 戌未土가 열기에 휩싸이기 때문이다. 그래서 亥子水運이 用神에게 별 도움이 되지 않음에도 불구하고 中運으로 작용하게 되는 것이기도 하다. 다만 아쉬운 것은 申酉金運조차도 巳午火의 영향으로 제 기능을 발휘할 수가 없다는 것이다. 喜神임에도 불구하고 上運이 되지 못하는 것은 안타까운 부분이다.

(3) 재운해석(財運解釋)

官殺이 태왕(太旺)한 상황에서 財星이 맡은 역할은 악역일 수밖에 없고 이러한 四柱에서 재물복(財物福)을 묻는 것은 그냥 외면하고 싶을 뿐이다. 그럼에도 불구하고 반드시 묻는다. 아마도 재물에 한이 맺혔기 때문이리라. 그래서 답변은 준비를 하고 있어야 한다. 나중에 노년이 되면 선생 노릇을 하여 제자를 받으면 수업료가 들어와서 재물이 쌓이게 될 것이므로 여건이 허락하지 않더라도 총력을 기울여서 학업에 힘쓰고 기도와 명상을 통해서 자신의 중심을 잘 잡는다면 반드시 행복한 미래가 열리게 될 것이라는 이야기를 준비해 놓고 행여 이러한 질문을 받거든 조금도 서슴없이 말해야 할 것이다.

[043] 丙寅年 戊戌月 己未日 乙亥時

用神과 干支別 運勢의 吉凶		
乙 己 戊 丙 亥 未 戌 寅	用: 木(乙) 喜: 水	偏官格 財滋弱殺格

干	甲	乙	丙	丁	戊	己	庚	辛	壬	癸		
	上	上	中	中	中	中	下	下	上	上		
支	子	丑	寅	卯	辰	巳	午	未	申	酉	戌	亥
	上	下	上	上	下	下	下	下	中	中	下	上

(1) 주운해석(柱運解釋)

年支에 寅木이 있으니 아름다운 형상이다. 이것은 正官이니 어려서 교육을 제대로 잘 받아서 일생을 살아가는 보물로 삼을 수가 있으므로 무엇과도 비교할 수 없는 행운이라고 하겠다. 丙火의 正印은 수용성(受容性)으로 작용을 할 것이기 때문에 凶하지 않지만 중년(中年) 이후의 印星이라면 도움이 되지 않는다. 어려서 공부를 잘하였으나 청년(靑年)을 거치면서 자신의 고집으로 인해서 잘 되는 일이 줄어들 것이고, 오히려 친구나 주변 사람들과 어울려서 헛된 시간을 낭비하게 될 수도 있다. 그렇게 인생의 절반을 보내고 말년(末年)이 되어서야 자신의 본분(本分)을 잘 인식하고 행복한 노년(老年)을 맞이하게 될 것이니 이것은 수명이 늘어난 시대가 될수록 더욱 큰 축복이라고 해야 하겠다.

(2) 세운해석(歲運解釋)

 天干의 水木運은 모두 행운의 運이 된다. 壬癸水運은 戊土의 눈치를 조금 보긴 하겠지만 乙木이 지키고 있으므로 개의치 않고 활약을 하게 된다. 그러나 庚辛金運은 주의가 요망된다. 원국의 丙火가 막아 줄 수도 있을 것이라는 기대감이 없는 것도 아니지만 초년의 작용으로 제한하고 있다는 것으로 인해서 아쉬움을 남기게 된다.

 地支의 상황도 비슷해서 未戌土가 있더라도 寅木이 있으므로 水木運은 기대가 된다. 巳午火運이 下運인 것은 戌未土가 생조(生助)를 받아서 亥水를 공격할 것이기 때문이다. 申酉金運은 中運으로 대입을 할 수가 있는데 만약에 초년에 들어온다면 申金은 寅申沖으로 下運이 된다. 대체로 天干의 運은 활약이 되는 것에 비해서 地支의 運은 걸림이 많으므로 運의 흐름을 잘 살펴서 판단해야 할 구조이다.

(3) 재운해석(財運解釋)

 財星이 用神을 바로 아래에서 生하고 있으니 길상(吉祥)이다. 아쉬운 점이 있다면 말년의 상황이라는 점이다. 年月日의 干支에서는 財星이 전혀 보이지 않으므로 전생에 적금을 들기는 했으나 60년 후에 찾는 적금이었다고 생각하고 근면성실(勤勉誠實)의 마음으로 살아가다가 보면 생각지도 않았던 행운이 찾아와서 부유(富裕)한 노년을 맞이하게 될 암시이니 비로소 점입가경(漸入佳境)이라는 말을 떠올리게 된다.

[044] 辛卯年 丁酉月 丙辰日 戊戌時

用神과 干支別 運勢의 吉凶											
戊 丙 丁 辛 戌 辰 酉 卯			用: 火(丁) 喜: 木[用神級]				劫財格 劫財無力格				
干	甲 上	乙 上	丙 上	丁 上	戊 下	己 下	庚 下	辛 下	壬 下	癸 下	
支	子 中	丑 下	寅 上	卯 上	辰 下	巳 上	午 上	未 下	申 下	酉 下	戌 下	亥 中

(1) 주운해석(柱運解釋)

초년(初年)의 卯木은 반갑지만 辛卯이니 무슨 기대를 하랴 싶다. 어린 시절에 잠시 공부를 하더라도 이런저런 장애를 만나서 마음대로 되지 않을 것이고, 청년(靑年)의 酉金이 그나마도 날려버리고 있으니 사회생활을 하게 되면서 어려움이 겹쳐서 나타나게 될 가능성을 암시한다. 중년(中年)에도 노력에 비해서 결실이 빈약하여 갈증이 나겠지만 말년(末年)이 된다고 해서 더 나아질 것이라는 기대감을 갖기도 쉽지 않다. 戌土가 약간의 뿌리가 될 수도 있으련만 아쉽게도 辰戌沖을 만나서 손상되어버리니 土만 남은 상황에서는 丙火에게 도움을 줄 방법이 없어 보인다. 일생을 통해서 얻을 것은 거의 없고 힘들고 분주하기만 한 삶을 살아야 할 조짐이니 일복만 타고난 것이라고 해석한다.

(2) 세운해석(歲運解釋)

 天干의 木火運은 좋은데 土金水運은 부담을 준다. 丙丁火運은 辛金을 제거하여 卯木을 편하게 하므로 上運이라고 해도 좋다. 庚辛金運은 火用神이므로 무난하지 않겠는가 싶기도 하지만 워낙 무력한 丁火인지라 金이 들어오는 것만으로도 부담으로 작용할 것이기 때문에 下運이다.

 地支의 運도 대동소이(大同小異)하여 木火運은 좋지만 그 나머지는 부담으로 보게 된다. 다만 亥子水運의 경우에는 중간으로 봐줘도 되는 것은 卯木에게 단 얼마만큼이라도 도움을 줄 수 있지 않을까 싶은 기대감이다. 혹, 用神을 돕고 있으니 上運으로 볼 수도 있으나 아쉽게도 年支에 자리하고 있어서 도와준다고 해도 日干에게 미치는 영향은 그리 대단하지 않을 것이기 때문에 中運으로 보는 것이다. 만약에 卯木이 日支에 있었다면 당연히 上運으로 작용하게 될 것이다.

(3) 재운해석(財運解釋)

 財星이 仇神이니 재물(財物)을 논하는 것은 허망(虛妄)하다고 하겠다. 아니, 허망으로 그칠 뿐만 아니라 재앙(災殃)의 씨앗이 되기도 할 것이므로 물욕을 부리다가 삶의 여정에서 후회만 남길까 염려가 된다. 일생을 살아가면서 물욕(物慾)은 버리고 담백한 마음으로 자연의 이치를 따르면서 살아가는 것을 권하며 직장에서 적은 월급이라도 만족하고 살아가면서 분수를 지킨다면 또한 현명하고 지혜로운 삶이라고 할 것이다.

[045] 戊寅年 丁巳月 庚戌日 丙戌時

用神과 干支別 運勢의 吉凶		
丙庚丁戊 戌戌巳寅	用: 土(戊, 戌) 喜: 金	偏印格 殺重用印格

干	甲	乙	丙	丁	戊	己	庚	辛	壬	癸		
	下	下	下	下	上	上	中	中	中	中		
支	子	丑	寅	卯	辰	巳	午	未	申	酉	戌	亥
	中	上	下	下	上	下	下	中	中	中	中	中

(1) 주운해석(柱運解釋)

年柱의 戊土는 생각보다 힘이 있으나 寅木이 부담을 주므로 초년(初年)의 상황을 본다면 반길반흉(半吉半凶)이다. 그리고 月柱에서는 官殺이 장악하고 있으니 청년기에는 마음대로 되는 일이 없을 것으로 해석한다. 중년(中年)에는 戊土가 도움을 주니 나쁘다고는 못하겠지만 열기로 인한 부담감이 느껴지므로 辰土와 비교한다면 많이 아쉽다. 말년(末年)에도 조열(燥熱)함으로 계속 어려움이 나타날 조짐이다.

일점(一點)의 수기(水氣)도 보이질 않으니 陰陽으로 본다면 양기(陽氣)가 치우쳐서 음기(陰氣)는 고갈된 형태이다. 강약도 강약이지만 이렇게 열기로만 가득 채워진 경우에는 심리적으로 매우 답답한 상태가 될 것이고, 이로 인해서 정서적(情緖的)으로도 힘들 것으로 판단한다.

(2) 세운해석(歲運解釋)

 조열(燥熱)한 四柱에서 天干의 木火運이 凶한 것이야 더 말을 할 필요도 없다. 土運이 좋은 것은 당연한데 水運을 나쁘지 않을 것으로 보는 것은, 조열(燥熱)한 기운을 단 얼마라도 조절해 주기를 바라는 마음이다. 왜냐하면 戊土의 입장에서 壬癸水運은 도움이 될 수는 있어도 해롭진 않을 것이기 때문이다.
 地支의 亥子水運도 그런 의미에서 나쁘지 않은 것으로 대입한다. 습토(濕土)인 丑辰土運은 좋은 작용으로 기대를 할 수가 있겠는데 조토(燥土)에 해당하는 戌未土運은 부담이 될 뿐이라는 것도 陰陽을 맞추지 못한 원국(原局)의 결함(缺陷)으로 작용하게 되는 문제이다. 喜神이라고 하는 申酉金運도 실상은 별 도움을 주지 못하는 것도 같은 이유이다.

(3) 재운해석(財運解釋)

 財星은 年支의 寅木이고 忌神에 해당한다는 것을 안다면 재물(財物)을 논함에 있어서도 기대를 하지 말라는 말로 간단히 끝낼 수가 있겠다. 財運이 들어와도 기대를 할 것이 없는 것은 당연하다. 甲乙木運이 들어오면 불길을 도와주니 불길은 더욱 거세질 것이고 寅卯木運이 들어와도 마찬가지가 될 것이기 때문이다. 이런 상황의 財運은 자신의 몸만 태울 뿐이니 모쪼록 재물에 대한 환상은 버리고 성실하게 하루하루를 살아가는 방법으로 인생(人生)을 운영하라는 조언 이외에 재물에 대해서는 달리해줄 말이 없다.

[046] 庚戌年 庚辰月 庚申日 壬午時

用神과 干支別 運勢의 吉凶									
壬 庚 庚 庚 午 申 辰 戌		用: 水(壬) 喜: 木				食神格 食神制官格			
干	甲 中	乙 中	丙 中	丁 中	戊 下	己 下	庚 中	辛 中	壬 上	癸 上
支	子 上	丑 下	寅 中	卯 中	辰 下	巳 下	午 下	未 下	申 下	酉 下	戌 下	亥 上

(1) 주운해석(柱運解釋)

초년(初年)의 庚戌은 답답한 나날로 진행될 가능성이 많다. 食神이 필요한데 偏印과 比肩은 아무런 도움이 되지 않을뿐더러 갈등만 발생시키기 때문이다. 이어지는 月柱의 庚辰도 대동소이(大同小異)하다. 중년(中年)이 되어서야 겨우 뿌리를 내리려고 생각하는 것은 申中壬水가 있어서이다. 그나마 다행이라고 해야 하겠지만 여전히 미약(微弱)하기는 마찬가지이므로 아직은 서두르지 않아야 한다. 말년(末年)이 되어서야 자신의 노력으로 비로소 오랫동안 꿈꿔 온 일들을 추진하고 어느 정도 성취도 얻게 될 가능성이 있으니 그야말로 대기만성(大器晚成)이다. 그러니 세월이 간다고 한탄하지 말고 느긋하게 준비하면서 강태공(姜太公)을 떠올리면 좋을 것이다.

(2) 세운해석(歲運解釋)

天干에서 기대하는 것은 오로지 壬癸水運이다. 甲乙木運도 나쁘진 않겠지만 三庚이 진(陣)을 치고 있으니 들어와 봐야 할 수 있는 것은 별로 없을 것이기 때문이다. 庚辛金運이 그런대로 중간이 되는 것은 甲乙木이 원국에 없기 때문이다.

地支에서는 亥子水運을 제외하고 의지를 할만한 것은 거의 없다. 寅卯木運은 초년과 청년에는 도움이 되지만 중년에 들어온다면 申金으로 인해서 힘들고, 말년에는 午火를 生해 주므로 도움이 되지 않아서 中運 정도로 봐주게 된다. 申酉金運은 天干의 壬水를 生해 주기는 힘들어 보이므로 下運으로 대입한다.

(3) 재운해석(財運解釋)

재물(財物)은 辰中乙木을 논해야 하겠으나 四柱의 구조에서 辰戌沖으로 인해서 없는 것이나 마찬가지이다. 무재사주(無財四柱)는 돈을 담을 주머니가 없는 것으로 본다. 그야말로 있는 것이라고는 두 손뿐이다. 그 손에는 남보다 뛰어난 기술을 담아야 한다. 그러므로 요리사(料理師)가 되거나 장인(匠人)이 되더라도 명장(明匠)이 되어야만 한다. 그래서 손가락을 움직일 힘만 있으면 어디를 가더라도 밥이 있고 재물이 있을 것이다. 그리고 오랜 시간을 연마한 기술은 말년이 되어서야 비로소 빛을 발하는 것으로 봐서 이 四柱의 時干에 있는 壬水의 의미를 높이 평가하게 된다. 장인은 늦게 빛나기 때문이다.

[047] 壬子年 癸丑月 癸酉日 甲寅時

用神과 干支別 運勢의 吉凶		
甲癸癸壬 寅酉丑子	用: 木(甲, 寅) 喜: 火	傷官格 傷官暗財格

干	甲上	乙上	丙上	丁上	戊中	己中	庚下	辛下	壬下	癸下
支	子中	丑下	寅上	卯上	辰下	巳上	午上	未中	申下	酉下	戌中	亥中

(1) 주운해석(柱運解釋)

年柱에 比劫은 초년(初年)의 환경(環境)이 어려운 것으로 해석을 하게 되니 가난한 집안의 부모(父母)를 만날 가능성이 많고 학비(學費)의 조달(調達)이 어려워서 공부를 하는 것도 순탄하지 않을 수 있다. 이어지는 청년(靑年)에서도 어려움은 해소되지 않는다. 특히 丑土를 보면 偏官이라서 고통까지도 예견(豫見)된다. 힘겨운 젊은 시절이 될 것이다. 그렇다고 해서 중년(中年)이 되어도 偏印이 日支에 자리 잡고 있는 까닭에 좋아진다는 보장도 없다. 오히려 많은 생각들로 힘들게 할 것이니 또한 현실적으로 어려움이 발생하고 있음을 예고하는 것이기도 하다. 말년(末年)이 되어서야 비로소 자신의 능력을 발휘하여 그동안 못한 일들을 분주하게 처리하고 또 그만큼의 성취도 있을 것이니 時柱의 공덕이 태산(太山)과 같다.

(2) 세운해석(歲運解釋)

 天干의 木火土運은 모두 좋은 작용을 하게 된다. 다만 아쉬운 것은 壬癸水로 인해서 火가 기를 펴지 못하는 것이고, 戊己土運이 도움이 되는 것은 壬癸水가 있는 까닭이다. 비록 己土는 甲木과 합을 하지만 寅木에 뿌리가 있어서 흔들릴 정도는 아니라고 봐서 도움이 되는 것으로 대입한다.

 地支의 상황도 대동소이하여 木火의 運은 모두 좋은 결실을 가져다줄 것이다. 未戌土運의 경우에도 나쁘지 않아서 중간은 된다. 그리고 申酉金運은 凶한 작용을 하겠지만, 亥子水運의 경우에는 酉金이 寅木을 부담스럽게 하는 것에 대해서 완충작용을 할 수 있을 것이기 때문에 해롭지 않은 것으로 본다. 그렇더라도 巳午火運보다는 못한 것으로 보는 것은 결실(結實)이 되기는 어렵기 때문이다.

(3) 재운해석(財運解釋)

 四柱를 통틀어서 財星이라고는 時支의 寅中丙火가 전부이다. 당연히 재물(財物)의 인연은 늦어지고 또 미약하다고 해석하게 된다. 젊어서는 열심히 노력하여도 재물이 모이지 않다가 노년이 되어서야 비로소 재물도 모이고 안정도 될 것이나 그것도 넉넉하긴 어렵다. 丙寅이었더라면 참 좋았을 텐데 그렇지 못하니 겨우 아쉬움을 면하는 정도이다. 丙寅도 좋고 甲午도 좋을 것이나, 甲寅이라도 그나마 다행인 것은 癸丑과 乙卯보다 나은 까닭이다.

[048] 辛巳年 庚寅月 癸巳日 丙辰時

用神과 干支別 運勢의 吉凶										
丙癸庚辛 辰巳寅巳		用: 金(庚, 辛) 喜: 土					印星格 日弱用印格			
干	甲 下	乙 下	丙 下	丁 下	戊 上	己 上	庚 上	辛 上	壬 上	癸 上
支	子 中	丑 中	寅 下	卯 下	辰 中	巳 下	午 下	未 中	申 上	酉 上	戌 中	亥 中

(1) 주운해석(柱運解釋)

年柱에 辛金이 있어서 반갑긴 하지만 巳火의 부담이 더 크기 때문에 초년(初年)의 상황을 기대하기는 어려운 장면이다. 청년(靑年)의 상황도 대동소이하여 또한 득(得)보다는 실(失)이 많은 상황이다. 더구나 중년(中年)에는 더욱 힘들어 물질적으로 궁핍할 수도 있고 배우자로 인한 어려움이 발생할 수 있음을 걱정하게 된다.

말년(末年)의 丙辰조차도 더 좋아진다고 말하기 어려우니 전체적으로 나타난 모습으로는 일생의 여정(旅程)이 고단하다고 해야 할 모양이다. 이러한 상황에서는 종교(宗敎)와 같은 형태의 신앙심(信仰心)으로 모든 일에 감사하는 마음으로 노력하고 헌신(獻身)한다면 마음의 위로는 얻을 수가 있지 않을까 싶다.

(2) 세운해석(歲運解釋)

 天干의 土金水運은 모두 도움이 된다. 土金運이야 당연하겠지만 水運의 경우에는 丙火를 제거하여 用神에게 부담을 주는 것을 해소하는 까닭에 좋은 것으로 분류한다. 아울러서 甲乙木運은 中運이지만 丙火를 生하는 바람에 결과적으로는 庚辛金에게 부담을 줄 수밖에 없으므로 下運으로 대입하게 되는 것도 참고한다.

 地支의 運은 申酉金運을 제외하고는 기대를 할만한 글자들이 없다. 辰戌丑未土運을 무난하다고 보는 것은 그나마 天干의 庚辛金이 너무나 허약(虛弱)하여 약간이라도 도움을 줄 수 있지 않겠느냐는 기대감(期待感)이지 실제로 큰 힘이 되기도 어려운 장면이다.

(3) 재운해석(財運解釋)

 財星은 火가 되는데 글자는 셋이나 있으나 모두가 忌神의 역할을 하고 있으니 재물(財物)에 대해서는 凶하다고 밖에 해석을 할 길이 없다. 그래서 재물에 대해서는 신중하고 조심하고 더욱 주의해야 한다. 헛된 계획으로 말미암아 스스로도 고통에 빠지고 주변 사람들조차도 한 구덩이에 몰아넣고 허우적거리게 할 수도 있으니 모쪼록 근신(勤愼)하고 자중(自重)하여 무리(無理)한 계획을 세우지 않아야 할 것이며, 적은 액수의 돈이라도 낭비(浪費)하지 말고 알뜰히 모아서 가족이 어려움에 처하지 않도록 노력하는 길만이 최선이 될 것이다.

[049] 癸卯年 戊午月 戊子日 乙卯時

用神과 干支別 運勢의 吉凶		
乙 戊 戊 癸 卯 子 午 卯	用: 火(午) 喜: 木, 土	正印格 貪財壞印格

干	甲	乙	丙	丁	戊	己	庚	辛	壬	癸
	下	下	上	上	上	上	下	下	下	下

支	子	丑	寅	卯	辰	巳	午	未	申	酉	戌	亥
	下	中	上	上	中	上	上	上	下	下	上	下

(1) 주운해석(柱運解釋)

초년(初年)의 癸卯는 힘들고 부담스러운 상황으로 나타나게 되므로 고생이 심할 것이다. 다만 청년(靑年)이 되면서 크게 도움을 받을 수 있는 귀인을 만나게 되어 공부도 하고 직장도 얻고 신망(信望)도 얻을 수 있는 일석삼조(一石三鳥)의 행운(幸運)이 따른다고 하겠다.

다만 그렇게 좋은 시절도 중년(中年)이 되면서 일락천장(一落千丈)하여 모든 기대감을 물거품으로 만들 수가 있으므로 사전에 이에 대한 마음의 준비를 하고 절대로 탐욕(貪慾)을 부리지 말고 현실적으로 냉철(冷徹)하게 판단하면서 삶을 꾸려가는 것을 당부한다. 그럼에도 말년(末年)의 乙卯를 보면 비록 木이 喜神이지만 午火에서 전혀 도움을 주지 못하므로 마음대로 되지 않아서 고통을 겪게 될 암시이다.

(2) 세운해석(歲運解釋)

天干의 火土運은 上運이지만 그 나머지는 기대를 할 수가 없다. 아쉽게도 丙丁火가 하나라도 있었더라면 甲乙木運도 나쁘다고만 하지는 않았을 터인데 火가 전혀 없으니 아무런 쓸모도 없이 고통만 가져다주는 運으로 전락(轉落)하고 마는 결과가 되는 것이다.

地支의 木火運은 上運이다. 午火가 用神이기 때문에 좋은 것도 있지만 卯木이 둘이나 있어서 子水의 부담은 벗어날 수 있다는 것이 큰 자랑이다. 다만 申酉金運이 부담인 것은 子水가 生을 받게 됨으로 인해서 午火를 더욱 힘들게 하기 때문이다. 습토(濕土)인 丑辰土는 子水를 막아 주는 정도여서 中運이지만 조토(燥土)인 戌未土는 午火를 보호하기까지 하므로 上運으로 대입하게 된다.

(3) 재운해석(財運解釋)

財星은 日支에 子水와 年干의 癸水가 있는데 子水의 자리는 마왕(魔王)이라고 해야 할 정도로 大凶한 자리를 차지하고 있으니 아무래도 전생(前生)에 큰 빚을 지고 왔다고 해야 할 모양이다. 더구나 그 자리는 배우자의 자리이기도 하니 아마도 배우자로 인해서 재물적(財物的)인 부분에서 큰 고초를 겪을 암시도 갖고 있으므로 모쪼록 조심하지 않으면 안 되겠지만 그것이 조심한다고 해서 되는 것도 아니라는 것이 안타까울 따름이다. 특히 스스로도 戊癸合으로 인해서 물욕(物慾)이 적지 않을 암시가 있으니 큰 부담이다.

[050] 甲午年 丙子月 丙午日 甲午時

用神과 干支別 運勢의 吉凶		
甲丙丙甲 午午子午	用: 水(子) 喜: 金	正官格 劫衆用官格

干	甲	乙	丙	丁	戊	己	庚	辛	壬	癸		
	下	下	下	下	下	下	中	中	上	上		
支	子	丑	寅	卯	辰	巳	午	未	申	酉	戌	亥
	上	下	下	下	下	下	下	下	中	中	下	上

(1) 주운해석(柱運解釋)

초년(初年)의 甲午는 아무런 쓸모가 없다. 부모(父母)의 도움도 없고, 환경(環境)도 좋지 않아서 힘겨운 어린 시절을 보낸다고 해석한다. 다만 청년(靑年)에 子水의 도움을 받게 되는 것이 희망적이다. 비록 子水가 힘은 없더라도 月支에 있다는 것을 고려한다면 그래도 상당한 기대가 되는 것은 틀림없다.

그러나 아쉽게도 그다음으로 이어지는 柱運이 약하다. 중년(中年)의 午火도 아무런 도움이 되지 못하고, 말년(末年)의 甲午도 희망을 주기에는 어려운 구조이다. 그러므로 젊어서 얻은 일자리를 정년(停年)까지 갖고 가는 것을 최선(最善)으로 삼게 된다. 그렇지 않고서 다른 방향으로 계획을 세우고 추진을 한다면 아무래도 마음대로 되는 일보다는 힘든 일들이 더 많을 듯싶다.

(2) 세운해석(歲運解釋)

天干에서는 水運을 제외하고는 기대를 할 運이 없다는 것이 아쉽다. 그나마 金運이라도 기대를 하고 싶은데 원국에 壬癸水가 없으니 들어와 봐도 아무런 역할을 할 수가 없다는 것이 가장 큰 아쉬움이다. 그래서 天干의 運은 찾아 먹을 것이 별로 없는 셈이다. 그러나 地支의 運도 특별히 좋은 運이 없기는 마찬가지이다. 亥子水運은 그런대로 上運이 가능하겠지만 그 외의 運은 모두 기대치(期待値)에 미치지 못하는 구조를 하고 있어서 실제로는 별 도움이 되지 못한다고 해석한다. 申酉金運에서 金生水를 기대하고 싶기는 하지만 3개의 午火가 진(陣)을 치고 있으니 웬만해서는 子水에게 도움을 주기가 어렵다는 것이 가장 안타까운 장면이다.

(3) 재운해석(財運解釋)

財星인 金이 간절한 喜神임에도 불구하고 원국에는 없으니 재물복(財物福)도 이에 준해서 약한 것으로 판단하게 된다. 물론 이러한 경우에 日支의 午火가 申金이라도 되었다면 엄청난 재복(財福)을 논할 수가 있을 텐데 많이 아쉬운 장면이다. 다만 金運이 들어올 적에는 상당한 재물을 획득할 것으로 기대가 된다. 그렇게 얻은 재물은 다시 運이 지나가 버리면 다시 원래의 자리로 돌아가게 될 가능성이 있으므로 모쪼록 손에 들어온 재물은 절대로 내보내지 말고 알뜰하게 관리를 하여 일생의 복(福)이 되도록 해야 할 것이다.

[051] 壬辰年 壬子月 甲辰日 丙寅時

用神과 干支別 運勢의 吉凶											
丙甲壬壬 寅辰子辰				用: 火(丙) 喜: 土				食神格 印重用食格			
干	甲 上	乙 上	丙 上	丁 上	戊 上	己 上	庚 中	辛 下	壬 下	癸 下	
支	子 下	丑 上	寅 下	卯 下	辰 上	巳 上	午 上	未 上	申 下	酉 下	戌 上	亥 下

(1) 주운해석(柱運解釋)

초년(初年)의 壬辰과 청년(靑年)의 壬子는 기대를 할 수 있는 運이라고 보기는 어렵다. 印星이 부담을 주니 공부로 풀리기는 어렵겠고 세상에서 부대끼면서 삶의 이치를 터득하는 것이 나을 듯싶다. 중년(中年)이 되면서 성공의 발판을 마련하게 될 것으로 보는 것은 辰土의 작용을 기대해서이다. 특히 말년(末年)의 丙火는 누구도 빼앗아갈 수 없는 뛰어난 기술을 의미하므로 오랜 시간을 연마한 기술로 인해서 나이가 들면서 인정을 받게 될 것이고 특히 철학, 종교 분야라면 더욱 좋다고 보는 것은 用神이 종교궁에 있기 때문이다. 모쪼록 時干의 用神을 바라보고 가야 하는 삶이니 인내심과 끈기가 무엇보다도 요구되는 조건인데 官殺이 없어서 걱정이다.

(2) 세운해석(歲運解釋)

天干의 木火土運은 모두 上運이다. 甲乙木運이 좋은 것은 丙火에게 힘을 실어줘서 나쁠 이유가 없고, 壬水가 쌍으로 있으니 그것을 막아 주는 것도 대단한 공덕이 될 것이기 때문이다. 庚金運은 무난하지만 辛金運이 부담인 것은 용신기반(用神羈絆)이 되기 때문이다.

地支의 火土運은 上運이지만 寅卯木運은 生할 巳午火가 없고 丙火는 이미 寅木의 生을 받고 있기 때문에 기대하기 어렵다. 만약 丙寅이 아니라 丙子였더라면 寅卯木運도 上運으로 볼 수 있을 것이다. 地支의 土運이 上運인 이유는 水를 제어하는 공덕이 있기 때문에 丑辰土運도 도움이 될 것으로 본다. 午火運은 上運이라고는 했지만 청년(靑年) 시절에 들어온다면 子水로 인하여 생각보다 크게 좋다고 보긴 어려울 것이니 이것은 세운(歲運)도 항상 柱運과 함께 고려해야 함을 의미한다.

(3) 재운해석(財運解釋)

財星이 喜神이므로 재물복(財物福)은 좋은 것으로 대입하게 된다. 다만 食神生財가 아닌 것은 약간의 아쉬움을 남긴다. 그럼에도 불구하고 중년 이후로는 재물(財物)의 인연이 좋아져서 부유한 나날이 가능해 보이니 기대를 해도 될 것이다. 寅木이 木剋土를 하는 것은 다소 염려스럽지만 다행히 寅木은 丙火를 生하느라고 土를 剋하는 칼끝이 날카롭진 않으니 이른바, '탐생망극(貪生忘剋)'의 이치가 적용된 셈이다.

[052] 壬午年 壬子月 甲辰日 丙子時(夜子時)

用神과 干支別 運勢의 吉凶		
丙甲壬壬 子辰子午	用: 火(丙, 午) 喜: 木, 土	食神格 印重用食格

干	甲上	乙上	丙上	丁上	戊上	己上	庚下	辛下	壬下	癸下		
支	子下	丑中	寅上	卯上	辰中	巳上	午上	未上	申下	酉下	戌上	亥下

(1) 주운해석(柱運解釋)

초년(初年)의 壬午는 子午沖에 壬水의 剋을 받고 있는 까닭에 기대하기 어려운 午火이다. 이어지는 청년(靑年)의 壬子는 번뇌와 고통이 끊임없이 일어나겠는데 그 모두는 심리적인 부분에서의 작용일 것이다. 偏官은 직접적인 공격이 되지만 忌神에 해당하는 印星은 정신적인 고통이라고 볼 수 있기 때문이다. 중년(中年)의 辰土는 안정이 되는 것으로 기대를 해도 되겠는데 워낙 地支에는 수세(水勢)가 범람을 하는 바람에 실제로 기대감을 채워주기에는 아쉬움이 많을 것이다. 만약 戌土였다면 辰土보다 많은 보탬이 되었을 것이다. 말년(末年)에는 丙火가 있어 기대가 되지만 子水의 존재로 인해서 기대감이 충족되기에는 부족할 암시이니 아쉬운 구조이다.

(2) 세운해석(歲運解釋)

 天干의 木火土運은 모두 上運이 가능하다. 庚金運은 허약한 丙火가 감당하기에 다소 부담이라고 봐서 下運으로 봐야 할 듯 싶다. 地支의 木火土運도 또한 기대가 된다. 다만 丑土運은 지나치게 습(濕)한 모습의 원국을 감안하여 中運으로 대입하는 정도이다. 같은 습토(濕土)라도 辰土가 丑土보다는 도움이 더 되지만 上運으로 대입할 정도는 아니다. 또 巳午火運의 경우에도 기대치는 높지만 子水가 쌍으로 기다리고 있는 원국을 감안한다면 또한 마음을 놓아도 될 정도는 아니라고 해야 하지 않을까 싶다.

(3) 재운해석(財運解釋)

 喜神인 財星이 日支를 지키고 있는 것은 큰 위안이 된다. 辰土가 비록 時干의 丙火를 보호할 수는 없지만 日干을 위해서 큰 도움을 주는 것은 확실하다. 재물복(財物福)이 없다고 하기 어려운 것은 이러한 구조로 인해서이다. 다만 아쉬운 점은 중년(中年)에만 머물러 있다는 것이다. 그러다 보니 전후(前後)의 세월에서는 곤궁(困窮)한 상황이 전개될 수도 있으므로 아무도 가져갈 수 없는 확실한 능력을 보유하고 그에 대한 자격증도 확보하는 것이 무엇보다 중요하다고 하겠다. 그래도 運의 도움이 크다고 봐서 웬만해서는 궁핍(窮乏)을 면할 수 있겠다는 기대감도 가져 본다.

[053] 壬申年 壬子月 乙亥日 丁丑時

用神과 干支別 運勢의 吉凶		
丁乙壬壬 丑亥子申	用: 火(丁) 喜: 木	食神生財格 寒木向陽格

干	甲上	乙上	丙上	丁上	戊中	己中	庚下	辛下	壬下	癸下
支	子下	丑中	寅中	卯中	辰中	巳中	午中	未上	申下	酉下	戌上	亥下

(1) 주운해석(柱運解釋)

초년(初年)의 壬申은 별로 도움이 되진 않지만 공부를 해야 하는 시기에는 나쁘지 않은 것으로 대입한다. 正印은 입력이 잘되고 正官은 저장이 잘 될 것이기 때문에 은근히 성적이 좋다고 보게 된다. 청년(靑年)의 月柱도 같은 의미에서 나쁘진 않다. 다만 공부를 할 시기가 넘어가게 되면 正印의 음적(陰的)인 작용으로 비로소 번뇌와 망상으로 이어질 수 있다. 그런데 중년(中年)까지도 이렇게 印星으로 철갑(鐵甲)을 두르고 있다는 것이 못내 섭섭하다.

결국 말년(末年)이 되어서야 비로소 자신의 능력을 인정받고 한 분야의 전문가로 활약을 하게 되니 고진감래(苦盡甘來)라고 해야 할 것이며 그러한 능력으로 결실까지 얻을 수가 있는 것은 丑土가 있음이니 또한 노년(老年)의 복(福)이다.

(2) 세운해석(歲運解釋)

天干의 木火運은 모두 吉하므로 上運으로 대입한다. 土運도 壬水를 제어해 주니 나쁘지 않다. 그러나 金水運은 부담을 주고 있다. 火用神인데 庚辛金運이 왜 부담을 줄까? 그것은 丁火가 약한 데다가 壬水가 노려보고 있는 것이 꺼림칙해서이다. 그래서 戊己土運을 中運으로 대입하게 되는 것이다.

地支의 寅卯木運이 中運이 되는 것은 喜神임에도 火가 없기 때문이다. 天干의 甲乙木運은 上運인데 地支의 寅卯運은 中運이 되는 것이다. 巳午火運이 기대하기 어려운 것은 寅卯木이 하나도 없어서 들어와 봐야 의지할 곳도 없고 亥子水가 지키고 있으니 마냥 안타까울 뿐이다. 그래서 인성과다(印星過多)의 상황에서 運에서 들어오는 食傷은 큰 힘을 발휘할 수가 없는 것이다.

(3) 재운해석(財運解釋)

財星인 丑土는 用神을 보호해야 하는 책임이 있지만 워낙 무력한 用神인지라 재물(財物)로 논한다면 미약하다고 할 상황이다. 그럼에도 불구하고 도움이 기대되는 財星이므로 말년의 재물에 대해서는 기대를 하고 싶은 마음이다. 비록 일생을 살면서 곤궁(困窮)했더라도 말년에는 자그마한 성과(成果)를 거둘 희망은 있다. 당장 눈에 보이는 것이 보잘것없더라도 꾸준하게 노력하고 검소하게 살아가다 보면 나중에 돌아올 결실이 있을 것이니 비록 재물은 얼마 되지 않더라도 귀하게 작용을 할 것으로 본다.

[054] 癸丑年 己未月 辛未日 己丑時

用神과 干支別 運勢의 吉凶		
己辛己癸 丑未未丑	用: 水(癸) 喜: 金, 木	食神格 印重用食格

干	甲	乙	丙	丁	戊	己	庚	辛	壬	癸	
	上	上	下	下	下	下	上	上	上	中	
支	子	丑	寅	卯	辰	巳	午	未	申	酉	戌	亥
	中	下	上	上	下	下	下	下	下	下	下	中

(1) 주운해석(柱運解釋)

초년(初年)에 천재라는 말도 들을 수 있는 구조이다. 그러나 그것이 전부이다. 丑未沖이 地支를 장악하고 있으니 초년이나 중년(中年)이나 말년(末年)까지 어느 시기 하나도 기대를 갖기 어렵기 때문에 이런 팔자를 타고난 운명(運命)이라면 겨우 세운(歲運)을 의지하여 삶을 꾸려가는 수밖에 달리 묘안(妙案)이 없다. 그래도 조언을 한다면 일찌감치 학업은 접고 몸으로 세상을 살아가는 방법을 배우라고 권한다. 흔히 "시장에서 잔뼈가 굵었다."라고 말하듯이, 이러한 四柱를 타고난 사람은 일찍부터 장인(匠人)을 따라서 열심히 몸으로 기술을 익혀서 일생의 보물로 삼아야만 나머지 세월을 살아가는데 어려움이 적을 것이기 때문이다. 그러니 누가 뭐라던 일체 관여하지 말고 오로지 손으로 기술을 익히는데 최선을 다해야 한다.

(2) 세운해석(歲運解釋)

天干의 癸水運을 壬水運보다 낮게 보는 이유는 己土로 인해서이다. 아무래도 주눅이 들어서 활동하기 어려울 것이기 때문이다. 甲木運은 비록 己土와 合이 되더라도 癸水만 지켜 주면 되므로 좋은 작용을 할 것이고 결실로도 이어질 가능성이 높아서 上運으로 본다.

地支의 運은 참으로 안타까울 뿐이다. 寅卯木運이 들어와도 用神의 입장에서는 전혀 활동을 할 수가 없다는 것이 유감이지만 그래도 왕성한 土를 잡아 주기라도 할 것이니 좋은 것은 사실이다. 더구나 亥子水運은 머물 곳이 전혀 없어 발도 못 붙여 보고 지나가야 하는 물방울이니 흡사 방수복(防水服)이 생각난다. 用神이라서 좋다고 했다가 전혀 좋을 것이 없는 안타까운 형상이다. 이러한 구조로 인해서 用神은 用神이고 작용은 四柱의 구성에 따라서 다르다는 이치를 알아야 할 것이다.

(3) 재운해석(財運解釋)

未中乙木이 財星인데 땅속 깊숙이 박혀서 밖으로 나올 생각이 없으니 재물(財物)의 창고(倉庫)를 언제나 채워 볼 것인지 아득하기만 하다. 비록 財運이 와서 잠시 재물(財物)이 모이기도 하겠지만 담아 둘 그릇이 없어 이내 어디론가 흩어지거나 누군가 와서 침탈(侵奪)해 가기 쉬우니 모쪼록 돈 자랑은 하지 말고 조금이라도 들어오는 재물은 깊숙하게 숨겨 놓고서 전혀 내색을 하지 말고 묵묵히 일만 해야 할 것이다.

[055] 癸酉年 壬戌月 丙申日 甲午時

用神과 干支別 運勢의 吉凶		
甲 丙 壬 癸 午 申 戌 酉	用: 木(甲) 喜: 水	偏印格 偏印無力格

干	甲 上	乙 上	丙 中	丁 中	戊 下	己 下	庚 下	辛 下	壬 上	癸 上
支	子 上	丑 下	寅 中	卯 中	辰 下	巳 下	午 下	未 下	申 下	酉 下	戌 下	亥 上

(1) 주운해석(柱運解釋)

초년(初年)은 財官이 부담을 주고 있어서 힘든 날의 연속이지만 힘들게라도 공부는 할 수 있는 것으로 본다. 그나마 어려서의 고생은 보약이라고 하니 다행이라고 해도 되겠다. 청년(靑年)의 시기도 힘들기는 마찬가지이다. 너무 힘들어서 새로운 길을 모색하기도 하지만 힘이 부족하여 추진하기 어려우니 차분하게 멀리 내다보고 내공을 쌓아야 할 것이다.

중년(中年)이 되어도 일만 많고 먹을 것은 쌓이지 않는 運의 연속이다. 그러다가 말년(末年)이 되어서야 비로소 귀인(貴人)을 만나서 자리를 잡게 되는데 時干의 종교궁을 생각해 보면 종교나 철학과 같은 인연으로 행복을 얻을 수 있을 가능성도 생각하게 된다. 다만 甲木의 허약(虛弱)함으로 이름만 그럴싸하고 실속이 없을 듯싶다.

(2) 세운해석(歲運解釋)

 天干의 水木運은 大吉한 上運이다. 壬癸水運이 日干의 丙火에게는 부담을 줄 것이지만 약한 用神에게는 많은 도움을 줄 수 있으므로 좋은 運으로 작용하게 될 가능성이 많은 까닭이다. 오히려 丙丁火運은 日干에게는 도움이 될지는 몰라도 用神을 힘들게 하므로 부담으로 작용할 수 있을 것이다. 그래도 中運으로 보는 것은 인정이 발동해서이다. 이렇게 運의 대입은 철저하게 用神의 상황을 위주로 본다는 점을 늘 염두에 두어야 한다.

 地支의 水運은 上運이지만 木運은 생각보다 기대를 할 것이 없다. 申酉金이 진(陣)을 치고 있고 午火도 기다리고 있다가 에너지를 모두 가져갈 것이기 때문에 中運 정도라도 작용을 해주면 고마울 따름이다. 巳午火運도 下運에 불과하니 원국의 干支에서 기대를 할 수 있는 運은 오직 水運 뿐이다. 그 나머지의 運에서는 모쪼록 무리한 추진을 피하고 안전하게 유지하는 것을 최선으로 삼는다.

(3) 재운해석(財運解釋)

 전생에서 대출통장 두 개를 가지고 왔다고 말할 수 있는 것은 地支의 申酉金이 있어서이다. 하는 것마다 재물(財物)이 발목을 잡을 것이므로 사업을 한다는 생각은 애초에 접어두고 근면(勤勉)과 성실(誠實)로 열심히 노력하여 분수에 따라 주어지는 것만 얻는다는 생각으로 일생을 보내는 것이 최선이다.

[056] 癸卯年 丁巳月 丁巳日 己酉時

用神과 干支別 運勢의 吉凶											
己丁丁癸 酉巳巳卯				用:土(己) 喜:金				食神生財格 劫衆用食格			
干	甲 下	乙 下	丙 中	丁 中	戊 上	己 上	庚 上	辛 上	壬 中	癸 中	
支	子 上	丑 上	寅 下	卯 下	辰 上	巳 下	午 下	未 上	申 上	酉 上	戌 上	亥 上

(1) 주운해석(柱運解釋)

초년(初年)의 癸卯가 학업에는 나쁘지 않은 상황이다. 어린 시절의 運은 用神보다 十星이라고 보면 참고가 될 것이다. 청년(靑年)의 丁巳는 아무런 기대를 할 수가 없으니 내공을 연마하는 용도 외에는 쓸 곳이 없다. 그리고 중년(中年)까지도 그대로 이어진다. 내가 하려는 것마다 劫財가 쇠파리 꼬이듯이 달려들어서 나에게 피해를 입히고자 할 것이니 이들로부터 벗어나는 것이 여간 피곤하지 않을 수 없는 암시이다. 그러다가 말년(末年)이 되어서야 비로소 자신의 능력을 바탕으로 사업체를 일으키게 되어 대기만성(大器晩成)의 진정한 의미를 몸소 깨닫게 될 것이다. 그러나 단명(短命)이라도 한다면 또한 말년(末年)의 행운이 무슨 소용이 있겠는지를 알면 어떻게 해서든 오래 살아야 할 일이다.

(2) 세운해석(歲運解釋)

 天干의 土金運은 모두 上運이다. 그리고 水運도 丁火를 제어하여 四柱의 조열(燥熱)한 기운을 해소하기 때문에 도움이 된다. 그리고 丙丁火運도 나쁘지 않은 것으로 보는 것은 또한 己土가 습토(濕土)인 까닭이다. 그래서 오직 甲乙木運만 주의한다면 어떤 運이 들어와도 꺼릴 것 없이 자신의 능력을 발휘할 수 있는 것이다.

 그러나 地支의 상황은 약간 다르다. 酉金을 보호할 土가 없기 때문에 巳午火運이 생각보다 부담스러우므로 木火運은 주의가 요망되지만 그 나머지의 土金水運은 天干과 마찬가지로 도움이 되는 것으로 해석하게 된다. 亥子水運은 酉金을 보호하는 약(藥)으로 작용하기 때문에 天干의 水運보다 더욱 吉하다.

(3) 재운해석(財運解釋)

 비록 재물(財物)이 劫財들의 통제를 받고 있으므로 젊어서의 노력이 마음대로 되지 않는다고 해도 말년(末年)의 희망을 버릴 필요는 없다. 그러니까 늦게 모이기 시작하는 재물이 태산(泰山)을 이루게 될 수도 있는 것이다. 더구나 수명이 길어진다면 그 효과는 더욱 커질 것이니 건강장수(健康長壽)를 열망(熱望)해야 할 四柱이다. 모쪼록 오래도록 살아서 노익장(老益壯)을 과시(誇示)하면 좋을 것이다.

[057] 丁巳年 丙午月 辛丑日 甲午時

用神과 干支別 運勢의 吉凶		
甲辛丙丁 午丑午巳	用: 土(丑) 喜: 金	偏印格 殺重用印格

干	甲 下	乙 下	丙 下	丁 下	戊 上	己 上	庚 中	辛 中	壬 中	癸 中
支	子 上	丑 上	寅 下	卯 下	辰 上	巳 下	午 下	未 上	申 中	酉 中	戌 中	亥 上

(1) 주운해석(柱運解釋)

초년(初年)의 丁巳는 官殺이다. 공부를 할 시기라고 본다면 힘은 들어도 세상을 살아가는 방법을 습득하는 運은 될 것이니 나쁘다고만 하지는 않는다. 그런데 청년(青年)의 丙午는 부담을 크게 준다. 힘든 시기가 너무 오래도록 지속되는 것은 바람직하지 않은 까닭이다.

중년(中年)의 丑土는 화기(火氣)를 흡수하여 日干에게 에너지를 공급해 주므로 매우 반갑다. 이것은 열기를 머금은 未土와 비교한다면 차이가 크다. 그러나 이러한 시절이 말년(末年)까지 이어지지 못하고 다시 불구덩이 속으로 들어간다는 것이 못내 아쉬운 장면이다. 그러니 중년의 좋은 시기를 얻었을 적에 기회를 놓치지 않고서 일생을 누릴 목표를 이루어 놓기를 권한다.

(2) 세운해석(歲運解釋)

天干의 戊己土運은 더 이상 바랄 것이 없는 上運이지만 그 외에는 기대를 할만한 運이 없어서 아쉽다. 庚辛金運도 丙丁火의 공격으로 인해서 힘을 발휘할 수가 없고, 壬癸水運도 평지풍파(平地風波)만 일으키는 형국이니 좋을 것이 없다.

地支의 亥子水運이 반가운 것은 巳午火의 조열(燥熱)함을 줄일 수가 있기 때문이다. 土運도 다 좋은데 戌土運은 조열한 기운을 감소하기에 역부족으로 봐서 생각보다 좋은 결과를 보기 어려워 보이므로 中運으로 대입한다. 같은 조토(燥土)라도 未土運은 陰土이기 때문에 戌土運보다는 도움이 되는 것으로 본다. 혹 丑未沖으로 도움이 어렵지 않은가 싶은 생각도 가능하겠는데 土沖은 土는 증가하고 내부의 다른 성분들이 손상되는 것으로 대입하기 때문에 土가 와도 나쁘지 않다.

(3) 재운해석(財運解釋)

官殺이 난무하는 장면에서 時干의 甲木은 순식간에 불바다에 동참하여 결국 日干을 공격하는 불길로 변하기 때문에 어떠한 도움도 기대하기 어렵고 오히려 가만히 있어주기만 해도 반갑다고 해야 할 상황이니 재물복(財物福)은 논하기 어렵고 오히려 고통이 끊임없이 일어날 수 있는 것으로 해석한다. 그러므로 물욕(物慾)을 버리고 알뜰하게 노력하여 일생의 양식을 확보할 생각을 하지 않으면 금전적으로 큰 고통에 빠질 수도 있음은 경계(警戒)해야 한다.

[058] 己巳年 戊辰月 戊申日 戊午時

用神과 干支別 運勢의 吉凶			
戊戊戊己 午申辰巳		用: 金(申) 喜: 水	食神格 劫衆用食格
干	甲 中	乙 中	丙 下	丁 下	戊 下	己 下	庚 上	辛 上	壬 中	癸 中
支	子 上	丑 中	寅 下	卯 中	辰 中	巳 下	午 下	未 下	申 上	酉 上	戌 下	亥 上

(1) 주운해석(柱運解釋)

초년(初年)의 己巳는 백해무익(百害無益)이지만 印星이 들어오기 때문에 공부는 가능하다. 다만 청년(靑年)의 戊辰은 공부도 잘되지 않을 것이므로 진정으로 백해무익이라고 할만한 시기이다. 그렇지만 중년(中年)에 日支의 申金을 얻게 되어 젊어서의 고생과 고통은 잊어버릴 수 있다. 모든 결실이 이 시기에 이루어질 수 있기 때문이다. 그럼에도 마음이 놓이지 않는 것은 말년(末年)의 戊午가 자신의 노력을 갈취해 가는 형상을 하고 있으니 노년(老年)의 삶이 쓸쓸하게 되지 않을까 염려가 크다. 그래도 財星이 日支에 암장되어 있으니 申中壬水를 잘 살펴서 자신이 결실을 얻을 수 있도록 잠재되어 있는 성분이 발휘되도록 지혜롭게 노력하여 미리 노년을 대비할 것을 당부한다.

(2) 세운해석(歲運解釋)

 天干의 庚辛金運은 上運이다. 그러나 壬癸水運을 中運으로 밖에 볼 수가 없는 것은 원국에 庚辛金이 없기 때문이다. 오히려 군겁쟁재(群劫爭財)의 형상이 일어나고 있으니 많은 아쉬움을 남기게 되어 中의 下運으로 보게 된다. 甲乙木運을 나쁘게 보지 않는 것도 天干에 火가 없는 상황에서 왕성한 土를 제어할 수 있기 때문이다. 그러나 좋다고만 볼 수도 없는 것은 木運이 들어와서 제대로 戊己土를 관리하기는 역부족일 것이기 때문이다.

 地支에서의 金水運은 上運이다. 비록 巳午火가 있더라도 辰土가 있어서 金을 감싸 줄 것이기 때문이다. 아울러서 丑辰土運을 中運으로 봐줄 수 있는 것은 地支에 亥子水가 없기 때문에 申金을 부담스럽게 할 수는 있어도 나쁘게 하진 않을 것으로 보이기 때문이다. 물론 토다금매(土多金埋)를 염려할 수도 있으나 午火가 申金을 공격하는 것이 더 큰 부담이기 때문에 土가 들어와서 보호하는 역할도 놓쳐서는 안된다.

(3) 재운해석(財運解釋)

 안타깝게도 財星은 辰中癸水와 申中壬水가 있으나 모두 암장되어서 제대로 활약하기는 어려운 형상이다. 그렇지만 日支의 壬水는 아무도 못 가져가므로 과욕(過慾)을 부리지만 않으면 중년부터는 먹고 살 정도의 재물(財物)은 소유할 수 있어서 ㄱ나마 다행이라고 할 것이니 남의 달콤한 말에 귀를 기울이지만 않으면 된다.

[059] 甲辰年 丙寅月 己丑日 壬申時

用神과 干支別 運勢의 吉凶		
壬己丙甲 申丑寅辰	用: 火(丙) 喜: 土	正印格 官印相生格

干	甲 中	乙 中	丙 上	丁 上	戊 上	己 上	庚 中	辛 下	壬 下	癸 下
支	子 下	丑 中	寅 下	卯 下	辰 中	巳 上	午 上	未 中	申 下	酉 下	戌 中	亥 下

(1) 주운해석(柱運解釋)

초년(初年)의 甲辰은 다소 부담스럽기는 해도 공부는 가능한 運이다. 청년(靑年)의 丙寅은 일생(一生)의 큰 복(福)을 받았다고 해도 되겠다. 그야말로 청운직상(靑雲直上)이라고 할 수 있을 것이니 공부를 한 만큼 세상에서 크게 쓰일 기회를 얻는다고 해도 될 것이다. 그리고 중년(中年)의 丑土도 나쁘진 않으니 열심히 살만하다고 하겠다. 그러나 말년(末年)의 壬申이 用神을 정면으로 치고 들어오니 매우 큰 주의가 필요하다. 일종의 천극지충(天剋地冲) 현상이라고 할 수 있다. 예를 들어 교육자로 일생을 잘 살다가 막판에 장관을 하러 나왔다가는 망신만 당하고 학교로 돌아가지도 못하고 패가망신(敗家亡身)을 하는 사람처럼 모든 것을 다 잃어버릴 수도 있으니 주의해야 할 것이다.

(2) 세운해석(歲運解釋)

天干의 火運은 도움이 되겠지만 壬水의 부담을 간과(看過)할 수 없어서 다소 감점이 된다는 것은 감안해야 할 것이다. 甲乙木運도 用神에게 나쁘진 않겠지만 이미 木이 넉넉하니 군더더기에 불과하고, 戊己土運은 丙火에게 부담을 줄 수 있지만 여기에서는 壬水를 제어하는 것만으로도 공(功)이 커서 上運으로 대입한다. 물론 土가 喜神이어서 그런 것만은 아니다.

地支의 巳午火運은 上運이지만, 土運은 寅木과 申金이 地支에 버티고 있어서 제 기능을 발휘하지 못함이 아쉽다. 亥子水라도 있었다면 土의 역할은 天干에서와 같다고 해석하게 된다.

(3) 재운해석(財運解釋)

흐름으로만 본다면 木生火하고 火生土하고 다시 土生金도 하고 金生水도 하니 참 좋은 흐름을 타고났다고 하겠다. 다만 재물(財物)은 忌神이므로 명예는 좋을지라도 재물복은 좋기가 어렵다는 것을 살피게 된다. 그러므로 말년에 재물에 대한 욕심을 같게 된다면 명예도 손상되고 물질적(物質的)으로도 마음대로 되지 않을 것이므로 모쪼록 재물에 대해서는 마음을 담백(淡白)하게 가져야 할 것이다. 황금 보기를 돌 같이 하라는 고인의 말씀을 귀감(龜鑑)으로 삼아서 거들떠보지도 말라는 말을 가슴에 새기라는 당부를 하게 된다. 그렇게만 한다면 크게 凶하지 않은 재물 인연은 가능할 것이다.

[060] 丁未年 庚戌月 庚申日 癸未時

用神과 干支別 運勢의 吉凶		
癸 庚 庚 丁 未 申 戌 未	用: 水(癸) 喜: 木	傷官格 傷官無財格
干	甲 乙 丙 丁 戊 己 庚 辛 壬 癸 上 中 中 中 下 下 中 中 上 上		
支	子 丑 寅 卯 辰 巳 午 未 申 酉 戌 亥 上 下 中 上 下 下 下 下 下 下 下 上		

(1) 주운해석(柱運解釋)

초년(初年)은 공부하기 좋은 시절이다. 관인상생(官印相生)의 구조를 하고 있는 丁未이기 때문이다. 그러나 청년(靑年)의 庚戌이 그것을 뒷받침해 주지 못함이 아쉽다. 어쩌면 공부의 시간이 많이 길어질 수도 있는 암시이다. 중년(中年)의 庚申으로 보아서는 공부만 하고 출세는 하지 못하게 될까 염려된다. 결실로 이어지지 못하고 여전히 比肩이 자리를 지키고 있으니 申中壬水를 꺼내어 쓸 수도 없는 상황이 아쉽기만 하다. 다행히 말년(末年)의 癸水가 희망을 가져다주는 것은 분명하지만 未土가 버티고 있으니 아쉬울 따름이다.

(2) 세운해석(歲運解釋)

 天干의 水運이 좋은 것이야 더 말을 하지 않아도 되겠다. 甲木運도 上運이 가능하지만, 乙木運은 庚金으로 인해서 차단되는 아쉬움이 있다. 庚辛金運은 用神을 보호할 수는 있겠지만 上運으로까지 못 보는 것은 癸水가 이미 生을 받고 있어서 추가로 들어오는 것을 크게 반가워하지 않기 때문이다.

 地支의 水木運은 上運이 된다. 다만 申金이 있어 寅木運은 도움을 주는 것에 제한이 걸리는데 이것은 天干의 乙木運과 같은 입장으로 보게 된다. 火土運은 모두가 부담이 될 수밖에 없으니 下運이 되는 것은 당연하겠는데 申酉金運도 마찬가지로 下運인 것은 地支에 水가 없어서 金生水를 하지 못하기 때문이다. 이것은 이미 印劫이 태왕(太旺)한 것과도 연관이 있다.

(3) 재운해석(財運解釋)

 傷官은 時干에 나와 있으나 그 傷官이 生해줄 財星은 잘 보이지 않는다. 겨우 未中乙木으로만 존재하니 재물의 인연은 매우 미약하다고 할 수 있겠다. 그래서 재물(財物)을 쌓아 놓기는 어렵고 부지런히 동분서주(東奔西走)를 하면서 노력하는 가운데에 수익을 얻을 수가 있는데 그 수익도 쌓아 놓을 공간이 없으므로 무리하여 욕심을 내지 말고 하루 벌어서 3일 먹으면 좋다는 정도의 여유로움을 가지고 직장의 형태로 일을 하는 것이 좋고 나이가 들어서는 부동산 중개업이나 상담가도 가능할 것이다.

[061] 己亥年 庚午月 己卯日 癸酉時

用神과 干支別 運勢의 吉凶		
癸己庚己 酉卯午亥	用: 火(午) 喜: 木, 土	偏印格 日弱用印格

干	甲	乙	丙	丁	戊	己	庚	辛	壬	癸	
	下	下	上	中	上	上	下	下	下	下	
支	子	丑	寅	卯	辰	巳	午	未	申	酉	戌	亥
	下	中	上	上	中	上	上	中	下	下	中	下

(1) 주운해석(柱運解釋)

초년(初年)이 財運이니 공부는 뒷전이다. 이것은 좋은 運이라고 할 수 없다. 청년(靑年)이 되어서야 偏印이 있으므로 공부할 맘을 내겠으나 그것조차도 亥水의 영향으로부터 자유롭지 못하니 하려고 마음을 먹어도 마음대로 되지 않을 것이다.

중년(中年)이 되어서는 환경(環境)이 더욱 어려워져서 자신의 길을 가는 것도 힘겨운 장면이다. 이것은 어쩔 수 없이 삶의 리듬에 끌려가야만 하는 안타까운 상황으로 연결되어서 쉴 수도 없는 분위기이다. 그러다가 말년(末年)이 되면 뭔가 나이는 먹어가고 허둥지둥 마음만 급할 뿐 결실이 없으니 인생(人生)의 노년(老年)이 쓸쓸하고 의미가 없는 나날을 보내게 되는 그림이다.

(2) 세운해석(歲運解釋)

天干의 火土運은 上運이다. 그러나 丁火運은 癸水를 만나서 제대로 힘을 발휘하기 어렵다고 봐서 中運에 머물게 되니 제대로 된 運이라고 보기는 어려운 장면이다. 天干에 한 점의 火도 없으니 甲乙木運도 아무런 쓸모가 없다. 대신에 戊己土運은 癸水를 제어하니 上의 下運이 되어서 上運으로 대입한다.

地支의 寅卯木運은 다행히 午火를 生하여 上運이다. 또한 巳午火運도 활약을 할 것이므로 天干의 상황보다는 훨씬 좋다. 土運도 그런대로 유지는 가능할 것으로 봐서 中運이지만 戌未土運은 亥水를 막아준다는 의미에서 上運으로 봐도 될 상황이다. 亥子水運이 중년에 들어올 경우에는 卯木의 역할에 기대를 걸어보고 中運으로도 대입할 수 있다. 다만 청년에 만나게 된다면 大凶으로 작용할 것이므로 下運으로 표시하는 것이다.

(3) 재운해석(財運解釋)

財星이 忌神이고 직접적으로 午火를 공격하는 것으로 봐서 재물(財物)의 인연은 최악(最惡)이라고 해야 할 모양이다. 傷官이 月干에 버티고 있으니 남들보다 더 좋은 것을 하고 싶을 것이고, 時干에는 偏財가 있으니 돌진을 하려는 생각이 강하므로 스스로 제어를 해야 할 卯木의 偏官이 호통을 쳐도 귀를 기울일까 의심스럽다. 조언을 한다면 부디 공부에 힘쓰고 남들처럼 부유(富裕)하게 모두 갖추고 살아야 한다는 생각은 애초에 버려야 하겠다.

[062] 戊午年 丙辰月 庚寅日 丁亥時

用神과 干支別 運勢의 吉凶											
丁庚丙戊 亥寅辰午				用:土(辰, 戌) 喜:金				偏印格 日弱用印格			
干	甲 下	乙 下	丙 下	丁 下	戊 上	己 上	庚 中	辛 中	壬 中	癸 中	
支	子 下	丑 上	寅 下	卯 下	辰 上	巳 中	午 中	未 上	申 中	酉 中	戌 上	亥 下

(1) 주운해석(柱運解釋)

초년(初年)은 나쁘지 않다. 官印이 들어오기 때문에 어려운 환경(環境)이지만 도움을 주는 이도 만나서 공부를 할 수 있을 것이기 때문이다. 청년(靑年)도 마찬가지로 사회생활을 하는 중에 항상 도움을 주는 사람을 만날 수 있기 때문에 運이 좋다는 생각도 할 수 있다. 그러니까 이렇게 運이 좋을 적에 몰아쳐서 자신의 자리를 굳건하게 지키는 것이 매우 중요한 과제이다. 왜냐하면 중년(中年)에는 偏財로 인해서 무리한 욕심을 부리게 될 것이고 그로 인해서 안정된 일자리도 박차고 나가서 사업을 하겠다고 나설 가능성이 높기 때문이다. 그렇게 하다가 말년(末年)이 되면 고통스러운 환경에서 과거의 허물을 뉘우친다고 한들 어느 누가 귀를 기울여 줄 것인가를 너무 늦기 전에 생각해야 할 것인데, 노년(老年)이 되어서야 지나간 기회를 아쉬워할까 걱정이다.

(2) 세운해석(歲運解釋)

 天干의 土運은 매우 반가운 上運이지만 金水運은 기대하기 어렵다. 현상 유지만 되는 것으로도 그나마 다행이라고 본다. 庚辛金運이 나쁘지 않은 것은 丙丁火로 인해서 凶한 작용은 하지 않을 것이기 때문이다. 그렇다고 해서 좋을 것도 없지 않느냐고 한다면, 당연히 좋을 것도 없지만 나쁘지 않고 年干의 戊土가 활동하는데 힘들지 않으면 그것만으로도 中運은 된다고 보는 것이다. 그렇다면 丙丁火運이 下運인 것은 심하지 않느냐고 생각할 수도 있는데 이미 丙火와 丁火로 샤워를 하고 있는 戊土에게 추가로 들어오는 火는 백해무익(百害無益)이다. 地支의 土運은 모두 도움이 되는 運이다. 비록 日支 寅木이 작용하는 중년에는 다소 부담을 주겠지만 그래도 의지가 될 것으로 본다. 그리고 巳午火運을 나쁘지 않은 정도로 보는 것은 寅木을 설(洩)하여 辰土를 生할 수 있을 것으로 봐서이다. 경우에 따라서는 上運의 작용도 가능할 것이다.

(3) 재운해석(財運解釋)

 財星이 日支에 버티고 있는 것은 凶한 모습이다. 무슨 일을 하더라도 항상 재물(財物)로 인해서 어려움이 발생하고 그로 인해서 고통이 이어질 것으로 해석하게 되니 전생에 지은 빚이 많은가 싶은 생각을 해 보게 된다. 다행히 天干의 좌우에 官殺이 있으니 스스로 절제(節制)하여 순리를 거스르지 않는다면 大凶의 상황까지는 가지 않을 수도 있을 것이다.

[063] 丙午年 乙未月 己丑日 己巳時

用神과 干支別 運勢의 吉凶		
己己乙丙 巳丑未午	用: 木(乙) 喜: 水	偏官格 偏官無力格
干	甲 乙 丙 丁 戊 己 庚 辛 壬 癸 上 上 下 下 下 下 下 下 上 上		
支	子 丑 寅 卯 辰 巳 午 未 申 酉 戌 亥 上 下 上 上 下 下 下 下 下 下 下 上		

(1) 주운해석(柱運解釋)

초년(初年)의 丙午는 망상이 많아서 공부조차도 마음대로 되지 않을 것이다. 많은 노력을 필요로 하는데 그 노력이 쉽지 않을 것으로 보인다. 청년(靑年)의 乙未는 책임감이 있어서 직장 생활을 할 수 있을 것으로 기대를 해도 되겠지만 그 직장이라는 것도 앉은 자리가 比肩이기 때문에 무력(無力)하다.

중년(中年)의 丑土는 변화의 시기이다. 그로 인해서 직장을 정리하고 새로운 사업에 뛰어들 가능성이 많은데 그것의 성패는 장담할 수가 없다. 딱 잘라서 凶하다고 말하기 어려운 것은 그 속에 財星이 들어 있기 때문이다. 그 후로 말년(末年)의 상황을 보면서 아무래도 중년의 요동(搖動)이 불길한 조짐으로 나타나지 않을까 걱정이다. 아무래도 직장에서 자신에게 주어진 일에 최선을 다하라고 권하고 싶어진다.

(2) 세운해석(歲運解釋)

 天干의 甲乙木運이야 用神이니 당연히 上運이라고 하겠고 壬癸水運도 메마른 用神을 生하니 또한 반가운 글자이다. 癸水運은 비록 己土에게 剋을 받더라도 乙木에게는 너무나 소중한 수분(水分)이기에 좋은 작용이 기대된다. 庚辛金運은 비록 丙火가 지켜준다고는 하더라도 역부족이라고 봐서 下運으로 대입한다. 地支의 水運이 上運인 것은 天干과 같은 이치이다. 火土運이 下運인 것은 이미 원국에 火土가 왕성하여 도움을 줄 곳이 없기 때문이다. 寅卯木運이 그나마 도움을 줄 것으로 봐서 上의 下運 정도로 대입을 할 수가 있겠지만, 金運은 들어온다고 해도 水의 유통이 없으니 또한 下運으로 밖에 대입을 할 수가 없는 것이 아쉽다.

(3) 재운해석(財運解釋)

 財星은 日支의 丑中癸水가 유일하다. 그런데 丑未沖을 당했으니 온전하지 않은 상태라는 것으로 이해를 할 수 있겠다. 그래서 돈주머니에 구멍이 생겼다고 하겠고 그로 인해서 온전히 보관하기는 어려운 상황이라는 것으로 확대해석을 할 수 있다. 사실 乙丑이었다면 그래도 좀 더 활약이 되었을 텐데 乙未가 되는 바람에 오히려 둘 다 제대로 쓰지 못하는 상황이 되어버렸으니 안타까울 뿐이다. 노년에 재물(財物)이 없는 빈곤(貧困)이 인생(人生)의 삼대악재(三大惡材)라고 했는데 그러한 삶이 될까 염려를 하게 된다. 그렇다고 하더라도 어쩔 수는 없지만 노력한다면 방지라도 가능하지 않을까 싶다.

[064] 己巳年 丙子月 甲寅日 丙寅時

用神과 干支別 運勢의 吉凶										
丙甲丙己 寅寅子巳		用: 火(丙) 喜: 土				食神生財格 寒木向陽格				
干	甲 中	乙 中	丙 上	丁 上	戊 上	己 上	庚 中	辛 下	壬 中	癸 中
支	子 中	丑 上	寅 中	卯 中	辰 上	巳 上	午 上	未 中	申 中	酉 中	戌 上	亥 中

(1) 주운해석(柱運解釋)

초년(初年)의 己巳는 공부보다는 재능을 발휘하는 시기가 된다. 천재가 될 수도 있고, 소년등과(少年登科)도 가능하다. 요즘 말로 하면 영재(英材)이다. 청년(靑年)의 丙火도 여전히 설기정영(洩其精英)이 이어지고 있으니 좋다. 다만 子水의 부정적인 영향으로 인해서 영감(靈感)을 믿고 오류를 범할까 염려된다.

중년(中年)에는 주체가 강화되니 자신의 깃발을 세울 것이고 노년(老年)에는 다시 가일층(加一層)을 하게 될 것이므로 일생 동안 크게 흠잡을 만한 시기가 없다는 것이 큰 자랑이다. 이러한 柱運으로 본다면 본인이 큰 과오(過誤)만 범하지 않는다면 승승장구(乘勝長驅)를 기대해도 될 것이다.

(2) 세운해석(歲運解釋)

天干의 글자들이 辛金運을 제외하고는 대체로 좋거나 무난하다. 凶한 작용을 할 수가 없도록 원국의 상황이 배치되어 있기 때문이다. 火用神이 가장 꺼리는 것은 壬癸水運이 되겠지만 己土가 막고 있는 데다가 丙火도 둘이나 있으니 하나가 손상되더라도 또 하나로 운행이 가능하다. 다만 辛金運은 用神과 합이 되니 凶할 뿐이다.

地支의 경우에도 별반 다르지 않다. 金運이 오면 子水가 유통하거나 巳火가 막아 줄 것이고, 水運이 들어오면 寅木이 막고 있으니 어떻게 해코지를 해 볼 방법이 없는 셈이다. 그래서 억세게 運이 좋은 사람이라고 할 수가 있다.

(3) 재운해석(財運解釋)

年干의 己土가 재물이 되는데, 어려서의 부유함은 유지가 되었을지라도 그 후로는 재물은 사라지고 없는 상황이다. 日支와 時支의 比肩을 본다면 여유롭지 못한 나날을 보내게 될 가능성이 많을 것으로 보게 된다. 그로 인해서 재물은 두 손에 달려 있다고 생각하고 뛰어난 기술을 발휘하여 남들이 넘보지 못하도록 한다면 강력한 食神의 힘을 이용해서 한 분야의 명장이 되어서 사주에서 타고난 재물의 암시를 넘어서 안정된 삶을 누릴 수가 있다고 보는 것이다. 재성도 재물이지만 食神도 또한 재물을 만드는 뿌리가 되는 까닭이다. 쌓아놓을 재물은 아니라도 충분히 여유로운 삶을 살아갈 암시가 되는 것은 食神이 청(淸)하기 때문이다.

[065] 丙戌年 庚寅月 丙午日 庚寅時

用神과 干支別 運勢의 吉凶		
庚丙庚丙 寅午寅戌	用: 金(庚) 喜: 土	偏財格 偏財孤立格

干	甲	乙	丙	丁	戊	己	庚	辛	壬	癸
	下	下	下	下	上	上	上	上	上	上
支	子	丑	寅	卯	辰	巳	午	未	申	酉	戌	亥
	中	下	下	下	中	下	下	中	上	上	中	中

(1) 주운해석(柱運解釋)

초년(初年)의 丙戌은 가정환경도 어렵고 공부도 잘되지 않는 시기이다. 비록 戌土가 喜神이기는 하지만 丙戌의 구조에서 月支의 寅木으로 인해서 성과(成果)를 기대하기는 어려운 상황이다. 청년(靑年)의 庚寅이 되면 뭔가 해 보겠다고 추진을 할 수는 있겠으나 寅木이 버티고 있으니 벽에 부딪치게 될 가능성을 염려한다.

중년(中年)이 되어도 순탄하게 풀릴 가능성은 보이지 않는다. 午火는 모든 희망을 차단시키려는 존재이니 노력을 하는 것에 비해서 결실은 매우 적을 것이다. 말년(末年)이 되어도 특별한 해결책은 보이지 않는다. 月柱의 상황과 같은 庚寅이기 때문이다. 전반적으로 柱運의 도움을 기대하기는 어려운 구조이다.

(2) 세운해석(歲運解釋)

柱運의 도움이 없으니 세운(歲運)에서라도 기대를 해 보게 된다. 天干의 土金水運은 모두 도움을 줄 수 있는 글자들이어서 上運으로 그나마 큰 위로가 된다. 다만 木火運은 부담으로 작용하게 될 것이므로 주의가 요망된다.

地支에서도 土金水運이 도움을 주게 될 가능성이 많아서 다행이다. 柱運에서는 부담만 주는 午火지만 세운(歲運)에서 土가 들어오면 오히려 寅木으로부터 보호하는 역할까지도 맡게 되는 까닭에 運을 유효하게 만드는 기능이 된다. 申酉金運이 들어오게 되면 午火의 부담은 있겠지만 金剋木의 작용과 결실에 대한 희망을 어느 정도는 가져다줄 수 있을 것이기 때문에 기대를 해도 좋을 것으로 본다.

(3) 재운해석(財運解釋)

財星이 天干에 무력하게 떠 있으니 이른바 가벼운 지갑이라고 하겠다. 겉으로는 재물(財物)이 있어 보이지만 실상은 속이 비어 있으니 마이너스 통장이라고 할 수 있을 것이다. 그래도 속을 모르는 남들은 부자인 줄 알고 있을 것이다. 다만 이렇게 빈 지갑도 없는 것보다 낫다. 그대로 있다가 運에서 土가 들어오면 다시 지갑이 채워질 수도 있으므로 실망(失望)하지 말고 꾸준히 노력하여 運이 도와주기를 기다리는 현명함이 필요하다고 하겠다.

[066] 癸卯年 乙卯月 甲寅日 戊辰時

用神과 干支別 運勢의 吉凶									
戊 甲 乙 癸 辰 寅 卯 卯				用: 土(戊, 辰) 喜: 火				偏財格 劫衆用財格		
干	甲 下	乙 下	丙 上	丁 上	戊 上	己 上	庚 中	辛 中	壬 下	癸 下
支	子 下	丑 中	寅 下	卯 下	辰 中	巳 上	午 上	未 中	申 中	酉 中	戌 中	亥 下

(1) 주운해석(柱運解釋)

초년(初年)의 癸卯는 기대할 것도 없고 세월만 무심하게 흘러갈 분위기이다. 이러한 흐름은 청년(靑年)으로 진행하면서도 별로 개선될 조짐이 보이지 않는다. 경쟁자들 틈바구니에서 힘든 일만 많고 결실도 없는 나날을 보내면서 반평생을 흘려보내게 되니 세월이 아깝다는 생각을 할 수도 있겠다. 이것은 중년(中年)이 된다고 해서 크게 달라질 것은 없지만 寅中丙火가 있어서 희망은 보이므로 기대를 할 수 있다고 봐서 열심히 준비하라는 말은 가능하겠다. 그러다가 말년(末年)의 戊辰은 결실이 되는 것으로 해석한다. 이러한 분위기로 봐서는 반평생 노력한 것이 말년에 결실이 되는 것으로 해석하면 되는데 比劫이 너무 왕성한 四柱이기에 얻은 것의 일부분은 손실을 면하기 어려울 것이다.

(2) 세운해석(歲運解釋)

天干의 火土運은 大吉이니 上運으로 보는데 문제가 없겠다. 己土運이 乙木을 만나서 약간 감소된다고는 하더라도 戊土의 작용은 살아 있으므로 충분히 도움이 될 것으로 판단한다. 土가 用神인데 壬癸水運이 下運이 되는 것은 왕성한 木을 생조하기 때문이다.

天干에 비해서 地支의 상황은 좀 나쁘다. 유일하게 上運이 되는 것은 巳午火運 뿐이다. 그 외에는 잘해 보아야 본전에 불과한 흐름을 타고 있어서 아무래도 運을 찾아 먹기에는 아쉬움이 많은 것으로 대입하게 된다. 그래서 吉한 柱運도 늦고 세운도 미약하므로 살아가는 여정에서는 다소 지루하고 힘든 나날이 반복될 가능성을 염려하게 된다.

(3) 재운해석(財運解釋)

재물(財物)은 用神이다. 그래서 재복(財福)이 넘친다고 해석을 하고 조언을 하면서 말년을 기대하라고 해도 되는데 유감스럽게도 말년의 재물을 얻기까지 지불해야 할 수업료는 이루 말할 수가 없을 정도이다. 그만큼 고통을 겪은 다음에 주어지는 결실이기에 더욱 큰 의미가 될 수도 있겠고, 생각하기에 따라서는 허탈(虛脫)할 수도 있을 것이다. 그렇지만 손에 들어온 재물도 불안하기는 마찬가지이다. 時柱의 戊辰을 月柱의 乙卯가 노려보고 있기 때문에 항상 불안한 마음을 갖고 주변을 두리번거리게 되는 모습이다. 이러한 구조에서는 재물에 대한 관리가 더욱더 중요하다고 하겠다.

[067] 庚戌年 丁亥月 丁酉日 甲辰時

用神과 干支別 運勢의 吉凶									
甲丁丁庚 辰酉亥戌				用: 木(甲) 喜: 水				正印格 日弱用印格		
干	甲 上	乙 上	丙 中	丁 中	戊 中	己 下	庚 下	辛 下	壬 上	癸 上
支	子 中	丑 下	寅 上	卯 上	辰 下	巳 下	午 下	未 下	申 下	酉 下	戌 下	亥 中

(1) 주운해석(柱運解釋)

초년(初年)의 庚戌은 大凶이라서 가난하거나 힘든 상황의 어린 시절을 보낼 수 있다. 청년(靑年)의 丁亥는 그래도 사회생활에 적응을 하려고 노력하는 정도는 가능하며, 亥水가 正官이기 때문에 노력한 만큼의 결실도 기대가 되는 장면이다.

중년(中年)에는 財星인 酉金이 忌神이기 때문에 아마도 헛된 꿈을 꾸다가 크게 낭패를 당할 수도 있는 암시이다. 그래서 이러한 시기에는 무리하지 말고 안정적인 직장 생활을 최선으로 삼게 된다. 말년(末年)에는 用神으로 힘이 있는 甲辰이다. 그래서 일생의 노력에 대해서 보상을 받을 수가 있으니 비로소 노년(老年)에 이르러 고목에 꽃이 피어나는 형국이다.

(2) 세운해석(歲運解釋)

 天干의 木運은 上運이라는 것을 알겠지만 壬癸水運도 上運이라는 것은 의외라는 생각이 들 수도 있겠다. 그것은 甲木을 적셔주기 때문에 가능하다고 보게 된다. 다만 丙丁火運은 甲木을 약하게 만들기 때문에 기대하기 어렵다. 그래도 中運이 되는 것으로 보는 이유는 甲辰이기 때문이다. 만약 甲戌이었다면 下運으로 봐야 할 것이다.

 地支의 木運은 좋다. 卯木運은 酉金이 부담되기는 하지만 亥水의 유통이 있어서 도움을 줄 수 있을 것으로 본다. 그리고 亥子水運은 喜神의 역할을 기대해서 中運으로 대입하지만 地支에 木이 없어서 약간의 섭섭함은 어쩔 수가 없다고 하겠다. 火土金運은 用神인 甲木에게 어떻게 작용을 하더라도 부담스러울 뿐이니 下運일 수밖에 없다.

(3) 재운해석(財運解釋)

 財星이 忌神이니 재물(財物)에 대해서는 물으나 마나 좋은 답변이 나오기는 어렵다. 오히려 재물로 인해서 어려운 일에 처하게 될 가능성이 있으므로 항상 스스로를 경계하여 물욕(物慾)으로 마음을 흩트리지 말고 교육자의 길로 간다거나 정신적인 방향으로의 길을 간다면 세월이 갈수록 존경(尊敬)을 받으면서 자신의 영역을 확보하여 행복한 노년이 될 가능성이 높고, 또 나이가 들어서 공부 인연도 들어오므로 노력할 것을 권하게 된다.

[068] 戊申年 癸亥月 乙未日 丁丑時

用神과 干支別 運勢의 吉凶		
丁 乙 癸 戊 丑 未 亥 申	用: 水(癸, 亥) 喜: 木	偏印格 日弱用印格

干	甲 上	乙 上	丙 下	丁 下	戊 下	己 下	庚 中	辛 中	壬 上	癸 上
支	子 上	丑 下	寅 上	卯 上	辰 下	巳 下	午 下	未 下	申 中	酉 中	戌 下	亥 上

(1) 주운해석(柱運解釋)

초년(初年)은 힘도 들고 물질적으로 고통도 따르지만 그래도 공부는 하니 일종의 고학(苦學)이다. 申金의 영향으로 목적을 세워서 공부를 할 수 있다고 본다. 그리고 청년(靑年)이 되면 더욱 공부가 활발해져서 참다운 스승을 만날 인연이 있기 때문에 이런 기회에 조금만 더 분발하면 교수의 자리라도 확보를 할 수 있을 것이니 한 분야의 박사(博士)가 되어서 크게 활약을 기대할 수도 있다.

중년(中年)에는 학자에게 물욕이 생겨서 약간의 혼선(混線)이 올 수 있을 것이다. 그리고 말년(末年)에는 食神이 있으므로 새로운 분야의 논문을 발표하여 학계(學界)에서 인정을 받아 후세(後世)에 이름을 남길 수도 있으리라.

(2) 세운해석(歲運解釋)

 天干의 水木運은 도움이 되지만 그 외에는 기대를 할만한 運이 없다. 甲乙木運은 丁火를 生해 주기도 하지만 日干에게도 도움을 줄 것이니 반갑다고 할 수 있다. 庚辛金運을 中運으로 보는 것은 戊土를 설기(洩氣)시키면서 癸水를 편안하게 해 주는 까닭이다.

 地支의 寅卯木運은 丑未土를 눌러 주고 亥水를 보호할 수 있기 때문에 上運으로 대입한다. 申酉金運도 地支에 木이 없기 때문에 나쁘지 않은 것으로 대입한다. 이러한 흐름을 본다면 대체로 세운(歲運)의 작용이 중간 정도는 된다고 볼 수 있다.

(3) 재운해석(財運解釋)

 財星은 忌神이니 재물(財物)을 물으면 못 들은 척하고 먼 산이나 바라볼 뿐이다. 그런데 미련한 사람은 계속해서 자신에게 흡족한 답이 나올 때까지 물고 늘어져서 놓지를 않으니 '재물은 뜬구름과 같으니 연연하지 말라.'고 알려 주는 것조차도 못 들은 체하고서 오로지 원하는 답을 찾아서 천하를 누비게 될 것이다. 더구나 중년 이후에 들어오는 財星이라면 노욕(老慾)까지 겹쳐서 물리치기 어려울 것이므로 이러한 것을 미리 마음속에서 다부지게 다스린다면 혹 예정된 재앙(災殃)을 피할 수도 있겠으나 그렇지 못하면 퇴직금 받아서 남에게 좋은 일시키고 빈손이 될 수도 있을 것이다.

[069] 庚寅年 壬午月 丁卯日 辛丑時

用神과 干支別 運勢의 吉凶									
辛丁壬庚 丑卯午寅		用: 水(壬) 喜: 金				正官格 弱財生官格			
干	甲 下	乙 下	丙 中	丁 下	戊 下	己 下	庚 上	辛 上	壬 上	癸 上
支	子 上	丑 下	寅 下	卯 下	辰 下	巳 下	午 下	未 下	申 中	酉 中	戌 下	亥 上

(1) 주운해석(柱運解釋)

초년(初年)은 힘든 가운데에서도 자신의 목적을 향해서 노력할 의욕은 충분하다. 무엇이든 잡히는 대로 열심히 노력해서 자신의 능력을 키우는 방향으로 정진하게 된다. 이어지는 청년(靑年)에서 壬水를 만나 성공을 하게 되는데 아쉬운 점은 뿌리가 약한 壬水라는 것이다. 그래서 기회를 그냥 흘려보낼 가능성도 있다는 점을 고려해야 한다.

중년(中年)이 되면 卯木의 偏印으로 인해서 하던 일에 회의심이 생기고 고뇌를 하다가 말년(末年)에는 사업을 할 가능성도 많은데 예측되는 결과는 노력한 만큼의 결실이 기대된다. 그러므로 청년(靑年)에 얻은 결과물을 잘 다스리고 키워가는 방향으로 노력한다면 말년에 그만한 보람으로 돌아오게 될 것이다.

(2) 세운해석(歲運解釋)

天干의 金水運은 上運이다. 이미 庚辛金이 있지만 다시 들어온다고 해도 壬水에게는 반가운 글자이기 때문이다. 다만 丁火運은 丁壬合으로 用神이 묶이기 때문에 下運으로 대입한다. 日干과의 合은 좋지만 運이 들어와서 합하는 것은 꺼린다.

地支의 申酉金運을 天干과 달리 中運으로 밖에 볼 수가 없는 것은 地支에 亥子水가 없기 때문이다. 그리고 木火土運은 모두 下運으로 작용을 하게 될 것이므로 대체로 運의 흐름은 아쉬운 방향이 된다. 그러니 地支의 亥子水運을 제외하고는 별로 기대를 할만한 運이 없는 셈이다. 그래서 運보다는 원국에서 힘을 얻어야 되기에 청년의 기회를 놓치게 되면 평생을 두고 후회하게 될 것이라는 이야기를 하게 될 수도 있는 것이다. 그래서 말년의 소득은 더욱 귀(貴)하다.

(3) 재운해석(財運解釋)

財星이 喜神이지만 庚金만 해당하고 時干의 辛金은 用神을 도와주지 못하고 있으므로 도움이 되는 喜神이 아니지만 사업을 할 경우에는 또한 재물(財物)이 되기도 한다. 초년에는 월급의 재물이 되고 말년에는 사업의 재물이 될 것이니 직업이 바뀔 수 있는 재물 인연이 된다. 다만 用神을 위주로 생각한다면 사업보다는 직장에서 월급을 받는 것이 가장 바람직하다. 財星이 喜神이라고 하더라도 柱運의 상황에 따라서 吉凶이 달라진다는 것을 이해할 수 있다면 재물을 보는 관점이 좀 더 진보(進步)하게 될 것이다.

[070] 己酉年 乙亥月 甲午日 己巳時

用神과 干支別 運勢의 吉凶										
己甲乙己 巳午亥酉		用: 水(亥) 喜: 金				偏印格 日弱用印格				
干	甲 中	乙 中	丙 下	丁 下	戊 下	己 下	庚 下	辛 下	壬 上	癸 上
支	子 上	丑 下	寅 下	卯 下	辰 下	巳 下	午 下	未 下	申 上	酉 上	戌 下	亥 上

(1) 주운해석(柱運解釋)

초년(初年)은 학생이니까 자신의 분수를 지키는 정도로 공부에 전념할 수 있다. 다만 酉金이 正官이기 때문에 재미없는 시절이라고 기억될 수 있다. 그래도 다행인 것은 청년(靑年)에 用神이 자리하고 있기 때문에 젊어서 자신이 타고난 능력을 최대한으로 발휘해서 일생의 연장이 되도록 노력을 해야 할 기회가 주어진다는 것이다. 중년(中年)이 되면 午火로 인해서 노력보다 말로 다하려고 할 수 있고, 말년(末年)이 되면 한술 더 떠서 무리한 추진을 하다가 크게 낭패를 당할 수도 있으므로 모쪼록 청년의 시기에 소중한 시간을 낭비 없이 알뜰하게 사용하여 삶의 길을 닦는데 매진해야 할 것임을 강조하게 된다. 다만 뒤로 가면서 오만함으로 인해서 부작용이 발생할 가능성이 염려된다.

(2) 세운해석(歲運解釋)

天干의 水運은 당연히 도움이 되는데 木運은 무난한 정도로 만족을 해야 할 장면이다. 木運이 들어와도 지켜야 할 水가 없기 때문이다. 이것은 金運도 마찬가지이다. 그래도 木運은 中運이라도 되지만 金運은 生해줄 水가 없기 때문에 下運으로 대입한다. 天干에 壬癸水가 있었다면 金運과 木運을 모두 활용할 수가 있었을 텐데 아쉬운 장면이다.

地支의 金運은 그래도 金生水를 해 주는 바람에 좋은 運으로 작용할 가능성이 있어서 上運으로 대입한다. 다만 寅卯木運이 이번에는 발목을 잡는다. 地支로 들어오는 木運은 모두 巳午火를 生하여 불길을 강화시키니 亥水와 酉金이 모두 힘들어할 수 있기 때문에 凶하다.

(3) 재운해석(財運解釋)

財星이 忌神인 四柱에서는 재물(財物)을 논하는 것도 조심스럽다. 웬만한 運이 들어와서 재물을 모아준다고 해도 運이 바뀌면 다시 원래의 상태로 돌아가는 경우가 대부분이기 때문이다. 여하튼 年干의 財星은 月干의 乙木이 감당해 주니 다행이나 時干의 己土는 나의 재물이지만 忌神이므로 오히려 凶하다. 이 凶함을 어떻게 잘 견디고 모면하느냐는 것이 이 四柱의 재물에 대한 최대의 관건이다. 이것만 잘 견딘다면 안빈낙도(安貧樂道)를 즐길 수도 있으리라.

[071] 己酉年 辛未月 乙巳日 乙酉時

用神과 干支別 運勢의 吉凶										
乙 乙 辛 己 酉 巳 未 酉		用: 木(乙) 喜: 水[用神級]					比肩格 比肩孤立格				
干	甲 上	乙 上	丙 下	丁 下	戊 下	己 下	庚 下	辛 下	壬 上	癸 上
支	子 上	丑 下	寅 上	卯 中	辰 下	巳 下	午 下	未 下	申 下	酉 下	戌 下	亥 上

(1) 주운해석(柱運解釋)

초년(初年)의 己酉는 백해무익(百害無益)이다. 그다음의 청년(靑年)도 마찬가지라는 것이 걸린다. 적당한 고통과 자극은 희망을 만들지만 너무 오랫동안 지속되면 오히려 좌절과 절망을 만들기 때문이다.

중년(中年)에 들어오는 巳火는 과거에 대한 반발일 수 있겠다. 그러나 그 반발도 고통으로부터 나오는 몸부림일 수 있다. 진정으로 준비가 된 상태에서 용트림을 하는 것이 아니라 남들을 보면서 힘들어서 비명을 지르는 정도이다. 그리고 말년(末年)도 時干에 있는 乙木은 너무도 허약하니 다행스럽다고 안도의 한숨을 쉴 수가 있을지 안타깝기만 하다.

(2) 세운해석(歲運解釋)

天干의 水木運은 上運이다. 水運은 당연하고 木運도 허약(虛弱)한 乙木을 돕고 있으니 도움이 되는 것으로 대입한다. 다만 乙木運의 경우에는 辛金 때문에 上의 下運 정도로 봐야 할 가능성도 있다.

地支의 亥子水運이 上運인 것은 이미 원국에 한 점의 水도 없기 때문이다. 다만 寅木運은 그런대로 도움은 되겠지만 卯木運은 기대하기 어려울 것으로 봐서 中運으로 밖에 볼 수가 없겠다. 이렇게 놓고 보면 세운(歲運)에서 도움을 받는다는 것은 쉽지 않을 것으로 해석이 된다. 원국에서도 도움을 받을 것이 빈약한데 運에서조차 찾아 먹을 것이 水運을 제외하고는 마땅치 않으니 살아가는 나날들이 순탄하기 어려울 듯싶다.

(3) 재운해석(財運解釋)

財星이 月支에 있으니 그릇은 크다고 하겠다. 이러한 경우에 運이 도와준다면 큰 재물을 만져 볼 수도 있을 것이다. 그러나 運이 돕지 않으면 항상 재물을 얻기 위해서 허둥대야 하고 그러한 과정에서 삶의 모습은 피로에 지쳐서 힘든 나날을 보내게 될 것이니 전생에 쌓아 놓은 복록(福祿)이 없어서 이번 생의 삶도 힘들게 되는 의미를 생각해 본다.

더구나 正官도 아닌 偏官들이 도처에 잠복을 하고 있으니 살아가는 나날은 힘듦의 연속이라고 봐서 출가(出家)하여 수행(修行)하거나 마음을 비우고 하루하루를 편안하게 살아가는 것을 최선으로 삼아야 할 것이다.

[072] 己酉年 丙寅月 戊辰日 乙卯時

用神과 干支別 運勢의 吉凶		
乙 戊 丙 己 卯 辰 寅 酉	用: 火(丙) 喜: 木	偏印格 殺印相生格

干	甲 上	乙 上	丙 上	丁 上	戊 中	己 中	庚 中	辛 下	壬 下	癸 下
支	子 下	丑 中	寅 中	卯 中	辰 中	巳 上	午 上	未 中	申 下	酉 下	戌 中	亥 下

(1) 주운해석(柱運解釋)

초년(初年)의 己酉는 실속 없는 시기이다. 공부도 잘되지 않는다. 스스로 잘난 맛으로 반장이라도 해 보려고 하는 모습으로 인해서 부모는 자녀의 능력이 대단하다고 생각을 할 수도 있지만 실속은 없는 채로 어린 시절을 보낼 가능성이 높다. 다만 청년(靑年)의 상황은 달라진다. 그렇게 얻은 리더십을 제대로 발휘할 수 있는 학문의 시기가 가능하기 때문이다.

중년(中年)의 戊辰도 큰 힘이 되는 것으로 봐서 대체로 원만한 흐름을 타고난 것으로 대입하게 되어 다행이다. 말년(末年)의 乙卯가 부담을 주는 것은 사실이지만 그럼에도 크게 염려하지 않는 것은 이미 月干의 丙火가 모든 어려움을 잡아 줄 수가 있기 때문이다.

(2) 세운해석(歲運解釋)

 天干의 木火運은 좋은 것으로 본다. 丙火가 약하지는 않지만 그래도 木이 生하는 것이 나쁠 이유는 없다고 봐서이다. 月支의 寅木을 의지하고 있는 丙火에게도 甲乙木運이 도움이 되는 것으로 본다. 다만 戊己土運은 凶하지 않은 中運 정도이다. 화기(火氣)를 설(洩)하는 의미에서 부담이 될 수도 있지만 丙火가 寅木을 얻었기 때문에 나쁘지 않은 정도로 보는 것이다.

 地支의 상황은 조금 불리하다. 巳午火運을 제외하고는 기대하기는 어려울 것으로 봐서이다. 寅卯木運의 경우에는 군더더기에 불과하니 中運보다 못할 가능성도 염두에 둔다. 辰戌丑未土運도 특별히 나쁠 것도 좋을 것도 없는 運이다. 그리고 전반적으로 크게 나쁘지는 않은 것으로 봐서 대체로 運의 흐름은 중간 정도로 보면 될 것이다.

(3) 재운해석(財運解釋)

 재물(財物)은 忌神이지만 원국에 나타나지 않았으니 凶할 것도 없다. 忌神이 없는 四柱가 좋은 四柱인데 살인상생격(殺印相生格)에 財星이 없으니 재물 인연은 나쁘지 않은 것으로 보게 된다. 나쁘지 않은 것과 좋은 것의 차이를 생각해 보면, 나쁘지 않은 것은 궁핍(窮乏)하지 않은 것이고 좋은 것은 부유(富裕)한 것으로 이해를 하면 적당할 것이다. 그래서 재물인연은 부유함을 바랄 수는 없지만 궁핍하지는 않으니 그래도 살 만은 한 정두이다.

[073] 丙寅年 己亥月 丙午日 壬辰時

用神과 干支別 運勢의 吉凶										
壬丙己丙 辰午亥寅			用: 木(寅) 喜: 火				偏印格 日弱用印格			
干	甲 上	乙 上	丙 上	丁 上	戊 中	己 中	庚 下	辛 下	壬 下	癸 下
支	子 下	丑 中	寅 上	卯 上	辰 中	巳 上	午 上	未 中	申 下	酉 下

(마지막 열: 戌中 亥下)

(1) 주운해석(柱運解釋)

초년(初年)의 丙寅은 참으로 아름답다. 다만 기뻐하긴 이르다. 너무 이른 시기에 들어오는 호운(好運)이기 때문이다. 이어지는 청년(靑年)에는 어려움이 따를 것으로 봐서 초년의 運의 작용을 제대로 이어가기는 힘들다. 중년(中年)에는 午火가 도움을 주겠지만 또한 힘이 없는 午火이니 초운(初運)에 비할 바는 아니다. 더구나 말년(末年)의 壬辰은 고통을 암시하고 있으니 어려서 호의호식(好衣好食)을 했던 기억이 일생을 두고 아름다운 왕년(往年)의 추억으로만 존재한다면 이것은 본인의 정신적(精神的)인 면에서도 아무런 도움이 되지 못할 것이다.

(2) 세운해석(歲運解釋)

天干의 木火運은 上運이고 戊己土運도 나쁘지 않다. 다만 金水運에 대해서는 부담이라고 해야 할 것이다. 年干에 丙火가 있으니 庚金運은 무난하지 않겠느냐는 생각도 가능하지만 원국의 壬水를 보면 그렇게 만만치 않다는 것을 생각하게 된다. 실은 壬水로 인해서 戊己土運도 무난하다고 보는 것이다. 壬水가 없다면 오히려 丙火를 약화시킨다고 할 수 있는데 壬水가 있어서 土가 火를 보호하는 역할로 전환된 것이다.

地支에서도 木火運은 당연히 上運이고 土運도 나쁘지 않아서 다행이다. 金水運에 대해서만 주의를 하면 되기 때문에 대략 70%는 도움이 되는 세운(歲運)이다. 그러고 보면 10%에서 90%의 사이에서 각기 원국의 상황에 따라서 세운의 작용이 달라진다고 봐도 좋을 것이다. 그리고 60% 이상이면 運이 좋은 것이고, 40% 이하라면 불리한 것으로 봐도 되겠다.

(3) 재운해석(財運解釋)

원국에 財星이 없으니 무재사주(無財四柱)이다. 그래서 재물(財物)을 논하지는 않지만 運에서 들어오게 될 경우에는 忌神으로 凶한 작용을 할 것이므로 이러한 점에 대해서는 경계가 필요하다. 즉 방심하다가는 한 방을 맞을 수가 있기 때문에 주의해야 한다. 더구나 運에서 金을 만나게 되면 없던 물욕(物慾)도 생길 수 있으므로 항상 조심하는 것이 좋다.

[074] 甲申年 乙亥月 丁亥日 乙巳時

用神과 干支別 運勢의 吉凶		
乙丁乙甲 巳亥亥申	用: 木(乙, 甲) 喜: 火	印星格 官印相生格

干	甲 上	乙 上	丙 上	丁 上	戊 中	己 中	庚 下	辛 下	壬 下	癸 下
支	子 下	丑 中	寅 上	卯 上	辰 中	巳 中	午 中	未 中	申 下	酉 下

추가: 戌 中, 亥 下

(1) 주운해석(柱運解釋)

초년(初年)의 甲申은 겉으로는 그럴듯하게 보여도 속으로는 고통이 많을 수 있는 암시이다. 正財인 申金이 힘들게 하는 것으로 봐서 경제적으로 어려운 일이 생길 가능성도 많다. 청년(靑年)의 乙亥는 절처봉생(絶處逢生)으로 희망이 보이는 나날이 전개될 가능성이 있는 것으로 본다.

중년(中年)에는 亥水가 부담만 주는 것으로 봐서 아무래도 살아가는 나날이 힘들게 진행될 것으로 보이니 모쪼록 청년(靑年) 시절에 얻은 결과를 유지하는 방향으로 노력하는 것이 좋겠다. 時柱의 상황을 고려한다면 말년(末年)에는 힘든 가운데에서도 귀인의 도움을 받아서 자신의 삶을 잘 마무리할 수 있는 기회가 주어진다고 해석할 수 있다.

(2) 세운해석(歲運解釋)

 天干의 木火運은 上運으로 작용을 할 것으로 봐서 기대가 된다. 다만 壬癸水運은 이미 甲乙木이 수분을 많이 포함하고 있기 때문에 냉기(冷氣)만 추가할 뿐이므로 생각보다 좋을 것이 없다.

 地支의 木火運도 같은 의미에서 기대가 되지만 巳午火運의 경우에는 亥水가 방해를 하므로 中運의 언저리를 배회할 수도 있음을 감안한다. 辰戌丑未土運은 그런 의미에서 亥水를 어느 정도 제어해줄 것으로 봐서 中運으로 대입이 가능하므로 진행은 가능한 運으로 본다. 전반적으로 좋은 運이라고 하긴 어렵더라도 乙木이 月干에 있기 때문에 심한 凶運만 아니라면 귀인의 도움을 받아서 잘 헤쳐 나갈 수 있을 것이다.

(3) 재운해석(財運解釋)

 財星이 忌神이므로 실제로 재물(財物)에 대한 인연은 凶하다고 대입하게 된다. 그래서 직장에서 일을 하는 것은 좋겠지만 사업을 하는 것에 대해서는 권하기 어려운 것으로 보게 된다. 사업을 권하기 어렵기 때문에 돈을 따라가지 말라는 조언도 같이 하게 된다. 재물의 運은 아쉽다고 해석하게 되고 물욕(物慾)을 잘 다스리는 것으로 삶의 방침을 삼는 것을 권한다.

[075] 甲子年 庚午月 己亥日 丁卯時

用神과 干支別 運勢의 吉凶		
丁己庚甲 卯亥午子	用: 火(丁, 午) 喜: 木, 土	印星格 殺印相生格

干	甲上	乙上	丙上	丁上	戊中	己中	庚下	辛下	壬下	癸下		
支	子下	丑中	寅上	卯上	辰中	巳上	午上	未中	申下	酉下	戌中	亥下

(1) 주운해석(柱運解釋)

초년(初年)은 힘든 시기로 작용하게 된다. 삶을 영위하기 위해서 재물을 구하러 다닐 수도 있는 것으로 본다. 그리고 청년(靑年)이 되어서도 형편은 크게 나아지지 않을 것이다. 子午沖으로 인해서 午火가 손상을 받기 때문에 사회생활을 하면서 귀인의 도움은 있겠지만 그렇게 흡족한 상황으로 보기는 어렵다. 중년(中年)에서 亥水는 더욱 곤란한 환경으로 일이 막히게 될 가능성을 염려하게 된다. 그러다가 말년(末年)이 되어서야 비로소 제대로 인연을 만나서 안정된 삶을 누리게 되는데 종교궁(宗敎宮)에서 도움을 주는 것으로 봐서는 종교나 철학과 연관해서 종사하는 것도 좋은 인연이 되는 것으로 해석할 수 있다. 무엇보다도 用神이 偏印이기 때문에 젊어서의 경험을 살려서 타인의 등불이 되는 삶을 살면 좋을 것이다.

(2) 세운해석(歲運解釋)

 天干의 木火運은 크게 반기는 上運이 된다. 戊己土運도 나쁘지 않다. 丁卯가 있어서 天干의 土運이 火를 설(洩)하는 것이 부담되지 않기 때문이다. 다만 庚辛金運이 下運인 것은 약간의 감정적인 면도 있다. 印星이 用神인데 食傷運을 좋게 본다는 것은 쉽지 않기 때문에 下의 上運 정도도 가능은 하다.

 地支의 木火運은 모두 반갑다. 申酉金運은 天干의 庚辛金運보다는 부담이 커서 여지없이 下運으로 대입한다. 아무래도 丁火의 뿌리인 卯木을 공격하기 때문이다. 土運이 무난한 것은 亥子水를 막아줄 것이기 때문에 用神이 활동하는데 편안할 것을 감안하여 中運으로 대입하는 것이다. 대체로 세운(歲運)이 도와줘서 원국에서의 아쉬움을 어느 정도 보완할 수 있으니 다행이다.

(3) 재운해석(財運解釋)

 財星은 忌神이다. 사실 四柱에서 財星이 喜用神인 경우는 비교적 적다고 봐야 할 것이다. 왜냐하면 재물(財物)이 잘 돌아가는 사람이 상담실을 찾아올 가능성은 비교적 낮기 때문이다. 이 四柱도 마찬가지로 재물이 부담인 형태이기 때문에 사업은 하지 말라고 권하고 대신에 직장 생활을 일생의 일로 삼으라고 하게 되는데 日支에 正財인 亥水가 있는 것으로 봐서 물욕(物慾)을 항상 경계해야 할 것이니 많은 노력이 필요한 四柱이다.

[076] 壬寅年 己酉月 丙申日 壬辰時

用神과 干支別 運勢의 吉凶											
壬丙己壬 辰申酉寅				用: 木(寅) 喜: 火, 水				偏印格 財衆用印格			
干	甲上	乙上	丙上	丁上	戊下	己下	庚下	辛下	壬下	癸下	
支	子中	丑下	寅上	卯上	辰下	巳上	午上	未下	申下	酉下	戌下	亥中

(1) 주운해석(柱運解釋)

초년(初年)은 인내심으로 무난히 잘 지낼 것으로 해석을 한다. 특히 用神이 年支에 있으므로 소년출세(少年出世)를 할 인연도 가능하다. 다만 그것이 청년(靑年)에서 단절이 되어버리는 것이 아쉽다. 아마도 어려서 얻은 성과로 인해서 우쭐대다가 己酉의 傷官生財로 크게 실패를 할 가능성도 있다.

중년(中年)에도 日支에 忌神인 申金의 영향으로 하는 일마다 실패를 하게 될 가능성이 높고, 이어지는 말년(末年)에서도 또한 마음 놓고 추진하기에는 도움을 받을 글자들이 없어서 유감이다. 이러한 흐름을 본다면 어려서 얻은 것은 다 잊어버리고 현실에서 최선을 다하는 마음가짐으로 살아가는 것을 권하게 된다. 그렇지 않으면 마음과 현실의 괴리(乖離)로 인해서 고통이 끊이지 않을 것이다.

(2) 세운해석(歲運解釋)

　天干의 丙丁火運을 上運으로 보는 것은 비록 壬水의 剋과 己土의 설(洩)이 있지만 허약한 日干에게는 도움이 될 것이기 때문이다. 다만 土金水運의 도움은 기대하기 어려운 상황이라서 찾아 먹을 運이 그나마도 얼마 되지 않는다.

　地支의 木火運은 기대가 된다. 특히 巳午火運이 반가운 것은 寅木을 剋하는 金을 제어할 수 있기 때문이다. 이것은 유병득약(有病得藥)의 상황으로 이해를 할 수 있다. 그러나 土金運의 작용은 天干에서와 마찬가지로 부담만 줄 뿐이기 때문에 下運으로 대입할 수밖에 없는 것이 아쉽다. 그래도 亥子水運은 申酉金을 설(洩)하여 寅木을 生해 주니 그런 의미에서 中運이다. 전체적으로 세운(歲運)의 도움을 절반 정도 밖에는 기대하기 어렵다. 用神도 멀고 운세(運勢)의 도움도 약해서 삶의 모습은 순탄하지 않을 것으로 판단하게 된다.

(3) 재운해석(財運解釋)

　財星이 忌神인 것은 用神인 寅木을 剋하고 있기 때문이다. 이로 인해서 무슨 일을 하더라도 항상 재물로 인한 걸림돌이 따라다닐 가능성에 대한 고민이 끊이지 않을 암시가 된다. 그리고 청년과 중년의 황금기에 해당하는 시기에 모두 財星이 자리를 장악하고 있으니 그 부담은 더욱 가중(加重)되는 것으로 해석한다. 그러므로 時干의 壬水를 의지하여 인내심(忍耐心)으로 세상의 모든 어려움을 극복해야 한다는 것을 생각하면 참으로 재미없는 삶의 연속이 될 암시이다.

[077] 丙寅年 庚子月 己亥日 戊辰時

用神과 干支別 運勢의 吉凶		
戊己庚丙 辰亥子寅	用: 火(丙) 喜: 木	正印格 官印相生格

干	甲 上	乙 上	丙 上	丁 上	戊 中	己 下	庚 下	辛 下	壬 下	癸 下		
支	子 下	丑 中	寅 中	卯 中	辰 中	巳 中	午 中	未 中	申 下	酉 下	戌 中	亥 下

(1) 주운해석(柱運解釋)

초년(初年)의 正官과 正印이 함께 日干을 돕고자 하는 마음이 강하기 때문에 丙寅은 대단히 좋은 암시이므로 어린 시절의 환경(環境)은 매우 좋은 것으로 보게 된다. 다만 청년(靑年)까지 이어지지 못하는 것이 아쉬울 뿐이다. 月柱의 庚子는 자기 잘난 맛으로 어른의 말에 귀를 기울이지 않고서 실수의 연속으로 점철(點綴)이 될 암시가 크기 때문이다.

중년(中年)도 마찬가지로 계속해서 고난(苦難)은 이어진다. 그러다가 겨우 말년(末年)이 되어서야 의식(衣食)이 안정되기는 하겠지만 더 향상되는 것은 기대하기 어려운 장면이라서 아쉬움이 크다. 모쪼록 중년에 관리를 철저하게 잘하지 않으면 고통은 끊이지 않을 것이다.

(2) 세운해석(歲運解釋)

 天干의 木火運은 모두 반갑다. 用神인 丙火에게 큰 힘을 줄 것이기 때문이다. 특히 어려서 들어오는 것이라면 더 기대가 된다. 그러나 중년 이후에 들어온다면 감소하여 中運 정도로 봐야 할 것이다. 이렇게 같은 運이라도 시기에 따라서 吉凶의 정도는 달라진다. 戊土運은 中運이 가능한데 己土運은 下運이 되는 것은 丙火를 설하기 때문이다.

 地支의 運은 기대를 할만한 글자가 없어서 아쉽다. 木火運도 年干의 丙火만 바라보고 있기 때문에 中運 정도의 작용 밖에는 할 수가 없다. 그나마도 中運의 작용이라도 기대할 수 있는 것은 다행이다. 土運은 모두 亥子水를 견제할 것으로 봐서 나쁘진 않은 것으로 대입한다.

(3) 재운해석(財運解釋)

 地支에 亥子水가 깔려 있으니 재물(財物)의 그릇은 크다. 다만 그것이 모두 대출통장으로 모아 놓은 빚더미라는 것이 문제이다. 문득 '고물상에 쌓여 있는 고철을 팔지 못하는 이유는 주인이 돈이 많아서가 아니라 팔게 되면 모두 빚을 받으러 오게 되어서 남는 것도 없고, 오히려 누구에게 빌려 달라고 할 근거도 없기 때문'이라는 말이 떠오른다. 그야말로 빚 좋은 개살구일 뿐이니 스스로 근신자중(謹愼自重)하여 분수를 지키는 것을 권하게 된다.

[078] 壬申年 癸丑月 癸酉日 丙辰時

用神과 干支別 運勢의 吉凶										
丙癸癸壬 辰酉丑申				用: 火(丙) 喜: 木					正財格 財星孤立格		
干	甲 上	乙 上	丙 中	丁 中	戊 中	己 中	庚 下	辛 下	壬 下	癸 下
支	子 下	丑 下	寅 中	卯 中	辰 中	巳 上	午 上	未 中	申 下	酉 下

추가: 戌中, 亥下

(1) 주운해석(柱運解釋)

초년(初年)은 갈등(葛藤)과 번뇌(煩惱)로 보낼 가능성이 많다. 다만 공부를 한다는 점에서는 申金의 도움이 없다고는 못하겠지만 너무 왕성한 癸水에게 正印이 공부로 작용을 할 것인지에 대해서는 의문이다. 이렇듯 印星이 官殺과 같이 있지 않으면 반드시 공부를 한다고 보기도 어려운 것이 일강(日强)한 四柱에서의 印星이다. 청년(靑年)도 대동소이(大同小異)하고 중년(中年)도 마찬가지이다. 너무 힘든 나날이 오래도록 이어진다고 봐야 할 것이다. 그러다가 말년(末年)이 되어서야 겨우 의식(衣食)을 얻을 정도라고 하겠는데 그나마도 부족한 느낌을 지울 수가 없는 것은 丙寅이 아닌 丙辰이기 때문이다. 그래도 이 정도면 그런대로 안빈낙도(安貧樂道)라고 할 만하다.

(2) 세운해석(歲運解釋)

 天干의 木運은 上運이다. 다만 火運을 上運으로 기대하기 어려운 것은 너무도 강력한 壬癸水가 원국에 버티고 있기 때문이다. 그래서 土運과 함께 中運으로 보게 되어 아쉽다. 金水運은 전혀 기대할 運이 못된다.

 地支의 경우에는 巳午火運을 上運으로 대입한다. 그것은 亥子水가 없는 상황에서 왕성한 金을 제어해 주는 공덕을 기대해서이다. 다만 寅卯木運을 기대할 수 없는 것은 申酉金이 버티고 있음이니 天干에서는 丙丁火運을 못 쓰고 地支에서는 寅卯木運을 못 쓰는 것이 아쉬울 따름이다. 그냥 덮어놓고 木火運은 吉運으로 대입하게 된다면 이렇게 원국의 상황에 따라 오류가 일어날 수도 있으니 운세(運勢)를 살필 적에는 항상 주의해서 관찰하는 것이 중요하다.

(3) 재운해석(財運解釋)

 財星이 用神이니 재물(財物)인연은 좋다고 해야 할 것이나 실은 너무 약한 財星으로 인해서 재물의 양이 넉넉하지 못함을 안타까워하게 된다. 時柱가 丙寅이라면 넉넉한 재물을 말년에 누리게 될 텐데 丙辰이라 아쉽다. 겨우 호구지책(糊口之策)으로 살아가는 정도지만 그래도 자신에게 주어진 재물이니 그보다 못한 사람들을 보면서 스스로 위로를 할 수는 있을 것이다. 물론 천만다행(千萬多幸)으로 말년에 木運이라도 만나게 된다면 상당한 재물을 기대할 수가 있을 것이다.

[079] 甲午年 丙寅月 癸未日 乙卯時

用神과 干支別 運勢의 吉凶											
乙癸丙甲 卯未寅午				用: 金[入運用神] 喜: 水				印劫格 印劫不在格			
干	甲 下	乙 下	丙 下	丁 下	戊 下	己 下	庚 上	辛 上	壬 上	癸 上	
支	子 中	丑 下	寅 下	卯 下	辰 下	巳 下	午 下	未 下	申 上	酉 上	戌 下	亥 中

(1) 주운해석(柱運解釋)

초년(初年)이든 청년(靑年)이든 年月의 어디에도 用神은 없기 때문에 열심히 노력은 하겠지만 얻을 것은 없는 흐름이다. 중년(中年)에는 日支에 偏官을 만났으니 고통(苦痛)의 극점(極點)에 도달하게 될 것을 안타까워하게 되지 않을까 싶다. 어디로 도망가지도 못하고 힘든 나날을 보내게 될 주인공이 가련(可憐)함을 넘어서 애처롭기까지 하다.

말년(末年)이 되어서는 食神으로 인해서 자신이 뭔가 해야 하겠다는 압박감으로 새로운 일을 벌여서 큰 고통에 빠지게 될 암시로 밖에 해석이 되지 않으니 모쪼록 運이 좋은 사람과 함께 방법을 강구해 보라고 권한다. 아무래도 전생(前生)에 지은 공덕(功德)이 없으니 운명의 현실(現實)을 받아들이고 수용하는 것으로 최선(最善)을 삼는다.

(2) 세운해석(歲運解釋)

 天干으로 金水運은 매우 반가운 上運이다. 그러나 庚金運은 丙火에게 剋을 받아서 손상이 되고, 辛金運은 또 丙辛合이 되어서 제 기능을 하지 못하니 안되는 사람은 뒤로 넘어져도 코가 깨진다는 말을 떠오르게 한다. 壬癸水運이 그나마 도움이 되려나 싶지만 甲乙木이 방해를 하여 日干에게 도움이 되는 정도는 매우 빈약(貧弱)하다고 하겠다. 그러니 上運이라고 해서 다 같은 것으로 보면 안 될 것이다.

 地支의 金運은 도움이 될 것으로 기대가 되지만 水運은 木火土의 영향으로 인해서 中運으로 볼 수밖에 없는 것도 안타깝다. 그 외의 干支로 들어오는 모든 運은 下運으로 대입을 하게 되니 따지고 보면 억세게 運이 나쁜 四柱를 가지고 태어난 운명(運命)이다. 그래서 四柱를 보러 다니면서 자신의 운명을 물을 것이 아니라 스스로 도(道)를 닦는다는 마음으로 수행(修行)하여 모든 욕망(慾望)을 비우고 그 자리에 지혜(智慧)를 채우는 방법을 찾아보라고 권하게 된다.

(3) 재운해석(財運解釋)

 財運이 忌神이고 영향력도 크다. 그래서 일생 무엇을 하든지 금전적으로 큰 고통을 면하기 어려울 것이므로 가장 좋은 방법은 일을 벌이지 않고 직장에 취직하여 매월 주는 월급을 받아서 삶을 영위하는 것이니 괜히 헛된 꿈으로 번뇌(煩惱)와 망상(妄想)을 만들어서 고통을 받지 않도록 하는 것이 현명한 선택이다.

[080] 甲辰年 丁卯月 丁未日 丙午時

用神과 干支別 運勢의 吉凶		
丙丁丁甲 午未卯辰	用: 土(未, 辰) 喜: 金	食神格 食神燥熱格

干	甲 下	乙 下	丙 下	丁 下	戊 上	己 上	庚 中	辛 中	壬 中	癸 中		
支	子 中	丑 上	寅 下	卯 下	辰 上	巳 下	午 下	未 上	申 上	酉 上	戌 上	亥 中

(1) 주운해석(柱運解釋)

초년(初年)에 甲木은 부담이라도 辰土의 작용으로 인하여 힘은 들지만 활기(活氣)는 있다. 청년(靑年)의 丁卯는 아무것도 마음대로 할 수가 없는 무력증(無力症)에 빠질 조짐이다.

중년(中年)에 未土를 만나서 숨통이 트일 수가 있을 것이니 이 시기야말로 가장 소중한 황금기이다. 그동안에 쌓아 놓은 모든 능력을 총동원해서 자신의 삶에 대한 그림을 이 시기에 그려놓아야 할 것이다. 그런데 이것만 믿고 있을 수는 없다. 결실을 의미하는 財星이 어디에도 보이지 않기 때문에 우물쭈물하다가 이내 다가오는 말년(末年)에 그야말로 내 밥도 못 챙겨 먹는 상황이 올 수도 있으니 이런 지경이 되어서야 지난 시절을 후회한들 무슨 소용이 있으랴.

(2) 세운해석(歲運解釋)

天干의 土運은 기대가 되지만 金運은 안타깝게도 강력한 丙丁火로 인해서 제 기능을 발휘하기 어려우므로 中運으로 대입한다. 그리고 壬癸水運은 閑神이지만 오히려 火를 剋해 주므로 기대를 하게 되니 또한 中運이 되어 金運에서 못 찾아 먹은 것에 대한 보상이 주어진다.

地支의 土運은 어떤 식으로라도 도움이 될 것이고 金運도 도움을 기대할 수 있는 것은 비록 午火가 자리하고 있지만 未辰土가 보호를 해줄 것이기 때문이다. 그래서 60%의 運을 찾아 먹을 수가 있으니 다행이라고 할 수 있겠다. 中運도 찾아 먹을 수 있는 運으로 봐야 하는 것은 노력을 한 것이 적용되기 때문이다. 노력을 해도 안 되는 것이야말로 下運이라고 보면 된다.

(3) 재운해석(財運解釋)

財星이 喜神이기는 하나 어디에도 찾을 수가 없으니 재물(財物)에 대해서도 논하기는 어렵다. 다만 運이 도와서 획득하는 재물은 누릴 수 있으나 또한 運이 지나가면 보관을 해 둘 곳이 없으니 아마도 모래를 쥔 것처럼 손에 쥐고 다니다가 손가락 사이로 빠져나가고 빈손만 남게 될 가능성에 대해서 생각해 본다. 그러므로 이러한 것을 미리 알고 스스로 철저하게 관리하여, 들어온 재물이 나가지 않도록 하고 어떤 마음의 유혹에도 흔들리지 않는다면 그래도 어느 정도는 지킬 수 있을 것이다.

[081] 丙午年 丁酉月 丙申日 甲午時

用神과 干支別 運勢의 吉凶												
甲 丙 丁 丙 午 申 酉 午				用: 金(申, 酉) 喜: 水, 土					財星格 劫衆用財格			
干	甲 下	乙 下	丙 下	丁 下	戊 上	己 上	庚 中	辛 中	壬 中	癸 中		
支	子 上	丑 上	寅 下	卯 下	辰 上	巳 下	午 下	未 中	申 上	酉 上	戌 中	亥 上

(1) 주운해석(柱運解釋)

초년(初年)의 丙午는 힘든 시기라고 할 수가 있겠는데 아직 어린 시절이므로 친구들과의 갈등 정도로 대입을 해도 된다. 어쩌면 나쁜 친구들과 어울려서 인생에서 오점(汚點)을 남길 수도 있을 것이다. 청년(靑年)에는 득실(得失)이 반반(半半)이니 나쁘지는 않은 것으로 대입한다. 비교적 삶의 전성기에 속하는 중년(中年)까지 이어지는 것은 좋다고 하겠다.

다만 말년(末年)에는 다시 어려움의 상황으로 돌아갈 수도 있으므로 중년(中年)에서 각별한 노력이 필요하고 최대한 노년(老年)을 대비하는 것을 권하게 된다. 다만 食傷이 보이지 않으니 계교(計巧)가 부족하여 종종 남들에게 피해를 당할 암시가 있으므로 주의가 필요하다.

(2) 세운해석(歲運解釋)

 天干의 戊己土運은 대단히 반가운 上運이다. 비록 甲木이 있다고는 하지만 丙丁火의 작용으로 인해서 큰 부담으로 작용하기는 어려울 것이기 때문에 염려하지 않는다. 庚辛金運도 반갑긴 하나 丙丁火로 인해서 마음대로 활동하기 어려운 점이 못내 아쉽다. 반면에 水運은 忌神에 해당하는 火를 제어하는 공덕이 적지 않아서 中運을 넘어서 上運으로 작용을 할 수도 있을 것이다.

 地支의 丑辰土運은 최상의 吉運이다. 申酉金이 공격을 받고 있다가 구세주를 만난 까닭이다. 그러나 未戌土運은 午火로 인하여 上運까지는 미치지 못한다. 그리고 亥子水運은 약신(藥神)으로 작용하게 되니 또한 上運이다. 대체로 運은 좋은 편에 해당하는 것으로 대입할 수 있는 구조이다.

(3) 재운해석(財運解釋)

 財星이 用神이면서 月支와 日支에 깊게 뿌리를 내리고 있으니 재물(財物)의 인연은 좋다. 더구나 핵심의 자리를 지키고 있으므로 그만한 가치를 인정하게 되는데 아쉬운 점은 이 재물을 보호할 食傷이 어디에서도 보이지 않는다는 점이다. 그래서 애써 모은 재산의 일부분은 항상 밖으로 새어나가는 것을 염려해야 한다는 것이 안타깝지만 새어나가고서도 남는 것이 있으니 항상 함께 나누는 것으로 생각하는 마음가짐이 필요하다.

[082] 壬申年 壬寅月 己丑日 丙寅時

用神과 干支別 運勢의 吉凶		
丙己壬壬 寅丑寅申	用: 火(丙) 喜: 木	正印格 官印相生格

干	甲 上	乙 上	丙 上	丁 上	戊 中	己 中	庚 下	辛 下	壬 下	癸 下
支	子 下	丑 中	寅 中	卯 中	辰 中	巳 上	午 上	未 下	申 下	酉 下	戌 中	亥 下

(1) 주운해석(柱運解釋)

초년(初年)에는 마음대로 동분서주(東奔西走)하느라고 집중이 되지 않고 분주하기만 하니 헛된 시간을 낭비할까 걱정이다. 이러한 현상은 청년(靑年)이 되어서는 어느 정도 감소할 수는 있겠지만 寅申沖으로 인해 어려서 놀던 습관이 쉽사리 고쳐지기는 어려울 상황이다.

중년(中年)에는 丑土가 있어 의지는 하지만 또한 50%의 힘에 불과하니 아쉬움이 크다. 그럼에도 불구하고 희망을 버리지 않는 것은 말년(末年)에 힘찬 丙寅이 기다리고 있기 때문이다. 일생을 떠돌면서 분주하게 살아온 삶이지만 노년(老年)이 되어서 그에 대한 보상을 받고 큰 선생님으로 존중을 받게 되니 공자(孔子)와 같은 삶이라고 할 수 있겠다.

(2) 세운해석(歲運解釋)

天干의 木火運은 上運으로 대입하게 되는데 丙丁火運의 경우에는 원국에 壬水가 쌍으로 버티고 있기 때문에 上의 下運에 해당한다. 그럼에도 좋게 보는 것은 원국의 時干에 丙火가 존재하기 때문이다. 즉 運에서 들어와 손상을 받는다고 하더라도 원국의 丙火는 나쁠 이유가 없는 것이다. 戊己土運도 中運은 가능하다고 보는 것도 壬水를 제어하여 丙火를 편안하게 할 수 있기 때문이다.

地支의 巳午火運은 寅木의 生을 받아서 크게 도움을 줄 수 있을 것이다. 그러나 辰戌丑未土運은 큰 도움을 기대하기 어려운 것으로 봐야 하겠고, 특히 丑土運은 中運으로 표시하였지만 下運으로 작용하게 될 가능성이 많다.

(3) 재운해석(財運解釋)

재물(財物)을 담당하는 財星은 忌神이다. 호시탐탐(虎視耽耽) 用神을 잡으려고 노리고 있어서 丙火는 기가 죽어 활동을 하기조차 어려우니 재물이 마음대로 되기에는 애초에 기대하기 어려운 장면이다. 오히려 돈을 따르다가 모든 삶이 꼬이게 될 암시라고 봐야 하겠으니 오로지 주어진 직분(職分)에 감사하는 마음으로 최선을 다하고 그 외의 물욕(物慾)은 모두 잊어버리고 자신과 무관하다는 것을 알아야만 삶이 안정될 것이다.

[083] 辛丑年 辛丑月 癸酉日 癸亥時

用神과 干支別 運勢의 吉凶			
癸癸辛辛 亥酉丑丑		用: 土(丑) 喜: 火	偏官格 偏官無力格
干	甲 乙 丙 丁 戊 己 庚 辛 壬 癸 中 中 中 中 上 上 下 下 下 下		
支	子 丑 寅 卯 辰 巳 午 未 申 酉 戌 亥 下 中 下 下 中 中 上 上 下 下 上 下		

(1) 주운해석(柱運解釋)

초년(初年)에 偏印과 偏官이 들어오니 자신이 해야 할 일을 성실하게 실행하려고 노력하는 마음이 작용하게 되어서 성과가 있을 시기이다. 이러한 것은 청년(靑年)에서도 마찬가지이다. 다만 아쉬운 것은 넘치는 에너지를 제어하지 못하고 항상 현실에 만족을 할 수가 없어서 밖으로 방황할 수 있음에 대해서 조심해야 한다는 점이다. 그렇지 않고 어느 순간에 혼란이 일어나게 된다면 그로 인해서 자신이 가야 할 길을 벗어나서 고통에 빠질 수도 있기 때문이다. 특히 중년(中年)의 偏印이 위험하고 말년(末年)의 比劫도 마음을 놓을 수가 없는 그림이니 이는 원하지 않는 偏官을 用神으로 삼을 수밖에 없는 운명의 장난이라고 해야 할 듯싶다.

(2) 세운해석(歲運解釋)

天干으로 戊己土運은 반갑다. 다만 丙丁火運을 제대로 사용할 수가 없는 것이 무척이나 아쉽다. 丙火運은 丙辛合으로 묶여버리고 丁火運은 癸水의 공격으로 움직일 수가 없기 때문이다. 이런 경우에 天干에 戊己土가 있다면 보호가 되겠지만 그렇지 못하니 어쩔 수가 없다. 甲乙木運이 中運은 된다고 보는 것도 戊己土가 없기 때문이다.

地支의 火土運은 모두 반가운 작용을 한다. 그럼에도 巳火運은 亥水의 제약을 받게 되어서 午火運보다 못한 것으로 대입하게 된다. 다행히 戌未土運은 用神의 역할을 제대로 수행할 가능성이 있어서 도움이 기대된다. 寅卯木運이 甲乙木運과 달리 下運이 될 수밖에 없는 것은 丑土가 用神인데 그 用神을 剋하기 때문이다.

(3) 재운해석(財運解釋)

무재사주(無財四柱)에서 재물(財物)을 찾는 것은 거북의 등에서 털옷을 찾는 것이나 다를 바가 없다. 즉 인연이 없으니 찾아봐야 소용없는 헛수고라는 의미가 된다. 그러므로 재물보다는 노력과 주어진 일에서 보람을 찾고 그러한 방향으로 삶을 엮어 가는 것이 최선이라는 조언을 하는 것으로 해답을 삼는다. 이것은 財運이 들어온다고 해도 크게 다를 바가 없으니 안정이 으뜸이다.

[084] 戊午年 甲寅月 庚午日 丙戌時

用神과 干支別 運勢의 吉凶		
丙庚甲戊 戌午寅午	用: 土(戊, 戌) 喜: 金	偏印格 殺重用印格

干	甲 下	乙 下	丙 下	丁 下	戊 上	己 上	庚 上	辛 上	壬 中	癸 中		
支	子 中	丑 上	寅 下	卯 下	辰 上	巳 下	午 下	未 中	申 中	酉 中	戌 中	亥 中

(1) 주운해석(柱運解釋)

초년(初年)의 戊午는 일희일비(一喜一悲)이지만 결국은 부담이다. 그것은 地支의 분위기가 말해 주고 있으니 조열(燥熱)한 형태에서 戊土의 역할은 거의 없다고 봐도 될 구조이다. 청년(靑年)의 甲寅은 나름대로 일을 벌여서 사업에 실패하여 고통을 당하는 형국이다.

중년(中年)에는 午火로 인하여 다시 힘든 나날이다. 그리고 마지막으로 말년(末年)의 상황에서도 여전히 고통의 여운이 길게 이어지고 있으니 이러한 것을 종합해 본다면 세상에서 자신의 뜻을 이루기보다는 힘겹게 무거운 짐을 지고 가야 할 암시로 봐야 할 장면이다. 모쪼록 조용하고 묵묵하게 직장에서 자신의 역할에 충실하는 것을 최선으로 삼는 것을 권한다.

(2) 세운해석(歲運解釋)

 天干의 土金運은 모두 반가운 글자들이다. 戊土가 가까이 있었다면 丙丁火運도 中運은 되겠으나 유감스럽게도 年干에 있으니 부담으로 작용한다. 대신에 壬癸水運은 閑神이면서도 지나친 화세(火勢)를 눌러 주니 中運으로 볼 수 있다.

 地支의 土運은 모두 반갑다. 다만 戌未土運은 午火의 열기(熱氣)를 받아서 金을 生할 가능성이 희박하므로 中運이다. 申酉金運을 기대하기 어려운 것은 地支 상황이 부담스러워서 활동할 수가 없는 까닭이다. 亥子水運 또한 화세(火勢)를 눌러 주는 것으로 공을 높이 평가하여 中運으로 대입한다. 다만 '한 잔의 물로 짚더미의 불을 끄는 격'이라서 기분만 좋을 뿐 크게 기대하기는 어려운 형국이니 이러한 점이 안타까운 모습이다.

(3) 재운해석(財運解釋)

 財星인 甲寅은 官殺을 生하고 있는 모습이라서 손에 재물이 들어오면 그것으로 인해서 재앙(災殃)이 발생할 조짐으로 읽어야 할 구조이다. 그래서 재물은 큰 부담이 되므로 모쪼록 안정된 직장에서 삶의 수단을 찾고 물욕(物慾)에 대해서는 담담해야 할 것이니 최영장군의 '황금을 돌로 보라.'는 말을 깊이 새겨야 할 것이다. 그래도 다행인 것은 官殺이 日干의 주변을 감싸고 있어서 스스로 수분지족(守分知足)을 할 수 있는 교양을 갖고 있다는 점이다. 그러므로 노력만 한다면 최악(最惡)으로 가진 않을 것이다.

[085] 甲寅年 丙寅月 乙亥日 癸未時

用神과 干支別 運勢의 吉凶										
癸乙丙甲 未亥寅寅		用: 火(丙) 喜: 土					傷官格 傷官無財格			
干	甲 中	乙 中	丙 上	丁 上	戊 上	己 上	庚 中	辛 下	壬 下	癸 下
支	子 下	丑 上	寅 下	卯 下	辰 上	巳 上	午 上	未 上	申 中	酉 中	戌 上	亥 下

(1) 주운해석(柱運解釋)

초년(初年)의 甲寅은 경제적으로 무척 어려운 상황에서 힘겹게 삶을 유지해야 할 상황으로 나타날 수 있다. 다만 청년(靑年)에 丙火를 만났으니 자신의 능력을 발휘할 계기(契機)가 될 것이라는 희망이 생기게 된다. 아울러서 역경(逆境)을 돌려서 기회(機會)로 삼을 수 있는 능력도 배양(培養)이 될 것이니 전화위복(轉禍爲福)이라고 하겠다. 그러나 아쉽게도 중년(中年)의 亥水는 忌神이 발동(發動)하여 자칫 모든 성공이 여기에서 무너질 수도 있으므로 주의가 요망된다. 말년(末年)의 未土는 아름답지만 火의 흐름이 이어지지 않아 아쉬움이 많은 그림이다.

(2) 세운해석(歲運解釋)

天干의 火土運은 대단히 큰 기대가 되는 上運이다. 그리고 甲乙木運도 나쁘지 않을 것으로 보는 것은 用神에게 부담을 주지 않을 것이기 때문이다. 다만 庚金運은 무난하게 보지만 辛金運은 用神과 기반(羈絆)이 되는 바람에 부담을 주므로 下運으로 대입하게 된다.

地支의 火土運은 모두 上運으로 대입을 하게 되는데 亥水가 있어서 巳火運을 中運으로 봐야 할 수도 있으나 寅木과 未土의 협조를 받아서 무난할 것으로 본다. 申酉金運을 中運으로 보는 것은 寅木이 공격을 좀 받더라도 閑神으로 작용하므로 불편할 이유가 없기 때문이다. 이렇게 運에서도 느긋할 수 있는 것은 丙火가 印星에 둘러싸여 있는 까닭이기도 하다.

(3) 재운해석(財運解釋)

태어나면서 노년에 찾기로 하고 적금(積金)을 들어 놓은 모양이다. 時支의 未土가 적금의 만기(晚期)가 되기를 기다리고 있는 것처럼 보여서이다. 그러니까 중년까지도 재물(財物)의 運이 왕성하기는 어렵다고 봐야 할 것이고 오로지 열심히 노력하면서 오늘의 수확에 기쁨으로 화답(和答)하면서 재미있게 살아가는 것이 최선일 듯싶다. 물론 간간이 들어오는 財運에는 보너스를 받은 것처럼 덤으로 주어졌다고 생각하고 더욱 기뻐한다면 또한 현실을 지혜롭게 살아가는 방법일 것이다.

[086] 丁亥年 己酉月 戊子日 辛酉時

用神과 干支別 運勢의 吉凶		
辛 戊 己 丁 酉 子 酉 亥	用: 火(丁) 喜: 木	正印格 日弱用印格

干	甲	乙	丙	丁	戊	己	庚	辛	壬	癸	
	上	上	上	上	中	中	下	下	下	下	
支	子	丑	寅	卯	辰	巳	午	未	申	酉	戌	亥
	下	下	中	中	中	中	中	中	下	下	中	下

(1) 주운해석(柱運解釋)

초년(初年)에 正印이 年干에 자리를 잡고 있으니 좋은 시기라고만 할 수 있을지 고민이다. 그러기에는 준비가 너무나도 미비한 어린 시절이니 안타까운 시간만 흘러갈 뿐이다. 年支의 亥水는 의미 없는 결실임을 말해 주고 있다. 청년(靑年)에는 동업자와 뭔가 해보려고 할 수도 있겠지만 또한 결실은 기대하기 어렵다.

중년(中年)의 日支에 子水가 자리하고 있으니 마음대로 되지 않는 시간은 길고도 길어서 안타까울 뿐이다. 여기에 더하여 말년(末年)의 辛酉를 봐도 또한 기대하라는 말을 하기에는 조건이 너무도 열악(劣惡)하므로 마음을 비우고 직장 생활을 하거나 농촌에서 하늘의 뜻에 따라 주어지는 대로 먹고 살아갈 농부가 되는 것을 권할 뿐이다.

(2) 세운해석(歲運解釋)

天干의 木火運은 반갑다. 허약(虛弱)하기만 한 丁火를 위해서 뭔가 도움이 되는 역할을 할 것으로 봐서이다. 다만 甲乙木運이 말년에 들어온다면 오히려 日干에게 부담만 줄 뿐이고 用神에게 큰 도움을 주기는 어려울 수 있음을 고려해야 할 것이다. 土運은 그런대로 日干이 의지할 수는 있으므로 中運으로 보게 된다.

地支에서 한 점의 印星을 얻지 못한 까닭에 세운(歲運)의 도움을 기대한다는 것은 더욱 어려운 상황이다. 寅卯木運이 들어오더라도 生할 巳午火가 없으니 소용이 없고, 巳午火運이 들어와도 亥子水로 인해서 겨우 현상 유지 정도로만 도움을 줄 뿐이기 때문이다. 그래도 辰戌未土運이 中運이라도 되어 주는 것은 亥子水를 막아 주는 공덕(功德)이니 그나마 다행이라고 해야 할 것이다.

(3) 재운해석(財運解釋)

두뇌(頭腦)도 총명하고 궁리도 활발하며 수단도 뛰어난 사람이니 재물(財物)에 대해서 욕심을 내는 것은 당연할 것이다. 그러나 마음대로 된다면 얼마나 좋으랴만 하는 것마다 장애물을 만나고 방해를 받아서 자신의 마음대로 되는 것은 거의 없고 오히려 잘하려고 한 것들로 인해서 고통만 가중(加重)될 수도 있으니 차라리 아무것도 하지 말고 하루하루를 살아가는 것이 다행이라는 마음을 먹으면 좋을 것이나 쉬운 일은 아니다.

[087] 丙寅年 甲午月 己酉日 戊辰時

用神과 干支別 運勢의 吉凶												
戊 己 甲 丙 辰 酉 午 寅				用: 金(酉) 喜: 水					食神格 食神無財格			
干	甲	乙	丙	丁	戊	己	庚	辛	壬	癸		
	下	下	下	下	下	下	上	上	上	上		
支	子	丑	寅	卯	辰	巳	午	未	申	酉	戌	亥
	上	中	下	下	中	下	下	中	上	上	中	上

(1) 주운해석(柱運解釋)

초년(初年)의 丙寅은 官印의 運이기 때문에 어려서 부모의 뜻에 따라서 공부를 한 것이 일생의 복(福)이 될 것이다. 청년(靑年)의 甲午는 초년과 대동소이(大同小異)하지만 이제는 고통으로 다가올 것이다. 그래서 힘든 청년 시절이 되겠지만 그래도 사회생활에 적응하려는 노력을 한다면 또한 헛된 시간은 아닐 것이다. 왜냐하면 중년(中年)의 酉金이 한 분야의 전문가로 자신의 자리를 확보할 수 있는 기회가 되는 까닭이다. 말년(末年)의 戊辰이 별 도움을 주지 못하는 것을 감안한다면 중년에서 그동안 살아온 과정에서의 경험을 잘 살려서 한 분야에서 전문성을 살리는 노력으로 목적을 삼는 것이 최선이라고 할 것이니 인생의 설계가 필요한 점은 이러한 이유 때문이다.

(2) 세운해석(歲運解釋)

 天干의 金水運이 반가운 것은 喜用神이기도 하지만 戊土가 어느 정도 지켜 주는 것도 있기 때문이다. 다만 木火土運은 하나같이 부담만 줄 뿐이니 희비(喜悲)가 극명(克明)하게 갈리는 것이 삶에서도 변화(變化)가 클 것이라는 암시가 된다.

 地支의 申酉金運은 비록 寅午가 있어도 도움이 될 것으로 보는 것은 이미 酉金이 用神 역할을 잘하고 있기 때문이다. 亥子水運도 酉金을 보호하니 또한 喜神 노릇을 제대로 한다. 다만 木火運은 아무런 도움이 될 수가 없으니 꺼리는 運이 될 것이다. 土運은 中運으로 대입하지만 丑辰土運은 같은 中運이라고 하더라도 습토(濕土)인 관계로 좀 더 도움이 되는 것으로 보겠는데 그렇다고 해서 上運으로 까지 보기에는 어차피 土이기 때문에 어렵다.

(3) 재운해석(財運解釋)

 時支의 암장재(暗藏財)가 무력함으로 인한 아쉬움이 크다. 한 점의 財星이 어딘가에서 빛을 발하고 있으면 좋으련만 뜨거운 四柱를 식혀 줄 水가 없으니 또한 전생에 저축을 하지 않은 탓이려니 해야 할 상황으로 인식한다. 그래서 간간이 運에서 들어오는 소낙비를 즐기면서 노래하는 나날이 되길 바라면서 자신의 기술로 살아갈 방법을 모색하는 현명한 사람이 되기만을 바라게 된다. 물론 그것이 최선(最善)이기도 하다.

[088] 癸酉年 癸亥月 乙卯日 壬午時

用神과 干支別 運勢의 吉凶			
壬乙癸癸 午卯亥酉	用: 火(午) 喜: 土		食神格 寒木向陽格
干	甲 乙 丙 丁 戊 己 庚 辛 壬 癸 中 中 中 中 上 上 下 下 下 下		
支	子 丑 寅 卯 辰 巳 午 未 申 酉 戌 亥 下 中 上 上 中 上 上 上 下 下 上 下		

(1) 주운해석(柱運解釋)

초년(初年)과 청년(靑年)의 金水는 부담이기는 하지만 그럼에도 의미는 사뭇 다르다. 초년의 癸酉는 세상을 배우기 위한 때이므로 자신의 소견보다는 학습의 효과를 더 중시하게 되니 나쁘다고 하지 않는데 청년의 癸亥는 공부만 하면 뭘 하느냐는 생각이 들게 된다. 이는 이미 머릿속에 들어 있는 지식들을 쓸 방법이 없다는 것을 생각하기 때문이다.

중년(中年)이 되더라도 큰 변수가 일어나는 것을 기대하기 어렵고 조금이나마 방향이 잡히고 주관이 생겨서 혼란스럽지 않은 정도이다. 희망이 있는 것은 말년(末年)의 午火가 빛을 발하고 있기 때문에 일생의 노력에 대한 보답은 여기에서 주어질 것이니 희망을 갖고 멀리 내다보고 차근차근 나아가는 마음으로 준비하는 것을 권한다.

(2) 세운해석(歲運解釋)

 天干의 戊己土運은 印星을 제어하여 반갑게 작용을 할 것이므로 기대가 되지만 丙丁火運을 中運으로 밖에 볼 수가 없는 것은 印星으로 인해서 활동을 할 상황이 되지 못하는 까닭이다. 甲乙木運을 中運으로 보는 것도 時干의 壬水를 잡아 주면 午火가 기를 펼 수 있을 것으로 봐서이다.

 地支의 木火運은 대단히 반갑다. 卯木의 작용이 있기 때문에 亥水가 큰 부담을 주지 못하므로 크게 기대가 된다. 다만 丑辰 土運은 午火를 약화시킬 것이므로 부담이 되어서 기대하기 어렵고 다행히 戌未土運의 작용은 해롭지 않아서 상쇄가 될 것으로 보게 된다. 대체로 干支의 運을 써먹는 것은 60% 이상이라고 봐서 그만하면 다행이고 원국에서도 時支의 午火가 희망을 갖게 하므로 運이 조금만 돕는다면 즐거운 삶이 가능하다.

(3) 재운해석(財運解釋)

 財星이 보이지 않으니 무재사주(無財四柱)라고 해야 할 상황이다. 그러므로 태어나면서부터 재물복을 얻지 못하고 왔으니 전생에 저축을 한 것이 없다고 보고 이번 생이라도 열심히 저축하여 재물 창고를 만들도록 해야 하겠는데 그것도 쉽지 않다. 그렇게 때문에 남보다 뛰어난 기술을 확보한 다음에 그것을 바탕으로 열심히 살아가도록 노력하는 것이야말로 가장 지혜로운 인생경영이라고 할 것이니 서둘지 말고 멀리 보고 준비하는 것이 최선이다.

[089] 己酉年 丙子月 戊寅日 辛酉時

用神과 干支別 運勢의 吉凶									
辛戊丙己 酉寅子酉		用: 火(丙) 喜: 木			偏印格 日弱用印格				
干	甲上	乙上	丙上	丁上	戊中	己中	庚下	辛下	壬下	癸下
支	子下	丑下	寅中	卯中	辰中	巳上	午上	未中	申下	酉下

※ 支 row has 11 entries: 子下 丑下 寅中 卯中 辰中 巳上 午上 未中 申下 酉下 戌中 亥下

(1) 주운해석(柱運解釋)

초년(初年)의 己酉는 성과를 얻기는 어려운 시기이므로 의미 없이 지나갈 가능성이 많다. 청년(靑年)이 되어서야 비로소 귀인의 도움을 받아서 자신의 길에 대한 방향을 제시받고 발전을 할 수 있다. 다만 귀인의 힘이 너무 약한 까닭에 잠시 의지하는 마음을 가졌다가 포기하고 자신의 의지대로 추진하려는 마음이 강하게 작용할 것으로 보이는 것은 子水로 인해서이다. 중년(中年)의 寅木은 30%의 도움을 주고 있으니 그나마 다행이겠지만 말년(末年)의 辛酉를 보면 약간의 힘을 갖고서 천하를 얻으려고 허둥대다가 '게도 놓치고 구럭도 잃는 격'이 생기지 않을까 염려된다. 그렇게 되지 않기 위해서는 무엇보다도 열심히 공부하고 지혜를 닦아서 스스로 자신의 그릇을 알고 과욕을 부리지 않는 것만이 최선이다.

(2) 세운해석(歲運解釋)

 天干의 木火運은 上運이다. 그리고 戊己土運도 나쁘지 않으니 절반의 運은 진행할 만한데 그 나머지의 절반은 또 고통스럽게 진행이 될 암시인 것으로 보면 50%의 運이라고 할 수 있을 것이므로 보기에 따라서 나쁘지 않은 것으로 생각할 수도 있다. 다만 時干의 傷官으로 인한 꿈이 큰 탓에 만족스럽지 못한 運으로 작용을 할 수도 있다.

 地支의 火土運은 좋거나 무난하다. 그래서 또한 진행을 할 수 있는 시기라고 하겠는데 金水가 부담을 주고 있으므로 전반적으로 봐서는 50%의 運은 가능해 보이므로 그 나머지는 열심히 노력하는 것으로 채울 수가 있는데 문제는 너무 높은 곳을 바라보고 있다는 것이다. 그러니까 현실적으로 자신에게 가능한 만큼만 바라보고 노력하라는 조언과 함께 자신이 만족할 만큼은 아니라는 점은 강조해야 할 필요가 있다.

(3) 재운해석(財運解釋)

 財星이 忌神이면 재물(財物)의 인연도 기구(崎嶇)하다. 마음을 잘 다스려서 재물에 대한 욕망(慾望)은 미리 잠재우고 이성적으로 현명한 생각을 하고 판단할 수 있도록 힘을 길러야만 재물에 의한 고통을 미연에 방지할 수가 있을 것이다. 고통이 끊임없을 것이라는 암시는 日支의 寅木으로 인해서이다. 그러니 돈을 따르지 말고 순리(順理)를 따르고 지혜를 따르도록 노력하는 것이 최선이다.

[090] 辛酉年 庚寅月 乙亥日 辛巳時

用神과 干支別 運勢의 吉凶		
辛 乙 庚 辛 巳 亥 寅 酉	用: 水(亥) 喜: 金	正印格 殺重用印格

干	甲	乙	丙	丁	戊	己	庚	辛	壬	癸
	中	中	下	下	下	下	下	下	上	上

支	子	丑	寅	卯	辰	巳	午	未	申	酉	戌	亥
	上	下	中	中	下	下	下	下	上	上	下	上

(1) 주운해석(柱運解釋)

초년(初年)의 辛酉는 偏官으로 아마도 학교의 생활에서 집단 따돌림을 당하여 큰 고통을 겪을 가능성도 염려해 본다. 이렇게 되기까지에는 年柱의 상황이 가난해 보이니 부모의 잦은 이동이 원인일 수도 있을 것이다. 청년(靑年)에도 크게 달라지지는 않을 것이라고 봐서 나름대로 살아갈 방법을 모색하면서 좌절도 경험하게 되는 모습이다. 그러다가 중년(中年)이 되어서야 비로소 안정되고 발전도 되면서 삶의 기쁨을 만끽(滿喫)하는 나날이 될 것이니 고생을 한 보람이 적절한 시기에 주어지는 모습이다. 그다음의 말년(末年)은 이미 겪어 본 과거의 경험으로 인해서 크게 힘들다는 생각은 하지 않을 수는 있으나 부담은 부담이다.

(2) 세운해석(歲運解釋)

 天干의 상황은 온통 官殺이니 印星이 아니고서는 도움을 기대하기 어려운 구조이다. 들어오는 壬癸水運은 좋지만 甲乙木運은 많은 官殺로 인하여 中運에 불과하다.

 地支는 亥水가 있기 때문에 申酉金運은 매우 반갑다. 그러나 巳午火運은 亥水가 허약하기 때문에 부담이다. 辰戌丑未土運에 대해서는 亥水에게 어떤 형식으로든 간에 부담을 줄 수 있으므로 주의가 필요하다. 그나마 用神인 亥水가 日支에 있기 때문에 도움 되는 運이 있는 것이지 다른 곳에 있었더라면 또한 활용하지 못할 運이 더 늘어날 것으로 보게 된다. 天干의 운세도 地支의 운세도 아쉬움이 많다.

(3) 재운해석(財運解釋)

 아쉽게도 財星이 보이지 않으니 재물을 논하기에는 적합하지 않은 상황에 처해 있다. 그래서 正印을 살려서 교육자(敎育者)가 되는 것을 적극적으로 권하게 되고, 사업을 하는 것은 말리지만 기본적으로 그러한 것에 대한 유혹(誘惑)은 크지 않을 것으로 봐서 직장 생활에서 자신의 자리를 찾는 것으로 본다면 財星이 없더라도 큰 불편은 느끼지 않을 것으로 본다. 다만 말년에 巳火가 자리하고 있는 것을 보면 혹시라도 누군가의 유혹을 받고 무리한 투자를 계획할 수도 있으니 이점은 주의해야 할 부분이다.

[091] 壬申年 壬子月 乙酉日 丙子時

用神과 干支別 運勢의 吉凶											
丙乙壬壬 子酉子申				用: 火(丙) 喜: 木, 土				傷官格 傷官孤立格			
干	甲 上	乙 上	丙 上	丁 上	戊 上	己 上	庚 下	辛 下	壬 下	癸 下	
支	子 下	丑 下	寅 中	卯 中	辰 下	巳 中	午 中	未 中	申 下	酉 下	戌 中	亥 下

(1) 주운해석(柱運解釋)

초년(初年)의 壬申은 비록 忌仇神이긴 하나 그럼에도 나쁘게 보지 않는 것은 官印이기 때문에 비록 환경(環境)은 어렵더라도 열심히 공부를 할 상황이 되기 때문이다. 청년(靑年)의 상황도 별반 나아지지 않고 불만이 그만큼 가중이 되는 것은 이미 왕성한 四柱에서 다시 印星의 運을 진행해야 하기 때문에 발생하는 스트레스이다. 이것은 중년(中年)이 된다고 해도 또한 고통이 더욱 심해지면 심해졌지 좋아질 가망이 보이지 않는다는 것으로 인해서 갈등이 깊어질 암시로 해석한다. 다만 時干의 丙火가 작용하는 말년(末年)이 되면 '쥐구멍에 볕이 든다.'고 하겠지만 子水로 인하여 그 시간은 순식간에 지나가고 다시 깜깜한 암흑이 찾아올 것을 염려해야 할 듯싶다.

(2) 세운해석(歲運解釋)

 天干의 木火土運을 모두 쓸 수가 있다는 것은 다행이다. 다만 金水運에 대해서는 부담으로 보고 주의를 해야 할 상황이다. 丙丁火運이 壬水를 만나서 무슨 힘을 하겠느냐는 생각도 가능하지만 이미 時干에 丙火가 있으므로 크게 돕지 않아도 유지는 가능하고 어찌 되었든 도움이 되면 되었지 해(害)가 될 이유는 없기 때문에 上의 下運으로 보게 되는 것이다.

 地支의 상황은 上運이 없다는 것이 아쉬움이다. 巳午火運이 用神이지만 金水만 깔려 있는 상황에서는 기대하기 어렵고 寅卯木運이 用神을 生하려고 해도 申酉金이 부담스러우니 또한 생각대로 쉽지 않으므로 아쉬움이 많다. 그리고 戌未土運은 어느 정도 土剋水라도 해서 해롭지는 않으나, 丑辰土運은 그나마도 기대하기 어려워서 下運으로 대입한다.

(3) 재운해석(財運解釋)

 傷官이 옆에 붙어 있기는 하지만 財星의 보호를 받지 못하고 있는 것으로 인해서 재물(財物)의 인연도 박약(薄弱)하다고 해석하게 된다. 그러니 여유로운 삶을 살기는 다소 어려울 것으로 봐서 모쪼록 학력이라도 높여서 지위의 안정을 추구하는 것이 최선이라는 조언을 하게 된다. 마음으로야 더욱 많은 재물을 추구하고 싶지만 또한 마음대로 되지 않는 것이 운명인 까닭이다.

[092] 丙申年 庚子月 丙辰日 庚寅時

用神과 干支別 運勢의 吉凶											
庚丙庚丙 寅辰子申				用: 木(寅) 喜: 水, 火				偏印格 財衆用印格			
干	甲 上	乙 上	丙 上	丁 上	戊 下	己 下	庚 下	辛 下	壬 下	癸 下	
支	子 下	丑 下	寅 上	卯 上	辰 下	巳 上	午 上	未 下	申 下	酉 下	戌 下	亥 下

(1) 주운해석(柱運解釋)

초년(初年)의 丙申은 丙火가 무력한 까닭에 기대할 것이 없다. 그래서 갈등이 많은 어린 시절을 보내게 될 것이라는 해석을 하게 된다. 청년(靑年)이 되어서도 갈등과 모험의 상황은 그대로 이어져서 터널의 끝이 보이지 않을 듯싶다.

중년(中年)이 되어서도 나름대로 탈출구를 모색해 보기는 하겠지만 쉽사리 드러나지 않을 것으로 봐서 말년(末年)의 寅木을 만날 때까지는 많은 인내심을 필요로 하겠다. 그렇게 힘들어하다가 비로소 時支의 寅木을 만나서야 약간의 여유를 얻게 될 암시가 되지만 또한 庚寅이라는 것이 부담이다.

(2) 세운해석(歲運解釋)

 天干의 木火運은 上運으로 손색이 없다. 다만 그 외의 土金水運은 아무리 기대를 해 봐도 도움이 될 가능성이 없으므로 포기하는 것이 좋을 것이다. 甲乙木運이 庚金으로 인해서 손상되는 부분도 있겠지만 그럼에도 丙火가 生을 받을 수 있기 때문에 上運으로 작용할 것으로 기대된다.

 地支의 木火運도 기대가 되는 것은 마찬가지이다. 巳午火運이 子水로 인해서 생각보다 도움이 크지 않을 수도 있지만 寅木이 편안해 할 것이므로 도움이 되는 것은 틀림없다. 다만 나머지 運은 모두 下運으로 봐야 한다는 것이 아쉬움이다. 그래서 전체적으로 運의 도움은 40%밖에 얻을 수가 없다는 것으로 인해서 運의 작용보다는 노력으로 위기를 극복하고 혹 運이 도움을 주면 더욱 고맙다는 마음으로 삶을 꾸려가는 것이 현명할 것이다.

(3) 재운해석(財運解釋)

 印星이 필요한 사주에 財星이 많다. 그들은 부담을 주고만 있으므로 財星을 좇는다면 하는 일마다 제대로 진행이 되지 않을 것이다. 부디 당부하노니 재물(財物)에 대한 집착은 잊어버리고 오로지 노력으로 알뜰하게 살아간다는 마음만 갖도록 권한다. 日干 주변에 偏財가 있어서 적성에는 맞지 않겠으나 이 경우에는 財星의 인연이 忌神이기 때문에 맘에 들지 않는 직장생활이라도 달리 방법이 없다.

[093] 丙午年 戊戌月 乙酉日 甲申時

用神과 干支別 運勢의 吉凶		
甲 乙 戊 丙 申 酉 戌 午	用: 木(甲) 喜: 水[用神級]	劫財格 藤蘿繫甲格

干	甲	乙	丙	丁	戊	己	庚	辛	壬	癸		
	上	上	下	下	下	下	下	下	上	上		
支	子	丑	寅	卯	辰	巳	午	未	申	酉	戌	亥
	上	下	中	中	下	下	下	下	下	下	下	上

(1) 주운해석(柱運解釋)

초년(初年)의 丙午와 청년(靑年)의 戊戌은 물론이고 중년(中年)의 酉金까지도 전혀 기대를 할 시기는 보이지 않으니 참으로 퍽퍽한 삶의 지루하고도 힘든 여정(旅程)이 될 것으로 예견(豫見)된다. 그렇다고 해서 말년(末年)의 甲申도 크게 기대를 할 정도는 아니라고 본다면 고난의 연속이라고 하겠다.

원국의 상황으로는 柱運에서도 기대를 걸 만한 상황이 보이지 않는다. 그래서 세운(歲運)에 의지하는 마음으로 방향을 돌려야 하겠는데 四柱의 풍경이 이러한데 세운이라고 해서 엄청난 변화를 기대하기는 쉽지 않을 것이니 모쪼록 분수를 지키고 자신의 위치에서 최대한으로 노력을 하면서 하루하루를 지혜롭게 살아가는 것이 현명(賢明)하다.

(2) 세운해석(歲運解釋)

天干의 水木運은 기대가 된다. 비록 用神이 木이지만 실제로 필요한 글자는 水가 되므로 木運보다 水運이 더 좋은 것은 당연하다. 아쉽게도 天干에 壬癸水가 없기 때문에 金運은 전혀 도움을 받을 길이 없고, 丙丁火運이 들어온다면 꼼짝없이 불타고 있는 甲木을 바라볼 수밖에 없다.

地支의 亥子水運은 上運임이 틀림없지만 이름만 用神인 寅卯木運은 申酉金이 진(陣)을 치고 있기 때문에 中運에 머무르게 되는 것은 또한 아쉬움이다. 원국에서 運이 작용하기 어렵도록 되어 있는 상황이어서 運에 거는 기대도 상대적으로 약화될 수밖에 없다는 점이 유감이다.

(3) 재운해석(財運解釋)

財星이 月柱에 있으니 《滴天髓(적천수)》에서 말하는 것으로 본다면 '재기통문호(財氣通門戶)'이다. 대복(大富)이라고 할 만하다. 다만 財星이 用神이 되어 運에서 확실하게 도움을 줄 경우에 한해서이다. 그 외에는 항상 재물에 대한 야망(野望)을 갖고서 동분서주(東奔西走)하게 되지만 막상 얻어지는 결실(結實)은 빈약(貧弱)하기 짝이 없는 상황에서 허탈감(虛脫感)을 맛보게 될 가능성이 많은 모습이니 오로지 재물을 좇는 불나비가 되지 말고 현실에서 만족을 찾는 지혜로운 사람이 되어야 할 것이다.

[094] 甲子年 甲戌月 辛卯日 丙申時

用神과 干支別 運勢의 吉凶		
丙辛甲甲 申卯戌子	用: 土(戌) 喜: 火, 金	正印格 財衆用印格

干	甲 下	乙 下	丙 下	丁 下	戊 上	己 上	庚 上	辛 上	壬 下	癸 下	
支	子 下	丑 上	寅 下	卯 下	辰 上	巳 上	午 上	未 上	申 上	酉 上	戌 上	亥 下

(1) 주운해석(柱運解釋)

초년(初年)의 甲子는 궁리는 많으나 실속이 없으니 어린아이가 아무리 깊은 궁리를 한다고 해도 그것이 삶에 큰 도움을 주기보다는 괜한 시간만 낭비하는 모습이다. 청년(靑年)의 시절에는 戌土의 작용을 기대하게 되므로 세상에서 나름대로 자신을 도우려고 하는 인연을 만나게 되고 좋은 직장에서 일을 할 수가 있으니 이러한 기회는 항상 오는 것이 아님을 생각하여 놓치지 않도록 해야 한다.

중년(中年)이 되면 偏財인 卯木의 작용으로 인해서 일을 벌여도 너무 크게 벌여서 고통에 빠질 암시가 있는데, 말년(末年)에 丙火의 부담까지 겹치게 된다면 時支의 申金이 약간 도움을 준다고 하더라도 후회만 남는 노후가 될까 염려스럽다.

(2) 세운해석(歲運解釋)

天干의 土金運은 日干이 간절하게 기다리는 글자들이니 上運으로 작용하게 된다. 戊己土運은 甲木으로 인해서 활동하는데 어려움이 발생할 수 있음에도 불구하고 上運으로 볼 수 있는 것은 丙火의 협조를 기대하기 때문이다. 丙火가 없다면 中運으로 작용할 수밖에 없다.

地支의 경우에는 水木運을 제외하고는 모두가 좋은 작용으로 나타날 수 있으니 이것은 행운이다. 巳午火運도 좋게 작용할 것으로 기대되는 것은 戊土로 인해서인데 戊土의 조열함에도 불구하고 子水가 옆에서 냉각수(冷却水)로 작용할 수 있을 것으로 보여서이다. 이렇게 원국에서는 별로 도움이 되지 않는 글자들이 運이 들어왔을 적에 吉작용으로 전환(轉換)하게 되는 것은 좋은 조짐이다.

(3) 재운해석(財運解釋)

財星은 忌神이다. 겹겹이 用神을 둘러싸고 있으니 무엇을 하려고 하더라도 마음대로 되지 않을 것이고 그 원인은 조급한 마음으로 결과를 바라기 때문일 가능성이 많다. 물욕(物慾)을 탐(貪)하면 모든 순리가 일그러지고 조바심이 많아지면 진득하니 기다리는 여유도 사라지게 되는데 이렇게 왕성한 財星을 두고 있으니 일생을 두고 긴장하고 조심하면서 마음을 흐트러뜨리지 않도록 최선의 노력을 하는 것으로 좌우명(座右銘)을 삼아야 한다

[095] 丁卯年 丙午月 庚申日 癸未時

用神과 干支別 運勢의 吉凶											
癸庚丙丁 未申午卯				用: 土(未) 喜: 火				正印格 印星孤立格			
干	甲下	乙下	丙下	丁下	戊上	己上	庚中	辛中	壬中	癸中	
支	子中	丑上	寅下	卯下	辰上	巳上	午上	未上	申上	酉上	戌上	亥中

(1) 주운해석(柱運解釋)

초년(初年)의 丁火는 正官으로 역경(逆境)에서 살아남는 방법을 알려 주기 때문에 고단한 중에도 인생의 경험을 잘 배워서 일생의 복(福)으로 삼을 수가 있는 기회이다. 다만 卯木의 財星으로 인해서 많은 고통이 수반(隨伴)되는 것은 어쩔 수가 없다. 청년(靑年)의 丙午도 무사히 잘 넘길 수가 있는 것은 예방주사를 잘 맞은 영향이다.

중년(中年)부터는 점차로 안정이 되는 것이야말로 노력을 한 결실이 빛을 보는 것이라고 하겠고 말년(末年)에 未土를 만나게 된 것은 일생(一生)의 복(福)이라고 해야 할 것이다. 비로소 편안한 환경에서 과거의 힘들었던 시절에 대해서 여유롭게 회상하면서 미소를 지을 수가 있는 나날이 올 것이니 또한 천만다행(千萬多幸)이다.

(2) 세운해석(歲運解釋)

 天干의 戊己土運은 上運이지만 丙丁火運이 下運에 불과한 것은 비록 喜神이 火라고는 하지만 원국의 用神인 未土에게 전혀 도움을 주지 못하기 때문이다. 壬癸水運이 中運이 되는 것은 강한 화세(火勢)를 조금이나마 잡아 주는 공덕을 기대해서이다.

 地支의 土運은 用神이므로 당연히 上運이지만, 巳午火運도 上運으로 보는 것은 未土가 생동감을 얻을 수 있기 때문이다. 亥子水運도 부담스러운 午火를 제어해 주므로 中運은 되지만 寅卯木運은 반대로 午火에게 도움을 줘서 申金에게 부담을 주어 下運으로 작용하므로 주의가 필요하다.

(3) 재운해석(財運解釋)

 財星이 忌神이므로 재물의 인연에 대해서는 吉함을 논하기 어렵다. 用神인 未土의 주변에는 없는 것이 다행이지만 運에서라도 들어오게 되면 바로 영향을 미칠 것이기 때문에 財運은 주의해서 휘말리지 않도록 해야 하는 빨간 신호등이다. 그래도 다행인 것은 日支의 申金이 用神을 보호하고 있어서 자신만 주의하면 위기(危機)는 피할 수 있을 가능성이 높으니 재물에 대한 욕심은 부리지 말라는 말을 일생 잊지 않아야 할 것이다.

[096] 壬寅年 癸卯月 己亥日 癸酉時

用神과 干支別 運勢의 吉凶			
癸己癸壬 酉亥卯寅		用:火(寅中丙火) 喜:土	正印格 暗藏用神格
干	甲 乙 丙 丁 戊 己 庚 辛 壬 癸 ||| 下 下 上 上 上 上 下 下 下 下		
支	子 丑 寅 卯 辰 巳 午 未 申 酉 戌 亥 ||| 下 中 下 下 中 上 上 中 下 下 中 下		

(1) 주운해석(柱運解釋)

초년(初年)의 壬寅은 인내심으로 견딜 뿐 편안한 運은 아니다. 寅中丙火를 꺼내어 사용할 방법이 없는 것도 아쉬움이다. 청년(靑年)의 癸卯도 대동소이하다. 그래서 힘들기는 마찬가지라고 하겠는데 이렇게 전반부의 運이 부담으로 진행되므로 많은 인내심을 필요로 한다. 그렇다고 해서 중년(中年)이 기대된다고 보기도 어렵다. 財星의 작용이 凶하므로 서두르다가 일을 망칠 수도 있기 때문이다.

말년(末年)의 상황도 좋아 보이지는 않는다. 癸酉도 뭔가 무리수를 두게 되는 암시이지만 결과는 癸水가 忌神이기 때문에 바쁜 과정에서 안 좋은 결과만 예상될 뿐이다. 그래서 用神이 없는 四柱의 고단함을 생각하게 되고 이번 생은 빚을 갚으러 온 것이라고 여기면서 수행하는 마음으로 살기를 권하게 된다.

(2) 세운해석(歲運解釋)

天干의 火土運은 대단히 반가운 上運이다. 비록 원국에 用神이 멀리 암장되어 있는 안타까운 四柱이지만 이렇게 반가운 運을 만나게 되었을 적에는 잠시 시름을 잊고 즐거운 순간을 보낼 수 있게 된다. 다만 그 외의 金水木運은 하나같이 부담을 줄 뿐이니 또한 안타까운 날이 더 많을 것이다.

地支의 경우에도 巳午火運은 上運으로 기대를 할 수 있겠는데 실은 亥水로 인해서 巳火運은 생각보다 큰 결실을 보기 어려울 가능성도 있다. 辰戌丑未土運도 中運 정도로 보게 되는 것은 또한 寅卯木의 부담으로 인해서 부득이 작용력이 약화될 것을 감안해서이다. 이렇게 되고 보니 도움을 받을 運이 地支에서는 거의 없으니 運의 도움을 기대한다는 것은 어렵다고 하겠다.

(3) 재운해석(財運解釋)

이 四柱에서 재물(財物)을 물으면 먼 산을 바라보면서 딴 전을 피우게 된다. 왜냐하면 묻는 마음을 모르는 바는 아니나 원하는 답을 할 수가 없는 상황이 안타깝기만 한 까닭이다. 財星으로 둘러싸인 日干이 얼마나 급한 마음인지는 능히 짐작이 되고도 남음이 있으나 또한 마음대로 되지 않을 것임을 보니 뭐라고 말하기도 어렵고 또 원하는 일들을 하지 말라 하기도 어려운 탓이다. 여하튼 결론은 힘들다.

[097] 辛亥年 己亥月 己酉日 丙寅時

用神과 干支別 運勢의 吉凶		
丙 己 己 辛 寅 酉 亥 亥	用: 火(丙) 喜: 木	正印格 官印相生格

干	甲上	乙上	丙上	丁上	戊中	己中	庚中	辛下	壬下	癸下
支	子中	丑中	寅中	卯中	辰中	巳中	午中	未中	申下	酉下	戌中	亥中

(1) 주운해석(柱運解釋)

초년(初年)의 辛亥는 자기 마음대로 활동하다가 결실도 없이 상처를 받을 수 있다. 忌仇神이기도 하지만 官印이 아닌 까닭에 교훈으로 삼을 運이 되기는 어렵다. 청년(靑年)에는 己土를 의지할 수는 있겠으나 亥水로 인해서 생각보다 큰 결실로 나타나기에는 아쉬움이 많다.

중년(中年)의 酉金도 또한 소모적인 시간이 될 것이니 무척이나 안타까운 흐름이다. 다만 고진감래(苦盡甘來)로 희망이 되는 것은 오로지 말년(末年)의 丙寅이다. 그동안 살아오면서 힘들었던 고생에 대한 보상을 일시에 모두 받게 될 것이니 그야말로 점입가경(漸入佳境)이요, 대기만성(大器晩成)이다.

(2) 세운해석(歲運解釋)

 天干의 木火運은 제대로 큰 도움을 주게 되니 上運이다. 戊己土運은 丙火가 寅木을 깔고 生을 받고 있으므로 土의 작용이 크게 부담될 것은 없으므로 무난하다고 봐서 中運이 가능하다. 庚金運은 무난하지만 辛金運은 用神을 묶어 놓으니 凶하고 壬癸水運은 用神을 剋하니 당연히 凶하다.

 地支의 巳午火運은 말년에 한해서만 上運으로 대입한다. 亥水나 酉金이 작용할 시기에는 中運 정도로만 대입을 해야 할 것이기 때문이다. 그리고 亥子水運도 凶하지 않은 것은 丙火가 寅木을 의지하고 있는 상황이 만경창파(萬頃蒼波)에 배를 의지한 것과 같기 때문이다. 아울러서 辰戌丑未土運 또한 中運이 되는 것은 亥水를 제어해 주는 공(功)이 크고 寅木의 보호를 받고 있는 丙火의 입장에서는 거리낄 것이 없기 때문이다.

(3) 재운해석(財運解釋)

 재물(財物)의 運이 젊어서 들어오니 그것을 얻기 위해서 동분서주(東奔西走)를 할 것은 당연하겠지만 결실이 빈약(貧弱)함은 물론이고 빚만 잔뜩 안고서 힘들어할 암시가 있으니 더욱 부담이다. 그래서 재물에 대한 욕심은 버리라고 조언을 하겠지만 그러한 말이 젊은 시절에는 귀에 들어갈 가능성이 적다. 그래서 나이가 많이 든 다음에서야 그것을 이해하고 웃게 될 것이니 또한 시간문제라고 해야 할 것이다.

[098] 辛丑年 癸巳月 丁酉日 辛丑時

用神과 干支別 運勢의 吉凶		
辛丁癸辛 丑酉巳丑	用: 火(巳) 喜: 木	劫財格 日弱用劫格

干	甲 上	乙 上	丙 中	丁 中	戊 下	己 下	庚 下	辛 下	壬 下	癸 下		
支	子 下	丑 下	寅 上	卯 上	辰 下	巳 上	午 上	未 中	申 下	酉 下	戌 中	亥 下

(1) 주운해석(柱運解釋)

초년(初年)의 辛丑은 마음만 바쁘고 추진하는 힘은 약하여 결실을 기대하기는 어렵다. 청년(靑年)에는 月支에 巳火가 있기 때문에 뭔가 기대를 해 볼 수는 있겠지만 木의 도움을 받지 못한 癸巳이므로 생각보다 큰 기대를 하기는 어려움이 있을 것으로 보인다.

중년(中年)의 酉金이 들어와서는 조바심을 내게 되고 결실에 대한 마음이 커지겠지만 실속 없이 마음만 분주(奔走)하다. 말년(末年)의 辛丑은 年柱와 같은 구조이니 여전히 풀리지 않는 자신의 운명(運命)에 대해서 고뇌(苦惱)를 하게 될 가능성이 많은 구조이다. 그래서 환경을 한탄(恨嘆)하지 말고 마음을 다스려서 안정을 구하는 것이 가장 현명할 것이다.

(2) 세운해석(歲運解釋)

 天干의 甲乙木運은 비록 辛金이 버티고 있더라도 간절하게 기다리던 木이라서 도움이 될 것이기 때문에 上運이다. 그러나 丙丁火運은 기대보다 미흡(未洽)하여 中運으로 보게 되는 것은 丁火運은 癸水를 만나고 丙火運은 辛金을 만난 탓이다. 그 외에는 논할 의미가 없다.

 地支의 木火運은 도움이 될 것으로 본다. 원국에 巳火가 있기 때문에 酉金의 부담을 어느 정도 견제할 것으로 봐서 木運도 쓸 수 있겠고 火運도 기대가 된다. 다만 습토(濕土)는 부담을 줄 것으로 봐서 丑辰土運은 下運으로 대입하고, 조토(燥土)는 약간이나마 도움이 될 수 있을 것으로 봐서 未戌土運은 中運으로 대입한다. 金水運은 어떻게 대입을 하더라도 부담으로 작용할 것으로 봐서 下運으로 보는 수밖에 없다.

(3) 재운해석(財運解釋)

 재물(財物)을 담당하는 財星이 모두 빚쟁이들이다. 돈을 받으려고 줄을 서 있는 상황에서 자신의 주머니에 들어갈 재물은 없다고 해야 할 모습이다. 그래서 일생 동안 돈을 모아서 뭔가 해 보겠다는 생각을 하기보다는 직장에서 주어진 일을 열심히 하고 그에 따른 보수(報酬)를 받아서 일용할 양식(糧食)을 삼는 것으로 최선의 길인 줄을 안다면 괜한 일로 인해서 마음만 분주하고 헛된 고생을 하는 노력은 하지 않아도 될 것이니 모쪼록 이러한 마음으로 살아가기를 당부한다.

[099] 丁巳年 己酉月 庚寅日 壬午時

用神과 干支別 運勢의 吉凶									
壬庚己丁 午寅酉巳				用: 土(己) 喜: 火				正印格 官印相生格		
干	甲 下	乙 下	丙 上	丁 上	戊 上	己 上	庚 中	辛 中	壬 下	癸 下
支	子 下	丑 上	寅 下	卯 下	辰 上	巳 下	午 下	未 上	申 上	酉 上	戌 上	亥 下

(1) 주운해석(柱運解釋)

초년(初年)의 丁巳는 힘들지만 자신의 내면을 성숙시키는 기회가 될 수도 있다. 더구나 月干의 己土가 적당한 자리를 지키고 있으므로 청년(靑年)의 이러한 흐름은 자신의 능력을 세상에 드러낼 수 있는 기회로 주어질 것이니 더욱 기대가 되는 흐름이다. 아쉬운 것은 중년(中年)의 寅木이다. 조급한 마음으로 서두르다가 일을 망치고서 말년(末年)의 午火를 만나서 큰 고뇌에 빠질 가능성에 대해서 염려하게 된다. 그래서 이러한 암시를 감안하여 권유할 수 있는 것은 직장 생활이나 교육자의 길이다. 더구나 官印相生格을 이루고 있으므로 모쪼록 재물을 따라가서 고통의 늪을 헤매지 말고 지혜로운 생각으로 청빈(淸貧)의 삶을 누리도록 노력하면 좋을 것이다.

(2) 세운해석(歲運解釋)

天干의 火土運은 上運으로 작용한다. 丙丁火運은 用神인 己土를 보호하며 生할 것이고 土運은 그대로 用神의 몫을 완수하게 된다. 庚辛金運도 丁火가 있으니 土를 부담스럽게 하지 못할 것이기 때문에 나쁘지 않을 것으로 본다.

地支의 土金運도 上運이다. 土運은 巳午火의 生을 받을 것이고 金運은 寅木을 제어해줄 것이다. 다만 巳午火運이 도움을 줄 수 없는 것은 地支에 土가 없기 때문이다. 가끔은 天干의 己土가 地支에서 들어오는 火의 生을 받을 수도 있지 않을까 싶은 기대를 가져보지만 아무리 살펴봐도 天干은 天干끼리 교류하고 地支는 地支끼리 교류하는 것에는 미치지 못하니 아쉽지만 부담이 되는 것으로 대입하고 기대감(期待感)을 갖지 않도록 하는 것이 오히려 나을 것이다.

(3) 재운해석(財運解釋)

재물(財物)을 논하기에는 日支의 寅木이 너무나 부담되는 자리를 차지하고 있다. 그래서 재물에 관심이 가는 것은 타고난 숙명(宿命)이라고 하더라도 스스로 노력하여 후천적으로 극복하는 지혜를 기르라고 권하게 된다. 젊어서 잘 살아가다가 갑자기 물욕(物慾)이 일어나게 된다면 그것으로 인해서 모든 것을 다 잃어버리고서 고통의 나락으로 떨어질 수도 있기 때문이다.

[100] 庚子年 己卯月 乙卯日 丁丑時

用神과 干支別 運勢의 吉凶										
丁乙己庚 丑卯卯子		用: 火(丁) 喜: 土					食神生財格 洩氣精英格			
干	甲 中	乙 中	丙 上	丁 上	戊 上	己 上	庚 中	辛 中	壬 下	癸 下
支	子 下	丑 上	寅 中	卯 中	辰 上	巳 上	午 上	未 上	申 中	酉 中	戌 上	亥 下

(1) 주운해석(柱運解釋)

초년(初年)의 庚子는 일생에서 가장 힘든 시기이지만 어린 시절의 고난은 모두가 삶의 밑거름으로 작용하게 될 것이니 나쁘기만 한 것은 아니다. 官印이 年柱에 있는 경우에는 모두 이렇게 관찰하면 된다. 그다음으로 진행되는 청년(靑年)의 己卯는 수확은 적지만 그래도 나쁘지는 않다. 많은 경험을 통해서 삶의 질을 높이는 방향으로 노력할 수 있기 때문이다. 다만 己土가 偏財이고 무력(無力)하기 때문에 서두르는 마음으로 인한 실패(失敗)를 경험할 수도 있을 것이다.

중년(中年)의 卯木은 부담을 주는 것으로 볼 수밖에 없지만 말년(末年)의 丁丑이 아름다운 빛을 발산(發散)하고 있으므로 살아오는 과정에서의 힘들었던 모든 기억들은 다 잊어버리고 노년(老年)을 즐길 수 있으니 다행이다.

(2) 세운해석(歲運解釋)

天干의 火土運은 당연히 大吉한 上運이다. 그리고 甲乙木運도 나쁘지 않은 것은 月干의 己土가 剋을 받더라도 庚金이 지켜 주고 있고 丁火는 丑土를 生하고 있기 때문이다. 어쩌면 上運으로 격상시켜도 되지 않을까 싶을 정도이다. 그래서 壬癸水運만 주의한다면 모두가 진행과 발전이 가능한 吉運이다.

地支의 寅卯木運이 부담이 되는 것은 丑土를 공격하기 때문이지만 用神인 丁火는 아무런 손상을 받지 않으므로 中運으로 보게 되는 것이다. 地支에서도 亥子水運에 대해서만 주의를 한다면 모두가 좋은 運이니 그야말로 세운(歲運)이 大吉한 四柱라고 할 수 있는 구조이다. 이러한 흐름을 타고나기도 참 어려운 것을 많은 사례를 통해서 살펴봤으니 더욱 그 가치가 돋보인다고 하겠다.

(3) 재운해석(財運解釋)

食神이 財星을 生하고 있는 구조이니 다소 늦게 들어오는 것이 아쉽기는 하지만 그럼에도 그만한 행운도 쉽지 않은지라 축복이라 할 만하다. 더구나 運에서 많은 도움을 받을 암시가 있으니 반드시 柱運만으로 볼 것도 아니라고 하겠다. 항상 수중(手中)에는 돈이 떨어지지 않을 것이고 노력을 한 만큼의 결실이 주어질 것이니 柱運보다 세운(歲運)이 좋아서 여유로운 삶을 꾸려 갈 수 있을 것이므로 運의 흐름이 이렇게도 중요한 것이다. 그야말로 명호불여운호(命好不如運好)이다.

[101] 戊午年 乙丑月 辛未日 辛卯時

用神과 干支別 運勢의 吉凶									
辛辛乙戊 卯未丑午		用:木(乙,卯) 喜:水				偏財格 印重用財格			
干	甲 上	乙 上	丙 下	丁 下	戊 下	己 下	庚 下	辛 下	壬 上	癸 上
支	子 上	丑 下	寅 上	卯 上	辰 下	巳 下	午 下	未 下	申 下	酉 下	戌 下	亥 上

(1) 주운해석(柱運解釋)

초년(初年)의 戊午는 힘은 들지만 유용한 경험이나 지식을 쌓을 수 있는 기회로 봐서 나쁘지 않은 의미가 된다. 그렇게 얻은 지식은 청년(靑年)의 乙丑에서 어느 정도 결실로 이어질 수 있을 것이니 또한 다행이다. 다만 丑未가 月支와 日支에 버티고 있다는 것이 부담이다. 그래서 결실이 길지 못하고 중단될 것을 염려하게 되는데 아무래도 중년(中年)에 작용하는 未土의 영향으로 번뇌에 휩싸이게 될 가능성이 많다. 그래도 말년(末年)의 卯木이 있음을 희망으로 알고 열심히 노력할 필요가 있겠다. 辛卯이므로 다소 아쉬움이 있기는 하지만 時支의 卯木으로 마지막 삶에 멋진 불꽃으로 마무리를 할 수가 있다는 것은 일말의 희망이라고 할 수 있을 것이기 때문이다.

(2) 세운해석(歲運解釋)

 天干의 水木運은 上運이다. 戊土가 있기 때문에 癸水運은 감점의 요인은 되지만 辛金이 있어서 조절이 가능할 것이므로 上運으로 봐도 될 구조이다. 丙丁火運은 乙木을 보호할 수도 있겠지만 辛金이 이미 떨어져 있기 때문에 위기감이 없는 乙木에게는 오히려 설기(洩氣)되는 부담만 안겨 줄 뿐이다.

 地支의 상황도 비슷해서 水木運은 좋은 작용을 하게 된다. 다만 아쉽게도 그 외의 干支는 모두 부담으로 작용한다. 地支에서도 火運은 卯木에게 도움을 줄 방법이 없다고 봐서 또한 부담으로 작용하게 된다. 겨울이기 때문에 도움을 줄 수도 있지 않을까 싶지만 亥子水가 전혀 없는 원국의 상황에서는 추위와는 아무런 상관이 없고 이미 午未가 있어서 도움이 될 구조가 아니기 때문에 오히려 부담만 주게 되는 것이다.

(3) 재운해석(財運解釋)

 재물(財物)의 인연은 月干과 日支와 時支에 木이 산재(散在)하고 있어서 도처(到處)에서 재물의 도움을 받을 암시가 되기 때문에 행운(幸運)이라고 할 수 있을 것이다. 중간에 丑未로 인하여 손상이 되기 때문에 다소 손실이 예상되는데 그래도 중년 이후로는 辛卯의 辛金이 부담을 주기는 하지만 그럼에도 결실로 이어질 가능성이 있기 때문에 재물의 인연이 점차로 안정이 되는 것으로 본다.

[102] 乙卯年 辛巳月 丁丑日 戊申時

用神과 干支別 運勢의 吉凶		
戊丁辛乙 申丑巳卯	用: 木(乙, 卯) 喜: 水	偏印格 日弱用印格

干	甲	乙	丙	丁	戊	己	庚	辛	壬	癸
	上	上	上	上	下	下	下	下	中	中
支	子	丑	寅	卯	辰	巳	午	未	申	酉	戌	亥
	中	下	上	上	下	中	中	下	下	下	下	中

(1) 주운해석(柱運解釋)

초년(初年)의 乙卯는 用神이면서 偏印이니 그야말로 공부가 일취월장(日就月將)하는 좋은 시절이다. 다만 그것이 청년(靑年)으로 이어지지 못하고 단절(斷絕)되는 바람에 많이 배운 것을 제대로 활용하지 못한다는 아쉬움은 어쩔 수가 없다.

중년(中年)의 丑土는 나름대로 자신의 길을 찾아보려고 모색하는 것은 좋겠지만 印星이 돕지 못하는 상황이니 노력만 많이 할 뿐 실제로 기대한 만큼의 결실은 없을 것으로 봐서 또한 안타까울 뿐이다. 말년(末年)의 戊申으로 인해서 오히려 일을 더 크게 벌여 중년보다 상황이 더 악화될 그림이니 이것을 미리 알고 스스로 자중하면서 인내하는 노력이 무엇보다 필요하다고 할 것이다.

(2) 세운해석(歲運解釋)

 天干의 壬癸水運은 喜神이면서도 中運에 머무는 것은 乙木과 日干의 사이에 辛金이 가로막고 있는 까닭에 日干에게는 별로 좋을 것이 없기 때문이다. 丙丁火運도 냉정하게 따져보면 乙木에게는 부담을 주는 것이기 때문에 中運 정도로만 대입해야 할 상황이지만 辛金을 제어해 주는 것으로 그 공을 인정해서 上運으로 격상(格上)되었다.

 地支의 亥子水運도 직접적으로는 卯木에게 도움을 주겠지만 日干에게는 너무 멀어서 아쉽게도 中運 정도에 머무르게 되는 셈이다. 巳午火運은 卯木의 옆에 巳火만 있으니 오히려 추가로 들어오는 火運은 부담만 되지만 時支의 申金이라도 제어하라는 의미로 中運으로 봐주는 것이다. 그렇지만 냉정히 대입한다면 下運으로도 볼 수 있다.

(3) 재운해석(財運解釋)

 財星이 忌神인 四柱를 갖고서 재물(財物)을 논하는 것은 과분(過分)한 꿈이요, 망상(妄想)이다. 특히 月日時에 財星들이 자리를 잡고 있으니 순탄한 재물의 인연은 어려울 암시이므로 모쪼록 사업에 대해서는 생각하지 말고 자신에게 주어진 일을 성실하게 수행함으로 해서 얻어지는 소득만 바라보고 살아가라는 조언을 하게 된다. 그럼에도 食傷이 時干과 日支에 버티고 있으며 月干의 偏財까지 부추기고 있어 조심한다고 해도 마음의 번뇌는 적지 않을 것이니 각별히 신경을 써야 할 것이다.

[103] 庚申年 乙酉月 甲辰日 甲戌時

用神과 干支別 運勢의 吉凶		
甲甲乙庚 戌辰酉申	用:水(辰中癸水) 喜:木	正印格 暗藏用神格

干	甲 上	乙 上	丙 中	丁 中	戊 下	己 下	庚 下	辛 下	壬 上	癸 上
支	子 中	丑 下	寅 上	卯 上	辰 下	巳 下	午 下	未 下	申 下	酉 下	戌 下	亥 中

(1) 주운해석(柱運解釋)

초년(初年)의 庚申은 극심한 고통을 예고하고 있다. 어려서 偏官이 위아래로 들어온다는 것은 교훈을 얻기보다는 고통만 남게 될 가능성이 큰 까닭이다. 또한 청년(靑年)이 되어도 酉金은 여전히 사회의 문턱에 앉아 있으니 또한 삶의 나날이 편안하지 않을 것이다.

중년(中年)에 들어와서야 辰土의 작용으로 뭔가 마음먹은 일들이 풀릴 가능성이 높아지니 그동안에 대한 보상이라고 해도 좋을 것이다. 그러나 아쉬운 것은 말년(末年)의 甲戌이다. 비록 甲木이 도움을 주려고 하지만 너무나 무력한 상황이니 기대하기 어렵고 辰戌沖으로 인해서 앉은 자리도 흔들리니 많은 고민을 해 봐야 할 것이다.

(2) 세운해석(歲運解釋)

 天干의 水木運은 매우 반가운 運이다. 火運의 경우에도 庚金을 눌러 주기 때문에 中運으로 대입이 가능하다. 그 외의 土金運은 전혀 도움이 되지 않으니 조금 아쉽다.

 地支의 亥子水運을 中運으로라도 봐주는 것은 天干의 甲乙木이 어느 정도라도 통근(通根)을 하여 도움을 받을 수가 있을 것이라는 기대감으로 인해서이다. 최소한 辰土를 적셔주기라도 할 것이니 日干이 생기(生氣)를 받을 수 있을 것이므로 도움이 될 수 있는 것으로 대입하게 된다. 寅卯木運은 上運이라고는 했지만 申酉金이 버티고 있는 것을 보면 아무래도 너무 후하게 표시한 듯싶다. 다만 전반부에 들어오는 木運은 도움이 되기 어렵더라도 후반부에 들어온다면 辰戌土를 제어하고 日干을 돕는데 큰 공을 세울 것으로 봐서 上運으로 대입한다.

(3) 재운해석(財運解釋)

 앉은 자리의 辰土는 用神에 가까운 財星이므로 나쁘지 않은데 時支의 戌土가 부담을 준다. 이러한 조짐은 중년에 얻은 재물을 잘 관리하면 일생을 안온(安穩)하게 보낼 밑거름이 되겠는데 자칫 욕심이 발동하여 무리수를 두느라고 전 재산을 털어부어 큰 수확을 바라보게 된다면 그나마 있던 재물도 다 날아감은 물론이고 추가로 감당하기 어려운 빚을 지고 말년을 고통스럽게 보낼 수도 있으니 미리 자신의 여정을 잘 판단하고 현명하게 대처하는 노력이 필요하다.

[104] 丁卯年 丁未月 庚午日 辛巳時

用神과 干支別 運勢의 吉凶			
辛庚丁丁 巳午未卯	用: 土(未) 喜: 金	正印格 殺重用印格	
干	甲 乙 丙 丁 戊 己 庚 辛 壬 癸 下 下 下 下 上 上 中 中 下 下		
支	子 丑 寅 卯 辰 巳 午 未 申 酉 戌 亥 下 上 下 下 上 下 下 上 中 中 中 下		

(1) 주운해석(柱運解釋)

초년(初年)은 丁卯라 고통스러운 가운데에서도 나름대로 환경(環境)에 적응하려고 노력을 하니 좋은 경험으로 남을 수가 있다. 그러다가 청년(靑年)이 되면 月支의 未土가 발동(發動)하여 원하는 목적에 근접(近接)할 수가 있을 것으로 기대가 된다. 이러한 기회가 왔을 적에 자신이 이룰 목표를 향해서 총력(總力)을 기울여야 할 것이다. 허둥대다가 시기를 놓쳐버리게 되면 중년(中年)으로 들어가면서 점점 원하는 것과는 멀어지는 방향으로 운명의 힘이 끌고 갈 것이기 때문이다. 그렇게 되면 말년(末年)까지 이어지는 불길은 끊임없이 타오를 것이니, 이러한 것을 미리 알고 자신의 미래를 준비하는 노력이 반드시 필요하다는 것이 운명의 암시이다.

(2) 세운해석(歲運解釋)

 天干의 戊己土運은 上運이지만 庚辛金運이 中運인 것은 丁火가 겹치기로 버티고 있기 때문이다. 木火運은 들어와서 도움을 주는 일이 전혀 없으니 下運으로 대입한다. 天干에 土가 있었다면 水運의 경우에는 무난하게 흘러갈 수도 있었겠지만 그렇지 못하고 수화상쟁(水火相爭)만 일으키게 되므로 下運으로 대입한다.

 地支의 土運은 上運이지만 戊土는 다소 감소하여 中運으로 만족해야 하는 것은 巳午火의 작용으로 인해서이다. 원국에서 用神이 月支에 있는데 官殺이 태왕(太旺)하여 生金을 하기가 불편하기 짝이 없으니 運에서도 큰 도움을 기대할 수 없다는 것은 못내 아쉬움을 갖게 된다.

(3) 재운해석(財運解釋)

 財星은 年支의 卯木이다. 이 글자가 하는 일은 用神인 未土를 공격하고 있다. 그로 인해서 나타나는 삶의 현실에서는 재물(財物)로 인해서 자신이 원하는 일들이 허물어지거나 꼬여서 힘들게 될 가능성을 갖고 있으니 태어나면서부터 고단한 팔자(八字)라고 생각하고서 오로지 분수(分數)를 지키면서 자신에게 주어진 일을 수행(隨行)하는 것을 최선으로 알아야지, 자신이 하고 싶은 일을 우선으로 추구하게 되면 갈수록 점점 힘들고 재물의 인연도 멀어지게 될 것이다.

[105] 己巳年 戊辰月 己未日 乙亥時

用神과 干支別 運勢의 吉凶		
乙己戊己 亥未辰巳	用: 木(乙) 喜: 水	偏官格 財滋弱殺格

干	甲	乙	丙	丁	戊	己	庚	辛	壬	癸
	上	上	下	下	下	下	下	下	上	上
支	子	丑	寅	卯	辰	巳	午	未	申	酉	戌	亥
	上	下	上	上	下	下	下	下	中	中	下	上

(1) 주운해석(柱運解釋)

초년(初年)의 己巳는 백해무익(百害無益)이다. 비록 正印인 巳火가 있기는 하지만 官殺이 없는 상태에서의 印星은 게으름이나 나태만 조장(助長)할 뿐이다. 청년(靑年)의 戊辰도 군더더기에 해당하는 작용에 불과하기 때문에 부담으로 볼 수밖에 없으므로 아마도 자신의 일을 찾지 못하고 보내는 시간이 길다고 보게 된다. 그리고 중년(中年)이 되어도 상황은 크게 달라지지 않아서 자신의 존재에 대한 무력감(無力感)도 들게 될 것이다. 그러나 말년(末年)에서 乙亥를 만나게 되어 인내심으로 노후를 대비할 기회가 주어진다는 것은 그나마 다행스러운 일이라고 하겠다.

(2) 세운해석(歲運解釋)

 天干의 水木運은 上運이다. 戊己土가 많아서 壬癸水運이 좋은 작용을 하기에 다소 부담스럽기는 하지만 用神인 乙木의 입장에서는 대단히 반가워서 어떻게라도 用神에게 도움이 되는 것으로 해석하게 된다. 地支의 水木運이 반가운 것도 天干의 의미와 대동소이한 것으로 살펴보게 된다. 申酉金運이 中運은 된다고 하는 이유는 地支에 寅卯木은 없고 亥水만 있기 때문에 金生水의 작용을 기대하기 때문이다. 비록 用神인 乙木을 剋하는 관계이기는 하지만 실제로 그러한 영향이 없을 경우에는 오히려 上運으로 대입을 할 수도 있는 것이니 항상 실사구시(實事求是)로 살펴서 吉凶을 판단해야 한다는 것을 잊지 않아야 한다. 이론(理論)은 기본(基本)이고 적용(適用)은 상황(狀況)에 따른다는 것을 알아두는 것만으로도 運을 대입하는 안목(眼目)이 넓어지는 것이다.

(3) 재운해석(財運解釋)

 財星은 喜神이면서도 용신급(用神級)이다. 그래서 기대가 되는데 아쉬운 점은 그 재물이 노년이 되어야 발휘된다는 것이다. 물론 중간에 運이 도움을 줄 경우에는 기쁨도 맛볼 수 있겠지만 노년에 얻어지는 것의 지속적인 상황과는 다르다고 해석한다. 그래서 곤궁(困窮)하게 살다가 말년에 대발(大發)한다는 것으로 큰 위안을 삼을 수 있으니 그것만으로도 다행이다.

[106] 乙卯年 庚辰月 丁未日 戊申時

用神과 干支別 運勢의 吉凶		
戊丁庚乙 申未辰卯	用: 木(乙, 卯) 喜: 水, 火	偏印格 用神羈絆格

干	甲 上	乙 上	丙 上	丁 上	戊 下	己 下	庚 下	辛 下	壬 中	癸 中
支	子 中	丑 下	寅 上	卯 上	辰 下	巳 上	午 上	未 下	申 下	酉 下	戌 下	亥 中

(1) 주운해석(柱運解釋)

　초년(初年)의 乙卯는 세상에 태어나서 가장 행복한 순간이라고 하겠다. 물론 이러한 것은 四柱에서 가장 꺼리는 상황이기도 하다. 세상이 무서운 줄을 모르고 모든 것이 자신의 뜻대로만 되는 줄 알고 있는 부작용을 걱정하기 때문이다. 청년(靑年)의 庚辰에서 傷官生財의 구조로 마음에 발동을 걸 수 있기 때문에 그 부작용이 바로 나타날 수 있다. 이것이 중년(中年)으로 가면서 뭔가 맘대로 되지 않을 수도 있음을 어렴풋하게 깨닫게 되지만 그럼에도 불구하고 그 환상은 깨어지기 어렵다. 그러다가 말년(末年)에 큰 고통을 맛보고 나서야 비로소 세상은 나를 위해서 존재하는 것이 아니었다는 것을 통감(痛感)하겠지만 이미 많은 세월이 흐른 다음이다.

(2) 세운해석(歲運解釋)

天干의 水木火運은 모두 좋은 작용으로 나타날 것이니 기대가 된다. 乙卯로 用神이 뿌리를 얻었기 때문에 丙丁火運도 庚金을 막는 역할이 가능하다. 만약에 用神이 乙巳와 같이 무력하다면 火運이 上運이 되기는 어렵게 된다.

地支의 경우에도 水木火運의 작용이 기대된다. 亥子水運은 卯木을 生할 것이고, 巳午火運도 申金을 막아줘서 用神을 편안하게 할 것이다. 다만 土運은 아쉽게도 下運으로 보는 것은, 申金을 生하여 用神에게 어떻게든 부담을 줄 것이기 때문이다. 그래도 運을 60%는 기대할 수가 있으니 다행이라고 하겠지만 아쉬운 것은 원국의 用神이 너무 편고(偏枯)하여 생동감(生動感)이 부족하다는 점이다. 그로 인해서 세운(歲運)이 도움을 준다고 하더라도 그 규모는 다소 미흡(未洽)할 것이다.

(3) 재운해석(財運解釋)

財星은 둘이나 있지만 모두가 대출받은 통장에 불과하니 언젠가는 갚아야만 하는 재물이다. 그래서 부지런히 벌어서 모아도 주머니에 남아 있지 않고 자꾸만 빠져나가기 위해서 온갖 방법을 다 동원할 것이니 모쪼록 이러한 암시를 벗어나는 방법은 마음을 움직이지 말고 돈이 나가는 일은 일체 반응을 보이지 않으면 된다. 그리고 오늘 일을 해서 내일 먹을 양식을 확보한다는 마음으로 욕심을 부리지 않는 것만이 가장 현명하게 四柱의 문제점을 대처하는 방법이 된다.

[107] 己未年 癸酉月 庚子日 庚辰時

用神과 干支別 運勢의 吉凶			
庚庚癸己 辰子酉未		用: 水(子, 癸) 喜: 木	傷官格 傷官無財格

干	甲 上	乙 上	丙 下	丁 下	戊 下	己 下	庚 中	辛 中	壬 上	癸 上
支	子 上	丑 下	寅 上	卯 上	辰 下	巳 下	午 下	未 下	申 中	酉 中

(마지막 두 칸: 戌下, 亥上)

(1) 주운해석(柱運解釋)

초년(初年)의 己未는 번뇌가 많을 암시이다. 이미 강한 四柱에서 다시 印星이 어린 시절을 장악하고 있으니 독립심에도 장애를 일으킬 것이고 부모와의 갈등도 예상되어서 공허한 시간을 보내게 될 가능성을 염려한다. 청년(靑年)의 시기에는 비로소 자신의 능력을 발휘할 곳을 찾겠는데 아쉬운 것은 결실이 보이지 않는다는 점이다.

중년(中年)에도 여전히 능력은 발휘할 수 있으므로 결실보다는 과정에서 목표를 이루는 것으로 방향을 잡으면 오히려 편안할 것이다. 말년(末年)에는 辰土가 子水를 억압하고 있기 때문에 답답한 나날이 될 것이므로 중년에 알뜰하고 세심하게 말년의 계획을 잘 세우고 그대로 추진하는 것을 권하게 되고 무리해서 하는 동업은 말리게 된다.

(2) 세운해석(歲運解釋)

 天干의 水木運이 上運인 것은 왕성한 庚金이기에 당연하다고 하겠는데 木運이 조금 섭섭한 것은 庚金이 버티고 있어서이다. 그래도 癸水의 힘을 받아서 결실로 이어질 암시는 되므로 上運으로 본다. 庚辛金運이 中運인 것은 天干에 木이 없기 때문에 癸水에게는 己土의 부담을 조금이라도 덜어 줄 것이니 나쁘지 않은 것으로 본다.

 地支의 水木運도 上運이다. 酉金이 있어서 卯木은 다소 감점이 되긴 하지만 日支의 子水가 감당해줄 수 있어서 그대로 대입한다. 申酉金이 中運인 것도 天干의 상황과 대동소이하다. 巳午火運을 下運으로 밖에 볼 수 없는 것은 辰未土가 地支에 있어서 火生土를 하게 되면 子水가 피곤할 암시가 되는 까닭이다. 만약 辰土가 子水 옆에 없었더라면 中運으로의 대입도 가능하다.

(3) 재운해석(財運解釋)

 喜神이 財星인데도 불구하고 재물복(財物福)이 없다는 말이 가능하겠는데 그렇다고 해서 나쁘지는 않으므로 財運이 들어오면 획득을 할 수 있다는 정도로 관찰하게 된다. 다만 재물이 들어오기는 하더라도 담아 둘 그릇이 빈약(貧弱)하므로 그 운이 지나가게 되면 재물도 같이 흘러가게 될 암시는 피할 수가 없다. 그래서 돈이 있을 적에는 들고 다니지 말고 부동산에 묻어 두고 절대로 팔아서 다른 것을 할 생각은 하지 말라고 안내하게 된다.

[108] 丁未年 癸卯月 乙酉日 丙戌時

用神과 干支別 運勢의 吉凶			
丙乙癸丁 戌酉卯未		用: 水(癸) 喜: 金(酉不可)	偏印格 偏印無力格
干	甲 乙 丙 丁 戊 己 庚 辛 壬 癸 中 中 下 下 下 下 上 上 上 上		
支	子 丑 寅 卯 辰 巳 午 未 申 酉 戌 亥 上 下 中 中 下 下 下 下 下 下 下 上		

(1) 주운해석(柱運解釋)

초년(初年)의 丁未는 재주가 있는 어린 시절이라고 할 수는 있겠으나 喜用神이 못 되는 까닭에 그것으로 인해서 얻을 것은 많지 않을 것이다. 오히려 청년(靑年)에서 癸水의 힘을 받아서 자신의 일을 찾을 가능성이 있겠는데 아쉽게도 卯木이 있어서 경쟁자에게 자신의 기회를 빼앗길 가능성에 대해서 염려하게 된다. 중년(中年)에는 酉金의 영향으로 여러 면에서 부담이 발생할 수 있으니 이러한 점을 감안하여 인내심으로 잘 견디라고 조언한다. 말년(末年)의 丙戌을 보게 되면 뭔가 일을 크게 벌여서 고통을 당하게 될 암시가 된다. 특히 노년(老年)의 곤궁(困窮)이 인생의 3대 악재라고 하니 일을 당하여 후회하지 말고 늦기 전에 조심스럽게 미래의 계획을 세우고 그에 따라서 추진하기를 권한다.

(2) 세운해석(歲運解釋)

 天干의 金水運은 반가운 上運이다. 金運이 반가운 것은 외로운 癸水를 生하기 때문이다. 다만 甲乙木運이 中運에 머무르는 것은 日干에게는 반갑겠지만 用神은 힘이 들기 때문에 上運으로 볼 수가 없다. 오히려 下運으로 봐야 할 가능성도 있다.

 地支의 상황은 매우 불리하다. 쓸 것은 亥子水運 뿐이다. 地支에 水가 없으니 申酉金運도 下運에 불과하다. 癸水가 生을 받을 수가 있다면 中運은 되겠는데 그렇게 보기가 왠지 부담스럽다. 이렇게 변화하는 運의 변수를 잘 이해하는 것이 필요하다. 그래서 地支에 일점(一點)의 水가 없음을 안타까워하는 것이다. 대신에 寅卯木運은 戌未土를 어느 정도 제어해 줄 수 있기 때문에 中運이 된다.

(3) 재운해석(財運解釋)

 財星이 忌神인 四柱에서는 재물(財物)을 논하는 것이 민망할 뿐이다. 다행히 癸水의 주변에 財星이 없어서 用神이 직접 당하지는 않지만 그래도 유혹의 순간들은 항상 전개될 것이므로 모쪼록 많은 돈을 벌어서 안정을 취해야 하겠다는 마음보다는 알뜰하게 오늘 벌어서 내일 살겠다는 마음으로 살아가는 것을 권할 수밖에 없다.

[109] 丁巳年 戊申月 癸丑日 丙辰時

用神과 干支別 運勢의 吉凶										
丙癸戊丁 辰丑申巳				用: 金(申) 喜: 水				正印格 日弱用印格			
干	甲 下	乙 下	丙 下	丁 下	戊 下	己 下	庚 上	辛 上	壬 上	癸 上
支	子 中	丑 中	寅 下	卯 下	辰 中	巳 下	午 下	未 下	申 上	酉 上	戌 下	亥 中

(1) 주운해석(柱運解釋)

초년(初年)의 丁巳는 쓸데없는 일에 신경을 쓰느라고 자신에게 도움이 될 일을 못하는 암시로 해석한다. 그렇게 초년을 보내고 나서 청년(青年)이 되면 비로소 철이 들어서 자신의 삶을 위해서 최선의 노력을 기울이게 된다. 그리고 상당한 자리를 얻게 되니 어려서 놀아본 사람이 세상을 빨리 배우는 효과는 있다고 하겠다.

중년(中年)의 丑土도 50%의 도움을 주고 있으므로 앉은 자리의 효과는 상당하여 노력을 한 만큼의 유지는 될 수 있는데 말년(末年)의 丙辰은 마음대로 되지 않을 암시이다. 아마도 자녀로 인해서 힘든 일에 휘말릴 수도 있을 것이고, 괜한 일에 법적인 소송이 발생하여 힘들 수도 있으니 모쪼록 근신하고 자중하면서 노년(老年)을 준비하는 것이 필요하다.

(2) 세운해석(歲運解釋)

 天干의 金水運은 上運이다. 다만 壬癸水運의 작용이 上運보다는 조금 미흡하다는 것을 감안하고 대입하는 것이 옳다. 戊癸合과 丁壬合으로 제 기능을 발휘하기는 쉽지 않을 것이기 때문이다. 그렇다고 中運으로 대입하기에는 좀 섭섭한 느낌이다.

 地支의 申酉金運은 上運인데 [108]번 명식의 申酉金은 月干의 癸水를 生해 주기 어렵다고 했는데 여기에서는 上運이라고 한 것은 日干과 月干의 영향력 차이이다. 日干은 전국(全局)을 감당하기 때문에 특별하다고 생각하면 될 것으로 본다. 이것은 왕(王)의 권한이 전국(全國)에 미치지만 군수(郡守)의 권한은 자신의 영역에서만 영향력을 갖는 것과 같지 않을까 싶다. 日干의 능력과 다른 글자의 능력이 갖지 않음을 전제로 대입하지 않는다면 또한 下運이라고 할 수도 있을 것이다.

(3) 재운해석(財運解釋)

 財星과 官殺이 이렇게도 왕성(旺聖)하니 물욕인들 적지 않을 것이다. 그래서 돈을 향해서 많은 시간을 보낼 수도 있겠지만 그것이 결과적으로는 공허할 뿐만 아니라 고통까지도 따르게 된다는 것을 알아야만 마음으로라도 벗어 날 수가 있을 것이다. 그래도 官殺이 가까이에 붙어 있으므로 마음은 있지만 실행에 옮기지는 않고 조심스럽게 살피는 현명함이 기대되므로 이러한 인연이 되기를 노력해야 할 것이다.

[110] 甲午年 丁丑月 辛酉日 丁酉時

用神과 干支別 運勢의 吉凶										
丁辛丁甲 酉酉丑午				用: 火(丁, 午) 喜: 木					偏官格 財滋弱殺格		
干	甲 上	乙 上	丙 上	丁 上	戊 中	己 中	庚 下	辛 下	壬 下	癸 下
支	子 下	丑 下	寅 上	卯 中	辰 下	巳 上	午 上	未 下	申 下	酉 下	戌 下	亥 下

(1) 주운해석(柱運解釋)

초년(初年)은 喜用神이다. 인내심과 기억력으로 어린 시절을 알차게 학습하면서 잘 보내게 될 것으로 본다. 財星이라고 해도 偏官인 午火를 生하기 때문에 꺼리지 않는다. 청년(靑年)에도 丁火가 들어오니 또한 좋은 일이 이어지는데 丑土는 다소 아쉽다. 그러므로 망상을 다스리고 하던 일에 몰입하는 것을 권하게 되는데, 그것은 그 후로 들어오는 중년(中年)의 酉金과 말년(末年)의 酉金이 너무 강력한 까닭이다. 그래서 어려서 얻은 것으로 일생을 살아간다는 마음으로 노력하지 않으면 자칫 중년 이후로는 마음대로 되지 않아서 고뇌가 끊이지 않을 가능성을 생각하게 된다. 때가 늦은 다음에 후회하는 것은 미리 준비하는 것에 비해서 아무런 도움이 되지 않을 것이기에 모쪼록 늦기 전에 조심하라는 말을 끊임없이 하게 되는 것이다.

(2) 세운해석(歲運解釋)

天干의 木火運은 上運이다. 喜用神이니 당연하다. 戊己土運도 약간 설기(洩氣)를 한다고는 해도 또한 丁火가 둘이나 있고 甲木도 있어서 中運으로 작용한다. 地支의 木火運도 마찬가지로 도움이 크다. 다만 辰戌丑未土運이 모두 부담이 되는 것은 화기(火氣)를 가져다 쌍으로 있는 酉金을 生할 것이기 때문이다. 戌未土도 마찬가지로 보는 것은 酉酉丑으로 음기(陰氣)가 많아서 조토(燥土)의 효과를 보기도 어려울 것으로 판단하는 까닭이다. 寅木運은 上運이기는 하지만 중년 이후에 들어오는 경우에는 酉金이 부담스러우니 中運 정도로 대입을 하고, 卯木運은 酉金의 영향을 寅木運보다 많이 받아서 中의 下運 정도가 된다.

(3) 재운해석(財運解釋)

財星이 喜神이니 나쁘지 않으나 年干에 홀로 존재하니 넉넉하다고는 할 수 없는 상황임이 아쉽다. 그리고 나중에는 그나마도 보이지 않으니 노력으로 열심히 살면서 월급을 받아서 생활하는 재물 인연이 가장 현명(賢明)하다고 해야 할 구조이다. 그야말로 偏官이 있음으로 해서 티끌 모아 태산이 되는 형국도 가능하다. 偏官이 없었다면 또한 불가능한 일이기에 偏官의 공(功)을 잊지 않아야 할 것이다.

[111] 癸未年 庚申月 戊子日 庚申時

用神과 干支別 運勢의 吉凶											
庚 戊 庚 癸 申 子 申 未				用: 土(未) 喜: 火[用神級]				劫財格 劫財孤立格			
干	甲 下	乙 下	丙 上	丁 上	戊 上	己 上	庚 下	辛 下	壬 下	癸 下	
支	子 下	丑 中	寅 下	卯 下	辰 上	巳 上	午 上	未 上	申 下	酉 下	戌 上	亥 下

(1) 주운해석(柱運解釋)

초년(初年)의 正財는 거칠 것이 없고, 未土도 자신감을 만들어 주므로 무리한 추진을 할 암시가 된다. 어려서 무슨 무리를 하겠는가 싶지만 그래도 알 수는 없는 일이니 자칫 친구들과 일을 벌여서 감당할 수 없는 지경으로 몰아갈 수도 있다. 청년(靑年)의 庚申부터 중년(中年)의 子水와 말년(末年)의 庚申까지 어느 하나 호락호락하지 않은 글자들이다. 食神과 正財의 단결된 압박은 아무래도 쉽게 위기(危機)를 넘기기보다는 끊임없는 갈등의 연속으로 벗어날 기약(期約)이 없다고 해야 할 상황이다. 그래서 감정으로 일을 대하지 말고 이성으로 처리하면서 직장 생활을 잘 했으면 하는 조언이 필요한 상황이다.

(2) 세운해석(歲運解釋)

天干의 火土運은 上運이다. 다만 戊己土運의 경우에는 上運이기는 하나 庚金과 癸水가 있는 분위기를 봐서는 上의 下運 정도로 감(減)해야 할 것 같다. 그럼에도 中運보다는 나을 것으로 보는 것은 너무나 약한 日干이기 때문이다.

地支의 火土運은 모두 좋을 것이지만 丑土運은 다소 감(減)해야 할 상황이다. 그래도 中運은 될 것이다. 원국에 火가 없으니 木運을 전혀 쓸 수가 없다는 것이 아쉽다. 用神이 年支에 있으므로 어려서의 寅卯木運은 더 많은 주의가 필요하고, 그 이후에도 혼란이 발생할 암시는 여전히 존재하므로 일생을 두고 주의해야 할 상황이다. 특히 午火運은 上運이 되기는 하겠으나 중년을 통과할 무렵에 들어온다면 中運으로 낮춰서 적용시켜야 할 것이다.

(3) 재운해석(財運解釋)

財星이 仇神이니 좋다고 하기는 어려운 상황이다. 특히 用神인 印劫은 멀고 仇神인 財星은 가까이에서 食神들의 왕성한 生을 받고 있으니 凶하고 많이 불길한 모습이다. 이러한 상황에서 재물에 대한 유혹은 끊임없이 일어날 것이고 그 결과는 모두가 쓰디쓴 상처로 남을 가능성이 많으니 모쪼록 재물에 대한 관심을 멀리하고 오늘 하루를 지혜롭게 살아가는 방법에만 몰두하는 것이 최선이다.

[112] 甲辰年 丁卯月 庚辰日 辛巳時

用神과 干支別 運勢의 吉凶		
辛庚丁甲 巳辰卯辰	用: 土(辰) 喜: 火, 金	偏印格 殺印相生格

干	甲	乙	丙	丁	戊	己	庚	辛	壬	癸		
	下	下	下	下	上	上	上	上	下	下		
支	子	丑	寅	卯	辰	巳	午	未	申	酉	戌	亥
	下	上	下	下	上	中	中	上	上	上	上	下

(1) 주운해석(柱運解釋)

초년(初年)의 甲辰은 반길반흉(半吉半凶)이다. 놀기도 하고 공부도 하기 때문이다. 다만 본인의 기억으로는 재미없는 시기였다고 할 가능성이 있다. 청년(靑年)은 힘든 시기이다. 卯木이 用神을 剋하는 작용으로 인해서 노력을 하지만 결실은 남이 가져가는 불운(不運)이 진행될 암시이다. 다만 중년(中年)의 辰土는 천금(千金)의 가치가 되는 보물이니 이것을 쓸 수가 있다는 것만으로도 과거의 고통은 모두 잊힌다고 할 것이다. 말년(末年)의 巳火도 힘은 들어도 用神을 生하는 공덕이 있어서 견딜 만하겠으나 심리적으로는 불안한 마음이 이어질 것이므로 현실적인 문제보다는 심리적으로 불리한 運이다.

(2) 세운해석(歲運解釋)

 天干의 土金運은 上運이다. 辛金運은 丁火에게 剋을 받아서 무슨 일을 하겠느냐고 하더라도 日支에 辰土가 안정을 시켜 주고 있어서 흔들리지 않는다.

 地支의 土運은 모두 上運으로 대입이 가능하다. 日支에 辰土가 있다는 것만으로도 運이 들어와서도 편안하게 작용할 수 있기 때문이다. 申酉金運을 上運으로 보는 것은 卯木을 제어해 주기 때문이며 巳午火運을 中運으로 보는 것도 卯木을 설기하여 辰土를 生할 것이기 때문이다. 寅卯木運은 巳火가 木生火를 하여 火生土로 이어지게 하는 작용도 가능하지만 用神인 辰土에게는 부담이므로 下運으로 보게 된다.

(3) 재운해석(財運解釋)

 재물(財物)이 正官을 生하는 분위기에서는 재물의 인연을 좋게 보기는 어렵다. 더구나 辰土를 부담스럽게 하니 청년의 재물에 대한 암시는 凶하므로 자중하라는 권유가 유일한 해결책이 된다. 正官과 偏印으로 인해서 직장 생활을 한다면 의식(衣食)에 큰 불편함은 없을 것이지만 남들이 돈을 버는 것에 대해서 마음이 기울게 된다면 아무래도 만족하기가 어려워서 자주 주변을 두리번거리게 되고 돈을 벌만한 일거리가 보이면 마음이 요동(搖動)칠 수 있으나 자중하는 것만이 미리 凶함을 방지하는 것이다.

[113] 癸未年 丙辰月 甲申日 丁卯時

用神과 干支別 運勢의 吉凶											
丁甲丙癸 卯申辰未				用: 水(申中壬水, 癸) 喜: 木, 金				偏印格 殺印相生格			
干	甲 中	乙 中	丙 下	丁 下	戊 下	己 下	庚 中	辛 中	壬 上	癸 上	
支	子 上	丑 下	寅 上	卯 上	辰 下	巳 下	午 下	未 下	申 下	酉 下	戌 下	亥 上

(1) 주운해석(柱運解釋)

초년(初年)의 癸未는 감질(疳疾)나는 시절이다. 癸水는 미약하고 未土는 강력하기 때문에 자신의 마음대로 되지 않음을 주변의 누군가에게 화풀이를 할 수도 있으니 마음을 다스리는 기회가 되기도 어려울 형상이다. 청년(靑年)의 丙辰도 마찬가지로 자신은 뛰어난 능력을 갖고 있는데 남들이 알아주지 않고 그것을 발휘할 기회조차 주지 않는다고 생각할 것이다.

중년(中年)이 되어서야 비로소 분수에 맞는 소득을 얻게 되고 안정된 가정도 이룰 수 있으니 그나마 다행이라고 하겠고 말년(末年)의 卯木은 큰 힘은 없어도 심심하진 않을 정도의 노년(老年)이라고 할 수 있다. 이렇게 때로는 日支의 申中壬水만 의지해도 살 수 있는 것이다.

(2) 세운해석(歲運解釋)

 天干의 壬癸水運은 上運임이 분명하다. 庚辛金運도 癸水를 生할 것이므로 中運은 가능하지만 丙丁火에게 剋을 받으므로 上運이 되기는 어려워 보인다. 甲乙木運은 日干을 도와주기는 하지만 用神에게는 부담을 주니 中運으로 본다고는 하더라도 中의 下運 정도가 적합할 것이다.

 地支의 亥子水運은 기대가 되지만 이미 申中壬水를 의지하고 있는 甲木이어서 간절하지는 않다. 寅卯木運이 上運인 것은 申金이 부담스럽기는 하지만 辰未土를 제어할 수 있어서이다. 그 외에는 쓸만한 運이 없는 것으로 봐서 아쉽지만 그럼에도 불구하고 日支의 申金이 갖고 있는 천금(千金)의 가치로 인해서 아쉬움을 채울 수 있으니 다행이다. 손상도 되지 않아서 안정감도 있으니 甲辰보다도 나쁘지 않은 형국이다.

(3) 재운해석(財運解釋)

 財星은 忌神이지만 年支의 未土가 用神인 癸水에게 큰 부담을 주니 기대할 수 없겠고, 月支의 辰土는 헛된 망상(妄想)으로 분주하게 살아보겠지만 다시 제자리로 돌아오게 될 것이니 오직 주어진 일을 직장에서 묵묵히 수행하는 것으로 일생의 업(業)을 삼고 다른 것을 바라지만 않는다면 재물은 부족하지 않을 것이다.

[114] 辛巳年 丁酉月 甲辰日 庚午時

用神과 干支別 運勢의 吉凶		
庚甲丁辛 午辰酉巳	用: 水(辰中癸水) 喜: 木[무늬만]	正印格 暗藏用神格

干	甲 中	乙 中	丙 下	丁 下	戊 下	己 下	庚 下	辛 下	壬 上	癸 上	
支	子 上	丑 下	寅 上	卯 上	辰 下	巳 下	午 下	未 下	申 下	酉 下	戌 下	亥 上

(1) 주운해석(柱運解釋)

초년(初年)의 辛巳는 많은 부담을 준다. 巳火가 자기 멋대로 해보겠다는 용기가 있는 것은 가상하지만 결실로 가기에는 너무 이르다. 청년(靑年)의 丁酉도 辛巳와 위아래만 바뀐 형국이니 대동소이할 상황이다. 그래서 또한 노력하는 일마다 장애(障礙)를 만나게 될 암시이다. 중년(中年)이 되어서야 비로소 약간의 소득을 얻어서 자신이 해야 할 일을 찾을 수 있으니 그나마도 다행이라고 하겠는데 이것도 잘 지키지 못하면 말년(末年)의 庚午에서 다시 허공의 뜬구름이 되고 말 암시이다. 이것은 庚午도 丁酉나 辛巳와 별반 다를 바가 없기 때문이다.

(2) 세운해석(歲運解釋)

天干의 壬癸水運은 上運이고 地支의 亥子水運도 上運이다. 甲乙木運이 무난한 것은 庚辛金이 공격하기 때문에 기대할 것이 못되고 원국에 壬癸水가 없으니 庚辛金運의 도움도 기대하기 어려운 것은 물론이고 오히려 부담만 가득하게 안겨 주는 형국이니 運의 대입은 참으로 아쉬운 모습이다. 그러니 運을 바라보기보다는 자신의 노력을 통해서 일용할 양식을 구하는 것이 가장 현명하다고 할 것이니 [113]번 명식의 甲申은 안정을 얻기가 쉬운 반면에 甲辰은 많은 노력을 한 다음에 얻어지는 것이 약간 다른 결실이다.

(3) 재운해석(財運解釋)

재물(財物)의 인연은 忌神이니 볼 것이 없지만 辰中癸水가 들어 있으니 부옥빈인(富屋貧人)의 형상(形象)이다. 그래서 겉으로는 재물이 많은 것처럼 보이지만 실상은 겨우 먹고 살 정도의 여유밖에 없다. 그래서 항상 마음에 공허함을 느끼게 되지만 그렇다고 해서 재물 인연이 마음대로 되지도 않으므로 모쪼록 현실에 만족하고 자신의 전문성을 살려서 열심히 노력하여 얻어지는 소득으로 가족을 부양하고 안정된 삶을 누리는 것이 최선이다.

[115] 丙寅年 乙未月 甲寅日 丁卯時

用神과 干支別 運勢의 吉凶		
丁甲乙丙 卯寅未寅	用: 火(丁, 丙) 喜: 土	傷官格 外華內貧格

干	甲	乙	丙	丁	戊	己	庚	辛	壬	癸
	中	中	上	上	上	上	中	中	中	中
支	子	丑	寅	卯	辰	巳	午	未	申	酉	戌	亥
	中	中	下	下	中	上	上	中	中	中	中	中

(1) 주운해석(柱運解釋)

초년(初年)의 丙寅에서 신동(神童)이라는 말이 나올 정도로 빼어난 기운을 과시(誇示)하게 된다. 이어지는 청년(靑年)에는 경쟁자들과 한바탕 겨루기가 이루어지고 그래서 얻는 소득은 많지 않을 것이지만 좋은 경험을 쌓을 수는 있다. 乙木으로 인해서 未土를 찾아 먹기 어려운 것이 아쉬울 뿐이다.

중년(中年)에도 잠재력(潛在力)은 있으나 실제로 발휘가 되기에는 적당한 시기를 얻지 못할 수 있으므로 조용히 기다리는 시간이 다소 지루할 것이다. 그러다가 말년(末年)이 되어서야 傷官의 재화(才華)를 세상에 드날리게 될 것이니 탁월한 능력을 발휘하여 세상에서 자신의 존재감을 드러내고 소득도 그만큼 얻게 되므로 卯木의 부담은 크게 두려워하지 않는다.

(2) 세운해석(歲運解釋)

天干의 運은 모두 찾아 먹을 수가 있는 행운(幸運)이다. 壬癸水運이 동시에 들어온다면 또 몰라도 하나씩 들어온다면 壬水運이 丁火와 合을 해도 丙火가 있고, 癸水運이 丁火를 剋해도 강력한 丙火가 있기 때문에 끄떡도 없다. 庚辛金運도 도움이 된다. 甲乙木運조차도 食傷을 생조(生助)할 수 있으니 上運이라고는 못하더라도 中運은 가능하다.

地支의 경우에도 寅卯木運을 제외하고는 자기 밥값은 할 것으로 본다. 辰戌丑未土運이 上運이 되지 못하는 것은 寅卯木이 원국에 너무 강력해서이다. 申酉金運도 무난한 것은 木이 剋을 받더라도 用神은 아프지 않기 때문이다.

(3) 재운해석(財運解釋)

재물(財物)을 얻을 수가 있는 재능(才能)이 탁월함에도 불구하고 정작 결실(結實)에 대해서는 빈약한 것이 못내 아쉽다. 月支의 未土만으로 일생을 누리기에는 조건이 너무 나쁘다고 해야 할 것이기 때문이다. 그래서 재물을 생각하지 말고 남보다 뛰어난 재능을 연마(練磨)하고 그것으로 삶의 도구로 삼아서 끈기로 버틴다면 또한 살아가는데 큰 불편함은 없을 것이다. 때로는 자중(自重)으로 무리수를 막는 지혜도 필요한 것은 日干이 너무 왕성한 까닭이다.

[116] 丙寅年 甲午月 甲子日 丁卯時

用神과 干支別 運勢의 吉凶		
丁甲甲丙 卯子午寅	用: 火(丁, 午, 丙) 喜: 土	食傷格 才華發揮格

干	甲 中	乙 中	丙 上	丁 上	戊 上	己 上	庚 中	辛 中	壬 中	癸 中	
支	子 下	丑 上	寅 中	卯 中	辰 上	巳 上	午 上	未 上	申 中	酉 中	戌 上	亥 下

(1) 주운해석(柱運解釋)

초년(初年)의 丙寅은 탁월한 능력을 일찍부터 나타내게 될 것이니 세인들의 관심을 끌기에 충분하고 청년(靑年)의 甲午도 그 영향을 이어갈 수 있다. 그리고 중년(中年)에는 子水가 있어서 다소 소강상태가 될 수는 있지만 다시 말년(末年)에 傷官을 만나서 화려(華麗)한 마무리를 할 수가 있을 것이니 다행이라고 하겠다. 더구나 탄력(彈力)을 받게 되면 걷잡을 수 없는 힘을 발휘하게 되는 것은 甲子이기 때문이다. 그래서 같은 시간을 노력하더라도 훨씬 큰 결실에 도달할 수가 있으니 이러한 점이 四柱의 형상에서 나타나는 특징이라고 할 수 있다.

(2) 세운해석(歲運解釋)

 天干의 戊己土運은 결실로 이어지니 반가운 運이다. 비록 甲木이 있다고 하더라도 丙丁火의 도움으로 능히 소득으로 이어질 것이다. 地支의 子水가 있는 것이 [115]번 명식과 다른 점인데 이로 인해서 메마른 四柱에 음기(陰氣)를 발생시키게 되니 이점으로 인해서 현격(懸隔)한 차이가 나게 된다. [115]번 명식에는 財星인 未土가 있고, 이번 명식의 경우에는 子水의 印星이 있지만 깨어져서 얻어먹기도 어려운 財星보다는 생동감을 주는 子水를 얻은 것이 더 나은 것이니 이러한 점은 十星만으로는 이해하기 어려우므로 분위기를 파악할 필요가 있다.

(3) 재운해석(財運解釋)

 무재사주(無財四柱)이다. 그래서 재물(財物)에 대해서는 생각하지도 않는다. 물론 바랄 수는 있다. 그러나 자신의 능력을 출중(出衆)하게 가꾸기만 하면 소득은 늘어나게 되어 있으니 무재(無財)라고 해서 돈이 없다고 하면 안 된다. 그야말로 미다스의 손처럼 뭘 만들거나 그리거나 아이디어를 내면 모두가 결과적으로 재물이 되어서 돌아올 가능성이 많은 까닭이다. 다만 그렇게 마무리를 하려는 노력이 반드시 필요한데 자칫 벌여놓기만 하고 끝을 못 낼까 봐 걱정이다.

[117] 甲寅年 丁丑月 丙寅日 癸巳時

用神과 干支別 運勢의 吉凶		
癸 丙 丁 甲 巳 寅 丑 寅	用:土(丑) 喜:金	傷官格 傷官無財格
干	甲 乙 丙 丁 戊 己 庚 辛 壬 癸 下 下 下 下 上 上 上 上 下 下	
支	子 丑 寅 卯 辰 巳 午 未 申 酉 戌 亥 下 中 下 下 中 上 上 中 上 上 中 下	

(1) 주운해석(柱運解釋)

초년(初年)의 甲寅은 강력한 丙火가 아무런 쓸모가 없는 偏印을 만났기 때문에 번뇌의 질풍(疾風)같은 어린 시절을 보내게 될 암시이다. 官殺이라도 같이 있으면 인내심이라도 생기련만 여의치 못하여 번뇌만 가중되어 말썽쟁이로 성장을 할 가능성을 염려한다. 청년(靑年)의 丁丑은 친구의 힘을 빌려서 결실을 맛볼 수가 있으니 일생에서 가장 재미있는 시절이 되기도 한다. 그리고 중년(中年)이 되면서 자신이 직접 해보려고 시도하다가 쓴잔을 마시게 될 암시가 있으니 모쪼록 마음을 다스리고 자중하는 것을 권한다. 말년(末年)의 癸巳는 또한 부담만 생기고 소득은 없는 것으로 봐서 무위도식(無爲徒食)하는 노년(老年)을 보내게 될 암시로 해석한다.

(2) 세운해석(歲運解釋)

天干의 土金運은 上運으로 작용하는데 손색(遜色)이 없다. 辛金運은 丁火의 눈치를 보겠지만 癸水가 있어서 보호를 받는다. 원국의 甲木이 戊己土運의 작용을 막으려고 하겠지만 丁火가 옆에서 유통을 시켜주고 있어 仇神이 공덕을 쌓는 형국이니 이것도 좋은 조짐이다.

地支의 申酉金運은 寅木을 제어하고 丑土의 보호와 결실을 도울 것이다. 巳午火運은 기본적으로 부담이 되겠지만 地支에 金이 없고 丑土가 공격을 받고 있는 것을 해소한다는 의미에서 본다면 대단히 좋은 작용이 될 것이므로 또한 上運이 된다. 亥子水運이 下運에 불과한 것은 寅木을 生하고 用神인 丑土에게 큰 부담을 안기는 까닭이다.

(3) 재운해석(財運解釋)

財星이 모두 암장되어 있으니 자신의 노력으로 얻어야 할 재물을 남의 손을 빌려서 겨우 구하게 되는 암시로 해석한다. 그리고 그것은 내게로 온전히 돌아오기를 기대하기도 어려운 것은 劫財가 뜯어먹고 난 나머지를 얻게 될 암시이기 때문이다. 그래서 재물을 생각하기보다는 재능(才能)을 생각하고 그러한 방향으로 능력을 향상시켜서 일생의 업(業)으로 삼도록 노력하는 것을 최선이라고 해야 할 것이다.

[118] 壬戌年 丙午月 甲戌日 甲子時

用神과 干支別 運勢의 吉凶		
甲甲丙壬 子戌午戌	用:水(子,壬) 喜:金	印星格 日弱用印格

干	甲	乙	丙	丁	戊	己	庚	辛	壬	癸
	中	中	下	下	下	下	中	中	上	上
支	子	丑	寅	卯	辰	巳	午	未	申	酉	戌	亥
	上	下	中	中	下	下	下	下	上	上	下	上

(1) 주운해석(柱運解釋)

초년(初年)의 壬戌은 좋았다가 마는 형국이니 뭔가 될 것처럼 보였지만 헛물만 켜고 마는 암시로 지나가게 된다. 청년(靑年)의 丙午는 또한 동서로 분주하게 뛰어다녀 보겠지만 원하는 행운을 만나기가 어려우니 지친 몸만 남는다. 중년(中年)에는 급기야 무리수까지 두어서 매우 힘든 환경(環境)에 처하게 될 암시이므로 모쪼록 근신자중(謹身自重)을 권유할 수밖에 없는 상황이다. 다만 말년(末年)의 子水가 기다리고 있으므로 이로 인해서 일생의 고통은 모두 잊어버리고 현재의 즐거움으로 만족할 수 있는 노년(老年)이 될 것이니 또한 다행스러운 일이다. 다만 子水가 고립되어서 도움이 대단하다고 보기 어렵다는 점이 아쉽다.

(2) 세운해석(歲運解釋)

天干의 壬癸水運은 분명히 上運이다. 庚辛金運도 나쁘지 않은 것은 壬水를 生하기 때문이다. 甲乙木運도 약간 돕는다고는 하겠는데 실제로는 中運보다는 中의 下運으로 본다.

地支의 亥子水運은 戌土가 다소 부담을 주기는 하지만 子水가 버티고 있어서 上運이 가능하다. 申酉金運도 戌土의 生을 받아서 子水를 生하는 의미로 上運으로 대입하지만 조열(燥熱)한 地支의 상황을 고려한다면 上의 下運으로 봐야 할 것이다. 다만 말년에 金運이 들어와 준다면 더욱 큰 기대가 될 것이다. 寅卯木運이 中運인 것은 午火를 生하고 子水를 약화시키지만 戌土를 제어해 줄 것으로 봐서 기대가 되기 때문이다. 다만 辰戌丑未土運은 子水에게 백해무익(百害無益)이니 下運으로 대입하고 조심스럽게 진행해야 할 것이다.

(3) 재운해석(財運解釋)

日支의 戌土가 偏財인데 이것으로 인해서 일생 모은 재물을 한 방에 흩날리게 될 수도 있음을 생각하면 모쪼록 양손에 돈을 들고 다니지 않아야 한다. 중년의 재물(財物)에 대한 타격(打擊)은 노후까지도 영향을 미칠 수가 있으므로 이러한 것을 잘 살펴서 재물에 대한 욕심을 최대한으로 자중(自重)하고 남의 흐름에 끼어들어서 함께 흘러가는 것으로 삶의 방향을 잡아야 하는데 천하의 甲木이 그렇게 산다는 것이 아마도 쉽진 않을 것이다.

[119] 辛亥年 丙申月 己未日 己巳時

用神과 干支別 運勢의 吉凶		
己 己 丙 辛 巳 未 申 亥	用: 金(申, 辛) 喜: 水	食傷格 傷官生財格
干	甲 乙 丙 丁 戊 己 庚 辛 壬 癸 下 下 下 下 下 下 上 上 上 上		
支	子 丑 寅 卯 辰 巳 午 未 申 酉 戌 亥 上 下 下 下 下 下 下 下 上 上 下 上		

(1) 주운해석(柱運解釋)

초년(初年)의 辛亥는 신동(神童)으로 소문이 자자할 조짐이 된다. 어린이 발명왕이라도 될 수 있을 위세이다. 청년(靑年)의 丙申은 丙火의 영감을 활용하여 새로운 방향으로 도전을 할 수도 있을 것이다. 다만 아쉬운 것은 여기까지이다.

중년(中年)의 未土는 과거에 빛나던 재능에 대한 회상(回想)을 하게 될 가능성이 많고 말년(末年)의 己巳는 그러한 것이 더욱 강화되어서 아득한 전설에 대한 이야기로 자신의 자랑을 하게 될 암시이니 주변의 사람들이 모두 귀를 막고 도망가지나 않을까 염려가 된다. 그래서 초년에 자신이 얻은 것을 잘 유지하라고 조언한다.

(2) 세운해석(歲運解釋)

天干의 金水運은 모두 반가운 上運이다. 壬癸水運을 그대로 쓸 수 있는 것은 辛金이 있기 때문이다. 甲乙木運이 별 도움을 주지 못할 것으로 보는 것은 丙火만 生하여 부담을 주는 까닭이다.

地支의 亥子水運은 上運이다. 未土로 인해서 子水가 조금의 부담은 느끼겠지만 그래도 申金의 生을 받아서 도움을 받을 수 있을 것으로 본다. 다만 辰戌丑未土運은 어떻게 작용을 하더라도 부담을 줄 것이므로 下運으로 본다. 巳午火運이 下運인 것은 원국의 巳未로 인해서 이미 열기(熱氣)가 많은 까닭에 추가로 들어오는 것은 백해무익이기 때문이다.

(3) 재운해석(財運解釋)

재물(財物)이 喜神임에도 불구하고 아쉬운 것은 年支에 있기 때문이다. 너무 어려서 들어온 재물의 인연을 어떻게 감당해야 할지도 모를 순간에 지나가버리고 나면 삭막(索莫)한 빈곤(貧困)의 길로 가야만 할 수도 있다. 너무 일찍 결실을 맺고 마는 것은 기나긴 인생의 여정(旅程)에서는 매우 아쉬운 구조이다. 노년의 빈곤을 피하기 위해서는 모쪼록 주어진 일에 최선을 다하고 스스로 일을 만들지 말기를 권한다.

[120] 辛亥年 丙申月 壬子日 乙巳時

用神과 干支別 運勢의 吉凶		
乙 壬 丙 辛 巳 子 申 亥	用: 木(乙) 喜: 火	傷官生財格 大器晩成格
干	甲 乙 丙 丁 戊 己 庚 辛 壬 癸 上 上 上 上 中 中 下 下 下 下		
支	子 丑 寅 卯 辰 巳 午 未 申 酉 戌 亥 下 中 上 上 中 中 中 上 下 下 上 下		

(1) 주운해석(柱運解釋)

초년(初年)의 辛亥는 아무런 쓸모가 없이 세월을 낭비하기 딱 좋은 시기이니 모쪼록 학교에서 선생님의 말씀에라도 귀를 기울이라고 압박(壓迫)해야 할 상황이다. 청년(靑年)의 丙火는 겁도 없이 뭔가를 전개할 암시가 되지만 申金이 月支에 버티고 있는 것으로 봐서는 뜻대로 되기는 어려울 조짐이다. 더구나 중년(中年)의 子水를 보면 큰 손실이 일어나서 손을 털게 될 암시까지도 생각해야 할 그림이다.

다만 다행인 것은 말년(末年)에 乙巳가 있으니 모든 능력을 다 모아서 세상에서 차지할 몫을 논하게 되는데 그나마도 아쉬운 것은 巳火가 子水를 보고 있다는 것이다. 그래서 감소(減少)가 되더라도 감안하여 고맙게 받으면 좋을 것이다.

(2) 세운해석(歲運解釋)

天干의 木火運은 上運이다. 戊己土運도 나쁘지 않은 것은 乙木이 막아 주고 있기 때문이다. 地支의 寅卯木運도 巳火를 生하고 子水를 설기시켜서 上運으로 작용하게 된다. 아쉬운 것은 巳午火運이 제대로 빛을 낼 수가 없다는 것이다. 그것은 亥子水가 地支에 포진(布陣)하고 있기 때문에 아무래도 눈치를 보지 않을 수가 없을 것이다. 戌未土運은 上運으로 작용할 것으로 보는데 丑辰土運은 中運에 머무르게 되니 그것은 巳火를 약화시킬 것을 염려한 까닭이다. 운세(運勢)의 흐름은 대략 50%는 도움이 되니 그만하면 다행이라고 해야 하겠다.

(3) 재운해석(財運解釋)

재물(財物)이 月干에도 있고 時支에도 있으나 月干의 재물은 빛만 보고 수확(收穫)으로 이어지긴 어려울 것으로 봐서 젊은 시절에 무리하여 재물을 구하는 것은 주의가 요망된다. 다만 말년에 자신의 능력(能力)을 살려서 서서히 확장되는 재물을 구하는 것은 四柱에서 권유해야 할 암시이다. 모쪼록 마음만으로 안 되는 것이 재물이기도 하니 서두르지 말고 멀리 내다봐야 할 것이며 비록 적은 수확이라도 가벼이 여기지 말고 잘 관리하라고 권한다.

[121] 戊戌年 乙卯月 甲午日 戊辰時

用神과 干支別 運勢의 吉凶		
戊甲乙戊 辰午卯戌	用: 木(乙, 卯) 喜: 水	劫財格 日弱用劫格

干	甲	乙	丙	丁	戊	己	庚	辛	壬	癸		
	上	上	下	下	下	下	下	下	上	上		
支	子	丑	寅	卯	辰	巳	午	未	申	酉	戌	亥
	上	中	上	上	中	下	下	下	下	下	下	上

(1) 주운해석(柱運解釋)

초년(初年)의 戊戌은 질풍(疾風)같은 시기이다. 아무도 알아주는 이가 없지만 혼자서만 바쁘게 서두르다가 세월을 보내게 되니 안타까운 나날이다. 청년(靑年)의 乙卯는 친구나 형제의 도움으로 자신의 자리를 얻을 수 있는데 도움을 주는 자가 劫財이기 때문에 항상 열등감(劣等感)으로 힘들어할 수 있다.

중년(中年)에는 午火가 들어와서 왕성한 노력을 해 보겠다고 적극적으로 움직이지만 결실은 마음과 같지 않을 것이고 점차로 말년(末年)의 戊辰으로 가면서 무관살(無官殺)의 부작용으로 더욱 힘들어질 조짐이다. 官殺이 忌仇神이라도 四柱에 없는 것보다는 있는 것이 삶에는 나은 것이다.

(2) 세운해석(歲運解釋)

天干의 木水運이 모두 上運이지만 壬癸水運은 戌土의 영향으로 上의 下運 정도로 봐야 할 분위기이다. 地支의 水木運도 上運이지만 亥子水運은 辰戌土가 부담을 주므로 上의 下運으로 대입하는 것이 타당할 것으로 본다. 다만 초년이나 말년의 시기를 제외하고는 上運으로 작용할 것이니 너무 슬퍼할 일은 아니다. 丑辰土運은 약간이나마 습기(濕氣)를 품고 있어서 中運은 되겠는데 戌未土運은 그나마도 원국이 바싹 메말라서 下運으로 대입하는 차이를 이해하면 정리에 도움이 될 것이다. 원국에 印星이 없어 干支로 水運이 들어와도 제 기능을 발휘하지 못하는 것이 아쉽다.

(3) 재운해석(財運解釋)

재물(財物)은 모두가 대출통장이다. 뭐든 돈을 벌어보려고 일을 벌이지만 모두가 빚으로 쌓이게 될 가능성을 염려하게 된다. 그래서 아무것도 하지 말라고는 하지만 살아간다는 것이 그럴 수도 없으니 모쪼록 일을 줄이고 현실을 잘 받아들이면서 적은 월급이라도 고맙게 생각하고 마음의 안식(安息)을 찾아서 기도와 명상으로 나날을 보낸다면 좋겠지만 그나마도 印星이 없어서 쉽지는 않아 보인다.

[122] 庚午年 己丑月 戊申日 己未時

用神과 干支別 運勢의 吉凶		
己戊己庚 未申丑午	用: 金(庚, 申) 喜: 水	食神格 劫衆用食格

干	甲	乙	丙	丁	戊	己	庚	辛	壬	癸
	中	中	下	下	下	下	上	上	上	上
支	子	丑	寅	卯	辰	巳	午	未	申	酉	戌	亥
	上	中	中	中	中	下	下	中	上	上	中	上

(1) 주운해석(柱運解釋)

 초년(初年)의 庚午는 어른들의 말을 듣지 않고 나대다가 힘들어질 상황을 만들기도 하는 것은 午火가 부담을 주는 까닭이다. 청년(靑年)의 己丑도 도움이 없으니 친구들과 어울려서 뭔가 해 보겠다고 하지만 결과는 힘만 들고 결실이 없는 채로 넘어가는 모습이다.

 중년(中年)이 되어서야 비로소 자신의 능력을 파악하고 전문적인 일에서 대우(待遇)를 받게 될 것이니 다행이다. 이후로 말년(末年)이 되더라도 日支에 食神이 자리하고 있으니 갖고 있는 기술은 감소하지 않을 것이므로 꾸준하게 연마하면서 자신의 능력으로 키워나가는 노력만 하면 될 것이다. 그러니 기술자로 살기를 권하고 사업은 권하지 않는다.

(2) 세운해석(歲運解釋)

 天干의 金水運은 上運이다. 비록 己土가 있으나 庚金이 도움을 줄 것이므로 초년에는 도움이 된다. 그 후로는 아무래도 上의 下運으로 대입하는 것이 객관적이라고 할 것이다. 甲乙木運도 土가 너무도 왕성하여 부담으로 작용하지는 않을 것으로 보아서 中運으로 대입한다.

 地支의 辰戌丑未土運이 中運인 것은 日支에 申金이 있기 때문이다. 다른 곳에 있었다면 그나마도 나쁘다고 해야 할 가능성이 많아진다. 亥子水運이 上運인 것도 日支의 申金이 든든하게 지켜 주고 있어서이다. 특히 중년에 大吉한 작용을 할 것이니 日支의 申金 하나가 일생의 행복(幸福)을 쥐고 있다고 봐도 될 것이다.

(3) 재운해석(財運解釋)

 재물(財物)은 기술 속에 숨어 있다. 申中壬水이기 때문이다. 그래서 기술을 팔아서 돈을 산다는 말로 대신할 수도 있는 구조이다. 그러니까 최우선으로 노력을 해야 할 것은 기술을 팔기 위해서 최상의 기술을 연마해야 한다는 것이다. 같은 기술이라도 고급이 되면 그만큼 대가를 높이 받을 수가 있기 때문이다. 그러므로 자격증을 확보하더라도 1급이어야 하고 2급은 바라보지도 말아야 한다. 그렇게 연마한다면 일생을 살아가는데 크게 아쉬움은 없을 것이다. 劫財가 많으니 남에게 빌려주지만 않으면 된다.

[123] 甲寅年 乙亥月 丙子日 庚寅時

用神과 干支別 運勢의 吉凶										
庚丙乙甲 寅子亥寅		用: 木(乙, 甲, 寅) 喜: 火					印星格 殺印相生格			
干	甲 上	乙 上	丙 上	丁 上	戊 下	己 下	庚 下	辛 下	壬 下	癸 下
支	子 下	丑 下	寅 上	卯 上	辰 下	巳 中	午 中	未 中	申 下	酉 下	戌 中	亥 下

(1) 주운해석(柱運解釋)

초년(初年)의 甲寅은 행복한 나날이 이어질 것으로 해석하게 된다. 丙火에게 甲寅은 몸과 마음이 상쾌할 것이기 때문에 어려서 많은 지식을 습득하고 공부도 순탄하게 진행될 것이고 그러한 환경(環境)을 얻을 수 있으니 좋은 시절이다. 청년(靑年)이 되면 亥水가 月支에 버티고 있기 때문에 점차로 세상살이의 매운맛을 배우게 될 것이다. 偏官이므로 결코 만만치 않은 시기이다.

이어지는 중년(中年)에도 子水가 이어지고 있는 것으로 봐서 만만하지 않은 나날이 될 것으로 예상되므로 직장 생활로 삶의 방향을 잡고 사업이라도 벌일 생각은 아예 하지 않는 것이 최선이다. 말년(末年)의 庚寅은 寅時가 기대되는 면이 적지 않으므로 노년(老年)에는 안정이 가능하다.

(2) 세운해석(歲運解釋)

 天干의 木火運은 上運이나 地支의 巳午火運을 中運으로 대입하는 것은 亥子水의 剋을 받아서 제대로 기능을 발휘할 수가 없기 때문이다. 戊己土運을 中運으로 보지 않는 것은 庚金을 生하는 허물을 물어서이다. 만약에 庚金이 없었다면 中運은 되는 것으로 본다. 戌未土運이 上運으로 대입하기 어려운 것은 水를 제어해 주고 냉기(冷氣)를 몰아내는데도 地支에 火가 하나도 없기 때문에 제어해봐야 좋아할 喜神이 없는 까닭이다. 丑辰土運은 아예 냉기를 몰아낼 능력도 되지 않으므로 下運으로 대입하게 된다.

(3) 재운해석(財運解釋)

 財星이 時干에 있는데 寅木을 剋하고 있으니 늙어서 자칫 물욕으로 사업이라도 한다고 손을 댔다가는 큰 고통을 받을 암시가 된다. 다만 寅木이 丙火를 生해 주는 역할은 하니 기둥뿌리가 뽑히는 것은 막을 수 있을지도 모르지만 고생만 하다가 겨우 얻은 안정이라고 하더라도 한순간에 무리수를 두는 바람에 탈탈 털리고 돌아서게 될 적에 그 허전함은 누가 보상을 해줄 것인지를 생각한다면, 모쪼록 애초에 인연이 없는 재물에 대해서는 그야말로 꿈도 꾸지 말고 오늘 하루를 잘 살아가는 것만이 최선이다.

[124] 甲辰年 庚午月 戊辰日 丙辰時

用神과 干支別 運勢의 吉凶			
丙戊庚甲 辰辰午辰		用: 金(庚) 喜: 水	食神格 食神制殺格
干	甲 下	乙 下	丙 下	丁 下	戊 中	己 中	庚 上	辛 上	壬 上	癸 上
支	子 中	丑 下	寅 下	卯 下	辰 下	巳 下	午 下	未 下	申 上	酉 上	戌 下	亥 中

(1) 주운해석(柱運解釋)

초년(初年)의 甲辰은 부담만 줄 뿐이고 재미없는 어린 시절을 암시하고 있다. 偏官이 있으나 庚金에게 剋을 받아서 반발심만 강화될 뿐이니 실제로 도움이 되긴 어려운 까닭이다. 청년(靑年)의 庚午는 방향을 잡고 자신의 전공을 살리기는 하지만 그럼에도 확신이 들지 않아서 갈등하는 모습이 午火에서 느껴진다. 그럴더라도 전문성을 살리는 것을 권하는 것은 다음에는 그러한 기회조차 오지 않을까 염려해서이다.

중년(中年)의 辰土나 말년(末年)의 丙辰은 모두가 火土에 불과하니 아무리 능력을 가지고 있더라도 땅속 깊이 묻혀버리고 겉으로 드러나지 않으므로 누군가 비싼 가격에 사겠다고 나서기가 어려운 형국이니 젊어서 방향을 잘 잡아야 할 것이다.

(2) 세운해석(歲運解釋)

天干의 金運은 上運이지만 庚金運은 丙火에게 剋을 받고 辛金運은 丙火와 合을 하니 上의 下運 정도로 봐야 하겠고, 戊己土運은 用神을 生하여 上運이지만 甲木이 버티고 있어서 또한 中의 上運 정도로 감(減)하게 된다. 四柱에서 丙火가 時干이 아닌 年干에서 用神을 剋한다면 壬癸水運이 더욱 반가울 수도 있었을 것이다.

地支의 申酉金運은 왕(旺)한 土의 生을 받아서 上의 上運이지만 亥子水運은 喜神임에도 불구하고 地支에 金이 없으니 土剋水만 당하게 되어서 中運으로 머무르게 되는 것이다. 木火土運을 사용할 수가 없으니 運의 도움은 많이 약화(弱化)되는 구조임이 아쉽다.

(3) 재운해석(財運解釋)

財星이라고 해봐야 辰中癸水가 전부이다. 그리고 그들은 모두 比肩 속에 잠자고 있으니 내가 아무리 필요하다고 애원(哀願)을 해봐도 마음대로 되지 않을 조짐이다. 다만 日支의 辰中癸水만 겨우 내 마음대로 사용을 할 수가 있으니 항상 금전의 부족함을 한탄(恨嘆)하면서 그렇게 가난한 나날을 면하기 어려운 형상으로 이어질 조짐이다. 그래서 처음부터 돈을 따르지 말고 직장에서 기술을 발휘하여 자신의 일생 업으로 삼는 것이 최선이라고 생각하면 좋겠다.

[125] 辛丑年 辛丑月 戊申日 丁巳時

用神과 干支別 運勢의 吉凶									
丁戊辛辛 巳申丑丑				用: 火(丁, 巳) 喜: 木			印星格 食傷用印格		
干	甲 上	乙 上	丙 上	丁 上	戊 中	己 中	庚 下	辛 下	壬 下	癸 下
支	子 下	丑 中	寅 上	卯 上	辰 中	巳 上	午 上	未 中	申 下	酉 下	戌 中	亥 下

(1) 주운해석(柱運解釋)

초운(初運)의 辛丑은 활발하고 영리(怜悧)하다는 이야기를 들을 수 있는 시기이나 집중하여 몰입하기보다는 다소 산만한 상태로 진행이 되기 쉽다. 이것은 청년(靑年)의 月柱도 같은 입장이니 계속해서 그와 같은 상태로 진행이 될 가능성이 많으므로 사려 깊은 공부를 하기보다는 임기응변(臨機應變)으로 삶의 전반부를 보내게 될 가능성을 염려하게 된다. 이것은 중년(中年)이 된다고 해서 크게 달라지지 않을 것으로 보는 것은 年月日에 모두 食傷이 자리를 잡고 있기 때문이다. 다만 말년(末年)이 되어서야 비로소 자신의 모습을 살펴서 깊은 명상을 하게 되면서 '뒤늦게 철들었다'는 말을 들을 수가 있으니 時柱를 잘 얻어 참으로 다행이다.

(2) 세운해석(歲運解釋)

天干의 木火運은 大吉하여 큰 성취가 있을 것으로 판단해도 될 것이다. 다만 戊己土運의 경우에는 用神을 약(弱)하게 만든다는 의미에서 中運이지만 中의 下運까지 볼 수 있겠고, 金水運은 모두가 부담으로 작용한다.

地支의 경우도 별반 다르지 않아서 寅卯木運나 巳午火運은 모두 반가운 작용으로 기대가 되지만 辰戌丑未土運은 吉凶이 반반이라서 또한 中의 下運으로 대입하게 된다. 印星의 運이 들어왔을 적에 기회를 놓치지 않고 열심히 노력하여 큰 성취를 얻게 된다면 그것을 바탕으로 삼아서 잘 유지하여 삶의 수단으로 활용할 수 있을 것이다.

(3) 재운해석(財運解釋)

財星은 忌神이지만 노출(露出)이 되지 않고 用神을 불편하게 하지 않으니 다행이다. 그래서 직접적으로 피해(被害)를 당하진 않겠지만 언젠가 재물로 인해서 큰 고통을 당할 암시를 안고 있으니 '바이러스 보균자(保菌者)'라고 할 수 있을 것이다. 그렇기 때문에 이러한 병균(病菌)이 발동하지 않도록 항상 주의하여야 하므로 사업을 하기보다는 교육자가 되거나 직장생활에 주력(注力)하여 금전적인 고통을 당하지 않기를 권유한다.

[126] 甲辰年 甲戌月 乙亥日 丙戌時

用神과 干支別 運勢의 吉凶		
丙乙甲甲 戌亥戌辰	用: 火(丙) 喜: 土	傷官格 傷官生財格

干	甲中	乙中	丙上	丁上	戊上	己上	庚中	辛下	壬下	癸下
支	子中	丑上	寅下	卯下	辰上	巳上	午上	未上	申中	酉中	戌上	亥中

(1) 주운해석(柱運解釋)

초운(初運)의 甲辰은 기대를 할 것이 없다. 비록 辰土가 喜神이기는 하나 어려서 들어오는 財運은 공부에 장애만 일으키는 학마재(學魔財)이기 때문이다. 청년(靑年)의 甲戌은 반길반흉(半吉半凶)이다. 甲木은 기대를 할 것이 없지만 戌土는 젊어서 뭔가 결실을 향해서 과감한 시도를 할 수 있을 것이고 결과도 나쁘지 않을 것이기 때문이다. 이것은 財運이라도 시기에 따라서 달라진다는 것을 의미하기도 한다.

중년(中年)의 亥水는 乙木을 잡아준다는 의미에서 凶하다고 할 정도는 아니다. 이렇게 강약(强弱)이 중화(中和)에 가까우면 印劫의 運도 用神만 剋하지 않으면 凶하지 않다는 의미가 된다. 말년(末年)의 大吉함이야 더 말해봐야 입만 아플 뿐이니 결실을 알차게 거둘 모양이다.

(2) 세운해석(歲運解釋)

 天干의 火土運은 모두 吉한 작용이 되고, 木運은 中運으로 대입한다. 원국(原局)의 甲木은 喜神인 財星을 剋하고 丙火를 生하진 못하는 까닭에 凶하다고 보지만, 運에서 들어오는 木運은 丙火를 生할 수가 있음도 살펴야 한다. 그래서 이름에 매이지 말고 상황을 살펴서 판단해야 하는 것이다.

 地支의 火土運도 모두 上運으로 활약하게 된다. 이미 원국에 土가 많으므로 무슨 도움이 되겠는가 싶기도 하지만 日支의 亥水를 눌러 주는 것만으로도 도움이 될 것이기 때문에 기대를 한다. 다만 寅卯木運은 下運이다. 地支에는 巳午火가 전혀 없어 하는 일이라고는 木剋土로 劫財의 노릇만 할 것이기 때문이다. 申酉金運은 그야말로 閑神의 역할을 하고 있으니 무난하다고 대입한다.

(3) 재운해석(財運解釋)

 재물(財物)은 時支에 있는 것은 온전하고 年月의 財星은 겁탈(劫奪)을 당하고 있는 형국이니 기대를 하기는 부족한 상황이다. 그럼에도 불구하고 재물이 마르지는 않을 것이니 재복(財福)이 많은 사람이라고 해도 될 것이다. 다만 중년에는 약간의 어려움도 있을 것이지만 대체로 재물의 인연이 좋다. 특히 노년으로 가면서 재물이 쌓여서 부유(富裕)한 말년이 될 것이 기대되므로 절묘한 時를 얻었다고 하겠다. 한 시진(時辰) 당기면 乙酉이고 늦추면 丁亥가 되는데 분위기를 보면 사뭇 다르다는 것을 알 수 있기 때문이다.

[127] 戊戌年 壬戌月 庚申日 丁亥時

用神과 干支別 運勢의 吉凶		
丁庚壬戊 亥申戌戌	用: 水(壬, 亥) 喜: 木	食神格 食神無財格

干	甲 上	乙 上	丙 下	丁 下	戊 下	己 下	庚 上	辛 上	壬 上	癸 上
支	子 上	丑 下	寅 上	卯 上	辰 下	巳 下	午 下	未 下	申 中	酉 中	戌 下	亥 上

(1) 주운해석(柱運解釋)

초년(初年)의 戊戌은 스트레스로 힘들어할 가능성이 많은 것은 偏印이 밀려들어 왔기 때문이다. 그럼에도 공부는 될 것으로 보는 것은 印星의 긍정적인 작용이 기대되어서이다. 청년(靑年)의 壬戌은 외화내빈(外華內貧)이다. 겉으로는 뭔가 큰 성과를 낼 수도 있을 것으로 보이지만 실상은 여전히 偏印의 늪에서 헤어나지 못하고 있는 형국이다.

중년(中年)의 庚申에서 비로소 자신의 주체성(主體性)을 확립(確立)하고 소신대로 삶을 꾸려가려고 노력하게 되는데 그에 대한 보답으로 말년(末年)에는 亥水를 얻어서 한 분야의 전문가로 자신의 존재감(存在感)을 드러낼 수 있을 듯싶다. 비록 늦기는 했지만 그래도 의미 없이 지루한 노후를 보내지는 않을 것이다.

(2) 세운해석(歲運解釋)

 天干의 水木運은 기대가 된다. 火運은 戊土를 生하거나 용신기반(用神羈絆)이 일어나기 때문에 下運이 된다. 허약(虛弱)한 用神이 丁壬合이 되면 작용하기 힘들기 때문이다. 그래서 庚辛金運을 上運으로 보게 되는데 다행히 天干에 木이 없어서 壬水를 도울 수가 있다. 만약 원국에 甲乙木이 있었더라면 下運으로 변한다.

 地支의 水木運도 반갑다. 寅卯木運은 申金으로 인해서 부담을 받겠지만 亥水의 보호를 받을 수가 있기 때문에 上의 下運은 가능할 것이니 아쉬운 중에도 기대는 할 수 있는 장면이다. 巳午火運은 亥水가 있어서 보호해 줄 수는 있으나 막강한 戊土에게 힘을 더해주기 때문에 下運으로 본다. 다만 말년의 亥水가 진행되는 동안에는 크게 凶작용을 하기 어려울 것으로 봐서 中運도 가능하다.

(3) 재운해석(財運解釋)

 財星은 喜神이지만 보이질 않는다. 아쉽게도 타고난 재물의 인연이 부족하여 말년에 亥水에 들어 있는 甲木을 기다리거나 運에서나 財運을 기대해야 할 상황이다. 그나마도 중년까지는 財運이 온다고 해도 크게 활약하기 어려운 장면이니 늘 부족한 마음은 면하기 어려울 것이다. 그래서 말년이 되어서야 들어오는 財運에서 여유를 얻게 될 것을 기대하지만 가능하면 기술(技術)로 자신의 능력을 연마하는 것을 권한다.

[128] 辛未年 乙未月 癸未日 庚申時

用神과 干支別 運勢의 吉凶										
庚癸乙辛 申未未未		用: 金(庚, 申, 辛) 喜: 水					印星格 殺重用印格			
干	甲 中	乙 中	丙 下	丁 下	戊 下	己 下	庚 上	辛 上	壬 上	癸 上
支	子 中	丑 下	寅 下	卯 下	辰 下	巳 下	午 下	未 下	申 上	酉 上	戌 下	亥 中

(1) 주운해석(柱運解釋)

초년(初年)의 辛未는 해롭지 않은 것으로 대입한다. 비록 어려움이 극심하겠지만 그러한 중에서도 공부는 이어질 수 있을 것이기 때문이다. 그러나 청년(靑年)에는 자칫하면 무리한 계획을 추진하느라고 애만 쓰고 결실은 마음과 같지 않을 수가 있는 것은 乙未에게는 기대할 것이 없는 까닭이다. 이것은 중년(中年)의 癸未에서도 크게 다르지 않아서 전반부의 삶은 고단함의 연속이라고 해야 할 것이다. 그래서 세상에서 성공(成功)을 바라기보다는 학문을 연마하는 것을 권한다. 그러다가 말년(末年)이 되면 비로소 안락한 나날을 보내게 될 것이니 이렇게 오랜 시간 고통을 겪은 다음에 얻는 것은 그 가치가 더욱 크게 느껴질 것이다.

(2) 세운해석(歲運解釋)

 天干의 金水運은 上運으로 작용할 것에 대해서 의심을 하지 않아도 되겠다. 다만 火土運은 반갑지 않은데 火運이야 당연하지만 土運은 土生金으로 用神을 도우니 中運은 가능하지 않을까 싶은 생각도 할 수 있으나 이미 왕성한 金에게 더 이상의 土는 토다금매(土多金埋)의 현상에 불과하다.

 地支의 경우에도 金水運은 모두 반갑게 기대가 된다. 다만 水運의 경우에는 未土의 부담이 워낙 크기 때문에 제대로 작용하기 어려우므로 중년까지는 아쉽게도 中運 정도로 봐야 할 것이고 말년이 되면 申金을 만나 거침없이 활약을 하게 될 것이므로 上運이 가능하다. 寅卯木運은 木剋土라도 해서 中運으로 봐도 되지 않을까 싶지만 또한 혼란만 발생하고 用神에게 아무런 도움도 줄 수 없으니 전반적으로 세운(歲運)은 50%도 찾아 먹기 어려운 상황이다.

(3) 재운해석(財運解釋)

 財星은 忌神이다. 그래도 드러나지 않아서 무해무덕(無害無德)하지만 未中丁火를 보면 오히려 유해무덕(有害無德)에 가깝다고 해야 할 상황이다. 그래서 재물 인연은 부담으로 대입하게 된다. 특히 財運이 들어오게 되면 用神이 정면으로 공격을 받게 될 것이므로 재물에 대해서는 매우 긴장하고 특히 말년에는 조심해서 독사(毒蛇)를 보듯이 하고 신중하게 다루기를 권하게 된다. 드러난 財星도 무섭지만 암장된 財星은 일생의 재앙(災殃)이기 때문이다.

[129] 癸未年 辛酉月 丙寅日 乙未時

用神과 干支別 運勢의 吉凶											
乙 丙 辛 癸 未 寅 酉 未				用: 木(乙, 寅) 喜: 水, 火				印星格 日弱用印格			
干	甲 上	乙 上	丙 上	丁 上	戊 下	己 下	庚 下	辛 下	壬 上	癸 上	
支	子 上	丑 下	寅 上	卯 上	辰 下	巳 上	午 上	未 下	申 下	酉 下	戌 下	亥 上

(1) 주운해석(柱運解釋)

초년(初年)의 癸未는 힘들어서 벗어나려고 애쓰면서 보내는 시기라고 해석한다. 癸水는 부담이고 未土는 애를 써보지만 마음대로 되지 않을 것이기 때문이다. 그리고 청년(靑年)의 辛酉는 大凶이니 모쪼록 근신(勤愼)하고 자중(自重)하면서 미래를 위해서 인생수업을 호되게 한다고 생각해야 할 것이다. 그렇지 않으면 이 시기에 벌여 놓은 일들로 인해서 오래도록 후유증(後遺症)을 남길 수도 있다. 중년(中年)에는 비로소 자신의 뜻대로 풀려나갈 암시가 있으니 그동안 노력을 한 결실이라고 해도 될 것이며, 말년(末年)의 상황도 나쁘지 않아서 중년 이후에는 많은 결실을 가져다줄 것으로 기대를 해도 될 것이다.

(2) 세운해석(歲運解釋)

天干의 水木火運이 모두 좋다. 다만 乙木運은 辛金으로 인해서 청년의 運에서 만나지 않기를 바라게 된다. 그런 의미에서 丙火運도 乙木運과 마찬가지로 月干의 辛金의 영향을 받을 적에는 中運 정도로 감소해야 할 장면이다. 그렇게 되면 木火의 運이 들어오더라도 중년 이후에 들어오기를 바라게 된다. 壬癸水運이 말년에 들어오면 上運으로 작용할 것이므로 좋게 보지만 그 이외의 年月日의 영향을 받는 경우라면 오히려 부담으로 작용할 것이다.

地支의 木火運은 모두 도움이 되는 것으로 대입한다. 특히 巳午火運은 약신(藥神)으로써 寅木을 剋하는 酉金을 제어해 줘서 用神의 마음이 편안하니 하는 일도 성취가 될 가능성이 높아질 수 있다. 그리고 亥子水運도 寅木을 생조(生助)하기 때문에 上運으로 대입한다.

(3) 재운해석(財運解釋)

丙辛合으로 탐재괴인(貪財壞印)의 형상을 하고 있으니 재물의 인연이 악연(惡緣)이다. 모쪼록 물욕(物慾)을 다스려서 정신세계(精神世界)로 마음을 모으고 재물로 인한 재앙(災殃)을 최소한으로 줄여서 삶의 여정에 방해를 받지 않도록 노력해야 하겠는데 그것도 이론적으로는 가능하지만 현실적으로 부딪치게 되면 마음대로 되지 않을 것이기에 더욱더 많은 노력이 요구된다.

[130] 甲辰年 己巳月 辛酉日 己丑時

用神과 干支別 運勢의 吉凶			
己辛己甲 丑酉巳辰		用: 火(巳) 喜: 木	正官格 印重用官格
干	甲 乙 丙 丁 戊 己 庚 辛 壬 癸 上 上 上 上 下 下 下 下 中 中		
支	子 丑 寅 卯 辰 巳 午 未 申 酉 戌 亥 下 下 上 上 下 上 上 下 下 下 下 下		

(1) 주운해석(柱運解釋)

초년(初年)의 甲辰을 무난한 시기라고 보는 것은 甲木은 비록 財星이지만 辰土는 正印이므로 어린 시절을 허송세월하지는 않을 것으로 보는 까닭이다. 청년(靑年)의 己巳는 반가운 用神이다. 반듯하게 자신의 길에서 분수를 지키고 노력하는 청년이 될 것이니 주변에서도 칭송(稱頌)하게 된다.

중년(中年)에 다소 고집을 부리더라도 아직도 月支의 영향력은 남아 있어서 그대로 유지는 가능하다고 본다. 다만 말년(末年)의 己丑은 偏印이 부담을 주는 작용만 하게 되어 본인의 잘못된 생각으로 어려움에 봉착(逢着)하여 힘들어할 가능성을 염려하게 된다.

(2) 세운해석(歲運解釋)

天干의 木火運은 반갑다. 비록 己土가 둘이나 있지만 큰 영향을 받지 않을 것이다. 특히 壬癸水運은 비록 忌神에 해당하면서도 中運으로 보게 되는 것은 甲木이 힘을 받을 수 있고 天干에 火가 없기 때문에 가능한 대입이다. 다만 이것이 어려서만 유효(有效)하고 나이가 들어가면서는 점차로 그 작용력이 줄어든다.

地支의 木火運도 기대가 된다. 특히 木運이 들어오면 用神인 巳火가 힘을 얻어서 크게 빛을 발휘하게 될 것이고 특히 청년의 시절에 들어와 준다면 그 효과는 극대화(極大化)되어 상당한 결실을 얻게 될 것이므로 이러한 시기를 놓치지 않도록 노력해야 한다. 다만 원국(原局)의 丑辰土로 인해서 土運도 쓸 수가 없고, 金運도 中運이 되지 못하는 것은 土로 인해서 쓸모없는 土生金의 작용만 일어나게 될 것이므로 用神에게 부담을 주기 때문이다.

(3) 재운해석(財運解釋)

甲木의 財星이 巳火를 生한다면 더없이 좋겠지만 그렇지 못해서 喜神으로 보기는 어렵다. 그래서 재물(財物)의 運도 좋다고 하기 어려운데 그나마도 왕성(旺盛)한 土를 제어하는 공덕(功德)은 있어서 도움이 될 것으로 기대는 된다. 運에서 들어오는 木은 도움이 될 것으로 봐서 궁핍(窮乏)하지는 않은 정도로 대입한다.

[131] 甲寅年 癸酉月 庚申日 辛巳時

用神과 干支別 運勢의 吉凶											
辛庚癸甲 巳申酉寅				用: 水(癸) 喜: 木				傷官生財格 劫衆用傷格			
干	甲 上	乙 上	丙 中	丁 中	戊 下	己 下	庚 下	辛 下	壬 上	癸 上	
支	子 上	丑 下	寅 中	卯 中	辰 下	巳 中	午 中	未 下	申 下	酉 下	戌 下	亥 上

(1) 주운해석(柱運解釋)

초년(初年)의 어린 시절은 마음대로 나대면서 골목대장을 하고 즐겁게 보낼 수 있다. 청년(靑年)에는 자신의 중심을 잡고서 능력을 발휘하게 되는데 傷官生財의 특성을 살려 일찍 사업에 손을 댈 수도 있다. 다만 중년(中年)에 들어오는 申金의 영향과 이 四柱의 최대 결점인 비겁태과(比劫太過)의 영향을 받기 때문에 능력을 발휘하는 것에 비해서 결실은 항상 아쉬움을 갖게 될 조짐이 된다.

말년(末年)에는 偏官이 자리를 잡고 있으니 이것도 큰 부담이 된다. 다만 그나마 다행인 것은 巳火가 比劫을 잡아 주고 있다는 것이다. 그래서 늦게나마 직장을 얻어서 안정된 일을 할 수가 있겠는데 항상 불만인 것은 자신의 능력이 제대로 발휘되지 않음에 있을 것이다.

(2) 세운해석(歲運解釋)

天干의 水木運은 기대가 된다. 비록 辛金이 있다고 하더라도 癸水의 보호가 있어서 유용한 작용을 할 수 있을 것으로 판단이 된다. 丙丁火運도 나쁘지 않을 것으로 보는 것은 丁火運은 癸水에게 눌리고 丙火運은 부담스러운 辛金과 합하여 나쁘지 않을 것이기 때문에 中의 上運으로 대입할 수 있다.

地支의 水運은 上運으로 작용하겠지만 木運은 中運에 머무른다. 申酉金과 巳火까지 있어서 결실을 기대하기 어렵기 때문이다. 반면에 巳午火運은 火剋金으로 寅木이 보호를 받을 수 있을 것으로 봐서 中運이다. 다만 어려서 들어오는 火運은 도움이라도 되겠지만 그 후로 들어오는 것은 실제로 기대하기는 어려울 것으로 봐서 中의 下運 정도 밖에 봐줄 수가 없는 구조이다.

(3) 재운해석(財運解釋)

財星이 喜神이니 재물 인연이 좋다고 하는 것은 분명하지만 실제로 年柱의 財運이 무슨 도움이 될 것인지를 생각해 본다면 아마도 吉작용으로 나타나기는 어렵다는 것을 알 수 있다. 왜냐하면 득재(得財)의 활동은 사회생활이 시작되어야 가능한데 月日時에는 財星이 전혀 없으니 세운(歲運)을 기다려야 할 것이다. 그리고 재물의 인연은 기복(起伏)이 심할 것으로 판단되므로 가능하면 사업보다는 직장에서 자신의 일을 찾아보는 방향을 권하게 된다.

[132] 丁巳年 癸卯月 癸卯日 癸亥時

用神과 干支別 運勢의 吉凶										
癸癸癸丁 亥卯卯巳				用: 水(癸, 亥) 喜: 金				比劫格 日弱用比格			
干	甲 下	乙 下	丙 下	丁 下	戊 下	己 下	庚 上	辛 上	壬 上	癸 上
支	子 上	丑 下	寅 下	卯 下	辰 下	巳 下	午 下	未 下	申 上	酉 上
	戌 下	亥 上								

(1) 주운해석(柱運解釋)

초년(初年)의 丁巳는 바쁘게 돌아다니면서 활동하겠지만 소득은 없고 일만 많을 것이다. 食傷이 골목대장을 한다면 財星도 대동소이하다고 보는 것은 어려서 할 수 있는 것이 별로 없기 때문이다. 청년(靑年)에는 癸水를 만나서 친구들의 인연으로 자리를 잡을 가능성도 있으나 巳火가 훼방을 하고 있으니 어쩌면 욕심을 내다가 조직이 무너질 암시도 되겠다.

중년(中年)에도 같은 癸卯가 되니 또한 많은 노력으로 같이 일하는 사람들의 인연을 소중히 하는 것이 좋겠는데 잘 되지는 않을 암시가 된다. 말년(末年)이 되면 비로소 자신의 그릇을 잘 알고 노력하여 안정이 되는 흐름을 탄다. 그래서 중년의 힘든 시기도 모두 여유로움으로 되돌아보면서 지난 시절의 어려움을 웃으며 이야기할 수 있을 듯싶다.

(2) 세운해석(歲運解釋)

天干의 金水運은 기대가 되지만 그 나머지는 모조리 큰 부담으로 작용하게 되니 아무래도 運을 적용시키면 섭섭한 상황이라고 할 수 있겠다. 地支의 상황도 별반 다르지 않아서 金水運을 제외하고는 크게 기대를 할 것이 없다. 특히 水運의 경우에도 天干의 水運은 제대로 작용을 하겠지만 地支는 원국의 卯木으로 인해서 上運이라고 해도 上의 下運 정도로 감점 요인이 된다는 점도 참고하는 것이 좋겠다. 무엇보다도 金運은 기대가 되는데 초년(初年)의 상황에서만 丁巳의 영향을 받아서 다소 감점이 되겠고 그 외에는 대단히 큰 활약을 할 수가 있을 것이므로 최상의 運은 역시 金運이다.

(3) 재운해석(財運解釋)

財星이 仇神이므로 재물의 인연도 이에 준해서 부담으로 대입하게 될 수밖에 없다. 그래서 전문적인 기술을 바탕으로 직장 생활을 권하게 되고 직장에서 주는 월급 이외의 재물은 기대하지 않는 것이 좋다. 그리고 기술이라고 해도 특별한 기술이 아닌 웬만한 사람은 다 할 수가 있는 일들이 될 암시이니 모쪼록 자격증을 취득하여 레벨을 높이도록 노력하는 것은 매우 현명하다고 할 것이다. 자칫 사업이라도 해 보겠다는 생각이 든다면 자신의 마음을 다잡아서 마음이 흐트러지지 않도록 하는 것을 권한다.

[133] 癸巳年 己未月 癸卯日 庚申時

用神과 干支別 運勢의 吉凶		
庚癸己癸 申卯未巳	用: 金(庚, 申) 喜: 水	正印格 日弱用印格

干	甲	乙	丙	丁	戊	己	庚	辛	壬	癸
	下	下	下	下	中	中	上	上	上	上

支	子	丑	寅	卯	辰	巳	午	未	申	酉	戌	亥
	上	中	下	下	中	下	下	中	上	上	中	上

(1) 주운해석(柱運解釋)

초년(初年)의 癸水는 좋지만 巳火는 부담을 주기 때문에 吉凶이 반반이다. 그리고 공부해야 할 어린 시절에 財星은 놀기에 바빠서 공부는 뒷전이니 더욱 부담이다. 청년(青年)이 되면서 偏官인 己未가 등장을 하니 삶이 고단하고 마음대로 되지 않아서 힘든 일이 많을 것으로 해석한다. 다만 직장 생활을 하게 된다면 힘은 들어도 견딜 수가 있는 것은 偏官의 인내심이 작용하기 때문이다. 중년(中年)에는 무리하지 말고 직장에서 안정을 취하라고 권하는 것은 또한 日支의 卯木이 뭔가 일을 벌여서 사고를 칠 가능성이 있기 때문이다. 다행히 말년(末年)의 庚申이 도움을 주고 있으므로 전반부의 인생에 대한 수고로움은 모두 보상을 받고도 남음이 있으니 비로소 삶의 여유를 느끼는 시절(時節)이 오게 된다.

(2) 세운해석(歲運解釋)

天干의 金水運은 大吉이니 기대가 된다. 다만 癸水運은 己土로 인해서 다소 감소되어서 上의 中運으로 보는 정도이다. 戊己土運을 中運으로 보는 것은 時干의 庚金으로 인해서이지만 말년의 효과라고 보고 중년까지의 土運은 下運으로 대입하고, 木火運은 부담으로 대입하게 된다.

地支의 金水運도 반갑다. 다만 未土로 인해서 子水運은 上의 中運으로 감소하게 되니 月柱의 己未가 오나가나 부담을 준다. 地支의 土運이 中運인 것도 天干과 마찬가지로 말년에 해당하는 것이므로 중년까지는 下運으로 보는 것이 타당할 것이다. 같은 下運이라도 木運은 庚申으로 인해서 버티겠지만 火運은 막을 방법이 없으니 더욱 凶하다.

(3) 재운해석(財運解釋)

財星이 忌神에 해당하니 재물(財物)에 대해서도 좋은 말을 하기는 어려운 상황이다. 年支의 巳火는 어린 시절이므로 凶하다고 할 정도까지는 아니겠지만 그럼에도 주의가 필요한 시기이다. 그 후로 재물의 인연이 없는 것은 그나마 다행이지만 말년에 들어오는 財運에 대해서는 크게 주의해야 할 것이다. 時柱의 庚申에게 다가올 충격으로 말년의 좋은 運조차도 위험하게 될 가능성을 생각할 수 있기 때문이다. 그래서 공부만 하면서 일생을 보내라고 권한다. 그렇지 않고 물욕을 부리게 된다면 말년의 삶에 대해서도 안전하다는 보장을 할 수가 없기 때문이다.

[134] 壬戌年 戊申月 己卯日 庚午時

用神과 干支別 運勢의 吉凶											
庚己戊壬 午卯申戌				用: 火(午) 喜: 木				偏印格 日弱用印格			
干	甲	乙	丙	丁	戊	己	庚	辛	壬	癸	
	下	下	上	上	中	中	下	下	下	下	
支	子	丑	寅	卯	辰	巳	午	未	申	酉	戌	亥
	下	下	上	上	下	上	上	中	下	下	中	下

(1) 주운해석(柱運解釋)

초년(初年)의 壬戌은 별로 기대할 것이 없는 어린 시절이다. 正財도 공부에 도움이 되기 어렵고 劫財도 도움이 되지는 않지만 그래도 무난한 정도로의 해석은 가능하다. 청년(靑年)의 戊申은 戊土가 약간이나마 의지는 되겠지만 用神과는 거리가 있으니 아쉬움이 크고 申金은 뭔가 일을 벌인다고 하더라도 결실과는 거리가 있으니 또한 아쉬움만 남는다.

중년(中年)에는 卯木으로 힘은 들겠지만 時支의 用神을 生하는 공덕이 있으니 나중에 큰 도움이 될 일을 준비할 수 있다. 그러다가 말년(末年)이 되면 비로소 偏印의 힘을 얻어서 자신의 능력을 발휘하여 강의를 할 수도 있고 무언가를 가르칠 수 있는 역할이 가능하다. 그리고 자식으로 인한 도움도 기대를 할 수 있는 시기이다.

(2) 세운해석(歲運解釋)

 天干의 火運은 上運이지만 丁火運은 壬水로 인해서 어려서 들어온다면 中運으로 본다. 甲乙木運은 비록 喜神이지만 天干에 火가 없으니 기대를 할 수가 없어서 下運으로 대입한다. 오히려 戊己土運이 中運의 역할을 잘할 것으로 본다.

 地支는 寅卯木運은 매우 반갑다. 午火에게 큰 힘을 실어 줄 것이기 때문이다. 巳午運도 기대가 되는 것은 亥子水가 地支에 없기 때문이다. 습토(濕土)인 丑辰土運은 下運으로 보지만 戌未土運은 해로울 것이 없어서 中運으로 대입한다. 申酉金運은 卯木을 손상시키는 仇神이 되는 까닭에 下運이다.

(3) 재운해석(財運解釋)

 재물(財物)이 年干에 있지만 이것은 빚에 불과하다. 특히 月支의 申中壬水는 부담이 크다. 이것은 아무리 막아도 막을 수가 없는 구멍이기 때문이다. 그래서 재물에 대해서는 어떤 형태로든 간에 꿈을 꾸지 말고 오로지 현실적으로 직장 생활을 통해서 자신의 일을 찾아가는 것이 가장 현명하다는 조언이 필요하다. 時干의 傷官을 살려서 중개와 관련된 일도 좋고 가이드와 같은 형태의 일을 하는 것도 좋겠지만 스스로 여행사를 차리는 것은 절대로 권하지 않는다. 남들이 쉽게 돈을 번다고 생각하여 무리수를 두게 되면 결국 약간의 소득조차도 허공에 뿌리고 빈손이 되기 쉽다.

[135] 壬午年 癸卯月 辛丑日 壬辰時

用神과 干支別 運勢의 吉凶		
壬辛癸壬 辰丑卯午	用: 土(丑, 辰) 喜: 火, 金	印星格 日弱用印格

干	甲	乙	丙	丁	戊	己	庚	辛	壬	癸
	下	下	下	下	上	上	中	中	下	下

支	子	丑	寅	卯	辰	巳	午	未	申	酉	戌	亥
	下	上	下	下	上	上	上	上	中	中	上	下

(1) 주운해석(柱運解釋)

초년(初年)의 壬午는 반복되는 불행(不幸)으로 인해서 힘든 시기로 기억이 되기 쉽다. 傷官도 부담이고 偏官도 부담만 주는 까닭이다. 청년(青年)의 癸卯도 대동소이하지만 특히 卯木은 用神인 丑土를 공격까지 하고 있으니 젊은 시절에 벌여 놓은 일들이 중년(中年)을 힘들게 할까 두렵기도 하다. 가령 학창시절에 반정부 운동으로 인해서 직장에서 어려운 상황에 처할 수도 있는 것이다. 그래서 젊은 시절에 경거망동(輕擧妄動)을 하지 말라는 조언을 한다. 다행히도 중년(中年)부터는 매우 안정적인 환경을 이루고 말년(末年)까지 안락한 삶을 누릴 수가 있는 것은 丑辰土가 어떻게 해서라도 도움을 주기 때문이다. 다만 時干의 壬水는 왠지 부담스러운 면이 있으므로 일을 벌이는 것에 대해서는 여전히 신중하기를 권한다.

(2) 세운해석(歲運解釋)

 天干의 戊己運은 上運이지만 원국에 壬癸水가 가득한 상황을 고려한다면 上의 下運 정도로 봐야 할 구조이다. 火運이나 金運은 喜神이지만 天干에 土가 없는 까닭에 실제로 도움이 되지 못한다. 특히 丙丁火運은 오히려 下運으로 밖에 대입을 할 수가 없는 것이 아쉽다. 그래서 天干의 運은 최대라고 해봐야 30~40점 정도에 불과하다.

 地支의 火土運은 모두 쓸 수가 있기 때문에 上運으로 보게 된다. 木運은 午火를 生하나, 午火는 丑辰土를 生할 수 없으니 원국(原局)에 있는 丑辰土에게는 여전히 부담이기 때문에 下運이 된다. 金運은 月支의 卯木을 막아주니 中運이다. 그래서 天干은 凶하고 地支는 吉하다는 해석을 하게 된다. 天干의 運이 좀 불리하더라도 地支의 運으로 인해서 감쇄(減殺)되어서 凶하지 않을 가능성이 훨씬 많다. 그래서 干支의 運을 합하게 되면 대략 60점은 되는 것으로 볼 수 있다. 즉 '대체로 運이 나쁘지 않다.'는 말을 할 수 있겠다.

(3) 재운해석(財運解釋)

 재물(財物)이 大凶하다고 봐야 하는 것은 月支의 卯木이 忌神의 역할을 제대로 하고 있기 때문이다. 이러한 경우에는 재물복(財物福)이 없다고 하지 않고 재물이 凶하다고 하게 된다. 즉 '사업의 인연으로 돈을 모을 궁리(窮理)는 하지 않는 것이 좋다.'는 말이기도 하다.

[136] 乙酉年 己丑月 甲戌日 丁卯時

用神과 干支別 運勢의 吉凶		
丁甲己乙 卯戌丑酉	用: 水(丑中癸水) 喜: 木	正印格 暗藏用神格

干	甲 上	乙 上	丙 下	丁 下	戊 下	己 下	庚 下	辛 下	壬 上	癸 上
支	子 上	丑 下	寅 上	卯 上	辰 下	巳 下	午 下	未 下	申 下	酉 下	戌 下	亥 上

(1) 주운해석(柱運解釋)

초년(初年)의 乙酉는 많이 힘이 들 것이라는 암시이다. 어려서의 正官이 주는 고통이 나중에는 밑거름이 될지라도 당장의 고통은 어쩔 수가 없는 것이기 때문이다. 청년(靑年)의 己丑은 뭔가 결실을 보려고 서두르는 마음의 표현이라고 하겠으니 또한 진중하게 자신의 자리를 지키면서 꾸준하게 노력하는 것만 못하다는 조언을 해야 할 상황이다.

중년(中年)에는 아예 전 재산을 투자하여 낭패를 볼 조짐이 나타나기도 하니 갈수록 태산이라고 해야 할 그림이 그려진다. 그나마 말년(末年)의 卯木이 일말의 기대감을 갖게 되기는 하지만 이것으로 노년(老年)을 담보하기도 불안한 것은 丁火와 함께 들어오는 까닭이다. 그래서 분수를 지키고 직장 생활을 하라는 말을 남긴다.

(2) 세운해석(歲運解釋)

天干의 水木運은 반갑다. 己土를 제어하기 때문에 木運도 도움이 되는 것으로 작용한다. 그 나머지 運에 대해서는 기대를 할 수가 없는 상황이므로 地支의 運에 희망을 걸어본다.

地支의 水木運도 반갑다고 하겠지만 丑戌土로 인해서 水運을 기대하기에는 많이 아쉽다. 木運도 酉金이 있어서 어린 시절에는 또한 기대를 할 것이 없다고 하겠기에 地支의 運은 대략 40점 정도로 대입한다. 天干보다 더 나을 것도 없는 상황임을 고려한다면 세운(歲運)에서 기대를 할 상황은 못 된다고 보고 원국(原局)의 상황도 印星의 암장과 무력(無力)에 대해서 안타까움을 갖게 되니 모쪼록 자신의 노력을 통해서 삶의 길을 개척해야만 하는 것으로 판단하게 된다. '아마도 전생에 지은 빚이 적지 않을 것'이라고 생각하고 남을 원망하지 말아야 할 것이며 아무리 노력해도 부족할 것이므로 더욱 분발(奮發)하라는 말을 남긴다.

(3) 재운해석(財運解釋)

재물(財物)은 忌神인 관계로 바라다볼 수도 없고, 또 바라본다고 해도 되지 않을 일이다. 그래서 물욕(物慾)은 버리고 오로지 청렴(淸廉)한 마음으로 자신의 일에 몰입하여 최선을 다하고, 아무리 돈이 부족하게 느껴지더라도 그나마도 감사하게 생각하면서 근검과 절약으로 삶을 꾸려갈 계획을 세우고 노력하라고 권해야 하는 것이 못내 안타까울 뿐이다.

[137] 甲子年 癸酉月 戊午日 癸亥時

用神과 干支別 運勢의 吉凶		
癸 戊 癸 甲 亥 午 酉 子	用: 火(午) 喜: 木, 土	正印格 財衆用印格

干	甲 下	乙 下	丙 上	丁 上	戊 上	己 上	庚 下	辛 下	壬 下	癸 下
支	子 下	丑 中	寅 上	卯 上	辰 中	巳 上	午 上	未 上	申 下	酉 下	戌 上	亥 下

(1) 주운해석(柱運解釋)

초년(初年)의 甲子는 고통과 빈곤으로 힘든 나날의 성장기를 보내게 될 암시로 해석한다. 청년(靑年)으로 바뀌어서 뭔가 분발을 할 분위기는 된다고 하더라도 癸酉가 忌仇神인 까닭에 결과는 또한 마음과 같지 않을 것으로 본다.

중년(中年)이 되어서야 비로소 따뜻한 가정과 자신의 안정된 일자리를 얻을 수가 있겠는데 그렇다고 하더라도 무리하고 과욕을 부려서는 안된다. 財星과 合이 되어 있어서 마음이 자꾸만 밖으로 향하니 이는 불행의 씨앗이 될 수도 있기 때문이다. 말년(末年)의 癸亥는 끝까지 자신의 기회를 얻지 못할 암시가 되므로 주머니에 든 것이 대출금을 갚으라는 독촉장이라면 얼마나 쓸쓸하고 답답하겠는지를 생각해 봐야 할 것이다.

(2) 세운해석(歲運解釋)

 天干의 火土運은 기대가 된다. 다만 甲木이 지켜줄 어린 시절 이외에는 丙丁火運의 활약을 기대하기 어렵다. 戊己土運도 또한 癸水의 영향으로 능력이 반감될 조짐이다. 그래서 天干의 運은 제대로 발휘되기 어렵겠다.

 地支의 木火運도 또한 반가운 運이기는 하다. 그러나 地支에 깔려있는 酉子亥는 어느 글자라도 제대로 기능을 발휘하게 가만두고 볼 것 같지를 않아서 유감이다. 오로지 午火가 홀로 고군분투(孤軍奮鬪)하고 있는데 戌未土運의 협력을 받을 적에는 그런대로 역량을 발휘하여 약간의 성과가 있겠지만 그 외의 모든 글자들은 어떤 형태로든 부담을 주고 있으니 運을 기대하기도 어려운 장면이다. 그러므로 오로지 日支의 午火에만 의지해서 알뜰하게 공부하고 직장 생활을 하면서 자신의 인생을 관리하는 것이 최선이다.

(3) 재운해석(財運解釋)

 재물(財物)은 좌우에 진(陣)을 치고서 日干의 정신을 완전히 제압한다. 이러한 현상을 보면서 물욕을 다스려지지 않는다고 탓을 할 수도 없는 일이니 못내 안타까울 뿐이다. 모쪼록 마음을 잘 다스려서 주변의 잘 사는 사람을 부러워하며 자신의 돈주머니가 가벼운 것을 탓하지 말고, 그나마도 약간의 양식이 주어진 것에 대해서 감사하는 마음으로 하루를 살아가는 겸허함이 몸에 배도록 노력해야 할 것이다.

[138] 己亥年 丁卯月 丁酉日 癸卯時

用神과 干支別 運勢의 吉凶										
癸丁丁己 卯酉卯亥				用: 木(卯) 喜: 火				偏印格 日弱用印格			
干	甲 上	乙 上	丙 上	丁 上	戊 中	己 中	庚 下	辛 下	壬 下	癸 下
支	子 上	丑 下	寅 上	卯 上	辰 下	巳 上	午 上	未 下	申 下	酉 下 戌 下 亥 上

(1) 주운해석(柱運解釋)

초년(初年)의 己亥는 힘든 시기가 되는데 특히 亥水의 작용으로 인해서 허약한 丁火는 큰 부담을 받게 될 것이므로 어린 시절을 힘들게 보낸다고 해석한다. 다만 亥水가 卯木을 생조(生助)하는 인연으로 해서 청년(靑年)부터는 차차로 나아지는 상황을 기대하는 것은 가능하겠다. 그럼에도 불구하고 또한 아쉽기만 한 것은 卯木이 다시 日支의 酉金을 만나는 것이다. 이로 인해서 청년 시절에 거두어 놓은 수확이 있다고 하더라도 중년(中年)에 모두 다 까먹어 버리고 다시 빈털터리가 되어서 처음으로 되돌아가지만 그래도 말년(末年)에 다시 卯木을 만나서 복구가 될 것으로 기대하게 된다. 그렇더라도 중년의 酉金을 두고두고 원망하게 될 가능성이 크다고 보면 모쪼록 조심해서 후회 없도록 하라는 말뿐이다.

(2) 세운해석(歲運解釋)

 天干의 木火運은 上運으로 작용한다. 아쉬운 점은 말년에 丁火運이 들어오면 癸水로 인해서 中運 정도로 감소하게 되는 것이다. 戊己土運은 癸水를 눌러 주는 의미에서 中運으로 대입할 수가 있다. 왜냐하면 月干의 丁火도 喜神으로 제 역할을 하고 있기 때문이다.

 地支에서는 木火運은 물론이고 水運도 기대가 된다. 이유는 원국의 酉金이 워낙 악랄(惡辣)하기 때문이다. 다만 어려서 들어오는 巳火運은 亥水가 年支에 있기 때문에 中運 정도로 봐주면 된다. 이렇게 地支에서는 土金運만 제외하고는 모두 진행이 가능하다. 대체로 運의 흐름에서 60점은 찾아 먹을 수가 있으므로 運이 나쁘다고 할 정도는 아니다.

(3) 재운해석(財運解釋)

 재물(財物)의 인연은 日支의 酉金이 이미 그 악역(惡役)을 충분히 보여 주고 있으니 더 말을 할 필요가 없을 것이다. 다만 머리에서는 財運을 조심하고 재물 욕심을 내지 말라고 강조하고 있건만 가슴에서는 잘하면 큰 재물을 얻어서 안정된 자신의 미래를 확보할 수가 있을 것이라는 기대감을 버릴 수가 없는 것도 日支에 酉金이 있기 때문이다. 그래서 忌神은 가까울수록 그 凶작용이 더욱 커지고, 用神은 멀수록 그 吉함이 줄어든다는 것을 생각하지 않을 수가 없으니 물욕(物慾)을 다스리고 학문에 힘쓰라는 말을 하지 않을 수가 없는 것이다.

[139] 丁酉年 壬子月 乙未日 丙子時

用神과 干支別 運勢의 吉凶											
丙乙壬丁 子未子酉				用: 火(丙, 丁) 喜: 木, 土				傷官格 寒木向陽格			
干	甲 上	乙 上	丙 上	丁 上	戊 上	己 上	庚 下	辛 下	壬 下	癸 下	
支	子 下	丑 上	寅 下	卯 下	辰 上	巳 上	午 上	未 上	申 下	酉 下	戌 上	亥 下

(1) 주운해석(柱運解釋)

초년(初年)의 丁酉는 偏官이기 때문에 공부가 재미없지만 그래도 학교는 다니는 것으로 해석한다. 다만 청년(靑年)의 壬子를 보면 망상(妄想)만 많고 추진이 되기 어려운 암시를 갖고 있으니 허송세월의 느낌이다. 이것저것 배운다고 애는 쓰지만 막상 하나도 제대로 마무리를 짓지는 못하는 상황에서 세월만 흘러갈 조짐이다. 중년(中年)이 되어서야 未土가 중요한 역할을 맡고 있기 때문에 비로소 당차게 자신의 일을 추진하여 상당한 경지에 도달을 할 암시이다. 이로 인해서 자칫하여 무리를 할까 염려가 되는 것은 말년(末年)의 子水가 다시 악몽을 떠올리게 될 수도 있음을 생각하기 때문이다. 그러므로 모쪼록 지나친 욕심을 잘 다스리라고 권하게 된다.

(2) 세운해석(歲運解釋)

天干의 木火土運이 모두 반가운 것은 日干의 힘이 충분하기 때문이다. 비록 壬水가 있지만 丁壬합으로 묶여서 신경을 쓸 필요가 없다는 것도 자랑이다. 아울러서 庚辛金運이 下運이기는 하지만 크게 꺼릴 바가 못 되는 것은 원국에 丙丁火가 있기 때문이다. 그러므로 天干의 運은 대부분 도움이 되고 매우 凶하지는 않다.

地支의 경우에는 火土運을 제외하고는 기대를 할 運이 없다. 寅卯木運을 부담스럽게 여길 수밖에 없는 것은 地支의 유일한 의지처인 未土를 힘들게 하기 때문이다. 申酉金運 역시 未土를 허약하게 만든다. 丑辰土運이 비록 子水로 인해서 습(濕)하게 될 수도 있지만 未土에게는 도움이 되므로 上運으로 대입할 수가 있는 것은 다행이다.

(3) 재운해석(財運解釋)

재물복(財物福)을 타고났고 그 복(福)은 중년에 누릴 수 있겠다는 조짐으로 읽을 수 있다. 그러므로 초년과 청년에는 아직 복을 누릴 때가 아니라고 하는 것도 생각하고 서두르지 않는 것을 권한다. 아울러서 말년에도 조심하지 않으면 궁핍(窮乏)할 수 있다는 암시도 포함되어 있으므로 이러한 四柱를 갖고 태어난 사람은 중년에 얻을 수 있는 결실을 최대한으로 확보하기 위해서 노력을 할 필요가 있다. 이렇게 자신이 언제 결실의 시기가 주어지는지를 알고 그에 맞춰서 노력을 한다면 더욱 아름다운 삶이 되지 않을까 싶다.

[140] 癸未年 乙卯月 壬午日 庚戌時

用神과 干支別 運勢의 吉凶			
庚壬乙癸 戌午卯未		用: 金(庚) 喜: 土, 水	偏印格 殺印相生格
干	甲 乙 丙 丁 戊 己 庚 辛 壬 癸		
	下 下 下 下 上 上 上 上 上 上		
支	子 丑 寅 卯 辰 巳 午 未 申 酉 戌 亥		
	上 下 下 下 下 下 下 下 上 上 下 上		

(1) 주운해석(柱運解釋)

초년(初年)의 癸未는 많이 힘든 모습이다. 癸水가 위로해 주려고 해도 무력하니 기대치에 미치지 못하고 억압된 감정이 나타난다. 청년(靑年)에는 억압의 반발 심리로 자신의 뜻을 펴고자 동분서주할 가능성이 짙다. 그러나 乙卯가 喜用神이 되지 못하는 까닭에 또한 마음대로 되지 않을 것이다.

중년(中年)에는 午火로 인해서 모든 계획은 수포로 돌아가고 빚만 남게 될 가능성을 염려하게 된다. 그래서 신중하게 삶의 여정을 다스려야 한다는 조언이 필요하다. 이것은 말년(末年)으로 이어지면서도 戌土가 부담을 주기 때문에 크게 달라지지 않는다. 다만 時干의 庚金이 보이는 것은 큰 희망이다. 그래서 종교에 대한 헌신으로 자신의 미래를 준비하는 것도 권할 만하다.

(2) 세운해석(歲運解釋)

天干의 土金水運을 모두 활용할 수가 있으니 運의 흐름은 좋다고 하겠다. 戊己土運도 기대가 되는 것은 庚金을 生하기 때문이다. 또 月干의 乙木이 부작용을 막아 주는 것도 고려한다. 다만 木火運은 부담이 될 수밖에 없다.

地支의 金水運은 기대가 되지만 金運은 午火의 눈치를 보지 않을 수는 없음이 아쉽고, 水運은 화기(火氣)를 머금고 있는 戌未土가 있으니 기대하기 어렵다. 天干의 運은 그런대로 기대가 되는데 地支의 運에서는 제대로 활용하기 어려운 것도 아쉬운 점이라고 하겠으니 대략 運의 영향력은 50점 정도라고 하겠다.

(3) 재운해석(財運解釋)

재물(財物)의 인연은 최악(最惡)이라고 해야 할 것이다. 日支에 딱 붙어서 合까지 되어 있는 午火는 뼛속까지 忌神의 역할을 하겠다는 다짐으로 보인다. 그래서 傷官도 있고 正財도 있으니 사업을 통해서 재물을 많이 모으고자 할 마음은 이해가 되지만, 현실적으로 운명의 모습은 그저 꿈일 뿐이니 '현실에서 오로지 살아남아야 한다.'라는 절박함으로 최소한의 수익이라도 만족하고 직장에서 얻는 수입에도 감사하는 마음으로 하루하루를 견디는 것을 권한다.

[141] 甲戌年 辛未月 癸未日 庚申時

用神과 干支別 運勢의 吉凶		
庚癸辛甲 申未未戌	用: 金(庚, 辛, 申) 喜: 水[閑神級]	印星格 殺重用印格

干	甲 中	乙 中	丙 下	丁 下	戊 中	己 中	庚 上	辛 上	壬 上	癸 上
支	子 中	丑 下	寅 下	卯 下	辰 下	巳 下	午 下	未 下	申 上	酉 上	戌 下	亥 中

(1) 주운해석(柱運解釋)

초년(初年)의 甲戌은 분주한 가운데 힘든 상황으로 이어지는 것이 아쉬운데 이어지는 청년(靑年)에서도 달라지지 않는다는 것이 더욱 유감이다. 다만 月干의 辛金이 도움을 주는 것으로 인해서 살인상생(殺印相生)의 구조를 얻은 것은 다행스러운 일이다. 그러므로 귀인의 도움을 기대할 수 있는 것으로 살필 수 있겠다. 중년(中年)이 되면 다시 계속해서 이어지고 있으니 인내심이 있다고 하더라도 지치게 될 수밖에 없지만, 그럼에도 불구하고 견딜 수가 있는 것은 말년(末年)에 庚申을 얻었기 때문이다. 時柱의 행운으로 말미암아 일생을 살아오면서 겪은 모든 고통들에 대해서는 다 아름다운 추억으로 돌리고 자신을 완성시키기 위한 수업으로 생각할 수도 있으니 얼마나 다행스러운 일인가.

(2) 세운해석(歲運解釋)

天干의 金水運은 모두 반가운 上運이다. 특히 원국에 火土가 없기 때문에 감점(減點)의 요인도 발생하지 않았으니 더욱 좋다. 戊己土運도 크게 나쁘지 않은 것은 庚辛金이 양쪽에서 호위를 하는 까닭이다. 다만 火運만 조심하면 된다.

地支의 金水運도 반가운데 아쉬운 것은 亥子水運은 戌未土의 견제를 피하기 어려워 中運으로 대입한다. 그 외에 木火土運은 모두 下運이다. 天干의 運에 비해서 地支의 運이 훨씬 못하다는 것을 알 수가 있다. 그런데 같은 값이면 地支가 더 중요하다는 것을 생각해 본다면 다소 아쉬움을 갖게 되지만 원국의 用神이 워낙 좋은 모습을 하고 있어서 웬만한 장애물은 잘 견디고 넘어갈 것으로 봐서 원국의 의미가 참으로 중요하다는 것을 생각하게 된다.

(3) 재운해석(財運解釋)

재물(財物)의 運은 드러나지 않았으니 원국에서는 凶함이 덜하다고 볼 수도 있다. 다만 戌未土에 암장된 것은 이른바 '흉물심장(凶物深藏)'이기 때문에 소홀히 생각해서는 안 된다. 언젠가는 밖으로 나와서 用神을 물어뜯고 말 것이므로 항상 재물에 대해서 총력을 기울여서 단속하고 넘치지 않도록 해야 할 것이며 오로지 학문에 힘쓰고 물질을 추구하지 않는다면 凶함은 최소화로 줄이면서 점차로 안정된 삶을 만들어갈 수 있을 것이다.

[142] 丙寅年 辛丑月 己酉日 庚午時

用神과 干支別 運勢의 吉凶		
庚己辛丙 午酉丑寅	用: 火(丙, 午) 喜: 木	印星格 日弱用印格

干	甲 上	乙 上	丙 上	丁 上	戊 中	己 中	庚 下	辛 下	壬 下	癸 下	
支	子 下	丑 中	寅 上	卯 上	辰 中	巳 上	午 上	未 中	申 下	酉 下	戌 中	亥 下

(1) 주운해석(柱運解釋)

초년(初年)의 丙寅은 用神이니 부유한 가정에서 귀여움을 받고 자라는 암시로 해석한다. 寅木이 부담이라고 하더라도 丙火를 生하는 역할이 있으므로 나쁘지 않은 것으로 본다. 그래서 어려서의 상황은 공부를 잘해 칭찬도 많이 받을 것으로 대입한다. 다만 청년(靑年)이 되면서 상황이 나빠진다. 뭔가 해보겠다고 나서서 하는 일마다 얽히고설켜서 고통으로 이어질 가능성을 염려하게 된다.

중년(中年)에는 더 잘 해보겠다고 무리수를 두다가 큰 곤경(困境)에 처할 수가 있으니 매사에 조심하라는 말만 한다. 다행히 말년(末年)에 庚午를 얻어서 상황은 안정될 수 있으니 그나마 다행이라고 하겠지만 午火가 생각보다 힘이 없다는 것을 감안하여 여전히 노력이 필요하다고 해석한다.

(2) 세운해석(歲運解釋)

 天干의 木火運은 대단히 반가운 上運이다. 아쉬운 것은 庚辛金이 버티고 있어서 木運은 감점을 피할 수가 없으니 上의 下運 정도로 본다. 戊己土運이 나쁘지 않은 것은 丙火의 힘이 강하여 크게 영향을 받지 않을 것이기 때문이다.

 地支의 木火運도 반가운 것은 마찬가지이다. 寅卯木運도 도움이 되는 것으로 보는 것은 午火가 酉金을 제어하고 있기 때문이다. 土運도 中運이라고 보지만 실제로 대입을 할 경우에는 午火에게 큰 부담을 주는 까닭에 中의 下運 정도로 봐야 할 것이다. 그러므로 戌未土運은 中運이지만 丑辰土運은 그보다 못한 정도로만 대입을 하면 무난하다.

(3) 재운해석(財運解釋)

 원국(原局)에서의 재물의 인연은 암장되어 있으니 凶하지 않은 것으로 일단 대입을 한다. 그래 놓고는 運에서 財星이 들어오게 되면 주의하라고 하겠는데 특히 年干의 丙火를 봐서는 天干으로 들어오는 財運도 경계를 해야 할 것이고, 時支의 午火를 봐서는 地支로 들어오는 財運도 주의해야 할 것이다. 실제로 대입하게 되면 어디에서 들어와도 재물의 運은 凶한 것으로 작용할 것이니 만나지 않는 것이 최선이라고 하겠고 또 만나더라도 못 본채 하고서 지나치는 것이 상책이다. 재물운(財物運)이 들어왔다고 해서 무조건 반기다가는 어느 순간에 일도 망치고 미래도 깜깜해지는 암흑에서 힘들어할 상황이 염려(念慮)가 되는 까닭이다.

[143] 辛巳年 壬辰月 乙亥日 辛巳時

用神과 干支別 運勢의 吉凶										
辛乙壬辛 巳亥辰巳				用: 水(壬, 亥) 喜: 木, 金				正印格 殺印相生格			
干	甲 中	乙 中	丙 中	丁 下	戊 下	己 下	庚 中	辛 中	壬 上	癸 上
支	子 上	丑 下	寅 中	卯 中	辰 下	巳 下	午 下	未 下	申 上	酉 上	戌 下	亥 上

(1) 주운해석(柱運解釋)

초년(初年)의 辛巳는 힘든 시기로 기억이 될 것이다. 한 점의 印星이 보이지 않은 까닭이다. 그래서 부모의 인연은 기대하기 어렵다고 해석하게 된다. 다만 이어지는 청년(靑年)의 壬辰은 大吉이다. 아마도 일찍 귀인(貴人)을 만나서 자리를 잡을 수도 있을 것이므로 모쪼록 찾아온 기회를 놓치지 않도록 정신을 집중해야 할 것이다.

중년(中年)에도 기대가 되기는 마찬가지이다. 이렇게 月日에서 喜用神이 협조하고 있으니 삶의 여정도 순탄하게 진행이 될 것이다. 다만 말년(末年)의 辛巳는 다시 어린 시절의 고통을 떠올리게 되는 흐름이니 중년에 얻은 소득을 알뜰하게 관리하여 오래도록 유지하는 방향으로 노력하는 것이 최선이다.

(2) 세운해석(歲運解釋)

天干의 壬癸水運은 기대가 된다. 그러나 庚辛金運은 원국에서 이미 양쪽의 辛金이 충분히 壬水를 돕고 있으므로 運에서 추가로 들어와 봐야 별로 도움을 줄 것이 없기 때문에 아쉽게도 中運으로 밖에 작용하지 못한다.

그러나 地支로 들어오는 申酉金運의 모습은 전혀 다르다. 왜냐하면 외로운 亥水를 알뜰하게 보살필 수가 있기 때문이다. 반면에 亥子水運은 天干보다 다소 미흡하다고 보게 된다. 그것은 이미 日支의 亥水가 충분히 日干을 돕고 있기 때문에 用神이기는 하지만 가치로 논한다면 申酉金運에 못 미친다고 보는 것이다. 天干의 丙火運이 무난한 것은 壬水를 손상시킬 수가 없지만, 丁火運이 下運인 것은 丁壬合으로 용신기반(用神羈絆)이 일어나는 까닭이다. 運을 살필 적에는 이러한 변화를 주의해서 관찰하면 해석에 도움이 된다.

(3) 재운해석(財運解釋)

재물(財物)은 辰土에 있으니 凶하다고 할 수도 있겠지만 원국의 상황에서는 壬辰이므로 오히려 用神의 뿌리가 되는 셈이다. 그래서 재물 인연도 나쁘지는 않은데 주의해야 할 것은 運에서 들어오는 모든 土는 凶하다고 해석을 해야 한다는 점이다. 그러므로 직장에서 얻어지는 재물에 만족하고 그 외의 재물에 대해서는 독사보다 더 독하다고 생각하고 피하는 것이 상책이다.

[144] 辛酉年 壬辰月 戊午日 戊午時

用神과 干支別 運勢의 吉凶										
戊戊壬辛 午午辰酉				用: 水(壬) 喜: 金[用神級]				偏財格 傷官生財格			
干	甲 中	乙 中	丙 下	丁 下	戊 下	己 下	庚 上	辛 上	壬 上	癸 上
支	子 上	丑 下	寅 下	卯 下	辰 下	巳 下	午 下	未 下	申 上	酉 上	戌 下	亥 上

(1) 주운해석(柱運解釋)

초년(初年)의 辛酉는 크게 능력을 발휘할 수 있는 運이다. 다만 아쉬운 것은 너무 어린 시절에 들어와서 제대로 활용을 하지 못하고 넘어갈 가능성을 염려하게 된다. 그러나 청년(青年)의 壬辰은 기대가 되는 흐름이므로 어려서 얻은 능력을 그대로 살려서 활용이 될 수 있는 것으로 보게 된다. 이렇게 연속으로 들어오는 흐름이 가장 좋은 것은 상승효과를 얻을 수도 있기 때문이다. 다만 여기까지이다.

중년(中年)과 말년(末年)의 戊午는 힘이 들고 생각의 착오(錯誤)로 인해서 상당한 대가를 지불하고 고통을 떠안게 되는 암시가 나타나고 있는 까닭이다. 그래서 경거망동(輕擧妄動)을 하지 말고 수분지족(守分知足)을 하여 자신의 삶을 잘 다스리라고 권하게 된다.

(2) 세운해석(歲運解釋)

天干의 金水運은 上運이다. 다만 壬癸水運의 경우에는 時干의 戊土가 방해를 하는 것으로 인해서 말년에 들어온다면 上의 下運으로 낮춰서 대입을 해야 할 것이다. 丙丁火運은 壬水가 막아 줄 것도 같지만 戊土의 눈치를 보느라고 또한 머뭇거리는 형국이므로 時干의 戊土가 항상 부담으로 따라다닌다.

地支의 金水運도 天干과 마찬가지로 上運이다. 亥子水運은 다소 吉작용이 감소하기는 하더라도 크게 염려하지 않겠는데 申酉金運은 午火의 영향력으로부터 자유로울 수가 없다고 봐서 또한 上의 下運으로 대입하는 것이 타당하다. 天干의 甲乙木運은 中運으로 대입을 했는데 地支의 寅卯木運을 下運으로 대입하는 것은 午火를 生하여 凶함이 커지는 까닭이다.

(3) 재운해석(財運解釋)

재물(財物)의 運은 매우 좋다. 특히 청년 시절의 運은 제대로 발휘가 될 가능성이 있으므로 일찍 자리를 잡고 금전적으로 안정을 취할 수가 있을 것으로 보인다. 다만 아쉬운 점은 그러한 運이 계속해서 말년까지 이어지기 위해서는 많은 노력이 필요하다는 점이다. 비록 財星이 用神이라고 하더라도 印星이 忌神이면 망상(妄想)으로 인해서 소중한 시간을 망치게 되어 일찍감치 애써 자리를 잡은 안정적인 상황이 물거품이 되어버릴 수도 있으므로 모쪼록 주의해야 할 일이다.

[145] 乙未年 丁亥月 辛巳日 丙申時

用神과 干支別 運勢의 吉凶										
丙辛丁乙 申巳亥未				用: 土(未) 喜: 火, 金				偏印格 日弱用印格			
干	甲 下	乙 下	丙 下	丁 下	戊 上	己 上	庚 中	辛 中	壬 下	癸 下
支	子 下	丑 上	寅 下	卯 下	辰 上	巳 中	午 中	未 上	申 上	酉 上	戌 上	亥 下

(1) 주운해석(柱運解釋)

초년(初年)의 乙未는 未土가 있으니 다행히 공부를 할 수가 있는 환경(環境)으로 해석을 한다. 다만 乙木의 방해로 인해서 고충(苦衷)이 많이 따를 수가 있다. 청년(靑年)의 丁亥는 힘은 많이 들고 바쁘기만 할 뿐이고 결실은 기대하기 어려운 상황이다. 중년(中年)에도 크게 나아지지 않아서 巳火의 부담을 그대로 겪어야 한다. 그렇잖아도 日干의 좌우에 丙丁火가 자리를 잡고 고통스럽게 하는데 日支 조차 巳火가 있으니 그 어려움은 짐작하고도 남는다. 巳亥沖으로 인해서 더욱 부담이 커지는데 말년(末年)에 申金을 時支에서 만났으니 그나마 약간의 의식(衣食)을 얻을 수가 있을 것으로 기대는 하지만 또한 巳火의 훼방을 두려워해야 할 상황이니 柱運의 도움을 기대하기는 어려운 형국이다.

(2) 세운해석(歲運解釋)

 天干의 戊己土運은 큰 도움이 될 것으로 본다. 원국에 乙木이 있지만 丁火를 生하느라고 土를 剋하지는 않을 것이기 때문이다. 다만 庚辛金運은 丙丁火로 인해서 생각보다 기대하기가 어려우니 中運으로 본다.

 地支의 土金運은 모두 반가운 것으로 대입하게 된다. 申酉金運은 비록 巳亥를 만나서 극설(剋洩)이 되기는 하겠지만 그래도 도움은 될 것으로 봐서 上의 下運으로 대입하는 것은 가능하리라고 본다. 巳午火運이 用神인 未土를 生하는 것으로만 본다면 上運으로 볼 수도 있겠으나 亥水의 공격을 받아서 제대로 도움을 주기는 어렵다고 봐서 中運으로 대입할 수밖에 없는 것이 아쉽다. 만약에 未土가 日支에 있었더라면 上運으로 봐도 될 것이다.

(3) 재운해석(財運解釋)

 재물은 忌神이므로 年干의 乙木은 대출통장으로 대입한다. 더구나 用神인 未土를 정통으로 공격하고 있으니 그 凶함은 더욱 크다. 그 외에는 月日時에 木이 보이지 않는 것이 다행이라고 하겠지만 실은 四柱가 기본적으로 혼탁(混濁)한 형상을 하고 있으므로 항상 재물로 인한 고통이 끊이지 않을 암시로 보게 된다. 그래서 힘든 직장 생활을 하면서 삶의 길을 모색하는 것이 최선이라고 하겠다. 힘든 직장이라고 보는 것은 官殺이 혼잡 되어 있고 日干이 약한 까닭이다. 그러므로 물욕(物慾)은 애초에 금물(禁物)이라고 하는 것을 강조한다.

[146] 甲子年 癸酉月 乙亥日 庚辰時

用神과 干支別 運勢의 吉凶											
庚乙癸甲 辰亥酉子				用: 金(庚) 喜: 土				正官格 財官格			
干	甲 中	乙 下	丙 下	丁 下	戊 上	己 上	庚 上	辛 上	壬 下	癸 下	
支	子 下	丑 上	寅 下	卯 下	辰 上	巳 下	午 下	未 上	申 上	酉 上	戌 上	亥 下

(1) 주운해석(柱運解釋)

초년(初年)의 甲子는 즐겁지는 않아도 공부는 할 수 있는 시기가 된다. 그리고 청년(靑年)의 시기가 되면 인내심이 발생하여 자신의 일자리를 지킬 수도 있으니 여전히 번뇌는 있지만 사회생활을 할 수는 있으므로 다행이라고 하게 된다. 다만 중년(中年)에 亥水를 만나게 되면서 인내심이 사라져 버리고 자신의 느낌대로 일을 추진하여 자칫하면 고뇌(苦惱)에 빠질 수도 있으니 매우 신중하게 선택을 해야 할 것이다. 그래도 기대가 되는 것은 말년(末年)의 庚辰이 지켜 주고 있으니 중년에 잠시 혼란은 발생하겠지만 그래도 나이가 들어가면서 다시 제자리를 찾아서 안정된 삶을 꾸려갈 것이다. 그렇지만 잠시나마 혼란을 겪은 후유증은 존재하게 될 것이다.

(2) 세운해석(歲運解釋)

 天干의 土金運은 上運이다. 己土運이 甲己合이 되더라도 庚金이 있어서 작용을 할 것이고, 戊土運이 戊癸合을 하더라도 또한 庚金을 生할 수는 있으므로 도움이 되는 것으로 기대가 된다. 甲木運이 나쁘지 않은 것은 天干에 戊己土가 없기 때문에 특별히 凶할 이유가 없는 까닭이다.

 地支의 土金運도 반가운 上運이다. 土運은 亥子水를 눌러 줄 것이므로 반갑게 작용하게 된다. 地支의 木運은 喜神인 辰土가 공격을 받을 수 있기 때문에 下運으로 대입하게 된다.

(3) 재운해석(財運解釋)

 재물의 인연은 吉하다. 다만 時支에 있으니 말년이 되어서야 비로소 제대로 재물의 인연이 되는 암시가 되므로 젊어서의 삶에서는 항상 금전적으로 여유가 없더라도 조바심을 내지 않는 것이 좋을 것이다. 만사(萬事)는 때가 있기 때문이다. 月支에 偏官이 있으므로 직장에서 힘은 들지만 수익은 보장되니 무리한 욕심을 부리지 않는다면 살아가는 정도는 무난할 것이다. 그러다가 노년이 되면 비로소 辰土의 도움을 받아서 금전적으로 여유가 생길 암시로 작용하게 되는데 나이 들어서 무슨 재물이 되겠느냐고 할 수 있으나 자녀의 성공으로 인해서 봉양(奉養)을 받을 수도 있다는 생각도 해볼 만하니 자신의 능력으로만 판단해서 절망하지 않아도 된다.

[147] 丙子年 庚子月 己酉日 辛未時

用神과 干支別 運勢의 吉凶		
辛 己 庚 丙 未 酉 子 子	用: 火(丙) 喜: 木, 土	正印格 正印無力格
干	甲 乙 丙 丁 戊 己 庚 辛 壬 癸 上 上 上 上 下 下 下 下 下 下		
支	子 丑 寅 卯 辰 巳 午 未 申 酉 戌 亥 下 下 中 中 中 上 上 上 下 下 上 下		

(1) 주운해석(柱運解釋)

초년(初年)의 丙火는 用神이니 기대가 된다. 아마도 천재라는 소리를 들었을 수도 있겠다. 다만 그것이 길게 이어지지 못하는 것이 아쉽다. 子水가 들어오면 교만해져서 어른들의 말도 듣지 않으려고 할 가능성을 생각하게 되는 까닭이다. 어쩌면 用神의 위치가 凶하다고 할 수 있는 모습이다. 청년(靑年)이 되어도 철이 들지 않고 환상에서 깨어나지도 못할까 염려가 된다. 傷官生財의 구조가 올바른 판단을 하지 못하게 막을 수 있기 때문이다. 이것이 중년(中年)까지도 이어지니 희망조차도 없어진다고 하겠다. 여전히 자신의 능력을 과대평가하여 올바른 활용처를 찾지 못할까 걱정이 된다. 어쩌면 외로운 노년(老年)을 보낼까 염려스럽다.

(2) 세운해석(歲運解釋)

 天干의 木火運은 上運으로 기대가 되지만 甲木運은 庚金으로 인해서 감점이 되고, 乙木運은 辛金으로 인해서 감점이 되어서 上의 下運 정도가 되니 생각보다 큰 기대를 하기는 어려울 것으로 보인다.

 地支에서도 巳午火運이 반갑다고는 하지만 寅卯木이 하나도 없고 子水만 겹쳐 있어서 제 기능을 기대하기 어려운 상황이다. 戌未土運은 子水를 견제(牽制)하여 丙火가 조금이라도 활약해 주기를 바라는 마음에서 上運으로 대입한다. 그리고 아쉽게도 寅卯木運은 巳午火가 없는 원국에 들어와서 도움을 줄 수가 없으므로 中運으로 밖에 볼 수가 없다. 다만 말년에 未土의 작용을 기대한다면 조금 의식(衣食)을 얻을 가능성이 있음은 유일한 희망이다.

(3) 재운해석(財運解釋)

 年月에 겹쳐진 子水로 인해서 재물의 인연은 전생에 지은 빚으로 일생을 갚아도 다 갚지 못할 암시로 해석을 해야 할 모양이다. 그래서 재물을 기대할 四柱가 아니라고 하는 것을 미리 잘 판단해서 스스로 근면과 성실함으로 재물을 유지하여 가정이 안정되도록 최선의 노력을 해야 할 것인데 자신의 능력을 잘못 평가하여 어려움을 자초(自招)할 암시가 크다.

[148] 戊午年 癸亥月 庚戌日 壬午時

用神과 干支別 運勢의 吉凶									
壬庚癸戊 午戌亥午				用: 土(戌, 戊) 喜: 火				偏印格 官印相生格		
干	甲 下	乙 下	丙 中	丁 中	戊 上	己 上	庚 下	辛 下	壬 下	癸 下
支	子 下	丑 中	寅 下	卯 下	辰 上	巳 上	午 上	未 上	申 下	酉 下	戌 上	亥 下

(1) 주운해석(柱運解釋)

초년(初年)의 戊午는 大吉이다. 공부도 되고 인내심도 발생하니 학교에서 상당한 성과를 얻을 수가 있을 것이기 때문이다. 다만 아쉬운 것은 그러한 행운이 너무 일찍 찾아왔다는 것이다. 왜냐하면 그렇게 얻은 명성을 청년(靑年)에 癸亥를 만나서 다 털어버리고 다시 원점으로 돌아가게 될 가능성을 염려하기 때문이다. 그럼에도 불구하고 다시 중년(中年)에 한 번 기회가 더 찾아온다. 戌土의 도움을 받아서 재기를 할 수 있기 때문에 이러한 기회를 놓친다면 평생을 후회할 것이므로 다시 돌아온 기회를 확실하게 잡아서 인생의 발판으로 삼고, 말년(末年)의 午火가 戌土를 生하는 것으로 봐서 가정적으로 안정을 이루면서 계속해서 발전을 할 수가 있는 모습이다.

(2) 세운해석(歲運解釋)

 天干의 火土運은 吉하지만 아쉽게도 火運은 壬癸水의 방해로 인해서 생각보다 약할 수가 있어서 中運 정도로 대입하는 것이 현실적으로 타당할 것이다. 土運은 불편한 壬癸水를 잡아주므로 大吉한 上運이다.

 地支의 火土運도 반가운데 丑土運은 과습(過濕)하여 中運으로 대입한다. 巳火運은 亥水를 만나서 기능저하가 염려되기는 하지만 그럼에도 戌土를 돕는 작용은 있을 것이므로 上運으로 유지가 될 것으로 보게 된다. 특히 중년이나 말년에 들어오는 火運은 모두 上의 上運으로 봐도 좋다. 亥月이기 때문에 戌土는 화기(火氣)를 아무리 받아도 좋은 것이다.

(3) 재운해석(財運解釋)

 재물에 대한 인연은 암장되어 있기 때문에 凶하지 않은 것으로 해석을 하게 된다. 다만 運에서 들어오는 재물은 항상 어려움을 발생시킬 가능성이 높아지므로 재물은 아예 생각하지도 말고 오로지 직장에서 자신의 본분을 지키면서 살아가는 것이 현명하고, 가능하면 교육자의 길을 가면서 청렴한 삶을 살아간다면 재물의 재앙(災殃)은 발생하지 않을 것이므로 또한 자신의 삶에서 가장 신경을 써야 할 부분이라고 하겠다. 적어도 재물이 忌神이지만 四柱에 亥中甲木뿐이니 안도가 된다.

[149] 戊辰年 庚申月 庚申日 壬午時

用神과 干支別 運勢의 吉凶			
壬 庚 庚 戊 午 申 申 辰	用: 水(壬) 喜: 木	食神格 食神無財格	
干	甲 乙 丙 丁 戊 己 庚 辛 壬 癸 上 上 中 下 下 下 中 中 上 上			
支	子 丑 寅 卯 辰 巳 午 未 申 酉 戌 亥 上 下 中 中 下 中 中 下 下 下 下 上		

(1) 주운해석(柱運解釋)

초년(初年)의 戊辰은 심리적으로 많은 스트레스를 받아서 힘든 나날이 될 암시이다. 그래서 이러한 四柱에 대해서는 고향에 인연이 없다는 말로 대신하기도 한다. 청년(靑年)의 庚申도 힘들기는 마찬가지이다. 물론 노력을 하지도 않고 막연하게 세월을 보내게 될까 염려가 되는데 이것은 중년(中年)이 되어서도 급할 것이 없는, 즉 급하다는 생각조차도 못 하고 있을 가능성도 있다. 친구들 만나서 술이나 마시면서 허송세월을 하게 될까 염려하는 것이다. 그러다가 말년(末年)이 되어서야 비로소 좋은 인연을 만나서 자신의 존재감을 드러낼 수 있으니 그나마도 다행이라고 하겠는데 어쩌면 너무 늦었다는 생각이 들 수도 있으니 젊어서 현명한 판단을 하면 좋겠다.

(2) 세운해석(歲運解釋)

天干의 水木運은 上運이다 다만 木運이 젊어서 들어올 적에는 庚金으로 인해서 제 기능을 발휘하기 어렵다고 봐서 경쟁자들이나 자신의 고집으로 인해서 실패를 할 가능성이 있으므로 매우 신중한 판단이 필요하다.

地支의 水運은 上運이지만 木運은 中運에 불과하다. 그것은 申金이 둘이나 버티고 있어서 비집고 들어와서 작용을 하게 될 가능성이 희박해서이며, 말년에 木運이 들어온다고 해도 午火만 生할 뿐이므로 壬水에게 부담으로 작용하게 될 것이니 中의 下運으로 대입할 수밖에 없는 것이 아쉽다. 이것은 亥子水가 원국에 없기 때문에 들어오는 결실의 運조차도 찾아 먹을 길이 없는 것이다.

(3) 재운해석(財運解釋)

못내 아쉬운 것은 財星이 喜神인데 年支에 있는 辰中乙木 뿐이라는 것이다. 노력을 열심히 한다고 해도 결실이 없는데 젊어서 절반의 삶을 노력조차도 하지 않으니 궁핍(窮乏)을 면하기가 쉽지 않을 것이다. 어쩌면 무엇을 하더라도 마음대로 되지 않아서 열심히 노력을 할 의욕(意慾)조차도 상실되었을 수도 있겠다. 기술을 배워서 장인(匠人)의 정신으로 노력하여 비싸게 팔려야 한다는 것을 알려줘야 하겠는데 그러한 말을 수용하고 자신의 능력을 강화하는 방향으로 활용할 수가 있을지는 또한 시간이 필요하니 말년이 되어서야 약간의 의식을 얻는다고 해석한다.

[150] 己未年 癸酉月 乙酉日 丁亥時

用神과 干支別 運勢의 吉凶											
丁乙癸己 亥酉酉未		用: 水(癸, 亥) 喜: 木				印星格 殺印相生格						
干	甲 上	乙 上	丙 下	丁 下	戊 下	己 下	庚 中	辛 中	壬 上	癸 上	
支	子 上	丑 下	寅 中	卯 中	辰 下	巳 下	午 下	未 下	申 中	酉 中	戌 下	亥 上

(1) 주운해석(柱運解釋)

초년(初年)의 己未는 마음만 앞서고 노력은 따르지 못함으로 인해서 결실을 얻기는 어려운 모습이다. 그래서 공부도 되지 않고 시험만 잘 보려는 심리상태가 존재하게 되므로 결과에만 관심을 둔다. 청년(靑年)이 되면 이러한 오류(誤謬)를 깨닫고 비로소 인과(因果)의 이치를 생각하여 성실하게 변하므로 주변에서도 칭송이 자자하다. 여기에서 자신의 삶에 대한 방향을 잡게 되어서 중년(中年)으로 이어지고 그것이 다시 말년(末年)까지도 연결이 되니 비교적 순탄한 삶을 이어갈 수 있는 암시가 된다. 다만 개인적으로는 酉金의 偏官을 지나는 동안에 많이 힘들다는 생각을 할 수 있는데 이것은 사회적인 성취도와는 별개(別個)로 개인적으로 느끼는 감정이라고 할 수 있겠다.

(2) 세운해석(歲運解釋)

 天干의 水木運은 上運이다. 특히 己土를 잡아 주게 될 초년에 들어와 준다면 대단히 반가운 木運이기도 하다. 다만 말년의 木運은 丁火로 인해서 오히려 부담을 줄 수 있기 때문에 생각보다 도움이 크지 않아서 中運으로 봐야 할 것이고, 庚辛金運이 나쁘지 않은 것은 癸水를 生하는 공덕이 있기 때문이다. 특히 己土가 癸水를 剋하는 것에 대해서 유통을 시킬 수가 있다는 것이 돋보인다. 地支의 亥子水運은 기대가 되지만 寅卯木運은 喜神임에도 불구하고 생각보다 도움이 되지 못하는 것은 酉金의 방해로 인해서이다. 그래서 초년의 未土가 진행되는 동안을 제외하고는 기대할 것이 못된다.

(3) 재운해석(財運解釋)

 재물의 인연은 凶하지만 모두가 어린 시절에 지나가고 말 것이므로 천만다행(千萬多幸)이라고 할 것이다. 청년부터는 인내심과 지혜로움을 갖춰서 자신의 삶을 현명하게 꾸려 갈 수 있을 것이므로 재물에 의한 고통에 빠지지는 않을 것이니 비록 財運이 들어와서 유혹을 한다고 하더라도 偏官의 조심성으로 인해서 잘 견딜 것으로 기대가 된다. 특히 日支에 偏官이 있으므로 항상 자신에 대해서 엄격한 통제를 할 것이니 기본적으로는 염려를 하지 않아도 되겠지만 약간 걱정스러운 것이 있다면 比劫이 너무 약해서 주변의 영향에 마음이 움직일 수도 있다는 점이다.

[151] 丁巳年 辛亥月 乙未日 庚辰時

用神과 干支別 運勢의 吉凶									
庚乙辛丁 辰未亥巳		用: 水(亥) 喜: 金				正印格 日弱用印格			
干	甲 中	乙 中	丙 下	丁 下	戊 下	己 下	庚 下	辛 下	壬 上	癸 上
支	子 上	丑 下	寅 中	卯 中	辰 下	巳 下	午 下	未 下	申 上	酉 上	戌 下	亥 上

(1) 주운해석(柱運解釋)

초년(初年)의 丁巳는 스스로 잘났다는 생각을 하면서 동분서주하겠지만 결실은 없는 시기이다. 청년(靑年)의 辛亥가 되어서야 비로소 인내심과 귀인의 도움을 받아서 자신의 영역을 확보하게 될 것이니 일생의 가장 소중한 시기에 해당한다.

중년(中年)이 되면 未土의 영향으로 벌써 마음에 조바심이 생겨서 허둥대다가 겨우 얻은 안정감을 다 잃어버릴 수도 있음에 대해서 걱정을 해야 한다. 말년(末年)이 된다고 해서 결코 더 좋아진다는 보장이 없다. 庚辰은 환경(環境)의 억압만 발생하게 될 것이고 스스로 자유로운 시기는 아니기 때문에 젊어서 얻은 기회를 최대한 살려서 일생의 보물로 삼아야 한다는 조언을 남긴다.

(2) 세운해석(歲運解釋)

天干의 壬癸水運은 기대가 된다. 水剋火하고 金生水하여 상당한 활약을 할 수가 있을 것이기 때문이다. 다만 甲乙木運은 생각보다 활약을 할 수가 없는데 이는 庚辛金이 버티고 있는 환경이 부담을 주는 까닭이다. 그 외의 運은 모두가 힘든 상황에 처하게 될 것이므로 다소 약한 運의 흐름이다.

地支의 金水運은 上運이다. 특히 亥水를 生하여 청년기에는 상당한 성취를 기대할 수 있다. 아쉬운 것은 중년과 말년의 金運은 부담으로 작용한다는 점이다. 그리고 水運도 마찬가지로 후반부에 들어오는 것은 생각보다 큰 기대를 하기는 어렵다. 이러한 점을 고려한다면 전반적으로 運의 도움으로 일을 풀어간다는 것은 쉽지 않을 것이므로 원국에서 喜用神이 작용할 때 運의 도움을 받아서 스스로의 방향을 찾아야 한다.

(3) 재운해석(財運解釋)

재물의 인연은 기대하기 어려울 뿐만 아니라 오히려 조심하지 않으면 큰 곤경(困境)에 처할 수도 있다는 것을 살피게 된다. 특히 중년과 말년의 재물이 많이 필요할 상황에서 나타나고 있는 凶한 암시는 더욱 큰 부담을 안겨 줄 것이다. 그래서 사업을 한다는 생각은 절대 금물(禁物)이고 오로지 직장에서 자신의 직무를 통한 보상으로 만족을 하고 일생 동안 지켜야 할 금과옥조(金科玉條)로 삼는 것이 최선이라는 점을 강조한다. 그러므로 마음에서 일어나는 유혹을 얼마나 통제하느냐가 중요한 화두(話頭)이다.

[152] 壬申年 癸丑月 癸卯日 癸亥時

用神과 干支別 運勢의 吉凶											
癸 癸 癸 壬 亥 卯 丑 申				用: 木(卯) 喜: 火				食神格 食神制殺格			
干	甲 上	乙 上	丙 中	丁 中	戊 中	己 中	庚 下	辛 下	壬 下	癸 下	
支	子 下	丑 下	寅 上	卯 上	辰 下	巳 上	午 上	未 中	申 下	酉 下	戌 中	亥 下

(1) 주운해석(柱運解釋)

초년(初年)의 壬申은 생각은 많아도 결실은 없는 시절이다. 현실과 이상과의 사이에서 마음의 방향을 잡지 못하는 흐름을 타게 되니 아무런 생각도 하지 말고 오로지 공부에만 전념하기를 권한다. 청년(靑年)의 癸丑도 마찬가지로 노력의 결실이 보이지 않고 고통(苦痛)까지 추가되어서 힘들게 하는 나날이 길어진다.

비로소 중년(中年)이 되어서야 卯木을 만나서 자신의 능력을 발휘하게 되니 이로 말미암아 일생의 도구를 얻게 되는 매우 중요한 시기가 된다. 이것을 살리지 못하면 말년(末年)에는 다시 갈등만 남게 되는 힘든 시기가 이어질 것이므로 모쪼록 최선의 노력을 기울여서 자신을 감당할 귀중한 기술을 마련하고 그것을 바탕으로 삶을 꾸려 가면 좋을 것이다.

(2) 세운해석(歲運解釋)

 天干의 甲乙木運은 왕성(旺盛)한 壬癸水의 生을 받아서 활약을 할 수 있을 것으로 봐서 上運이다. 다만 陰陽의 기운을 갖추지 못했으니 아쉬운 점은 있기 마련이다. 丙丁火運이 들어오면 무척이나 반갑겠지만 쟁탈전이 일어날 것이므로 또한 中運에 불과하고, 戊己運이 들어와서 土剋水를 하겠지만 또한 中運이니 대체로 아쉬운 運이 진행된다.

 地支의 木火運은 上運으로 기대를 해도 된다. 丑辰土運은 下運으로 보고, 戌未土運을 中運으로 보는 것도 陰陽의 기운을 고려하여 대입하는 것이다. 이렇게 運의 작용이 제대로 활약하기 어려운 것은 喜用神이 모두 卯木에만 의지하는 까닭이다. 그래서 원국의 아쉬움이 일생을 두고 영향력을 발휘하게 될 것이므로 마음대로 되지 않는 일이 더 많을 것을 염려한다.

(3) 재운해석(財運解釋)

 財星이 喜神인데 어디에도 보이지 않으니 참으로 간절한 재물이다. 오로지 運이 와서 얼어 있는 四柱를 따뜻하게 녹여 주기 전에는 재물(財物)에 대해서도 기대하기 어렵다고 하겠으니 가난한 기술자가 연장을 의지하여 생계를 이어가는 모습을 생각하게 된다. 그러므로 기술직으로 재물을 획득하는 것을 최선으로 여기고 스스로 돈을 모으기 위해서 무리한 노력을 하는 것은 더욱 신중히 하라는 조언을 남기게 된다.

[153] 壬戌年 丁未月 辛酉日 己亥時

用神과 干支別 運勢의 吉凶		
己辛丁壬 亥酉未戌	用: 水(亥壬) 喜: 木	傷官格 傷官無財格
干	甲 乙 丙 丁 戊 己 庚 辛 壬 癸 上 上 下 下 下 下 中 中 上 上	
支	子 丑 寅 卯 辰 巳 午 未 申 酉 戌 亥 上 下 上 上 下 下 下 下 中 中 下 上	

(1) 주운해석(柱運解釋)

초년(初年)의 壬水는 기대가 되지만 戌土가 부담을 주니 잠시 반짝이는 반딧불이라고 하겠다. 망상만 많고 게으르니 무엇 하나 적극적으로 성취하려는 마음이 부족하여 아쉽다. 청년(靑年)의 丁未는 未土가 부정적인 작용을 하는 까닭에 고통과 망상이 겹쳐서 마음에 어려움이 쌓이고 회의심도 추가되는 상황이다. 중년(中年)에서야 酉金의 比肩을 만나 주체성이 강화되니 자신의 존재감을 의지하고 중심이라도 잡을 수가 있어서 다행이다. 이것은 말년(末年)의 亥水를 향해서 노력할 원동력이 되기도 할 것이므로 이로부터 점차로 자신의 길을 찾아서 희망을 찾아가는 모습을 발견하게 된다. 그래서 말년에 얻는 성취가 상당하다고 희망을 줘도 될 것이다.

(2) 세운해석(歲運解釋)

天干의 水木運이 上運이지만 己土로 인해서 水運은 30% 정도 감점을 당하고, 丁火로 인해서 木運도 약화되는 것이 아쉬울 뿐이다. 庚辛金運을 中運으로 보지만 초년에 들어온다면 上運도 가능하다.

地支의 水木運도 반가운 上運이다. 다만 卯木運은 酉金을 만나서 上의 下運이 되고, 亥子水運도 戌未土를 만나서 上의 下運이 되니 결국 中運 정도로 만족을 해야 하는 것이 아쉬운 장면이다. 다만 중후반에 亥子水運이 들어와 준다면 당연히 100점짜리로 작용을 할 것이므로 나이가 들어서 들어오는 運에 기대를 걸어 보게 된다.

(3) 재운해석(財運解釋)

재물은 喜神이지만 亥未에 암장이 되어서 드러나지 않으니 그야말로 '길신암장(吉神暗藏)'이다. 언제라도 나타나서 큰 도움을 줄 것이므로 든든하다고 하겠는데 그것이 언제인가에 대해서는 항상 갈증(渴症)을 남기게 되는 것이 못내 아쉬울 따름이다. 젊어서 하는 일들은 모두가 마음대로 되지 않아서 힘만 들고 결실이 없다가 말년이 되어서야 금전적인 기반을 얻게 될 것이고 그로 인해서 삶이 차차로 윤택(潤澤)하게 될 것이므로 끈질기게 살아서 끝장을 봐야 하는 것으로 위로를 삼는다. 재물의 인연이 약하므로 기술을 연마하고 중개업과 같은 일을 통해서 재물을 얻게 되는 인연도 생각해 볼 만하다.

[154] 壬辰年 己酉月 乙未日 己卯時

用神과 干支別 運勢의 吉凶		
己 乙 己 壬 卯 未 酉 辰	用 : 水(壬) 喜 : 金, 木	正印格 財兼用印格

干	甲上	乙上	丙下	丁下	戊下	己下	庚上	辛上	壬上	癸上
支	子上	丑下	寅上	卯上	辰下	巳下	午下	未下	申下	酉下	戌下	亥上

(1) 주운해석(柱運解釋)

초년(初年)의 壬辰은 正印으로 영감을 받고 正財로 마무리를 지을 수가 있는 吉한 시기이다. 청년(靑年)의 己酉는 고통이 예고되어 있으니 어려서 얻은 약간의 소득도 여기에서 의미 없는 결과가 될 가능성도 많다. 그래서 최대한 공부하고 많이 배워서 일생의 기술로 삼을 수가 있는 방법을 강구(講究)하는 것이 현명하다.

중년(中年)의 未土도 또한 마음이 급하여 멀리 내다보고 준비하는 것이 어려운 점이 유감이다. 말년(末年)의 己卯에 다다르면 약간의 중심을 잡는 정도에 불과하지만 그래도 약간의 의식(衣食)을 얻는다면 또한 다행스러운 일이라고 할 수 있을 것이니 많은 것을 바라지 말고 급하게 서두르지도 말고 신중하게 삶을 엮어가야 한다.

(2) 세운해석(歲運解釋)

 天干의 金水木運은 上運이다. 庚辛金運은 당연히 壬水를 生하고, 甲乙木運은 己土를 제어하여 壬水를 보호하는 까닭이다. 다만 그 壬水가 어린 시절에 존재하므로 제대로 활용할 수 있을지에 대해서 안타까움이 든다.

 地支의 水木運은 上運이다. 다만 土金이 너무 많은 원국의 상황을 고려한다면 전체적으로 작용은 上의 下運 정도로 만족을 해야 할 것이다. 地支에서는 申酉金運을 써먹을 수가 없는 것은 亥子水가 없기 때문이니 병든 글자라도 하나 있었다면 運이 왔을 때 활용을 할 수가 있을 텐데 그나마도 없다는 것이 못내 아쉬움을 남기게 된다. 모쪼록 用神은 日干의 주변에 머물러 있어야 활용하기가 좋은데 이렇게 年干에 걸려 있으면 하늘의 별과 같아서 바라보기만 하고 간절할 뿐 실제로 도움을 받기가 어려운 것이다.

(3) 재운해석(財運解釋)

 재물(財物)이 凶한 四柱에서는 재물을 묻지 않아야 하건만 절대로 그냥 넘기지 않고 반드시 묻고야 마는 것도 또한 운명(運命)이라고 해야 할 것이다. 자신의 운명이 이끄는 대로 그 영향을 받고 살아가기 때문이리라. 재물을 묻는다면 오로지 돈은 전생의 빚이라고 생각하고 손이 닿지 않는 곳에 있기를 바라고 내 손에 들어오면 그로 인해서 재앙(災殃)이 발생한다고 강조하고 또 강조하게 되는 것이다.

[155] 辛亥年 癸巳月 己卯日 癸酉時

用神과 干支別 運勢의 吉凶		
癸己癸辛 酉卯巳亥	用: 火(巳) 喜: 木, 土	正印格 正印損傷格
干	甲 乙 丙 丁 戊 己 庚 辛 壬 癸 下 下 中 中 上 上 下 下 下 下		
支	子 丑 寅 卯 辰 巳 午 未 申 酉 戌 亥 下 中 上 上 上 中 中 上 下 下 上 下		

(1) 주운해석(柱運解釋)

초년(初年)의 辛亥는 세상 무서운 줄을 모르고 날뛰는 하룻강아지의 심리를 갖게 될 가능성을 염려한다. 우월감을 부모가 심어 주는 것은 좋지만 그것이 세상에서 적용되지 않을 적에 받게 될 상처에 대해서까지도 생각을 하면서 가르치는 것이 좋을 것이라는 생각을 해 본다. 요즘 아이들 기죽이지 말라고 하면서 과잉보호(過剩保護)하는 부모도 있으니 과연 현명한 것인지 의문이 들 때가 많다. 청년(靑年)의 癸巳에서도 자신의 우월감으로 인해서 귀인의 조언을 거부하게 될 암시가 巳亥沖에서 느껴진다. 이렇게 귀인이 들어와도 받아들이지 않으면 소용이 없는 것이다. 중년(中年)에는 卯木의 영향으로 고통을 겪게 될 것이니 비로소 철이 들 가능성도 있다고 하겠다. 말년(末年)에는 다시 제자리로 돌아가겠지만 말이다.

(2) 세운해석(歲運解釋)

 天干의 火土運은 上運이어야 할 상황이다. 다만 丁火運은 癸水로 인해서 제 기능을 하기 어렵고, 丙火運은 丙辛合으로 작용하기 어려우니 中運으로 보는 것이 현실적으로 타당하다. 비록 用神임에도 불구하고 기대할 것이 없다는 이야기이다.

 地支의 土運은 用神인 巳火를 보호하여 吉하지만 丑土運은 기대하기 어렵다. 寅卯木運은 水生木을 해서 木生火를 하니 上運으로 기대가 된다. 원국에 卯木이 있으나 巳亥의 갈등을 해소할 수가 없기 때문에 運에서 들어와야만 역할을 할 수 있다. 巳午火運은 중년을 지나갈 적에만 제대로 발휘가 될 것이고, 그 외에서는 中運에 머무를 수밖에 없는 상황이니 用神이 들어와도 제대로 활약할 수 없다는 것이 못내 아쉬운 원국이다.

(3) 재운해석(財運解釋)

 재물은 忌神이니 大凶이다. 그래서 금전으로 인해서 엄청난 고통을 겪고 망신을 당하고 세상에서 지탄을 받게 될 암시까지도 염려해야 하는 상황이다. 그럼에도 재물에 대한 욕망을 멈추지 않는다면 그의 삶에서 재물이 가지고 오는 파장(波長)이 영원히 끝나지 않을까 두려움을 갖게 된다. 이러한 점을 본인에게 알려 준다면 귀를 기울일까? 아마도 쉽지 않을 것이다. 그게 쉽다면 운명이 어찌 바뀌는 것을 어렵다고만 하고 고통을 면치 못하는 사람들이 이리도 많지 않을 것이다.

[156] 癸亥年 庚申月 庚戌日 辛巳時

用神과 干支別 運勢의 吉凶		
辛庚庚癸 巳戌申亥	用: 水(癸, 亥) 喜: 木	食傷格 食傷無財格
干	甲 乙 丙 丁 戊 己 庚 辛 壬 癸 中 中 中 中 下 下 中 中 上 上		
支	子 丑 寅 卯 辰 巳 午 未 申 酉 戌 亥 上 下 上 上 下 下 下 下 中 中 下 上		

(1) 주운해석(柱運解釋)

초년(初年)의 癸亥는 참으로 아름다운 순간이다. 일찍 자신의 자리를 얻어서 일생을 살아갈 밑거름으로 삼는다면 대단히 멋진 삶이 될 것이다. 그러나 삶이란 그렇게 간단하지가 않아서 내일의 일을 예단할 수만도 없는 일이다. 청년(靑年)의 庚申은 일강(日强)한 상황의 부작용으로 고집을 부리다가 애써 얻은 명성조차도 잃게 될까 염려가 된다.

중년(中年)에는 한술 더 떠서 망상으로 이어지는 것을 막을 방법이 없어서 또한 안타까움만 증가된다. 말년(末年)으로 넘어가게 되면 偏官을 만나서 많은 고통을 받을 암시가 추가되니 점입가경(漸入佳境)의 반대인 첩첩산중(疊疊山中)이라고 해야 할 장면이 떠오른다. 노년(老年)에 와서 어린 시절 영화를 회상한들 무슨 소용이 있으랴~!

(2) 세운해석(歲運解釋)

天干의 水運은 上運이지만 木運이 들어와서 제 기능을 할 수 있는 시기는 초운(初運)에 불과하고 그 외에는 모두 中運 이하라고 해야 할 장면이다. 원국에 木이 없는 관계로 庚辛金運이 들어와도 나쁘지 않은 것은 불행 중에 다행이다. 木이 있었더라면 下運으로 작용을 하게 되는 까닭이다.

地支의 水木運도 上運이지만 초년의 木運과 청년의 水運을 제외하고는 中運으로 보는 것이 타당하다. 戌土로 인해서 중년의 水運은 제 기능을 기대하기 어렵기 때문이다. 더구나 用神이 年柱에 있기 때문에 실제로 나이가 들면서 점차로 활약이 줄어드는 것이 못내 아쉽다. 申酉金運이 中運이 되는 것은 나쁘지 않음을 의미할 뿐이지 좋다는 뜻은 아니다.

(3) 재운해석(財運解釋)

재물이 喜神임에도 불구하고 年支의 亥中甲木 뿐이니 안타까움이 가득하다. 더구나 원국에 比劫이 태산같이 쌓여 있으니 木運이 온들 재물로 창고에 저장되기는 거의 불가능한 형상을 하고 있다. 그러므로 잠시 재물의 運이 와서 삶에 여유를 준다면 또한 하늘에 감사하고 다소 궁핍한 나날이 이어지더라도 자신의 선업(善業)이 부족하다는 것을 깨닫고 지혜를 연마하고 공덕을 쌓는 노력이 최선이라는 것을 생각한다면 비록 물질은 여유롭지 못하더라도 마음은 풍요로울 것이다.

[157] 戊戌年 癸亥月 乙未日 丙戌時

用神과 干支別 運勢의 吉凶											
丙乙癸戊 戌未亥戌				用: 水(癸, 亥) 喜: 金, 木				印星格 財衆用印格			
干	甲 上	乙 上	丙 下	丁 下	戊 下	己 下	庚 上	辛 上	壬 上	癸 上	
支	子 中	丑 下	寅 上	卯 上	辰 下	巳 下	午 下	未 下	申 上	酉 上	戌 下	亥 中

(1) 주운해석(柱運解釋)

초년(初年)의 戊戌은 마음은 급하지만 현실은 따라주지 않는 것들로 인해서 고통이 많을 것이고 특히 어려서의 財運이므로 공부는 되지 않고 동서남북으로 분주하게 뛰어다님으로 해서 말썽만 피우는 골목대장이다. 청년(靑年)에 바로 철이 들어서 분발하게 되니 큰 성취가 있을 것이고, 이로 인해서 일생의 밑거름을 확보하게 될 수도 있다. 다만 안타까운 것은 중년(中年)이나 말년(末年)에서 다시 財星이 난리를 치고 있는 모습이니 조금 얻은 청년 시절의 소득도 어디로 간 곳이 없고 고통만 남아서 오래도록 힘들게 할 암시를 보면서 모쪼록 더 늦기 전에 귀한 성현의 말씀에 귀를 기울여서 자신의 미래에 대해서 진지하게 생각해 볼 기회를 놓치지 말라는 당부를 하게 된다.

(2) 세운해석(歲運解釋)

天干의 金水木運이 모두 上運인 것은 金生水와 木剋土의 공덕이 있기 때문이다. 다만 말년의 金運은 時干의 丙火로 인해서 감점이 조금 있고, 木運도 다소 감점은 예상되지만 그래도 用神에게 木剋土로 편안함을 주니 나쁘지 않다.

地支의 金木運도 마찬가지로 上運이다. 특히 地支에는 巳午火가 없기 때문에 金木의 작용이 모두 用神을 위해서 큰 도움을 줄 것으로 봐서 기대가 된다. 그래서 運의 도움을 보다 더 많이 받을 수가 있으니 다행이다. 반면에 辰戌丑未土의 運은 최악이다. 그로 인해서 3년마다 힘들 것을 예측할 수가 있는 것은 당연하다. 財運이 들어오면 마음이 급해져서 일을 서두르고 쉽게 저지르게 되고 그로 인해서 오래도록 후회를 남길 수도 있다는 것을 미리 알아두어야 할 것이다.

(3) 재운해석(財運解釋)

재물의 인연이 많기는 하다. 문제는 그 인연이 모두 凶한 결과를 가져다줄까 봐 염려가 된다는 것이다. 중요한 것은 전생에 진 빚이 4만 냥이라는 것을 잊지 말고 허둥대면서 다시 재물에 대한 욕망을 갖지 말아 달라는 것이다. 아무리 분주하게 뛰어다니면서 재물을 취하려고 해도 그만큼의 고통만 추가될 뿐이라는 생각으로 자중한다면 오히려 나름대로 노력을 통하여 얻어지는 소득으로도 살만하다는 생각을 할 수도 있는 것인데 욕심으로 인해서 삶을 망가트릴까 염려가 된다.

[158] 癸亥年 乙卯月 丙午日 己丑時

用神과 干支別 運勢의 吉凶			
己丙乙癸 丑午卯亥		用: 土(己, 丑) 喜: 金	傷官格 傷官無財格
干	甲 乙 丙 丁 戊 己 庚 辛 壬 癸 下 下 中 中 上 上 上 上 中 中		
支	子 丑 寅 卯 辰 巳 午 未 申 酉 戌 亥 下 上 中 中 上 中 中 上 上 上 上 下		

(1) 주운해석(柱運解釋)

초년(初年)의 癸亥는 어려움을 암시하지만 또한 그로 인해서 내면의 정신세계는 성장하게 될 것이므로 결코 나쁜 運이라고 하지 않는다. 오히려 초년의 고생은 吉運이라고 해야 할 것이니 이것이 柱運을 이해하는 기본적인 관점이기도 하다. 청년(靑年)에는 어른의 말에 귀를 기울이다가 자신의 계획을 망칠 수도 있는 암시로 보는 것은 도움이 되지 않는 印星의 運이 되는 까닭이다. 다만 공부를 하는 시기라고 한다면 그것은 나쁘지 않을 것이다. 중년(中年)에 들어오는 午火는 경쟁자들로 인해서 뜻한 일에 차질이 생길 수가 있으니 스스로 모든 것을 판단하고 추진하기를 권한다. 말년(末年)에는 비로소 대기만성의 호운을 만나서 뜻을 이루게 된다.

(2) 세운해석(歲運解釋)

 天干의 土金運은 上運이다. 水運도 中運이 되니 대체로 凶한 運은 用神을 剋하는 木運 정도이다. 이렇게 運을 많이 찾아 먹는 것도 또한 원국의 청고(淸高)함으로 인해서라고 할 수 있다. 地支의 土金運도 上運이다. 다만 亥子水運은 下運으로 보는데 그 이유는 午火가 손상되면서 丑土가 더욱 습(濕)해질 것을 염려해서이다. 대신에 寅卯木運은 中運으로 볼 수가 있으니 이것은 午火의 유통에 의해서 丑土에게 큰 부담이 가지 않을 것이고 오히려 午火가 살아남으로 해서 더욱 왕성해질 수도 있음에 대한 기대감이 높아서이다. 이렇게 어느 干支가 들어오더라도 기운이 돌아가면서 흡수할 수가 있기 때문에 특별히 大凶한 運은 없는 것이 이 四柱의 자랑이다.

(3) 재운해석(財運解釋)

 재물의 인연까지 타고났으면 더없이 만족스럽겠지만 안타깝게도 천지신명(天地神明)은 모두를 주는 것에 대해서는 경계심을 가졌을 것이다. 노력을 하면 성공은 하되 재물로 인해서 교만해지는 것을 막기 위해서는 아닐까 싶은 생각을 해 본다. 그러므로 일을 하면 먹을 것이 쌓이지만 욕심만 부리고 노력하지 않으면 얻을 것이 없다는 지혜를 배워야 할 것이니 모두 다 갖춰져도 하나는 미완성으로 남겨 놓음으로 해서 노력을 해야 한다는 가르침이려니 싶기도 한 것이다.

[159] 壬辰年 丙午月 癸酉日 丙辰時

用神과 干支別 運勢의 吉凶											
丙癸丙壬 辰酉午辰				用: 金(酉) 喜: 土, 水				偏印格 官印相生格			
干	甲 下	乙 下	丙 下	丁 下	戊 下	己 下	庚 中	辛 中	壬 上	癸 上	
支	子 上	丑 上	寅 下	卯 下	辰 上	巳 下	午 下	未 中	申 上	酉 上	戌 中	亥 上

(1) 주운해석(柱運解釋)

초년(初年)의 壬辰은 친구를 잘 만나서 열심히 공부하는 시기로 대입할 수 있다. 辰土도 인내심을 주기 때문에 어린 시절은 후회 없이 잘 보낸다. 다만 청년(靑年)이 되면 丙午가 욕심으로 변신을 하여 차분하던 마음에 갑자기 폭약(爆藥)으로 불을 질러버리게 되니 천지분간을 못하고 허둥대면서 세상의 모든 것을 다 가지려고 하지 않을까 염려된다.

그래도 중년(中年)이 되면 다시 귀인의 도움을 받아서 자신의 길을 찾을 수가 있을 것이라는 점은 다행이다. 그리고 이러한 인연은 말년(末年)이 되어도 土生金의 인연이 계속해서 이어질 것이기 때문에 그대로 유지가 될 것으로 본다. 이렇게 四柱의 구조에서 官印相生格의 좋은 점이 드러나게 되는 것이라고 해도 된다.

(2) 세운해석(歲運解釋)

天干의 水運은 기대가 되지만 金運은 안타깝게도 원국의 丙火로 인해서 제 기능을 발휘하기 어렵다. 그 외의 運도 모두 부담으로 작용하여 凶運이 될 가능성이 높으니 쓸 運이 별로 없다. 地支의 金水運은 기대가 된다. 申酉金運의 경우에도 上運으로 볼 수가 있는 것은 天干에는 없는 土가 地支에는 둘이나 있기 때문이다. 日支의 酉金이 土生金을 받을 수가 있으니 運에서 기대가 되는 것도 많다. 그리고 木火運은 酉金이 손상되기 때문에 주의해야 할 것이다. 물론 午火가 없었다면 寅卯木運을 두려워할 이유는 없다. 이렇게 원국의 상황에 따라서 吉凶의 대입은 항상 변화하게 된다.

(3) 재운해석(財運解釋)

'재물 인연이 없다.'라고 하지 않고 '재물 인연이 凶하다.'라고 한다. 그 이유는 凶神으로 작용을 하기 때문이다. 그래서 간곡히 당부하는 일은 오로지 재물에 대한 욕망을 잘 다스리라는 말 한마디뿐이다. 그것만 아니라면 日支의 酉金으로 인해서 안정된 삶을 꾸려갈 수 있을 것이고 가정적으로도 행복한 내일이 가능하다고 보겠는데 오로지 위험한 것은 재물에 대한 욕망을 참아 내기가 어려울 것이라는 점이다. 특히 인내심이 부족하기 때문에 마음에서 일어난 일은 반드시 결과를 보고야 말겠다는 욕심으로 인해서 더욱 어려워질 수 있는 것이다.

[160] 丁卯年 丙午月 辛亥日 甲午時

用神과 干支別 運勢의 吉凶		
甲辛丙丁 午亥午卯	用: 土[入運用神] 喜: 金	印星格 用神不在格

干	甲	乙	丙	丁	戊	己	庚	辛	壬	癸
	下	下	下	下	上	上	中	中	下	下
支	子	丑	寅	卯	辰	巳	午	未	申	酉	戌	亥
	下	上	下	下	上	下	下	上	中	中	上	下

(1) 주운해석(柱運解釋)

초년(初年)의 丁卯나 청년(靑年)의 丙午나 모두가 힘들고 고통스러운 나날이 될 것을 암시하고 있으니 전반부의 삶은 나날이 힘들기만 하여 희망도 없고 즐거움도 없다는 생각으로 점철될 가능성이 많음을 안타까워한다. 중년(中年)이 된다고 해도 亥水를 봐서는 나름대로 몸부림을 치고자 하는 의미는 알겠으나 아무도 도와주지 않으니 스스로 허둥대면서 바쁘게 뛰어다니기만 하는 것도 또한 안쓰럽다. 그러다가 말년(末年)이 되면 甲午가 들어와서 고통을 보태 주게 되니 이러한 원국의 모습을 보면서 전생에 공덕(功德)을 참으로 쌓지 못했다는 생각을 하게 된다. 이번 생의 삶이 힘들더라도 달게 받고서 최선의 노력으로 지혜로운 삶이 되도록 하는 것이 옳다고 하겠다.

(2) 세운해석(歲運解釋)

天干의 戊己土運은 반가운 運이지만 그 외의 運은 전혀 도움을 줄 수가 없는 상황이니 안타까움이 하늘을 찌를 지경이다. 그나마 戊土運은 甲木에게 공격을 당하고 己土運은 合이 되어서 제대로 활동을 할 수도 없으니 과연 運의 도움은 기대하기 어렵다고 해야 할 모습이다. 庚辛金運도 도움을 주고자 하지만 원국의 丙丁火로 인해서 中運에 머무를 수밖에 없는 것도 아쉽다. 地支의 土運은 그래도 기대가 되는 것이 그나마 다행이다. 卯木이 있지만 年支에 있어서 어린 시절을 제외하고는 부담을 많이 주지 않을 것이기 때문이다. 그럼에도 불구하고 전체적으로 運의 도움이 미미하다고 봐야 할 것이므로 스스로의 노력을 통해서 어려움을 극복하고 삶의 질을 향상시키는 방향으로 많은 고민을 해야 할 것이다.

(3) 재운해석(財運解釋)

재물의 인연은 凶하다. 卯木은 丁火를 生하여 고통을 만들고 甲木은 午火를 生하여 힘들게 하기 때문이다. 그래서 재물로 인해서 얻을 것은 고통일 뿐이고 삶의 여유로움은 기대하기 어렵다. 재물을 획득하는 방법은 기술을 통해서 몸으로 먹고 살 생각을 하는 것이 현명하다고 하겠고 머리를 써서 편하게 큰돈을 모아 보겠다는 궁리를 하는 것은 여간해서 이뤄지기 어려울 뿐더러 그로 인한 고통이 더 클 것이다.

[161] 庚午年 壬午月 庚子日 己卯時

用神과 干支別 運勢의 吉凶		
己 庚 壬 庚 卯 子 午 午	用: 土(己) 喜: 火	正印格 日弱用印格

干	甲	乙	丙	丁	戊	己	庚	辛	壬	癸	
	下	下	上	上	上	上	中	中	下	下	
支	子	丑	寅	卯	辰	巳	午	未	申	酉	戌	亥
	下	中	下	下	上	下	下	上	上	上	上	下

(1) 주운해석(柱運解釋)

초년(初年)의 庚午는 힘은 들어도 환경(環境)에 적응하려고 노력하는 마음이 있어서 나중에 생각해 보면 알찬 시간을 보냈다는 것을 알게 될 것이다. 다만 그러한 고통을 활용할 시간이 주어질 것인지에 대해서는 안타까움을 갖게 된다. 청년(靑年)의 시기에도 壬午의 작용은 젊어서 마음대로 되지 않는 현실로 인해서 많이 힘들어하게 될 암시이다. 중년(中年)이 되어서 뭔가 자신의 뜻대로 해 보겠다고 몸부림치지만 또한 귀인의 도움을 기대할 수가 없으니 마음과 같지 않은 현실을 한탄(恨嘆)할 뿐이다. 말년(末年)이 된다고 해도 크게 나아지진 않을 것이니 마음조차도 황폐해질까 염려가 된다. 그나마 時干의 己土는 너무나 무력하니 위로가 되기도 어려울 형상이다.

(2) 세운해석(歲運解釋)

天干의 火土運은 上運이지만 丙火運은 壬水를 만났으니 上의 下運으로 봐야 할 상황이다. 庚辛金運은 中運이라고 하지만 또한 실제로는 별로 하는 일도 없는 불청객에 불과하여 己土만 약화시키니 中의 下運이라고 해야 할 것이다.

地支의 金運과 辰戌未土運은 의지가 되는 것으로 봐서 上運으로 대입을 한다. 다만 丑土運은 과습(過濕)하니 아무래도 中運에 머무를 수밖에 없다. 申酉金運이 도움을 줄 것으로 보는 것은 卯木을 공격하여 己土를 편안하게 할 것이기 때문이다. 그렇지 않으면 또한 中의 下運일뿐이다. 다만 己土가 워낙 약하여 아무리 애를 쓴다고 해도 실제로 도울 힘은 부족하니 안타까울 따름이다.

(3) 재운해석(財運解釋)

재물을 논하자니 時支의 卯木은 있지만 이것이 재물이 아닌 줄은 이미 알고 있을 것이다. 말년에 빈궁(貧窮)할 암시가 되는 것으로 대입을 해야 할 것이니 모쪼록 재물에 대해서 잘 관리를 해야 할 것이지만 어쩌면 관리를 할 재물도 없을 가능성이 더 많을 것이다. 그러므로 일생을 재물을 찾아서 방황하지 말고 오로지 안정된 직장에서 일을 하면서 노력에 의한 대가로 주어지는 월급이 자신이 누릴 수 있는 일생의 재물로 생각하고 근검절약(勤儉節約)하여 남에게 빚지지 말고 알뜰하게 살아간다면 의식(衣食)이야 왜 없겠느냐는 위로를 남긴다.

[162] 壬申年 壬寅月 己亥日 庚午時

用神과 干支別 運勢의 吉凶										
庚己壬壬 午亥寅申				用: 火(午) 喜: 木, 土				偏印格 印星無力格		
干	甲 下	乙 下	丙 中	丁 中	戊 上	己 上	庚 下	辛 下	壬 下	癸 下
支	子 下	丑 中	寅 上	卯 上	辰 上	巳 上	午 上	未 上	申 下	酉 下	戌 上	亥 下

(1) 주운해석(柱運解釋)

초년(初年)의 壬申은 뭔가 스스로 대단한 능력이 있는 것처럼 생각이 되어서 왕성하게 활동은 하지만 결실은 없고 헛된 시간만 흘러가게 될 가능성이 많으니 마음을 다스려야 하는데 아직은 너무 어리다. 청년(靑年)에도 대동소이하지만 그래도 寅木의 正官으로 인해서 현실을 파악하고 자중하게 될 가능성이 있다는 것에 희망을 가져 본다.

중년(中年)에 들어오는 亥水는 또 어찌 감당을 해야 할 것인지가 고민이다. 마음은 급하고 현실은 따라주지 않아서 조바심으로 더욱 분주하게 되는 악순환을 염려한다. 말년(末年)의 午火가 매우 반가운데 亥水를 옆에다 두고서 무슨 힘을 발휘할까 싶은 마음에 더욱 안타까움이 더하게 되니 이러한 것을 살펴서 마음을 다스리는 것이 최선이라고 하겠다.

(2) 세운해석(歲運解釋)

 天干의 戊己土運에 큰 기대를 하고 싶지만 庚金으로 인해서 기운이 빠지는 것은 섭섭한 장면이고 壬水를 제어하기에도 힘이 부족하니 너무 큰 기대는 하지 않는 것이 좋겠다. 丙丁火運은 壬水로 인해서 오히려 中運에 머물게 되는 것이 아쉽다.

 地支의 木火運이 좋다고 보는 것은 時支의 午火로 인해서이다. 그러므로 말년에 들어오는 것은 기대가 되지만 중년에 들어온다면 크게 도움 되기는 어려울 것이다. 戌未土運은 上運으로 봐주는데 특히 중년에서 크게 작용을 할 것이라는 기대가 있다. 辰土運은 亥水를 잡아 주므로 丑土運보다 조금 높여 잡아 본다.

(3) 재운해석(財運解釋)

 재물의 악연(惡緣)이 用神이 들어오는 길목을 지키고 있으니 이보다 더 凶할 수도 없다. 마음대로 되지 않는 것은 물론이고, 금전적인 문제로 인해서 일생을 힘들게 살아야 할 암시도 되는데 스스로 이러한 것을 미리 알게 된다면 뭔가 조치라도 할 수가 있을 것이지만 傷官과 正財가 日干을 둘러싸고 있기 때문에 그러한 각성(覺醒)의 상태가 되기도 어렵다고 보게 된다. 그래서 일생을 허덕이게 될 가능성에 대해서 미리 잘 판단하고 항상 조심하면서 안전한 삶이 되도록 노력하라고 권한다.

[163] 丁卯年 壬子月 乙卯日 丁丑時

用神과 干支別 運勢의 吉凶			
丁 乙 壬 丁 丑 卯 子 卯		用: 火(丁) 喜: 土	食神生財格 寒木向陽格
干	甲 乙 丙 丁 戊 己 庚 辛 壬 癸 中 中 上 上 上 上 中 中 下 下		
支	子 丑 寅 卯 辰 巳 午 未 申 酉 戌 亥 下 中 下 下 中 上 上 上 中 中 上 下		

(1) 주운해석(柱運解釋)

초년(初年)의 丁卯는 丁火로 인해서 재능이 일찍 발견될 가능성이 있겠으나 壬水로 인해서 빛을 보기는 어려울 형상이다. 卯木으로 자존감이 상당할 것으로 봐서 일찍부터 독립적인 성향은 발달이 될 것으로 보이는데 이것은 日支의 比肩으로 인한 작용이 함께 한 것이기도 하다. 중년(中年)까지는 아무리 준비를 한다고 해도 자신의 능력을 발휘할 여건이 따라주지 않을 가능성이 많으니 어쩔 수가 없이 대기만성이려니 하고 기다리는 수밖에 없다. 그러다가 말년(末年)이 되어서야 원하는 일들을 크게 성취하여 비로소 세상을 살아갈 맛이 날 것이고 존재감도 막강해질 것이니 이때가 되면 세상의 어느 누구도 부럽지 않을 만큼의 성공을 이루게 될 것이다.

(2) 세운해석(歲運解釋)

天干의 火土運은 기대하는 바가 큰 上運이다. 비록 壬水가 있으나 丁壬합으로 묶어 놨으니 마음 놓고 활약을 할 수 있기 때문이다. 甲乙木運이 中運인 것도 丁火를 生하는 작용이 기대되는 까닭이며, 庚辛金運이 中運이 되는 것은 壬水를 生한다고 해도 丁火에게 피해를 끼칠 수는 없기 때문이다. 다만 時干의 丁火를 말하고 年干의 丁火에 대해서는 애초에 기대를 하지 않는다. 地支의 巳午火運은 기대가 된다. 戌未土運조차도 子水를 눌러 주므로 도움이 될 것이며, 申酉金運은 丑土에게 부담을 주는 卯木을 눌러줄 것이므로 또한 나쁘지 않다. 다만 아쉬운 점은 丑辰土運의 상황이 子卯로 인해서 제 기능을 발휘할 수가 없고, 원국에 巳午火가 하나도 없어서 크게 기대할 수 없는 것으로 본다.

(3) 재운해석(財運解釋)

재물의 인연은 喜神이니 吉하다. 그래서 기본적으로 적금통장을 가지고 태어났다고 하겠는데 문제는 만기일이 말년이라는 것이 아쉽다. 그것은 財星인 丑土가 時支에 있기 때문이다. 그 이전에는 재물의 기회가 무르익지 않았기 때문에 마음대로 성과를 얻기가 쉽지 않을 것으로 판단한다. 세운(歲運)의 도움을 받아서 풀리기도 하겠지만 運이 지나가면 또 재물도 흩어질 가능성이 많다. 그러다가 노후가 되면 비로소 재물이 창고에 쌓이게 되어서 부유한 말년을 보내게 되니 풍경도 아름답다.

[164] 甲戌年 丁丑月 癸酉日 丁巳時

用神과 干支別 運勢의 吉凶										
丁癸丁甲 巳酉丑戌				用: 金(酉) 喜: 水				偏印格 殺印相生格		
干	甲 下	乙 下	丙 下	丁 下	戊 下	己 下	庚 上	辛 中	壬 上	癸 上
支	子 上	丑 中	寅 下	卯 下	辰 中	巳 下	午 下	未 中	申 上	酉 上

(표에서 마지막 두 열: 戌中, 亥上)

(1) 주운해석(柱運解釋)

초년(初年)의 甲戌은 마음에 고통만 남기고 의미 없이 흘러갈 암시지만 그럼에도 戌土의 正官으로 인해서 세상의 경험을 얻는 정도는 될 것이다. 청년(靑年)의 丁丑은 조바심을 내다가 일을 망치고 힘들어질 암시로 이어지지만 세상의 공부에 대한 소득은 있을 것이다. 이러한 것을 모았다가 중년(中年)의 酉金에서 모두 활발하게 활용을 할 수가 있기 때문에 앞의 고생은 인생의 수업료라고 생각할 수가 있는 것이다. 말년(末年)의 丁巳는 가벼운 마음으로 쉽게 생각한 사업이 의외로 큰 손실을 가져오게 되어서 그야말로 모처럼 잡은 기반이 다 허물어지고 쓸쓸한 노년(老年)의 풍경을 만나게 될 가능성에 대해서 조심하라는 조언을 남긴다.

(2) 세운해석(歲運解釋)

天干의 金水運은 上運이지만 辛金運은 丁火의 공격을 받을 것이므로 中運으로 감소하는 안타까움이 있다. 같은 金運이라도 庚金運이 上運이 되는 이유는 陰陽이 다르기 때문이다.

地支의 金水運도 上運이지만 丑戌土와 巳火가 있어서 柱運의 영향에 따라서 기복이 발생할 수 있다. 가령 말년의 金運은 吉함이 감소하고 초년이나 청년의 水運도 감점이 될 것을 참고할 수 있을 것이다. 土運이 中運으로 작용할 수 있는 것은 酉金에게 해롭지 않을 것이기 때문이다. 특히 時支의 巳火로 인해서 酉金이 부담을 크게 받고 있는 것을 감안한다면 비록 조토(燥土)인 戌未土라고 하더라도 또한 공덕이 적다고 하지 못할 것이다. 엷은 막이라도 형성해 준다면 酉金은 자유롭게 癸水를 生할 수가 있을 것이기 때문이다.

(3) 재운해석(財運解釋)

재물은 빚만 있으니 모쪼록 꿈도 꾸지 말고 생계를 해결한다면 모두 조상님의 덕택(德澤)인 줄로 알고 열심히 일하고 절약하는 것이 최선임을 유념해야 한다. 火剋金의 구조가 用神에게 큰 부담을 주는 까닭이다. 그래서 사업을 한다거나 물질적인 풍요를 꿈꾸게 된다면 그 결과는 생각보다 큰 상처를 남기게 될 것을 명심하고 또 명심한다면 분수를 지키면서 안정된 삶을 꾸리는데 큰 도움이 될 것이다.

[165] 己亥年 辛未月 庚戌日 庚辰時

用神과 干支別 運勢의 吉凶											
庚 庚 辛 己 辰 戌 未 亥				用: 水(亥) 喜: 木				食神格 印重用食格			
干	甲 中	乙 中	丙 中	丁 中	戊 下	己 下	庚 下	辛 下	壬 上	癸 上	
支	子 中	丑 下	寅 中	卯 中	辰 下	巳 下	午 下	未 下	申 中	酉 中	戌 下	亥 中

(1) 주운해석(柱運解釋)

초년(初年)의 己亥는 안타까운 吉運이다. 유일하게 눈이 뜨여 있는 亥水인데 己土가 누르고 있음은 물론이고, 未土까지도 압박(壓迫)을 하고 있으니 제대로 능력을 발휘하기에는 많은 어려움이 따를 조짐이다. 청년(靑年)에는 그러한 기회조차 사라져버리고 답답한 나날이 끝없이 이어지고 있으니 사하라 사막을 홀로 여행하는 나그네의 심경(心境)이 아닐까 싶다. 중년(中年)이 되어도 여행은 끝날 줄을 모르고 이어지고 말년(末年)이 되어서도 여전히 희망의 불빛은 보이지 않는다. 柱運의 흐름이 이렇게 되어 있으니 항상 어린 시절의 황홀했던 잠깐의 꿈을 그리워하면서 일생을 살아가는 모습이라고 하겠으니 안타까운 마음으로 하루하루를 지내가면서 오늘의 삶을 엮어가야 할 분위기다.

(2) 세운해석(歲運解釋)

天干의 壬癸水運은 上運이지만 초년에 들어오면 己土의 영향으로 中運 정도로 보게 된다. 그 외의 天干은 모두 부담을 주는 정도이고, 木火運도 中運이라고는 하지만 무난하다고 보기보다는 크게 凶하지 않은 정도이니 또한 답답한 흐름이다.

地支의 상황은 더 나빠져서 金水運이라고 해도 中運에 불과하고 木運도 왕성한 土를 제어하기에는 역부족이어서 中運으로 대입한다. 亥水가 年支에 있고 印星이 태과한 地支의 모습으로 인해서 上運을 만나기 어려운 형상으로 잘되어 봐야 중간 정도의 흐름을 타게 되는 것이다. 그렇다 보니 運을 의지하기에도 어려운 형상이다.

(3) 재운해석(財運解釋)

재물(財物)은 간절히 원하지만 辰土와 未土에 암장되어 있으니 그 아쉬움은 더욱 커지기만 한다. 亥水가 활동하기 위해서도 없어서는 안 될 木이기 때문이다. 아무리 간절해도 없으면 쓸 수가 없으며 다른 어떤 것으로도 木의 역할을 대신할 수는 없다. 재물의 인연이 없는 것은 전생에 공덕(功德)을 쌓은 것이 부족한 까닭이라고 할 것이니 이제부터라도 음덕(陰德)을 많이 쌓아서 타고난 복(福)의 부족한 부분을 채우도록 하고 그 인연으로 의식을 갖추게 되는 것도 현명한 노력이라고 할 것이다.

[166] 辛未年 己亥月 乙巳日 壬午時

用神과 干支別 運勢의 吉凶		
壬乙己辛 午巳亥未	用: 水(壬, 亥) 喜: 金	正印格 日弱用印格
干	甲 乙 丙 丁 戊 己 庚 辛 壬 癸 中 中 下 下 下 下 上 上 上 上		
支	子 丑 寅 卯 辰 巳 午 未 申 酉 戌 亥 上 下 中 中 下 下 下 下 上 上 下 上		

(1) 주운해석(柱運解釋)

초년(初年)의 辛未는 비록 고통이 따르기는 하더라도 인생의 여정에서 배워야 하고 겪어야 할 것들에 대한 수업이라고 생각하면 크게 억울하지는 않을 시절이다. 어린 시절의 고통은 일부러라도 경험하라는 고인의 가르침도 그러한 의미에서이다. 청년(靑年)의 己亥는 亥水의 도움을 기대할 수 있는 시기에 해당하므로 하늘에서 귀인을 보내준다고 하겠으니 月支의 正印은 천금(千金)의 가치가 된다고 하겠다. 다만 이어지는 중년(中年)의 巳火를 보면 그것을 제대로 살리지 못하고 후회하게 될 가능성을 걱정하게 된다. 그러므로 청년의 기회를 잘 살리도록 힘써야만 말년(末年)의 壬午로 인해서 또한 겉으로만 그럴싸하고 실속이 없는 상황을 면하게 될 것이다.

(2) 세운해석(歲運解釋)

天干의 金水運을 모두 上運으로 보는 것은 金運은 壬水를 生해 주고 水運은 辛金에게 生을 받으니 上運이 가능한데, 木運은 무난하여 中運으로 대입하게 된다. 火土運은 기대하기보다는 오히려 조심하는 것이 상책이다.

地支의 상황도 마찬가지로 金水運은 모두 上運이고, 木運도 中運은 가능하다. 그래서 運의 도움이 꽤 있을 것으로 기대가 되므로 행운이 따라준다고 해도 좋을 상황이다. 地支에서도 火土의 運은 조심하는 것이 좋겠지만 그 외에는 어떤 식으로든 간에 도움을 줄 것으로 해석이 되므로 웬만큼만 노력을 한다면 적지 않은 성과를 얻을 수 있을 것으로 본다.

(3) 재운해석(財運解釋)

재물의 인연은 忌神에 해당하므로 조심해야 할 부분이 된다. 己土와 未土는 모두 用神을 공격하고 있는 형상을 하고 있으므로 재물을 좇는다면 잘 풀리던 일도 엉망으로 꼬이게 되고 고통(苦痛)을 안겨 주게 될 암시로 해석이 된다. 그러므로 사업은 생각하지 않는 것이 좋겠고 직장에서 일을 하는 것을 최선으로 삼을 것이며 교육자의 길로 간다면 가장 탁월한 선택이라고 하겠다. 다만 주의해야 할 것은 비록 교육자가 되더라도 재물과 연루되어서 직장을 잃거나 사회적으로 지탄을 받을 암시가 포함되어 있다는 것이다. 이를 간과하지 않아야만 일생을 안전한 상태로 지혜롭게 살아갈 수가 있을 것이다.

[167] 戊辰年 乙丑月 戊戌日 癸亥時

用神과 干支別 運勢의 吉凶		
癸戊乙戊 亥戌丑辰	用: 木(乙) 喜: 水	正官格 劫衆用官格

干	甲上	乙上	丙下	丁下	戊下	己下	庚下	辛下	壬上	癸上
支	子中	丑下	寅上	卯上	辰下	巳下	午下	未下	申下	酉下	戌下	亥中

(1) 주운해석(柱運解釋)

초년(初年)의 戊辰은 경쟁자들과의 갈등으로 인해서 마음이 편치 않을 것이지만 한편으로는 아무런 걱정도 없이 신나게 놀면서 허송세월을 할 수도 있는 시기이다. 이것은 比肩의 양면성이라고 할 것이다. 청년(靑年)이 되면 세상의 이치를 깨닫고 자신의 자리를 찾아서 열심히 노력할 것이지만 또한 乙木의 주위에 比劫이 너무 많아서 결실이 감소하는 암시가 있다.

중년(中年)에는 고집을 부리다가 큰 손실을 입을 수도 있고, 말년(末年)이 되어서야 사업에 투자를 하여 큰 성과를 거둘 수가 있을 것이므로 중년의 土運을 잘 넘기게 된다면 결실은 더욱 풍요로울 것이니 사전(事前)에 많은 준비를 하라고 권하게 된다.

(2) 세운해석(歲運解釋)

天干의 水木運은 上運이니 기대를 해도 되겠다. 丙丁火運은 기본적으로는 閑神의 運에 불과하지만 겨울의 乙木이 用神이라는 점을 감안하여 下의 上運도 가능하다. 地支에서의 木運은 上運이지만, 水運은 年月日에 土가 있어서 제 기능을 발휘하기가 어려울 수가 있어서 中運으로 대입한다. 특히 申酉金運은 忌神이지만 말년에 들어오게 된다면 오히려 亥水를 生해 주므로 上運으로 전환이 될 수 있다는 것을 놓치지 않도록 한다. 巳午火運도 마찬가지로 조후(調候)의 도움을 줄 수가 있으니 下運이라도 下의 上運으로 대입할 수 있어서 대체로 運의 흐름은 나쁘지 않은 것으로 살피게 된다.

(3) 재운해석(財運解釋)

재물(財物)이 말년에 결실을 이룰 것이라는 암시는 참으로 즐거운 소식이다. 그러나 比劫이 태과(太過)하여 빈곤(貧困)할 암시가 되는 까닭에 말년 이전에는 모든 것들이 마음대로 되지 않아서 항상 조석의 끼니조차도 염려해야 할 수도 있다는 것이 못내 섭섭한 장면이다. 그럼에도 불구하고 기대가 되는 것은 正官이 月干에서 바로잡아 주고 있다는 점이니 직장에서 자신의 맡은 역할을 잘 수행하면서 무리하지 않는다면 월급을 받아서 살아가는 데 큰 어려움은 없을 것이다. 그러다가 말년이 된다면 비로소 큰 재물을 얻어 부유함을 누리게 될 암시이다.

[168] 乙未年 乙酉月 癸酉日 癸亥時

用神과 干支別 運勢의 吉凶			
癸癸乙乙 亥酉酉未		用: 木(乙) 喜: 火	食神格 食神無財格
干	甲 乙 丙 丁 戊 己 庚 辛 壬 癸		
	上 上 上 上 下 下 下 下 中 中		
支	子 丑 寅 卯 辰 巳 午 未 申 酉 戌 亥		
	中 下 上 中 下 上 上 下 下 下 下 中		

(1) 주운해석(柱運解釋)

초년(初年)의 乙未는 乙木의 食神이 살아 있기 때문에 나름대로 천재적인 능력을 발휘할 수 있으며, 未土도 偏官으로 어려서는 인내심으로 작용을 할 것이므로 도움이 되는 것으로 대입한다. 청년(靑年)의 乙酉는 乙木이 뿌리를 얻지 못하고 떠도는 모습이기 때문에 빛깔만 좋을 뿐 凶하다. 酉金의 凶한 작용이 뿌리 깊이 박혀 있기 때문에 자신의 재능을 발휘하기에는 어려움이 많을 암시이다. 이것은 중년(中年)이 되어도 달라지지는 않는다. 그러다가 말년(末年)에 癸亥가 들어오게 되니 또한 살아가는 모습이 여유롭다고 하기는 어려운 상황이다. 그래서 전문가의 능력을 최대한으로 키워서 연구기관이나 직장 생활에서 자신의 몫을 찾아서 조용하게 일하는 것이 최상(最上)의 선택이라고 보게 된다.

(2) 세운해석(歲運解釋)

 天干의 木火運은 乙木에게 협력해 주거나 결실로 안내하기 때문에 上運이다. 壬癸水運은 喜用神이 아님에도 불구하고 天干으로 들어오게 되면 원국에 丙丁火가 없기 때문에 凶하다고 보지 않으며 乙木을 도와줄 수도 있으므로 中運으로 대입한다.

 地支의 木火運도 亥酉가 다소 부담스러워도 上運이 가능하지만 卯木運은 中의 上運으로 본다. 巳午火運은 酉金을 제어하여 乙木으로 하여금 자신의 몫을 다 할 수 있도록 협력(協力)하므로 최상의 運이라고 해도 될 것이다. 辰戌丑未土運은 閑神이면서도 下運으로 보는 것은 土生金으로 凶한 작용을 하기 때문이다. 申酉金運도 이미 왕성한 地支의 酉金을 더욱 강하게 하는 작용만 할 것이므로 大凶이라고 보겠는데 그나마 다행인 것은 원국에 寅卯木이 없으므로 직접적으로 공격하여 난동을 부리지는 못할 것이라는 점이다.

(3) 재운해석(財運解釋)

 재물의 인연은 애초에 없다고 봐서 오로지 타고난 능력을 기술 획득으로 가꿔서 한 분야의 전문가로 거듭나기를 권하게 된다. 運의 도움을 받아서 발전을 한다고 하더라도 사업을 하는 것은 말리게 되며, 天運으로 재물을 얻었다면 오롯이 은행에 맡겨 놓고 없는 것인 양으로 생각하고 살아가야 아무도 가져가지 못할 것이다. 재물이 들어온 것은 자신의 것이지만 나가는 것은 노력을 할 나름이라는 점을 알고서 관리할 일이다.

[169] 丁卯年 壬寅月 乙亥日 癸未時

用神과 干支別 運勢의 吉凶			
癸乙壬丁 未亥寅卯		用: 火(丁) 喜: 土	食神格 食神羈絆格
干	甲 乙 丙 丁 戊 己 庚 辛 壬 癸		
	上 上 上 上 上 上 下 下 下 下		
支	子 丑 寅 卯 辰 巳 午 未 申 酉 戌 亥		
	下 中 下 下 中 上 上 中 下 下 中 下		

(1) 주운해석(柱運解釋)

초년(初年)의 丁卯는 大吉의 상황이건만 아쉽게도 丁壬合으로 인해서 마음대로 능력을 키우는데 많은 장애(障礙)가 따르게 되는 것을 염려하게 된다. 다행인 것은 卯木이 힘을 실어주기 때문에 불이 꺼지지는 않겠지만 능력을 발휘하는데 치명적인 결함을 안고 있다는 것은 경쟁 사회에서 큰 약점이 될 것이다. 청년(靑年)이 되면 이러한 현상은 더욱 심화되어서 자신의 능력을 키우지 못하고 주변의 여건에 끌려다니면서 아까운 시간을 허비(虛費)하게 될까 염려가 된다. 중년(中年)이 되어도 계속해서 방향의 혼란이 이어지면서 시행착오의 연속이라고 할 것이니 이보다 더 안타까울 수도 없을 것이다. 말년(末年)에 未土를 얻은 것은 그나마도 약간의 결실이 있을 것에 대하여 기대를 할 수가 있으니 천만다행이다.

(2) 세운해석(歲運解釋)

天干의 木火土運을 모두 반갑게 여기는 것은 壬水를 괴롭힐 수가 있을 것에 대한 기대감으로 인해서이다. 丁火運이 時干의 癸水에게 공격을 받는 것은 아쉽다고 하겠지만 그래도 寅月의 乙木임을 고려한다면 기대할 수는 있을 것이다.

地支의 巳午火運은 上運이지만 寅卯木運은 下運이다. 그 이유는 巳午火가 원국에 없기도 하거니와 말년에 들어오는 木運은 未土만 공격하여 그나마 약간의 수확물에 대해서도 쟁탈(爭奪)을 하게 될까 염려하는 까닭이다. 土運이 喜神이지만 中運에 머무를 수밖에 없는 것은 원국에서 寅卯木이 강력하게 자리를 차지하고 있는 까닭이다. 그래서 초년과 청년을 넘기는 동안에는 결실을 기대하기 어렵다고 봐서 인내심(忍耐心)으로 천천히 준비하라고 권한다.

(3) 재운해석(財運解釋)

재물의 인연은 기대가 되지만 아쉽게도 말년이 되어서야 제대로 발휘가 된다. 그래서 젊어서는 재물에 대한 목표를 세우기보다는 자신의 기술을 살려서 직장을 찾는 것으로 노력하는 것이 현명할 것이다. 중년까지는 재물이 마음대로 되지 않을 것이므로 억지로 되지 않는다는 것을 생각하면서 말년의 좋은 시기를 위해서 준비하는 것도 현명(賢明)한 경제적인 경영이 된다. 時支에 未土를 얻지 못했다면 일생을 분주하게 동서남북으로 뛰어다니다가 말 텐데 천만다행(千萬多幸)으로 행운을 얻었다.

[170] 庚戌年 癸未月 甲申日 癸酉時

用神과 干支別 運勢의 吉凶		
癸甲癸庚 酉申未戌	用:水(癸,申中壬水) 喜:金,木	正印格 殺印相生格
干	甲 中	乙 中	丙 中	丁 中	戊 下	己 下	庚 上	辛 上	壬 上	癸 上
支	子 上	丑 下	寅 中	卯 中	辰 下	巳 下	午 下	未 下	申 下	酉 下	戌 下	亥 上

(1) 주운해석(柱運解釋)

초년(初年)의 庚戌은 무척 힘든 시절이라고 본다. 청년(靑年)에는 癸水를 얻어 약하지만 귀인의 도움이 기대된다. 그러나 未土의 부작용으로 인해서 자신의 교만(驕慢)으로 기회를 놓쳐버릴까 염려가 된다. 중년(中年)이 되면 근근이 생계를 유지할 정도로 힘이 든다고 하겠지만 말년(末年)에는 다행히 時干의 癸水를 만나서 살아가는데 큰 힘을 얻게 된다. 癸水를 기대하는 것은 癸酉이기 때문이다. 그렇지 않고 月柱처럼 癸未였더라면 또 기분만 좋다가 말았을 테니까 말이다. 그래서 항상 분수를 지키고 직장 생활이나 공직생활을 하다가 보면 노년(老年)에는 안정된 나날을 누릴 수가 있을 암시이다.

(2) 세운해석(歲運解釋)

天干의 金水運은 癸水가 양쪽에서 甲木을 보호하고 있기 때문에 上運이다. 甲乙木運도 나쁘지 않고, 丙丁火運도 나쁘지 않은 것도 또한 양쪽에서 癸水의 알뜰한 보살핌을 받고 있는 공덕(功德)이다. 다만 戊己土運은 백해무익(百害無益)이므로 매우 조심스럽게 진행하는 것이 현명할 것이다.

地支의 亥子水運은 큰 도움이 될 것이지만 초년이나 청년에는 戌未土로 인해서 큰 기대를 할 수가 없다는 것이 못내 아쉽다. 寅卯木運은 喜神으로 나쁘지 않은 運이고, 火土運은 大凶하다고 해야 할 것이니 원국에서 이미 부담을 주고 있는 地支의 상황으로 인해서 그 凶함이 더욱 커지는 것이 안타까울 따름이다. 그래서 天干의 運은 비교적 도움이 되겠지만 地支의 運은 기대하기 어려우므로 긴장(緊張)하고 지혜로운 경영을 하도록 노력해야 할 것이다.

(3) 재운해석(財運解釋)

재물(財物)은 忌神이니 전생에 빚을 많이 지고 태어난 것이라고 해석을 한다. 그래서 재물의 인연에 대해서는 애초에 기대를 하지 말고 직장에서 얻어지는 월급만으로 생활을 할 궁리를 해야 하겠는데 다행히도 日支의 偏官으로 인해서 인내심은 타고났으니 모쪼록 사업을 할 생각일랑 일생 동안 하지를 말고 직장에서 주어진 일에 대해서만 최선을 다한다는 마음으로 자신을 다스린다면 그런대로 중간의 삶은 유지가 가능할 것으로 본다.

[171] 癸酉年 乙丑月 癸巳日 庚申時

用神과 干支別 運勢의 吉凶										
庚 癸 乙 癸 申 巳 丑 酉		用: 木(乙) 喜: 火				食神格 食神制殺格						
干	甲 上	乙 上	丙 上	丁 上	戊 中	己 中	庚 下	辛 下	壬 下	癸 下
支	子 下	丑 下	寅 上	卯 上	辰 下	巳 上	午 上	未 下	申 下	酉 下	戌 下	亥 下

(1) 주운해석(柱運解釋)

초년(初年)의 癸酉는 답답한 상태로 어린 시절을 보내게 될 가능성이 많은 암시이다. 청년(靑年)에는 乙木을 만났으니 잠재되어 있던 능력을 발휘할 수 있는 시기로 보겠는데 丑土가 있어서 편안하지 않은 상태로 진행이 되겠으니 좀 더 많은 노력이 필요할 것이다. 식신제살(食神制殺)의 형태이기 때문에 연구하는 성향이 공격적으로 나타날 수가 있으니 법조계로 진출을 할 암시도 된다. 중년(中年)에는 따뜻한 巳火를 만났으니 결실에 대한 기대가 된다. 가장 따뜻한 시절이 될 것이지만 말년(末年)에서 庚申이 버티고 있는 時柱를 보면 이어가기 어려운 것이 못내 아쉽다. 왜냐하면 아무리 좋게 보려고 해도 고민이 많은 노년(老年)이 될 것 같은 풍경을 피하기 어려울 것이기 때문이다.

(2) 세운해석(歲運解釋)

 天干의 木火運은 上運이다. 다만 丁火運은 癸水로 인해서 다소 감점이 되어 上의 下運으로 봐주겠지만 乙木이 있어서 中運까지 내려가지는 않을 것이다. 戊己土運은 癸水를 제어해서 中運으로 작용할 것이니 또한 기대가 된다.

 地支의 경우도 크게 다르지 않아서 木火運은 上運이 된다. 다만 아쉬운 것은 申酉金이 地支에 버티고 있어서 그러한 시기에 해당할 적에 들어오는 木運은 부득이 中運까지도 고려를 해야 할 상황이다. 그럼에도 다행인 것은 巳火가 木의 生을 받아서 결실로 이어질 조짐이 있다는 것이다. 地支에서 土運이 전혀 도움을 주지 못할 것으로 보는 것은 원국에 亥子水가 없기 때문이다.

(3) 재운해석(財運解釋)

 재물을 日支에 고이 간직하고 있으니 태어나면서부터 타고난 재복(財福)이라고 할 만하다. 四柱 안에서라고는 하지만 가장 좋은 자리는 日支이다. 이것은 중년에 가장 많은 재물이 필요한 상황이기도 하므로 더욱 기대가 된다. 특히 겨울의 차가운 원국을 고려하더라도 매우 반가운 재물 인연이다. 그래서 자신의 기술을 발휘해서 알찬 결실을 누릴 수가 있는 구조이므로 직장 생활보다는 사업을 하는 것으로 삶의 방향을 잡는다면 남부럽지 않은 부유함을 누리면서 풍요로운 중년을 맞이하게 될 암시이다.

[172] 己巳年 乙亥月 辛亥日 己亥時

用神과 干支別 運勢의 吉凶			
己辛乙己 亥亥亥巳		用: 土(己) 喜: 火	偏印格 傷官用印格

干	甲 下	乙 下	丙 上	丁 上	戊 上	己 上	庚 中	辛 中	壬 下	癸 下
支	子 下	丑 中	寅 下	卯 下	辰 中	巳 中	午 中	未 上	申 下	酉 下	戌 上	亥 下

(1) 주운해석(柱運解釋)

초년(初年)의 己巳는 공부를 하는 運으로는 매우 기대가 된다. 청년(靑年)의 乙亥로 바뀌게 되면 긴장감(緊張感)도 사라지고 오만해지는 마음으로 인해서 남의 말에 귀를 기울이지도 않을 암시가 나타나고 있으니 불행의 조짐이다. 이렇게 傷官이 왕성하고 日支에도 있으니 중년(中年)의 상황은 매우 나쁜 암시가 된다. 주변에서 도움의 말들을 해 준다고 하더라도 그 말을 무시하고 자신의 생각대로 추진하여 안 좋은 결과가 나타날 가능성이 충분하기 때문이다. 그리고 이러한 흐름은 亥水가 時地에도 있기 때문에 말년(末年)까지도 이어질 것으로 보게 된다. 그래서 평생을 지혜롭게 살기 위해서는 時干의 己土가 비록 약하다고 하더라도 진심으로 기도하고 명상하는 것이 최선이다.

(2) 세운해석(歲運解釋)

天干의 火土運은 上運이다. 庚辛金運은 己土를 무력하게 만들 수 있어서 上運으로는 보기는 어렵고 乙木을 잡아 주는 역할이 있기 때문에 中運으로 보는 것이다.

地支의 조토(燥土)는 上運이 되겠지만 습토(濕土)는 부득이 中運으로 밖에 기대를 할 수가 없는 것은 亥水의 부작용이다. 巳午火運도 中運이라고는 하지만 中의 下運에 해당한다고 할 수밖에 없는 것은 이름만 喜神이고 실제로 地支로 들어와서 生할 土가 하나도 없으니 그냥 망설이다가 물러갈 조짐이라고 해야 할 모양이다. 金水運이 凶한 것이야 더 말을 할 것도 없으니 運의 작용에서 기대를 할 부분이 많이 부족하여 아쉬움이 많은 나날이 될 것이다.

(3) 재운해석(財運解釋)

재물은 用神인 己土를 공격하고 있는데 그 힘이 하늘을 찌를 기세이기 때문에 大凶이다. 이러한 암시를 본다면 일생을 통해서 재물에 대해서는 그야말로 '꿈도 꾸지 말아야' 할 모양이다. 오로지 기도(祈禱)와 명상(冥想)으로 마음을 다스리고 물욕(物慾)은 독사보다 더 심하다는 생각으로 멀리해야 할 것이다. 최선의 방법은 직장에서 주어진 재물에만 만족을 하는 것이지만 傷官이 그냥 두고 볼 것 같지가 않으니 본래의 욕구를 따라가다가는 자신의 몸을 불태우는 나방이 될 수밖에 없다는 점을 골수에 깊이 새겨 놓고 잠시도 잊지 않아야 할 것이다.

[173] 壬子年 壬寅月 庚申日 戊寅時

用神과 干支別 運勢의 吉凶											
戊庚壬壬 寅申寅子				用: 土(戊) 喜: 火				偏印格 偏印無力格			
干	甲 下	乙 下	丙 上	丁 上	戊 上	己 上	庚 中	辛 中	壬 下	癸 下	
支	子 下	丑 上	寅 下	卯 下	辰 上	巳 下	午 下	未 上	申 中	酉 中	戌 上	亥 下

(1) 주운해석(柱運解釋)

초년(初年)의 壬子는 자기가 잘난 맛으로 세상에 거칠 것이 없는 나날이 될 암시이므로 오늘의 놀이에 몰입하느라고 내일에 대한 준비는 어려운 시절이다. 청년(靑年)이 되면 구체적으로 결실까지 보겠다고 나서게 될 가능성은 높지만 또한 壬寅이 의미하는 것은 헛발질에 손실만 발생할 암시라는 것이다. 중년(中年)이 되어서야 자신의 주관으로 목표가 생길 수 있지만 자칫 무모한 도전으로 어려움에 처할 수도 있음을 생각하게 된다. 그리고 말년(末年)이 되어서야 時干의 戊土에 의지해서 하늘에서 들리는 소리에 귀를 기울이겠지만 그 음성이 너무 작은 소리여서 귀에 들리기도 어려울 것이라고 본다면 모쪼록 너무 늦기 전에 자신의 수련(修練)을 통해서 지혜로운 삶이 되도록 노력하기를 권한다.

(2) 세운해석(歲運解釋)

天干의 火土運은 上運이다. 다만 전반부에 丙丁火運이 들어온다면 壬水로 인해서 크게 빛을 보기 어려울 것이니 中運이라도 된다면 다행이다. 말년에 들어와 준다면 도움이 될 것으로 기대한다. 庚辛金運도 中運이나마 되는 것은 壬水의 설기를 조금 막아주는 정도이니 실제로는 下運에 가까운 것으로 봐야 할 것이다.

地支의 土運은 寅木이 부담스러울 수는 있으나 日支의 申金을 生해줄 수 있으므로 上運으로 대입한다. 巳午火運은 원국에 土가 전무(全無)하여 연결을 시킬 수가 없기 때문에 運의 도움을 제대로 받기 어려운 구조를 하고 있는 것이 못내 아쉽다고 하겠다. 運이 돕지 못하면 노력으로 보완해야 하는데 官殺도 없으니 노력조차도 기대하기 어려운 것이 또한 안타깝다고 해야 할 것이다.

(3) 재운해석(財運解釋)

재물은 大凶인데 그나마 申金이 막아 주고 있으니 다행이라고 해야 할 장면이다. 그럼에도 불구하고 재물에 대해서는 기대를 하지 말아야 할 뿐만 아니라 재앙(災殃)으로 생각하고 최소한의 삶을 유지할 정도만이라도 감사하다는 마음으로 운명을 받아들인다면 그래도 재물로 인해서 큰 허물이 되지는 않을 것이다. 그러나 인내심이 부족한 四柱의 구성을 봐서는 또한 그것도 쉽지 않을 조짐이다.

[174] 癸巳年 甲寅月 壬午日 壬寅時

用神과 干支別 運勢의 吉凶		
壬 壬 甲 癸 寅 午 寅 巳	用: 水(壬, 癸) 喜: 金[用神級]	比劫格 食衆用比格

干	甲	乙	丙	丁	戊	己	庚	辛	壬	癸	
	下	下	下	下	下	下	上	上	上	上	
支	子	丑	寅	卯	辰	巳	午	未	申	酉	戌	亥
	上	下	下	下	下	下	下	下	上	上	下	上

(1) 주운해석(柱運解釋)

초년(初年)의 癸巳는 신중하지 못함으로 인해서 첫 단추를 잘못 끼울 가능성을 염려한다. 어린 시절에 결실을 생각한다는 것은 凶한 암시로 이어지기 때문이다. 甲寅의 청년(靑年)은 자신의 능력을 과신(過信)하여 무모한 일을 벌여서 감당이 되지도 못하는 상황에서 힘든 지경으로 몰아가게 될 가능성도 있다. 그것은 중년(中年)에 들어오는 日支의 午火로 인해서이다. 필시 이어지는 연결고리가 불길(不吉)하기 때문이다. 말년(末年)의 壬寅도 기대를 하기에는 壬水가 너무나 무력한 것으로 보아 청년 시절에 벌여 놓은 일이 말년까지도 이어지지는 않을까 싶은 염려를 할 수밖에 없는 상황이니 오로지 종교의 힘에 의지해서 기도와 명상으로 자신을 다스리는 것이 최선이다.

(2) 세운해석(歲運解釋)

天干의 金水運이 너무나 반가운 것은 원국의 用神이 허약(虛弱)하여 약간의 도움이라도 태산 같을 것이기 때문이다. 用神이 허약한 경우에는 運의 변화에 민감한 四柱가 되므로 일생을 롤러코스터에 앉은 것처럼 기복(起伏)이 극(極)에서 극(極)으로 오락가락할 가능성에 대해서 고민을 하게 된다.

地支의 金水運은 天干에서 들어온 運보다 도움 되는 정도가 약하다. 申酉金運은 巳午火가 진행되는 동안에는 힘을 쓰기 어려울 것이고, 亥子水運은 비록 土는 없다고 하더라도 왕성(旺盛)한 木火가 존재하는 원국의 상황을 고려한다면 전혀 힘을 쓰기 어려울 텐데 上運이라고 하는 것은 기대감이 그만큼 크기 때문이다. 그래서 실제로는 運의 도움을 기대하지 말고 스스로의 노력으로 극복해야만 한다는 것을 잘 알아야 할 것이다.

(3) 재운해석(財運解釋)

재물을 논하기 전에 생존에 대해서 먼저 논해야 할 정도로 재물의 인연은 최악(最惡)이라고 해야 할 것이다. 왜냐하면 年支의 巳火와 日支의 午火는 모두 食神의 生을 받아서 멈출 줄을 모르기 때문에 그 마음도 이와 같이 흘러갈 가능성이 짙은 까닭이다. 특히 壬午는 干支의 合이다. 이로 인해서 물욕(物慾)을 다스린다는 것은 중생이 부처가 되는 만큼이나 어렵다고 하겠으니 원국의 분위기로 봐서 일생을 돈타령으로 보내면서 남을 원망(怨望)하고 자신을 탓하는 시간들로 채워지지 않을까 염려가 된다.

[175] 甲戌年 壬申月 甲午日 辛未時

用神과 干支別 運勢의 吉凶											
辛甲壬甲 未午申戌				用: 水(壬) 喜: 金				偏印格 殺印相生格			
干	甲 中	乙 中	丙 下	丁 下	戊 下	己 下	庚 上	辛 上	壬 上	癸 上	
支	子 上	丑 下	寅 中	卯 中	辰 下	巳 下	午 下	未 下	申 中	酉 中	戌 下	亥 上

(1) 주운해석(柱運解釋)

초년(初年)의 甲戌은 고집과 성급함으로 인해서 소득도 없이 분주한 시절이 될 암시이다. 甲木이 戌土를 눌러준다고는 하지만 그것조차도 壬水를 무력하게 만들고 日干에게는 부담만 줄 뿐이다. 청년(靑年)의 壬申이야말로 大吉의 행운이 주어진 시기이니 인생의 왕성한 활동 시기에 이보다 더 좋을 수는 없다고 하겠다. 壬水는 귀인의 도움이 옆에서 이루어지고 申金의 偏官은 인내심을 포함하고 있으므로 초년의 어리석음을 크게 깨닫고 지혜의 밑거름으로 삼게 될 가능성도 있다. 다만 중년(中年)이 되면서 午火의 영향으로 자칫 방심으로 이어져서 자신의 능력을 과신하여 무리수를 두다가 말년(末年)에 辛未를 만나 다시 큰 부담으로 남을 암시가 있기 때문이다.

(2) 세운해석(歲運解釋)

 天干의 金水運은 上運으로 손색(遜色)이 없다. 月干의 壬水가 존재하는 것과 없는 것의 차이는 천지(天地)의 차이이다. 다만 甲乙木運은 戊己土가 없는 까닭에 하는 일도 없이 壬水만 축낼 것이기 때문에 생각보다 기대를 할 것이 없다.

 地支의 亥子水運은 어떻게 해서라도 도움이 되겠으니 上運으로 보지만 그 외에는 기대할 만한 運이 없는 것은 무척 아쉬운 장면이다. 天干에서는 大吉의 金運도 地支에서는 月支의 申金으로 너무나 만족하기 때문에 추가로 들어오는 것은 군더더기에 불과하므로 할 역할이 없으니 中運이 되고, 寅卯木運도 午火만 生하여 喜神인 申金을 부담스럽게 하는 일 말고는 할 것이 없기 때문에 기대를 할 것이 없다. 고로 地支의 運은 아쉬움이 많은 상황이다.

(3) 재운해석(財運解釋)

 재물의 運을 묻는다면 악마(惡魔)를 보듯이 하라고 해야 할 상황인 것은 財星의 암시가 忌神으로 작용하는 까닭이다. 언제라도 내 손이 가면 폭발하여 큰 상처를 받을 수가 있는 것이므로 멀찌감치 회피(回避)하는 것만이 최선이라고 하는 조언을 해야 하는 것은 아쉽지만, 그래도 다행인 것은 살인상생(殺印相生)으로 用神이 살아 있다는 것이다. 그래서 무슨 말을 해도 자신에게 이로운 말을 받아들일 준비가 되어 있기 때문에 막무가내로 물질을 추구하는 어리석음은 범(犯)하지 않으리라는 기대가 있다.

[176] 丙寅年 甲午月 丙午日 丙申時

用神과 干支別 運勢의 吉凶											
丙丙甲丙 申午午寅				用: 金(申) 喜: 土[用神級]				偏財格 劫衆用財格				
干	甲 下	乙 下	丙 下	丁 下	戊 上	己 上	庚 中	辛 中	壬 中	癸 中	
支	子 上	丑 上	寅 下	卯 下	辰 上	巳 下	午 下	未 上	申 中	酉 中	戌 上	亥 上

(1) 주운해석(柱運解釋)

초년(初年)의 丙寅은 빈곤(貧困)과 고통(苦痛)이 이어지는 나날이 될 가능성이 많다고 보는 것은 태강(太强)한 상황에서의 印劫이기 때문이다. 이것은 청년(靑年)이 되어도 그대로 이어진다는 것은 참으로 순탄한 삶이 된다는 것이 얼마나 어려운지를 보여 주는 모습이라고 할 것이다. 중년(中年)이 되어서도 노력의 결실은 보이지 않고 마음은 급하기만 해서 무엇 하나라도 진득하니 붙잡고 끝장을 보자는 마음이 되지 못하고 허둥지둥 남들이 하면 잘 된다는 것은 자신도 달려들고 보는 마음으로 인해서 고통의 나날은 그 끝이 보이지 않을 암시이다. 그러다가 말년(末年)이 되어서야 겨우 申金을 얻었지만 그것조차도 時干의 丙火가 걸터앉아서 막대한 세금을 뜯어가고 있으니 또한 안타까울 뿐이다.

(2) 세운해석(歲運解釋)

 天干의 戊己土運은 上運이다. 다만 甲木으로 인해서 감점은 된다고 하더라도 丙火가 막아줄 것이기 때문에 기대가 된다. 庚辛金運은 명색이 用神이지만 天干의 상황이 불리하니 中運으로 작용할 뿐이며, 壬癸水運은 별로 기대할 상황은 아니지만 그럼에도 너무나 더운 열기(熱氣)를 감안한다면 약간의 희망을 가져도 되지 않을까 싶어서 中運으로 본다.

 地支의 土運이야 申金을 보호할 것이기 때문에 당연히 上運이다. 水運은 金生水로 설기(洩氣)는 하지만 火剋金을 어느 정도 막아 주는 공(功)이 더 크다고 봐서 上運이다. 오히려 用神인 申酉金運은 기대하기가 어려우니 中運으로 봐주는 것이 무난할 것이다. 여하튼 運의 도움을 받을 수 있어서 원국의 상황에 비해서는 다행이라고 하겠지만 워낙 원국의 상황이 불리하여 運의 도움이라고 하더라도 한계는 있을 것이라는 점은 참고한다.

(3) 재운해석(財運解釋)

 재물이 用神이면 돈이 많은 것이냐는 질문에 이 四柱는 해당하지 않는다. 오히려 약간의 돈이 있는 것을 주변에서 다 뜯어먹고 뼈만 앙상하게 남은《노인과 바다》의 그림을 떠올리는 것이 더 타당하지 않을까 싶다. 그러니까 결과적으로는 비록 財星이 用神이라고 하더라도 실제로 얻어지고 쌓이는 재물은 변변치 않을 것이므로 괜한 욕심을 부리지 말라고 조언한다.

[177] 甲午年 戊辰月 戊午日 庚申時

用神과 干支別 運勢의 吉凶										
庚戊戊甲 申午辰午				用: 金(庚, 申) 喜: 水				食神格 食神無財格		
干	甲 中	乙 中	丙 下	丁 下	戊 下	己 下	庚 上	辛 上	壬 上	癸 上
支	子 上	丑 中	寅 下	卯 下	辰 中	巳 下	午 下	未 中	申 上	酉 上	戌 中	亥 上

(1) 주운해석(柱運解釋)

초년(初年)의 甲午는 마음의 갈등과 환경(環境)의 번뇌(煩惱)로 인해서 힘든 시기가 될 조짐이다. 남들에게 하소연하기 어려운 문제들과 갈등을 만들어서 고통스러운 나날이 되었다가 청년(靑年)이 되면 자립적인 마음이 강화되어서 자신의 능력을 개발하여 세상을 살아갈 준비를 하고자 하는 노력이 나타난다. 그럼에도 결실은 보이지 않고 준비만 하다가 중년(中年)을 맞이하게 될 조짐이다. 그다음에 들어오는 午火는 凶한 작용이 더욱 강화되어 초년의 고통이 다시 반복되는 느낌이다. 그럼에도 말년(末年)이 되면 비로소 자신이 갖고 있는 능력을 세상이 알아주게 되어서 의식을 얻어서 독립하고 한 분야에서 이름을 얻게 될 것이니 그만하면 애써 노력한 보람이라고 할 수 있겠다.

(2) 세운해석(歲運解釋)

天干의 金水運은 上運이 되는데 아쉽게도 水運은 戊土로 인해서 젊어서 들어오면 上의 下運으로 작용을 할 수밖에 없다. 甲乙木運은 최소한 방향을 잡을 정도는 되고, 戊土를 잡아 주는 공덕으로 中運이 된다.

地支의 金水運도 上運인데 또한 火土가 깔려 있음으로 해서 上運이라고는 하더라도 아쉬움을 갖게 된다. 특히 亥子水運은 감소하는 요인이 더 크다고 할 수 있다. 젊어서 들어오는 水運은 어딘가 부족함을 갖고 있는 것으로 대입하게 되고 말년에 비로소 크게 활약을 할 수가 있을 것으로 본다. 土運은 申金을 生해줄 수 있으니 말년에 들어와 준다면 더욱 반가운 것으로 보게 된다.

(3) 재운해석(財運解釋)

재물은 喜神이지만 辰土와 申金에 암장되어 있으니 아쉬움이 많은 모습이다. 그래서 길신암장(吉神暗藏)에 위안을 삼고 조용히 준비하였다가 때가 되면 취(取)하는 것으로 노력을 하는 것이 현명할 것이다. 다만 하늘이 그때를 느지막하게 점지해 주셨으니 젊어서는 노력으로 살아가다가 말년이 되면 비로소 결실을 얻을 수 있을 것이다. 그만하면 다행이라고 생각하고 그때까지만 인내심으로 견딘다면 반드시 좋은 결과가 온다는 것을 약속할 수 있을 것이다.

[178] 丙寅年 庚子月 戊戌日 丁巳時

用神과 干支別 運勢의 吉凶											
丁戊庚丙 巳戌子寅				用: 金(庚) 喜: 水				食神生財格 食神見印格			
干	甲 下	乙 下	丙 下	丁 下	戊 中	己 中	庚 上	辛 上	壬 上	癸 上	
支	子 上	丑 下	寅 下	卯 下	辰 下	巳 下	午 下	未 下	申 上	酉 上	戌 下	亥 上

(1) 주운해석(柱運解釋)

초년(初年)의 丙寅은 마음의 고생과 번뇌가 많은 시절로 힘들게 지나갈 것이지만 그래도 偏官은 좋은 공부 시간으로 삼고서 노력을 할 수가 있으니 다행이다. 청년(靑年)의 庚子가 들어오게 되면 타고난 능력을 최대한으로 발휘해서 자신이 해야할 일을 찾아내게 되겠는데 아쉬운 점은 年干의 丙火로 인해서 감점이 있다는 것이다. 그럼에도 子水로 흘러가는 호흡(呼吸)이 좋아서 상당한 결실을 젊어서 볼 수가 있다는 것은 다행이다. 다만 중년(中年)이 되면 戊戌의 比肩은 고집을 부리다가 큰 손실을 입을까 걱정이 되고, 말년(末年)에는 丁巳로 인해서 방향(方向)에 착오(錯誤)가 일어날까 싶으니 뒤로 갈수록 고민을 많이 하고 조심하는 마음으로 삶을 꾸려가야 한다는 조언을 하게 된다.

(2) 세운해석(歲運解釋)

天干의 金水運은 上運이다. 다만 庚辛金運이 들어와서 丙丁火를 만나게 되는 시기에는 中運에 머무르더라도 하늘을 원망하지 말아야 할 것이다. 그런 의미에서 戊己土運은 庚金을 보호하게 될 것이므로 오히려 다행스럽다고 할 것이니 세상사(世上事)는 하나가 기쁘면 하나는 슬픈 법이다.

地支의 金水運도 上運이지만 亥子水運이 중년에 들어오거나 말년에 申酉金運이 들어온다면 약간의 감점을 받아야 할 상황이다. 유감스럽게도 地支의 木火土運은 모두가 부담을 주고 있으므로 運의 도움을 기대하기보다는 노력으로 현명(賢明)하게 넘어가는 것을 최선으로 삼게 된다. 天干의 運은 비교적 도움이 되겠지만 地支의 運은 도움이 부족하다는 것을 생각하고 노력하는 것으로 보완하게 된다.

(3) 재운해석(財運解釋)

재물의 인연은 노력하면 그만큼의 결실이 창고에 쌓이게 된다는 食神生財이니 이보다 더 좋을 순 없다. 더구나 그 재물이 사회궁인 月支에 있음으로 해서 청년 시절에 사회적인 노력이 큰 결실을 이룰 수 있으므로 이것을 잘 관리하는 것이 무엇보다도 중요하다. 그럼에도 불구하고 운명의 장난은 계속해서 낭비하도록 유혹을 할 것이므로 자신의 마음을 잘 다스려서 중심을 잃지 말고 현상 유지에 최선을 다하여 노년까지 잘 지킬 수 있도록 궈하다.

[179] 癸卯年 庚申月 丙辰日 己丑時

用神과 干支別 運勢의 吉凶		
己丙庚癸 丑辰申卯	用: 木(卯) 喜: 水, 火	正印格 日弱用印格

干	甲 上	乙 上	丙 上	丁 上	戊 下	己 下	庚 下	辛 下	壬 下	癸 下		
支	子 上	丑 下	寅 上	卯 上	辰 下	巳 上	午 上	未 下	申 下	酉 下	戌 下	亥 上

(1) 주운해석(柱運解釋)

초년(初年)의 癸卯는 癸水로 인하여 겉으로는 힘들지라도 卯木은 즐거움으로 보내게 될 암시가 된다. 다만 이러한 것의 결과는 이어서 들어오는 청년(靑年)의 庚申으로 인해서 그리 크지는 못할 것이다. 조바심으로 뭔가 서두르게 된다면 그것은 번번이 실패로 돌아가고 말 암시가 되므로 무리하지 말고 어른의 조언을 받아들여서 추진하는 것을 권하지만 丙火가 조언에 귀를 기울일 것인지에 대해서는 또한 운명에 맡기는 수밖에 없을 것이다. 중년(中年)의 辰土가 그러한 자신감으로 인해서 마음대로 되지 않을 것임을 의미하기 때문이다. 말년(末年)이 되면 자신감이 더욱 강해져서 아예 무리수를 두게 될 암시로 이어져 고통을 자초하게 될 수도 있으니 모쪼록 조심할 일이다.

(2) 세운해석(歲運解釋)

天干의 木火運은 上運이지만 庚金과 癸水가 버티고 있는 동안에는 中運으로까지 대입해야 할 가능성도 있으니 아쉬운 장면이다. 地支의 運은 水木火運이 모두 上運이다. 물론 원국의 상황에 따라서 감점(減點)은 있지만 그래도 亥子水運은 卯木을 살려 주니 반갑고, 寅卯木運은 用神이니 또한 기대가 되고, 巳午火運은 申金을 눌러 주니 卯木이 활약할 수 있도록 도움을 줄 것으로 봐서이다. 이것은 天干의 運에 비해서 훨씬 좋은 작용이 될 것이므로 기대를 할 수가 있겠다. 다만 食傷과 財星을 주변에 거느리고 있는 日干에게는 항상 자중(自重)해야 하는 숙제가 주어졌는데 아무리 노력을 한다고 해도 그것은 미약하기만 할 암시이다.

(3) 재운해석(財運解釋)

재물에 대해서는 庚申이라는 빚 문서를 갖고서 태어난 이상 재물의 구속(拘束)으로부터 자유로울 수는 없다고 해야 할 것이다. 癸水도 있고 丑辰土도 있으니 이 金이 차지하는 부담은 매우 강력해서 뿌리가 깊이 박혀 있는 부담을 풀어내기에는 매우 많은 노력이 필요한데 그러한 것을 극복할 인내심이 없다는 것이 다시 부각(浮刻)이 된다. 물론 모든 것은 스스로 지어서 스스로 받는 것이니 누굴 탓할 수도 없겠지만 그럼에도 불구하고 더 늦기 전에 각성(覺醒)하여 자신의 삶을 지혜롭게 가꾸어 준다면 四柱를 미리 알고 노력하여 개선한다는 공덕을 기대할 수도 있을 것이다.

[180] 壬申年 癸丑月 甲子日 己巳時

用神과 干支別 運勢의 吉凶			
己甲癸壬 巳子丑申		用: 火(巳) 喜: 土	食神格 調候用食格
干	甲 乙 丙 丁 戊 己 庚 辛 壬 癸		
	下 下 上 上 上 上 下 下 下 下		
支	子 丑 寅 卯 辰 巳 午 未 申 酉 戌 亥		
	下 中 上 上 中 上 上 上 下 下 上 下		

(1) 주운해석(柱運解釋)

초년(初年)의 壬申은 번뇌가 많은 어린 시절과 고통까지 따르는 힘든 상황을 염려하게 된다. 그럼에도 다행인 것은 어린 시절이고 이러한 고통들이 삶의 보약이 될 것이기 때문이다. 청년(靑年)의 癸丑도 번뇌는 이어지고 있지만 丑土의 正財로 인해서 약간의 성취는 기대가 된다. 다만 습토(濕土)라는 점에서 많은 결실을 논하기는 어렵다. 중년(中年)이 되면 子水의 영향을 받아 망상으로 힘든 상황을 자초하게 될 가능성을 염려하게 되지만, 이 시기를 넘기고 나면 말년(末年)에 己巳를 만나 전성기를 기대할 수가 있으니 모쪼록 많은 인내심으로 대기만성의 결실을 얻기 위해서 노력을 할 필요가 있다고 하겠고 말년에 그러한 노력의 보상은 충분히 주어질 것임을 고려한다면 능히 참고 견딜 만할 것이다.

(2) 세운해석(歲運解釋)

天干의 丙丁火運은 上運이지만 젊어서 들어오는 것은 壬癸水로 인해서 감소할 수밖에 없음이 안타깝다. 戊己土運이 들어오면 壬癸水를 제어하여 결실로 유도할 수 있을 것에 대한 기대감이 생긴다. 다만 그 외의 運은 모두 下運에 불과하므로 조심하는 것이 최선이다.

반면에 地支의 상황은 매우 기대가 되는데 丑辰土運은 습토(濕土)라도 子水를 剋하니 中運은 되고, 寅卯木運은 당연히 巳火를 生하여 吉한 방향으로 작용하게 될 것이다. 또 조토(燥土)인 未戌土運은 더 말할 필요도 없이 子水를 剋하여 用神인 巳火를 지켜 주어 든든한 응원군이 될 것이므로 또한 上運이다. 오직 金水運에 대해서만 주의를 하면 될 것이니 天干보다는 地支의 運이 더욱 기대가 되는 것으로 대입하게 된다.

(3) 재운해석(財運解釋)

재물(財物)에 대해서는 복(福)을 타고났는데 아쉽게도 그 결실이 말년에 주어진다는 것이다. 청년의 丑土는 생각보다 미약하여 큰 기대를 하기는 어렵겠지만 그럼에도 불구하고 약간이나마 도움은 될 것이다. 여하튼 말년의 재물은 내 손아귀를 벗어나지 않고 잡혀 있게 된다는 것은 기대를 해도 될 풍경이니 고생을 한 보람이 있을 것으로 봐서 다행이다. 그래서 서두르지 말고 느긋하게 말년을 위해서 천천히 진행하는 것을 권하게 되고 급하게 서두르다가 낭패를 당하지 않도록 해야 할 것이다.

[181] 丙子年 丙申月 己酉日 乙亥時

用神과 干支別 運勢의 吉凶		
乙 己 丙 丙 亥 酉 申 子	用: 火(丙) 喜: 木	正印格 日弱用印格
干	甲 乙 丙 丁 戊 己 庚 辛 壬 癸 上 上 上 上 中 中 中 下 下 下		
支	子 丑 寅 卯 辰 巳 午 未 申 酉 戌 亥 下 下 中 中 下 上 上 中 下 下 中 下		

(1) 주운해석(柱運解釋)

초년(初年)의 丙子는 기대보다는 실망이 더 큰 運이라고 보는 것은 子水의 偏財로 인한 부작용이 염려되는 까닭이다. 학습의 시기에 들어오는 財運은 백해무익이라고 해도 과언이 아니기 때문에 어른의 조언도 거부하면서 자기 마음대로 분주히 움직이다가 보면 득(得)보다 실(失)이 더 많을 가능성이 높다. 청년(靑年)의 丙申도 별반 다르지 않다. 겉으로는 귀인의 도움이 있을 것으로 보이면서도 실상(實相)은 그로 인해서 부담이 더 커지는 조짐이니 항상 긴장해야 할 상황이다. 중년(中年)에는 食神인 酉金이 日支에 있으니 뭔가 새로운 일을 계획할 수도 있지만 그 또한 투자는 하였으나 결과는 없을 가능성이 높고 말년(末年)의 偏官인 乙木을 보면 서두르다가 큰 곤경에 처할까 두렵다.

(2) 세운해석(歲運解釋)

天干의 木火運은 天干에 金水가 보이지 않으므로 上運이며 모두가 온전하게 吉작용으로 나타날 가능성이 높은 구조이다. 庚金運도 中運은 되는데, 아쉽게도 辛金運은 丙辛合으로 부담을 주는 것으로 대입한다.

地支의 火運도 도움이 되는 上運이다. 寅卯運은 원국의 申酉金으로 인하여 中運 정도로 대입을 한다. 아울러서 巳午火運도 또한 亥子水를 거느리고 있는 원국을 봐서는 역시 60%의 도움을 주기에도 힘들지 않을까 싶지만 用神이라는 이름으로 上運을 준다. 습토(濕土)가 下運인 것이야 丙火에게 백해무익한 까닭이지만, 戌未土運은 그래도 中運으로 볼 수 있는 것은 亥子水를 제어하는 공덕을 기대해서이다. 원국의 丙火가 너무 무력한 까닭에 運이 와서 돕는다고 해도 온전하지 못한 것에 대해서는 아쉬움을 갖지 않을 수가 없다.

(3) 재운해석(財運解釋)

재물에 대해서 논한다면 모두가 大凶하다고 해야 할 상황이다. 그래서 丙火의 가르침에 귀를 활짝 열어 놓고 흘려버리지 않는다면 후회를 할 일이 없을 것이다. 재물에 대한 욕심을 부린다고 하는 것은 그야말로 홀몸으로 바다에 뛰어들어서 보석을 찾겠다는 것과 조금도 다를 바가 없는 상황이기 때문이다. 그러므로 마음을 다스리라고 권하지만 이러한 조언이 귀에 들어가기는 참으로 쉽지 않다.

[182] 辛亥年 庚子月 己未日 庚午時

用神과 干支別 運勢의 吉凶											
庚己庚辛 午未子亥				用: 火(午) 喜: 木				偏印格 日弱用印格			
干	甲 下	乙 下	丙 上	丁 上	戊 上	己 上	庚 下	辛 下	壬 下	癸 下	
支	子 下	丑 中	寅 上	卯 上	辰 中	巳 上	午 上	未 中	申 下	酉 下	戌 中	亥 下

(1) 주운해석(柱運解釋)

초년(初年)의 辛亥는 食神과 正財로 인해서 자신이 대단할 줄로 착각을 하고 세상이 무서운 줄도 모르고 나대다가 허송세월하게 되는 암시이다. 이것은 청년(靑年)이 되어도 傷官과 偏財로 年柱와 거의 비슷한 형태이므로 별반 달라지지 않을 것으로 보인다. 중년(中年)이 되어서야 비로소 자신의 주제를 인식하고 약간이나마 겸손(謙遜)한 마음을 갖고 노력을 하게 될 것이니 그나마도 다행이라고 하겠다. 이러한 노력은 말년(末年)으로 가면서 점점 결실로 이어질 가능성이 있다는 암시로 봐서 기대를 해도 될 만하다. 그래서 초년의 吉運보다는 말년의 吉運이 무엇보다도 기대되고 고맙다고 보는 것이다.

(2) 세운해석(歲運解釋)

天干의 火土運은 上運이다. 戊己運은 庚辛으로 인해서 약간 감소가 되기도 하겠지만 그래도 도움을 줄 것으로 봐서 中運보다는 낫다고 보게 된다. 木運은 丙丁火가 원국에 없는 까닭에 쓸 수가 없으니, 丙丁火運을 제외하고는 기대를 할 運이 없다는 것이 못내 아쉽다.

地支로 들어오는 運에서는 木火運이 반갑다. 원국에 午火가 있어서 寅卯木運이 제대로 작용을 할 수가 있을 것이기 때문이다. 다만 土運을 中運으로 대입할 수밖에 없는 것은 午火를 약화시키는 역할만 하기 때문이다. 만약에 子水와 未土가 자리가 바뀌었다면 地支의 土運도 上運이 되었을 텐데 현재의 상황에서는 하는 역할이 없다는 것을 참고하게 된다. 물론 日支의 未土는 공을 크게 세우고 있지만 運에서 들어오는 未土는 기대를 할 것이 없다는 것도 알아야 한다.

(3) 재운해석(財運解釋)

재물은 忌神이지만 직접적으로 用神을 공격하지는 않고 있으니 그것은 未土의 공덕이다. 그래서 중년 이후에는 재물도 얻어서 여유로운 삶을 누릴 수가 있겠지만 젊어서의 환경(環境)을 고려한다면 자신의 능력을 과신(過信)하여 무리한 계획으로 대책이 없이 일을 벌여서 감당도 하지 못하고 곤경에 처하는 경험을 하게 될 가능성이 많다. 그러므로 이러한 경험들이 나중에 밑거름이 된다는 생각을 할 수도 있지만 당하지 않으면 더 좋을 것이다.

[183] 丁亥年 癸卯月 庚子日 丙戌時

用神과 干支別 運勢의 吉凶											
丙庚癸丁 戌子卯亥				用: 土(戌) 喜: 火				偏印格 日弱用印格			
干	甲 下	乙 下	丙 下	丁 下	戊 上	己 上	庚 中	辛 中	壬 下	癸 下
支	子 下	丑 上	寅 下	卯 下	辰 上	巳 上	午 上	未 上	申 中	酉 中	戌 上	亥 下

(1) 주운해석(柱運解釋)

초년(初年)의 丁亥는 부담은 있어도 나쁘진 않은 시절이다. 亥水의 食神은 자신의 능력을 찾아보려고 노력이라도 할 것이기 때문이고 그것이 가능하다고 보는 것은 丁火의 正官이 영향을 미칠 것이기 때문이다. 청년(靑年)의 癸卯는 조급증(躁急症)이 발생하게 되어서 차분하지 못하고 허둥대다가 실수를 연발할 수도 있다는 것을 생각하게 된다. 마찬가지로 중년(中年)이 되어도 달라지지 않고 계속해서 헛발질을 하게 되지 않을까 염려스럽다. 그러다가 말년(末年)에 丙戌을 만나서야 겨우 철이 든다고 할 수 있다. 偏官으로 인해서 긴장하게 되고 언제까지 이렇게 살아갈 수는 없다고 생각하고, 戌土의 도움을 받아서 비로소 노년(老年)이나마 한 몸을 의탁(依托)할 인연을 만나게 될 암시이다.

(2) 세운해석(歲運解釋)

 天干의 戊己土運은 도움이 되겠지만 庚辛金運은 中運으로 작용하는 정도이다. 그 외의 運은 모두 기대를 할 것이 없으니 아쉬움이 남는 구조이다. 天干에 한 점의 土가 없어서 丙丁火運이 들어와도 도움을 받을 수가 없으니 이러한 상황에서는 병든 戊己土라도 하나 있었으면 좋겠다는 아쉬움도 든다.

 地支의 火土運은 기대가 된다. 火運은 戊土를 生하기 때문에 기대가 된다. 申酉金運도 卯木을 통제해 주기 때문에 中運은 가능하다. 그 외에는 기대를 할 것이 없지만 네 개의 土가 上運으로 작용한다는 것은 地支에서 웬만하면 도움을 받을 수가 있다는 의미이다.

(3) 재운해석(財運解釋)

 재물이 忌神이니 물질적인 풍요(豊饒)를 기대한다는 것은 어려운 암시가 된다. 그럼에도 원국의 암시로 봐서는 중년까지도 재물에 대한 미련이 강력하여 끊임없이 좇으면서 이뤄지지 않을 꿈을 채워보려고 애쓸 수도 있으니 이러한 것을 미리 알았더라면 좋았겠다는 후회를 하지 말고 지금 이 순간부터라도 마음을 돌려서 노력으로 봉사하고, 그 공덕이 재물 창고에 저축이 된다는 마음으로 노력한다면 말년에 들어오는 戊土의 보살핌으로 인해서 비교적 안정된 노후를 준비할 수 있는 기회도 주어질 수 있다는 것을 기대해도 좋을 것이다.

[184] 丁卯年 癸卯月 丙午日 丙申時

用神과 干支別 運勢의 吉凶		
丙丙癸丁 申午卯卯	用: 水(癸) 喜: 金	正官格 正官無力格

干	甲 下	乙 下	丙 下	丁 下	戊 下	己 下	庚 上	辛 上	壬 上	癸 上
支	子 上	丑 下	寅 下	卯 下	辰 下	巳 下	午 下	未 下	申 上	酉 上	戌 下	亥 上

(1) 주운해석(柱運解釋)

초년(初年)의 丁卯는 친구들과 어울려서 잘 놀겠지만 卯木의 正印이 있으니 가끔은 공부도 할 수 있다고 기대해 본다. 청년(靑年)의 癸卯는 癸水가 너무나 무력한 까닭에 실망감을 안게 될 가능성이 많다. 그래서 運의 도움을 기대하기보다는 약간의 기회라도 포착을 한다면 놓치지 말고 최선의 노력으로 결실을 얻도록 하는 것을 권하게 되는데 중년(中年)이 되면 丙午의 자만심으로 인해서 그것도 지속력(持續力)이 없다고 하겠다. 말년(末年)이라고 하더라도 時干의 比劫으로 인해서 時支의 申金까지 모두 남들에게 탈취를 당할 가능성이 많으므로 일생을 직장에서 공무를 수행하는 것으로 목표를 삼고 다른 생각은 일절 하지 않는 것을 최선으로 삼아야 할 것이다.

(2) 세운해석(歲運解釋)

天干의 金水運은 上運이다. 다만 丙丁火가 버티고 있는 상황이므로 金運이 생각보다 크게 활약하기는 어려울 것이다. 그럼에도 癸水의 존재감이 있어서 도움을 줄 것으로 보는 것에는 무리가 없는 모습이다. 地支의 金水運도 上運이다. 다만 卯木의 존재로 인해서 젊어서 들어오는 水運은 그 힘이 반감될 것이 아쉽고, 중년의 金運도 午火로 인해서 제 기능을 발휘하기는 어려운 모습이니 이러한 구조로 인해서 運의 도움은 아쉽게도 줄어든다는 것을 생각해야 할 것이다. 이것은 원국에서 申金과 癸水가 서로 떨어져 있어서 아무런 도움을 주지 못하고 있다는 결함이니 喜用神이 서로 떨어지면 너무나 무력해진다는 것을 그대로 보여 주고 있는 모습이다.

(3) 재운해석(財運解釋)

재물은 喜神이지만 실상은 喜神의 역할을 다 하지 못하고 있으니 뭔가 해보려고 돈을 만들어 놓으면 比劫이 가져가 버려서 자신의 목적을 위해서 쓸 수가 없는 아쉬운 모습을 하고 있다. 그래서 직장 생활로 삶의 방향을 잡은 다음에 주머니에 들어오는 돈은 모두 저장을 하고 절대로 남에게 빌려주는 등의 거래는 일절 금지하는 것이 그나마도 유지하는 최선의 비법(秘法)이라고 할 것이다. 그렇지만 친구들이 하소연을 하면 주머니를 열지 않기도 어려우니 모쪼록 마음을 비워야 한다.

[185] 辛亥年 辛卯月 壬子日 戊申時

用神과 干支別 運勢의 吉凶		
戊 壬 辛 辛 申 子 卯 亥	用: 木(卯) 喜: 火	傷官格 傷官無財格

干	甲	乙	丙	丁	戊	己	庚	辛	壬	癸
	上	上	上	上	下	下	下	下	下	下
支	子	丑	寅	卯	辰	巳	午	未	申	酉	戌	亥
	下	下	上	上	下	中	中	中	下	下	中	下

(1) 주운해석(柱運解釋)

초년(初年)의 辛亥는 번뇌만 많고 성과는 보이지 않을 조짐이기는 하지만 그래도 印星이 있으니 공부에 약간이나마 진전이 있을 것으로 기대를 해 본다. 청년(青年)에는 卯木을 의지해서 자신의 능력을 발휘하여 세상을 살아갈 성과를 얻을 수가 있었으면 좋겠는데 辛金이 장애를 일으키니 망설이다가 기회를 놓치게 될 가능성도 염려하게 된다. 중년(中年)에는 고집을 부리다가 실패를 할 수도 있으니 이러한 것들이 쌓이고 모여서 결국은 원하지 않는 방향으로 나갈 수도 있다는 것을 미리 생각해서 많은 노력을 기울인다면 말년(末年)에 時干의 戊土를 의지해서 그래도 약간의 여유를 얻을 수도 있지 않을까 싶지만 申金이 時支에 있으니 그것도 마음대로 되지 않을까 걱정이다.

(2) 세운해석(歲運解釋)

天干의 木火運은 上運이지만 年月의 辛金으로 인해서 젊어서는 제대로 발휘하기 어려울 것이다. 그리고 원국에 일점의 火가 없으니 木運이 들어와도 활용할 방법이 보이지 않아서 아쉽기만 하다.

地支의 木火運도 上運이지만 亥子水의 방해로 인해서 巳午火는 감점이 생기므로 中의 上運으로 보고, 말년에 寅卯木運이 들어온다면 申金으로 인해서 감점이 될 것이지만 그래도 기대가 되는 것은 원국에서 用神의 힘이 워낙 불리한 까닭이다. 습토(濕土)는 下運으로 봐야 하겠지만, 조토(燥土)는 亥子水를 어느 정도 제어할 수가 있을 것으로 보이는 까닭에 그래도 中運으로 대입한다. 대체로 運의 도움을 기대하기에는 못마땅한 모습이니 運을 의지하기보다는 스스로 노력을 통해서 삶의 방향을 잘 잡아가는 것을 권하게 된다.

(3) 재운해석(財運解釋)

재물의 인연은 喜神이니 좋은 암시가 되건만 실제로 四柱의 형상을 봐서는 어디에서도 찾아볼 수가 없으니 안타까울 뿐이다. 그래서 재물을 추구하지 말고 기술을 발휘해서 삶의 연장으로 삼도록 노력하라는 조언을 남기게 된다. 재물을 좇는다는 것은 그야말로 신기루에 불과한 것으로 봐야 할 것이기 때문이다. 재물을 생각하지 않고 노력을 한다면 가끔은 運에서 재물이 들어와 주겠지만 재물만 추구하게 된다면 오히려 기다림에 목말라하게 될 뿐이다.

[186] 甲寅年 庚午月 辛未日 己亥時

用神과 干支別 運勢의 吉凶		
己辛庚甲 亥未午寅	用: 土(己, 未) 喜: 火	偏印格 殺印相生格

干	甲	乙	丙	丁	戊	己	庚	辛	壬	癸	
	下	下	上	上	上	上	中	中	下	下	
支	子	丑	寅	卯	辰	巳	午	未	申	酉	戌	亥
	下	上	下	下	上	上	上	上	中	中	上	下

(1) 주운해석(柱運解釋)

초년(初年)의 甲寅은 전혀 두려움이 없어서 긴장도 되지 않는다. 그래서 아무런 성과도 없이 공부도 하지 않고 하루하루를 흘려보낼 암시이다. 청년(靑年)의 庚午는 겨우 정신을 차려서 뭔가 긴장감으로 자신의 미래를 준비하려고 노력하는 마음이 생기는 것은 다행이라고 하겠다. 중년(中年)에 未土를 만나게 되었으니 비로소 귀인의 도움을 받아서 순리대로 자신의 일을 풀어가게 될 것이다. 이것이 말년(末年)의 時干까지 이어지는 것으로 봐서 성취(成就)가 만만치 않을 것이니 나름대로 흐름을 논한다면 木火土金으로 이어지는 것도 일종의 청기(淸氣)라고 할 수 있을 것이다. 무엇보다도 印星이 日時에 있다는 것은 일생의 복(福)이 될 것이다.

(2) 세운해석(歲運解釋)

天干의 火土運은 上運이다. 다만 年月에 있는 甲木과 庚金으로 인해서 土運의 吉함이 약간 감소하는 점에 대해서는 어쩔 수가 없다. 庚辛金運이 中運인 것은 甲木을 잡아주는 정도이고 다른 의미로는 크게 기대할 것이 없는 구조이기 때문이다.

地支의 火土運도 반가운 上運이다. 특히 土運을 모두 기대할 수가 있는 것은 寅木조차도 午火를 生하고 있어서 들어오는 土運에게는 크게 부담을 주지 않기 때문이다. 寅卯木運을 中運으로 봐 줄 수도 있겠는데 下運으로 밖에 대입을 할 수가 없는 것은 午火가 유통을 시켜준다고 하더라도 未土가 火生土를 크게 바라는 것도 아닌 데다가 亥未에게는 부담만 줄 것으로 봐서 下運으로 대입하게 된다.

(3) 재운해석(財運解釋)

재물은 年柱의 甲寅이지만 忌神이니 부담이라고는 하더라도 막상 土를 공격하지는 않고 있으므로 그로 인한 타격(打擊)은 없을 것으로 봐도 될 것이다. 다행인 것은 중년과 말년에 印星이 있으나 木을 만나지 않았으므로 재물에 대한 凶한 암시는 걱정하지 않아도 될 것이다. 다만 재물의 인연이 부담인 것은 어쩔 수가 없으므로 사업을 한다는 생각은 하지 말고 직장에서 자신의 일을 맡아서 수행하거나 가능하면 교육자와 같은 분야에서 일을 한다면 일생의 의식주는 걱정하지 않아도 될 것으로 해석하게 된다. 다만 넉넉한 재물 인연을 기대하기는 어렵다.

[187] 己酉年 壬申月 辛巳日 乙未時

用神과 干支別 運勢의 吉凶										
乙辛壬己 未巳申酉		用: 水(壬) 喜: 木			傷官格 傷官逢印格					
干	甲 上	乙 上	丙 下	丁 下	戊 下	己 下	庚 中	辛 中	壬 上	癸 上
支	子 上	丑 中	寅 中	卯 中	辰 中	巳 下	午 下	未 下	申 中	酉 中	戌 下	亥 上

(1) 주운해석(柱運解釋)

초년(初年)의 己酉는 己土의 偏印이 用神인 壬水를 剋하고 있기 때문에 공부도 되지 않으면서 마음에 갈등만 생길 것으로 보인다. 그래서 답답함이 많을 運으로 대입하게 되는데 다행히도 청년(靑年)의 壬申이 강력한 힘을 갖고서 방향을 잡아 주고 있으니 어려서의 고통은 모두 잊어버리고 자신의 능력을 발휘할 수 있음을 자랑하게 된다. 중년(中年)의 巳火는 마음에 억압만 발생하고 목적한 일들이 지체될 암시가 되니 또한 답답한 시기라고 하겠다. 말년(末年)에 乙未를 만나게 되어서 비로소 결실을 논할 수는 있는데 偏財인 乙木으로 인해서 애만 쓰고 결실이 없었던 삶의 여정에서 비로소 어느 정도의 소득이 있어서 노년(老年)을 대비할 수 있음을 다행스럽게 여긴다.

(2) 세운해석(歲運解釋)

天干의 水木運은 上運이다. 특별히 꺼릴만한 부분은 보이지 않으나 己土가 약간의 부담을 줄 수는 있다. 庚辛金運은 壬水를 生하므로 中運으로 대입하는데 말년에 金運이 들어온다면 아무래도 乙木이 손상될 것을 염려하게 된다.

地支의 亥子水運은 반갑지만, 寅卯木運을 쓸 수가 없는 것은 아쉽기 그지없다. 이유는 申酉金로 인해서이며 巳火까지도 부담만 줄 것이기 때문에 기대하기 어렵고, 겨우 말년이 되어서야 未土를 제어하여 도움을 줄 수가 있다는 것이 그나마 희망이다. 습토(濕土)는 巳火를 잡아 주니 中運은 되겠지만 조토(燥土)는 그나마도 능력이 되지 않으니 또한 차별하여 下運으로 대입하게 된다.

(3) 재운해석(財運解釋)

재물(財物)의 인연이 젊어서는 찾아오지 않는다고 하더라도 세운(歲運)이 들어온다면 喜神이기 때문에 그냥 지나치지는 않을 것으로 보인다. 일을 벌이기도 잘하고 결실로 이어지는 능력도 있으므로 무리하지 않고 조심스럽게 추구한다면 또한 적지 않은 풍요를 누릴 수도 있는 구조이나 아쉬운 점이 있다면 말년이 되어서야 제대로 결실을 얻을 수가 있다는 점이다. 그렇지만 財星이 日干의 옆에 바짝 붙어 있기 때문에 기본적으로 타고난 재물복(財物福)이 있음을 다행스럽게 생각해야 할 것이다.

[188] 丁丑年 戊申月 丙寅日 戊子時

用神과 干支別 運勢의 吉凶										
戊 丙 戊 丁 子 寅 申 丑				用: 木(寅) 喜: 水, 火				偏印格 官印相生格			
干	甲 上	乙 上	丙 上	丁 上	戊 下	己 下	庚 下	辛 下	壬 下	癸 下
支	子 上	丑 下	寅 上	卯 上	辰 下	巳 上	午 上	未 下	申 下	酉 下 戌 下 亥 上

(1) 주운해석(柱運解釋)

초년(初年)의 丁丑은 천재라는 소리를 들을 수도 있겠으나 喜用神이 아닌 까닭에 일시적인 현상일 뿐이다. 그래서 잠시 반짝이는 정도로 생각하면 상처는 받지 않을 것이다. 청년(靑年)의 戊申은 食神生財의 구조가 갖고 있는 부정적인 현상으로 자신의 목표가 뚜렷하여 주변의 말은 듣지 않을 것으로 보이며 방향을 잘못 잡고 추진하다가 시간만 허비하고 먼 길을 다시 돌아와야 할 조짐이다. 중년(中年)이 되어서야 비로소 다시 올바른 방향을 잡고서 자신의 길을 가게 되는데 여전히 寅申沖으로 부담을 주기 때문에 과거의 습관이 장애물로 등장을 할 듯싶다. 그리고 말년(末年)의 조짐도 바람직하지 않으니 모쪼록 중년의 소득을 잘 가꾸도록 한다.

(2) 세운해석(歲運解釋)

天干의 木火運은 上運이다. 특별히 꺼릴 이유가 없으니 기대가 되는 좋은 運이 될 것이다. 戊己土運은 아쉽게도 天干에 水도 없어서 할 일이 없으니 中運으로 보기도 어렵다고 하겠다.

地支의 水木火運은 모두 上運이다. 특히 巳午火運을 좋게 볼 수 있는 것은 寅申沖의 부담을 해소할 수가 있을 것이기 때문이다. 亥子水運은 日干 丙火에게 부담을 줄 수는 있지만 寅木에게는 무엇보다도 반가운 존재이기 때문에 上運으로 대입한다. 寅卯木運은 초년과 중년에 들어오는 것은 다소 감점의 여지가 있으므로 너무 방심하지 않도록 주의해야 할 것으로 본다. 運의 吉凶은 日干에 있는 것이 아니라 用神에 있기 때문에 日干의 희망사항은 고려하지 않는다.

(3) 재운해석(財運解釋)

재물의 인연은 大凶이라는 것을 충분히 파악할 수가 있을 것이다. 그러므로 언제라도 재물에 대한 궁리는 바람직하지 않은 결과를 가져오게 될 것임을 생각해서 자신에게 주어진 복(福)을 벗어나지 않도록 주의해야 할 것이다. 특히 청년기에 갖게 될 재물에 대한 욕심을 스스로 감당하지 못한다면 반드시 큰 상처를 입게 될 것이고 그로 인해서 중년에 자리를 잡을 때까지도 벗어나기 힘들 수가 있다. 이러한 것을 잘 판단해서 스스로 자신의 욕망을 다스리기만 한다면 그에 대한 보상은 반드시 주어질 것이다.

[189] 丙寅年 癸巳月 辛巳日 辛卯時

用神과 干支別 運勢의 吉凶									
辛辛癸丙 卯巳巳寅				用: 金(辛) 喜: 土[用神級]				比肩格 日弱用比格		
干	甲 下	乙 下	丙 下	丁 下	戊 上	己 上	庚 上	辛 上	壬 下	癸 下
支	子 下	丑 上	寅 下	卯 下	辰 上	巳 下	午 下	未 上	申 中	酉 中	戌 上	亥 下

(1) 주운해석(柱運解釋)

초년(初年)의 丙寅은 정신적인 고통과 물질적인 고충(苦衷)이 함께 들어와서 호된 인생의 수업을 해야 할 암시이다. 무력한 辛金에게 이러한 시련은 감당하기 어려운 고통이 되겠지만 그럼에도 아직은 어리기 때문에 어떻게든 넘어갈 수 있을 것이다. 청년(靑年)의 癸巳는 그렇게 힘든 환경(環境)에 반항을 하고자 하는 마음이 생기기도 하지만 또한 역부족이니 마음에 상처만 입게 되고 환경(環境)으로부터 어려운 지경에 처할 위험이 있다. 그러나 이러한 시련은 중년(中年)이 되어도 개선이 될 기미는 보이지 않고 계속해서 억압을 하기만 하니 삶의 고달픔은 말로 다하기도 어렵다. 말년(末年)에 겨우 時干의 辛金을 얻었으니 이것은 그야말로 가난한 친구에게 의탁하여 노후를 보내는 처량한 모습이라고 할 수 있겠다.

(2) 세운해석(歲運解釋)

天干의 土金運은 上運이다. 특히 戊己土運은 큰 기대를 해도 좋을 정도로 간절히 원하는 보물이 넝쿨째로 굴러오는 행운이 될 것이다. 地支의 土金運도 마찬가지로 吉의 형상이다. 비록 원국에 寅卯木이 있다고 하더라도 그 정도는 巳火가 유통할 수가 있을 것으로 봐서 크게 꺼리지 않아도 될 것이다. 이러한 運이 도와준다면 바로 왕성하게 활동을 할 수가 있게 된다. 그러나 運이 떠나버리면 원국에 그렇게도 간절한 印星이 전혀 없는 까닭에 믿고 의지를 할 구석이 없어서 갑자기 천길만길 나락으로 떨어질 수밖에 없으므로 방심하지 말고 運을 잘 살펴서 웅크리거나 활동해야 한다.

(3) 재운해석(財運解釋)

재물의 인연을 기대하기에는 日干의 상황이 너무나 허약한 모습이다. 그래서 재물을 생각하지 말고 오로지 직장에서 자신의 몫을 다하도록 노력해야 할 것이고, 분수를 넘어서 과욕(過慾)을 부리는 일은 절대로 일어나지 않도록 최선의 노력이 필요한 장면이다. 물론 用神의 運이 들어오면 약간의 윤택함이 주어지겠지만 그러한 運은 또 이내 지나간다는 것을 생각해서 검소하고 절약하면서 알뜰하게 살아가는 것이 무엇보다도 필요할 것이다.

[190] 癸巳年 甲寅月 丙辰日 丁酉時

用神과 干支別 運勢의 吉凶										
丁丙甲癸 酉辰寅巳				用: 土(辰) 喜: 金				食神格 食神生財格			
干	甲 下	乙 下	丙 下	丁 下	戊 上	己 上	庚 上	辛 上	壬 下	癸 下
支	子 下	丑 上	寅 下	卯 下	辰 上	巳 上	午 上	未 上	申 上	酉 上	戌 上	亥 下

(1) 주운해석(柱運解釋)

초년(初年)의 癸巳는 힘만 들고 소득은 없는 시기가 된다. 正官이 있어서 노력은 하겠지만 比肩으로 인해서 자신의 것으로 만드는데 어려움이 있을 조짐이다. 더구나 청년(靑年)의 甲寅은 아무런 쓸모가 없는 공부를 하느라고 시간을 헛되이 보내게 되지 않을까 염려하게 된다. 그나마 다행인 것은 중년(中年)에 辰土를 만나는 것이다. 이로 인해서 그동안 익혀 온 모든 것을 동원해서 자신의 역량(力量)을 확장하고 삶의 기반을 잡게 될 것이니 이보다 다행스러울 수도 없다고 하겠다. 더구나 말년(末年)에 酉金을 만나 인생의 마무리에서 큰 성취를 얻을 수가 있다고 하겠으니 이렇게 되는 것은 그야말로 시간을 잘 타고났다고 해도 될 것이다. 그래서 고생한 보람을 늦게 거둘 수가 있는 것으로 본다.

(2) 세운해석(歲運解釋)

天干의 土金運은 上運이다. 다만 청년의 시기에 들어온다면 土運은 약간 감점이 있을 것이고, 말년에 들어오는 金運도 약간의 감점을 피할 수는 없겠지만 그래도 丁火를 무력하게 하므로 上運은 유지가 될 것이니 다행이다.

地支의 土火金運이 모두 上運인 것은 흔치 않은 일이다. 土運이야 用神이니 당연히 吉하다. 다만 寅木이 부담을 주기는 하지만 巳火로 인해서 크게 나쁘지는 않은 조짐이다. 火運은 모두 辰土를 生하니 上運이 되는 것은 당연하고, 金運도 寅木을 눌러 주고 결실을 촉진시키니 또한 기대가 되는 흐름이다. 그래서 대체로 地支의 運은 吉함이 많으니 다행이지만 水運은 寅木을 살려 주고 木運은 辰土를 힘들게 하므로 꺼리는 시기라고 보고 조심하는 것이 필요하다.

(3) 재운해석(財運解釋)

재물의 인연은 吉하다. 다만 時支에 酉金이 존재하는 것을 봐서는 일찍부터 여유가 있으리라는 기대는 어려울 것이다. 그렇지만 중년으로 들어가면 점차로 재물에 대한 여유가 생기기 시작하여 말년에서는 상당한 부유함을 누릴 수가 있을 것이니 이만하면 재물의 인연에 대해서는 좋다고 할 수 있는 구조이다. 비록 時干의 丁火가 조금 뜯어간다고는 하지만 辰土가 보호해주므로 큰 부담은 없을 것이니 행복한 삶이다.

[191] 乙亥年 己卯月 庚寅日 癸未時

用神과 干支別 運勢의 吉凶		
癸庚己乙 未寅卯亥	用:土(己,未) 喜:火	正印格 財衆用印格

干	甲 下	乙 下	丙 上	丁 上	戊 上	己 上	庚 上	辛 上	壬 下	癸 下		
支	子 下	丑 中	寅 下	卯 下	辰 中	巳 上	午 上	未 中	申 中	酉 中	戌 中	亥 下

(1) 주운해석(柱運解釋)

초년(初年)의 乙亥는 스스로 세상에서 가장 뛰어난 사람이라고 생각을 할 수도 있겠지만 그것이 현실적으로 인정을 받지 못하고 허풍(虛風)에 머물고 말게 될 것이다. 正財와 食神은 자신의 세계에 갇히게 될 가능성이 많은 까닭이다. 청년(靑年)의 己土가 약간의 수용성을 주기는 하겠지만 卯木은 그것을 방해하는 요인으로 작용하게 되어 깊은 영역으로 들어가는데 장애가 될 뿐이니 또한 안타까운 모습이다. 중년(中年)의 寅木도 별반 다르지 않을 것이니 인생의 중반까지도 허둥지둥 살아갈 암시가 된다. 그러다가 말년(末年)의 未土를 만나면서 비로소 약간의 세상 이치를 깨닫고 자신의 세계를 형성하게 되니 또한 대기만성이라고 할 만하다.

(2) 세운해석(歲運解釋)

天干의 火土金運은 모두 기대가 되는 上運이다. 火運은 己土를 生할 것이고, 土運은 癸水를 제어할 것이며, 金運은 乙木을 잡을 수가 있는 까닭이다. 그래서 거침없이 運의 도움을 받을 수가 있다는 것은 큰 자랑이다.

地支의 경우는 이와 반대로 巳午火運을 제외하고는 별 도움이 되지 못한다. 土運은 寅卯木으로 인해서 힘을 쓸 수가 없고 金運은 木을 제어도 하지만 水를 生하는 부작용으로 中運 정도에 머물게 된다. 이로 인해서 天干의 運이 좋은 암시를 갖고 있는 것에 반해서 地支의 運은 오히려 재미가 적은 運으로 작용을 하게 될 것이므로 土運이 中運으로라도 작용하는 것을 다행으로 여기게 된다. 그나마도 말년의 시기에서는 上運으로 활약을 할 수가 있다는 것에 대해서 기대를 할 수가 있는 모습이다.

(3) 재운해석(財運解釋)

재물의 인연은 大凶이니 전생에 짊어지고 온 빚 문서가 가냘픈 몸이 지탱할 수도 없을 만큼 힘들게 할 것이다. 그래서 재물의 인연을 추구한다는 것은 꿈도 꾸지 말고 오로지 학문에 힘써서 수양(修養)을 하고 마음을 다스리면서 직장 생활에서 주어지는 재물만으로 삶을 꾸려가라고 권한다. 그렇지 않으면 일생을 허둥대면서 좌충우돌로 부대끼다가 정신없이 힘든 나날을 보내게 될 암시를 면하기 어려울 것이기 때문이다.

[192] 乙巳年 丁亥月 甲午日 己巳時

用神과 干支別 運勢의 吉凶											
己甲丁乙 巳午亥巳				用: 水(亥) 喜: 金				偏印格 傷官用印格			
干	甲 中	乙 中	丙 下	丁 下	戊 下	己 下	庚 下	辛 下	壬 上	癸 上	
支	子 上	丑 下	寅 下	卯 下	辰 下	巳 下	午 下	未 下	申 中	酉 中	戌 下	亥 上

(1) 주운해석(柱運解釋)

 초년(初年)의 乙巳는 경쟁심과 자만심으로 의욕이 충천(衝天)하는 소년이라고 할 만하겠다. 물론 그것으로 인해서 얻을 것은 없지만 기가 죽어서 왕따를 당할 모습은 아니니 그것도 좋은 그림이 될 수 있는 것이다. 청년(靑年)의 丁亥는 丁火의 활발한 표현력과 亥水의 직관력이 있어서 인생에서 가장 중요한 포인트를 잡을 수가 있는 시기라고 하겠다. 이러한 찬스를 놓치지 않도록 정신력을 집중해서 자신의 능력을 안정화시키도록 해야 할 것이다. 중년(中年)이 되면 다시 고질병(痼疾病)인 자만심이 발동하여 남의 말에 귀를 기울이지 않을 것이고 이러한 채로 말년(末年)이 되면 점점 힘든 나락으로 떨어질 조짐으로 연결이 될 것이니 원하지 않는 노년(老年)이 될 암시가 된다.

(2) 세운해석(歲運解釋)

天干의 壬癸水運은 上運이다. 다만 金運은 壬癸水가 원국에 없기 때문에 쓸 수가 없다. 甲乙木運도 큰 도움이 안 되겠지만 말년에 己土를 잡아 주는 공덕을 감안하여 中運으로 대입하나 중년까지의 상황으로는 下運에 불과하다고 할 것이다.

地支의 金水運은 上運이 된다. 金運은 亥水를 生할 것이고, 水運은 巳午火를 제어해 주기 때문이다. 金運이 청년에 들어와 준다면 上運이 되나 그 외에는 中運에 머물 것으로 봐서 시기를 참작하여 적용시키는 것이 옳을 것이다. 寅卯木運이 下運이 될 수밖에 없는 것은 亥水만 약화시키고 다시 화세(火勢)를 돕기 때문이다. 土가 地支에 있었다면 亥水를 보호하라는 임명이라도 받을 수가 있겠지만 그렇지 못한 상황이므로 쓸모가 없는 運이 되어버리는 것이다.

(3) 재운해석(財運解釋)

재물의 인연을 논하기에는 甲己合이 못내 꺼림칙하다. 日干인 甲木이 用神인 亥水를 바라보고 있어도 아쉬움이 많을 것인데, 하물며 時干의 己土와 합하여 정신이 나가 있으니 用神을 돌아보지 않는 허물을 어찌 면할 수가 있겠느냐는 생각을 해본다면 재물로 인해서 인생의 중요한 부분들을 모두 망치게 될 암시로 밖에 해석을 할 수가 없겠다. 그래서 모쪼록 귀인의 말을 귀담아듣고 자신의 등불로 삼을 수 있기만 바랄 뿐이다.

[193] 壬子年 壬寅月 壬申日 庚子時

用神과 干支別 運勢의 吉凶

庚壬壬壬 子申寅子	用: 木(寅) 喜: 火	食神格 劫衆用食格

干	甲	乙	丙	丁	戊	己	庚	辛	壬	癸
	上	上	上	上	中	中	下	下	下	下

支	子	丑	寅	卯	辰	巳	午	未	申	酉	戌	亥
	上	中	上	上	中	上	上	中	下	下	中	上

(1) 주운해석(柱運解釋)

초년(初年)의 壬子는 형제들과 아옹다옹하면서 재미는 없지만 재미없다는 생각을 할 겨를도 없이 어우러져서 잘 지나갈 것으로 보는 것은 어린 시절이기 때문이다. 청년(靑年)이 되면 壬寅의 寅木을 만나서 비로소 자신이 남들보다 잘할 수가 있는 일을 찾아서 그것을 연마하여 자신이 일생을 의지하게 될 기술로 삼을 인연이 될 것이니 가장 소중한 시기가 된다. 그러나 중년(中年)에 申金을 만나면서 청년에 습득한 기술도 제대로 활용하지 못하고 오히려 그로 인해서 낭패(狼狽)를 볼 수도 있으니 헛된 일에 몰입해서 삶의 길을 힘들지 않도록 노력해야 할 것이다. 말년(末年)의 庚子는 그로 인한 후유증이 염려되는 모습이다.

(2) 세운해석(歲運解釋)

天干의 木火運은 上運이다. 다만 木運은 젊어서 더욱 크게 활약을 할 것이고, 火運은 말년에 빛나게 될 것이니 이와 반대가 된다면 오히려 上運도 中運으로 작용하게 될 수도 있다. 戊己土運이 中運인 것은 원국의 壬水가 너무 왕성해서 어느 정도 잡아 주기를 바라는 마음이기도 하다.

地支의 水木火運이 모두 上運이다. 水運은 원국의 寅申沖으로 인해서 불편한 用神을 달래 줄 수 있으니 다행이다. 木運은 이미 원국에 子水와 寅木이 자리 잡고 있으니 用神 역할을 제대로 할 수 있는 것으로 본다. 다만 火運은 火剋金을 하는 공덕이 있어서 上運이지만 子水를 지나는 동안에는 아무래도 中運으로 숨을 죽이고 가야 할 현실이 안타깝다. 土運도 中運으로 작용할 것이라고 보는 것은 土生金의 위험도 있지만 그럼에도 왕성한 水를 제어하는 공(功)을 조금 더 크게 본 까닭이다.

(3) 재운해석(財運解釋)

재물의 인연을 논하려니 안타깝게도 財星은 月支의 寅中丙火이고 그것은 申中壬水에게 충격을 받아서 상당 부분 손상을 입었으니 이러한 형상으로는 가난한 기술자의 모습을 벗어나기 어렵게 생겼다. 그러므로 기술을 연마해서 격을 높이고 직장에서 자신의 맡은 일을 성실하게 수행하는 것을 목표로 삼아야 할 것이고 삶이 힘들다고 해서 물욕을 다스리지 못하고 무리수를 두게 된다면 그 결과는 예측하기 어려울 것이다.

[194] 丁酉年 乙巳月 己卯日 壬申時

用神과 干支別 運勢의 吉凶		
壬己乙丁 申卯巳酉	用: 火(巳, 丁) 喜: 土	印星格 日弱用印格

干	甲 上	乙 上	丙 上	丁 上	戊 上	己 上	庚 下	辛 下	壬 下	癸 下
支	子 下	丑 中	寅 上	卯 上	辰 中	巳 上	午 上	未 中	申 中	酉 中	戌 中	亥 下

(1) 주운해석(柱運解釋)

초년(初年)의 丁酉는 丁火가 도움이 기대되는 用神이지만 酉金은 오히려 丁火를 무력하게 만드는 역할 밖에는 하지 못하는 모습이기 때문에 좋다가 말기 쉬운 구조이다. 그럼에도 기대가 되는 것은 청년(靑年)의 巳火이다. 月支에서 강력한 힘을 소유하여 日干에게 큰 힘을 실어 줄 것으로 기대가 되는데 이로 인해서 귀인의 도움을 받아서 일생을 누릴 기반을 여기에서 잡게 될 가능성이 많다. 중년(中年)에 들어오는 卯木도 크게 나쁘지는 않을 것으로 보는 것은 巳火를 生하고 있기 때문이다. 다만 말년(末年)의 壬申은 자칫하면 자신의 잘못된 판단으로 인해서 일생 동안 쌓아 놓은 신뢰감에 큰 결함을 남기게 되어 주변으로부터 냉대(冷待)를 받게 될 수도 있으니 주의해야 할 것이다.

(2) 세운해석(歲運解釋)

天干의 木火土運은 모두 上運이다. 木運은 丁火를 生하는 공덕이 있는데 아쉬운 점은 중년 이후로는 도움의 힘이 약하게 되어 오히려 下運으로 대입해야 할 수도 있다는 점이다. 火運은 用神이니 더 말할 나위도 없지만 말년에는 壬水로 인해서 약간의 감점은 있더라도 乙木의 도움으로 上運을 유지할 가능성이 있다. 土運은 말년의 壬水를 제어하기 위해서 존재하는 上運이다.

地支의 木火運도 上運이다. 寅卯木運은 그렇잖아도 강력한 巳火를 확실하게 밀어주는 작용을 하게 될 것이고, 巳午火運은 당연히 木을 설(洩)하고 金을 剋하는 효과를 기대해도 될 것이기 때문이다. 다만 土運을 上運으로 볼 수 없는 것은 地支에 亥子水가 없기 때문에 아무런 역할을 할 수가 없다는 점으로 인해서이다. 日支와 月支가 바뀌었더라면 말년의 상황도 나쁘지만은 않았을 것이라는 아쉬움도 갖게 된다.

(3) 재운해석(財運解釋)

재물의 인연은 忌神의 역할을 맡았으니 凶하다. 그것도 말년에 들어오는 재물의 재앙(災殃)은 '노년(老年)의 빈곤'을 예고하는 것일 수도 있다는 점에서 더욱 경계를 해야 할 장면이다. 스스로 분수를 알고서 근신하면서 맡은 일에만 최선을 다한다면 그래도 나름대로 노후에 대해서 기대를 할 것이 있을 가능성도 없다고는 못하겠지만 말처럼 쉽지 않을 것이다.

[195] 庚申年 己丑月 丁未日 壬子時(夜子時)

用神과 干支別 運勢의 吉凶		
壬丁己庚 子未丑申	用: 木(未中乙木) 喜: 火	偏印格 暗藏用神格
干	甲 乙 丙 丁 戊 己 庚 辛 壬 癸 上 上 上 上 中 下 下 下 下 下		
支	子 丑 寅 卯 辰 巳 午 未 申 酉 戌 亥 下 下 上 上 下 上 上 下 下 下 下 下		

(1) 주운해석(柱運解釋)

 초년(初年)의 庚申은 실속도 없이 바쁘기만 하고 공부도 못하게 되는 불운(不運)의 시기이다. 印星이 用神인 四柱에서 財星의 역할이란 이럴 수밖에 없는 것이다. 청년(靑年)의 己丑도 별반 다르지 않아서 내공도 없이 중요한 일을 맡겠다고 나선다면 공을 세우지도 못하고 헛된 시간만 낭비하게 될까 두렵다. 중년(中年)이 되어서야 겨우 자리를 잡을 수는 있겠지만 丑未沖으로 인하여 불안정한 요인이 내재되어 있으니 모쪼록 신중(愼重)한 마음으로 항상 내면을 잘 살펴 가면서 남의 말에 놀아나지 않도록 해야 하고 말년(末年)의 壬子는 매우 큰 고통을 예고하고 있기 때문에 근신(謹愼)하는 마음으로 작은 일이라도 태산처럼 생각하면서 주의하면 좋을 것이다.

(2) 세운해석(歲運解釋)

天干의 木火運은 上運이다. 다만 어려서의 木運과 말년의 火運은 天干의 상황을 감안하여 다소 낮게 봐야 할 것이다. 戊土運은 壬水를 剋하여 中運의 작용이 가능할 것으로 보이지만 己土運은 제대로 剋하기가 어려워서 下運으로 밖에 작용하지 못할 것으로 본다.

地支의 木火運도 上運이다. 木運이 초년만 제외하면 항상 큰 공을 세울 印星의 運이기 때문에 현명한 활용이 되어야 하겠고 火運이 도움을 주겠지만 또한 地支에 한 점의 木이 없는 상황인지라 아무래도 큰 도움을 기대하기에는 다소 미흡하여 上의 下運 정도로 봐줄 수밖에 없으니 이러한 점을 깊이 새겨서 안정된 삶이 되도록 최선의 노력을 해야 할 것이다.

(3) 재운해석(財運解釋)

재물의 인연은 항상 고통을 부르고 있으니 삶의 방향을 설계함에 있어서 오직 직장에서 일을 찾고 사업에 대한 생각은 절대로 하지 말라고 해야 할 것이지만 食神生財의 구조를 갖고 있으면서 그러한 꿈을 꾸지 말라고 하는 것이 너무 혹독(酷毒)하다고 하지 않을까 싶다. 그럼에도 불구하고 운명(運命)은 에누리가 없다. 그렇기 때문에 마음이 일어나는 것이 운명이라고 생각한다면 그 마음을 다스리는 것이 운명의 불리함을 극복하고 개선하는 것으로 알고 최선의 노력을 다해야 할 것이다.

[196] 丁巳年 庚戌月 壬寅日 壬寅時

用神과 干支別 運勢의 吉凶		
壬壬庚丁 寅寅戌巳	用: 金(庚) 喜: 土, 水	偏印格 殺印相生格

干	甲	乙	丙	丁	戊	己	庚	辛	壬	癸
	下	下	下	下	上	上	上	上	上	上
支	子	丑	寅	卯	辰	巳	午	未	申	酉	戌	亥
	中	下	下	下	下	下	下	下	上	上	下	中

(1) 주운해석(柱運解釋)

초년(初年)의 丁巳는 財星의 부작용으로 공부와는 담을 쌓고 살아가게 될 조짐이 나타나고 있다. 공부를 해야 할 나이에 모든 것을 다 안다고 생각하고 결실만 추구한다면 세월이 지나간 다음에 후회해도 아무런 소용이 없을 것이다. 청년(靑年)에는 다행히 그러한 마음에 방향을 잡도록 도와줄 庚金이 있어서 자신의 미래를 위한 투자가 가능하게 된다. 戌土의 도움도 받고 있으니 또한 저력도 있어 보인다. 그러나 日支의 寅木이 작용하는 중년(中年)이나 時支의 寅木이 작용하는 말년(末年)까지는 열심히 노력함에도 불구하고 갈수록 凶한 결과가 나타나게 된다는 것이 안타깝기만 하다.

(2) 세운해석(歲運解釋)

天干의 土金運은 上運이다. 특히 土運이 청년 시절에 들어와 준다면 큰 도움이 될 것이다. 壬癸水運도 上運이 되는 것은 丁火를 잡아줄 수가 있기 때문이다. 그래서 天干의 運은 대체로 양호한 흐름을 타게 되어서 다행이라고 본다.

地支의 金運은 上運이지만 水運은 巳火를 제어한다고는 하지만 원국에 寅木과 戌土가 있으니 기대를 할 정도로 도움이 되기는 어려우므로 中運 정도에 불과하다. 土運조차도 地支에 한 점의 金도 없기 때문에 기대할 수가 없다. 그래서 天干의 運을 의지해서 세상을 살아가야 할 그림이 안타까운 상황이다. 주로 上運의 작용에 대해서 언급하는 것은 下運은 이나저나 凶하니 논(論)할 필요가 없기 때문이며, 上運만 잘 이해한다면 下運은 쉽게 해결이 될 것이기 때문이다.

(3) 재운해석(財運解釋)

재물에 대해서는 생각하지 말라고 해야 할 상황이니 따지고 보면 대부분의 운명(運命)에서 재물에 대해서 나쁘게 나오는 암시임을 알 수가 있을 것이다. 이것은 재물복(財物福)이 없는 사람들이 상담을 의뢰해서 그렇거나 혹은 대부분의 인생이 그러하기 때문일 것이다. 이 경우에도 재물의 인연은 凶하다고 해야 하겠고 결론은 기술을 배워서 직장으로 방향을 잡으라고 권할 것이며, 가능하면 偏印이 用神이니 철학이나 종교와 관련된 직업도 좋다고 조언할 수 있다.

[197] 丙午年 甲午月 辛巳日 癸巳時

用神과 干支別 運勢의 吉凶		
癸辛甲丙 巳巳午午	用: 金(巳中庚金) 喜: 土[用神級]	劫財格 暗藏用神格

干	甲	乙	丙	丁	戊	己	庚	辛	壬	癸		
	下	下	下	下	上	上	上	上	下	下		
支	子	丑	寅	卯	辰	巳	午	未	申	酉	戌	亥
	下	上	下	下	上	下	下	上	中	中	上	下

(1) 주운해석(柱運解釋)

초년(初年)의 丙午는 인내심도 배우고 인생의 쓴맛도 많이 보면서 세상에 대한 한탄도 많이 하고 극심한 고통을 겪으면서 어린 시절을 보낼 암시가 된다. 청년(青年)에는 甲午의 偏官이 강력하게 고문할 준비를 하고 있으므로 초년과 크게 달라지지 않을 것이다. 이러한 것을 보면 젊은 시절을 고통으로 보내야 할 분위기이다. 중년(中年)은 또 巳火가 자리하고 있으니 마음대로 되지 않는 삶으로 인해서 지칠 대로 지친 상태에서 다시 癸巳를 말년(末年)에서 만나게 되니 이러한 모습으로 봐서는 평생 한순간도 편안하게 지내게 될 여유가 보이질 않는다. 참으로 전생에 지어 놓은 복(福)이 없어도 너무 없다고 해야 할 모양이다.

(2) 세운해석(歲運解釋)

天干의 土金運은 上運이다. 원국에서 도움을 받지 못하기 때문에 運에서 들어오는 印劫은 무조건 반가울 따름이다. 庚辛金運은 초년만 제외하고는 제대로 작용을 할 것이니 기대가 되고, 戊己土運도 甲木의 시기만 제외하고는 도움을 줄 수가 있으므로 이 정도라도 들어오기만 한다면 감사할 따름이다.

地支의 土運은 최상(最上)의 運이다. 원국에 巳午火만 있어서 무조건 日干에게 은혜를 베풀 수가 있기 때문이다. 다만 申酉金運은 기대하기가 어려워서 中運으로만 대입을 하나 地支의 화기(火氣)가 너무 강력하여 웬만한 金이 들어와서는 힘을 쓸 수가 없을 것으로 보이기 때문에 中運이 되기만 해도 다행이라고 할 것이다. 亥子水運은 巳午火를 剋하는 것으로 도움을 줄 수도 있으런만 너무나 허약한 日干이기 때문에 水火의 전쟁으로 인해서 피난도 가지 못하고 고통을 겪어야 할까 염려가 되므로 下運으로 대입한다.

(3) 재운해석(財運解釋)

재물에 대해서 묻기는 하겠지만 답을 할 방법이 없다. 무엇을 물어도 재물에 대해서는 기대하지 말고 힘든 일자리라고 하더라도 인내심으로 견디면 의식(衣食)은 해결이 될 것이라는 말만 반복해야 할 상황이니 오로지 봉사(奉仕)하는 마음으로 공덕을 쌓는다면 말년에는 좋아질 수도 있다는 말로 얼버무리게 되는 것은 실로 노년이 되어두 여유로울 것인지에 대해서는 미지수(未知數)이기 때문이다.

[198] 己酉年 戊辰月 庚辰日 癸未時

用神과 干支別 運勢의 吉凶			
癸 庚 戊 己 未 辰 辰 酉		用: 水(癸) 喜: 木	傷官格 印重用傷格
干	甲 乙 丙 丁 戊 己 庚 辛 壬 癸 上 上 下 下 下 下 中 中 上 上		
支	子 丑 寅 卯 辰 巳 午 未 申 酉 戌 亥 上 下 上 上 下 下 下 下 中 中 下 上		

(1) 주운해석(柱運解釋)

초년(初年)의 己酉는 日干이 원하지 않는 正印과 劫財가 있으니 하는 것마다 답답하고 부모의 말씀도 잔소리로 들릴 것이기 때문에 짜증이 많이 나는 시절이다. 이것은 청년(靑年)이 되어도 크게 달라지지 않기 때문에 세상의 살아가는 모습도 그러려니 할 수도 있겠다. 이렇게 재미없는 나날을 보내면서 왜 열심히 살아야 하는지에 대해서도 감흥(感興)이 없을 듯싶다. 이것은 중년(中年)이 된다고 해도 크게 달라지지 않는다는 것이 안타까운 모습이다. 그나마 다행인 것은 辰中癸水와 辰中乙木을 만났다는 것이다. 이것은 말년(末年)의 癸未에서 투출(透出)되었으니 비로소 자신이 잘할 수 있는 것을 발견하게 되는데 그 또한 未土를 깔고 있으니 아쉬울 따름이다.

(2) 세운해석(歲運解釋)

天干의 水木運은 上運이다. 다만 전반부의 戊己土로 인해서 水運은 중반부터나 힘을 발휘(發揮)하게 되는 것이 아쉽다. 庚辛金運이 中運이라도 되는 것으로 볼 수 있는 것은 時干의 癸水가 너무 약하기 때문이다.

地支의 水木運도 上運이다. 다만 亥子水運을 활용하려면 초년에서나 가능하니 그것도 안타까운 점이다. 申酉金運도 天干의 경우와 마찬가지로 약한 癸水를 조금이나마 도와줄까 싶어서 기대해 보지만 실제로는 干支가 서로 다르기 때문에 큰 도움을 받기는 쉽지 않을 것이다. 기운과 물질은 서로 소통이 되기가 쉽지 않은 까닭이다.

(3) 재운해석(財運解釋)

재물에 대해서 논한다면 잠재력(潛在力)은 가득하다고 하겠으니 때가 되면 내재되어 있던 지장간(支藏干)의 乙木들이 튀어나와서 공(功)을 세우게 될 것이라는 기대를 할 수 있다. 참으로 간절하게 원하는 財星이건만 이렇게 잠만 자고 있으니 日干의 庚金은 답답하기만 할 것이다. 그나마 위로가 되는 것은 '길신암장종신지복(吉神暗藏終身之福)'이라는 것이다. 비록 겉으로 나오진 않았지만 암장(暗藏)되어 있기 때문에 간절한 상황에서는 나타나서 도와줄 수가 있을 것이라는 기대감을 가질 수 있으니 이렇게만 되어도 없는 것보다는 나은 것이다.

[199] 乙卯年 庚辰月 壬寅日 壬寅時

用神과 干支別 運勢의 吉凶		
壬 壬 庚 乙 寅 寅 辰 卯	用: 金(庚) 喜: 土	偏印格 殺印相生格

干	甲 下	乙 下	丙 下	丁 下	戊 上	己 上	庚 上	辛 上	壬 下	癸 下
支	子 下	丑 中	寅 下	卯 下	辰 中	巳 中	午 中	未 中	申 上	酉 上	戌 中	亥 下

(1) 주운해석(柱運解釋)

초년(初年)의 乙卯는 傷官이 들어와서 숨은 재능이 노출되어 신동(神童)이라고 소문이 퍼질 수도 있는 시기이다. 그로 인해서 자만심이 가득하게 자리를 잡을까 염려가 되기는 하지만 다행히도 청년(靑年)의 庚辰이 그러한 걱정을 하지 않아도 된다는 암시를 하고 있다. 귀인의 도움을 받아서 자신의 기반을 탄탄하게 잡을 수가 있기 때문이다. 그런데 중년(中年)과 말년(末年)의 寅木으로 인해서 처음의 습관(習慣)이 튀어나오게 된다면 아무도 말릴 수가 없는 상황으로 일이 진행되어서 마침내는 모든 것을 다 없애버리고 스스로도 아무런 힘이 없는 노년(老年)을 맞이하게 될까 두렵다.

(2) 세운해석(歲運解釋)

 天干의 土金運은 上運인데 특별히 방해할 요소도 보이지 않으므로 제대로 작용을 할 것으로 봐도 될 것이다. 壬癸水運을 下運으로 보는 것은 用神에게는 아무런 도움도 되지 않고 乙木만 살려주고 있는 것이 못마땅해서이다. 그러나 중년 이후에는 中運까지 봐줘도 될 것이다.

 地支의 金運은 上運이 가능하지만 土運은 寅卯木이 강해서 감당을 할 수가 없을 것으로 보여서 中運으로 대입하게 된다. 그러나 상대적으로 申酉金運이 들어오면 제대로 힘을 발휘할 것이니 이러한 시기를 기다려서 목적을 이루도록 하는 것이 좋겠다. 巳午火運을 中運으로 보는 것은 辰土를 生하고 있기 때문이다. 그 외의 상황에서는 고통만 따를 것이므로 또한 시기에 따른 정도를 감안하여 판단하게 된다.

(3) 재운해석(財運解釋)

 재물은 用神을 공격하는 것 말고는 할 것이 없으니 그야말로 '흉물심장양호지환(凶物深藏養虎之患)'이다. 지장간(支藏干)의 凶神은 언젠가 튀어나와서 用神에게 큰 타격(打擊)을 줄 것이고 그로 인해서 삶의 여정이 크게 비틀릴 가능성도 높아지기 때문에 항상 방심하지 말고 호랑이 우리를 잘 단속해야 하는데 도둑을 맞으려면 개도 짖지 않는다고, 호랑이에게 화(禍)를 당하려면 관리를 잘하다가도 잊어버리고 일을 당하기도 하니 만사(萬事)에 주의하는 것이 최선이다.

[200] 丙戌年 壬辰月 丁卯日 戊申時

用神과 干支別 運勢의 吉凶									
戊丁壬丙 申卯辰戌		用: 木(卯) 喜: 水, 火						偏印格 日弱用印格		
干	甲 上	乙 上	丙 上	丁 上	戊 下	己 下	庚 下	辛 下	壬 下	癸 下
支	子 上	丑 下	寅 上	卯 上	辰 下	巳 中	午 中	未 下	申 下	酉 下	戌 下	亥 上

(1) 주운해석(柱運解釋)

초년(初年)의 丙戌은 친구들과 어울려서 즐겁게 지낼 수는 있지만 사회적으로 살아갈 기본기를 연마하기에는 부족한 運이다. 청년(靑年)의 壬辰은 辰土가 傷官이면서도 壬水의 뿌리에 해당하기 때문에 매우 불편한 흐름으로 마음대로 되지 않는 환경(環境)의 부담으로 인해서 스트레스가 상당히 발생할 암시이다. 중년(中年)이 되어서야 卯木의 행운을 만나서 모든 것을 자신의 뜻대로 이룰 수 있는 기초를 갖추는 시기로 기대를 해도 될 분위기이다. 다만 말년(末年)에 戊申을 만났으니 여기에서 염려가 되는 것은 자신의 능력을 과신(過信)하고 돌봐 준 귀인의 조언도 무시하며 과욕을 부리다가 자칫 돌이킬 수 없는 상황에 치달은 후에 후회만 하지 않을까 싶은 것이다.

(2) 세운해석(歲運解釋)

天干의 木火運은 上運이다. 특히 청년의 壬水가 작용하는 시기에 들어오는 甲乙木運은 최상(最上)의 運이라고 해도 좋을 것이다. 이것은 부담만 주는 壬水를 좋은 일 하는 협조자로 바꿀 수가 있으니 그 吉함은 더욱 기쁜 것이다. 火運도 上運으로 손색이 없는 것은 天干에 木이 없어서 木生火를 할 수가 없기 때문이다. 이것은 [199]번 명식의 壬癸水가 下運에 불과한 것과 비교를 하면 이해가 더욱 빠를 것이다.

地支의 水木運도 上運이지만 젊어서 들어오는 水運은 별 의미가 없으니 下運으로 작용하다가 중년이 되어서 들어오게 되면 大吉하게 작용할 것이니 또한 上運도 원국의 상황에 따라서 吉함의 차이는 크게 벌어진다는 것을 이해할 수 있다. 巳午火運이 中運에 불과한 것은 申金을 다스려 주지만 卯木을 설하고 원국에 辰戌土가 있기 때문이다.

(3) 재운해석(財運解釋)

재물은 時支의 申金이니 더 말을 할 것이 없다. 중년에 얻은 것을 죽을 때까지 잘 관리하지 않으면 말년에 빈곤함으로 인해서 후회를 해봐도 아무런 소용이 없다는 것을 알게 될 때에는 이미 모든 것을 다 잃고 난 다음일 것이기 때문이다. 그리고 그렇게 될 가능성이 많은 것 또한 운명이라고 해야 할 것이니 이러한 것이야말로 숙명론(宿命論)인 것이다. 그러니 운명을 바꾸려거든 지독(至毒)하게 열심히 노력을 하는 수밖에 없다.

제4장 六親分析

1. 육친궁(六親宮)의 이해

 운세(運勢)를 살피는 과정에서 用神으로 吉凶을 살피는 것도 중요하지만, 인간은 어차피 혼자서 살아갈 수가 없으니 가족관계에서 살피는 것도 그에 못지않게 중요하다는 것을 생각하여 이번의 제4장은 육친(六親)의 運에 대해서 생각을 해 보도록 마련했다.
 원래 처음 계획으로는 300개의 四柱에 대해서 운세(運勢)에 대한 설명을 하려고 했었는데 200개의 설명을 하다 보니, 이 정도라면 더 설명을 하지 않아도 나름대로 운세를 대입하는 능력이 자리를 잡을 수 있겠다는 생각이 들어서 오히려 100개의 명식은 육친에 대한 관찰법을 설명함으로써 그야말로 運에 대한 모든 것을 정리할 수 있도록 하는 것이 더 좋겠다는 생각이 들어서 마련된 장이기도 하다.
 육친궁(六親宮)에 대한 대입은 두 가지로 가능하다. 그 하나는 원국에서의 암시(暗示)이고 또 하나는 運에서의 변화이다. 이러한 차이점을 살펴서 관찰하게 된다면 자신의 문제와 더불어서 가족에 대한 관점도 살펴볼 수 있는 실마리를 얻을 수가 있을 것이다. 이러한 것으로 인해서 관찰력은 점점 넓어지고 또 깊어진다고 할 수 있을 것이니 기본적인 이치만 잘 이해하게 되면 응용하는 문제는 그리 어려울 것이 없다고 본다.

1) 육친성(六親星)과 육친궁(六親宮)

 육친을 한글로 쓰면 같은 말이지만 한자로 표시하게 되면 '육친(六親)'과 '육친(肉親)'으로 구분을 할 수가 있다. 여기에서 고기육(肉)의 육친을 쓰지 않고 여섯육(六)의 육친을 쓰는 이유가 있다. 그것은 피가 서로 통하는 관계를 육친(肉親)이라고 할 경우에는 부부(夫婦)가 들어갈 자리를 확보할 수가 없기 때문이다. 부부는 남남끼리 만나서 의지하고 살다가 또 인연이 다하면 그렇게 돌아서서 남이 되는 관계이다. 그래서 육친(肉親)으로 표시하기에는 어색한 존재임을 감안한다면 육친(六親)으로 대입하는 것이 오히려 자연스러울 것이다. 이제부터 육친이라고 하면 모두가 육친(六親)을 의미한다고 생각하면 되겠다.
 고래(古來)로부터 육친이라고 하게 되면 부(父), 모(母), 형(兄), 제(弟), 처(妻), 자(子)를 말하는 것으로 되어 있다. 물론 다분히 남성 위주로 등장하는 이름이 된다. 그래서 여성도 고려한다면 형제자매(兄弟姉妹)로 하고, 부처(夫妻)로 대입하면 아무런 문제가 없이 정리될 것이다. 그리고 육친궁도 이에 준해서 형성이 된다는 것도 당연한 것이다.

육친성(六親星)은 그야말로 四柱에서 어디에 있든 대입할 수 있다. 正印은 어머니이고 正官은 남편이라고 보는 것을 말하며 상당히 많은 명리학자들은 실제로 육친을 이렇게 대입하기도 한다. 그러나 이렇게 대입하는 과정에서 문제점이 발생하게 되는데, 가령 正財가 없으면 아내가 없다고 하게 되고, 正印이 없으면 어머니가 없다고 하는 난센스가 발생할 수도 있는 것이다. 물론 그렇게 되면 '있어도 없는 것과 같다.'라고 하는 편법(便法)을 동원해서 설명해야 하겠지만 여하튼 구차한 것은 사실이다.

그래서 육친성으로 대입하는 것은 가족 이외의 것에 한해서 적용하도록 하고, 가족은 육친궁(六親宮)으로만 대입을 하게 된다는 점을 분리해서 이해하도록 한다. 그러니까 어머니는 모친궁(母親宮)에서 찾고 이모님은 正印에서 찾으면 되는 것이다. 이모가 正印이 되는 것은 어머니와 같은 등급이기 때문이다. 물론 생각하기에 따라서 偏印으로 대입을 할 수도 있을 것이다. 그렇지만 외삼촌을 편인으로 보는 것은 어머니와 陰陽이 다르기 때문에 타당하다고 하겠지만 어머니와 같은 여성인 이모를 正印으로 보지 않아야 할 이유는 없다고 생각된다.

참고로, 하건충(何建忠) 선생의 저서 《千古八字秘訣總解(천고팔자비결총해)》에서 「남편궁(男便宮)은 월지(月支)로 논하고, 처궁(妻宮)은 일지(日支)로 논한다.」고 하였는데 이 점에 대해서는 오랜 시간을 두고 심사숙고(深思熟考)를 하였으나, 결국은 부부(夫婦)는 동격(同格)으로 대입하는 것이 관념적(觀念的)으로나 시대적(時代的)으로나 타당할 것으로 봐서 낭월의 견해(見解)로 수정했다는 점도 밝혀 둔다. 하건충 선생의 관점은 여성의 입장에서 전업주부로 사는 것과 직장 생활을 하는 것이 모두 正官에 속한다고 보아서 월지의 정관궁(正官宮)으로 대입하였지만, 세월은 항상 변하는 것이고 보면, 맞벌이의 시대에서도 그렇게 논한다는 것은 이치에 합당하지 않아서 수정하는 것이 옳겠다고 판단을 한 것이다.

2) 부모궁(父母宮) [年干-父, 年支-母]

 선천적으로 부모의 인연이 어떠한지를 살펴보기 위해서는 年柱에 어떤 작용을 하는 글자들이 있는지를 보고서 확인한다. 그러니까 用神을 찾은 다음에는 부모의 자리에 用神이 있다면 부모의 인연이 나에게 도움을 준다고 해석하고, 忌仇神이 자리를 잡고 있다면 부모의 도움은 고사하고 오히려 나를 힘들게 할 수도 있다는 것으로 해석하게 된다. 그리고 閑神이라고 한다면 기대를 할 것도 없고 그렇다고 해로울 것도 없으니 그냥 각자 기본적인 의미로써 나를 낳아주셨다는 정도로만 이해를 하면 되는 것이다.

 나아가서 年柱의 干支를 통해서 부모의 사이도 살펴볼 수가 있을 것이다. 물론 이것은 해당 日干의 주인공의 관점이라는 것을 전제로 한다. 그래서 자녀가 셋이면 셋이 보는 부모의 관계도 모두 다르다는 것을 알 수가 있는 것이다.

 부모를 나눠서 대입하면 年干을 부친(父親)으로 보고 年支를 모친(母親)으로 보게 되지만 묶어서 대입하게 될 경우에는 그냥 年支를 위주로 대입하기도 한다. 이러한 점은 항상 가족은 地支가 중요하다는 것을 의미하기도 하므로 참고하여 적용시키면 된다. 年干을 부친으로 본다는 이야기는 하건충 선생의 관점이고 타당성도 있지만 묶어서 年支로만 봐도 대부분의 경우에는 설명이 되는 것을 확인한다. 다만 부모의 인연이 각기 다른 경우에는 나눠서 살펴보면 좀 더 수월한 점을 발견할 수도 있다는 것으로 이해를 하면 될 것이다.

다음은 세운(歲運)과 부모의 인연을 놓고 살펴볼 수도 있다. 그러니까 年支에 午火가 있는데 甲寅年이라고 한다면 어머니나 부모님이 왕성하게 활동한다고 해석을 하고, 그 활동이 내게 도움이 될 수 있으려면 年支의 午火가 喜用神이어야 한다는 조건을 이해하면 되는 것이다. 또 壬子年에는 午火가 剋을 받을 것이므로 부모나 특히 어머니에게 어려운 일이 발생한다고 해석하게 되는 것이니 이러한 것을 분석하여 적용한다면 어렵지 않게 매년 부모의 상황을 살피는 힌트를 얻게 되는 것이다.

다만 그 유효시한(有效時限)은 부모가 살아 계신 동안이다. 세상을 떠난 다음에는 나에게 직접적으로 어떤 영향력을 줄 수가 없으므로 논하지 않는다. 다만 영혼에 대해서도 적용을 시켜보고 싶다면 말리지는 않겠지만 또한 자평명리학과는 다른 이야기이므로 각자 알아서 참작(參酌)하라는 말을 남긴다. 즉 그렇게도 대입을 해 볼 수는 있을 것이라는 여운을 남겨두고자 하는 것이다. 그렇다고 이것을 논리적으로 부모의 사후(死後)에도 어떤 연결고리를 읽을 수가 있다고 하는 것은 자칫하면 혼란을 발생시킬 수도 있다고 봐서 권하지는 않을 참이다.

年柱는 柱運으로 대입하면 어린 시절이다. 그러므로 부모의

運과 어린 시절은 서로 겹치게 되어 있는데 이것도 이치적으로 타당하다. 왜냐하면 어려서는 부모의 영향은 막대하기 때문이다. 그러므로 나이가 들어서 중년으로 바뀌게 된다면 오히려 부모궁의 인연과 부모의 인연은 덜 중요하다고 할 수도 있는 것이다. 다만 어린 시절에는 스스로 할 수 있는 일이 많지 않기 때문에 부모의 슬하에서 많은 영양분을 받으면서 성장을 해야 하는 것이니 중요하지 않을 수가 없는 것이다.

그러니까 日干이 약(弱)하고 年柱에 凶神이 있으면 부모의 도움을 받지 못하기 때문에 힘겨운 어린 시절을 보낼 수도 있다고 판단할 수 있다. 다만 총체적으로 본다면 어린 시절은 이내 지나가고 말기 때문에 年柱에 있는 것이 忌仇神이든 喜用神이든 영향을 미치는 정도가 미약하다는 점도 참고로 알아둔다.

3) 형제궁(兄弟宮) [月支-자매도 포함]

형제궁의 의미는 날이 갈수록 퇴색(退色)하는 느낌도 있다. 왜냐하면 점점 자녀들이 하나 아니면 둘이기 때문이다. 그래서 비중은 줄어들 수도 있겠다는 생각을 해 보는 것은 형제자매가 아니면 그 자리에 들어올 수가 없기 때문이다. 혹 친구도 해당이 될 수는 있겠지만 그것은 比肩이나 劫財로 대입해야 할 대상이지 月支에 대입할 것은 아닌 까닭이다.

그리고 혼자일 경우에는 月支는 대입을 할 형제가 없다고 보면 될 것이다. 그래서 부모가 돌아가신 것과 같은 관점으로 대입하여 사회궁(社會宮)으로만 살피면 된다는 것을 알아 두도록 한다. 설명을 할 경우에는 "형제나 자매가 있었다면 이럴 것이다."라는 정도로 설명할 수 있겠다.

형제의 인연은 月支에 있는 글자가 喜用神 이거나 忌仇神에 따라서 살펴보면 되는 것은 年柱의 경우와 다르지 않으므로 의미만 잘 알면 어렵지 않게 대입을 할 수 있을 것이다. 참고로 月干에는 육친이 없으므로 대입하지 않는다.

4) 부부궁(夫婦宮) [日支]

결혼을 하게 되면 배우자가 존재하게 되므로 日支에 그 의미를 부여하면 된다. 그리고 세상을 살아가는데 가장 중요한 인간관계일 수도 있으므로 특히 세심하게 살펴야 하고, 지장간(支藏干)의 吉凶까지도 모두 살펴서 판단하게 되니 가장 중점적으로 보는 것이 부부궁(夫婦宮)이기도 하다.

日支의 비중이 크기 때문에 심지어는 日支에 있는 글자의 상대방 日干을 만나게 된다는 말까지도 할 수 있을 정도이다. 무슨 의미냐면, 甲子 日柱일 경우라면 배우자로 癸水를 만나게 될 가능성도 적지 않다는 것이다. 이것이 그냥 10분의 1이라고 보는 것이 아니라 30~40%는 되지 않을까 싶을 정도로 상당히 많은 경우를 발견하게 되어서 이것도 무슨 관계가 있지 않을까 싶은 생각은 해 봤는데 아직 확신하게 정설(定說)로 삼을 수가 없는 것은 60%까지는 아닌 것 같아서이다. 그냥 그런 작용도 있는 것 같다고 보는 정도로 참고하기 바란다.

물론 부부궁에 따라서 배우자의 선악(善惡)을 살펴볼 수도 있는데 이것을 낭월은 전생(前生)의 인연이라고 설명한다. 그러니까 부부의 인연은 전생에서 온다는 《滴天髓(적천수)》의 설(說)을 참고한다면 당연히 日支는 전생의 인연이라고 할 수밖에 없을 것이기 때문이다. 그러므로 日支에 喜用神이 있으면 배우자의 도움이 큰 것으로 대입하고, 반대로 忌仇神이 있으면 고통이 많이 생길 수가 있다고 해석을 하는 것이다.

물론 日支에 凶神이 자리를 잡고 있을 경우에는 늦게 결혼을 하라고 하거나, 혼자 사는 것도 좋겠다는 설명을 해 주기도 한다. 그리고 이러한 영향력은 중년(中年)에 더욱 강하게 발생하기 때문에 가끔은 日支에 喜用神이 있음에도 불구하고 부부 인연이 고통스러운 경우도 접하게 되는데, 이러한 상황을 어떻게 이해를 해야 할 것인지에 대해서 궁리를 많이 해 보니 너무 일찍 만나서 그렇다는 것으로 결론을 내리게 되었다.

그러니까 늦게 결혼을 했더라면 좋은 인연을 만날 암시가 되는데 너무 일찍 인연을 만나는 바람에 자신의 배우자복(配偶者福)보다 손해를 보고 있다는 이야기이다. 그런 경우에 이혼을 상담한다면 "말리지는 못한다."라고 말하고 결혼을 이야기하면 천천히 하라고 권하게 되는 것이다. 특히 궁합(宮合)에서는 상대방의 日干도 매우 중요한데 가능하면 用神에 해당하는 日干이기를 권하게 된다.

그런데 놀라운 것은 배우자궁(配偶者宮)이 忌仇神이면 만나는 상대방의 日干도 그렇게 되는 경우가 적지 않게 발견된다는 것이다. 그래서 운명을 피할 수는 없는 것인가 싶은 생각도 해

보곤 하는데 그래도 운명을 개선하는 방법을 묻는다면, 인물도 보지 말고, 학력도 보지 말고, 재력도 보지 말고 四柱를 봐서 用神으로 작용하는 배우자를 만나면 그냥 결혼부터 하고 보라는 권유를 하게 되는 것이다. 이렇게 말하는 것은 자신의 마음에 필(feel)이 꽂히는 배우자가 바로 운명의 짝이기 때문이다.

좋은 궁합의 인연을 권해 줘도 도무지 정(情)이 가지 않는다고 말하는 경우에는 이러한 운명의 끈이 얼마나 질긴 것인지를 다시 생각해 보는 단서가 되기도 한다. 그리고는 마침내 자신의 운명에 걸맞은 배우자를 선택한 다음에 다시 이혼상담을 하러 찾아오게 되는 과정으로 이어진다는 것은 운명의 끈이 얼마나 집요한 것인지를 보여 주는 것이라고 하겠다.

그리고 결혼을 하지 않은 경우나 이혼을 하여 배우자가 없는 경우에는 이러한 대입을 할 필요가 없다. 그냥 자신의 영혼이 머물 집에 해당하는 신궁(身宮)으로 대입하는 것으로 충분하고 중년(中年)에 작용을 하게 될 柱運으로 보면 된다. 참고로 배우자가 혹시라도 동성(同性)일 경우라고 하더라도 작용하는 것은 그대로 대입하면 되므로 이러한 문제에 대해서 고민을 할 필요는 없다.

5) 자녀궁(子女宮) [時支]

자녀(子女)에 대해서 나와 어떤 관계인지를 살펴보기 위해서는 時支의 吉凶을 살펴보면 된다. 時支에 用神이 있으면 자녀에게 도움을 받을 것이고, 忌神이면 매사에 자녀들로 인해서 힘든 일이 발생하게 될 암시로 해석하면 되는 것이다. 用神과 忌神의 중간에 있는 작용은 이에 준해서 가감(加減)하여 판단하면 될 것이므로 일일이 설명하지 않아도 될 것으로 본다. 그리고 運이 들어와서 時支를 生할 경우에는 吉凶의 암시도 증가한다고 보고, 반대로 剋할 경우에는 감소한다고 생각하면 크게 벗어나지 않을 것이다.

아울러서 時柱는 말년(末年)도 암시하므로 자녀의 작용과 함께 자신의 노년(老年)에 대해서도 참고를 할 수가 있다. 하나의 위치에서 살펴봐야 할 의미는 다양하기 때문에 다중 프레임이라고 하고, 겹겹이 쌓여 있는 프레임 중에서 내가 보고자 하는 것을 열어서 吉凶을 살펴볼 수가 있다. 그리고 프레임은 달라도 해당 위치에서 암시하고 있는 내용은 크게 달라지지 않는다는 것을 알게 되면 해석에 큰 어려움이 없을 것이다. 그러니까 時支의 吉凶에 대한 것을 잘 해석하면 다른 것에 대해서도 해당하는 위치의 吉凶에 따라서 비슷하게 풀이가 되기 때문이다.

다만 자녀궁(子女宮)은 좀 주의해서 살펴봐야 한다. 그것은 출생한 시간이 달라진다면 결과도 달라질 수가 있으므로 상담 의뢰자의 나이가 60세를 넘었다면 대략 현실적인 부분을 감안하여 정확도에 대해서 참고를 할 수가 있겠지만 젊은 경우에는 자칫하면 엉뚱한 時柱를 적용시켜서 해석할 수도 있다는 것을 주의해야 한다. 다만 너무 걱정할 필요는 없으니, 대체로 두 시진(時辰) 정도의 변수가 있으므로 앞의 時柱나 뒤의 時柱를 적용시켜서 참작해 보면 어느 정도 판단을 하는 기준이 생기게 된다. 이러한 부분에 대해서 참고를 할 수만 있으면 그대로 적용시켜서 吉凶을 판단함에 도움이 될 것이다.

 그럼 이제부터 100개의 四柱를 놓고 육친궁(六親宮)의 吉凶에 대해서 살펴보도록 한다. 기준을 삼기 위해서 用神에 대한 표와 운세의 吉凶에 대해서는 그대로 살려두도록 하고, 육친궁(六親宮)에 대하여 설명한다면 이해에 큰 문제는 없을 것으로 본다.

[201] 戊午年 甲子月 甲子日 甲子時

用神과 干支別 運勢의 吉凶											
甲甲甲戊 子子子午				用: 火(午) 喜: 土				傷官格 傷官佩印格			
干	甲 下	乙 下	丙 上	丁 上	戊 上	己 上	庚 中	辛 中	壬 下	癸 下	
支	子 下	丑 中	寅 中	卯 中	辰 中	巳 中	午 中	未 上	申 下	酉 下	戌 上	亥 下

(1) 父母因緣

부친은 재물로 나를 도와주려고 하고, 모친은 재능을 발휘할 수 있도록 도와주려는 노력이 상당하다. 그럼에도 불구하고 子午沖으로 큰 손상을 받아 기본적인 힘이 없어서 돕지 못하는 것이 안타깝다.

(2) 兄弟因緣

형제는 고통만 안겨 주는 존재이니 기대를 할 것이 전혀 없다. 더구나 子水가 셋이 있어도 月支의 子水가 직접적으로 用神을 剋하고 있으니 최악(最惡)이다. 형제와는 무엇을 하더라도 자신만 손실을 입게 될 암시가 크므로 주의해야 한다. 자칫하면 나에게 가장 소중한 것을 형제들이 빼앗아 가게 되어 돌이길 수 없는 타격(打擊)을 입을 수도 있기 때문에 최대한 멀리 하는 것을 권한다.

(3) 夫婦因緣

부부도 마찬가지로 사사건건(事事件件) 고통스러운 인연만 될 뿐이다. 다만 형제 인연보다는 나은 것으로 보는 것은 직접적으로 用神을 剋하지 않는다는 정도일 뿐이다. 이러한 凶함을 막을 수 있는 運은 辰戌丑未土가 들어와야만 가능하겠고, 寅卯木運이 들어온다고 해도 기대를 할 것은 없다. 부부궁이 불미(不美)하니 가정도 재미가 없어서 집에 들어가기조차 싫을 수도 있으니 오히려 혼자서 살아가는 것에 대해서도 생각을 해 봐야 할 것이다.

(4) 子女因緣

어쩌면 자녀궁조차도 子水가 진(陣)을 치고 있으니 항상 어려서 부모님에게 받은 사랑에 대해서만 그리워하고 배우자와 자녀의 인연은 고통으로 기억이 될까 염려스럽다. 아울러서 말년(末年)도 쓸쓸하게 진행될 암시가 크다고 하겠으니 이런 암시로 본다면 다른 계획은 세우지 말고 일찌감치 부모님이 경영하던 가업을 이어받아서 잘 운영하는 것으로 목표를 세운다면 凶한 암시를 최소화로 줄일 수가 있을 것이다.

[202] 戊戌年 辛酉月 庚寅日 壬午時

用神과 干支別 運勢의 吉凶		
壬 庚 辛 戊 午 寅 酉 戌	用: 水(壬) 喜: 木	食神格 食神見官格

干	甲	乙	丙	丁	戊	己	庚	辛	壬	癸
	上	上	中	中	下	下	中	中	上	上

支	子	丑	寅	卯	辰	巳	午	未	申	酉	戌	亥
	上	下	中	中	下	下	下	下	中	中	下	上

(1) 父母因緣

年柱가 戊戌이니 부모의 인연은 凶하다. 내가 하고자 하는 일에 사사건건 간섭을 하고 힘들게 하여 반발(反撥)하고자 하는 마음이 생기기도 한다. 이로 인해서 일찍이 집을 떠나서 자수성가(自手成家)를 하려는 마음까지도 생길 수가 있으니 고향의 인연이 약하다는 말도 할 수 있는 구조이다.

(2) 兄弟因緣

형제의 인연은 내 것을 빼앗아 가려는 존재들에 불과하고 도움은 전혀 되지 않을 암시이다. 이로 인해서 마음에 상처도 많이 받을 수가 있으므로 무슨 일이든 형제와 의논하지 말고 스스로 판단해야 할 것이며, 함께 할 일이 생기더라도 매사에 조심하고 서류적인 부분에 대해서도 명확하게 처리를 해야 나중에 후회를 하지 않을 것이다.

(3) 夫婦因緣

日支의 寅木이 喜神이기 때문에 배우자는 내가 원하는 대로 최대한 따라주려고 노력하는 사람이다. 다만 時支의 午火를 生하고 있는 것이 맘에 걸린다. 이것은 나를 돕다가 마음에 들지 않으면 오히려 자녀에게 맘을 돌려서 자녀로 하여금 나를 힘들게 할 수도 있기 때문이다. 그래서 배우자에게 무리한 요구를 하지 말고 조심해서 도움을 받도록 해야 할 것이고 자칫 방심하다가 뒤통수를 맞는 일이 없도록 해야 할 것이다.

(4) 子女因緣

자녀궁에 正官이 있으면서 用神도 아니니 자식으로 인해서 힘든 일이 생길 수도 있고, 그 원인을 배우자가 제공할 수도 있다는 것을 잘 살펴서 이러한 일이 생기지 않도록 조심하는 것이 현명하다. 그리고 자녀와 대립하지 말고 웬만하면 원하는 대로 들어주기를 권한다. 어차피 협력해야 하기 때문이다. 물론 말년(末年)을 자녀에게 의지할 생각은 하지 않는 것이 좋을 것이다.

[203] 辛亥年 庚寅月 戊午日 庚申時

用神과 干支別 運勢의 吉凶			
庚戊庚辛 申午寅亥		用: 火(午) 喜: 木	正印格 殺印相生格
干	甲 乙 丙 丁 戊 己 庚 辛 壬 癸 下 下 上 上 中 中 下 下 下 下		
支	子 丑 寅 卯 辰 巳 午 未 申 酉 戌 亥 下 中 上 上 中 上 上 中 中 中 中 下		

(1) 父母因緣

年柱의 辛亥는 喜用神이 되지 못하니 부모의 인연도 기대를 할 것이 없다고 하겠다. 부친은 나에게 끝없이 돌봐달라고 할 것이고, 모친은 내가 하는 일에 대해서 부담만 줄 뿐이니 부모에 대해서는 기대를 하지 말고 서둘러서 자신의 능력으로 세상을 살아가기 위해서 적극적으로 노력을 하는 것이 최선이다.

(2) 兄弟因緣

형제궁의 寅木을 보면 나를 힘들게 할 암시이지만 日支의 午火를 生하는 역할도 하고 있으므로 사회적으로 뭔가 하려는 것에 대해서는 도움을 줄 수도 있을 것으로 기대가 된다. 그래서 가정적인 일에는 협조하지 않더라도 밖에서 하는 일에 대해서는 도움을 받아도 좋을 것이니 상황에 따라서 판단을 해야 할 인연이다.

(3) 夫婦因緣

日支에 用神이 있으니 부부 인연은 최상(最上)이라고 해도 될 것이다. 모든 어려움을 다 해결해 주는 능력자이고, 나를 위해서 어떤 일이라도 감당을 할 준비가 되어 있는 사람을 만날 인연이니 이러한 인연이라면 어떤 일이라도 함께 뜻을 모아서 헤쳐 나갈 수가 있을 것으로 본다. 가장 협력자를 필요로 하는 중년(中年)에 가까이에서 도움을 받을 수가 있다는 것은 자랑할 만한 인연이다. 이러한 인연에 의해서 만사(萬事)는 형통(亨通)으로 풀려가게 될 것이다.

(4) 子女因緣

時支의 申金을 보면 자녀의 인연은 부담으로 봐야 할 모양이다. 日干의 기운을 소모시키는 역할 밖에는 할 수가 없을 것이기 때문이다. 다행인 것은 日支의 부부궁에서 火剋金을 하고 있기 때문에 大凶으로 이어지지는 않을 것이라는 점이다. 그래서 자녀에 대해서 직접적으로 나서서 해결하려고 하지 말고 배우자와 의논하는 것도 좋은 처리 방법이 된다는 것을 평소에 알아두는 것도 중요하다.

[204] 壬子年 乙巳月 壬申日 壬子時(夜子時)

用神과 干支別 運勢의 吉凶											
壬壬乙壬 子申巳子				用: 木(乙) 喜: 火				傷官格 傷官生財格			
干	甲 上	乙 上	丙 上	丁 上	戊 中	己 中	庚 下	辛 下	壬 下	癸 下	
支	子 下	丑 中	寅 上	卯 上	辰 中	巳 上	午 上	未 中	申 下	酉 下	戌 中	亥 下

(1) 父母因緣

年柱의 壬子는 부모가 모두 부담을 주는 암시이다. 자신의 능력을 발휘(發揮)하고자 해도 모두 막고 나서서 별로 도움을 주지 못할 것이니 아쉬움이 많다. 부친은 그래도 乙木을 生하고 있으므로 협조적인 마음도 없진 않겠으나 모친은 巳火를 剋하여 나의 결실을 방해(妨害)하고 있으므로 웬만하면 모친과는 의논하지 말고 그냥 알아서 처리하는 것이 현명하다고 할 것이다.

(2) 兄弟因緣

형제궁의 巳火를 보면 내가 간절히 원하는 재물의 인연을 가져다주고 있으니 이보다 더 고마운 인연도 없을 것이다. 그래서 형제자매와 더불어서 사업을 한다면 혼자 하는 것보다 훨씬 풍성한 결실을 얻게 될 것이므로 특별히 좋은 관계를 유지하라고 권한다. 그러나 日支의 申金으로 인해서 갈등의 여지가 발생할 수도 있으니 괜히 고집부리지 않도록 해야 할 것이다.

(3) 夫婦因緣

배우자의 자리에 있는 申金이 항상 부담의 씨앗을 안고 있다는 것이 못내 아쉽다. 偏印인 것을 보면 항상 부정적인 관점으로 잔소리를 하므로 피곤해서 나중에는 의논하기조차 싫어져 점점 냉랭(冷冷)한 부부 인연이 될 조짐도 다분하다고 하겠으니 모쪼록 배우자의 日干은 木으로 태어난 사람을 찾으라고 권하게 된다. 특히 형제와 벌이는 사업에 대해서는 절대로 의논하지 말 것을 권한다. 배우자의 간섭으로 인해서 형제와의 사업에도 먹구름이 끼일 암시가 되는 까닭이다.

(4) 子女因緣

자녀는 배우자와 한통속으로 움직일 가능성이 많으니 또한 주의해야 할 인연이다. 이것은 年柱와 같은 壬子가 되었으니 그 의미도 비슷하다고 해석한다. 특히 배우자와 같이 움직이므로 갈수록 자신과는 갈등의 골이 깊어질 수밖에 없으니 얽히지 않고 각자의 삶을 살아가도록 노력하는 것이 최선이다.

[205] 壬寅年 乙巳月 癸未日 庚申時

用神과 干支別 運勢의 吉凶		
庚癸乙壬 申未巳寅	用: 金(庚, 申) 喜: 水	正印格 日弱用印格

干	甲	乙	丙	丁	戊	己	庚	辛	壬	癸		
	中	中	下	下	中	中	上	上	上	上		
支	子	丑	寅	卯	辰	巳	午	未	申	酉	戌	亥
	上	中	下	下	中	下	下	中	上	上	中	上

(1) 父母因緣

年柱의 壬寅은 부친의 도움은 좋지만 모친은 나를 힘들게 하는 구조로 해석한다. 그래서 어려서 부모의 인연에 대한 기억은 특별히 좋다고 하기는 어려울 것이다. 그냥 피곤한 느낌을 갖게 되는 암시이다.

(2) 兄弟因緣

형제 인연은 巳火를 만났으니 내 맘대로 되는 것처럼 생각이 되겠지만 결국은 내 재물의 손실을 가져올 수가 있으므로 함께 사업을 한다거나 금전 관련해서 인연이 되는 것은 신중하게 판단하고 조심해서 회피(回避)하는 것을 최선으로 삼게 된다. 그렇지 않으면 두고두고 갈등의 골을 메울 방법을 찾지 못하여 힘들게 될 가능성이 커진다. 형제가 내 말을 듣는 것처럼 하면서 결과적으로는 나를 힘들게 하는 것도 운명의 암시라고 할 것이다. 그러므로 미리 이러한 조짐(兆朕)을 알고 예방하는 것을 권한다.

(3) 夫婦因緣

배우자의 인연은 한술 더 뜬다. 未土는 偏官이니 고통을 심하게 받을 암시이다. 그리고 형제의 인연이 부채질을 해서 더욱 곤란해질 암시도 되므로 항상 긴장하고 조심해서 문제가 될 일은 사전에 철저하게 방비(防備)를 해야만 나중에 후회를 할 일을 만들지 않을 것이다. 다만 자녀에게 도움을 주는 공덕(功德)도 없다고는 못할 것이므로 자녀를 통해서 의견을 주고받는 방법도 권장해 볼 만하다.

(4) 子女因緣

자녀의 申金을 보면 세상의 모든 고통과 근심을 다 잊어도 될 정도로 기쁨이 가득한 인연이다. 그래서 예로부터 時柱를 잘 타고나야 한다고 했는데 이렇게 말년(末年)에 자녀궁에서 用神을 만났을 경우를 두고 한 말일 것이다. 특히 正印인 것을 보면 노후의 의식주(衣食住)는 일체 염려하지 않아도 모두 해결을 해 줄 수가 있을 것으로 기대해도 된다. 이러한 암시라면 자녀는 알뜰하게 챙겨서 돌봐야 할 것이다.

[206] 乙亥年 戊寅月 庚寅日 乙酉時

用神과 干支別 運勢의 吉凶										
乙庚戊乙 酉寅寅亥		用: 土(戊) 喜: 火, 金				偏印格 財衆用印格				
干	甲 下	乙 下	丙 上	丁 上	戊 上	己 上	庚 中	辛 中	壬 下	癸 下
支	子 下	丑 中	寅 下	卯 下	辰 中	巳 下	午 下	未 中	申 中	酉 中	戌 中	亥 下

(1) 父母因緣

年柱의 乙亥는 기대하기 어려운 성분이다. 乙木은 忌神이고 亥水는 乙木을 生하고 있으니 또한 仇神이다. 그래서 부모의 인연은 남보다도 못하다고 하는 말을 두고두고 하게 되지 않을까 염려가 된다. 그렇지만 또한 인연이니 어쩔 수가 없다고 봐서 최대한 빨리 자립(自立)하여 집을 떠나는 것이 상책이라고 할 것이나 그것조차도 마음대로 되지 않을 것이라고 보는 것이 또한 운명의 작용이다.

(2) 兄弟因緣

형제자매는 부모와 한통속이라는 생각이 들 정도로 나에게 불리한 방향으로만 생각하고 행동할 암시가 되니 외로운 인연이다. 그렇다고 마음대로 되지 않는다고 해서 슬퍼하지 말고 과감하게 기대하는 마음을 접는 것으로 스스로 상처를 입지 않도록 해야 할 것이다. 형제가 寅木의 甲木과 丙火의 작용으로 앞에서는 말을 듣는 척하고 뒤에서 배신할 수 있기 때문이다. 그래서 보이는 것을 다 믿지 말고 조심해서 자신의 삶을 가꿔가야 할 것이다.

(3) 夫婦因緣

부부궁에 寅木이 있는 것을 보면 형제궁과 똑같은 운명을 타고났다. 그렇게 된다면 항상 마음대로 되지 않고 협조(協助)도 되지 않는 나날을 살아야 할 것인데 가족들로 인해서 이렇게 힘이 든다는 것은 더더욱 견디기가 어려울 것이다. 배우자라도 위로해 주고 마음으로나마 협력해 주길 바라겠지만 운명(運命)의 시계는 고통을 향해서 바늘이 놓여 있으니 안타까울 뿐이다.

(4) 子女因緣

時支에 酉金이 있으니 자녀로 인해서 그나마 위로의 발판을 마련할 수가 있다는 것이 천만다행(千萬多幸)이라고 해야 하겠다. 그리고 배우자의 부담에 대해서도 자녀가 나서서 어느 정도 방어(防禦)를 해줄 것이니 가장 든든한 후원자라고 할 만하겠다.

[207] 辛丑年 辛卯月 丁巳日 丙午時

用神과 干支別 運勢의 吉凶											
丙丁辛辛 午巳卯丑				用: 金(辛) 喜: 土[用神級]				偏財格 劫衆用財格			
干	甲 下	乙 下	丙 下	丁 下	戊 上	己 上	庚 上	辛 上	壬 中	癸 中	
支	子 中	丑 上	寅 下	卯 下	辰 上	巳 下	午 下	未 上	申 中	酉 中	戌 上	亥 中

(1) 父母因緣

年柱에 喜用神이 모두 있으니 부모의 인연도 그만큼 기대가 된다. 다만 아쉬운 것은 모두 年柱에 몰려 있다는 것이다. 그럼에도 불구하고 기대가 되는 인연이니 어려서 최대한 많은 혜택을 누리면서 능력을 키울 수가 있으므로 나쁘다고 할 수는 없는 일이다. 다만 모친은 月支의 卯木으로 인해서 능력이 감소되지만 卯木도 그리 큰 힘은 없어서 凶작용은 되지 않을 것이라서 다행이라고 해야 할 것이다.

(2) 兄弟因緣

형제궁의 月支에는 卯木이 자리하고 있으면서 못된 역할을 맡았으니 형제의 인연도 그만큼 고약하다고 해야 할 것이다.

그래서 형제가 하는 말은 모두 귀를 막고 흘려보내라고 하겠고 과민반응(過敏反應)을 보인다면 고통만 발생할 암시로 해석을 한다. 丑土를 剋하거나 巳火를 生하는 것이 모두 나쁜 역할에 해당하기 때문이다.

(3) 夫婦因緣

배우자궁에는 巳火가 자리하여 쓸데없는 경쟁심만 유발하고 제대로 할 수 있는 것은 아무것도 없다고 봤을 적에 갈등이 많은 암시라고 해야 할 모양이다. 이로 인해서 하는 것마다 꼬투리를 잡으며 방해를 할 암시가 되므로 가급적이면 의논을 하지 말고 알아서 하는 것이 좋겠다. 함께 무언가를 한다는 것은 아예 생각하지 않는 것을 적극 권장한다. 일을 돕는 것이 아니라 잘되어 가던 일도 망가뜨릴 가능성이 있기 때문이다. 한마디로 부담되는 인연이다.

(4) 子女因緣

자녀궁에는 午火가 있으니 배우자궁과 吉凶을 논한다면 대동소이하다. 그래서 가족의 인연이 불행(不幸)하다고 해야 할 모양이니 모쪼록 밖의 일에 대해서는 가족과 상의하기에는 어려움이 나타날 조짐이므로 가능하면 부모님과 의논하고 배우자와 자녀에게는 최소한의 교류를 함으로써 갈등의 여지를 줄이는 것이 현명한 경영이라고 할 수 있겠다.

[208] 庚子年 乙酉月 丙戌日 丁酉時

用神과 干支別 運勢의 吉凶										
丁丙乙庚 酉戌酉子		用: 木(乙) 喜: 水, 火				正印格 用神羈絆格					
干	甲 上	乙 上	丙 上	丁 上	戊 下	己 下	庚 下	辛 下	壬 上	癸 上
支	子 中	丑 下	寅 上	卯 上	辰 下	巳 中	午 中	未 下	申 下	酉 下	戌 下	亥 中

(1) 父母因緣

年柱의 庚子는 부담만 줄 뿐이다. 특히 庚金은 用神인 乙木과 슴을 하고 있어 최악(最惡)의 부친 인연이라고 하겠다. 내가 가장 절실한 것에 대해서도 모두 부친이 장악(掌握)하고 나에게 기회조차 주지 않으려고 할 것이므로 원망이 많을 암시이다. 모친은 喜神이니 기대가 되기는 하지만 用神인 乙木과 거리가 멀어서 실제적으로는 아무런 도움이 되지 못하여 이름만 喜神일뿐이다.

(2) 兄弟因緣

형제궁에 酉金이 자리하고 있어서 用神이 뿌리를 내리지 못하는 상황이니 백해무익(百害無益)이다. 이러한 인연을 고려하면서 正財임을 참고한다면 금전적인 관계에 대해서는 주의해서 삼가는 것이 최선이라고 본다. 그 외에도 用神을 불편하게 하는 것을 보면 부친과 한통속이 되어서 나를 억압하고 힘들게 할 가능성이 많으므로 항상 긴장하는 것이 좋겠다.

(3) 夫婦因緣

日支의 戌土를 보면 丙火에게 기본적으로 30%의 뿌리이지만 丙戌의 특수성이 있으므로 50%가 되는 것으로 대입한다. 물론 배우자의 협조력도 이에 따라서 상승하게 되므로 나쁘지 않은 데다가 상대적으로 약한 日干을 고려하면 더욱 고마운 인연이라고 해석한다. 전체의 가족이 모두 부담이라고 한다면 배우자의 인연이 그래도 가장 좋은 암시이다.

(4) 子女因緣

자녀궁의 酉金도 月支의 형제궁과 같으므로 또한 금전적으로 부담을 줄 수가 있는 암시이다. 正財는 재물이지만 忌神에 해당할 경우에는 해당궁의 육친으로 인한 손재(損財)가 발생할 가능성이 있는 것으로 해석하게 된다. 그래서 자녀들이 사업한다고 돈이라도 요구하게 될 경우에는 되돌려 받을 생각은 안 하는 게 나을 것이다. 그나마도 줄 돈이 없다고 대출을 받아 주거나 보증(保證)을 서주는 일은 삼가는 것을 권한다.

[209] 己酉年 丙寅月 丁亥日 戊申時

用神과 干支別 運勢의 吉凶									
戊丁丙己 申亥寅酉			用: 木(寅) 喜: 水				正印格 日弱用印格			
干	甲 上	乙 上	丙 上	丁 上	戊 下	己 下	庚 下	辛 下	壬 下	癸 下
支	子 中	丑 下	寅 上	卯 上	辰 下	巳 中	午 中	未 下	申 下	酉 下	戌 下	亥 中

(1) 父母因緣

부모궁의 己酉는 모두 부담만 주는 형상이니 기대를 하기는 어려운 암시이다. 부친은 내가 돌봐야 할 인연이 될 수 있겠고 모친은 금전적으로 부담을 줄 수 있으므로 생활비라면 그러려니 하고 지불을 하겠지만 혹시라도 사업과 연관해서 이야기를 한다면 좀 냉정(冷靜)하게 차단시킬 필요도 있을 것이다. 특히 用神인 寅木을 헨하는 酉金이므로 나의 사회생활에 상당한 장애(障碍)를 초래할 수도 있다는 것에 대해서 주의한다.

(2) 兄弟因緣

형제궁의 寅木은 用神이다. 그래서 어려운 일을 당해도 형제자매가 나서서 해결해 줄 일이 많으므로 항상 고맙게 생각하고 늘 귀인처럼 떠받들어야 한다. 부모의 인연은 도움이 되지 않더라도 형제의 인연이 그것을 해결해 주므로 또한 고맙게 생각하고 인연을 잘 유지하도록 노력하면 반드시 그에 따른 효과가 나타날 것이다.

(3) 夫婦因緣

배우자궁의 亥水는 애증(愛憎)의 관계이다. 직접적으로는 힘들게 하는 正官이지만 간접적으로는 用神인 寅木을 生하기 때문이다. 이로 인해서 가정적으로는 어렵고 부담스러운 인연이지만 사회적으로는 큰 도움이 되는 역할을 하므로 그 중간을 잘 조절해서 갈등을 최소화시키도록 노력하는 것이 현명하다. 다만 밖으로 활동을 하지 않는 日干이라고 한다면 좋은 작용은 없어지고 갈등의 요소만 남게 된다는 것도 참고한다.

(4) 子女因緣

자녀궁의 申金은 돈만 들어가고 실속이 없는 인연이다. 특히 자녀가 사업을 한다고 하면 무조건 말리는 것이 상책이겠지만 그것이 쉽지 않으면 잃어버려도 좋을 만큼만 금전을 제공하고 추가 지원은 없다는 것을 냉혹(冷酷)하게 이야기하는 것이 좋다. 그렇지 않으면 약간의 재물조차 다 털어갈 자녀가 생길 수 있기 때문이다.

[210] 壬子年 壬子月 乙酉日 壬午時

用神과 干支別 運勢의 吉凶									
壬乙壬壬 午酉子子		用: 火(午) 喜: 土						食神格 調候用火格		
干	甲 中	乙 中	丙 中	丁 中	戊 上	己 上	庚 下	辛 下	壬 下	癸 下
支	子 下	丑 中	寅 上	卯 上	辰 中	巳 上	午 上	未 上	申 下	酉 下	戌 上	亥 下

(1) 父母因緣

부모궁의 壬子는 아무런 도움도 기대하기 어려운 印星이다. 이미 水가 질펀한 상황에서 부모가 해줄 수 있는 것은 아무것도 없고 번뇌(煩惱)만 안겨 줄 뿐이기 때문이다. 그래서 부모에게는 기대를 하지 말고 그냥 자신의 힘으로 독립을 하도록 노력하는 것이 현명하다고 할 것이다. 어려서부터 심한 잔소리와 간섭을 통해서 정신적으로 많이 위축(萎縮)되어 있지 않을까 걱정이다.

(2) 兄弟因緣

부모의 인연이 형제궁으로 옮겨도 전혀 달라지지 않고 힘들게 하고 있으니 안타까울 뿐이다. 인생의 전반부를 부모 형제의 울타리에서 아무것도 할 수가 없는 상태로 살아야 한다는 것은 답답하고도 암담할 것이다. 그렇지만 스스로 뭔가를 찾아내기도 어려운 것은 또한 심리적으로도 우유부단(優柔不斷)하고 반발력(反撥力)이 없기 때문이다. 그래서 운명의 작용은 이루어질 수밖에 없는 것이라는 생각을 해보기도 한다.

(3) 夫婦因緣

배우자궁의 酉金은 아무짝에도 못 쓰는 흉물(凶物)에 불과하다. 오히려 이미 왕성한 수기(水氣)를 더욱 왕(旺)하게 하는 金生水의 역할만 끊임없이 하고 있는 형국이니 이러한 것을 보면 모쪼록 결혼은 하지 말고 혼자 살라는 조언을 하고 싶어진다. 그리고 나이가 들어서라도 배우자를 만나야 한다면 丙丁火의 日干을 골라서 조심스럽게 살아가는 것을 권하게 된다. 다만 기본적인 암시가 이와 같을 적에는 배우자의 日干도 庚辛金이 될 가능성이 많으니 또한 운명이라고 해야 할 것이다.

(4) 子女因緣

자녀궁의 午火는 用神이다. 그러니 얼마나 예쁘겠는지는 두말을 할 나위도 없다. 다만 午火가 너무나 무력한 것이 못내 맘에 걸린다. 그래서 유일한 희망이기도 한 用神인 午火를 보호하기 위해서 각별히 많은 노력을 하라고 권한다.

[211] 丁卯年 辛亥月 己卯日 辛未時

用神과 干支別 運勢의 吉凶		
辛 己 辛 丁 未 卯 亥 卯	用: 火(丁) 喜: 木	偏印格 日弱用印格

干	甲	乙	丙	丁	戊	己	庚	辛	壬	癸		
	上	上	上	上	中	中	下	下	下	下		
支	子	丑	寅	卯	辰	巳	午	未	申	酉	戌	亥
	下	中	中	中	上	上	中	下	下	中		下

(1) 父母因緣

부모궁의 丁卯는 用神과 喜神이다. 이보다 더 좋을 수는 없다고 하겠으니 부모의 공덕(功德)이 하늘보다 더 높다고 해도 될 것이다. 그래서 어린 시절에 얻은 영양분은 일생을 통해서 오래도록 힘을 발휘할 것이므로 대단히 크다고 하겠다. 다만 그것만으로 모든 것을 감당하기는 어려우므로 부모의 입장에서는 자녀가 부모에게 매달리지 않고 독립을 할 수 있도록 안내를 해줘야 할 책임도 있다고 하겠으니 만약에 부모의 도움을 받지 못하게 된다면 그 타격을 그대로 日干이 입게 될 것이기 때문이다.

(2) 兄弟因緣

 형제궁의 亥水는 凶神이다. 그래서 형제들이 나를 못살게 굴거나 내가 하는 일에 훼방(毀謗)을 놓을 가능성이 매우 많다고 봐서 일체 의논하지 말고 기본적인 예우(禮遇)만 하는 것이 현명할 것이다. 자칫하여 얽히게 되면 헤어나지 못하고 추락을 하게 될 암시가 강력한 까닭이다.

(3) 夫婦因緣

 부부궁의 卯木은 喜神이 아니다. 年支의 卯木과 같은 글자지만 하고 있는 역할은 전혀 다른 까닭이다. 오히려 日干을 꽉 잡고서 사사건건 힘들게 할 암시이므로 가정의 울타리를 벗어나고 싶은 충동을 항상 품고 있을 가능성이 많다. 그러나 도망갈 곳은 어디에도 없다. 최선이라면 결혼을 하지 않는 것인데 그것도 결혼 전에는 생각하지 못했던 일인지라 이미 늦었다고 해야 할 모양이다. 그러므로 '팔자려니…….' 하고 받아들이는 수밖에 없다.

(4) 子女因緣

 자녀궁의 未土는 기대가 된다. 허약한 日干에게 신(神)이 주신 마지막의 선물이라고 해야 할 것이기 때문이다. 비록 말년(末年)이기는 하지만 그래도 자녀의 인연으로 마음에 의지처가 생겼으니 천만다행(千萬多幸)이다. 다만 배우자는 그것도 못마땅해서 자녀도 같이 힘들게 할 암시이다.

[212] 丁未年 癸卯月 癸亥日 己未時

用神과 干支別 運勢의 吉凶		
己癸癸丁 未亥卯未	用: 水(癸, 亥) 喜: 金	比劫格 日弱用劫格

干	甲	乙	丙	丁	戊	己	庚	辛	壬	癸		
	下	下	下	下	下	下	上	上	上	上		
支	子	丑	寅	卯	辰	巳	午	未	申	酉	戌	亥
	上	下	下	下	下	下	下	下	上	上	下	上

(1) 父母因緣

부모궁의 丁未는 기대를 할 것이 전혀 없다. 부친은 가난하여 재물이 부족한 암시가 되고 모친은 忌神이라서 나를 못살게 굴기만 할 것이니 부모의 인연이 차라리 남보다도 못하다는 생각을 할 수도 있겠다. 그러므로 부모로부터 일찍 독립하여 자신의 길을 스스로 찾아가게 되는 자수성가(自手成家)의 방향을 모색(摸索)하는 것이 최선이라고 할 것이다.

(2) 兄弟因緣

형제궁의 卯木은 仇神에 해당하는 역할이다. 用神의 기운을 설(洩)하여 약화시키는 까닭이다. 이로 인해서 형제에게 들어간 노력은 모두 스트레스만 발생시킬 뿐이고 나에게 뭔가 도움이 되기를 기대하지 않는 것이 현명하다고 할 것이다. 이럴 때에 運에서 酉金이 들어오기라도 한다면 형제궁이 손상되면서 凶한 암시가 감소하게 되므로 얽혔던 고통은 이런 기회를 틈타서 정리하고는 발을 빼는 것이 현명하다.

(3) 夫婦因緣

부부궁의 亥水는 用神이니 이보다 더 고마울 수가 없는 인연이다. 비록 印星은 아니지만 가뭄에 단비와 같은 日支의 亥水는 존재한다는 것만으로도 세상의 절반을 얻은 만큼이나 행복하다고 할 것이다. 다만 亥水의 주변에는 金이 없고 木의 설기(洩氣)와 土의 공격만 있기 때문에 배우자의 힘도 넉넉하지는 못하다고 해석한다. 그럼에도 불구하고 나를 위해서 최선의 봉사와 희생을 할 것이므로 더욱 가슴 뭉클한 마음을 지니게 되는 것이다.

(4) 子女因緣

자녀궁의 未土는 모친궁의 未土와 동일하다. 그만큼 큰 압박의 무게로 다가온다고 보면 될 것이니 말년(末年)에 자식으로 인한 고통은 어머니의 고통에 비할 바가 아니다. 부모는 내가 떠나서 피할 수라도 있지만 자식은 그럴 수도 없기 때문이다. 그래서 '무자식이 상팔자'라는 말에 대해서 공감을 하게 될 것이다.

[213] 辛巳年 辛卯月 己亥日 庚午時

用神과 干支別 運勢의 吉凶		
庚己辛辛 午亥卯巳	用: 火(巳, 午) 喜: 木, 土	印星格 日弱用印格
干	甲 乙 丙 丁 戊 己 庚 辛 壬 癸 下 下 上 上 中 中 下 下 下 下		
支	子 丑 寅 卯 辰 巳 午 未 申 酉 戌 亥 下 中 上 上 上 上 上 上 下 下 上 下		

(1) 父母因緣

부모궁의 辛巳는 그리 나쁜 인연은 아니다. 부친궁의 辛金은 도움이 되지 않으니 吉하다고 할 수는 없지만 모친궁의 巳火는 用神이니 그 공덕이 대단하다고 하겠다. 이로 인해서 모친은 행상(行商)을 해서라도 나에게 공(功)을 들여 공부를 시킬 것이고 세상에 나가게 되면 물을 떠놓고 기도를 하면서 장애(障碍)를 만나지 않고 성공하도록 마음을 기울일 것이므로 일생을 두고두고 어머니의 은혜는 하늘과 같다고 해도 다 못 갚을 것이다.

(2) 兄弟因緣

형제궁의 卯木은 개인적으로는 부담을 주겠지만 사회적으로 도움이 되는 것은 年支의 巳火를 生하고 있기 때문이다. 그것도 亥水의 生을 받아서 상당히 강력한 힘을 보태 주어서 어머니는 그 힘으로 얻은 역량(力量)을 나에게 베풀어 주시기 때문에 결국은 형제의 도움이 어머니를 거쳐서 나에게 도달한다고 생각해도 될 풍경이다. 그래서 미워할 수도 없는 인연이니 喜神의 역할은 항상 이러한 애증(愛憎)의 관계에 놓일 수 있다는 것을 생각하게 된다.

(3) 夫婦因緣

배우자궁의 亥水는 백해무익이다. 특히 時支의 午火를 공격하는 것으로 봐서는 전생의 원수(怨讐)를 이번 생에 만난 것으로 봐야 할 수도 있는 장면이다. 그래서 배우자의 인연에 대해서는 아무런 미련을 갖지 말고 기대하지도 않는다면 오히려 상처라도 받지 않으련만 '아무리 그래도 그렇지 부부지간에 이럴 수가 있느냐~!'라고 원망(怨望)을 한다면 그것은 스스로의 어리석음을 드러낼 뿐이다.

(4) 子女因緣

자녀궁의 午火는 참으로 기쁜 인연이라는 암시가 있지만 주변의 풍경에서 그러한 것을 감소시켜버리니 日支의 亥水가 원흉(元兇)이라고 할 것이다. 그래서 배우자로 인해서 자녀의 도움이 제대로 나에게 전달되지 않을 암시가 있으니 이러한 문제점을 어떻게 해결해야 할 것인지에 대해서는 많은 고민이 필요하다.

[214] 丁未年 庚戌月 戊戌日 甲子時(夜子時)

用神과 干支別 運勢의 吉凶									
甲 戊 庚 丁 子 戌 戌 未					用:金(庚) 喜:水				食神格 食神見印格	
干	甲 下	乙 下	丙 下	丁 下	戊 中	己 中	庚 上	辛 上	壬 上	癸 上
支	子 中	丑 下	寅 中	卯 中	辰 下	巳 下	午 下	未 下	申 上	酉 上	戌 下	亥 中

(1) 父母因緣

부모궁의 丁未는 아무런 도움도 되지 않을뿐더러 부친궁의 丁火는 用神을 억압하는 凶한 작용까지도 하고 있으니 부모의 인연은 참으로 기대를 할 것이 없다. 未土는 이미 왕성한 土에 불과하니 있으나 마나라고 생각하면 될 것이다. 자신의 손으로 밥을 떠먹을 만큼 자란 다음에는 얼른 집을 떠나서 다시는 집으로 돌아가지 말고 스스로 독립해서 살아갈 궁리를 하는 것이 최선이라고 하겠다.

(2) 兄弟因緣

형제궁의 戌土는 마냥 미워할 수만은 없는 것이 庚金의 뿌리가 되어 주고 있다는 것이다. 年支나 日支는 아무런 도움을 주지 못하지만 月支의 戊土는 가장 큰 도움을 주고 있으므로 우선은 맘에 들지 않아도 사회적인 부분에서 도움을 많이 줄 것이니 무시하지 말고 항상 조심스럽게 대하는 것을 권한다. 형제의 도움이 아니라면 庚金은 무력하게 될 것이므로 직접적으로 도움이 안 된다고 하더라도 주의해서 살펴보면 큰 공을 쌓았다는 점을 알 수 있을 것이다.

(3) 夫婦因緣

배우자궁의 戊土는 형제궁의 戊土와는 전혀 다른 역할이다. 오로지 나에게 부담만 주는 것이 목적이다. 형제궁이 用神을 돕는 것에 대해서도 月支의 戊土와 같이 붙어 있으니 사이조차 나빠지기 때문에 못마땅해서 투덜거릴 가능성이 있다. 더구나 時支의 子水를 剋하고 있는 것은 최악(最惡)이다. 아마도 자녀가 벌어 오는 재물을 혼자 독차지하게 될 암시이기도 하므로 주의가 필요하다.

(4) 子女因緣

자녀궁의 子水는 喜神이면서도 유일한 재물의 그릇이다. 그래서 말년(末年)에는 자녀의 인연으로 금전적인 여유가 생길 것이라는 기대를 할 수도 있겠다. 다만 이것이 배우자로 인해서 마음대로 되지 않을 수 있다. 日支의 戊土가 독차지하고 나에게는 한 방울의 물도 주지 않으려고 하는 모습이니 안타까울 뿐이다.

[215] 壬子年 癸丑月 丙寅日 庚子時(夜子時)

用神과 干支別 運勢의 吉凶										
庚丙癸壬 子寅丑子		用: 木(寅) 喜: 火					偏印格 殺重用印格			
干	甲 上	乙 上	丙 上	丁 上	戊 中	己 中	庚 下	辛 下	壬 下	癸 下
支	子 下	丑 中	寅 上	卯 上	辰 中	巳 上	午 中	未 中	申 下	酉 下 戌 中 亥 下

(1) 父母因緣

부모궁의 壬子는 직접적으로나 간접적으로나 온통 시련(試鍊)과 고통(苦痛)에 불과할 뿐이다. 가냘픈 몸으로 부모의 힘든 요구 조건을 다 들어주느라고 천근만근(千斤萬斤)의 짐을 짊어지고 가파른 산을 오르는 것과도 같은 압박이 다가오는 것은 官殺이기 때문이다. 이러한 고통을 벗어나는 길이 쉽지는 않겠지만 세운(歲運)에서 木運이나 土運이라도 들어와 준다면 뒤도 돌아다보지 말고 튀어 달아나라고 권하게 된다. 우물쭈물 하다가는 벗어날 기회조차 없기 때문이다.

(2) 兄弟因緣

형제궁의 丑土는 최소한 나쁘지는 않을 것이다. 왕성한 水의 압박으로부터 어느 정도라도 방어해 주느라고 애를 써줄 것이기 때문이다. 그렇지만 돕고 싶어도 능력이 되지 않는 까닭에 큰 기대는 하지 않는 것이 좋다.

(3) 夫婦因緣

부부궁의 寅木은 더 이상 바랄 것이 없는 최상의 귀인을 배우자로 만난 형국이 된다. 이러한 구조에서 결혼을 하지 않는다면 참으로 안타까운 일이라고 말할 수밖에 없다. 그만큼 기대 이상의 큰 혜택을 누릴 수가 있는 배우자이니 이는 전생에 목숨을 바쳐서 도와준 인연으로 결실을 맺은 것이 아닐까 싶을 정도이다. 그러므로 매일매일 업어주고 원하는 것이라면 뭐든지 다 들어주며 조금이라도 보답하라고 권한다.

(4) 子女因緣

자녀궁의 子水는 기본적으로 나에게 고통만 안겨줄 인연이다. 그럼에도 大凶이라고 하지 않는 것은 日支의 寅木이 통제를 하고 있어서 나에게 그 凶함이 미치지 않을 것이기 때문이다. 그러니 배우자의 공덕이 더욱 커질 수밖에 없다. 다만 자녀와의 관계는 적절하게 거리를 두고 가까이하지 않는 것이 좋은 것은 말을 할 필요도 없다.

[216] 癸亥年 丙辰月 丙子日 己亥時

用神과 干支別 運勢의 吉凶		
己丙丙癸 亥子辰亥	用: 火(丙) 喜: 木	比肩格 殺重用比格

干	甲 上	乙 上	丙 上	丁 上	戊 中	己 中	庚 下	辛 下	壬 下	癸 下	
支	子 下	丑 中	寅 上	卯 上	辰 中	巳 中	午 中	未 中	申 下	酉 下	戌 中	亥 下

(1) 父母因緣

부모궁의 癸亥는 고통의 연속일 뿐이고 도움도 줄 마음이 없는 인연이니 악연(惡緣)이라는 표현도 가능하다. 부친궁의 癸水는 用神이라는 이름으로 겨우 버티고 있는 月干의 丙火조차도 공격하고 있으니 더욱 미운 마음만 가득할 뿐이고 모친궁의 亥水도 이에 동조하고 있으니 부모의 인연은 凶하다는 말 밖에 할 말이 없다. 모쪼록 기회가 되면 집을 떠나서 스스로 독립하는 것이 최선의 선택이라는 말만 해줄 수 있는 장면이다.

(2) 兄弟因緣

형제궁의 辰土는 그래도 亥水의 횡포를 약간이나마 막아 줄 수가 있으니 항구의 방파제와 같은 역할이다. 큰 기대를 할 수는 없더라도 넘실거리는 파도를 막아 주는 것만으로도 고맙기만 한 것이다. 다만 그렇다고 해서 형제에게 투자를 하는 것은 권하지 못할 일이다.

(3) 夫婦因緣

 부부궁의 子水는 설상가상(雪上加霜)으로 밖의 일도 제대로 못하는데 집안에서조차도 고통을 당하고 있으니 참으로 복(福)이 없다. 그렇다고 누굴 탓하랴 또한 자업자득(自業自得)이요, 인과응보(因果應報)려니 하고 생각할 뿐이다. 만약에 헤어지게 된다면 다시는 결혼할 생각일랑 하지 말고 홀로 살아갈 방법을 찾는 것이 마음이나마 편할 것이다. 혹여 외로움을 잊으려고 짝을 찾는 것은 외로움을 고통과 바꾸는 결과가 될 것이니 권하기는 어려운 선택이다.

(4) 子女因緣

 자녀궁의 亥水는 또 무슨 도움이 되겠는가 싶다. 그래서 자녀는 없는 것이 최선이고 있다면 빚을 받으러 왔다는 생각으로 받아들여야지 원망하고 탓하는 것은 의미가 없으니 모쪼록 '아직도 너에게 갚을 빚이 남았구나.'라고 생각하고 묵묵히 봉사하다가 독립을 한다고 하거든 얼른 내보내고 뒤도 돌아보지 말라고 권한다. 다만 이것은 이성적인 생각일 뿐이고, 감정은 또 마음대로 되지 않을 터이니 어쩔 수 없는 인연이다.

[217] 己酉年 戊辰月 壬午日 壬寅時

用神과 干支別 運勢의 吉凶		
壬 壬 戊 己 寅 午 辰 酉	用: 金(酉) 喜: 水	正印格 用神千里格
干	甲 乙 丙 丁 戊 己 庚 辛 壬 癸 下 下 下 下 下 下 上 上 上 上	
支	子 丑 寅 卯 辰 巳 午 未 申 酉 戌 亥 上 下 下 下 下 下 下 下 上 上 下 上	

(1) 父母因緣

부친궁의 己土는 부담을 주지만 모친궁의 酉金은 하늘같은 어머니의 덕(德)이라고 여기는 것은 유일한 用神이기 때문이다. 다만 아쉬운 것은 너무 멀리 있으므로 어린 시절에 도움을 받는 것을 제외하고는 일생을 마음으로만 그리워하면서 살아가야 할 조짐(兆朕)이라는 것이다. 그래서 언제까지라도 어머니와 함께 살아갈 수 있는 방법이 있다면 그 길을 우선적으로 선택하는 것에 대해서 고려하라는 권유를 한다.

(2) 兄弟因緣

형제궁의 辰土는 직접적으로는 많은 고통(苦痛)을 줄 것이지만 그래도 酉金을 生한다는 의미에서 미워할 수만은 없다.

어린 시절에는 형제의 도움을 받을 수도 있겠으나 나이가 들어가면서는 그러한 도움도 기대하지 않는 것이 좋으며 이런 암시가 보일 적에는 모쪼록 함께 일을 도모(圖謨)하지 않는 것이 최선이다.

(3) 夫婦因緣

부부궁의 午火는 예쁜 도둑이다. 丁壬合으로 인해서 마음이 끌려가서 허둥대다 보면 벗어날 수 없는 수렁에 빠진 상태가 될 것이다. 그리고 그것을 느낄 때에는 이미 늦었다고 할 수 있을 것이니 전생의 빚을 받으러 온 배우자라고 해야 할 모양이다. 더구나 用神인 酉金이 가까이 오지 못하도록 막는 역할까지 하고 있는 것을 보면 최악의 인연이므로 가능하다면 홀로 살아가라는 권유를 하게 된다.

(4) 子女因緣

자녀궁의 寅木은 첩첩산중(疊疊山中)이다. 日支의 午火가 부담스러운 것은 時支의 寅木이 木生火를 하고 있기 때문이다. 그래서 자녀와 배우자가 함께 나를 괴롭히고 있는데 도망을 가고 싶어도 갈 수가 없는 인연이니 애초에 만들지 말아야 할 인연이라고 생각하고 혼자 살아가는 것이 오히려 현명하다고 조언하게 된다.

[218] 壬子年 癸丑月 甲子日 己巳時

用神과 干支別 運勢의 吉凶											
己甲癸壬 巳子丑子			用: 火(巳) 喜: 土				食神格 調候用火格				
干	甲 下	乙 下	丙 上	丁 上	戊 上	己 上	庚 下	辛 下	壬 下	癸 下	
支	子 下	丑 中	寅 上	卯 上	辰 中	巳 上	午 上	未 上	申 下	酉 下	戌 上	亥 下

(1) 父母因緣

 부모궁의 壬子는 추운 겨울에 더욱 차가운 냉풍(冷風)을 뿜어대고 있는 괴물이라고나 해야 할 분위기이다. 강력한 힘을 어쩔 수가 없으니 얼어붙은 내 몸을 지탱하기도 어려운 인연이라고 하겠다. 부모의 덕(德)은 고사하고 자꾸만 추위에 움츠려들게 만드는 인연이니 안타까울 뿐이다. 나를 볼 적마다 잔소리와 간섭을 하여 그것을 듣는 것도 고역(苦役)이지만 피할 수도 없다는 것이 더욱 슬프다.

(2) 兄弟因緣

 형제궁의 丑土는 도움은 되지 않더라도 나쁘다고는 하기 어려운 인연이므로 무난하다고 보면 될 것이다. 때로는 급한 상황에서 비상금을 빌려줄 인연은 되는 것으로 봐서 소중하다고 해야 할 것이니 부모와는 많이 다른 구조이다. 다만 그 정도일 뿐이니 큰 기대를 할 정도는 아닌 것이 아쉽다.

(3) 夫婦因緣

부부궁의 子水는 제대로 작용하는 凶神이다. 時支의 巳火를 공격하여 日干의 희망을 무참히도 짓밟아 버린다. 그래서 미운 마음이 더욱 강하게 들지만 또한 그것조차도 운명이다. 온갖 간섭을 다하는 것은 어머님과 조금도 다르지 않으니 또한 과거의 악몽이 되살아나게 되는 현상이 발생할 수도 있을 것이다. 이러한 것을 방지(防止)할 방법이라면 결혼을 하지 않는 것이 최선이다.

(4) 子女因緣

다행(多幸)인 것은 자녀궁에 食神이 있어서 희망의 빛을 보내주고 있다는 것이다. 그래서 나이가 들면 배우자의 영향권에서 멀어지게 되면서 자녀의 도움을 받아서 자신의 마음에 한가로움을 느낄 수가 있을 암시이니 이러한 희망을 갖고서라도 열심히 살면서 육친(六親)의 묵은 빚을 갚아야 할 운명이라고 할 것이다.

[219] 丙寅年 辛丑月 壬戌日 丙午時

用神과 干支別 運勢의 吉凶		
丙 壬 辛 丙 午 戌 丑 寅	用: 金(辛) 喜: 水	正印格 用神羈絆格

干	甲 下	乙 下	丙 下	丁 下	戊 上	己 上	庚 上	辛 上	壬 上	癸 上		
支	子 中	丑 中	寅 下	卯 下	辰 中	巳 下	午 下	未 中	申 上	酉 上	戌 中	亥 中

(1) 父母因緣

부모궁의 丙寅은 모두 원수지간이라고 해야 할 정도로 내 삶에 도움을 주지 않는 인연이다. 부친궁에서는 用神을 묶어 놓고 움직이지도 못하게 하지를 않나 모친궁에서는 用神의 뿌리인 丑土를 잡고 늘어져서 또한 불편하게 하고 있는 까닭이다. 이로 인해서 부모의 인연은 즐거울 일이 없으므로 서둘러서 독립을 하라고 권하고 적당한 때가 되면 자신의 길을 스스로 찾아가라고 조언을 한다.

(2) 兄弟因緣

부모궁이 슬펐던 만큼 형제궁에서 보상을 얻게 되니 그래도 위로가 많이 되는 장면이다. 丑土는 閑神이지만 辛金을 生하고 있으니 용신급(用神級)이라고 해도 될 정도로 중요한 역할을 맡고 있다는 것이 너무나 고마운 인연이다. 그래서 부모로부터는 벗어나더라도 형제의 인연은 더욱 돈독(敦篤)하게 가꾸면서 의논하고 조언을 구하는 것이 좋을 것이다. 일생 동안 나의 삶에 큰 등불이 되어 줄 존재이기 때문이다.

(3) 夫婦因緣

부부궁의 戌土는 고통에 해당하는 역할을 맡은 배우자이니 아무래도 외로운 인연이라고 해야 할 모양이다. 부부 인연이 외롭다면 혼자 살면 되지만 그것도 마음대로 되지 않으므로 모쪼록 마음을 비우고 전생의 빚을 갚는다는 생각으로 정성스럽게 보필을 해야 할 것이다. 아마도 형제와 배우자는 갈등이 많겠지만 또한 어쩔 수가 없는 인연의 법칙이려니 생각해야 할 것이다. 그래도 戌中辛金이 있으니 20%의 도움이라도 기대할 수 있다는 희망의 여지는 남겨 둔다.

(4) 子女因緣

자녀궁의 午火는 배우자와 함께 나를 억압하고 힘들게 할 것이며 항상 얼굴만 대하면 돈을 달라고 할 가능성이 있으니 이러한 시달림을 받고서야 비로소 배우자와 자녀가 모두 고통이라는 부처의 말을 떠올릴 수 있을 것이다.

[220] 庚辰年 辛巳月 丁丑日 庚戌時

用神과 干支別 運勢의 吉凶										
庚丁辛庚 戌丑巳辰				用:火(巳) 喜:木				劫財格 日弱用劫格			
干	甲 中	乙 中	丙 上	丁 上	戊 下	己 下	庚 下	辛 下	壬 下	癸 下
支	子 下	丑 下	寅 上	卯 上	辰 下	巳 上	午 上	未 下	申 下	酉 下	戌 下	亥 下

(1) 父母因緣

부모궁의 庚辰은 用神과는 거리가 멀다. 그래서 부모에 대한 기대를 하지 않는다면 그래도 凶하다고 할 것은 없겠지만 남들처럼 부모의 도움으로 자리를 잡고 싶은 마음이 있다면 그만큼의 상처를 받게 될 것이다. 모친궁에 辰中乙木이 있기는 하지만 그 또한 庚金으로부터 자유로울 수가 없으니 부친의 압력을 넘어서 나를 도와주기가 힘들 것이다. 그래서 기대조차 하지 말라고 조언한다.

(2) 兄弟因緣

형제궁의 巳火는 日干을 제외하고 최선의 고마운 글자이다. 그러니 형제의 인연으로 세상을 살아가는데 큰 의지처를 삼을 수 있으니 이러한 인연이 되도록 해 준 것도 부모님이라고 생각하고 고맙게 여기면 좋을 것이다. 다만 月支의 巳火도 허약하기 짝이 없는 상황이라 형제들이 도와준다고는 해도 만족스러울 정도는 아닐 것이다. 더구나 月干의 辛金과 合이 된 것을 보면 그야말로 약간의 도움으로 끼니나 거르지 않으면 고맙다는 생각 정도라면 좋을 듯싶다.

(3) 夫婦因緣

부부궁의 丑土는 日干의 기운을 최후까지도 모두 빨아먹어야 한다는 사명감을 타고났다고 할 정도로 나를 무력하게 만드는 존재이니 흡사 거머리와 같다고 느껴질 수도 있을 것이다. 그렇지만 떼어내 버릴 수도 없다는 것을 잘 판단하고 모쪼록 기회가 온다면 정리하고 혼자서 살아갈 궁리를 하면 좋겠지만 또한 쉽지는 않을 것이다. 왜냐하면 그것이야말로 운명의 장난이기 때문이다.

(4) 子女因緣

자녀궁의 戌土는 그나마도 30%의 도움을 줄 수가 있으니 큰 의지가 되기는 한다. 비록 바라는 만큼의 힘은 되지 못하더라도 그 정도라도 감지덕지(感之德之)하고 해 준 것도 없는데 너무 과분(過分)하다는 생각으로 만족하고 스스로 노력하는 것이 최선이다.

[221] 己酉年 戊辰月 乙酉日 丁亥時

用神과 干支別 運勢의 吉凶		
丁乙戊己 亥酉辰酉	用: 水(亥) 喜: 金	正印格 日弱用印格
干	甲 乙 丙 丁 戊 己 庚 辛 壬 癸 上 上 下 下 下 下 下 下 上 上		
支	子 丑 寅 卯 辰 巳 午 未 申 酉 戌 亥 上 下 中 中 下 下 下 下 上 上 下 上		

(1) 父母因緣

부모궁의 己酉는 나에게 도움이 되지 않는다. 내가 원하는 길에 대해서 항상 엇길로 대응하는 부모를 보면서 씁쓸한 감상에 잠기게 되지만 또한 어쩔 수가 없으니 최대한 빨리 독립을 하여 집을 떠나는 방향으로 노력을 하는 것이 상책(上策)이다. 그런데 모친궁의 酉金은 偏官이므로 그렇게 마음대로 떠날 수 있도록 놔주지는 않을 것으로 보이니 부친보다 더욱 부담스럽다고 하겠다.

(2) 兄弟因緣

형제궁의 辰土는 최소한 50%의 도움을 받을 수가 있으니 고마운 인연이다. 부모의 인연은 힘들더라도 형제의 인연이 도움을 주는 것에 대해서는 천만다행(千萬多幸)이다. 한참 활동을 해야 할 시기에 적지 않은 의지처가 될 것이기 때문이다. 그래서 죽으란 법은 없다는 말이 있지 않겠느냐는 생각을 떠올리면서, 언제든지 구한다고 해서 얻을 수 없으므로 조그만 기회라도 놓치지 않도록 최선을 다해서 잡아야 할 것이다.

(3) 夫婦因緣

부부궁의 酉金은 다시 고통스러운 어머니의 인연을 떠올리게 되니 악몽(惡夢)이라고 해야 할 모양이다. 물론 혼자 살 수만 있다면 얼마나 좋으련만 그것조차도 마음대로 되지 않을 것이므로 부작용을 최소화하기 위해서 정성스럽게 부부 인연을 가꿔야 할 것이다. 그야말로 '피하지 못하거든 차라리 즐겨라.'라는 말처럼 전생의 빚을 갚아야 한다고 생각하고 기도와 명상으로 노력하는 것을 권한다.

(4) 子女因緣

자녀궁의 亥水는 用神이다. 자녀로 인해서 긴 삶의 여정에서 받은 고통을 모두 잊을 수가 있을 정도이다. 말년(末年)에 時柱를 잘 타고난다는 것이 얼마나 중요한 것인지에 대해서는 새삼 말을 할 필요도 없을 것이다. 왜냐하면 노년(老年)에 자녀로 인해서 하루하루가 기쁨에 잠길 수 있으니 말이다.

[222] 丁未年 壬子月 庚子日 壬午時

用神과 干支別 運勢의 吉凶										
壬庚壬丁 午子子未		用: 土(未) 喜: 火					正印格 食傷用印格			
干	甲 下	乙 下	丙 下	丁 下	戊 上	己 上	庚 中	辛 中	壬 下	癸 下
支	子 下	丑 上	寅 下	卯 下	辰 上	巳 中	午 中	未 上	申 中	酉 中

(마지막 열: 戌上 亥下)

(1) 父母因緣

부모궁의 丁未는 크게 기뻐해야 할 행운의 인연이다. 모친궁의 未土는 일당백의 힘으로 내가 살아가야 할 앞길의 장애물들을 모두 제거해 주는 하늘보다 높은 인연이고, 부친궁의 丁火는 未土를 生하여 에너지를 공급해 주고 있으니 이보다 더 고마울 수가 없다. 그래서 최대한 어린 시절에 자신이 일생 동안 살아갈 기반(基盤)을 잡을 수 있도록 해야 할 것이다. 이러한 시절에 제대로 학습을 하지 않는다면 두고두고 후회하게 될 것이다.

(2) 兄弟因緣

형제궁의 子水는 어머니를 힘들게 하고 나도 힘들게 할 것이니 진실로 안타까운 인연이다. 행여나 어머니에게 도움의 손길을 내밀기 어렵다고 나에게 부탁을 하거든 절대로 들어 줄 수 없다는 것을 확실하게 하지 않는다면 나에게 돌아오던 모친의 혜택도 단절될 수 있을 것이다.

(3) 夫婦因緣

부부궁의 子水도 형제궁과 같은 현상이 일어날 것이니 또한 밑 빠진 독에 물을 붓는 형국을 면하기 어려운 암시이다. 모쪼록 함께 있는 시간을 최소화하고 부딪치지 않도록 하는 것만이 최선일 것이니 충돌이 되지 않도록 자꾸만 피해야 한다. 그럼에도 불구하고 현실적으로는 계속해서 배우자에게 도움을 줄 수밖에 없는 것은 어쩔 수 없는 운명이다.

(4) 子女因緣

배우자와의 극심한 갈등이 자녀에게도 스트레스가 되어서 돌아갈까 두렵다. 자식에 대한 책임감은 있어서 외면을 할 수도 없고 배우자에 대한 책임도 외면을 할 수가 없으니 그 중간에서 자신의 발등을 찍고 싶은 마음만 가득한 채로 오늘도 운명의 소용돌이 속에서 힘들어하는 자신을 발견하게 될 것이니 틈이 난다면 산으로 도망을 쳐서 수행하는 길로 가라고 권하게 된다.

[223] 庚寅年 甲申月 乙丑日 丙戌時

用神과 干支別 運勢의 吉凶		
丙乙甲庚 戌丑申寅	用: 水(丑中癸水) 喜: 木	偏印格 暗藏用神格

干	甲	乙	丙	丁	戊	己	庚	辛	壬	癸	
	中	中	下	下	下	下	下	下	上	上	
支	子	丑	寅	卯	辰	巳	午	未	申	酉	戌	亥
	上	下	上	上	下	下	下	下	下	下	下	上

(1) 父母因緣

부모궁의 庚寅은 일희일비(一喜一悲)의 인연이다. 부친궁의 庚金은 日干에게 참을 수가 없는 고통을 주게 될 암시이나 모친궁의 寅木은 그렇잖아도 무력(無力)한 자신이면서도 나를 위해서 최선을 다해 도움을 주려고 안간힘을 쓰고 있으니 또한 받기도 부담스럽다. 寅申沖으로 인해서 자신을 돌볼 겨를도 없는데 나를 돕겠다고 애를 쓰고 있으니 어찌 편안하겠느냔 말이다. 그래서 기대하지 말고 스스로 독립하도록 노력하는 것이 최선이다.

(2) 兄弟因緣

형제궁의 申金은 어렵기만 하고 도움을 요청하기도 부담스러운 상황이다. 그럼에도 미련을 버릴 수가 없는 것은 申中壬水에 대한 기대감이 있어서이다. 현실이 너무 힘들다 보면 조금이라도 도와준다면 고맙겠다는 희망을 갖게 되는 것은 당연하다고 하겠는데 문제는 70%의 고통을 감수(甘受)하면서 약간의 도움을 받는 것이 별 의미가 없다는 것을 깨달아야 한다는 것이다.

(3) 夫婦因緣

부부궁의 丑土는 그래도 가냘픈 日干에게 안식처(安息處)가 될 수 있는 인연이라는 것이 감사할 따름이다. 丑中癸水는 마르지 않는 물이므로 과욕(過慾)만 부리지 않는다면 일용할 양식을 공급받는 정도로는 충분할 것이다. 물론 부담이 없는 것은 아니지만 그럼에도 불구하고 기대가 되는 것은 乙木은 丑土에게 뿌리를 내릴 수가 있기 때문이다.

(4) 子女因緣

자녀궁인 戌土는 丙火의 뿌리가 되지만 日支의 丑土를 힘들게 하는 형태이므로 자녀로 인해서 배우자는 힘들게 될 것이고 그로 인해서 나에게만 집중을 할 수도 없다는 것이 못내 안타깝다. 이것을 방지하기 위해서는 차라리 자녀가 없었으면 좋겠다는 생각도 할 수가 있을 것이다. 그러니 잘 의논해서 자녀에 대해서는 희망을 갖지 않는 것도 생각해 보는 것을 권한다.

[224] 壬戌年 庚戌月 己未日 己巳時

用神과 干支別 運勢의 吉凶										
己 己 庚 壬 巳 未 戌 戌		用: 金(庚) 喜: 水				傷官生財格 劫衆用傷格				
干	甲 中	乙 中	丙 下	丁 下	戊 下	己 下	庚 上	辛 上	壬 上	癸 上
支	子 中	丑 下	寅 中	卯 中	辰 下	巳 下	午 下	未 下	申 上	酉 上

(표 마지막 열: 戌 下 / 亥 中)

(1) 父母因緣

부친궁의 壬水는 가뭄 속의 단비라고 하겠는데 모친궁의 戌土는 사막이니 사막에 약간의 비가 온다고 한들 나에게 얼마나 도움을 줄 수 있을지는 염려스럽다. 그래서 부친의 도움은 그냥 마음으로만 받고 결국은 스스로의 노력으로 길을 찾아야 할 것이다. 부친이 나를 위해서 금전적으로 도움을 주고 싶은 마음은 있지만 모친의 눈치를 보느라 제대로 지원해줄 수가 없는 것이 아쉬울 뿐이다.

(2) 兄弟因緣

형제궁의 戌土를 보면 모친의 유전자를 물려받았는가 싶을 정도로 완벽하게 나를 못살게 굴면서 자신들의 목적만 추구하려고 하니 이러한 인연을 두고서 '남보다도 못한 인연'이라고 할 수 있다. 그러나 그런 넋두리가 내 삶에 아무런 도움도 주지 못하는 것은 또한 현실적인 문제이니 형제를 바라보지 말고 자신의 능력을 갈고닦는 것으로 목표를 삼는 것을 권한다.

(3) 夫婦因緣

부부궁의 未土는 각자 자신의 길로 가는 것으로는 문제가 없다. 다만 나에게 뭔가 도움을 줬으면 하는 바람만 갖지 않으면 된다. 그런데 나는 가만히 있으려고 해도 배우자가 자꾸만 자신이 힘들다는 것을 나에게 하소연하고 뭔가를 해 달라고 보채게 된다면 그것을 언제까지나 거절만 하고 있을 수도 없다는 것이 못내 안타까울 뿐이다. 그래서 차라리 혼자서 자유롭게 살아가는 것은 어떻겠느냐고 조언을 해 주고 싶어진다.

(4) 子女因緣

자녀궁의 巳火는 또 무슨 도움이 되겠는가 싶다. 巳中庚金이 있다고는 하지만 그것도 나에게 도움을 줄 것은 아니라고 봐서 그냥 포기하고 홀로 자신의 길을 개척(開拓)하면서 묵묵히 살아가는 것만 못하다고 하겠으니 이렇게 혈육의 인연도 뜬구름과 같아서 임철초 선생도 자신의 운명을 놓고서 골육무정(骨肉無情)이라고 했을 것이다. 아무리 공부를 하고 운명을 연구한 사람도 피할 수는 없는 것이다.

[225] 癸巳年 乙卯月 丁亥日 丁未時

用神과 干支別 運勢의 吉凶		
丁丁乙癸 未亥卯巳	用: 水(癸, 亥) 喜: 金	正官格 正官無助格

干	甲 下	乙 下	丙 下	丁 下	戊 下	己 下	庚 上	辛 上	壬 上	癸 上	
支	子 上	丑 下	寅 下	卯 下	辰 下	巳 下	午 下	未 下	申 上	酉 上	戌 下	亥 上

(1) 父母因緣

부친궁의 癸水는 나에게 이정표(里程標)가 될만한 인연을 베풀어 주는데 모친궁의 巳火는 그러한 것을 모두 없애버릴 정도로 나쁜 영향만 주니 안타까운 인연이다. 부모의 사이가 화목(和睦)할 수도 없으니 또한 자식의 마음이 가볍지만은 않다.

(2) 兄弟因緣

형제궁의 卯木은 어머니의 난폭성(亂暴性)을 더욱 돋우어 주고 있으니 생각하면 할수록 화(火)가 나지만 그렇다고 해서 어떻게 해 볼 수도 없는 자신의 현실만 탓하고 있을 뿐이다. 항상 머릿속이 복잡하게 얽혀 있으니 형제로 인한 갈등의 골이 날이 갈수록 깊게 파이기만 할 뿐이고 서로 얼굴을 마주하고 웃을 날은 언제일지 기약을 할 수도 없다.

(3) 夫婦因緣

부부궁의 亥水는 用神이다. 부모의 덕도 없고 형제 덕은 더더구나 없다고 하더라도 배우자의 인연이 기대가 되니 그래도 중반부의 인생에서는 꽃이 활짝 핀다고 해도 되지 않을까 싶다. 배우자는 어떻게든 나를 바로잡아 주는 것은 물론이고 미래에 대한 조언까지도 아낌없이 해줄 것이니 인생에서 이보다 더 좋은 시절은 없을 것이다. 그래서 이런 인연은 알뜰하게 잘 지켜서 오래도록 유지되도록 노력도 많이 해야 한다.

(4) 子女因緣

자녀궁의 未土는 다시 새로운 번뇌(煩惱)에 빠져들게 하니 행복한 부부의 사이에 먹구름이 끼는 형국이다. 더구나 자녀로 인해서 배우자도 힘들어하게 되니 그것을 견디는 것이 더욱 힘든 일이기도 하다. 모쪼록 자녀는 멀리멀리 떠나보내고 최대한 부부의 행복을 지키도록 총력(總力)을 기울여야 하겠지만 그럼에도 불구하고 마음대로 되지 않는 것까지는 어쩔 수가 없는 것이 운명이다.

[226] 壬戌年 癸卯月 辛卯日 甲午時

用神과 干支別 運勢의 吉凶		
甲辛癸壬 午卯卯戌	用: 土(戌) 喜: 火	正印格 財衆用印格

干	甲 下	乙 下	丙 下	丁 下	戊 上	己 上	庚 上	辛 上	壬 下	癸 下		
支	子 下	丑 上	寅 下	卯 下	辰 上	巳 上	午 上	未 上	申 上	酉 上	戌 上	亥 下

(1) 父母因緣

부친궁의 壬水는 아무런 도움도 되지 않으면서 자꾸만 뭘 해 달라고 요구하는 반면에 모친궁의 戌土는 최선을 다해 나에게 뭐라도 해 주려고 노력하는 것에 대해서 고마워해야 할 상황이다. 四柱의 어디를 둘러봐도 나를 생각하는 것은 年支의 모친궁뿐이니 비록 내가 원하는 만큼의 흡족한 결과는 되지 못한다고 하더라도 어머니의 입장에서는 할 수 있는 데까지는 다 해 준다는 생각으로 고맙게 여겨야 할 것이다.

(2) 兄弟因緣

형제궁의 卯木은 내가 마음대로 할 수 있을 것 같지만 실은 뒤에서 내 목을 조르고 있는지도 모를 일이다. 항상 긴장하면서 조심스럽게 대해야 할 존재라는 의미이다. 무력한 내가 형제에게 답답한 마음에 아쉬운 소리를 해봐야 입으로만 돕는다고 할 뿐이고 실제로 도와줄 마음이 전혀 없으니 기대하지 않는 것이 좋다.

(3) 夫婦因緣

부부궁의 卯木은 형제궁과 같은 형태이다. 스스로 불행한 일을 키워서 큰 고통에 빠지지 않도록 노력하는 현명한 자기경영이 필요하다. 세상만사는 마음대로 되지 않으니 환경(環境)에 따라서 적응해야지 자칫해서 성질을 이기지 못하고 주먹이라도 내두르다가 큰 고난을 만날 수도 있음을 항상 경계한다.

(4) 子女因緣

자녀궁의 午火는 偏官이기 때문에 부부궁보다 한술 더 뜬다고 해야 할 장면이다. 자칫하면 자식에게 두들겨 맞을 수도 있을 암시이다. 그래서 마음을 비우고 눈도 마주 보지 말고 수행한다는 마음으로 하루하루를 지혜롭게 살아가다가 기회가 온다면 그 틈을 놓치지 말고 달아나는 것만이 해결책이다.

[227] 己丑年 丙寅月 壬戌日 丙午時

用神과 干支別 運勢의 吉凶		
丙壬丙己 午戌寅丑	用: 金(戌中辛金) 喜: 水	正印格 暗藏用神格

干	甲 下	乙 下	丙 下	丁 下	戊 下	己 下	庚 上	辛 上	壬 上	癸 上		
支	子 中	丑 下	寅 下	卯 下	辰 下	巳 下	午 下	未 下	申 上	酉 上	戌 下	亥 中

(1) 父母因緣

부모궁의 己丑은 무척이나 엄격한 부모의 암시이다. 삶에 대해서 큰 도움도 주지 못하면서 요구하는 수치는 무한정으로 높기만 하여 부모의 뜻을 맞추기가 힘에 겨울 지경이라고 해야 하겠다. 그럼에도 내 입장은 전혀 고려해 주지 않고 온갖 요구만 하고 계시니 또한 묵묵히 받아들이는 수밖에 달리 묘안(妙案)이 없는 장면이다.

(2) 兄弟因緣

형제궁의 寅木은 불길을 돋우는 역할만 맡았으니 하는 일마다 나에게는 고통의 실마리를 제공할 뿐이다. 이로 인해서 항상 불씨를 안고 있는 형제이지만 그렇다고 해서 부탁을 해 오면 거절하기도 쉽지 않다. 그래서 또한 운명이라고 해야 하겠지만 그럼에도 불구하고 피할 수만 있다면 도망가고 싶은 마음이 드는 것은 자신도 힘든데 月支가 食神이니 당연하다.

(3) 夫婦因緣

부부궁에 戌土가 있으니 그 속에 든 辛金에게 20%의 도움을 받을 수 있는 배우자의 인연이다. 그리고 상대적으로 그 가치가 높아지니 가산점이라도 줘야 한다. 그러면 50%까지도 가능할 수가 있다. 이것은 상대적이다. 목마른 이에게는 한 모금의 물이 가치 있는 것이고 빈곤한 자에게는 단돈 천 원이 가치 있는 것이다. 다른 곳에서는 그만한 도움도 얻을 수가 없으니 아쉬우면서도 고마운 인연이다.

(4) 子女因緣

자녀궁에 午火가 있으니 애틋한 마음이 생기는 것은 丁壬合으로 인해서 그렇다고 하겠지만 財星이 忌神이기 때문에 그 결과로 인해서 다가올 고통은 상당히 클 것이다. 이렇게 개인적인 감정과 사회적인 희비(喜悲)는 달라질 수 있는 것이고 서로 다른 경우에는 그 사이에 흐르고 있는 감정에 대해서 판단을 하면 될 것이다. 결론은 凶하다는 이야기이다.

[228] 乙亥年 己卯月 乙巳日 戊寅時

用神과 干支別 運勢의 吉凶		
戊 乙 己 乙 寅 巳 卯 亥	用: 火(巳) 喜: 土	傷官格 日旺用傷格

干	甲 下	乙 下	丙 上	丁 上	戊 上	己 上	庚 中	辛 中	壬 下	癸 下	
支	子 下	丑 中	寅 中	卯 中	辰 中	巳 上	午 上	未 中	申 中	酉 中	戌 中	亥 下

(1) 父母因緣

부모궁의 乙亥는 백해무익이다. 부모의 인연이 이와 같으니 어찌 어린 시절인들 행복했을 수가 있겠느냐는 생각을 할 수도 있다. 여하튼 심리적으로 답답하고 힘든 상황으로 스트레스를 제공하게 될 부모의 인연에 대해서는 다시 뒤돌아보고 싶지 않을 수도 있다. 그러니 얼른 독립하여 집을 떠나는 것만이 최선이다.

(2) 兄弟因緣

형제궁의 卯木은 기본적으로는 年干의 乙木과 같은 比肩이지만 그 역할은 많이 다르다. 적어도 日支의 用神인 巳火를 生하고 있다는 것이다. 그래서 부친궁의 의미와 형제궁의 의미는 위치에 따라서 다르게 풀이가 되는 것이다. 물론 형제 인연은 나쁘지 않은 정도이지 하늘같은 고마움을 느끼는 정도는 아니다. 왜냐하면 時支에도 寅木이 있어서 그 존재의 가치가 상대적으로 감소(減少)했기 때문이다. 여하튼 나쁘지 않은 것은 사실이다.

(3) 夫婦因緣

부부궁의 巳火는 用神이다. 더 말을 할 필요도 없이 배우자의 도움으로 세상의 모든 일들을 헤쳐 나갈 수가 있는 인연이니 전생에 공덕을 많이 베푼 모양이다. 나의 모든 능력을 그대로 살려서 사회적으로 무슨 일이든 감당을 할 수가 있도록 강력한 협력자가 되어 주니 이보다 더 기쁠 수도 없다. 결혼을 하지 않는다면 그 안타까움이야 더 말을 할 필요도 없다. 그리고 형제들도 나의 배우자에게 많은 협력을 할 것이므로 능력이 상당한 사람이라고 본다.

(4) 子女因緣

자녀궁의 寅木은 형제궁의 卯木과 대동소이하다. 그래도 좀 더 반가운 것은 寅中丙火가 협력하는데 조금 더 도움을 준다는 것이다. 즉 젊어서는 형제의 도움을 받고 늙어서는 자녀의 도움을 받는 것도 다행이지만 중년(中年)에는 배우자의 후원을 입게 되는 것이 무엇보다도 반가운 일이니 덩달아서 자녀에 대해서도 기대할 수 있을 것으로 보게 된다.

[229] 乙卯年 壬午月 丙戌日 庚寅時

用神과 干支別 運勢의 吉凶			
庚丙壬乙 寅戌午卯		用:水(壬) 喜:金	偏官格 偏官孤立格
干	甲 乙 丙 丁 戊 己 庚 辛 壬 癸 下 下 下 下 下 下 上 上 上 上		
支	子 丑 寅 卯 辰 巳 午 未 申 酉 戌 亥 上 下 下 下 下 下 下 下 上 上 下 上		

(1) 父母因緣

부모궁의 乙卯는 잔소리만 많이 할 뿐이고 나의 입장이나 희망에 대해서는 전혀 관심도 없고 협력을 할 마음도 없는 상태이다. 그래서 부모에 대해서는 지긋지긋하다는 생각을 할 수도 있으니 밖에서 사회생활을 하면서도 부모에 대해서는 생각하기도 싫은 마음이 내재되어 있을 가능성이 높다. 실제로 그와 같다면 모쪼록 최소한으로 부모에 대한 보답은 해야 한다는 정도의 생각을 하는 것이 기본적인 도의(道義)라고 하겠다.

(2) 兄弟因緣

형제궁의 午火는 凶神에 가깝다. 그래서 부모의 인연과 함께 형제의 인연조차도 기대하기는 어려울 것이다. 특히 재물에 대해서는 月支에 劫財가 뿌리를 내리고 있기 때문에 형제와 의논도 하지 말고 동업은 더더구나 권하지 못할 장면이다. 그래서 형제간에 우애(友愛)가 있기는 어렵다고 봐서 소가 닭을 보듯이 그렇게 지나갈 가능성이 많은데 부모는 그러한 것에 대해서 말씀을 많이 하시겠지만 그냥 한쪽 귀로 흘리면 된다.

(3) 夫婦因緣

부부궁의 戌中辛金이 喜神이기는 하지만 壬水를 生해 주지는 못하므로 그야말로 '무늬만 喜神'이다. 그래서 특별한 기대를 하기보다는 그냥 돌봐야 할 사람으로 생각하고 봉사하는 마음만 갖고 있어야 할 상황이다. 다만 살아가다가 큰 역경을 만나서 협력이 필요한 상황에 처한다면 그래도 도울 마음은 갖고 있을 것으로 보이니 그나마 다행이다.

(4) 子女因緣

자녀궁의 寅木은 아무 곳에도 쓸모가 없으니 또한 안타까울 뿐이다. 자녀와 배우자의 갈등이 발생하게 된다면 그것조차도 중간에서 어쩔 수가 없는 입장이 될 것이니 또한 나에게는 힘든 인연이다. 모쪼록 온 가족이 편안하기만을 바라고 뭘 도와주기를 바라는 마음은 행여 꿈속에서라도 바라지 않아야 상처를 덜 받을 것이니 남들이 행복하게 사는 모습을 그리워하지 않는 것이 정신건강에 좋을 듯싶다.

[230] 丁卯年 丙午月 庚子日 辛巳時

用神과 干支別 運勢의 吉凶		
辛庚丙丁 巳子午卯	用: 金(辛) 喜: 土	劫財格 劫財無力格

干	甲	乙	丙	丁	戊	己	庚	辛	壬	癸
	下	下	下	下	上	上	上	上	下	下
支	子	丑	寅	卯	辰	巳	午	未	申	酉	戌	亥
	下	上	下	下	上	下	下	上	中	中	上	下

(1) 父母因緣

부모궁의 丁卯는 나를 힘들게 하여 고통이 따르는 인연의 암시이다. 특히 모친은 부친을 부추겨서 나를 더욱 힘들게 하니 가끔은 데려온 자식인가 싶은 생각이 들 수도 있겠다. 그래도 또한 인연이려니 생각하고 원망을 할 필요는 없다. 그냥 잊어버리고 자신의 일을 찾아서 최선의 노력을 하는 것만이 세상에서 자신의 능력을 발휘할 수 있는 현명함이 된다.

(2) 兄弟因緣

형제궁의 午火는 卯木의 힘을 받아서 더욱 강력하고 正官이기 때문에 그 힘으로 나를 더욱 볶아댈 것이다. 그래서 부모의 인연과 형제의 인연이 모두 힘들기만 하다. 고향과는 인연이 없다고 하겠고 오히려 타향에서 성공을 할 기회가 있을 것이므로 고향에 머무르지 말고 얼른 집을 떠나서 먼 곳에서 자리를 잡도록 노력하는 것이 스트레스를 덜 받는 방법일 것이다.

(3) 夫婦因緣

부부궁의 子水는 끝없이 보살펴야 되는 숙제를 안고 만난 인연이다. 배우자를 위해서 온몸과 마음을 기울여야 하겠지만 그렇게 할 힘도 없어서 심신(心身)이 피곤하고 지쳐간다. 특히 배우자는 가족들과도 갈등을 일으키게 되니 그러한 것을 한 몸으로 모두 막으면서 조절해 나가기에는 너무도 벅찬 나날이다. 그래서 '차라리 결혼을 하지 않았더라면 좋았겠다.'라는 조언도 할 수가 있겠으니 아직 미혼이라면 유효한 해답이 될 수도 있겠다. 그러나 부모 형제의 인연이 약한 사람에게 부부 인연도 부담스럽다는 말을 하는 것은 너무 잔인하다.

(4) 子女因緣

자녀궁의 巳火는 忌神이고 偏官이기 때문에 고통이다. 그래서 자녀도 없는 것이 좋겠지만 있더라도 잘 챙겨주지 못하는 것에 대해서 너무 안쓰러워하지 말고 적당한 방임(放任)도 자신의 짐을 줄이는 방법이라고 할 것이다.

[231] 丁巳年 戊申月 己未日 壬申時

用神과 干支別 運勢의 吉凶									
壬己戊丁 申未申巳		用: 金(申) 喜: 水				傷官格 傷官生財格			
干	甲 下	乙 下	丙 下	丁 下	戊 下	己 下	庚 上	辛 上	壬 上	癸 上
支	子 上	丑 中	寅 下	卯 下	辰 中	巳 下	午 下	未 中	申 上	酉 上	戌 中	亥 上

(1) 父母因緣

부모궁의 丁巳는 스트레스 발생 장치라고 할 정도로 쓸데없는 협력자(協力者)이다. 이것은 도와준다는 것이 재앙(災殃)만 발생시키는 암시가 되는 까닭이다. 그래서 부모에게 삶의 방법을 묻지 말고 스스로 문제점을 찾아서 해결하는 노력을 하는 것이 가장 현명한 해결책이다.

(2) 兄弟因緣

형제궁의 申金은 用神이다. 그래서 형제의 도움은 참으로 기대가 된다. 이로 인해서 부모에게 받은 섭섭함은 모두 보상을 받고도 남을 것이니 모든 일은 형제들과 의논해서 처리하는 것을 권하게 된다. 그리고 함께 일을 하는 것도 좋다고 하겠고 가능하면 형제 가까이 붙어 있도록 권해도 될 구조이다. 이러한 인연으로 인해서 동기 간의 우애는 저절로 생기게 된다.

(3) 夫婦因緣

부부궁의 未土는 원하지 않는 글자이다. 그렇다고 마냥 밉다고만 할 수도 없는 것은 그 글자가 없으면 日干은 약하게 될 가능성이 있기 때문이다. 그래서 중요도는 50% 정도 되고 의지처가 되어 주는 정도는 가능하다고 해석하게 된다. 다만 사회적으로 도움을 주는 능력은 부족하고, 그럴 마음이 없다고 보면 될 것이므로 기대는 하지 말고 무덤덤하게 받아들이면 별 탈은 없을 것이다. 특히 나쁘지 않게 보는 이유 중에 하나는 양쪽으로 申金을 生하는 공덕이 있기 때문이다. 그래서 강약(强弱)도 치우치지 않는다면 모두가 나쁘지 않은 암시가 될 수도 있음을 생각하게 된다.

(4) 子女因緣

자녀궁의 申金도 用神이다. 이로 인해서 자신의 삶에서 마무리를 제대로 할 수가 있는 인연이 된다고 하겠으니 자녀의 인연이 가장 아름답다. 특히 壬申으로 金生水도 되므로 자녀로 인해서 결실인 재물까지도 획득할 암시가 된다는 것은 기대를 해도 좋을 것이다. 긴 설명을 할 필요가 없는 大吉의 인연이다.

[232] 癸巳年 壬戌月 庚子日 己卯時

用神과 干支別 運勢의 吉凶									
己庚壬癸 卯子戌巳				用: 土(己, 戌) 喜: 火				印星格 食官用印格		
干	甲 下	乙 下	丙 上	丁 上	戊 上	己 上	庚 下	辛 下	壬 下	癸 下
支	子 下	丑 上	寅 下	卯 下	辰 上	巳 上	午 上	未 上	申 中	酉 中	戌 上	亥 下

(1) 父母因緣

부친궁의 癸水는 도움도 되지 않으면서 내가 늘 돌봐야 한다는 부담감을 가지게 되고, 모친궁의 巳火도 또한 나를 힘들게 하고 있으니 부모의 인연은 기대를 할 것이 없다. 그리고 부모간의 사이가 좋지 않아 양쪽의 이야기를 시도 때도 없이 들어주어야 할 것이니 나에게는 고스란히 스트레스가 될 것이다.

(2) 兄弟因緣

형제궁의 戌土는 用神이다. 이러한 인연이 있어서 '죽으란 법은 없다.'라는 말을 생각나게 한다. 내가 세상에서 힘든 일을 만날 때마다 형제의 도움으로 해소(解消)를 하게 되니 이러한 인연을 만났다는 것만으로도 감지덕지(感之德之)할 일이다.

다른 혈육(血肉)은 도움이 되지 않더라도 형제의 도움이 이와 같으면 그 영향으로 웬만한 어려움은 저절로 해결이 될 것이니 어찌 다행스럽다고 하지 않겠는가.

(3) 夫婦因緣

부부궁의 子水는 끝없는 보호를 요구하여 잠시도 마음을 놓을 수가 없다. 형제궁에서 日支의 子水를 土剋水로 눌러 주는 것이 더욱 고마울 따름이다. 배우자의 도움이 가장 중요하다는 것이야 누구나 알지만 그것도 운명의 영향을 받는다면 또한 어쩔 수가 없는 일이므로 최소한의 신경을 써서 해결해 주도록 하고 웬만하면 가만히 있는 것이 도와준다는 마음으로 바라보는 수밖에 없는 일이다.

(4) 子女因緣

자녀궁의 卯木은 부부궁의 子水가 生해 주는 힘을 받아서 더욱 밑 빠진 독이 되어버리는 현상이다. 그러니 배우자와 자녀의 인연이 이렇게 답답한 상황에서 세상살이의 성공이 웬만큼 된다고 해도 집에 들어가면 다시 스트레스가 발생하게 되니 안타까울 뿐이다. 이것도 어쩔 수가 없는 운명이니 가능하면 해외에서 사업을 한다고 핑계 대고 집은 일 년에 한 번만 들어가는 잔꾀를 응용할 수도 있을 것이다.

[233] 丙午年 丁酉月 甲子日 乙丑時

用神과 干支別 運勢의 吉凶											
乙甲丁丙 丑子酉午				用: 水(子) 喜: 金				正印格 官印相生格			
干	甲 中	乙 中	丙 下	丁 下	戊 下	己 下	庚 下	辛 下	壬 上	癸 上	
支	子 上	丑 下	寅 中	卯 中	辰 下	巳 下	午 下	未 下	申 上	酉 上	戌 下	亥 上

(1) 父母因緣

부모궁의 丙午는 아무런 도움이 되지 않고 오히려 木生火의 인연에 의해서 부담만 강요받게 되는 암시이다. 그래서 부모에게서 전화가 오기만 해도 깜짝깜짝 놀라게 될 수도 있으니 전생에 진 빚의 무게가 적지 않음을 생각하고 잘 판단해서 지혜로운 대응을 해야 할 필요가 있겠다. 덧붙인다면 도망가라는 말을 하고 싶은 것이다.

(2) 兄弟因緣

형제궁의 酉金은 나에게 부담을 주는 것은 사실이지만 사회적으로 본다면 오히려 멀리에서 협력해 주는 조력자가 되니 또한 고마운 인연이다. 그리고 모친에게서 날아오는 공격 에너지를 홀몸으로 막으면서 나를 위해서 노력하는 것을 몰라준다면 은혜를 저버리는 일이라고 해야 할 것이다. 그래서 형제의 인연은 상당히 좋다고 하겠고 비록 개인적으로 金剋木으로 인해서 힘들게 할지라도 또한 내가 잘 되도록 하기 위한 인내심 기르기라고 생각하면 좋을 것이다.

(3) 夫婦因緣

부부궁의 子水는 천금(千金)의 가치가 되는 은인을 만나게 될 암시이니 이 글자가 없었다면 살아도 살아 있는 것이 아닐 정도로 고통의 연속이 되었을 것이다. 그런데 그러한 고통을 말끔하게 정리해 주는 해결사의 역할을 맡고 있으니 이보다 더 고마울 수는 없다. 그래서 매일 업어주고 절이라도 해야 할 것이다. 혹 현실이 그렇지 못하다면 자신의 四柱에 있는 배우자를 만나지 못한 것이라고 할 수 있겠다. 모든 것은 인연에 맡기지만 때로는 노력도 필요하다.

(4) 子女因緣

자녀궁의 丑土는 用神인 子水를 공격하는 일만 맡아서 악역을 하는 모습이다. 배우자를 힘들게 하면서 집중력을 분산시키게 되니 아마도 많이 밉게 느껴질 수도 있다. 그러나 그것조차도 운명이니 어찌 피할 수만 있겠는가. 그래서 자녀는 전생의 빚쟁이라고 생각하고 가능하면 스스로 독립을 하도록 유도하는 것도 한 방법이 된다.

[234] 丙寅年 壬辰月 甲子日 乙亥時

用神과 干支別 運勢의 吉凶		
乙甲壬丙 亥子辰寅	用: 火(丙) 喜: 土, 木	食神格 食神見印格

干	甲 上	乙 上	丙 上	丁 上	戊 上	己 上	庚 下	辛 下	壬 下	癸 下		
支	子 下	丑 上	寅 下	卯 下	辰 上	巳 上	午 上	未 上	申 下	酉 下	戌 上	亥 下

(1) 父母因緣

부모궁의 丙寅은 나의 길을 찾아 주고 격려해 주고 힘을 보태어 주는 귀중한 인연이다. 특히 부친궁의 丙火는 用神이니 내가 하고자 하는 길을 안내하고 장애물을 제거해 주려고 노력할 것이며, 月干의 壬水에게 공격을 받으면서도 협력하는 것은 모든 짐을 떠맡는 의미가 된다. 모친도 用神인 丙火를 生하여 활동하는데 큰 힘을 보태는 역할을 하고 있으니 이러한 인연이라면 부모에 대해서는 아무런 원망도 하지 않을 것이다.

(2) 兄弟因緣

형제궁의 辰土는 50%의 협력과 50%의 방해를 하게 되니 결과적으로는 나쁘지 않은 것으로 해답을 삼아야 할 것이다.

다만 모친궁의 寅木이 상당 부분 방어해 주기 때문에 웬만한 어려움은 해결될 수가 있을 것이니 그나마 위로가 된다. 특히 偏財가 있는 것으로 봐서 금전적인 거래를 하지 않는 것을 권한다.

(3) 夫婦因緣

부부궁의 子水는 忌神이다. 그래서 [233]번 명식의 甲子는 日支에 보물을 숨겨 놓은 사람이라면, 이 명식의 甲子는 日支에 폭탄을 묻어 놓은 것이라고 할 수 있다. 서로 같은 甲子이면서도 배우자에 대한 인연의 암시는 극(極)과 극(極)이라고 해야 할 상황이니 四柱를 풀이하면서 어떤 상황의 甲子인지를 알지 못하면 吉凶에 대해서 논할 것이 하나도 없는 것이다.

(4) 子女因緣

자녀궁의 亥水는 부부궁의 子水와 함께 힘을 합해서 나를 골탕 먹이고 힘들게 하는 역할을 타고났으니 뭐라고 해봐야 아무런 소용이 없다. 오로지 스스로 죄업을 소멸하는 것으로 해결해야 하는 수밖에 없는 것이다. 그래서 부모의 인연을 제외하고는 아무도 도움이 되지 못하는 악연(惡緣)을 맺고 있으니 신세를 한탄해 봐야 아무런 소용이 없으므로 혼자 살거나 받아들이거나 둘 중에 하나일 뿐이다.

[235] 癸卯年 甲寅月 丙子日 癸巳時

用神과 干支別 運勢의 吉凶		
癸丙甲癸 巳子寅卯	用:水(癸,子) 喜:金	正官格 印重用官格
干	甲 下	乙 下	丙 下	丁 下	戊 下	己 下	庚 上	辛 上	壬 上	癸 上
支	子 上	丑 下	寅 下	卯 下	辰 下	巳 下	午 下	未 下	申 上	酉 上	戌 下	亥 上

(1) 父母因緣

부친궁의 癸水는 도움을 주려고 애쓰는데 모친궁의 卯木은 그러한 힘을 자꾸만 약화시키고 희석시키면서 나에게 부담이 되는 역할만 하고 있으니 모친과는 갈등이 많을 암시라고 해야 할 상황이다. 부친이 돕는다고는 하지만 무력하여 실제로 큰 도움은 되지 않을 것으로 봐서 마음만이라도 고맙다고 생각하고 기대는 하지 않는 것을 권한다.

(2) 兄弟因緣

형제궁의 寅木은 모친궁의 卯木과 뜻을 같이 하면서 나에게 잔소리만 퍼부어 대는 암시이다. 이로 인해서 형제와도 만나는 것을 꺼리게 되니 집을 점점 멀리하게 될 수밖에 없을 듯싶다.

형제의 인연이 부담으로 작용하게 되므로 사회적으로 일을 하면서도 뭔가 같이 해보자고 제안을 하더라도 이런저런 핑계를 대고서 엮이지 않음이 현명하다.

(3) 夫婦因緣

부부궁의 子水는 用神이다. 비록 正官으로 인해서 水剋火의 부담은 존재하겠지만 그래도 사회적으로는 최선의 노력으로 협조를 할 것이므로 얼마나 든든한지에 대해서는 두말할 나위도 없는 것이다. 그래서 모든 일은 배우자와 의논하여 판단하고 다른 가족들과는 가능하면 최대한 멀리 피하여 갈등의 요소를 미리 방지하는 것이 최선이다. 다만 아쉬운 점은 日支의 子水가 무력하다는 것이다. 그러나 최선을 다하여 돕는다고는 하지만 그 능력의 한계로 인해서 늘 아쉬움을 갖게 된다면 이는 자신의 분수를 모르는 일이라고 밖에 할 수 없다.

(4) 子女因緣

자녀궁의 巳火는 반갑지는 않지만 그렇다고 해서 두려워할 정도는 아니라고 본다. 그 이유는 日支의 子水가 확실하게 잡고 있어서 난동(亂動)을 부릴 여지가 없기 때문이다. 다만 寅卯木의 運이 들어오게 된다면 잠시 힘을 얻어서 날뛸 수도 있겠지만 그러한 시기만 넘기면 다시 고분고분 해질 것이다.

[236] 辛酉年 壬辰月 丁亥日 辛丑時

用神과 干支別 運勢의 吉凶		
辛丁壬辛 丑亥辰酉	用: 木(亥中甲木) 喜: 火	正印格 暗藏用神格

干	甲 上	乙 上	丙 中	丁 中	戊 下	己 下	庚 下	辛 下	壬 下	癸 下
支	子 下	丑 下	寅 上	卯 上	辰 中	巳 中	午 下	未 下	申 下	酉 下	戌 下	亥 下

(1) 父母因緣

부모궁의 辛酉는 매우 가난한 부모를 만날 암시로 해석을 한다. 財星이 忌神인 경우에는 재물로 인한 고통이 많은데 財星도 그냥 財星이 아니라 강력한 辛酉이니 그 부담은 더 말을 할 필요도 없다. 어쩌면 부모가 진 빚을 갚기 위해서 허둥지둥 바빠야 할 수도 있고 부모가 아파서 병원비를 부담하느라고 가난을 면하기 어려울 수도 있을 것이다. 여하튼 부담이 되는 의미를 부여한다면 비슷하다고 하겠다.

(2) 兄弟因緣

형제궁의 辰土도 부담이기는 마찬가지이다. 다만 辰中乙木이 있으니 20%의 도움이나마 기대를 할 수가 있다는 것이 위로가 된다. 그래도 부모궁보다는 도움이 되는 정도이다. 여하튼 형제 인연도 즐거운 암시는 아니라고 해야 하겠으므로 같이 뭔가 어울려서 사업을 벌이는 것은 권하기 어려운 정도로 해석한다.

(3) 夫婦因緣

부부궁의 亥水는 고통이다. 비록 亥中甲木이 用神이라고는 하지만 그것을 의지하기에는 그림의 떡이라고 해야 할 암시이기 때문이다. 그렇다면 正官의 압박을 그대로 받아야 하는데 月干의 壬水와 함께 쌍으로 볶아 대는 인연의 무게는 십만 톤이라고 해야 할 모양이다. 그래서 결혼을 늦게 하거나 상대방의 日干이 甲乙木이라면 운명을 개선하는 데에는 도움이 될 것이다.

(4) 子女因緣

자녀궁의 丑土는 그야말로 0%이다. 이렇게 육친의 인연들이 기대하기 어려운 구조를 하고 있으니 외로운 한 몸을 의지하려고 해도 기댈 언덕이 없다는 것은 삶의 순간들이 고단함으로 이어지게 될 암시이다. 아무래도 전생에 쌓은 공덕(功德)이 부족하여 그렇다고 해야 할 모양이니 모쪼록 열심히 기도하고 명상하여 자신의 마음을 다스리는 것을 권한다.

[237] 戊午年 丙辰月 戊子日 己未時

用神과 干支別 運勢의 吉凶		
己 戊 丙 戊 未 子 辰 午	用: 水(子) 喜: 金[用神級]	正財格 劫裒用財格
干	甲 乙 丙 丁 戊 己 庚 辛 壬 癸 下 下 下 下 下 下 上 上 上 上		
支	子 丑 寅 卯 辰 巳 午 未 申 酉 戌 亥 上 下 中 中 下 下 下 下 上 上 下 上		

(1) 父母因緣

부모궁의 戊午는 아무런 도움도 주지 못하면서 오히려 방해만 하고 있는 인연이다. 아무래도 부모 인연은 얼른 떠나는 것이 상책이라고 해 줘야 할 모양이다. 아울러서 어린 시절의 상황도 이와 유사할 것이므로 번뇌(煩惱)만 가득한 채로 보내게 될 가능성이 크다. 다만 억지로라도 공부를 할 수가 있다면 그것만으로도 감사하다.

(2) 兄弟因緣

형제궁의 辰土는 凶하다. 기본적으로야 그 속에 癸水가 30%나 있으니 도움이 된다고 하겠는데 그보다는 戊土가 日支의 子水를 剋하고 있는 폐해(弊害)가 더욱 심각하여 그 정도의 도움으로는 상쇄할 방법이 되지 않는다. 그래서 모든 干支의 조화는 조건에 따라서 달라지고 상황에 따라서 변한다는 것을 잘 살펴서 판단해야 한다.

(3) 夫婦因緣

부부궁의 子水는 用神이다. 그것도 내가 혼자 차지할 수 있도록 戊癸合으로 묶여있으니 더욱 반갑다고 해야 할 인연이다. 중년(中年)부터는 배우자의 도움으로 살아갈 맛이 난다고 할 수 있겠다. 다른 시절의 어려움을 다 잊어버려도 좋을 만큼 행운의 인연이라고 해도 될 것이다. 금전적으로도 알뜰하게 관리를 해서 가난으로부터 벗어날 수 있는 돌파구를 찾을 수 있을 것이고 무슨 일을 하든지 꼼꼼하게 챙겨서 가정을 지켜줄 좋은 인연이다.

(4) 子女因緣

자녀궁의 未土는 부부궁에서 얻은 소득을 야금야금 축내면서 스트레스를 발생시킬 수가 있는 악연이다. 자녀 인연으로 인해서 배우자도 힘들어할 것이고 겨우 잡아 놓은 안정이 자녀로 인해서 무너질까 두렵기도 하다. 그래서 가능하면 자녀를 두지 말라고 권하겠고 혹 있더라도 깊이 간여하지 말고 독립하도록 방향을 잡아서 얼른 벗어나는 것을 최선으로 삼는다.

[238] 乙巳年 己卯月 辛酉日 戊子時

用神과 干支別 運勢의 吉凶		
戊辛己乙 子酉卯巳	用: 土(戊, 己) 喜: 火, 金	印星格 日弱用印格

干	甲	乙	丙	丁	戊	己	庚	辛	壬	癸
	下	下	上	上	上	上	中	中	下	下

支	子	丑	寅	卯	辰	巳	午	未	申	酉	戌	亥
	下	上	下	下	上	下	下	上	上	上	上	下

(1) 父母因緣

부모궁의 乙巳는 도움을 주기는 어려운 구조이다. 부친궁의 乙木이 月干의 用神인 己土를 剋하고, 모친궁의 巳火도 喜神이면서 土를 生하지 못하고 있으니 어떻게든 도움을 기대하지만 실질적인 도움을 주지 못하고 오히려 갈등이 쌓이게 될 조짐이다. 바라는 것이 없으면 서운할 것도 없으니 아무런 기대도 하지 않는 것이 좋다.

(2) 兄弟因緣

형제궁의 卯木은 忌神이다. 평생에 도움이 되지 않을 듯싶다. 그러니까 함께 더불어서 뭔가를 한다는 생각은 애초에 버리는 것이 좋겠고 혹 재물을 요구하더라도 일체 거부하는 마음으로 거래를 하지 않는 것으로 최선을 삼아야 나중에라도 상처를 입지 않을 것이다. 그리고 모친궁을 生하는 것으로 봐서 어머니로 인한 갈등도 발생할 조짐이다. 그러므로 형제 인연에 얽혀서 고통을 받을 암시가 있으니 피하는 것이 현명하다.

(3) 夫婦因緣

부부궁의 酉金은 나름대로 최선의 협력을 할 조짐이다. 그래서 혈육의 인연은 박약(薄弱)해도 부부의 인연이 그것을 보상해 주고 있으니 또한 다행이라고 해야 하겠다. 그래서 부부 인연이 혈육보다 나으니 모쪼록 부모 형제를 돌보지 않더라도 부부의 인연을 최우선으로 생각하고 소중하게 가꾸라고 권하게 된다. 다만 배우자도 기본적으로 능력이 출중한 것은 아니다. 그렇지만 서로 아끼고 협력하는 마음만은 누구보다 뛰어나기 때문에 그 점에 대해서 늘 감사해야 한다.

(4) 子女因緣

자녀궁의 子水는 아무리 돌봐준다고 해도 뜻을 이루기 어려운 인연이다. 그래서 없는 힘을 계속해서 쏟아야 한다는 부담이 적지 않을 것이므로 독립을 시키는 방향으로 계획을 세우는 것이 현명하다. 사소한 인정에 끌려서 감당이 되지 않을 일을 벌여놓으면 그것을 수습하느라고 허둥대면서 아까운 시간과 재물을 허비하게 될 수도 있으니 미리 알아두면 좋을 것이다.

[239] 癸巳年 甲子月 辛丑日 庚寅時

用神과 干支別 運勢의 吉凶		
庚辛甲癸 寅丑子巳	用:土(丑) 喜:火	偏印格 日弱用印格
干	甲 乙 丙 丁 戊 己 庚 辛 壬 癸 下 下 下 下 上 上 中 中 下 下		
支	子 丑 寅 卯 辰 巳 午 未 申 酉 戌 亥 下 上 下 下 上 上 上 上 上 上 上 下		

(1) 父母因緣

부모궁의 癸巳는 기대할 것이 아무것도 없는 인연이다. 부친궁의 癸水는 내 힘만 빼려고 할 것이고, 모친궁의 巳火는 丑土를 生해 주면 좋으련만 자리가 마땅치 않으니 아무런 도움을 줄 수가 없어서 아쉽기는 마찬가지이다. 다만 겨울의 냉기(冷氣)를 고려한다면 온기(溫氣)를 갖고 있는 것으로 인해서 그래도 도움이 되지 않을까 싶은 기대감을 가질 수는 있으나 그렇다고 해도 실제로 큰 힘이 되기는 어려울 것이다.

(2) 兄弟因緣

형제궁의 子水는 냉기만 유발해서 日支의 丑土를 꽁꽁 얼게 만들기만 하고 있으니 전혀 도움을 주지 못한다. 이러한 인연에다가 또 내게 도와달라는 손만 벌리고 있으니 모쪼록 냉정하게 판단하고 안 되는 것은 거절을 해야 미련이라도 갖지 않게 될 것이다. 괜히 도와주고 나중에는 이러지도 못하고 저러지도 못하는 관계에서 원망을 해봐야 나만 속상할 뿐이다.

(3) 夫婦因緣

부부궁의 丑土는 크나큰 도움을 주고 있는 보물섬이다. 그래서 다른 인연은 도움이 되지 않더라도 배우자의 인연만큼은 기대를 해도 좋은 의지처가 된다. 배우자는 어머니가 자식을 보듬고 감싸듯이 하염없는 사랑을 베풀고 있는 형국이다. 그래서 다른 것은 다 잊어버리더라도 배우자에 대한 공(功)은 잊으면 안 될 것이니 반드시 열심히 노력해서 그에 대한 보답을 하도록 노력해야 할 것이다.

(4) 子女因緣

자녀궁의 寅木은 또 무슨 악연인지 모를 일이지만 여하튼 배우자가 나를 돕고 있는 것조차도 곱게 봐주지 못하고 사사건건 시비를 걸고 피곤하게 할 가능성이 많으니 기대를 한다는 것은 아예 꿈도 꾸지 말고 경계를 그어 놓고 그 선을 넘지 않도록 철저하게 관리를 해야 할 것이다. 이것은 배우자를 위해서라도 할 수 있는 최소한의 노력이다.

[240] 己酉年 癸酉月 辛亥日 丙申時

用神과 干支別 運勢의 吉凶		
丙辛癸己 申亥酉酉	用: 水(癸, 亥) 喜: 木	食傷格 傷官生財格
干	甲 乙 丙 丁 戊 己 庚 辛 壬 癸 上 上 下 下 下 下 中 中 上 上		
支	子 丑 寅 卯 辰 巳 午 未 申 酉 戌 亥 上 下 中 中 下 中 中 下 中 中 下 上		

(1) 父母因緣

부모궁의 己酉는 도움이 되지 않는다. 특히 부친궁의 己土는 用神인 癸水를 剋하고 있으니 내가 하고자 하는 일에 훼방을 놓는 상황으로 더욱 밉다고 해야 할 구조이다. 酉金이 어느 정도 부친을 다스린다고는 해도 酉金 또한 기대할 것은 없다고 봐서 그냥 도움이 되지 않는 인연이라고만 생각하면 될 것이다. 그래서 부모를 의지하지 말고 독립한다는 마음으로 자신의 미래를 개척하는 것으로 삶의 목표를 삼아야 될 것이다.

(2) 兄弟因緣

형제궁의 酉金도 마찬가지이지만 그래도 用神인 水를 生하는 역할은 있어서 나쁘다고까지 할 정도는 아니다. 아쉬운 것은 재물이 생긴다면 그때부터 주의를 해야 한다는 것이다. 왜냐하면 比肩이라는 것은 재물이 없을 적에는 크게 나쁘지 않더라도 재물이 생기게 되면 그것을 나눠먹기 위해서 접근을 할 가능성이 생기는 까닭이다.

(3) 夫婦因緣

부부궁의 亥水는 用神이다. 이보다 더 고마울 수도 없는 인연이니 부모를 떠나서 독립해야 비로소 자신의 삶이 열린다고 할 것이고 특히 결혼을 하고 나서부터 점점 삶의 나날이 즐거울 것으로 봐도 되겠다. 그래서 결혼에 대해서는 부모 형제와 의논하지 말고 자신의 판단을 믿고 추진하는 것이 현명할 것으로 본다. 특히 결혼을 하고 나서는 형제들도 배우자와 좋은 인연이 될 것이므로 더욱 효과적인 결과를 얻게 되는 것은 金生水의 인연이 나쁘지 않기 때문이다.

(4) 子女因緣

자녀궁의 申金은 무해무덕(無害無德)하다. 다만 형제나 모친과 마찬가지로 재물이 있을 적에는 그것을 나눠 갖기 위해서 온갖 술수를 다 발휘하려고 할 것이기 때문에 이러한 점에 대해서는 미리부터 잘 준비를 하고 있다가 일단 그러한 조짐이 보일 적에는 냉정히 잘라야 하겠지만, 그럼에도 불구하고 어느 정도의 손실은 예상해야 할 것이다.

[241] 癸未年 己未月 庚寅日 甲申時

用神과 干支別 運勢의 吉凶		
甲庚己癸 申寅未未	用: 木(甲, 寅) 喜: 水[用神級]	偏財格 日强用財格

干	甲 上	乙 上	丙 中	丁 中	戊 中	己 中	庚 下	辛 下	壬 上	癸 上	
支	子 上	丑 下	寅 上	卯 上	辰 下	巳 下	午 下	未 下	申 下	酉 下	戌 下	亥 上

(1) 父母因緣

부친궁의 癸水는 喜神이지만 己土와 未土에게 剋을 심하게 받고 있으면서 用神은 도와주지도 못하고 있으니 부친도 도와주고 싶어도 자신의 힘이 부족하여 도움이 되지 못하는 것을 아쉬워하는 것만 알아줘도 좋아할 것이다. 모친궁의 未土는 凶神이다. 그리고 막강한 힘을 휘두르면서 부친조차도 꼼짝 못하게 하니 어쩔 수가 없이 최대한 빨리 집을 떠나서 독립을 할 생각을 하는 것이 최선이다.

(2) 兄弟因緣

형제궁의 未土도 모친궁과 같으니 더 이상 말을 하면 입만 아프다. 오로지 원하는 것은 부모와 형제를 떠나서 자립을 하여 안정을 취하는 것이다. 그러므로 혈육에 기댈 생각은 아예 하지 말고 독립하는 방향으로 계획을 세우고 추진하는 것만이 현명하다고 할 것이다.

(3) 夫婦因緣

부부궁의 寅木은 실질적인 用神이다. 내가 원하는 대로 군소리 한마디 하지 않고 고분고분 따라 주는 인연이니 고맙고도 미안할 정도이다. 이러한 인연을 잘 살려서 가꾸는 것만이 지혜로운 자신의 경영이라고 할 것이다. 자녀궁에서 申金이 배우자를 힘들게는 하겠지만 운명이라고 생각하고 자신의 역할에 최선을 다하는 모습이 감동적이라고 할 만하다. 그러므로 그냥 당연한 듯이 받지만 말고 그 노력에 대한 고마움을 진심으로 표현해야 할 것이다. 아무리 자신의 복(福)이라고는 하더라도 마음조차도 표현하지 않는 것은 현명하지 않은 까닭이다.

(4) 子女因緣

자녀궁의 申金은 최악(最惡)이다. 나를 위해서 모든 것을 다 바치는 배우자를 힘들게 하는 자식이기 때문에 가능하면 최대한 멀리 떼어 놓고 살아야 하겠는데 아마도 쉽사리 떨어지려고 하지 않을 가능성도 있는 것이 운명이다. 그러므로 이러한 문제를 해결하기 위해서 깊이 생각하고 방법을 강구(講究)하는 것이 日支로부터 도움을 받기만 하는 日干이 해야 할 몫이라고 할 것이다.

[242] 己卯年 壬申月 戊辰日 癸亥時

用神과 干支別 運勢의 吉凶		
癸戊壬己 亥辰申卯	用: 土(己, 辰) 喜: 火	比劫格 日弱用劫格
干	甲 乙 丙 丁 戊 己 庚 辛 壬 癸 下 下 上 上 上 上 下 下 下 下		
支	子 丑 寅 卯 辰 巳 午 未 申 酉 戌 亥 下 上 下 下 上 上 上 上 下 下 上 下		

(1) 父母因緣

부친궁의 己土는 도움을 주려고 애를 쓰고 있지만 모친궁에 있는 卯木의 눈치를 보느라고 아무런 힘도 할 수가 없음이 못내 안타까울 뿐이다. 모친궁의 卯木은 실제로 별 힘도 없으면서 괜히 훼방을 놓는 분위기이니 더 이상의 기대는 하지 말고 스스로 독립해서 자신의 길을 개척한다는 마음으로 열심히 뛰어다니노라면 그만한 소득이 있으리라고 기대한다. 일단 집을 나가서 일을 찾는 것이 급선무라고 할 것이다.

(2) 兄弟因緣

형제궁의 申金은 내 기운만 빼내고, 실제로는 아무런 도움도 되지 않을 인연이다. 형제자매에 대해서 불평이 생기지 않을 수는 없겠지만 그렇게 불평한다고 해서 달라질 것도 없으니 그냥 깨끗하게 잊어버리고 도움은 포기하는 것이 좋다. 나를 도울 마음이 애초에 없는데 내가 바라는 마음만 갖고 있다고 해서 무슨 대안이 나올 것도 아니기 때문이다.

(3) 夫婦因緣

부부궁의 辰土는 비록 50%의 힘 밖에는 줄 것이 없지만 그럼에도 불구하고 최선을 다해서 나를 지켜 주려고 노력하는 모습이다. 물론 戌土였다면 그 도움의 정도는 훨씬 나았겠지만 辰土라도 도와주는 것이 어디냐는 생각으로 감사히 받아들이는 것이 현명하다. 이런 것을 두고 '남부여대(男負女戴)'라고 하거니와 남자는 무거운 짐을 등에 짊어지고 아내는 머리에 이고 서로 밀어주고 당겨주면서 일생을 오순도순 살아갈 것이니 또한 행복이라고 할 만하다.

(4) 子女因緣

자녀궁의 亥水는 지반이 약한 辰土를 자꾸만 갉아먹는 역할만 하고 있으니 안타깝기만 할 뿐이다. 癸亥의 파도가 너무나 거세어서 어떻게 해 볼 수가 없다. 연약하지만 애쓰고 있는 고마운 배우자를 위해서라도 자녀는 최대한 멀리하고 가까이 두지 않는 것만이 유일한 해결책이라고 생각하고 노력할 일이다.

[243] 乙卯年 辛巳月 辛未日 己丑時

用神과 干支別 運勢의 吉凶		
己辛辛乙 丑未巳卯	用: 火(巳) 喜: 木	正官格 印重用官格
干	甲 乙 丙 丁 戊 己 庚 辛 壬 癸 上 上 上 上 中 中 下 下 下 下	
支	子 丑 寅 卯 辰 巳 午 未 申 酉 戌 亥 下 下 上 上 下 上 上 下 中 中 下 下	

(1) 父母因緣

부모궁의 乙卯는 喜神으로 능력은 되지만 직접적으로 도움을 줄 수가 없다는 것에 대해서 안타까워하면서 바라만 보고 있는 인연이다. 차라리 능력이라도 되지 않으면 기대라도 하지 않으련만 능력이 되면서도 마음을 써주지 않아서 직접적으로 도움을 받을 수 없는 것이 원망스러울 수도 있으니 마음을 비우고 기대하지 않는 것이 좋겠다.

(2) 兄弟因緣

형제궁의 巳火는 用神이다. 그리고 年支의 모친궁에서 生해주고 있는 것은 다행스러운 일이다. 비록 卯木이 未土를 剋하지 못하더라도 巳火를 生하는 것은 반갑다. 그래서 사회적으로 능력을 발휘할 수도 있는데 형제들로 인해서 도움을 받을 수가 있으니 이러한 것을 생각하면 그래도 행복한 인연이라고 해야 할 것이다.

(3) 夫婦因緣

부부궁의 未土는 답답하여 속이 터지는 인연이라고 해야 할 것이다. 도움도 주지 못하면서 잔소리만 끊임없이 해대는 모습은 시간이 흐를수록 정나미가 뚝뚝 떨어지는 결과로 이어질 것이다. 그러니 집에 들어가고 싶은 마음은 사라지고 오히려 형제자매의 집에서 머물고 싶은 마음이 생길 수도 있으니 배우자가 없느니만 못한 경우가 되어 버린다. 그래도 다행인 것은 未中의 丁火와 乙木으로 인해서 일을 크게 망가트리지는 않을 것이라는 점이다. 만약 日支에 亥水라도 있었다면 참으로 낭패(狼狽)가 아닐 수가 없을 테니 말이다.

(4) 子女因緣

자녀궁의 丑土는 부부궁의 未土와 별반 다르지 않다. 그래서 답답하고 속이 터지는 말을 누구에게라도 하고 싶지만 이야기를 들어줄 사람도 없고 그래봐야 자기 얼굴에 침을 뱉는 격이니 말도 못 하고 속으로만 끙끙 앓는 형국이다.

[244] 乙丑年 乙酉月 甲寅日 乙亥時

用神과 干支別 運勢의 吉凶									
乙甲乙乙 亥寅酉丑				用: 金(酉) 喜: 土				正官格 劫衆用官格		
干	甲 下	乙 下	丙 下	丁 下	戊 中	己 中	庚 上	辛 上	壬 下	癸 下
支	子 下	丑 上	寅 下	卯 下	辰 上	巳 下	午 下	未 上	申 上	酉 上	戌 上	亥 下

(1) 父母因緣

부친궁의 乙木은 아무런 도움도 되지 않으면서 喜神인 모친궁의 丑土만 공격하니 부담을 주는 모습이다. 모친궁에서는 用神을 돕고 있으니 丑土의 도움으로 酉金이 능력을 발휘할 수 있도록 해 주고 있으므로 어머니는 도움이 되는 인연이다.

(2) 兄弟因緣

형제궁의 酉金은 用神이다. 이보다 더 고마운 인연은 없다. 더구나 모친궁에서도 적극적으로 돕고 있으니 형제의 인연을 통해서 세상에서 할 수 있는 일을 찾게 되고 또 편안한 보살핌을 받아서 어려운 일도 능히 해결을 할 수가 있을 것이니 나의 힘을 최소한으로 들여서 성과는 크게 얻을 수 있는 인연이다.

이러한 인연이라면 언제라도 대환영이다. 형제들로 인해서 삶에 큰 도움을 받는 사람도 있고, 고통을 받는 사람도 있으니 이러한 원인을 四柱에서 찾아보면 나름대로 설명을 할 수가 있는 이치를 발견하게 되는 것이다.

(3) 夫婦因緣

 부부궁의 寅木은 좋다고 하기도 어렵고 나쁘다고 하기도 어려우니 그냥 중간이라고 해야 하겠다. 그야말로 무해무덕이라고 하면 되지 싶은 인연이므로 50점 정도 주면 될 듯하다. 약간 염려가 되는 점이 있다면 土를 공격할 암시를 가지고는 있다는 점인데 원국에서는 그렇게 하고 있는 것은 아니기 때문에 기본적으로 나쁘다고 하지는 않는 것이다. 오히려 酉金의 통제를 잘 받고 있어서 나쁠 것이 없다고 보는 것이 타당하다.

(4) 子女因緣

 자녀궁의 亥水는 자칫하면 金의 기운을 빼는 역할도 할 수가 있지만 원국에서는 寅木이 가로막고 있어서 그러한 작용은 염려하지 않아도 될 구조이다. 다만 木을 강화시키는 것으로 인해서 酉金에게 다소 부담을 줄 수도 있겠으나 반대로 火가 들어와서 金을 공격할 일이 발생하게 되면 오히려 水剋火로 방지할 수도 있으니 이러한 것은 閑神으로 대입하면 적절할 것이다.

[245] 甲午年 辛未月 戊辰日 丁巳時

用神과 干支別 運勢의 吉凶		
丁戊辛甲 巳辰未午	用:金(辛) 喜:水	傷官格 傷官制殺格
干	甲 乙 丙 丁 戊 己 庚 辛 壬 癸 下 下 下 下 中 中 上 上 上 上		
支	子 丑 寅 卯 辰 巳 午 未 申 酉 戌 亥 上 下 下 下 下 下 下 下 上 上 下 上		

(1) 父母因緣

부모궁의 甲午는 반갑지 않은 인연이다. 그래서 부모에 대한 추억은 아름답지 않을 것이므로 어려서 고향을 떠나서 타향에서 자신의 삶을 엮어가게 될 암시로 해석할 수가 있다. '어려서 고향을 떠난다.'는 말이 명리학의 고서(古書)에 가끔 등장하는데 이러한 모델이라면 가능한 대입이다. 甲木이 午火를 생하고 그 午火는 다시 未土를 생하는 구조이니 원하지 않는 것을 강하게 만드는 것으로 인해서 부담이 되는 까닭이다.

(2) 兄弟因緣

형제궁의 未土는 비록 劫財이지만 辛金을 生하고 있으니 나쁘지 않은 인연이다. 오히려 내가 이루고자 하는 목적에 협력하려는 마음이 크다고 봐서 공통의 목적을 가지고 함께 노력하는 것으로도 대입이 가능하니 동업을 해도 좋은 결과가 있을 것으로 예상해 본다.

(3) 夫婦因緣

부부궁의 辰土는 무해무덕(無害無德)의 인연이니 吉凶간에 큰 영향을 미치지 않을 인연이다. 이 정도의 인연이라도 다행이라고 해야 할 것이다. 특히 辰中癸水가 조열(燥熱)한 四柱에서 일점(一點)의 습기(濕氣)를 발생시키고 있기 때문에 좋을 수도 있는 것으로 해석이 가능하다. 그래서 무모하게 돌진하려고 하다가도 배우자의 조언을 듣고 다시 생각을 해 보는 침착함을 얻을 수가 있으니 이런 인연이라면 나쁘다고 할 이유가 없다. 이처럼 겉으로는 아무런 도움이 되지 않을 인연처럼 보여도 내면으로는 도움을 받고 있는 경우도 있는 것이다.

(4) 子女因緣

자녀궁의 巳火는 부담이다. 내가 원하는 방향과도 엇나가면서 자신의 주장을 나에게 강요하고 있으니 생각을 하면 할수록 못마땅한 자녀의 인연이라고 할 것이다. 모쪼록 자녀와는 멀리 떨어져서 살아가는 것이 현명하고 더 좋은 것은 아예 자녀가 없는 것이라고 하겠으니 자녀의 인연은 기대를 하지 않는다면 오히려 맘이 편할 것이다.

[246] 庚辰年 癸未月 乙巳日 己卯時

用神과 干支別 運勢의 吉凶											
己 乙 癸 庚 卯 巳 未 辰				用: 水(癸) 喜: 金				偏印格 官印相生格			
干	甲 中	乙 中	丙 下	丁 下	戊 下	己 下	庚 上	辛 上	壬 上	癸 上	
支	子 上	丑 下	寅 中	卯 中	辰 下	巳 下	午 下	未 下	申 中	酉 中	戌 下	亥 上

(1) 父母因緣

부모궁의 庚辰은 고맙게도 내가 필요로 하는 用神인 癸水를 감싸고 보호하는 역할을 맡고 있으니 천만다행이다. 부친궁에서는 庚金이 喜神의 역할을 도맡아서 하고 있고, 모친궁의 辰土는 부친의 노력이 헛되지 않도록 다시 보호해 주는 뿌리의 역할을 하고 있기 때문이다. 이로 인해서 비록 약하디 약한 癸水이지만 말라버리지 않고 日干을 위해서 최선을 다할 수가 있는 그림이니 이보다 더 다행스러울 수가 없다.

(2) 兄弟因緣

형제궁의 未土는 백해무익이니 그야말로 忌神이요, 凶神이다. 癸水가 약할 수밖에 없는 이유도 未土로 인해서이니 이보다 더 나쁠 수도 없다. 그러므로 형제자매와는 어떤 일도 함께 도모하지 말고 모쪼록 멀리 떨어질수록 凶함이 덜하다는 생각으로 조심스럽게 살아가는 것이 최선이다.

(3) 夫婦因緣

부부궁의 巳火는 또 무슨 도움이 되겠는가. 오히려 형제궁의 未土만 강화시키고 있으니 더욱 凶함이 강조된다고 하겠는데 巳中庚金조차도 日干에게는 부담으로 존재하고 있으니 혼자서 살아가는 것이 현명하다고 해야 할 정도이다. 이러한 인연의 암시가 되면 전생의 빚을 받으러 온 것이기 때문에 도망을 가더라도 기를 쓰고 쫓아오는 인연이라고 하겠다. 더구나 乙巳 日柱이니 木生火는 얼마나 잘 되겠는지를 생각해 보면 그 凶함은 명약관화(明若觀火)하다.

(4) 子女因緣

자녀궁의 卯木은 또 무슨 악연이기에 木生火로 배우자에게 나쁜 에너지만 계속해서 보내고 있는가? 차라리 日支에 巳火가 아니라 丑土라도 있었더라면 木剋土의 도움으로 日干을 편안하게 보호할 수라도 있으련만 이것은 아예 대놓고 역적질을 하겠다고 나서고 있으니 아무래도 전생에 큰 악업(惡業)의 인연으로 만난 것이라고 해야 할 모양이다. 그래서 기도하고 명상으로 참회(懺悔)의 삶을 살라고 권한다.

[247] 辛未年 庚子月 癸未日 癸亥時

用神과 干支別 運勢의 吉凶									
癸癸庚辛 亥未子未		用:土(未) 喜:火					偏官格 偏官無力格			
干	甲 下	乙 下	丙 上	丁 上	戊 上	己 上	庚 下	辛 下	壬 下	癸 下
支	子 下	丑 上	寅 下	卯 下	辰 上	巳 上	午 上	未 上	申 下	酉 下	戌 上	亥 下

(1) 父母因緣

부친궁의 辛金은 아무런 도움이 되지 않고 잔소리만 하여 피곤한 인연이라고 한다면, 모친궁의 未土는 나를 엄하게 다스리면서도 세상을 살아가는데 매우 중요한 것은 다 전해주려고 노력하는 고마운 인연이다. 그래서 부친이 다 하지 못한 일들을 모친이 나서서 해결하여 부모의 역할을 수행하니 고마운 인연이라고 생각하고 가능하면 모든 것을 받아들이도록 노력하는 것이 가장 유익할 것이다.

(2) 兄弟因緣

형제궁의 子水는 냉기(冷氣)만 발생시키고, 넘치는 수기(水氣)를 더욱 강화시키고 있으니 내가 원하는 방향에 대해서 방해만 하고 있는 인연이다. 더구나 日支의 未土조차도 암암리에 무력하게 만들고 있으니 형제자매와의 인연은 좋을 것이 전혀 없다고 생각하고 함께 일을 도모(圖謨)한다는 것은 생각하지도 말고 외면하는 것이 최선일 것이다. 다만 형제들이 방해는 할지언정 未土를 해코지할 수는 없기 때문에 凶하다고까지는 보지 않는다.

(3) 夫婦因緣

부부궁의 未土는 모친궁과 더불어 진정으로 나를 위해서 희생하고 봉사하는 인연으로 인생의 중년(中年)이 풍요로울 암시가 되는 것으로 나타나니 기뻐해도 될 일이다. 만약 未土가 아니라 丑土였더라면 겨울의 丑土는 무력하기 때문에 그 기쁨은 반감(半減)되었을 것이다. 그래서 같은 陰土라고 하더라도 천양지차(天壤之差)가 있는 것이니 이로 인해서 더욱 기뻐하는 것이다. 다만 개인적으로는 偏官이므로 억압적이고 불편하지만 밖에서 협력하는 것에 비하면 그것은 애교일 뿐이다.

(4) 子女因緣

자녀궁의 亥水는 형제궁과 마찬가지로 아무런 도움이 되지 않을뿐더러 日支의 부부궁에게 부담만 주고 있으므로 곱게 보일 리가 있겠는가만, 자식을 키운다는 것이 누구나 그 정도의 부담을 안고 살아가는 것이겠거니 생각하고 간섭하지 않으면 배우자가 알아서 해결해줄 것이다.

[248] 壬午年 丁未月 癸巳日 乙卯時

用神과 干支別 運勢의 吉凶		
乙癸丁壬 卯巳未午	用:水(壬) 喜:金	劫財格 財衆用劫格

干	甲 下	乙 下	丙 下	丁 下	戊 下	己 下	庚 上	辛 上	壬 上	癸 上
支	子 上	丑 下	寅 下	卯 下	辰 下	巳 下	午 下	未 下	申 上	酉 上	戌 下	亥 上

(1) 父母因緣

부친궁의 壬水는 적은 힘이나마 나를 위해서 총력(總力)을 기울이려고 노력하는 모습이 애처롭기조차 하다. 그럼에도 불구하고 힘이 없으니 도움을 주고자 하나 미약한 것은 어쩔 수가 없는 일이다. 모친궁의 午火는 丁壬合의 작용으로 그러한 부친궁의 노력을 시샘이라도 하듯이 자신만 쳐다보라고 하고 있다. 그래서 이러지도 못하고 저러지도 못하는 壬水 用神은 아쉬움만 가득하다.

(2) 兄弟因緣

형제궁의 未土는 내가 하는 일이라면 무엇이든 쌍지팡이를 짚고 나서서 방해만 하려고 하니 최악(最惡)의 凶神이다. 그러므로 부딪치지 않도록 항상 조심해야 하겠고, 혹 호통이라도 당하면 무조건 잘못했다고 빌고는 최대한 멀리멀리 도망가는 수밖에 없으니 이것이 최선책이라는 것이다.

(3) 夫婦因緣

 부부궁의 巳火도 또한 도움이 안 되기는 마찬가지이다. 巳中 庚金에게 도와줄 것을 간청(懇請)해 보지만 그것도 巳中丙火 의 압력에 눌려서 꼼짝도 못 하고 웅크리고 있으니 무슨 도움 을 기대하랴 싶다. 그래서 오로지 홀로 살아가는 것을 최선책 이라고 정해 놓아야 할 것이다. 불행히도 결혼을 하게 된다면 모쪼록 멀리 직장을 따라가서 1년에 한 번 정도만 만나는 방법 을 생각하라고 권한다.

(4) 子女因緣

 자녀궁의 卯木은 日支의 巳火를 힘차게 生하고 있으니 [247] 번 명식의 자녀궁보다도 더 凶하다. 앞의 경우는 그래도 日支의 用神을 공격하지는 못하는데 반해서 이 경우에는 仇神의 화세 (火勢)를 도와서 日干을 더욱 못살게 구는 역할을 하고 있기 때 문이다. 그래서 地支에 忌仇神을 거느리고 태어난 이 사람의 운 명을 본다면 홀로 산속으로 들어가서 바위 아래에 움집을 짓고 염불과 기도로 살아가기를 권하게 된다.

[249] 庚子年 己卯月 癸卯日 甲寅時

用神과 干支別 運勢의 吉凶		
甲癸己庚 寅卯卯子	用: 金(庚) 喜: 土	正印格 食傷用印格

干	甲	乙	丙	丁	戊	己	庚	辛	壬	癸		
	下	下	下	下	中	中	上	上	中	中		
支	子	丑	寅	卯	辰	巳	午	未	申	酉	戌	亥
	下	下	下	下	下	下	下	下	上	上	下	下

(1) 父母因緣

부모궁의 庚子는 부부가 일심으로 단결하여 나를 돕기 위해서 최선의 노력을 하는 모습이다. 비록 나에게 전달되는 역량은 생각보다 미흡하더라도 애써주시는 것만으로도 감지덕지(感之德之)이니 더 바라는 것은 과욕(過慾)이라고 해야 할 것이다. 그 나머지는 스스로 노력을 통해서 해결해야 한다는 생각으로 멀리서 응원해 주는 것만으로도 큰 힘이 된다고 여기면 또한 지혜로운 경영을 할 수 있을 것이다.

(2) 兄弟因緣

형제궁의 卯木은 구멍 난 물통과 같아서 계속해서 요구를 하고 이것을 해 달라, 저것을 해 달라 하면서 잠시도 가만히 두지를 않을 조짐이니 모쪼록 귀를 막고 멀리멀리 도망가는 것이 최선이 아닐까 싶다. 水生木으로 흘러가는 것을 막을 방법이 없을 경우에는 도망이 상책인 까닭이다.

(3) 夫婦因緣

부부궁의 卯木은 형제궁과 동일한 卯木이니 어쩌면 그렇게도 바짝 붙어서 나를 힘들게 하려고 작정을 했을까 싶다. 그렇게 되면 물통에 구멍은 두 개가 되는 셈이니 들어오는 수량도 없는데 새어 나가기만 하니 이것이 바로 도기(盜氣)이다. 설기(洩氣)와 도기의 차이는 천양지차(天壤之差)인 것이다. 모쪼록 회피하도록 하고 가능하면 결혼을 하지 말라고도 하니 또한 고육지책(苦肉之策)이라고 해야 할 모양이다.

(4) 子女因緣

'여우를 피하면 호랑이를 만난다.'라고 했던가? 이 四柱의 주인공이 딱 그 짝이다. 형제자매로부터 도망을 가서 결혼을 했더니 또한 물통에 구멍이나 내려고 드는 배우자를 만나게 됐다. 그래서 또 도망을 했더니 이번에는 자녀가 구멍을 더 뚫어버리고 물을 쭉쭉 빨아대니 허약한 日干에게는 그보다 더 힘든 고문도 없을 것이다. 그러니 전생의 빚쟁이들이 찾아와서 진(陣)을 치고 있는가 보다 생각하고 산속으로 숨어들어서 고개도 내밀지 말고 가만히 앉아서 도(道)를 닦는 것이 상책(上策)이다.

[250] 癸卯年 丙辰月 戊寅日 辛酉時

用神과 干支別 運勢의 吉凶			
辛 戊 丙 癸 酉 寅 辰 卯		用: 火(丙,寅中丙火) 喜: 木	偏印格 日弱用印格
干	甲 乙 丙 丁 戊 己 庚 辛 壬 癸 上 上 上 上 中 中 下 下 下 下		
支	子 丑 寅 卯 辰 巳 午 未 申 酉 戌 亥 下 下 中 中 下 上 上 中 下 下 中 下		

(1) 父母因緣

부친궁의 癸水는 用神을 못살게 굴고 있으니 하는 것마다 나에게는 고통으로 다가오게 되어 맺힌 한이 많을 조짐이다. 모친궁의 卯木은 用神에게는 喜神이 되어야 하지만 서로 떨어져 있으니 실제로 아무런 도움을 주지 못하고 오히려 나에게 고통만 안겨 주니 부모의 인연은 뜬구름보다도 못하다고 해야 할 구조이다. 그래서 만나지 말아야 할 인연이라고 하겠으니 기회를 봐서 도망가는 것이 상책이다.

(2) 兄弟因緣

형제궁의 辰土는 用神에게 부담만 줄 뿐이고 아무런 도움이 되지 못하는 역할이니 또한 인연이 없는 것으로 봐야 하겠고 소가 닭을 보듯이 서로 자기의 삶을 살아가기에도 바쁘다고 하겠으니 인연이 되어서 가족이지 실제로는 남과 다를 바가 없다고 하겠다. 그래서 있으나 없는 것과 같다고 대입한다.

(3) 夫婦因緣

부부궁의 寅木은 큰 부담이다. 그러면서도 寅中丙火는 또한 用神의 역할을 하고 있으니 어려운 중에 의지가 되는 인연으로 그야말로 애증(愛憎)의 관계라고 해야 할 구조이다. 보통은 힘들게 하고 나를 머슴이나 종으로 취급을 하지만 진정으로 다급하여 도움이 필요할 적에는 발을 벗고 나서서 도움을 주기도 하므로 위기에서의 구원자(救援者)라고 할 수 있을 것이다. 이렇게라도 도와주는 것은 30%의 丙火로 인해서이니 그나마도 감사하다고 해야 할 상황인 것은 다른 누구에게도 그만큼 조차도 도움을 받지 못하는 운명이기 때문이다.

(4) 子女因緣

자녀궁의 酉金은 끝없는 지출을 요구하고 있다. 차라리 日支의 寅木이 더 나은 것으로 봐야 할 지경이니 그 안타까움이야 더 말을 해서 뭘 하겠느냔 말로 대신할 수가 있겠다. 그래서 자녀는 없는 것이 낫지만, 팔자(八字)를 때우려고 필시 생기기는 할 테니 여하튼 최대한 멀리 떼어 놓고 나의 인생에 관여(關與)하지 못하도록 할 일이다.

[251] 甲辰年 丁卯月 壬申日 丙午時

用神과 干支別 運勢의 吉凶		
丙 壬 丁 甲 午 申 卯 辰	用: 金(申) 喜: 土, 水	偏印格 財衆用印格

干	甲 下	乙 下	丙 下	丁 下	戊 下	己 下	庚 上	辛 上	壬 中	癸 中		
支	子 中	丑 上	寅 下	卯 下	辰 上	巳 下	午 下	未 上	申 上	酉 上	戌 上	亥 中

(1) 父母因緣

부친궁의 甲木은 丁火를 生하니 日干을 힘들게 하는 영향을 발생시켜서 부담으로 작용하게 되고, 모친궁의 辰土는 用神인 申金을 生할 수도 있었는데 卯木이 가로막고 있어서 도움을 줄 수가 없으니 또한 무용지물(無用之物)이다. 그래서 부모의 인연은 아쉬움만 남기고 별 도움을 받지 못하는 것으로 정리를 하게 되니 고향을 떠나는 것이 상책이다.

(2) 兄弟因緣

형제궁의 卯木은 그렇잖아도 힘이 약한 내가 언제까지라도 돌봐줘야 할 인연을 타고났으니 실낱같은 몸에 태산 같은 짐을 지고 있는 형국이라고 해야 할 모양이다. 이로 인해서 항상 피곤한데 그렇게 도움을 주면 또 木生火로 금전적인 부담만 만들어 주니 매우 안 좋은 인연으로 형제자매와의 인연을 끊는 것도 권할 수 있는 장면이다.

(3) 夫婦因緣

부부궁의 申金은 用神이다. 자신을 돌보기도 바쁘면서 나를 위해서 노력을 하고 있으니 매일 업어줘도 부족할 것이다. 어디를 둘러봐도 부부궁의 인연보다 나은 것은 그만두고 비교를 할 수도 없을 상황임을 고려한다면 얼마나 다행인가 싶은 장면이다. 특히 형제들이 부담을 주는 것조차도 잘 조절해서 지출을 최소화로 줄이고 있으니 이것도 고마운 일이라고 하겠다. 다만 자녀로 인한 어려움을 겪는데도 내가 도움을 줄 수가 없으니 미안할 뿐이다.

(4) 子女因緣

자녀궁의 午火는 凶神이다. 凶神이 忌神보다도 더 나쁜 느낌을 갖고 있는 것은 用神인 申金을 剋하고 있기 때문이다. 그래서 자녀의 인연으로 배우자도 고통스럽고 나도 고통스러우니 이러한 인연을 본다면 부부가 조용하게 살면서 자녀에 대해서는 기대를 하지 않는 것이 최선이라고 할 것이고, 혹 자녀가 돈을 보태달라고 하소연을 하더라도 귀를 막고 버티는 것이 최선이라고 해야 할 것이다.

[252] 甲戌年 己巳月 丙寅日 丙申時

用神과 干支別 運勢의 吉凶										
丙丙己甲 申寅巳戌				用: 土(己, 戌) 喜: 金				傷官格 用神羈絆格			
干	甲 下	乙 下	丙 中	丁 中	戊 上	己 上	庚 上	辛 上	壬 下	癸 下
支	子 下	丑 上	寅 下	卯 下	辰 上	巳 下	午 下	未 上	申 上	酉 上	戌 上	亥 下

(1) 父母因緣

부친궁의 甲木은 用神과 합을 하고 있으니 그 허물이 크다. 다행이라고 한다면 그 甲木이 무력하다는 정도이다. 모친궁의 戌土는 설기가 쉽지 않아서 다소 섭섭하기는 하더라도 또한 나쁘다고 할 것은 아니다. 그럼에도 도움이 된다고 하기는 어려우니 부모의 인연은 좋을 것은 없다는 정도로 대입을 할 수 있는 구조이다.

(2) 兄弟因緣

형제궁의 巳火는 직접적으로 도움이 되지는 않지만 己土를 生하는 힘이 크기 때문에 우회적으로 도움을 주는 것이 적지 않으니 형제자매의 도움이 있는 셈이다. 己土가 甲木과 합이 되었으면서도 휘둘리지 않을 정도로 버티는 것도 巳火가 있기 때문이니 다행스러운 인연이다.

(3) 夫婦因緣

 부부궁의 寅木은 불평이 많은 사람이라고 하겠다. 이미 왕성(旺盛)한 火의 기운을 더욱 강화시키는 역할을 하고 있기 때문이다. 時支의 申金이 沖하기 때문에 더욱 성질을 부릴 수도 있겠지만 내 마음으로는 그러한 것까지 배려(配慮)하면서 세상살이를 하려니 많이 힘든 것은 사실이다. 그래서 부부궁의 인연에 대해서는 가급적 부딪치지 말고 지혜롭게 넘어가는 요령을 빨리 터득하는 것이 급선무(急先務)이다.

(4) 子女因緣

 자녀궁의 申金은 喜神이고 寅木을 잡아 주는 역할도 하고 있으니 나쁘지 않은 인연이지만 그로 인해서 가정에 불화(不和)가 일어나는 것은 어쩔 수가 없다고 할 것이다. 자녀의 도움을 기대할 수는 있겠으나 아쉽게도 時干의 丙火로 인하여 내 마음대로 되지는 않을 것이므로 너무 안타까워하지는 말라고 위로하게 된다.

[253] 丙午年 丙申月 癸亥日 壬子時

用神과 干支別 運勢의 吉凶											
壬癸丙丙 子亥申午				用: 火(丙, 午) 喜: 木, 土				正財格 劫衆用財格			
干	甲 上	乙 上	丙 上	丁 上	戊 中	己 中	庚 下	辛 下	壬 下	癸 下	
支	子 下	丑 中	寅 上	卯 上	辰 中	巳 中	午 中	未 上	申 下	酉 下	戌 上	亥 下

(1) 父母因緣

부모궁의 丙午는 用神이다. 그래서 어려서 부모의 도움을 받아서 호의호식(好衣好食)을 하면서 살게 되는 암시로도 해석이 된다. 다만 환경적으로 여유로움은 남의 부러움을 사겠지만 그것을 잘 살려서 미래의 자산으로 만드는 것까지는 기대하기 어려운 것이 안타까울 뿐이다. 누군가 그러한 조언을 해 준다고 해도 그것을 귀담아들으려고 하지 않을 것이니 또한 그것도 팔자라고 해야 할 모양이다.

(2) 兄弟因緣

형제궁의 申金이 부담을 주고 있지만 丙火와 午火의 통제를 받아서 크게 날뛰지는 않을 것이니 감정적으로 편안하지 않은 정도로 진행이 될 것으로 볼 수 있다. 그래서 도움이 없는 정도로 대입한다.

(3) 夫婦因緣

부부궁의 亥水는 忌神이므로 배우자는 스스로 밖에서 노력을 하여 얻어오는 결실에 대해서 만족하지 못하고 돈을 더 벌어오라고 다그칠 수도 있으니 이로 인해서 가정생활의 재미는 거의 없다고 봐도 좋을 분위기이다. 배우자에 대해서는 기대할 것이 없으니 실망을 하지도 않으면 좋겠지만 항상 고통을 주고 있으니 홀로 살아가는 것만 못한 인연이 될 것이다.

(4) 子女因緣

자녀궁의 子水는 부부궁의 亥水와 서로 죽이 잘 맞아서 배우자와 함께 나를 괴롭힌다고 해석하게 된다. 그래서 어려서의 부모에 대한 인연을 더욱 깊이 생각하고 그리워하지만 세월이 흐를수록 삶의 모습은 재미없고 지루함만 따라다니는 나날로 이어지니 안타까울 뿐이다. 기본적으로 官殺이 없으니 인내심이 없고 자신을 돌이켜서 반성하는 시간을 갖기도 쉽지 않을 것으로 봐서 노력을 하라는 조언을 할 수는 있겠지만 결과적으로 수용하지 않는다고 해도 화를 낼 일은 아니다.

[254] 丙寅年 辛卯月 庚辰日 庚辰時

用神과 干支別 運勢의 吉凶		
庚 庚 辛 丙 辰 辰 卯 寅	用: 火(丙) 喜: 木	偏官格 財滋弱殺格

干	甲	乙	丙	丁	戊	己	庚	辛	壬	癸	
	中	中	上	上	下	下	下	下	下	下	
支	子	丑	寅	卯	辰	巳	午	未	申	酉	戌	亥
	下	中	上	上	中	上	上	中	下	下	中	下

(1) 父母因緣

부친궁의 丙火는 用神이고 모친궁의 寅木은 喜神이다. 이렇게 부모가 나를 위해서 모든 것을 해결해 주려고 노력하는 것은 분명히 감사한 일이다. 다만 아쉽게도 丙辛合으로 인해서 부친이 나를 돕는 과정에서 항상 장애물이 발생할 소지(素地)가 있으니 이러한 상황이 실제로 생긴다면 부친을 원망하지 말고 자신의 운명을 탓해야 할 것이다. 지혜롭지 못하면 부모를 원망하지만 의미를 알고 나면 모든 원인이 자신에게 있음을 알게 된다.

(2) 兄弟因緣

형제궁의 卯木도 喜神이지만 실제로 用神을 생하지는 못하므로 寅木에 비할 바는 아니다. 그래도 辰土를 잡아 주는 공덕(功德)은 있으나, 月干의 辛金을 만나서 기를 펴지 못하고 있으니 도움의 작용도 그만큼 줄어드는 것으로 봐서 다소 아쉬움이 있다고 하겠다.

(3) 夫婦因緣

부부궁의 辰土는 크게 나쁘다고 할 정도는 아니다. 왜냐하면 庚金이 강하다고는 해도 대단한 정도는 아니어서 日支의 힘도 의지해야 하는 상황이기 때문이다. 그래서 배우자의 인연은 무난하다고 대입하고 凶하다고 할 정도까지는 아닌 것으로 적용시킬 수 있다. 이렇게 직접적으로 用神을 剋하지만 않는다면 강약의 비중에 따라서 무난한 인연으로 볼 수도 있다.

(4) 子女因緣

자녀궁의 辰土도 日支와 같은 암시로 대입하게 된다. 그래서 도움을 기대한다면 섭섭하다고 해석하고 기대를 하지 않고 있다면 나쁘지 않은 것으로 대입을 하게 되는 정도이다. 그래서 통상적으로 무난한 인연이라고 대입하는 것으로 그 상황을 짐작할 수 있는 것이다.

[255] 壬戌年 壬寅月 壬子日 甲辰時

用神과 干支別 運勢의 吉凶		
甲壬壬壬 辰子寅戌	用: 水(壬, 子) 喜: 金	比劫格 日弱用劫格

干	甲	乙	丙	丁	戊	己	庚	辛	壬	癸
	下	下	下	下	下	下	上	上	上	上

支	子	丑	寅	卯	辰	巳	午	未	申	酉	戌	亥
	上	下	下	下	下	下	下	下	上	上	下	上

(1) 父母因緣

부친궁의 壬水는 나를 돕고자 하나 힘이 별로 없어서 마음으로만 도움을 주고 있는 형태이고 모친궁의 戌土는 어떻게 해서라도 부친이 나를 돕지 못하게 훼방을 하는 형태로 살펴볼 수가 있는 구조이니 어머니의 인연이 많은 아쉬움을 남기게 된다. 다행히 형제궁에서 어느 정도 잡아줘서 큰 고통으로 이어지지는 않겠지만 감정적으로는 많은 굴곡(屈曲)이 발생할 여지(餘地)를 갖고 있는 구조이다.

(2) 兄弟因緣

형제궁의 寅木은 閑神이지만 用神인 水를 설기(洩氣)하고 있기 때문에 실질적으로 忌神에 해당하는 것으로 대입한다. 그래서 金이 없는 상황을 안타까워하고 있는 日干이기도 하다. 그러므로 도움을 요청하는 형제자매가 있더라도 짐짓 모른 체하고 귀를 막아야 할 것이고, 혹 여유가 있어서 도움을 줄 경우에는 그것이 되돌아올 것은 아예 기대하지 않는 것이 정신 건강에 도움이 될 것으로 해석한다.

(3) 夫婦因緣

부부궁의 子水는 用神이다. 약한 나에게 찾아와서 큰 은혜를 베풀고 있으니 전생에 많은 공덕을 지은 인연이라고 해야 할 것이다. 다만 배우자도 큰 능력이 있어서 협조하는 것은 아니기 때문에 그 노고(勞苦)에 대해서는 알아주고 늘 고마운 마음을 전해 주는 것이 현명하다고 하겠다. 정성으로 받은 고마움을 말이라도 잘 해서 갚는 것이 옳기 때문이다.

(4) 子女因緣

자녀궁의 辰土는 日支에게 부담만 주고 있으며 時干의 甲木이 설기(洩氣)하는 것에 동참이나 하고 있으니 이러한 것으로 봐서는 도움이 되지 못할 인연이라고 해야 할 모양이다. 그래서 배우자와 함께 의논해서 자녀에 대한 부담을 덜 받도록 궁리를 해야 하겠고 결국은 멀리 떨어져 있는 것을 최선의 해결책으로 제시하게 되는 것이다.

[256] 乙未年 丁亥月 乙酉日 辛巳時

用神과 干支別 運勢의 吉凶		
辛 乙 丁 乙 巳 酉 亥 未	用: 水(亥) 喜: 金	正印格 官印格
干	甲 乙 丙 丁 戊 己 庚 辛 壬 癸 中 中 下 下 下 下 下 下 上 上		
支	子 丑 寅 卯 辰 巳 午 未 申 酉 戌 亥 上 下 上 上 下 下 下 下 上 上 下 上		

(1) 父母因緣

부모궁의 乙未는 약한 乙木에게 도움이 될 것처럼 보이면서도 부친궁의 乙木은 丁火를 生하느라고 日干을 도울 환경(環境)이 되지 못하고, 모친궁의 未土는 用神인 亥水를 공격하고 있는 형태이니 또한 부담만 될 뿐이다. 그래서 겉보기와는 다르게 日干을 힘들게 하는 작용으로 나타나게 되는 인연임을 감안하여 일찍 고향을 떠나라고 권한다.

(2) 兄弟因緣

형제궁의 亥水는 用神이다. 비록 어려운 일들이 많더라도 형제자매의 도움을 받아서 대부분은 헤쳐 나갈 수가 있을 것이므로 부모의 인연은 없으나 형제라도 도움을 주는 것을 고마워하게 된다. 더구나 부부궁에서 부담을 주고 있는 酉金까지도 잘 구슬려서 자신의 에너지로 삼아서 나를 돕고 있으니 이것도 더욱 고마운 인연의 조짐이 되므로 항상 부모 대신으로 받들어 모셔야 할 것이다.

(3) 夫婦因緣

부부궁의 酉金은 나에게 큰 부담을 주는 偏官이다. 그럼에도 불구하고 喜神이 되어서 月支의 亥水를 生하고 있으니 개인적으로 느끼는 부담은 크지만 사회적으로 활동하는 문제에 대해서는 큰 도움을 받을 수가 있는데 문제는 직접적으로 도움을 주기보다는 형제궁을 거쳐서 도움을 주기 때문에 무슨 일이든 직접 의논하지 말고 형제들과 의논하면서 간접적으로 도움을 받도록 하는 것이 현명하다.

(4) 子女因緣

자녀궁의 巳火는 그렇잖아도 약한 나에게 더욱 무거운 짐을 지게 할 암시가 된다. 그래서 자녀에 대해서는 가급적이면 회피하는 방향으로 처리를 하는 것이 좋을 것이다. 자녀와는 직접적으로 부딪쳐 마찰을 일으켜서 괜히 힘들게 해봐야 문제가 해결되는 것은 아니므로 인내심을 갖고서 잘 대응하고, 도와달라고 부탁하는 일들이 많겠지만 최대한 버텨서 최소화로 도움을 주는 것을 권한다.

[257] 庚申年 丙戌月 庚辰日 庚辰時

用神과 干支別 運勢의 吉凶			
庚庚丙庚 辰辰戌申	用: 火(丙) 喜: 木	偏官格 用神無力格	
干	甲 乙 丙 丁 戊 己 庚 辛 壬 癸 上 上 上 上 下 下 下 下 下 下		
支	子 丑 寅 卯 辰 巳 午 未 申 酉 戌 亥 下 下 上 上 下 上 上 下 下 下 下 下		

(1) 父母因緣

부모궁의 庚申은 用神에게 아무런 도움이 되지 않으니 기대를 할 것이 없다. 그래서 어느 모로 보나 아무런 도움이 되지 않을 인연이므로 모쪼록 부모와는 기본적인 혈육의 인연으로 충분하다고 생각하고 일찍 고향을 떠나서 자신의 길을 스스로 개척하는 방향으로 노력하는 것을 최선으로 삼는다.

(2) 兄弟因緣

형제궁의 戌土는 기본적으로 별 도움이 되지 않는 印星이다. 그럼에도 불구하고 이 경우에는 丙戌이 되어서 약한 用神의 뿌리를 잡아 주는 공(功)이 있으니 50%의 도움이 되는 것으로 대입하게 된다. 이것만으로도 큰 힘이 될 것이므로 사회적으로 능력을 발휘하는 데 뒷받침을 해 주는 정도로는 충분하다고 해도 될 것이다.

(3) 夫婦因緣

부부궁의 辰土는 잔소리만 할 뿐이고 아무런 도움도 줄 수가 없는 인연이니 없는 것보다도 못하다는 말을 하게 된다. 그래서 남보다 못하다는 말도 쉽게 나올 수가 있겠다. 다만 그렇게 말을 한다고 해서 뭐가 달라지지는 않는다. 그러니까 혼자서 살고자 한다면 또한 권하거니와 그렇지 못하다면 배우자를 원망하는 말로 분란(紛亂)을 일으키지 말라고 권한다.

(4) 子女因緣

자녀궁의 辰土도 부부궁과 똑같으니 달리 해석을 할 필요도 없는 구조이다. 자녀로 인해서 힘든 일만 생길 뿐 즐거움이나 도움을 받을 암시는 전혀 없다고 봐서 최대한 멀리 떨어져서 살아가기를 권하고 그렇지 못하면 자녀가 뭐라고 하더라도 한쪽 귀로 흘려버리고 마음에 담아두지 말라고 권한다. 그렇지 않으면 마음고생만 더 심할 것이기 때문이다.

[258] 癸未年 丙辰月 己巳日 戊辰時

用神과 干支別 運勢의 吉凶										
戊 己 丙 癸 辰 巳 辰 未		用: 水(癸) 喜: 金, 木			偏財格 劫衆用財格					
干	甲 中	乙 中	丙 下	丁 下	戊 下	己 下	庚 上	辛 上	壬 上	癸 上
支	子 中	丑 下	寅 中	卯 中	辰 下	巳 下	午 下	未 下	申 上	酉 上	戌 下	亥 中

(1) 父母因緣

부친궁의 癸水는 用神이다. 아쉬운 점은 未土에 앉아 있어서 너무나 무력하다는 것이니 마음은 있으나 도움을 줄 힘이 없어서 안타까워하는 부친의 마음을 이해하는 수밖에 없다. 모친궁의 未土는 忌神이다. 부친이 나를 돕고자 하는 것조차도 못 봐주고 시비(是非)를 걸고 방해를 하고 있으니 내 마음은 더욱 냉랭해지고 부모의 인연이지만 아버지와 어머니에 대한 감정은 극(極)에서 극(極)을 달린다고 할 수 있겠다.

(2) 兄弟因緣

형제궁의 辰土는 기본적으로는 아무런 도움이 되지 않지만 위급한 상황에서는 도움의 손길을 주는 것은 辰中癸水가 用神

이기 때문이다. 用神이 암장되어 있을 적에는 일반적인 상황에서는 작용을 하지 않지만 긴급한 상황이 발생하게 되면 비로소 해결사로 나서 주는 것이다. 물론 그 일만 해결되면 다시 원래의 자리로 돌아가는 것은 어쩔 수가 없는 일이다.

(3) 夫婦因緣

 부부궁의 巳火는 정신적으로 나를 힘들게 하는 인연이니 만나면 까닭 모를 이유로 스트레스를 받게 되는 것이 큰 고통이다. 巳中庚金이 있다고는 하지만 그것을 활용할 정도로 성숙되지 않았기 때문에 배우자에게 느끼는 감정은 섭섭함과 짜증으로 뭉쳐 있을 수밖에 없으니 전생의 원수가 만났다는 생각을 자주 하게 될 수도 있다. 그래서 남들처럼 오붓하게 살아가는 가정의 모습은 기대하지 말고 그냥 인연이 있으니까 살아가는 것이라는 생각을 한다면 오히려 마음이나마 편할 것이다.

(4) 子女因緣

 자녀궁의 辰土는 月支의 형제궁과 같은 암시가 된다. 급할 적에는 도움을 조금은 줄 수 있다지만 그것조차도 자신에게 도움이 되지 않으면 외면을 할 수도 있다는 것까지 생각해 보는 것은 月支의 辰土는 丙火의 화력이나마 약화시키지만 時支의 辰土는 戊土를 업고 있으니 약간의 기대조차도 하기 어려운 까닭이다.

[259] 壬申年 甲辰月 己未日 己巳時

用神과 干支別 運勢의 吉凶		
己 己 甲 壬 巳 未 辰 申	用: 木(甲) 喜: 水	正官格 財官格
干	甲 乙 丙 丁 戊 己 庚 辛 壬 癸 上 上 中 中 下 下 下 下 上 上	
支	子 丑 寅 卯 辰 巳 午 未 申 酉 戌 亥 上 下 上 上 下 下 下 下 下 下 下 上	

(1) 父母因緣

부친궁의 壬水는 用神인 甲木을 生하고 있으니 喜神의 역할을 제대로 하고 있고, 모친궁의 申金은 또 壬水의 뿌리가 되어주고 있으니 부모가 단결하여 나를 위해서 최대한의 도움을 주려고 노력하는 것을 알 수 있다. 그래서 부모의 인연에 대해서는 감사한 마음을 갖게 되는데 비록 모친궁의 申金이 나에게 도움을 청하지만 그렇게 도와줘도 우회적으로 用神을 돕는 형국이니 나쁘지 않을 것이다.

(2) 兄弟因緣

형제궁의 辰土는 年支의 申金을 生하고 있으니 또한 멀리 본다면 나쁘다고 하기는 어렵다. 그리고 더 중요한 것은 甲木의 뿌리가 되어준다는 것이다. 그래서 형제의 인연도 직접적으로는 부담일 수 있지만 우회적으로 작용하는 것은 用神을 위하고 있으니 부모와 형제는 모두 좋은 인연이다.

(3) 夫婦因緣

 부부궁의 未土는 도움이 되지 않는다. 이미 己土가 너무 강한 상황임을 고려한다면 日支의 比肩은 크게 할 일이 없는 것으로 봐야 할 것이기 때문이다. 그래서 서로 한 집에 살아서 부부인 것이고, 각자의 역할을 하면서 자신의 삶을 살아가는 형태로만 생각하면 크게 상처를 받을 정도는 아니다. 혹시라도 남들처럼 오순도순 살아가는 것을 그리워한다면 그것은 마음대로 되지 않을 가능성이 많다고 봐야 하겠다.

(4) 子女因緣

 자녀궁의 巳火는 부부궁을 生하여 갈등이 더욱 증폭(增幅)될 수가 있는 것으로 봐서 자녀의 교육이나 미래에 대한 의견으로 충돌이 일어나게 될까 염려스럽다. 이러한 구조를 봐서는 자녀와 멀리 떨어져서 소통도 최소한으로 하면서 기본적인 지원만 하도록 하고 그 이상은 한계를 정해 놓을 것을 권하게 된다. 그렇지 않으면 온갖 간섭을 받으면서 힘들어할 조짐도 되기 때문이다.

[260] 丙寅年 甲午月 丁卯日 辛丑時

用神과 干支別 運勢의 吉凶			
辛丁甲丙 丑卯午寅		用: 土(丑) 喜: 金	食神格 食神無力格
干	甲 乙 丙 丁 戊 己 庚 辛 壬 癸 下 下 下 下 上 上 上 上 中 中			
支	子 丑 寅 卯 辰 巳 午 未 申 酉 戌 亥 下 上 下 下 上 中 中 上 上 上 上 下			

(1) 父母因緣

부모궁의 丙寅은 아무런 도움도 되지 않으면서 간섭만 하고 있는 형상이다. 이러한 인연은 차라리 만나지 않는 것이 더 좋다고 하겠으니 부모의 인연이라는 것에 연연하지 말고 낳아 주신 것으로 인연이 다 했다고 생각하고 그다음의 일에 대해서는 스스로 해결하고 의논치 않는 것을 권하게 된다.

(2) 兄弟因緣

형제궁의 午火도 부모궁의 인연과 별반 다르지 않으니 도와주지 않는다고 서운해할 것도 없다. 어차피 강한 日干은 자주 자립형이기 때문이다. 그래서 아무런 도움을 기대하지 말고 스스로 모든 것을 해결한다는 마음으로 바라보면 되는 것이다.

(3) 夫婦因緣

부부궁의 卯木도 또한 부담이기는 마찬가지이다. 매사에 간섭하고 잔소리를 해댄다면 日干도 지쳐서 자꾸만 집으로부터 멀어지려고 할 것이다. 그러한 인연으로 배우자는 없느니만 못하다고 하겠으니 혼자 살아가는 자의 행복을 부러워할 뿐이다. 그래서 결혼하지 말거나 포기하고 살거나 둘 중에 하나를 선택해야 한다고 해야 할 모양이다.

(4) 子女因緣

자녀궁의 丑土는 오랜 가뭄 끝에 내리는 단비이다. 늦어도 너무 늦어서 인생 말년(末年)이 되어서야 비로소 뭔가 소득이라고 할 만한 것을 얻게 되니 만시지탄(晩時之歎)이지만 그럼에도 불구하고 늦게 주어진 자녀의 협조는 살아오면서 겪은 온갖 어려움들에 대한 것들로부터 확실한 보장을 받게 될 수 있으니 오히려 열심히 노력하면 경사(慶事)가 주어진다는 것을 생각하면서 기쁨을 만끽할 수 있을 것이다. 물론 이러한 행운도 열심히 살아온 다음에 주어졌을 적에 감격하는 것이지 빈둥거리면서 놀았다면 감동은 이에 미치지 못할 것이다.

[261] 丁卯年 癸丑月 壬辰日 辛丑時

用神과 干支別 運勢의 吉凶			
辛壬癸丁 丑辰丑卯		用: 金(辛) 喜: 水	正印格 官印相生格
干	甲 乙 丙 丁 戊 己 庚 辛 壬 癸		
	下 下 下 下 中 中 上 上 中 中		
支	子 丑 寅 卯 辰 巳 午 未 申 酉 戌 亥		
	中 中 下 下 中 下 下 中 上 上 中 中		

(1) 父母因緣

부모궁의 丁卯는 크게 凶할 것도 없고, 그렇다고 해서 吉하다고 할 것도 없으니 그야말로 기대할 것이 없는 부모의 인연이라고 봐야 할 것이다. 있으나 마나 하다고 봐도 될 것이고, 있더라도 없는 것이나 마찬가지라고 해도 될 것이니 어린 시절에 이러한 인연은 아쉬움이 많다고 해야 할 모양이다.

(2) 兄弟因緣

형제궁의 丑土는 부담을 주면서도 또한 의지할 곳도 되는 것은 지장간(支藏干)에서 辛金과 癸水의 도움을 받을 수 있을 것으로 기대가 되는 까닭이다. 그래서 50%의 도움은 된다고 해석하게 되니 나쁘다고 할 것은 아니다. 그럼에도 불구하고 직접적으로는 正官의 역할이므로 부담스러운 것도 피할 수 없는 현실이다. 그러므로 가만히 있다가 도움이 필요할 적에만 손을 내밀면 되는 것으로 마음에 기준을 정하면 좋을 것이다.

(3) 夫婦因緣

부부궁의 辰土도 나에게 뿌리가 되어 주는 것으로 봐서 辰土의 특수성으로 50%의 도움은 된다고 하겠다. 이것은 형제궁의 인연과 흡사하다고 하겠으니 또한 나쁘지 않은 정도이기는 하지만 사람의 욕심이 그렇듯이 늘 아쉬움이 있으나 그래도 이 정도면 좋은 인연이다. 절처봉생(絶處逢生)으로 수고(水庫)를 만나 의지를 하게 되니 불행 중 다행이라 할만한 까닭이다.

(4) 子女因緣

자녀궁의 丑土는 月支의 丑土와 같지만 辛丑이라는 점에서 오히려 도움이 더 될 것으로 기대하는 것은 用神의 뿌리 역할을 제대로 하고 있기 때문이다. 그래서 느끼는 체감은 훨씬 더 좋다고 생각을 할 수도 있으니 이러한 마음으로 인해서 자녀와의 관계는 더욱 친밀해질 수가 있다고 하겠다.

[262] 丁未年 庚戌月 己巳日 丁卯時

用神과 干支別 運勢의 吉凶		
丁己庚丁 卯巳戌未	用: 金(庚) 喜: 水	傷官格 傷官無財格
干	甲 乙 丙 丁 戊 己 庚 辛 壬 癸 下 下 下 下 中 中 上 上 上 上		
支	子 丑 寅 卯 辰 巳 午 未 申 酉 戌 亥 中 下 下 下 下 下 下 下 上 上 下 中		

(1) 父母因緣

부모궁의 丁未는 기대를 할 것이 전혀 없는 구조이다. 부친궁의 丁火는 庚金만 피곤하게 하고 있으니 원망이 생길 것이고, 모친궁의 未土도 또한 丁火의 뿌리나 되어 주고 있으면서 나에게는 아무런 도움을 주지 못한다. 그래서 부모의 곁을 최대한 빨리 떠나서 독립하는 방향으로 삶을 설계하는 것이 최선이라고 권한다.

(2) 兄弟因緣

형제궁의 戌土는 庚金의 뿌리가 되어준다는 점에서 소중하다고 하겠지만 辰土가 아니라 戌土이기 때문에 여전히 갈등의 여지도 남아 있는 것으로 봐야 할 것이다. 그것은 日支의 巳火

로 인해서 더욱 가중된다고 하겠으니 결과적으로 형제의 인연은 애증의 관계라고 해야 할 모양이다. 이러한 인연으로 인해서 도움을 받으면서도 불만이 동시에 생기게 되는 모순(矛盾)을 겪게 된다.

(3) 夫婦因緣

부부궁의 巳火는 日干을 도와준다고 하는 글자들을 결국에는 힘들게 하는 암시가 된다. 그래서 부부의 도움에 대해서 기대를 하지 말고 대충대충 넘어가는 것이 오히려 현명하고, 혹 도움을 받고 싶더라도 부탁했던 일을 후회하게 될 수가 있음을 생각해서 신중(愼重)하게 고려하여 판단하는 것을 권한다.

(4) 子女因緣

자녀궁의 卯木은 日支의 巳火를 부추겨서 나를 더욱 힘들게 하고 있는 것을 고려한다면 자녀는 배우자보다도 더욱 힘들고 고통스러운 인연이니 아무래도 갈수록 태산이라고 해야 할 모양이다. 그래서 가족의 인연이라고 해봐야 모두가 큰 도움을 주기 어려운 암시이므로 오히려 홀로 살아갈 생각을 하는 것이 좋겠고, 기대하지 않으면 상처를 받을 일도 없다는 생각으로 유유자적(悠悠自適)하는 것도 현명하다고 하겠다.

[263] 己未年 丙子月 乙卯日 壬午時

用神과 干支別 運勢의 吉凶		
壬乙丙己 午卯子未	用: 火(丙, 午) 喜: 土	傷官格 傷官生財格
干	甲 乙 丙 丁 戊 己 庚 辛 壬 癸 下 下 上 上 上 上 中 下 下 下	
支	子 丑 寅 卯 辰 巳 午 未 申 酉 戌 亥 下 上 下 下 上 上 上 上 下 下 上 下	

(1) 父母因緣

부모궁의 己未는 喜神이면서 의지처가 된다. 어려서 부모의 복을 타고나서 금전적으로 많은 여유를 얻어 자신의 삶이 윤택(潤澤)했을 암시까지도 포함한다. 다만 염려가 되는 것은 일찍부터 아쉬움 없이 성장을 하게 되면 세상에 대한 면역력(免疫力)이 강하지 못해서 사소한 고통에서 힘들어할 수 있다는 점이다. 그러므로 별도의 정신력을 강화시키는 훈련(訓鍊)을 할 필요도 있겠다.

(2) 兄弟因緣

형제궁의 子水는 자꾸만 나약(懦弱)하게 만드는 작용을 하고 있는 모습이다. 독립적으로 자신의 일을 하려고 하는데 자꾸 시키는 대로만 하라고 강요하는 형제자매가 있다면 그러한 것은 정신적으로 독립을 하는데 장애가 될 수 있다.

(3) 夫婦因緣

부부궁의 卯木은 득실(得失)이 반반(半半)이다. 다만 나쁘다고 하지 않는 것은 日支에서 時支의 午火를 生하는 힘이 상당히 강하기 때문에 중년(中年) 이후에는 배우자의 도움이 클 것으로 봐서 오히려 좋은 쪽으로 놓고 살펴봐야 할 구조라고 하겠다. 희기로만 본다면 仇神이지만 위치의 구조로 봐서는 喜神이라고 해도 될 형상이다. 항상 주의해야 할 것은 이름에 매이지 말고 실제의 상황을 살펴서 판단해야 하는 것이다.

(4) 子女因緣

자녀궁의 午火는 用神이다. 그러므로 말년(末年)에 자녀로 인해서 큰 결실을 추구할 수가 있겠고, 이러한 결실이 재물의 획득까지는 이르지 못할지라도 삶의 보람을 얻는다는 점에서는 매우 큰 의미가 있다. 재물을 논하기 어려운 것은 아쉽게도 時干의 壬水가 훼방(毁謗)을 놓고 있기 때문이다. 月支의 子水는 丙火를 힘들게 하지만 時干의 壬水는 午火를 힘들게 하는데 수승화강(水升火降)의 이치에 의해서 위에서 내리누르는 水剋火의 고통은 丙子와는 사뭇 다르다.

[264] 丁丑年 庚戌月 乙丑日 壬午時

用神과 干支別 運勢의 吉凶			
壬乙庚丁 午丑戌丑		用: 水(壬) 喜: 金	正印格 財衆用印格
干	甲 乙 丙 丁 戊 己 庚 辛 壬 癸 下 下 下 下 下 下 上 上 上 上		
支	子 丑 寅 卯 辰 巳 午 未 申 酉 戌 亥 中 下 中 中 下 下 下 下 中 中 下 中		

(1) 父母因緣

부모궁의 丁丑은 무해무득하다. 그냥 태어났기에 부모인 양 그렇게 지나가는 인연이려니 해야 할 인연인데 부친궁의 丁火는 나에게 항상 자신을 신경을 써달라고 할 것이고, 모친궁의 丑土는 뭔가 도와줄 수도 있을 것 같으면서 또한 막상 도움은 되지 않으니 괜히 머릿속만 복잡하다고 해야 할 모양이다. 丑中癸水를 기대하고 싶지만 실상은 인연이 닿지 않는다고 봐서 애초에 기대를 하지 않는 것이 오히려 편할 것이다.

(2) 兄弟因緣

형제궁의 戌土는 아예 나에게 고통을 주겠다고 작정을 한 것처럼 무엇 하나 기대할 것이 없다. 그렇게 되면 부모 형제의 인연이 뜬구름과 같다고 할 것이니 기대하는 만큼의 상처가 더 커지게 될 것이므로 그냥 인연이려니 하고 넘어가는 것을 권하게 된다.

(3) 夫婦因緣

부부궁의 丑土를 보면 배우자는 어머니를 닮은 사람이 아닐까 싶은 궁리도 해 본다. 年支의 丑土와 日支의 丑土가 서로 닮아 있기 때문이다. 여하튼 다행인 것은 부부궁의 丑中癸水는 나에게 큰 힘이 될 수 있다는 것이고, 그래서 적지 않은 도움을 받을 수가 있게 되니 또한 숨은 귀인이라고 할 수 있다. 특히 지장간(支藏干)에 숨어 있는 癸水는 아무도 가져가지 못하고 오로지 나를 위해서만 공급하는 감로수(甘露水)라고 할 수 있을 것이다. 이러한 인연으로 만나게 되었으니 겉으로는 부담을 주는 것 같아도 속마음은 그게 아니어서 항상 내가 원하는 것을 해 주려고 준비하고 있다고 봐도 좋을 것이다.

(4) 子女因緣

자녀궁의 午火는 실로 큰 부담이라고 할 만하다. 時干의 壬水가 뿌리를 내리지 못하도록 방해를 하고 있기 때문이다. 아마도 자녀의 인연으로 자신이 하고자 하는 일을 추진하는 데에서 방해(妨害)를 받을 암시가 되니 자녀와의 인연을 기대하기는 어려울 듯싶다.

[265] 乙未年 己丑月 己丑日 甲子時

用神과 干支別 運勢의 吉凶		
甲己己乙 子丑丑未	用:木(甲,乙) 喜:水	官殺格 財官格

干	甲	乙	丙	丁	戊	己	庚	辛	壬	癸
	上	上	中	中	中	中	下	下	上	上
支	子	丑	寅	卯	辰	巳	午	未	申	酉	戌	亥
	上	下	上	上	下	中	中	下	中	中	下	上

(1) 父母因緣

부친궁의 乙木은 날뛰는 土들을 잡아 주는 역할을 하고 있으니 나쁘지 않은 인연이다. 비록 偏官이지만 比劫들을 잡아 주고 있기 때문이다. 반면에 모친궁의 未土는 아무런 도움도 되지 못하고 괜한 부담만 주고 있으니 돈이 있으면 같이 쓰자고 할 것이고 힘든 일이 있으면 나 몰라라 할 것이라는 암시로 해석을 하게 된다.

(2) 兄弟因緣

형제궁의 丑土는 전혀 도움을 기대하기 어려운 형제의 인연을 암시하고 있다. 아무런 도움도 되지 않으면서 결국 그로 인해서 부담을 받게 된다는 것이 더 고통스러운데 아무리 비명

(悲鳴)을 질러봐야 끄떡도 하지 않을 형제궁의 인연이니 그냥 무신경하게 넘어가는 수밖에 없을 것이라는 생각을 해야 할 것이다.

(3) 夫婦因緣

 부부궁의 丑土는 仇神이다. 왜냐하면 用神의 뿌리가 되는 子水를 사정없이 공격하기 때문이다. 그런 면에서는 月支의 丑土는 오히려 양반인 셈이다. 그래도 子水를 剋하지는 않으니까 말이다. 그러나 日支의 丑土는 사정이 전혀 다르다. 子水를 몰아쳐서 움직이지 못하게 하는 바람에 時干의 甲木이 긴장하게 되니 그 스트레스가 모두 日干에게 전이(轉移)될까 봐 두려운 것도 무시할 수가 없는 상황이다. 물론 用神이니까 어떻게든 도움을 줄 甲木이지만 불편한 마음으로 도와주는 것이 그렇지 않은 것과 비교해서 부담인 것은 사실이기 때문이다.

(4) 子女因緣

 자녀궁의 子水는 喜神이다. 그래서 주변 환경을 무릅쓰고 나에게 도움을 주는 正官을 위해서 뿌리 역할을 하고 있으니 볼수록 예쁠 뿐이다. 특히 日支에서 丑土가 압박을 가하기 때문에 甲木을 生하는 힘이 더욱 강하다고 할 것이니 이러한 것을 전화위복(轉禍爲福)이라고 해야 할 모양이다. 여하튼 말년(末年)의 모습은 여유롭고 풍요로운 그림이 기대된다.

[266] 乙巳年 戊寅月 庚午日 甲申時

用神과 干支別 運勢의 吉凶											
甲庚戊乙 申午寅巳				用: 土(戊) 喜: 火				偏印格 日弱用印格			
干	甲 下	乙 下	丙 上	丁 上	戊 上	己 上	庚 中	辛 中	壬 下	癸 下	
支	子 下	丑 上	寅 下	卯 下	辰 上	巳 下	午 下	未 上	申 中	酉 中	戌 上	亥 下

(1) 父母因緣

부모궁의 乙巳는 모두 나에게 부담을 주는 역할만 맡았으니 부모덕(父母德)이 없는 것을 한탄해야 할 것이다. 부친궁의 乙木은 用神인 戊土를 剋하고 있으니 忌神이 되고, 巳火는 戊土를 生한다면 喜神이 될 텐데 그러지를 못하니 또한 원망만 가득한 인연으로 안타까움을 남기게 되니 이로 인해서 부모와는 같이 살지 말라는 조언을 남기게 된다.

(2) 兄弟因緣

형제궁의 寅木은 70%의 부담과 30%의 공덕을 함께 갖고 있으니 아쉬운 중에서도 가끔은 고맙기도 한 인연이다. 특히 戊土를 生하는 寅中丙火는 더없이 감사하겠지만 寅中甲木

이 좌우의 巳午火를 生하고 있는 것은 부담만 될 뿐이니 이러한 인연으로 해서 고맙기도 하고 고통스럽기도 한 복잡한 심사(心思)를 갖게 되는 것으로 해석하게 된다.

(3) 夫婦因緣

부부궁의 午火는 고통이다. 이것이 바로 '지척(咫尺)이 천리(千里)'라는 속담을 떠올리게 하는 구조이다. 그러니까 午火가 月支에 있거나 戊土가 月支나 時支에 있었더라면 부부궁의 해석이 그래도 일말의 기대감을 갖게 될 것인데 이렇게 火生土를 전혀 못하고 있는 장면이 되어서는 고통스러움을 하소연하지도 못하고 속으로 삭여야 하는 나날이 이어질 뿐이다. 그래서 배우자의 인연은 외롭고 고독(孤獨)한 인연이라고 해석하는 것이다.

(4) 子女因緣

자녀궁의 申金은 나쁘지 않은 인연이다. 나름대로 힘도 없으면서도 어떻게 해서라도 나를 도우려고 애쓰는 마음이 전해져서 가슴이 뭉클할 것이니 자식을 키우는 것이 반드시 효도(孝道)를 받고자 하는 것은 아니지만 최소한 나의 노고(勞苦)에 대해서 조금이라도 알아준다면 고맙고, 그러한 것을 알고 힘이 자라는 데까지 도와주겠다고 한다면 그것은 더욱 고마울 뿐이니 이것이 부모의 마음이라고 할 것이다.

[267] 庚子年 己卯月 甲辰日 丙寅時

用神과 干支別 運勢의 吉凶		
丙甲己庚 寅辰卯子	用: 火(丙) 喜: 土	食神格 木火通明格
干	甲 乙 丙 丁 戊 己 庚 辛 壬 癸 中 中 上 上 上 上 中 中 下 下		
支	子 丑 寅 卯 辰 巳 午 未 申 酉 戌 亥 下 中 下 下 中 上 上 中 中 中 中 下		

(1) 父母因緣

부모궁의 庚子는 도움이 되지 않는 五行이니 부모의 인연도 그와 흡사할 것으로 생각하고 기대를 하지 않는 것이 좋다. 그래서 스스로 독립할 마음으로 자신의 미래를 준비하는 현명함이 필요하겠고, 심리적으로도 충분히 그렇게 할 역량(力量)이 되므로 일찍부터 세상에서 자신의 자리를 잡을 수 있을 것으로 본다. 부모에 대해서는 그냥 상징적으로만 생각해 두면 되는 것이다.

(2) 兄弟因緣

형제궁의 卯木은 부담만 줄 뿐이고 나의 소득을 나누어 먹자고 달려드는 나찰(羅刹)과 같다고 할 것이니, 쳐다보는 것은 고사하고 생각하는 것만으로도 괘씸스러워 할 것이다. 이러한 인연이므로 애초에 함께 뭔가를 할 생각은 하지 말고 오로지 스스로 독립해서 살아가기 위해서 노력하는 것이 현명하다.

(3) 夫婦因緣

 부부궁의 辰土는 나를 위해서 일생을 바치겠다는 마음으로 두 손을 모으고 앞에 서서 분부(吩咐)를 기다리고 있으니 이보다 더 행복할 수는 없다고 할 것이다. 부모와 형제의 인연은 볼 것이 없었지만 스스로 자립을 하여 결혼하고 그렇게 만난 배우자의 인연은 일생을 두고서 나를 위해 고마운 보필(輔弼)을 하게 될 것이니 고생을 한 보람이 여기에서 결실을 맺게 된다고 하겠다. 그럼에도 불구하고 寅卯木이 좌우에 진(陣)을 치고 있기 때문에 배우자는 항상 주변으로부터 고통을 당할 암시이다. 이러한 것을 잘 살펴서 울타리 노릇을 하는 것이 내가 해야 할 몫이다.

(4) 子女因緣

 자녀궁의 寅木은 형제궁과 마찬가지로 나도 힘들게 하고 배우자에게도 고통을 안겨 주는 불편한 인연이다. 그러므로 자녀에 대해서는 절대로 고집을 부리지 말고 얼른 밖으로 내보내는 것이 나와 배우자를 위해서 가장 현명한 선택이 된다는 것을 잘 알아야 할 것이다. 이는 빠를수록 그만큼 고통이 줄어들고 자녀와의 관계도 오히려 좋은 인연으로 남을 수 있는 방법이다.

[268] 己巳年 甲戌月 戊寅日 癸亥時

用神과 干支別 運勢의 吉凶		
癸戊甲己 亥寅戌巳	用: 火(巳) 喜: 木	偏印格 用神無情格

干	甲	乙	丙	丁	戊	己	庚	辛	壬	癸
	下	下	上	上	上	上	中	中	下	下
支	子	丑	寅	卯	辰	巳	午	未	申	酉	戌	亥
	下	下	上	上	中	上	上	中	下	下	上	下

(1) 父母因緣

부모궁의 己巳는 부모의 인연이 좋아서 어린 시절을 행복하게 보낼 수 있는 구조이다. 己土가 하는 일은 미약해도 甲木과 합하여 日干에게 공격을 하는 것을 막아주는 역할을 하고 있으니 도움이 되는 것이고, 모친궁의 巳火가 약한 日干을 생해 주려고 하는 것도 도움이 된다. 다만 거리가 멀어서 어린 시절이 아니고서는 실질적인 도움을 주기에는 다소 미흡한 면은 있으나 그럼에도 본인은 고마운 인연이었다는 추억을 갖게 된다.

(2) 兄弟因緣

형제궁의 戌土는 나쁘지 않은 인연이다. 어려울 적에는 도움을 받을 수가 있으니 또한 고맙다고 하겠다. 이러한 인연이 쌓여서 삶을 만들어가는 것이기에 작은 도움도 삶을 살아가는데 큰 위로가 될 수 있다. 그래서 부모 형제의 인연이 좋다는 생각을 할 수 있다.

(3) 夫婦因緣

부부궁의 寅木은 부담이 크지만 또한 寅中丙火의 도움도 무시할 수가 없는 비중을 차지한다. 왜냐하면 오로지 자신에게 향하는 30%의 협조력은 70%의 부담을 잊어버릴 정도로 든든한 후원자라고 해야 할 것이기 때문이다. 그래서 戊寅은 살인상생(殺印相生)이라는 《滴天髓(적천수)》의 가르침이 떠오르기도 한다. 즉 겉으로만 보고 힘들 것이라고 생각하는 것은 干支의 변화를 제대로 읽은 것이 아니라는 이야기이다.

(4) 子女因緣

자녀궁의 亥水는 금전적인 부담을 주기만 할 뿐 기대를 할 것이 없으니 전생의 빚을 받으러 온 빚쟁이라고 해야 할 형상이다. 겉으로는 내 말을 잘 듣는 것처럼 행동하지만 실상은 교묘(巧妙)하게 나를 힘들게 하기 때문에 자녀로 인한 부담은 오래도록 여운을 남기면서 고통스러운 기억을 하게 될 것이다. 그래서 자녀를 두지 않는 것이 좋겠다고 하지만 또한 운명이라면 그것도 마음대로 되지 않으니 체념을 하는 것이 현명하겠다.

[269] 辛酉年 丁酉月 丙申日 乙未時

用神과 干支別 運勢의 吉凶									
乙丙丁辛 未申酉酉				用: 木(乙) 喜: 水				正印格 財衆用印格		
干	甲 上	乙 上	丙 上	丁 上	戊 下	己 下	庚 下	辛 下	壬 上	癸 上
支	子 中	丑 下	寅 中	卯 中	辰 下	巳 中	午 中	未 下	申 下	酉 下	戌 下	亥 中

(1) 父母因緣

부모궁의 辛酉는 財星이면서 忌神이다. 이것은 가난한 부모를 만나거나 과거에는 재물이 있었다고 하더라도 그것이 나에게로 전달될 무렵에는 망해서 오히려 빚더미에 앉아 있는 부모를 발견하게 되는 암시로 해석한다. 이러한 것을 참작하여 애초에 기대를 할 것이 없다고 봐서 얼른 독립을 선언하고 빚 문서를 포기하는 각서라도 써 놓고 자신의 길을 홀로 가는 것이 현명하다고 하겠다.

(2) 兄弟因緣

형제궁의 酉金도 부모의 인연과 조금도 다르지 않으니 형제의 인연들이 부모와 같은 과정으로 재물을 크게 탕진(蕩盡)하고 고통스러운 상황에서 나에게 손을 벌리는 것으로 해석을 할 수가 있는 구조이다. 그러니 또한 잘 생각하고 재빨리 독립하는 것을 다시 강조하게 되는 것은, 조짐이 이러하면 독립을 하고 싶어도 마음대로 되지 않을 가능성이 운명으로 작용하기 때문이다.

(3) 夫婦因緣

부부궁의 申金은 한술 더 떠서 申中壬水까지도 두려움을 보태고 있는 형국이니 배우자의 인연에 대한 기대는 하지 않는 것이 좋겠고 가능하면 인연 자체를 만들지 말라고 권하게 된다. 겉으로는 내가 마음대로 할 것 같지만 실상 속을 들여다보면 배우자에게 꼼짝도 못 하고 항상 힘든 마음으로 상처를 받게 될 암시가 있으니 모쪼록 배우자를 선택할 수가 있다면 甲乙木으로 태어난 사람을 찾아보라고 권한다.

(4) 子女因緣

자녀궁의 未土는 未中乙木과 未中丁火가 있어서 속으로나마 도와주겠다는 마음을 품고 있으니 가족들 중에서 그래도 가장 나은 편에 속한다고 하겠다. 자녀가 없다면 없는 대로 말년(末年)에는 조금이나마 안정이 되겠지만, 자녀가 있다면 약간의 도움을 받아서 훨씬 편안한 노년을 보낼 수가 있다는 것은 그래도 고단한 삶에서 희망이 되는 부분이다.

[270] 癸未年 乙卯月 丁巳日 丁未時

用神과 干支別 運勢의 吉凶		
丁丁乙癸 未巳卯未	用: 土(未) 喜: 金	食神格 食神無財格

干	甲	乙	丙	丁	戊	己	庚	辛	壬	癸	
	下	下	下	下	上	上	上	上	下	下	
支	子	丑	寅	卯	辰	巳	午	未	申	酉	戌	亥
	中	上	下	下	上	下	下	上	上	上	上	中

(1) 父母因緣

부친궁의 癸水는 별 도움도 되지 못하면서 나를 힘들게만 하는 존재이니 미움만 가득한데 다행히 모친궁의 未土는 用神이니 어머니를 의지하면서 살아가는 마음이다. 다만 그 어머니도 실제로는 卯木에게 잡혀서 꼼짝을 못 하고 있으니 나를 도와줄 형편이 되지는 못 하는 상황이다. 이로 인하여 형제자매들에 대한 미움이 더 크게 자리를 잡을 수도 있겠다.

(2) 兄弟因緣

형제궁의 卯木은 忌神이다. 더구나 未土가 나를 돕는 것에 대해서 훼방을 놓고 어머니를 못살게 굴고 있으니 마음에 상처가 깊다고 하겠다. 그래서 형제들을 외면하고 자신이 스스로 독립을 하는 방향으로 생각하고 노력하는 것이 가장 현명한 방법일 것이다.

(3) 夫婦因緣

부부궁의 巳火도 도움이 안 되기는 마찬가지이다. 오히려 잔소리를 너무하고 간섭(干涉)이 심하여 집에 들어가고 싶지 않은 마음을 갖게 되는 부작용까지도 발생하게 된다. 그나마 다행이라면 月支의 卯木을 유통해서 時支의 未土를 生해 주지만 그것도 전혀 원하지 않는 바라고 한다면 고마운 마음이 들기도 어려운 장면이다. 그래서 홀로 살아가게 될 가능성이 많겠고 함께 있다고 하더라도 각각 자신의 일을 하면서 무늬만 부부로 지내게 될 가능성이 많다.

(4) 子女因緣

자녀궁의 未土는 모친궁과 마찬가지로 用神이 자리하고 있다. 이렇게 四柱에 用神이 둘이나 있으면서도 모두가 日干으로부터 멀리 떨어져 있으니 아쉬움이 많은 인연이다. 그럼에도 불구하고 비겁통기(比劫通氣)에 의해서 어머니보다는 나와 좀 더 가까운 인연이 될 수도 있으니 그나마 초년(初年)보다는 말년(末年)의 풍경이 나은 셈이다. 자녀의 도움으로 자신이 노력하는 일들에 대해서 어느 정도 진전(進展)될 것이므로 큰 보람을 얻게 될 암시이다.

[271] 己丑年 戊辰月 庚戌日 癸未時

用神과 干支別 運勢의 吉凶										
癸庚戊己 未戌辰丑		用: 水(癸) 喜: 木					傷官格 印重用傷格				
干	甲 上	乙 上	丙 下	丁 下	戊 下	己 下	庚 上	辛 上	壬 上	癸 上
支	子 中	丑 下	寅 上	卯 上	辰 下	巳 下	午 下	未 下	申 中	酉 中

(표의 마지막 칸: 戌 下, 亥 中)

(1) 父母因緣

부모궁의 己丑은 아무런 의미도 없는 존재들이라고 할 수 있으니 부모에 대한 애정(愛情)도 없고 원한(怨恨)도 없이 그저 그렇게 태어났으니 부모이고 자식일 뿐이다. 서로 간에 데면데면하게 넘어가고 그냥 형식적인 인연으로만 존재하는 운명이라 할 수 있으니 기대를 할 것도 없고 미워할 것도 없이 그냥 살아가면 되는 것이다. 이것도 인연이다.

(2) 兄弟因緣

형제궁의 辰土도 부모의 인연과 다를 바가 없으니 또한 무늬만 형제자매일 뿐 실제로 서로 의지하고 도움을 줄 인연은 되기 어렵다. 그야말로 일 년에 두 번 만나서 서로 인사하고 헤어지면 다시 아무런 소식도 없는 그런 남이나 다를 바가 없는 인연이다. 물론 이것을 억지로 더 가깝게 하려고 노력을 해 봐도 잘되지 않을뿐더러 오히려 접근이 잦아지면 고통(苦痛)도 커지게 될 수 있으니 애초에 기대를 하지 않는 것이 좋다.

(3) 夫婦因緣

부부궁의 戌土는 형제궁의 辰土보다 한술 더 뜬다고 하겠다. 辰中癸水라도 있어서 그래도 약간의 기대하는 마음이나마 있을 수가 있다지만 부부의 인연에는 그것도 전혀 없고 서로를 경계하는 마음만 가득하므로 이것은 남보다도 못한 부부의 인연이라고 하겠으니 참으로 외로운 운명을 타고났다고 해야 할 팔자(八字)이다. 이러한 인연이라면 그냥 홀로 살아가는 것으로 자신의 운명이려니 해야 할 모양이다.

(4) 子女因緣

자녀궁의 未土도 앞의 경우와 조금도 다르지 않으니 무슨 원한이 맺혀서 그 많은 辰戌丑未를 地支에 모두 갖고 태어났는지 모를 일이다. 이렇게 되기도 참 쉽지 않은 운명이기 때문이다. 행여 한 시간만 늦게 태어났더라도 자녀복이라도 있다고 하겠는데 하필이면 未時에 태어났으니 누굴 탓하겠는가 싶은 생각을 하는 것이 오히려 속이라도 편할 것이다.

[272] 甲辰年 己巳月 甲申日 己巳時

用神과 干支別 運勢의 吉凶		
己甲己甲 巳申巳辰	用: 水(申中壬水) 喜: 木	偏印格 暗藏用神格

干	甲	乙	丙	丁	戊	己	庚	辛	壬	癸	
	上	上	下	下	下	下	下	下	上	上	
支	子	丑	寅	卯	辰	巳	午	未	申	酉	戌	亥
	上	下	中	中	下	下	下	下	下	下	下	上

(1) 父母因緣

부친궁의 甲木은 의지처가 되어 줄 인연이 되겠고, 모친궁의 辰土는 그 甲木의 뿌리를 잡아 주니 또한 고마운 인연이다. 다만 月柱의 己巳로 인해서 日干에게 큰 힘을 보태기는 어렵다고 봐서 그냥 어릴 적의 추억이라도 아름답다고 해야 할 모양이다. 여하튼 나쁜 기억이 아닌 것만으로도 다행이다.

(2) 兄弟因緣

형제궁의 巳火는 힘도 없는 日干이 보태줘야 할 상황이라고 하겠으니 또한 피로감이 높아지는 인연이다. 그래서 형제의 인연에 대해서는 가급적이면 가까이하지 않는 것이 좋겠고 어떤 부탁을 하더라도 회피(回避)하면서 적당히 둘러대고 빠져나가는 것을 권하지만 그것조차도 남도 아닌데 그럴 수가 있느냐는 생각이 공격을 하여 아무래도 쉽지 않을 것이니 그것도 인연일 뿐이다.

(3) 夫婦因緣

부부궁의 申金이 천금(天金)의 가치가 있는 귀중한 인연인 것은 [268]번 명식의 戊寅 日柱의 배우자와 비슷하다고 할 것이다. 비록 지장간(支藏干)에 있는 庚金이 偏官이지만 그 속에 든 壬水로 인해서 아무런 근심도 하지 않고 편안하게 감로수(甘露水)를 흡수하면서 안정된 삶을 살아갈 수가 있기 때문이다. 다만 스스로 욕심을 버리고 대하는 것이 좋을 것이니 무리한 요구를 한다면 申中庚金의 작용으로 그러한 고마움도 오히려 고통으로 이어질 가능성이 있음을 잊지 말아야 한다.

(4) 子女因緣

자녀궁의 巳火는 형제궁과 마찬가지로 日支의 申金을 공격하고 있으니 내가 의지하는 가장 중요한 배우자를 힘들게 하고 있다. 모쪼록 다 버리고 배우자와 둘이서 먼 곳으로 가서 오붓하게 살아가는 방법을 권하게 된다. 그렇지 않고 자녀로 인해서 힘들기 시작하면 배우자도 견디지 못할 것이니 너무 늦기 전에 지혜로움을 갖고 판단해야 할 것이다.

[273] 乙卯年 丙戌月 癸未日 辛酉時

用神과 干支別 運勢의 吉凶										
辛癸丙乙 酉未戌卯				用:金(辛, 酉) 喜:水				偏印格 日弱用印格			
干	甲 下	乙 下	丙 下	丁 下	戊 中	己 中	庚 上	辛 上	壬 上	癸 上
支	子 上	丑 上	寅 下	卯 下	辰 上	巳 下	午 下	未 中	申 上	酉 上	戌 中	亥 上

(1) 父母因緣

부모궁의 乙卯는 신경을 쓰지 않고 싶어도 항상 내가 보살펴 드려야 할 운명이다. 그래서 가능하면 최대한 멀리 떨어져서 살고 싶지만 그것조차도 마음대로 되지 않을 것이다. 도움을 기대하기보다는 내가 도움을 줘야 하는 현실이라고 한다면 마음이라도 편안하게 전생의 빚을 갚는다고 생각하고 맡은 만큼의 봉양(奉養)을 잘하라고 권한다. 세상의 일은 그렇게 마음대로 되지 않는 것이고 그것이 인연이다.

(2) 兄弟因緣

형제궁의 戌土는 돌봐야 하는 정도가 아니라 봉사를 해야 하고 복종(服從)을 해야 하니 그 고통은 더욱 극심하다고 할 것이다. 부모의 인연이야 키워 준 공으로라도 보살펴 드려야 하겠지만 형제의 인연은 그와는 다르므로 가능하면 최대한 멀리하고 서로 엮이지 않기를 바랄 뿐이다. 다만 마음대로 되지 않는 것은 아무래도 천적관계(天敵關係)인 까닭일 것이다.

(3) 夫婦因緣

부부궁의 未土는 또 무슨 악연(惡緣)이란 말인가. 참으로 갈수록 태산이라는 말은 이러한 四柱를 갖고 태어난 사람에게 제대로 어울린다고 할 것이다. 그래서 부모보다 형제자매가 못하고 형제자매보다 부부가 더 부담스러운 인연이니 모쪼록 세상의 인연이 다 그렇겠거니 하면서 묵묵히 봉사하는 마음으로 살아가기를 권하게 된다.

(4) 子女因緣

자녀궁의 酉金을 보면서 비로소 인생의 고단(孤單)한 여행에서도 한 줄기의 서광(瑞光)이 비치는 날을 보게 된다는 희망이 생기게 된다. 그래서 묵묵히 살아온 만큼의 보상을 자녀궁에서 해줄 수가 있으니, 모든 근심과 원망은 안개처럼 사라지고 그래도 다행(多幸)이라는 생각으로 말년(末年)을 보내게 될 것이다. 이렇게만 되어도 행복한 인생이다. 만약 한 시간 늦게 태어난 사람과 비교를 해 본다면 참으로 끔찍한 노년이 될 테니 말이다. 그래서 천만다행이다.

[274] 丙申年 庚子月 丁卯日 辛丑時

用神과 干支別 運勢의 吉凶		
辛 丁 庚 丙 丑 卯 子 申	用: 木(卯) 喜: 水	偏印格 殺印相生格

干	甲 上	乙 上	丙 上	丁 上	戊 下	己 下	庚 下	辛 下	壬 下	癸 下
支	子 中	丑 下	寅 上	卯 上	辰 下	巳 上	午 上	未 下	申 下	酉 下	戌 下	亥 中

(1) 父母因緣

부친궁의 丙火는 어떻게 해서라도 나를 도와주려고 애를 쓰고 있는 모습이지만 안타깝게도 힘이 너무 없어서 실질적인 도움이 되기에는 어려운 상황이다. 모친궁의 申金은 전혀 도움이 되지 않으면서 나를 힘들게만 하고 있으니 계모(繼母)인가 싶은 생각조차 들 수도 있을 것이다. 세상에 가끔은 무정한 모정(母情)도 있기 마련이니 기대를 하지 말고 스스로 독립하는 것으로 삶의 방향을 권한다.

(2) 兄弟因緣

형제궁의 子水가 모친궁의 申金과 뜻을 같이 하여 나를 괴롭히는데 혈안이 되어 있는 것은 偏官이기 때문이다. 그래도 다행인 것은 日支의 卯木을 生해 주고 있으므로 그나마 큰 위로가 되기는 하지만 직접적인 인연으로 본다면 형제와는 아무 일도 함께 하지 말라는 조언을 남기게 된다.

(3) 夫婦因緣

부부궁에 卯木이 있음으로 세상이 아무리 각박(刻薄)해도 살아갈 희망이 생기는 것이다. 무슨 일이든 내 뜻대로 원하는 것을 채워주려고 노력하고 또한 그만한 능력도 갖고 있는 배우자를 만나게 될 암시이다. 외부적으로 힘든 일이나 형제자매들과의 갈등조차도 현명하게 해결하여 나를 위해서 헌신(獻身)하는 인연이 되니 이보다 더 고마울 수도 없을 것이다. 그래서 배우자에 대해서 최대한의 정성으로 조언에 귀를 기울이며 최대한으로 보조를 맞춰가는 것이 현명하다. 이번 생에서는 이보다 더 고마운 사람을 만나기는 어려울 것이기 때문이다.

(4) 子女因緣

자녀궁의 丑土는 쓸데없는 일들로 나를 힘들게 하고 끝없이 도움을 주어야 하는 악연(惡緣)이다. 다행히 배우자가 그것을 어느 정도 차단하고 있으니 자녀의 문제는 스스로 결정하고 고민하지 말고 배우자와 의논하여 현명한 조언을 받아서 처리한다면 凶함을 감소시킬 수 있을 것이다.

[275] 戊辰年 己未月 癸巳日 己未時

用神과 干支別 運勢의 吉凶											
己癸己戊 未巳未辰				用: 金(巳中庚金) 喜: 水				正印格 暗藏用神格			
干	甲 下	乙 下	丙 下	丁 下	戊 下	己 下	庚 上	辛 上	壬 中	癸 中	
支	子 中	丑 下	寅 下	卯 下	辰 下	巳 下	午 下	未 下	申 上	酉 上	戌 下	亥 中

(1) 父母因緣

부모궁의 戊辰은 내가 싫어하는 것만 골라서 시키려고 안달이 난 사람들처럼 생각이 될 수 있을 것이다. 허약한 日干에게 태산 같은 正官이 압박하기 때문에 그렇게 느낄 수밖에 없는 구조이다. 그래서 부모의 그늘에서는 빨리 벗어나는 것이 최선책이라고 할 것이니 집을 나서거든 뒤도 돌아보지 말고 최대한 멀리 달아날 것을 권한다.

(2) 兄弟因緣

형제궁의 未土도 부모의 암시와 다르지 않을뿐더러 오히려 한술 더 떠서 나의 모든 자유를 속박하면서 일만 부려먹으려고 할 수도 있으니 모쪼록 손아귀에 잡히지 않도록 조심하면서 멀리 달아나서 자신의 일을 찾아야 할 것이지만 현실적으로 그렇게 하기 어려운 것이 또한 운명이라고 해야 할 것이므로 누구를 원망하지 말고 스스로 노력하는 방법 밖에는 달리 방법이 없다.

(3) 夫婦因緣

 부부궁의 巳火도 내 뜻을 따라준다고 보기 어려운 인연이다. 비록 巳中庚金이 있다고는 하지만 그것은 나에게 힘이 되어 주기에는 너무도 허약한 金이어서 별다른 기대를 하기에는 어려운 인연이므로 모쪼록 배우자에 대해서도 기대를 하지 말고 스스로 자신의 앞가림을 해야 할 것이다. 가능하면 결혼조차도 하지 않는 것이 더 좋을 수 있음을 생각하고 홀로 살아갈 방법을 모색하는 것이 가장 현명하다는 조언을 하게 된다.

(4) 子女因緣

 자녀궁의 未土는 또 무엇을 의미하는가. 月支의 未土에게서 겪은 고통을 다시 재연해야 할 수도 있음을 의미하는 인연이다. 이러한 암시를 그대로 겪으면서 노년(老年)까지도 자식의 종노릇을 해야 할 수도 있음을 생각한다면 모쪼록 인연을 만들지 말아야 하는 것이 최선이겠지만 그것조차도 마음대로 되지 않는 것이 운명일 것이다. 그래서 정신세계에 인연이 되어서 수행하는 길을 찾아보라고 권한다.

[276] 辛丑年 庚子月 己未日 乙丑時

用神과 干支別 運勢의 吉凶										
乙 己 庚 辛 丑 未 子 丑				用: 火(未中丁火) 喜: 土						
干	甲 下	乙 下	丙 上	丁 上	戊 上	己 上	庚 下	辛 下	壬 下	癸 下
支	子 下	丑 上	寅 下	卯 下	辰 上	巳 上	午 上	未 上	申 下	酉 下	戌 上	亥 下

(1) 父母因緣

부친궁의 辛金은 허약한 내 기운을 보태 주지는 못할망정 더욱 힘들게 하고 있으니 원망이 생기지 않을 수가 없다. 모친궁의 丑土는 그래도 도움을 주겠다고는 하지만 실상 큰 도움을 줄 수도 없으니 그냥 마음으로나마 고맙게 받아들인다. 부친궁의 辛金을 生하느라고 나를 돌볼 겨를이 없기 때문이다. 그로 인해서 부친은 더욱 기세등등(氣勢騰騰)하여 나를 힘들게 하고 있으니 이러한 갈등을 겪지 않으려면 독립뿐이다.

(2) 兄弟因緣

형제궁의 子水는 月干의 庚金을 이용하여 야금야금 나를 공격하고 있는 형국이다. 그래서 처음에는 뭔지도 모르고 끌려가

다가 나중에서야 눈치를 채겠지만 쉽게 빠져나오기는 어려운 모습이다. 이렇게 인연의 고리는 깊은 늪처럼 물고 늘어지는 집요함이 있는 것이다.

(3) 夫婦因緣

부부궁의 未土는 유일하게 도움을 받아야 하고 또 그렇게 될 인연이다. 未中丁火를 의지하면 겨울에 얼어 죽는 것을 면하는 것은 물론이고 먹고 살 양식을 공급해 주기도 한다. 그러니 암장된 用神이라고 해서 얕보면 안 된다는 것을 이러한 경우를 통해서 알려 주고 있는 것이다. 배우자는 자신을 돌보기도 벅차겠지만 그럼에도 불구하고 나를 위해서 헌신해 주니 이러한 배우자를 만난 것은 전생에 그만큼 해 준 인연이 있을 것이고, 이것의 인과법(因果法)으로 다음 생에는 또 내가 갚아주게 될 것이다.

(4) 子女因緣

자녀궁의 丑土는 나쁘지는 않지만 丑未沖으로 日支가 흔들리니 다소 혼란스러운 점이 발생할 수 있겠다. 그래서 가능하면 옆에 두지 말고 멀리 유학을 보내는 것을 생각할 필요가 있겠고 그렇게 되면 나쁘지는 않으므로 가끔 도움을 요청하여 의지할 수도 있을 것이다.

[277] 庚子年 戊子月 甲寅日 乙亥時

用神과 干支別 運勢의 吉凶										
乙甲戊庚 亥寅子子				用: 火(寅中丙火) 喜: 土					食神格 暗藏用神格		
干	甲 下	乙 下	丙 上	丁 上	戊 上	己 上	庚 下	辛 下	壬 下	癸 下
支	子 下	丑 中	寅 中	卯 上	辰 中	巳 中	午 上	未 下	申 下	酉 上

(1) 父母因緣

부모궁의 庚子는 하나같이 내가 원(願)하는 것과 다르게 행동하게 될 것이니 원망을 하지 않으려고 해도 안 할 수가 없다. 그러나 또한 자신의 운명인 것을 누구에게 탓을 하겠느냐는 말이다. 도움을 받을 수도 없고, 자신의 마음대로도 되지 않으니 유일하게 할 수가 있는 것은 부모의 곁을 최대한 빨리 떠나가는 것이다. 그리고 자신의 길을 찾아서 자리를 잡는 방향으로 노력하는 것만으로도 희망은 보이기 마련이다.

(2) 兄弟因緣

형제궁의 子水는 또 웬 잔소리꾼인가 싶다. 아무런 도움도 주지 않으면서 귀찮을 정도로 간섭만 하고 있는 모습을 보면 부모의 인연과 마찬가지로 형제의 인연도 기대를 할 것은 전혀 없다고 해야 할 것이다. 그래서 또한 무슨 도움을 받겠다는 생각은 애초에 깔끔하게 잊어버리고 자신의 힘으로 살아갈 방법을 찾는 것이 현명하다.

(3) 夫婦因緣

부부궁의 寅木은 겉으로는 比肩이지만 그 속에 丙火가 있으면서 나를 위해서 뭔가를 해 주려고 방법을 찾고 있으니 이보다 더 고마운 인연은 없다. 그래서 모든 일은 배우자에게 맡기고 자신은 배우자가 하자는 대로 따르기만 하면 적어도 밥을 굶지는 않을 것이다. 그렇지 않으면 부모와 형제의 인연으로 인해서 조금 가진 것이 있다고 하더라도 모두 털리고 남는 것이 없을 암시이기 때문이다. 이러한 경우에는 혈육이니 뭐니 하는 말에 대해서는 귀를 막아버리고 둘이서나마 잘 살겠다는 계획이 필요하다.

(4) 子女因緣

자녀궁의 亥水는 또한 부모 형제와 다를 바가 없으니 자녀로 인해서도 피곤한 일만 생길 암시이다. 그래서 애초에 기대하는 마음을 접어버리고 부부간에만 잘 살겠다는 생각으로 노력하고 자녀에 대해서는 지원조차도 끊는다는 마음으로 냉정하게 대해야 할 것이지만, 그것도 쉬운 일은 아닐 것이다.

[278] 癸酉年 癸亥月 甲午日 乙亥時

用神과 干支別 運勢의 吉凶		
乙甲癸癸 亥午亥酉	用: 火(午) 喜: 土, 木	傷官格 印重用傷格

干	甲 中	乙 中	丙 上	丁 上	戊 上	己 上	庚 下	辛 下	壬 下	癸 下	
支	子 下	丑 上	寅 上	卯 上	辰 上	巳 上	午 上	未 下	申 下	酉 上	戌 下	亥 下

(1) 父母因緣

부모궁의 癸酉는 어디에 쓰겠는가 싶다. 아무 곳에도 쓸 곳이 없을뿐더러 丙丁火運이 들어오기라도 한다면 문지방(門地枋)에 걸려서 넘어지는 불상사(不祥事)까지 생길 조짐이니 凶한 인연이라고 해야 할 모양이다. 하늘 같고 땅 같은 어버이의 인연도 운명론에서는 그저 하나의 경우에 불과할 뿐이라는 것을 늘 생각하게 된다. 삼강오륜(三綱五倫)과 운명의 장난은 서로 연관성이 없다고 해야 할 것이라는 이야기이다.

(2) 兄弟因緣

형제궁의 亥水는 또 어디에 사용할까 싶다. 아무 곳에도 쓸 곳이 없는 것은 말할 것도 없고, 用神인 午火를 정면으로 움켜

쥐고서 고통을 주고 있는 것을 보면 전생의 원수가 원한을 갚으려고 태어난 존재가 형제자매라는 것을 잊지 않아야 할 모양이다. 그래서 조심스럽게 살아가다가 몸 하나 추스를 힘이라도 쌓이거든 무조건 튀어나가서 자신의 길을 찾아야 할 것임을 강조하게 된다.

(3) 夫婦因緣

부부궁의 午火는 너무나 예쁜 用神이다. 그래서 항상 원 없이 사랑해 주고 싶은데 문제는 午火의 주변이 너무나 고통스럽다는 것이다. 그래서 나를 도와주고 싶어도 제대로 힘을 발휘(發揮)하기가 어렵다고 하겠으니 이렇게 안타까운 현실에서 나는 아무런 일도 해줄 수가 없다는 것이 더욱 고통스럽게 다가온다. 모쪼록 다른 가족과는 멀리하고 둘이서만 살아갈 수 있는 환경(環境)을 찾아야 할 것이다.

(4) 子女因緣

자녀궁의 亥水는 형제궁과 다를 바가 없으니 자식도 전생의 원수라고 해야 할 모양이다. 그래서 자녀를 둘 생각도 하지 말고 혹 자녀가 이미 있다면 자녀와 얽히지 않도록 조심해서 가정을 꾸려야 할 모양이니 이러한 궁리를 한다는 것도 마음이 아픈 일이지만 얽혔다가 더욱 힘들어지면 남보다도 못한 악연이 될 것이므로 안타까워만 할 일도 아니다.

[279] 壬戌年 庚戌月 辛丑日 己亥時

用神과 干支別 運勢의 吉凶											
己辛庚壬 亥丑戌戌				用: 水(壬, 亥) 喜: 木				傷官格 印重用傷格			
干	甲 上	乙 上	丙 中	丁 中	戊 下	己 下	庚 中	辛 中	壬 上	癸 上	
支	子 中	丑 下	寅 上	卯 上	辰 下	巳 下	午 下	未 下	申 上	酉 上	戌 下	亥 中

(1) 父母因緣

부친궁의 壬水는 用神이니 내가 원하고자 하는 것에 대해서 적극적으로 후원(後援)해 주려고 노력하는 모습이다. 다만 모친궁의 戌土에 대한 눈치를 보느라고 하고 싶은 대로 다 할 수가 없다는 것이 안타깝다. 戌土는 用神을 剋하는 역할을 맡았기 때문에 그 역할을 수행하는 것에 대해서 탓할 수는 없으니 모쪼록 서로 부딪치는 일이 없도록 하는 것이 최선을 다해서 운명을 개선하는 노력이다.

(2) 兄弟因緣

형제궁의 戌土도 또한 모친궁의 戌土와 같은 임무(任務)를 받았으니 어찌 가족이 이럴 수가 있겠느냐는 생각은 할 수 있겠지만 또한 그것도 운명이니 누굴 원망해서 해결될 일이 아니다. 그러므로 오로지 스스로의 덕이 없음을 한탄(恨歎)하고 더욱 열심히 노력하여 지혜로운 삶이 되도록 노력하는 것이 상책이다.

(3) 夫婦因緣

부부궁의 丑土는 반길반흉(半吉半凶)이다. 丑中己土는 부담을 주고 있지만 癸水는 用神이기도 한 까닭이다. 그래서 고맙기도 하고 밉기도 한 애증의 마음을 갖게 되지만 부모나 형제에게 받은 상처를 생각하면 조금이라도 도움이 된다는 것에 대해서 감지덕지(感之德之)해야 할 것이다. 이렇게 모든 것은 상대적으로 고맙기도 하고 원망스럽기도 한 것이다.

(4) 子女因緣

자녀궁의 亥水는 비로소 제대로 된 用神을 만난 것이니 자녀에게서 얻는 위로(慰勞)와 격려(激勵)는 어느 누구에게서 받은 것보다도 넘치는 사랑이라고 할 수 있다. 이러한 자녀 인연이 있어서 나이가 들어도 세상을 살아갈 의욕과 희망이 생기는 것이다. 그래서 자녀의 인연만 도움이 되어도 살만하다는 생각을 할 수가 있으니 이렇게 나이가 들어가면서 점차로 행복한 풍경이 나타나는 것은 축복(祝福)이라고 할 만하다.

[280] 己丑年 乙亥月 戊戌日 壬子時

用神과 干支別 運勢의 吉凶		
壬戊乙己 子戌亥丑	用: 火(戌中丁火) 喜: 土	正印格 暗藏用神格

干	甲 下	乙 下	丙 上	丁 上	戊 上	己 上	庚 下	辛 下	壬 下	癸 下		
支	子 下	丑 上	寅 下	卯 下	辰 上	巳 上	午 上	未 上	申 下	酉 下	戌 上	亥 下

(1) 父母因緣

부모궁의 己丑은 도움이 적지 않을 것이다. 내가 힘들어할 적에 비록 약한 힘이라고 하더라도 그 도움으로 인해서 역경(逆境)을 이겨내는 용기를 얻을 수가 있을 것이기 때문이다. 어려운 환경임에도 불구하고 부모는 나름대로 최선을 다해서 도와주는 고마움에 더욱 큰 감동을 받게 되는 것이다.

(2) 兄弟因緣

형제궁의 亥水는 나쁜 짓만 골라서 하는 인연이다. 심지어 月干의 乙木을 生하여 그로 하여금 나와 부모를 못살게 구는 일도 서슴지 않으니 이러한 인연은 전생에서 왔을 것으로 봐도 되지 않을까 싶다. 형제자매의 인연이 凶하므로 오히려 부모에게서 받은 약간의 도움이 더욱 크게 느껴질 수 있다. 여하튼 형제와는 아무것도 같이 도모(圖謀)하지 말고 오로지 홀로서기를 해야만 나중에라도 후회하면서 가슴을 치게 될 일을 미리 막을 수 있을 것이다.

(3) 夫婦因緣

부부궁의 戌土는 천금의 협력자를 만나게 되어서 세상에 두려울 것이 없다고 하겠다. 형제는 물론이고 세상의 어떤 어려움도 모두 헤쳐 나갈 힘과 용기를 얻을 수가 있으니 한 사람의 배우자가 가져오는 공덕(功德)은 이렇게도 엄청난 힘이 되기도 하는 것이다. 더구나 戌土 속에 丁火를 품고 있으니 차가운 겨울의 냉풍(冷風)이 귓가를 때려도 따뜻한 아랫목에서 추위를 녹일 수가 있다는 것이 辰土와 비교를 해봐도 감히 하늘과 땅 차이라는 것을 알 수 있을 것이다.

(4) 子女因緣

자녀궁의 子水는 형제궁과 마찬가지로 금전적으로 고통을 줄 수밖에 없는 인연이다. 이러한 것을 미리 알고서 부부가 잘 의논하여 자녀에 대해서는 부담감이 덜 가도록 계획을 잘 세워야 할 것이고, 혹 자녀가 힘들게 하더라도 그것은 전생에서 지은 빚이라고 생각하고 자녀를 원망하지는 말아야 할 것이며 오로지 얼른 독립을 시켜주고 기대지도 바라지도 않는 것이 그나마 최선이다.

[281] 己亥年 己巳月 庚寅日 己卯時

用神과 干支別 運勢의 吉凶										
己庚己己 卯寅巳亥				用: 土(己) 喜: 火				正印格 日弱用印格			
干	甲 下	乙 下	丙 上	丁 上	戊 上	己 上	庚 下	辛 下	壬 下	癸 下
支	子 下	丑 中	寅 中	卯 中	辰 上	巳 中	午 中	未 上	申 下	酉 下
									戌 上	亥 下

(1) 父母因緣

부친궁의 己土는 나를 위해서 헌신(獻身)을 하고 있는데 모친궁의 亥水는 그것을 훼손(毁損)하려고 안달 나 있는 모습이다. 그래서 모친에 대한 원망이 가슴속에 한가득 자리하고 있을 것이다. 그래서 아버지를 의지하면서 삶의 지침으로 삼고, 어머니의 말씀은 그냥 귓등으로 흘려버리며 마음속에 새겨두지 말라고 권하는 것은, 실제로 끝없는 요구만 할 가능성이 많기 때문이다.

(2) 兄弟因緣

형제궁의 巳火는 己土를 生하고 있으니 喜神이다. 그래서 用神인 己土가 의지하는 마음이 대단히 크다는 것은 알겠는데 모친궁에서 정면으로 巳亥沖으로 때리고 있으니 안타깝다. 이로 인해서 用神은 무력하게 되어버리니 비록 巳月이라고 하더라도 그것은 별 의미가 없는 결과가 되어버렸다. 그저 형제가 능력이 되는 만큼 나를 돕기 위해서 노력한다고 이해하고 고마워해야 할 것이다.

(3) 夫婦因緣

부부궁의 寅木은 기본적으로는 忌神이다. 그럼에도 여기에서는 喜神을 生하는 역할을 하고 있으니 희신급(喜神級)이라고 해야 할 모양이다. 왜냐하면 외로운 巳火에게 에너지를 불어넣어서 그 힘으로 己土를 生해 주기 때문이다. 그래서 미묘한 차이가 있지만 협조를 하고 있는 것으로 봐야 할 것이다. 즉 직접적으로는 忌神이고 간접적으로는 喜神인 경우이므로 복잡하다는 이야기이다.

(4) 子女因緣

자녀궁의 卯木은 忌神이다. 寅木과 같은 木이면서도 그 역할은 전혀 다른 것으로 대입을 하게 되니 이러한 변화를 익히게 된다면 四柱가 어느 사이에 손에 잡힐 것이다. 己卯가 되어서 時干의 己土를 꼼짝 못 하게 움켜쥐고 있으니 또한 말년(末年)조차도 편안하기 어렵다고 해야 할 모양이다.

[282] 乙亥年 甲申月 戊申日 壬戌時

用神과 干支別 運勢의 吉凶		
壬戌甲乙 戌申申亥	用: 土(戌) 喜: 火[用神級]	比肩格 日弱用比格

干	甲	乙	丙	丁	戊	己	庚	辛	壬	癸	
	下	下	上	上	上	上	下	下	下	下	
支	子	丑	寅	卯	辰	巳	午	未	申	酉	戌	亥
	下	上	下	下	上	上	上	上	下	下	上	下

(1) 父母因緣

부모궁의 乙亥는 忌仇神이다. 부모가 도움을 주지 못하고 있는 것은 그만두고 나를 해코지하고 있을 정도로 이 상황에서는 고통을 주고 있는 모습이다. 허약한 戊土에게 도움을 주지는 못할망정 用神에 해당하는 土가 보이기만 하면 즉시로 달려들어서 뜯어먹으려고 할 것이니 얼마나 안타까울지를 생각해 본다. 그것을 바라보면서도 어떻게 해 볼 수가 없다는 것을 생각하고 기대보다는 회피(回避)를 해야 할 듯싶다.

(2) 兄弟因緣

형제궁의 申金은 나에게 끝없는 봉사를 요구하고 있다. 이렇게 힘든 나에게 돌봐달라고 보채고 있으니 참으로 피곤한 인연이라고 해야 할 모양이다. 그래서 또한 가능하다면 멀리 전화도 되지 않는 곳으로 도망가서 조용하게 살고 싶다는 마음을 갖게 될 것이니 이렇게 부담스러운 인연을 갖고 있는 것이 형제궁의 인연이다.

(3) 夫婦因緣

부부궁의 申金은 형제궁과 조금도 다르지 않으니 밖에서 아무리 뛰어다니면서 수익을 가져다주어도 배우자는 전혀 감동을 하지 않을 것이다. 왜냐하면 그가 바라는 것은 내가 능력을 발휘해서 얻은 소득의 열 배에 해당하기 때문이다. 물론 도망가는 것이 상책이지만 그것조차도 마음대로 되지 않는 것이 운명이라고 해야 할 것이니 아무런 기대도 하지 말고 오로지 전생의 빚을 갚는다는 생각으로 열심히 봉사할 것을 권한다.

(4) 子女因緣

자녀궁의 戌土를 보는 순간, 비로소 온몸에 쌓인 피로와 정신적으로 쌓인 스트레스가 모두 풀리는 기분이다. 그야말로 삶의 보람은 자녀의 보호를 받으면서 비로소 느끼게 되고, 세상을 살아가는 맛을 알게 된다고 하겠으니 그나마 戌時를 얻었기에 망정이지 한 시간 전후로 태어났더라면 그마저도 아무런 의미가 없이 참으로 고단한 일생을 살아가면서 자신의 팔자타령만 했을 것이다.

[283] 癸卯年 壬戌月 辛丑日 癸巳時

用神과 干支別 運勢의 吉凶		
癸 辛 壬 癸 巳 丑 戌 卯	用: 土(丑, 戌) 喜: 金	印星格 日弱用印格

干	甲	乙	丙	丁	戊	己	庚	辛	壬	癸
	下	下	下	下	上	上	中	中	下	下
支	子	丑	寅	卯	辰	巳	午	未	申	酉	戌	亥
	下	上	下	下	上	中	中	上	上	上	下

(1) 父母因緣

부모궁의 癸卯는 어찌도 나를 괴롭히는 일에 죽이 잘 맞는지 원망스럽다. 낳아줬다는 것만으로 이렇게 나를 힘들게 해도 되냐고 하소연을 해봐도 아무런 의미가 없다. 그냥 묵은 빚을 갚는다는 마음으로 부모님이 살아계신 동안에 열심히 봉사하는 마음을 가지면 되는 것이다. 그러한 것을 감당할 자신이 없으면 일찌감치 고향을 떠나서 타향으로 가서 자리를 잡는 방법뿐이다.

(2) 兄弟因緣

형제궁의 戌土는 부모에게 시달리는 나의 어려움을 온몸으로 막아 주려고 애쓰는 고마운 울타리이니 형제가 부모를 대신

한다는 말을 할 수 있는 구조이다. 최선의 노력으로 나를 보호하고 지켜 주려고 하므로 형제를 의지해서 힘든 일도 잘 넘길 수가 있으니 천만다행이다. 모든 일은 형제와 의논하여 처리하고 고집(固執)을 부리지 않도록 한다.

(3) 夫婦因緣

부부궁의 丑土도 협조하는 마음이 있는 것은 당연하다. 또한 用神이기 때문이다. 다소 힘이 약하지만 그만큼의 도움도 큰 위로가 된다는 점에서는 결코 月支의 戌土 못지않다. 더구나 時支에서 生해 주는 힘까지 받고 있으니 더욱 고마운 능력자라고 해야 할 것이다. 아무런 근심이 없이 배우자가 하자는 대로만 따르면 모든 일이 순조롭게 진행될 것이니 이러한 인연을 잘 살려서 오래도록 유지하도록 노력해야 하는 것은 자신의 몫이다.

(4) 子女因緣

자녀궁의 巳火는 기본적으로는 仇神이라고 할 수 있지만 실질적으로는 丑土를 生하고 있으니 또한 희신급(喜神級)이다. 그래서 이름에 매이지 말라고 하는 것이다. 자녀와의 관계가 어느 정도 부담이 되는 것은 正官인 까닭이지만 구체적으로 도움을 주고 있고 배우자와 협력도 잘 되므로 늘 고마운 마음으로 대하게 되는 인연이다.

[284] 戊子年 丙辰月 庚午日 壬午時

用神과 干支別 運勢의 吉凶										
壬 庚 丙 戊 午 午 辰 子		用: 土(戊, 辰) 喜: 金			偏印格 殺重用印格					
干	甲 下	乙 下	丙 中	丁 中	戊 上	己 上	庚 上	辛 上	壬 下	癸 下
支	子 下	丑 上	寅 下	卯 下	辰 上	巳 中	午 中	未 上	申 中	酉 中	戌 上	亥 下

(1) 父母因緣

부친궁의 戊土는 用神이니 나에게 아낌없이 주고 싶은 터전이 되는 인연이다. 다만 그 마음이 모친궁의 子水로 향하고 있으니 몸과 마음이 따로 놀고 있다는 것을 이해하고 너무 기대하지 않는 것이 좋다. 모친궁에 子水가 자리하고 있으니 어머니는 나에게 힘든 일만 부탁하고 나를 위하는 마음은 없을 것이다. 이렇게 어머니에게는 기대를 할 것이 없으므로 의논은 아버지와 해야 할 것이다.

(2) 兄弟因緣

형제궁의 辰土는 다행히 나를 도우려는 마음이 많다. 비록 마음은 年支의 子水를 향하고 있더라도 나를 도우려는 마음은 있으므로 기대를 해도 되겠다. 어머니의 능력이 얼마나 되기에 아버지와 형제가 모두 어머니에게 애정을 보이는지 모를 일이지만 내 마음도 年支에 傷官이 자리하고 있어서 모친이 부탁하는 것을 거절할 수가 없는 상황이다. 그래서 나의 어머니는 도움은 안 되지만 능력자라고 해야 할 모양이다.

(3) 夫婦因緣

부부궁의 午火는 직접적으로는 부담이 되지만 그래도 月支의 辰土를 돕고 있는 것은 고마운 일이다. 만약에 年支에 子水가 아니었다면 午火도 도움이 되지 않았을 텐데 子水로 인해서 辰土가 무력해졌기 때문에 午火의 역할이 필요해진 것이다. 그래서 사회적으로는 도움이 된다고 해석하고 가정적으로는 부담스러운 인연으로 보게 된다.

(4) 子女因緣

자녀궁의 午火는 부부궁과 같은 正官이므로 자녀에 대한 부담감(負擔感)이 상당하다고 봐야 할 것이다. 물론 時支의 午火는 土를 生해 주지 못하기 때문에 부담만 가득한 모습으로 자녀를 근심스럽게 바라봐야 하는 입장이다. 이처럼 짐으로 느껴지는 것은 正官의 부정적인 효과이다. 이로 인해서 회피하고 싶어지기도 할 것이니 가능하면 자녀는 조기(早期)에 독립시키고 간여(干與)하지 않는 방향으로 계획을 세우라고 권한다.

[285] 乙酉年 癸未月 丙寅日 壬辰時

用神과 干支別 運勢의 吉凶			
壬丙癸乙 辰寅未酉		用: 木(寅, 乙) 喜: 水	印星格 日弱用印格
干	甲 乙 丙 丁 戊 己 庚 辛 壬 癸 上 上 上 上 中 中 下 下 中 中		
支	子 丑 寅 卯 辰 巳 午 未 申 酉 戌 亥 上 下 上 上 下 上 上 下 下 下 下 上		

(1) 父母因緣

부친궁의 乙木은 用神이니 나를 돕고자 하지만 실제로 큰 힘을 갖지 못하고 있어서 마음만 앞서고 몸이 따라주지 않는다는 것을 생각하고 너무 원망하지 말라고 권한다. 모친궁의 酉金은 忌神이다. 아마도 아버지는 어머니의 눈치를 보느라고 나를 돕지 못하는 그림이기도 하다. 乙酉의 부부에 대한 인연은 공처가라고 할 수도 있기 때문이다. 이러한 정황을 알고 나면 부모를 원망하는 마음도 사라질 것이다.

(2) 兄弟因緣

형제궁의 未土는 절반의 협력자이다. 未中乙木과 丁火의 도움으로 나쁘지는 않지만 그래도 먼저 나에게 요구하고 나중에 나를 도와준다고 하니 상황이 나쁠 적에는 그것조차도 아쉬울 수는 있는 일이다. 여하튼 도움이 된다는 것은 다행스러운 일이다.

(3) 夫婦因緣

부부궁의 寅木을 만나게 되면 다른 것은 다 잊어버리게 된다. 결혼을 하고 나서부터 모든 일들이 순조롭게 풀리게 될 것이고 그러한 인연이 배우자라는 점에서 인생의 중년이 풍요롭다고 해도 될 것이다. 주변에서 훼방을 하는 것도 모두 일시(一時)에 잠재울 수 있는 능력을 가지고 있는 배우자이기에 내가 원하는 대로 일을 추진하고 뒷바라지를 해주니 가운(家運)은 일취월장(日就月將)으로 발전하게 될 것이다.

(4) 子女因緣

자녀궁의 辰土는 기대할 것이 없다. 특히 時干의 壬水를 지켜주는 뿌리 역할을 하고 있는 것으로 봐서 자녀의 인연은 좋다고 하기는 어려울 듯싶다. 다행히 배우자가 그것을 견제(牽制)하고 있으므로 최악으로 가지는 않겠지만 그럼에도 내가 느끼는 부담감은 어쩔 수가 없으니 웬만하면 신경을 쓰지 말고 스스로 자립하도록 방임(放任)하는 것을 권한다.

[286] 辛亥年 己亥月 癸丑日 辛酉時

用神과 干支別 運勢의 吉凶											
辛癸己辛 酉丑亥亥				用: 土(己, 丑) 喜: 火				偏官格 偏官無財格			
干	甲 下	乙 下	丙 上	丁 上	戊 上	己 上	庚 下	辛 下	壬 下	癸 下	
支	子 下	丑 上	寅 下	卯 下	辰 上	巳 中	午 中	未 上	申 下	酉 下	戌 上	亥 下

(1) 父母因緣

부친궁의 辛金은 반갑지 않은 성분이다. 그래서 부친이 말씀하시는 것마다 짜증이 난다고 하겠으니 부모 입장에서는 부모의 마음을 몰라주는 불효라고 생각을 할 수도 있겠다. 모친궁의 亥水도 마찬가지로 劫財이니 또한 반갑다고 할 인연은 아니다. 그래서 일찍 부모와의 인연을 정리하고 독립적인 방향으로 자신의 길을 찾아 나서는 것을 권한다.

(2) 兄弟因緣

형제궁의 亥水도 모친궁과 똑같은 구조이니 또한 하는 일도 같을 것으로 짐작을 한다. 자신이 원하는 대로 되지 않을 것이므로 기대도 의논도 하지 말고 그냥 서로 데면데면하게 살아가면서 자신의 삶이나 돌보는 것이 현명하다고 할 것이다. 더구나 사업을 같이 하게 된다면 금전으로 인해서 의리(義理)가 상(傷)하고 그로 인해서 고통이 끊이지 않을 암시이다.

(3) 夫婦因緣

배우자는 用神이다. 비록 丑中己土만을 의미하는 것이기는 하지만 그것만으로도 고마운 인연임에는 틀림이 없으므로 배우자의 조언에 대해서 비록 부드럽지 않은 말투라고 하더라도 소중한 가르침으로 생각하고 귀를 기울이다 보면 점차로 귀에 거슬리는 말이 보약이라는 의미를 자연스럽게 깨달을 날이 올 것이다.

(4) 子女因緣

자녀궁의 酉金도 인생에 도움이 되지 않는다고 해야 할 것이니 偏印의 부정적인 작용으로 잔소리를 하는 자녀로 생각이 될 것이다. 그래서 가급적이면 자녀와 멀리 떨어지기를 권하고 부부가 둘이 오붓하게 살아가는 것을 최상의 행복으로 생각하면 좋을 것이다. 다른 사람들의 가정처럼 자녀와 함께 오순도순 살아보고자 하는 마음이 있더라도 각자의 운명이 다르다는 것을 생각한다면 자녀와의 갈등은 미리 방지할 수가 있을 것이다. 자주 만나는 인연보다 1년에 두어 번만 만나면 모두가 반갑고 행복할 것이기 때문이다.

[287] 己酉年 乙亥月 辛酉日 辛卯時

用神과 干支別 運勢의 吉凶		
辛辛乙己 卯酉亥酉	用:水(亥) 喜:木	傷官格 傷官生財格

干	甲 上	乙 上	丙 中	丁 中	戊 下	己 下	庚 下	辛 下	壬 上	癸 上
支	子 上	丑 下	寅 上	卯 上	辰 下	巳 中	午 中	未 下	申 中	酉 中	戌 下	亥 上

(1) 父母因緣

부친궁의 己土는 아무런 도움도 되지 않으니 백수(白手)라고 할 수도 있겠다. 무능한 아버지이므로 기대를 할 것이 없다고 생각하면 된다. 모친궁의 酉金은 도움이 안 될뿐더러 부담까지 안고 있다. 그럼에도 月支의 亥水를 生하고 있다는 점에서는 凶하지는 않다. 日支의 酉金이 用神인 亥水를 生하고 있으므로 희소성(稀少性)은 희석(稀釋)이 되겠지만 그래도 도움이 안 된다고 하기는 어려운 인연이니 대체로 무난하다고 정리한다.

(2) 兄弟因緣

형제궁의 亥水는 用神이다. 이 힘으로 月干의 乙木이 결실을 가져올 수가 있는 것이니 더욱 고맙다. 그래서 형제의 인연에 대해서 큰 기대를 갖게 되는데 用神도 실망시키지 않을 정도의 힘도 갖고 있으므로 모든 면에서 나를 위해서 도와주는 것을 고맙게 생각하고 의논하면서 삶을 엮어 가면 좋을 것이다. 특히 형제궁에 傷官이 있어서 같이 새로운 사업이라도 한다면 더욱 좋은 아이템으로 사업의 성과를 거둘 수가 있을 것이다.

(3) 夫婦因緣

부부궁의 酉金은 직접적으로는 덕(德)도 해(害)도 없는 인연이므로 무난하다. 특히 밖에서 일을 하는 것에 대해서는 음(陰)으로나마 도움을 주고 있으니 배우자에게 고마워해야 할 일이다. 다만 時支의 卯木을 剋하는 것이 아쉽지만 그것은 자녀와의 갈등으로 해석을 해야 할 것이다.

(4) 子女因緣

자녀궁의 卯木은 喜神이지만 실제로 기대하기는 어려운 모습이다. 辛卯이기 때문에 스스로 할 수가 있는 영역이 좁은 데다가 日支의 酉金까지 압박(壓迫)을 하고 있기 때문이다. 그래서 배우자의 인연으로 자녀가 주눅이 들어서 마음대로 뭘 할 수가 없다고 봐서 가능하면 내가 나서서 그것을 중재(仲裁)하고 자녀가 힘을 낼 수 있도록 도와줘야 할 모양이다. 다만 쉽사리 자신의 길을 잡기가 어려울 것 같은 형상이 아쉬울 뿐이다.

[288] 丁未年 甲辰月 丁亥日 己酉時

用神과 干支別 運勢의 吉凶									
己丁甲丁 酉亥辰未				用: 木(甲) 喜: 水				正印格 日弱用印格		
干	甲 上	乙 上	丙 中	丁 中	戊 中	己 中	庚 下	辛 下	壬 上	癸 上
支	子 下	丑 下	寅 上	卯 上	辰 下	巳 中	午 中	未 下	申 下	酉 下	戌 下	亥 下

(1) 父母因緣

부모궁의 丁未는 나쁘지 않은 인연이다. 멀리서나마 힘이 없어도 내가 잘 되기를 빌어주는 마음이 가득하기 때문이다. 다만 그 이상의 기대는 하지 않는 것이 좋을 것이다. 실질적인 도움을 주기에는 힘이 없기 때문이다. 적어도 훼방만 하지 않으면 그것만으로도 고맙다고 생각해야 할 것이다. 丁火가 甲木의 기운을 설(洩)하는 것은 있지만 甲辰으로 뿌리를 얻었기 때문에 크게 신경 쓰일 정도는 아니어서 凶하다고 하지는 않는다.

(2) 兄弟因緣

형제궁의 辰土는 기본적으로는 仇神이라고 하겠지만 甲木의 뿌리를 훌륭하게 잡아 주고 있으니 희신급(喜神級)이라고 할 수 있겠다. 그래서 형제자매의 인연으로 어려운 일들을 쉽게 풀어갈 여지를 얻게 되므로 늘 고마운 인연으로 생각하면 좋을 것이다. 어쩌면 직접적으로 느끼지 못하기 때문에 자칫하면 내 힘을 소모시키기만 한다고 원망(怨望)을 할 수도 있음을 경계 (警戒)하라는 의미이다.

(3) 夫婦因緣

부부궁의 亥水는 아쉽지만 거부할 수 없는 인연이다. 正官이 실질적으로 水生木도 해주지 못하고 나에게 부담만 주고 있기 때문이다. 그래서 아쉬운 마음도 많고 원망하는 마음도 적진 않겠지만 四柱의 구조를 생각하면 달리 방법도 없다. 그래도 亥中甲木이 30%나마 도움을 줄 마음이 있다는 점을 생각하고 그나마 다행으로 여기는 것이 현명하다.

(4) 子女因緣

자녀궁의 酉金은 忌神이다. 그야말로 '원수가 자식으로 태어 났다.'고 할 수 있을 정도의 악연(惡緣)이다. 이로 인해서 남들 은 자녀복(子女福)도 있다는데 난 왜 이 모양인지를 생각할 수 도 있겠지만 그래봐야 마음은 황폐(荒廢)해지고 미움만 늘어 날 뿐이다. 그래서 육친의 인연은 모두가 남의 집 이야기라고 생각하고 오로지 자신의 수양(修養)에 힘쓰고 노력하는 나날 이어야 할 것이다.

[289] 甲戌年 己巳月 癸亥日 壬戌時

用神과 干支別 運勢의 吉凶											
壬癸己甲 戌亥巳戌				用: 水(亥, 壬) 喜: 金				劫財格 日弱用劫格			
干	甲 下	乙 下	丙 下	丁 下	戊 下	己 下	庚 上	辛 上	壬 上	癸 上	
支	子 上	丑 下	寅 下	卯 下	辰 下	巳 下	午 下	未 下	申 上	酉 上	戌 下	亥 上

(1) 父母因緣

부모궁의 甲戌은 나에게 모두 부담을 주고 있으니 부모에 대한 기대는 애초에 하지 말아야 할 인연이다. 나를 힘들게 하지 않으면 그것으로도 감사하다는 마음을 가져야 할 것이다. 부모의 도움은 인연이 없으니 버티고 있어봐야 희망도 보이지 않으므로 일찌감치 고향을 떠나서 스스로의 노력으로 자립하는 것이 가장 현명하다.

(2) 兄弟因緣

형제궁의 巳火는 戌土와 己土를 生하고 있으니 凶神이다. 그래서 형제도 부모와 마찬가지로 기대를 하지 말고 얼른 떠나서 홀로 살아갈 궁리를 하는 것이 좋겠다. 부모 인연이 없어도 형제자매 인연이 좋은 사람도 있지만 그것도 누구나 다 통하는 것은 아니다.

(3) 夫婦因緣

부부궁의 亥水는 用神이다. 이보다 더 좋은 의지처는 없을 것이다. 그래서 자신이 힘들고 아픈 것도 배우자를 보게 되면 다 잊어버리게 되고 살아가야 할 목적과 희망만 가득하게 될 것이니 이러한 인연이 있다는 것만으로도 세상을 살아갈 맛이 난다고 할 것이다. 물론 亥水가 아니라 酉金이었더라면 고마움이 더욱 클 테지만 그것은 과욕이다. 이렇게라도 도와주는 것에 대해서 고마운 줄을 모른다면 더 많은 보살핌을 받아도 또한 마찬가지일 것이기 때문이다.

(4) 子女因緣

자녀궁의 戌土를 보니 자식을 볼 때마다 어머니가 생각날 것 같다. 같은 戌土의 고통인 까닭에 항상 나를 힘들게 하고 자유를 얽어매고 있으니 안타까울 뿐이다. 부모는 떠나버릴 수라도 있지만 자녀는 그럴 수도 없다는 의미에서 오히려 더욱 큰 고통이라고 해야 할 것이며, 日支의 亥水를 공격하고 있으니 배우자도 자녀로 인해서 힘들어할 암시로 해석해야 할 것이므로 부부가 같이 자녀로 인한 부담이 크다고 하겠다.

[290] 戊午年 庚申月 癸丑日 戊午時

用神과 干支別 運勢의 吉凶		
戊 癸 庚 戊 午 丑 申 午	用: 金(庚, 申) 喜: 水	正印格 官印相生格
干	甲 乙 丙 丁 戊 己 庚 辛 壬 癸 下 下 下 下 下 下 上 上 上 上	
支	子 丑 寅 卯 辰 巳 午 未 申 酉 戌 亥 上 下 下 下 下 下 下 下 上 上 下 上	

(1) 父母因緣

부친궁의 戊土는 仇神이지만 月干의 庚金을 生해 주고 있기 때문에 나쁘지 않은 것으로 보게 된다. 그리고 모친궁의 午火는 戊土를 生하는 것이야 나쁘다고 할 것은 아니지만 月支의 申金을 剋하는 것은 큰 상처가 된다. 이로 인해서 어머니에 대한 미움이 더 크게 작용할 가능성이 많지만, 그래도 日支의 丑土가 生해 주고 月干에 庚金도 있어서 큰 상처는 받지 않을 것이니 다행이다.

(2) 兄弟因緣

형제궁의 申金은 用神이다. 비록 午火가 힘들게 하더라도 끈기로 버티면서 나를 위해서 최대한 협력을 하고 있으니 참으로 의리(義理)로 뭉쳐진 형제의 인연이다. 이렇게 자신을 지켜주는 큰 언덕을 만났으니 세상에서 무슨 일을 하더라도 항상 든든하고 안정이 되어 거침없이 추진하는 원동력(原動力)이 될 수 있다. 물론 이렇게 도움을 주는 것에 대해서 항상 고마움을 표시하는 것은 잊지 않아야 할 것이다.

(3) 夫婦因緣

부부궁의 丑土는 겉으로는 부담이라도 속으로 도와주는 마음이 적지 않으므로 나쁘지 않은 인연이다. 더구나 月支의 申金에게 힘을 보태주고 있는 것으로 봐서 사회에서 무슨 일을 할 경우에는 협력해 주는 역할을 하게 된다. 다만 가정적으로는 偏官이기 때문에 다소 부담을 느낄 수는 있지만 그것조차도 속마음을 들여다보게 되면 나를 위하는 마음이 보일 것이다.

(4) 子女因緣

자녀궁의 午火는 凶神이라고 하겠으니 자녀로 인해서 힘든 나날이 될 암시이다. 자녀가 뭔가를 원한다면 부모가 해야 할 만큼의 최소한만 하고 그 이상은 못한다고 버티는 것이 그나마도 피해를 줄이고 자녀와의 관계를 더 나쁘지 않게 하는 방법이기도 하다. 그래서 최악의 인연일지라도 잘 다스리면 중간은 갈 수 있도록 변화될 가능성도 있다.

[291] 甲子年 戊辰月 庚寅日 丙戌時

用神과 干支別 運勢의 吉凶			
丙 庚 戊 甲 戌 寅 辰 子		用 : 土(戊, 辰, 戌) 喜 : 金	偏印格 日弱用印格
干	甲 乙 丙 丁 戊 己 庚 辛 壬 癸		
	下 下 上 上 上 上 中 中 中 中		
支	子 丑 寅 卯 辰 巳 午 未 申 酉 戌 亥		
	下 上 下 下 上 中 中 上 中 中 上 下		

(1) 父母因緣

부모궁의 甲子는 고통을 주는 인연으로 봐야 할 것이니 부친궁의 甲木은 用神인 戊土를 공격하여 힘들게 하고 모친궁의 子水는 甲木을 응원하면서 生하는 모습을 하고 있어 슬프다. 그래서 부모 인연에 대해서는 일찌감치 포기를 하고 집을 떠나는 것이 최선이며, 성공을 하더라도 자식 노릇에 대한 정도이지 깊이 간여(干與)하지 않는 것이 현명하다. 효도하는 것에 부담을 느끼고 끝없는 사명감으로 끌려다닐 필요가 없는 것은 명리학(命理學)이 도덕학(道德學)은 아닌 까닭이다.

(2) 兄弟因緣

형제궁의 辰土는 큰 도움을 주고 싶은 마음이지만 유감스럽게도 그럴만한 힘이 없다. 寅木의 공격과 子水까지 辰土를 무력화시키기 때문이다. 그래서 형제가 도우려는 마음이 있음을 다행으로 여기고 또 月干의 戊土에 대한 뿌리 역할 정도는 할 수 있으니 그 정도의 도움이라도 감사하는 마음을 가지면 좋을 것이다.

(3) 夫婦因緣

부부궁의 寅木은 전생의 원한을 갚으려고 태어나서 찾아온 인연이라고 해야 할 정도로 부담만 주고 있는 악연이다. 좌우에 辰戌이 있지만 모두 寅木의 눈치를 보느라고 나를 도와주지 못하고 있는 상황만 봐도 어느 정도인지 짐작을 할 수 있을 것이다. 그래서 혼자 살라고 하고 결혼을 하더라도 늦게 하라고 권할 것이며, 또 늦게 결혼을 하더라도 배우자의 日干은 戊己土로 태어난 사람을 찾으라고 권하게 된다.

(4) 子女因緣

자녀궁의 戊土는 기대가 큰 用神이다. 비록 寅木으로 인해서 공격을 받고 있지만 그럼에도 丙火의 生을 받아서 상당한 힘을 얻고 있기 때문에 나에게 도움을 줄 수가 있으므로 배우자의 복은 없을지라도 자녀복(子女福)은 있다고 할 수 있겠다. 말년(末年)의 인생에서 이만한 행복도 없다고 해야 할 것이다.

[292] 壬申年 癸丑月 戊寅日 丁巳時

用神과 干支別 運勢의 吉凶		
丁 戊 癸 壬 巳 寅 丑 申	用: 火(丁, 巳) 喜: 木	印星格 日弱用印格

干	甲 上	乙 上	丙 上	丁 上	戊 上	己 上	庚 下	辛 下	壬 下	癸 下	
支	子 下	丑 中	寅 中	卯 中	辰 中	巳 上	午 上	未 中	申 下	酉 下	戌 中	亥 下

(1) 父母因緣

부모궁의 壬申은 내 힘을 약화시키기로 작정한 인연이다. 아무런 도움이 되지 않음은 물론이고, 오히려 힘들게만 하고 돌봐야만 하는 상황이다. 그러므로 최대한 빨리 가정을 떠나서 자신이 독립을 할 수 있는 방향으로 노력을 하는 것이 가장 현명할 것이다. 자식의 노릇에 대한 부담감으로 더 이상 고민하지 않아도 된다.

(2) 兄弟因緣

형제궁의 丑土는 도움이 되기는 하지만 흡족하지는 않아서 아쉬움이 남는 정도이다. 큰 기대만 하지 않는다면 크게 서운할 정도까지는 아니다. 그래도 최소한 나쁘지 않고 위기에 처

하게 되었을 경우에는 도움을 요청할 수도 있으니 다행이라고
해야 할 것이다.

(3) 夫婦因緣

부부궁의 寅木은 살인상생(殺印相生)이다. 그래서 겉으로는
힘이 되지 못하고 부담만 주는 것으로 보이지만 실상은 寅中丙
火의 도움이 지대(至大)하여 수치상으로는 30%이지만 70%
정도까지도 도움을 기대할 수 있다. 이러한 변수를 고려하여
판단할 수가 있다면 상당한 안목이라고 할 수 있으니 자평명리
학의 핵심을 이해한 것으로 생각해도 될 것이다.

(4) 子女因緣

자녀궁의 巳火는 用神이다. 이렇게 한 마디를 남김으로 해서
그 안에서 일어날 이야기들을 모두 떠올릴 수 있으면 좋겠다는
생각이 드는 것은 이미 설명이 [292]번까지 왔기 때문이다. 아
직까지도 이러한 내용이 감(感)이 잡히지 않는다면 제대로 소
화가 되지 않았음을 의미하는 것이기도 하니 조금 더 분발하시
길 바란다. 時支가 用神이므로 자녀의 도움으로 말년(末年)의
모든 일들이 순탄하고 자녀를 키운 보람이 있을 것으로 기대를
해도 될 것이며, 배우자도 자녀에게 협조하는 것이 아름다우니
행복한 가정의 모습이다.

[293] 辛亥年 丁酉月 戊午日 壬戌時

用神과 干支別 運勢의 吉凶		
壬 戊 丁 辛 戌 午 酉 亥	用: 火(午, 丁) 喜: 木	正印格 日弱用印格

干	甲 上	乙 上	丙 上	丁 上	戊 中	己 中	庚 下	辛 下	壬 下	癸 下		
支	子 下	丑 中	寅 上	卯 上	辰 中	巳 上	午 上	未 中	申 下	酉 下	戌 中	亥 下

(1) 父母因緣

부모궁의 辛亥는 도움이 되지 않을 정도이지 凶하다고 할 정도는 아니어서 다행이다. 비록 亥水가 공식적으로는 忌神이지만 실제로 火를 剋하지는 않고 있어서 이름만 忌神이기 때문이다. 그렇지만 상황에 따라서 어머니를 돌봐드려야 할 일이 생길 수도 있으니 그러한 일이 생기지 않기를 바랄 뿐이고 막상 그렇게 되더라도 운명이려니 하면 될 것이다.

(2) 兄弟因緣

형제궁의 酉金은 도움도 되지 않으면서 내가 돌봐야 하는 인연으로 연결이 될 가능성이 있다. 마치 남동생을 대학교에 보내기 위해서 누나인 나는 고무공장에서 노동을 해야 하는 인연이라고나 해야 할 모양이다. 여하튼 형제자매의 인연은 고통이므로 가능하면 회피하라고 권하게 된다. 물론 아무리 뒷바라지를 해줘도 결국 나에게 돌아오는 것은 원망뿐이다.

(3) 夫婦因緣

부부궁의 午火는 用神이다. 이보다 더 다행스럽고 고마울 수가 없는 인연이다. 허약한 日干을 돕고 형제들에게 빼앗길 나의 노력들을 막아 주는 역할까지도 하니까 말이다. 그런데 그러한 공(功)도 모르고 형제는 일신(一身)이라는 소리나 하면서 배우자를 억압하게 된다면 이것은 참으로 현명하지 못한 처사(處事)라고 해야 할 모양이다. 모쪼록 어떤 상황인지를 잘 판단해 보고 배우자의 말이 얼마나 나를 위해서 타당한지도 살펴서 잘 결정하지 않으면 두고두고 미안한 일이 생길 것이다.

(4) 子女因緣

자녀궁의 戌土는 나쁘지 않다. 日支의 배우자궁을 크게 약화시키지 않으면서 보호하는 일까지 하고 있기 때문이다. 만약에 辰時라면 이렇게 해석하지 못하고 用神을 약하게 한다는 비난을 퍼부어야 할 것이다. 자녀도 배우자와 협심(協心)하여 나를 돕고 있으니 부모 형제의 인연은 미약하고 고통스러웠더라도 가정에서 따뜻하게 감싸주고 있으니 살만한 노년(老年)이다.

[294] 甲寅年 庚午月 己亥日 丁卯時

用神과 干支別 運勢의 吉凶		
丁己庚甲 卯亥午寅	用: 火(丁, 午) 喜: 木	偏印格 官印相生格

干	甲	乙	丙	丁	戊	己	庚	辛	壬	癸	
	上	上	上	上	中	中	下	下	下	下	
支	子	丑	寅	卯	辰	巳	午	未	申	酉	戌	亥
	下	中	上	上	中	上	上	上	下	下	上	下

(1) 父母因緣

부모궁의 甲寅은 喜神이니 陰으로 陽으로 나를 도우려고 애쓰는 인연이므로 고마울 따름이다. 비록 부친궁의 甲木이 실제로는 큰 도움이 되지는 않지만 寅木과 협력하는 점에서 좋게 평가를 해도 되겠다. 모친궁의 寅木이 午火를 돕지 않는다면 亥水에게 공격을 받은 午火가 실제로 큰 힘을 발휘하지 못할 뻔했으니 또한 年支의 寅木이 쌓은 공덕(功德)이 지대(至大)하다고 해야 할 것이다.

(2) 兄弟因緣

형제궁의 午火는 用神이다. 무엇과도 비교할 수가 없을 정도로 나를 위해서 모든 노력을 기울이고 있으니 이보다 더 감사할 수가 없다. 다만 아쉬운 것은 부부궁의 亥水로 인해서 기(氣)를 펼 수가 없다는 점이다. 그러므로 가능하면 결혼에 대해서는 최대한 뒤로 미루면서 상황을 살피라고 권하게 되지만 이런 인연의 암시를 맞추느라고 더 일찍 결혼할 수도 있으니 또한 운명인 것이다.

(3) 夫婦因緣

부부궁의 亥水는 백해무익이다. 그럼에도 예쁜 아내나 잘난 남편으로 인해서 가족들의 조언을 무시하고 배우자의 말만 듣게 될 암시가 있는 것도 어쩔 수가 없다. 가끔은 주변에서 그렇게 배우자의 말만 믿고 어리석은 행동을 하는 사람도 심심찮게 발견할 수가 있으니 그러한 경우를 보게 되면 이와 같은 인연이 있어서 그렇겠다는 생각을 해도 될 것이다.

(4) 子女因緣

자녀궁의 卯木은 저승사자처럼 나타나서 나를 힘들게 한다. 다만 그나마 위로가 되는 것은 時干의 丁火를 生해 주느라 나에 대한 공격을 늦출 수가 있다는 점이다. 그로 인해서 喜神 역할을 한다고 할 수도 있으니 직접적으로 자녀와 부딪히지 말고 우회한다면 현명한 처리를 했다고 할 수가 있을 것이다. 여하튼 부담은 부담이다.

[295] 己亥年 丙寅月 庚戌日 壬午時

用神과 干支別 運勢의 吉凶		
壬庚丙己 午戌寅亥	用: 土(戌, 己) 喜: 火	印星格 官印相生格

干	甲 下	乙 下	丙 上	丁 上	戊 上	己 上	庚 中	辛 中	壬 下	癸 下
支	子 下	丑 上	寅 下	卯 下	辰 上	巳 中	午 中	未 上	申 中	酉 中	戌 上	亥 下

(1) 父母因緣

부친궁의 己土는 用神이지만 모친궁의 亥水는 나에게 부담만 주고 내가 돌봐드려야 하는 인연이다. 己土가 무력하여 나를 돕는 힘도 빈약한데, 亥中甲木 때문에 나에게 집중할 수도 없으니 이러한 상황으로 봐서는 이름만 用神이라고 생각하고 기대는 하지 않는 것으로 마음을 비우는 것이 가장 현명(賢明)할 것이다. 기대를 했다가 마음에 상처만 남을까 걱정이 되어서이다.

(2) 兄弟因緣

형제궁의 寅木은 忌神이다. 戌土가 나를 돕고 있는데 괜히 공격을 하고 月干의 丙火를 生해서 나에게 부담만 주도록 할 뿐이다. 물론 丙火가 己土를 生하지만 年干의 己土가 나를 돕지 못하고 있으니 있으나 마나라고 해야 할 모양이다. 그렇기 때문에 喜神이면서도 돕지 못하는 丙火를 生하는 것은 의미가 없으니 형제와의 인연은 멀리하는 것이 좋겠다.

(3) 夫婦因緣

부부궁의 戌土는 大吉이다. 참으로 가장 필요로 하는 자리에서 원하는 만큼의 힘을 실어주고 있기 때문이다. 천복지재(天覆地載)라고 하지 않았는가. 하늘에서는 땅을 덮어 주고, 땅에서는 하늘을 실어줘야 한다고 했는데 戌土야 말로 時支에서 生을 받아서 日干을 제대로 실어주고 힘도 있으니 月支의 공격에 대한 상처도 크지 않을 것이다. 그래서 도움을 주더라도 힘이 있는 자의 도움과 무력한 자의 도움은 큰 차이가 있다고 하는 것이다.

(4) 子女因緣

자녀궁의 午火는 喜神이다. 月干의 丙火는 쓸데없는 喜神이라면 時支의 午火는 도움 되는 喜神이다. 이러한 차이를 읽고 판단할 수가 있다면 자녀궁의 午火를 보면서 그 도움이 어떻게 나타날 것인지를 추론해 보는 것도 가능해질 것이다. 그래서 壬水가 午火를 누르고 있더라도 午火의 기능은 그대로 발휘할 수가 있으므로 자녀의 인연은 좋다고 해석하게 된다. 다만 직접적으로는 正官이니 부담이 되는 것을 피할 수 없다.

[296] 庚午年 庚辰月 甲申日 辛未時

用神과 干支別 運勢의 吉凶										
辛甲庚庚 未申辰午				用: 水(申中壬水) 喜: 木				偏印格 暗藏用神格			
干	甲 中	乙 中	丙 下	丁 下	戊 下	己 下	庚 下	辛 下	壬 上	癸 上
支	子 上	丑 下	寅 上	卯 上	辰 下	巳 下	午 下	未 下	申 下	酉 下	戌 下	亥 上

(1) 父母因緣

부친궁의 庚金은 나를 공격해서 힘들게 하고 모친궁의 午火는 나를 귀찮게 해서 힘들게 하니 부모가 나를 힘들게 하는 방법은 달라도 결과적으로는 모두 불편한 인연이라고 해야 하겠다. 그래서 부모는 허약한 나에게 무거운 짐을 주렁주렁 매달아주니 또한 거부를 할 수도 없는 일인지라 적당한 때를 봐서 도망가는 것이 상책이라고 해야 할 모양이다.

(2) 兄弟因緣

형제궁의 辰土는 고맙다고 하기는 좀 어렵다. 辰中癸水가 있기는 하지만 나를 도와줄 상황이 아니기 때문이다. 오히려 庚金을 生하는 辰中戊土의 힘이 더 커 보여서 상당한 부담이라고 하겠으니 혹여나 형제와 사업을 한다는 생각은 하지 말고 조용하게 지내다가 뭔가 도움을 요청할 경우에는 적당한 핑계를 둘러대고 말려들지 않는 것을 최선으로 해야 할 것으로 본다.

(3) 夫婦因緣

부부궁의 申金은 用神이 들어 있는 궁전(宮殿)이다. 그래서 겉으로는 나를 힘들게 할지라도 실상은 나를 위해서 영양분을 공급해 주는 고마운 존재가 되는 것이 또한 부부 인연이다. 그래서 무리하게 일을 벌이기 전에 항상 배우자에게 조언을 받는다면 실패하지 않을 가능성이 더 높아질 것이다. 부모와 형제의 인연은 미약(微弱)하더라도 배우자의 협조력이 상당해서 무리한 욕심만 부리지 않는다면 안정된 삶을 유지할 수가 있을 것이다.

(4) 子女因緣

자녀궁의 未土는 아무짝에도 쓸모가 없는 인연이니 이름만 자녀이고 실제로는 나를 힘들게만 하는 존재로 봐야 할 것이다. 자녀가 나에게 자꾸만 돈을 달라고 보채서 피곤하게 될 암시를 생각해 보게 된다. 더구나 자녀궁의 正財가 時干의 辛金을 生하는 것은 결국 그 후유증이 나에게로 고스란히 돌아온다는 말도 되니 최대한으로 멀리 떨어져서 살아갈 방법을 찾는 것을 권한다.

[297] 庚子年 己丑月 甲寅日 丙寅時

用神과 干支別 運勢의 吉凶									
丙甲己庚 寅寅丑子				用: 火(丙) 喜: 土				食神格 寒木向陽格		
干	甲 中	乙 中	丙 上	丁 上	戊 中	己 中	庚 下	辛 下	壬 下	癸 下
支	子 下	丑 中	寅 中	卯 中	辰 中	巳 上	午 上	未 中	申 下	酉 下	戌 中	亥 下

(1) 父母因緣

부모궁의 庚子는 아무런 도움도 기대하기 어려운 인연이라고 하겠으니 부모라는 이름으로 나를 힘들게만 하는 부담을 안고 살아가게 된다. 그래서 틈이 나면 적당한 핑계를 둘러대고 멀리 외국으로 달아나는 것도 좋겠다. 그냥 그 자리에 앉아서 힘든 나날을 보내는 것은 아무래도 즐거운 삶이 되지 않을 것이기 때문이다.

(2) 兄弟因緣

형제궁의 丑土는 喜神이다. 그리고 결실이기도 한 己丑이기 때문에 마무리하는 데 도움을 줄 수 있는 인연이니 기대가 된다. 다만 아쉬운 점이 있다면 丙火와 떨어져 있어서 연결이 되지 않는 아쉬움은 어쩔 수가 없다. 그럼에도 불구하고 내가 시키는 대로 잘 듣고 따라와 주니 나의 수족(手足)과 같이 쓸 수 있는 귀한 인연이다.

(3) 夫婦因緣

부부궁의 寅木은 돈만 달라고 보채는 형국이니 忌神이라고 해도 될 구조이다. 반갑지 않은 인연이므로 부부의 인연이 되었으면 하늘의 뜻에 맡기도록 하고 더 이상은 바라지 않는 것이 좋을 것이다. 물론 가끔은 寅中丙火가 있어서 도움을 줄 것으로 기대를 할 수도 있겠지만 丙火가 능력을 발휘하는 것은 미비하다고 봐서 애초에 기대를 하지 않는 것이 좋을 것이다.

(4) 子女因緣

자녀궁의 寅木은 喜神이다. 日支와 같은 寅木이라도 그 역할은 천양지차(天壤之差)이다. 時干의 丙火를 生하고 있으니 喜神의 역할을 제대로 하고 있는 것이다. 그로 인해서 자녀의 역할이 대단히 크다고 하겠으니 항상 내가 하는 일에 뒷받침을 해주고 있어서 말년(末年)에는 더욱 큰 의지처가 될 것이다.

[298] 丁丑年 癸卯月 乙亥日 丙戌時

用神과 干支別 運勢의 吉凶		
丙乙癸丁 戌亥卯丑	用: 火(丙, 丁) 喜: 土	食傷格 傷官生財格

干	甲 上	乙 上	丙 上	丁 上	戊 中	己 中	庚 中	辛 下	壬 下	癸 下		
支	子 下	丑 中	寅 下	卯 下	辰 中	巳 上	午 上	未 中	申 下	酉 下	戌 中	亥 下

(1) 父母因緣

부모궁의 丁丑은 喜用神이므로 인연이 좋다. 다만 아쉽게도 丁火는 癸水에게 剋을 받고, 丑土는 卯木에게 剋을 받으니 제대로 나를 돕기는 불리한 여건으로 보게 된다. 그래서 마음으로나마 도움을 주려고 하는 것에 대해서만 감사하고 구체적으로 도움을 주는 것은 미약하더라도 그것이 최선이므로 원망을 할 수는 없다고 하겠다. 유감스럽게도 月柱가 가로막고 있음을 안타까워할 뿐이다.

(2) 兄弟因緣

형제궁의 卯木은 仇神이다. 그래서 무슨 일이 있더라도 형제와는 같이 하지 않는 것이 좋겠고, 그로 인해서 일어나는 모든 일들은 좋은 결과보다는 부담스러운 현실로 다가오게 될 것이니 이러한 점을 감안해서 잘 판단해야 후회할 일이 줄어들게 될 것이다. 인연이 이와 같으니 재물에 대해서도 함께 일을 한다면 또한 결실로 인한 충돌을 피할 수가 없을 것이므로 잘 생각해야 할 것이다.

(3) 夫婦因緣

부부궁의 亥水는 쓸데없는 군더더기라고 해야 할 모양이다. 잔소리만 많고 실질적으로 도움은 되지 않는 인연이니 스스로 모든 것을 판단하는 것이 가장 현명하다고 하겠고, 함께 무언가를 도모하는 것은 절대로 권하지 않는 구조이다. 배우자가 힘들게 할 조짐이 있으므로 결혼을 하지 않거나 하더라도 늦게 하는 것을 권하는데 궁합을 보게 된다면 丙丁火로 태어난 사람을 찾아보라고는 하면서도 막상 쉽지는 않을 것으로 판단한다.

(4) 子女因緣

자녀궁의 戌土는 어두운 시절의 기억들을 모두 잊어버리고 밝은 미래를 볼 수 있는 희망이 된다고 하겠으니 가장 아름다운 나날이 말년(末年)에 허용(許容)되는 모습이다. 부부궁의 亥水조차도 戌土에게 꼼짝을 못 하는 것을 보면 일을 도모할 적에는 배우자보다는 자녀와 의논하고 결정하는 것이 좋다고 할 것이다.

[299] 庚辰年 壬午月 己丑日 戊辰時

用神과 干支別 運勢의 吉凶										
戊己壬庚 辰丑午辰				用: 水(壬) 喜: 金[用神級]				正財格 劫衆用財格		
干	甲 中	乙 中	丙 下	丁 下	戊 下	己 下	庚 上	辛 上	壬 上	癸 上
支	子 上	丑 下	寅 下	卯 下	辰 下	巳 下	午 下	未 下	申 上	酉 上

(추가 지지: 戌 下, 亥 上)

(1) 父母因緣

부친궁의 庚金은 日干에게 필요한 用神에 해당하지만 위치가 마땅치 않아서 유감스럽게도 喜神이 되었다. 그럼에도 불구하고 나에게 필요한 모든 것을 협력하는 인연이므로 이 정도라면 그 은혜가 태산 같다고 해도 될 것이다. 어려서 아버지로부터 많은 도움을 받아서 기반을 잡는데 좋은 기회가 될 것이다. 모친궁의 辰土는 庚金의 뿌리가 되는 것으로 봐서 나쁘다고 하지는 않는다. 다만 직접적으로는 劫財에 해당하므로 어머니와 금전적인 문제가 생긴다면 피하는 것을 권한다.

(2) 兄弟因緣

형제궁의 午火는 아무런 도움이 되지 않고 오히려 壬水와 合

을 하고 있으니 부담으로 작용하게 될 암시만 커진다. 그래서 잔소리를 하거나 간섭을 하는 것에 대해서 귀를 막거나 소리가 들리지 않을 먼 곳으로 달아나는 것이 상책이다.

(3) 夫婦因緣

부부궁의 丑土는 50%의 도움이 되므로 나쁘다고 하지는 않는다. 다만 마찰이 일어날 경우에는 조금도 양보를 하지 않을 것이므로 이러한 갈등에 대해서는 미리 알고 조심하는 것이 현명하다. 그럼에도 어려운 일을 당하게 되면 지혜를 모아서 해결해 주려고 하므로 나쁘다고 보지는 않는다.

(4) 子女因緣

자녀궁의 辰土는 戊辰이기 때문에 아쉬움이 있으니 年支의 辰土와는 같은 글자의 다른 의미라고 해석을 하게 된다. 그래서 자녀에 대해서는 기대하기 어렵다고 봐서 스스로 모든 것을 해결하고 자녀에게는 맡기지 말기를 권하게 된다. 이러한 인연들을 본다면 辰中癸水의 인연으로 그나마 약간의 재물을 보관할 능력은 된다고 보면 말년(末年)에 연금(年金)이라도 받을 복(福)은 되지 않을까 싶은 기대를 해보기도 한다. 그렇지만 그것은 그냥 희망사항으로 남겨 놓을 뿐이다.

[300] 戊辰年 庚申月 甲子日 丁卯時

用神과 干支別 運勢의 吉凶		
丁甲庚戊 卯子申辰	用: 水(子) 喜: 金	正印格 殺印相生格

干	甲 上	乙 上	丙 中	丁 中	戊 下	己 下	庚 下	辛 下	壬 上	癸 上
支	子 上	丑 下	寅 中	卯 中	辰 下	巳 下	午 下	未 下	申 上	酉 上

干										
支									戌 下	亥 上

(1) 父母因緣

부모궁의 戊辰은 아무짝에도 쓰지 못할 財星이다. 忌神이면서도 凶하다고 하지 않는 것은 그나마 月柱에 庚申이 가로막고 있어서 子水가 공격을 받지 않기 때문이다. 그래서 부모의 인연에 대해서는 애초에 포기를 하고 일찌감치 독립을 하는 방향으로 노력하라고 권하게 된다. 나중에라도 금전적으로 요청이 있으면 적당히 둘러대고 도망가는 것이 최선이라고 하겠다.

(2) 兄弟因緣

형제궁의 申金은 喜神이다. 子水를 돕고 있는 위치에 있기 때문이다. 다만 개인적으로는 偏官이므로 힘들고 부담스러운 인연이지만 밖에서 일을 할 적에는 상당히 큰 힘을 보태줄 것이므로 이러한 경우를 생각해서 다소 힘든 것에 대해서는 양보를 하는 것도 좋을 것이다. 특히 배우자와 인연이 좋아서 함께 나에게 큰 힘이 되므로 이것은 더욱 좋은 암시로 보게 된다.

(3) 夫婦因緣

부부궁의 子水는 그야말로 하늘이 준 선물이다. 申金의 生을 받아서 생기(生氣)를 나에게 밀어주게 되니 나는 무슨 일이든 든든하게 추진을 할 수가 있는 힘을 얻게 된다. 그리고 밖에서 어렵고 힘든 일을 당하더라도 배우자의 능력으로 해결이 될 수 있으니 이 또한 기대를 해도 될 만하다. 천금(千金)의 가치가 있는 배우자이니 지극정성(至極精誠)으로 배려하고 보살펴서 오래도록 행복한 가정이 되도록 노력해야 하겠다.

(4) 子女因緣

자녀궁의 卯木도 부부궁에서 生하고 있으므로 日干에게 오던 힘이 분산은 되지만 子水의 힘이 워낙 강해서 크게 부담을 느끼는 정도는 아니므로 무난하다고 해석한다. 다만 자녀는 時干의 丁火를 生하고 있으니 뭔가 사업체를 벌이는 것에 대해서는 만류를 하는 것이 좋겠고, 그래도 듣지 않는다면 또한 어쩔 수 없다는 생각으로 편안하게 마음먹는 것도 정신 건강에는 좋다고 할 것이다.

제5장 其他의 運勢

1. 직장(職場)의 運

 앞의 설명을 통해서 주운(柱運), 세운(歲運), 재물운(財物運), 부모운(父母運), 형제운(兄弟運), 부부운(夫婦運), 자녀운(子女運)까지 모두 살펴봤으니 이 정도면 기본적인 운세(運勢)의 상황은 다 살펴봤다고 해도 좋을 것이다. 그 외에 운세를 논할 것이 있다면 마무리 삼아서 정리를 하려고 살펴보니 가장 먼저 떠오르는 것이 직장의 운세이다. 그래서 여기에 대해서 관찰하는 방법을 언급하면 이미 앞서 살펴본 방식대로 정리할 수가 있을 것으로 본다.

1) 취직(就職)의 運

 맨 먼저 취직부터 되어야 직장이 존재하는 것이니 취직에 대해서부터 먼저 판단을 해야 할 것이다. 그리고 무엇보다도 취직에 적합한 運은 正官이 들어오는 해가 된다. 天干이든 地支

든 중요하지 않지만 세운(歲運)에서 正官이 있어야 직장에서 종사를 할 결심이 서는 것이고, 그렇게 마음이 굳어진 다음에 비로소 직장에 헌신(獻身)하게 되는 것이므로 세운에서 正官이 들어오기를 기다렸다가 입사하는 것이 적당하다고 할 것이다. 다만 직장도 직장 나름이라서 비중이 크지 않은 아르바이트와 비슷한 임시직이라고 한다면 구태여 正官運까지 기다려서 취직을 할 것은 아니다. 그러므로 평생의 직장이라고 생각되는 일터를 구할 적에 해당하는 것이라고 보면 되겠다.

正官運이 들어와서 직장의 인연이 된 다음에는 다시 用神이 협조를 해야 할 것이다. 日干이 왕성하여 官殺을 감당할 수가 있다면 당연히 취직이 쉬워지겠지만 허약하다면 직장에 들어가더라도 감당하기 어려울 수 있으니 이러한 인연을 생각한다면 약한 사람에게는 印星運도 같이 들어와서 협조해 주기를 열망(熱望)하게 된다. 물론 원국(原局)에 印星이 있어서 들어오는 正官을 유통해서 日干에게 전달이 된다면 더욱 좋을 것이다. 이렇게 運이 적당하게 도움을 준다면 취직을 바라볼 수가 있다고 하겠는데 그다음으로 갖춰야 할 것이 있다.

運이 된다면 공부를 했는지를 살펴봐야 한다. 이것은 四柱의 運에게 물을 것이 아니라 스스로에게 물어야 한다. 그 회사를 들어가기 위해서 얼마나 준비를 하였는가 물어야 할 것이기 때문이다. 그렇지 않고서는 수많은 경쟁자들을 이길 것이라고 기대하는 것은 이치에 맞지 않기 때문이다.

사실 正官運보다도 준비가 먼저일 수도 있다. 다만 준비를 많이 했더라도 運이 돕지 않으면 그 관문을 뚫기가 쉽지 않을 것이기 때문에 우선순위로 생각한다면 正官을 먼저 살펴보라는 의미이다. 그래서 충분한 준비가 된 사람에게 正官運이 들어오게 되면 비로소 취직의 기회가 주어진다고 하는 것이 가장 타당한 해답이라고 할 것이니 四柱만 눈이 빠지게 들여다보면서 正官運인데 왜 취직이 안되었는지를 고민하지 말고 준비를 제대로 한 다음에 도전했는지를 물어야 할 것이다.

2) 승진(昇進)의 運

직장에 취직을 하여 일자리를 얻었다면 그다음으로 바라는 희망은 승진이다. 지위(地位)가 높아지면 그에 따른 대우와 보수도 높아지기 때문에 모든 직장인들이 열망하는 것이기도 하다. 그래서 승진하기 위해서는 어떤 조건이 필요한 것인지를 생각하면 되는데, 결론은 취직운(就職運)이나 승진운(昇進運)이 조금도 다르지 않다는 것이다. 그래서 질문의 내용만 다를 뿐이고 답변의 결과는 같다고 생각하면 간단하게 해결이 된다.

正官運이 들어오면 승진의 인연이 되기 쉽다. 그리고 그 승진이 즐거우려면 正官이 用神이기를 바라게 되는데 日干이 약해서 忌神이라도 된다면 오히려 승진으로 인해서 고통이 따를 수도 있음을 생각해야 한다. 일반적으로는 승진이 되면 기쁘겠지만 가끔은 승진은 되었는데 앞의 사람이 저질러 놓은 일을 처리만 하다가 사직(辭職)을 해야 할 수도 있기 때문이다.

승진을 하는 것과 마음의 행복은 반드시 일치하지 않을 수가 있다는 것을 감안하여 설명을 할 경우에 반드시 用神과의 관계에 대해서 참고해야 할 것이다. 그럼에도 불구하고 승진하지 못한 사람은 승진만 하면 모든 것이 다 좋다고 생각을 할 수도 있는데 실상 그 전후의 상황에 대해서는 잘 살펴보고 판단해야 할 일이다.

3) 퇴직(退職)의 運

 직장을 다니고 있다면, 언젠가는 퇴직을 해야 할 때도 오는 것이다. 물론 나이에 따라서 정년퇴직(停年退職)도 있고 직장의 상황에 따라서 명예퇴직(名譽退職)과 퇴사(退社)도 있지만 그 모두는 직장과의 인연이 끝난다는 공통점을 갖고 있는 것이니 어떤 運이 오면 직장을 그만두기 쉬운 것인지를 생각해 볼 수 있을 것이다.
 우선 직장인이 직장을 나가지 못한다는 것은 고통스러운 것이므로 偏官運이 들어오면 힘든 일이 생긴다고 해석을 할 수가 있고 그로 인해서 직장을 그만두어야 할 상황이 발생할 수도 있다는 것을 생각한다면 최소한 偏官運이 들어오면 직장에서 어려움이 생길 수 있다는 해석은 가능하다. 여기에 偏官이 喜用神에 가깝다면 어렵게 위기를 극복하고 다시 자리를 지킬 수가 있을 것이지만, 忌仇神에 해당한다면 아예 직장을 그만두게 될 가능성이 있다는 것으로 풀이가 가능하다.
 偏官運이 들어오면 다른 대안도 없이 직장을 그만 둘 수 있고, 食傷運이 들어와서 그만두게 될 경우도 생각해 볼 수가 있겠다. 이러한 경우에는 다른 계획으로 인해서 스스로 사직(辭職)을 하는 경우이다. 왜냐하면 食傷은 새로운 계획이고, 官殺을 食傷이 공격하기 때문에 일어날 수가 있는 상황이라고 보기 때문이다. 어쩌면 하나의 가능성으로 퇴직금(退職金)을 받아서 새로운 사업에 투자하기 위한 것일 수도 있다. 실제로 상담실을 찾는 직장인들이 이와 같은 상담을 하는 경우가 많기 때문이다.

물론 그 결과의 성패는 당연히 用神의 마음에 달렸다. 用神이 食傷이라면 그동안 직장에 있었던 이유는 사업을 할 여건이 되지 않아서이고 이제 그러한 준비가 되어서 자신의 본래 목표를 실현하고자 하는 것이다. 이러한 상황이라면 승산(勝算)은 훨씬 높다고 할 것이다. 물론 경험이 없어서 조심스럽게 접근해야 한다는 것은 경영하는 사람이 갖추어야 할 기본적인 자세이므로 四柱의 運으로 논할 부분은 아니다.

또 하나의 運은 比劫과 연관된 運이다. 比劫은 경쟁력을 의미하지만 그것이 忌仇神일 경우에는 직장에서 밀려날 가능성도 고려해야 한다. 이렇게 偏官이나 食傷, 그리고 比劫의 運이 들어올 경우에는 직장에 대한 인연을 다시 살펴보고 스스로 어떤 선택을 할 것인지에 대해서 현명한 판단을 해야 할 것이다.

특히나 퇴직 후에 사업을 하려는 경우에는 경험이 부족하다는 것을 깊이 명심(銘心)해야 한다. 돈만 있으면 잘 될 거라고 쉽게 여겼다가 돌이킬 수 없는 고통의 늪으로 빠져들 수도 있다는 것을 미리 알아둔다면 그래도 조금은 고려할 여지가 있다고 할 것이다.

대략 이러한 정도의 의미를 두고서 살펴본다면 직장에서의 인연에 대한 운세(運勢)를 살펴보는데 참고가 될 수 있을 것으로 본다. 특히 개인의 運이 작용할 수 없는 경우도 분명히 있다는 것도 참고해야 할 것이다. 왜냐하면 아무리 개인적으로 運이 좋다고 하더라도 직장이 경영난에서 부도 처리가 된다면 어떻게 해 볼 수가 없는 일이기 때문이다. 운명론자(運命論者)라면 회사가 망하게 되더라도 運이 좋은 사람은 다른 직장을 얻을 수가 있지 않겠느냐는 생각도 해 볼 수 있겠지만 그것만으로 모든 것을 해석한다는 것은 또한 조심스러운 마음이 들기 때문이다. 모쪼록 환경(環境)과 노력과 운세의 변수를 잘 고려해서 판단해야 오류를 줄일 수가 있을 것이다.

2. 결혼(結婚)의 運

 배우자에 대한 인연은 앞에서 설명한 것을 이해했다면 어렵지 않게 적용시킬 수가 있을 것이다. 다만 그것은 吉凶에 대한 의미였다고 한다면, 결혼(結婚)에 대한 것은 조금 다른 의미가 있다. 그것은 배우자의 인연이 좋은지 나쁜지를 제외하고라도 제각기 결혼의 시기가 다르고 아예 하지 않는 사람도 있으므로 이러한 점을 참고하여 대입을 하는 하나의 기준을 제시하고자 한다.

1) 남자 기준

 남자에게서 결혼의 인연은 세운(歲運)에서 正財가 들어오게 되는 시기이다. 물론 偏財라도 충분히 작용을 할 수가 있으므로 일반적으로 財運이 들어오면 결혼에 대한 생각이 일어나기 쉽고 그로 인해서 여성을 만나게 되면 결혼으로 이어질 가능성을 생각하게 되기 쉬운 것이다.

다음으로는 官殺의 運도 가능하다. 그것은 자녀의 運이 들어오게 됨으로 인해서 자식을 얻기 위해서 결혼을 할 생각이 생길 수가 있는데 비율로 본다면 財運을 70%로 보고 官殺運은 30%라고 할 수 있을 것이다. 그리고 세운(歲運)의 대입에서 적용시키면 되는 것임을 거듭 강조한다. 대운(大運)은 고려하지 않고 柱運은 너무 폭이 넓어서 적용하기 어려운 대입이 되는데 세운은 한 해의 運이기 때문에 이러한 시기에 주로 일어나는 이벤트라고 생각하면 될 것이다.

2) 여성 기준

여성에게 결혼의 運은 기본적으로 官殺이 들어오는 해가 가장 유력하다. 남자에 대한 순종성이 일어나게 되면서 결혼의 요청을 받게 되면 안정을 취하려는 마음으로 받아들이게 될 가능성이 높아지기 때문이다. 이러한 것을 이성(異性)의 운이라고 하면 될 것이다. 그러니까 남자의 財運이나 여성의 官運이 모두 같은 의미를 갖고 있다고 보면 되는 것이다.

또 하나의 결혼운은 食傷의 運이다. 여성에게 자녀의 運인 食傷이 들어오게 되면 저절로 아기를 갖고 싶은 마음이 생기게 되고 그로 인해서 남자를 만나게 되면 자녀를 얻을 욕심에 쉽게 결혼을 승낙하게 된다. 이러한 것은 대략 반반의 비율로 보면 어떨까 싶다. 그러니까 남자의 경우에 財運이 큰 비중을 차지한다면 여성의 경우에는 官運과 食傷運이 반반의 비율로 나오기 때문에 둘 다 놓고 살펴보는 것이 좋을 것이다.

특히 자녀의 運에서 결혼하게 되면 남자의 상황이 다소 미흡해도 그냥 받아들일 수가 있다는 것이다. 그것은 씨앗을 받는 것이 주요 목적이기 때문이라고 할 수도 있겠는데 官運에서 결혼을 할 경우에는 이것저것 따지는 것이 많다가도 食傷運이 들어오면 따지지도 않고 묻지도 않고 결혼을 하게 될 가능성이 높아지는 것은 운세(運勢)가 본능을 자극하기 때문이 아닌가 싶은 생각도 해 본다.

3. 학업(學業)의 運

 공부를 하는 사람에게도 運의 작용은 할 수 있다고 봐서 이러한 항목을 마련해 봤다. 항상 확인을 해 보는 것이지만 나이와 상관없이 印星의 運이 들어오면 공부를 하게 되는 경우가 많다. 특히 偏印의 運이 가장 큰 비중을 차지하는데 그것은 필요에 의해서 공부하는 경우가 많기 때문일 것이다. 그러니까 어려서 배우는 공부는 필수적인 학업(學業)이라고 한다면 正印에 가깝고, 나이가 들어서 삶과는 무관하게 생존이나 자신의 이상을 실현하기 위해서 공부하는 것은 偏印의 영역으로 대입을 하면 되는 것이다.

 무엇보다도 사회교육원이나 평생교육원에서 공부하는 어르신들을 보면 印星의 運이 들어와서 책을 펴들고 공부하는 경우가 많은 것을 보면서 나이가 들어도 印星의 運에는 지식에 대한 욕구가 강해진다는 생각을 해 보게 되는 것이다. 물론 印星이 用神이라면 그렇게 배워서 활용할 수도 있을 것이고, 忌神이라면 제대로 활용이 안될 수 있지만 여하튼 印星의 運에서 뭔가를 배우려는 욕구가 생겨나는 것은 사실이다. 이러한 것은 運에서 들어오는 十星에 대한 영향을 심리적으로 받아들이기 때문이라고 보면 될 것이다.

  반면에 財運이 들어오게 되면 하던 공부도 그만두게 될 가능성이 있다는 것도 생각해 볼 수가 있는 공식이다. 財運에 공부가 되지 않는 것은 결과에 대한 욕심이 들기 때문이다. 그것은 빠른 결실을 원하는 마음에서 일어나는데 공부를 한다는 것은 많은 시간을 필요로 한다고 생각되어서 회피(回避)하게 될 가능성이 상대적으로 높아지기 때문일 것이다.

■ 마무리 말씀

 운세(運勢)에 대한 설명은 아무리 많이 한다고 해도 부족하다고 해야 할 것이다. 그만큼 다양한 인생의 삶에서 적용해야 할 것도 많기 때문이다. 그럼에도 불구하고 이 정도의 범위로 요약해서 설명을 할 수밖에 없는 것은 지면(紙面)의 한계와 독자의 환경을 감안해서이다. 기본적인 원칙을 설명하는 것으로 바탕을 삼고, 독자는 그것을 바탕에 놓고서 적용시켜가면서 이치를 깨닫게 되는 것이 가장 효과적으로 학문을 전해 주는 방법일 것이라고 생각하게 된다.

 원고를 쓰는 과정에서 참으로 많은 독자들의 빗발치는 독촉을 받았는데 그만큼 운세에 대한 풀이를 해 놓은 교재가 부족하다는 의미도 되고 그것을 필요로 하는 독자들이 많다는 의미도 될 것이다. 그럼에도 불구하고 자꾸만 시간이 걸린 것은 천성이 게으른 탓도 있었겠지만 그보다도 더 힘들었던 것은 항상 같은 톤으로 설명해야 하는 내용상의 지루함 때문에 진전이 되지 않았다고 하는 것이 더 솔직한 답변이다.

생각해 보시라. 초년운(初年運)은 어떻고, 청년운(靑年運)은 또 어떻게 될 것이며, 중년운(中年運)과 말년운(末年運)에 대해서 반복적으로 200번을 설명해야 한다는 것은 나름 고단한 과정이었다. 그뿐만 아니라 天干의 木火는 어떻고, 火土는 어떻다는 설명을 해야 하고 地支에 대해서도 이와 같은 일을 반복해야 한다는 것은 글을 쓰는 입장에서는 상당한 인내심을 필요로 하는 것이었다.

물론 이렇게 참고 견디면서 마침내 마무리 말씀을 쓸 수가 있게 된 것은 순전히 이러한 원고를 통해서 공부를 하는 독학자들의 열망에 부응(符應)하기 위해서임을 거듭 밝히고자 한다. 이제 낭월이 명리 서적을 집필하는 과정에서 가장 길고도 어려운 과정을 마쳤다는 생각에 심신이 다 통쾌하다. 이러한 과정이 결실을 봐서 많은 독자들의 명리학에 대한 열망의 갈증이 해결된다면 더 바랄 것이 없겠다.

그리고 복잡하기 짝이 없는 운세의 대입을 일일이 대조하면서 타당한 것인지를 살펴서 교정하느라고 애를 써 준 화인(和印)과 바쁜 중에서도 도와주려고 밤잠을 아껴주신 호연(湖然) 선생은 물론이고, 박금휘양의 노고에 대해서도 감사의 말씀을 남긴다. 오타와 교정의 작업은 너무도 힘든 까닭이다.

이번에는 다음에 어떤 책을 준비하겠다는 말을 미리 하지 않고 조용히 집필할 예정이다. 너무 많은 독촉을 받다가 보니까 전화를 받는 사람이 힘들기도 하지만 너무 미리 설레발을 쳐놔서 괜히 기다리다가 지쳐버리는 독자의 심사도 조금은 고려해야 할 것 같아서이다. 모쪼록 오늘의 생각을 모두 녹여서 한 권의 운세(運勢)에 대한 풀이 서(書)를 만들게 되었으니 여전

■ 마무리 말씀　803

히 부족한 점이 나타나는 것은 어쩔 수가 없는 낭월의 미숙한 사유에 의한 것임을 헤아려 주시기만 간절히 바랄 뿐이다.

 돌이켜 보면, 《用神》편이 나온 지도 벌써 1년이 넘어 버렸다. 그 사이에 많은 독자들의 사랑을 받게 된 것에 대해서는 뭐라고 감사의 말씀을 드려야 할지 모르겠다. 이 모든 것은 지혜를 깨닫고자 열망하는 명리학도의 열정에 의한 결실임을 잘 알고 있기에 조용히 두 손을 모으고 감사한 마음을 전하고자 한다. 그리고 앞으로도 계속하여 지혜로운 깨달음이 이어져서 자평명리학을 바탕으로 삼고 세상의 이치를 한바탕 뒤집어 깨달아서 걸림 없는 삶이 되기를 기원드린다. 그리고 그렇게 한 소식을 한 다음에는 "사바세계를 무대로 삼고 연극 한바탕 멋지게 하시라."라는 당부의 말씀은 마음의 스승이신 경봉노사(鏡峰老師)의 말씀을 대신 전하고자 한다.

2014년 甲午 立秋에 계룡감로에서 낭월 두손모음

낭월스님 저서 안내 (출판사: 삼명)

■ 시시콜콜 명리학 시리즈
　陰陽(음양) 270쪽 ｜ 2010. 08. 15. 초판 ｜ 값 13,000원
　五行(오행) 299쪽 ｜ 2011. 03. 18. 초판 ｜ 값 13,000원
　天干(천간) 364쪽 ｜ 2011. 09. 09. 초판 ｜ 값 14,000원
　地支(지지) 366쪽 ｜ 2011. 11. 11. 초판 ｜ 값 14,000원
　干支(간지) 327쪽 ｜ 2012. 03. 23. 초판 ｜ 값 14,000원
　六甲(육갑) 371쪽 ｜ 2012. 06. 06. 초판 ｜ 값 14,000원

■ 사주심리학 시리즈
　사주심리학① 390쪽 ｜ 2007. 02. 25. 초판 ｜ 값 32,000원
　사주심리학② 394쪽 ｜ 2007. 09. 03. 초판 ｜ 값 32,000원

■ 명리학의 심화 시리즈
　用神(용신) 813쪽 ｜ 2013. 05. 25. 초판 ｜ 값 42,000원
　運勢(운세) 804쪽 ｜ 2015. 04. 08. 초판 ｜ 값 42,000원
　滴天髓理解(적천수이해) 639쪽 ｜ 2016. 03. 08. 초판 ｜ 값 38,000원

■ 자평명리학(제3판) 374쪽 ｜ 2005. 01. 15. 초판 ｜ 값 30,000원

■ 五柱卦觀法(오주괘관법) 335쪽 ｜ 2011. 07. 17. 초판 ｜ 값 24,000원

■ 百首占斷(백수점단) 231쪽 ｜ 2010. 09. 20. 초판 ｜ 값 22,000원

■ 현공풍수 시리즈
　신나는 현공풍수 306쪽 ｜ 2005. 10. 10. 초판 ｜ 값 35,000원
　놀라운 현공풍수 398쪽 ｜ 2009. 11. 20. 초판 ｜ 값 43,000원
　현공수책　　　 270쪽 ｜ 2009. 11. 21. 초판 ｜ 값 32,000원

낭월스님 저서 안내 (출판사: 동학사)

■ 왕초보 사주학 시리즈

왕초보 사주학(입문편) 362쪽 │ 1995. 09. 10. 초판 │ 값 17,000원
왕초보 사주학(연구편) 435쪽 │ 1995. 09. 10. 초판 │ 값 17,000원
왕초보 사주학(심리편) 450쪽 │ 1996. 12. 05. 초판 │ 값 17,000원

■ 알기쉬운 시리즈

알기쉬운 음양오행 415쪽 │ 1997. 05. 15. 초판 │ 값 17,000원
알기쉬운 천간지지 441쪽 │ 1998. 05. 05. 초판 │ 값 17,000원
알기쉬운 합충변화 397쪽 │ 1999. 03. 15. 초판 │ 값 17,000원
알기쉬운 용신분석 461쪽 │ 1999. 08. 10. 초판 │ 값 20,000원

■ 낭월사주용어사전 312쪽 │ 2002. 02. 14. 초판 │ 값 23,000원

■ 사주문답 시리즈

사주문답 ① 421쪽 │ 2000. 01. 05. 초판 │ 값 18,000원
사주문답 ② 390쪽 │ 2003. 01. 14. 초판 │ 값 18,000원
사주문답 ③ 413쪽 │ 2005. 11. 12. 초판 │ 값 18,000원

■ 적천수강의 시리즈

적천수강의 ① 558쪽 │ 2000. 03. 15. 초판 │ 값 30,000원
적천수강의 ② 570쪽 │ 2000. 07. 10. 초판 │ 값 30,000원
적천수강의 ③ 626쪽 │ 2000. 10. 17. 초판 │ 값 30,000원